FREEDOM SUMMER, 1964

프리덤 서머, 1964

**지은이** 브루스 왓슨
**옮긴이** 이수영
**펴낸이** 송병섭
**펴낸곳** 삼천리
**등 록** 제312-2008-121호
**주 소** 121-820 서울시 마포구 월드컵로 15길 19(망원동 376-12)
**전 화** 02) 711-1197
**팩 스** 02) 6008-0436
**이메일** bssong45@hanmail.net

1판 1쇄 2014년 8월 22일

값 25,000원
ISBN 978-89-94898-28-5 03940
한국어판 © 이수영 2014

자유와 평등, 민권운동의 이정표

# 프리덤 서머, 1964

브루스 왓슨 지음 | 이수영 옮김

삼천리

시간과 공감과 영혼을 아낌없이 바친

모든 청년들과 활동가들에게

# 차례

1961년 여름, 허버트 리는 지역의 잣대, 그러니까 지역 흑인 사회의 잣대로 볼 때 부자였다. 미국 최남단 동부 지역에서도 가장 깊은 내륙 지방에서 30년 동안이나 농사를 지은 리는, 작은 낙농장과 살 만한 집을 갖고 아홉 자녀를 두었으며 한두 가지의 전망도 쭉 뻗은 것처럼 보였다. 태양이 이글거리던 어느 여름날. 안경을 끼고 가슴받이가 달린 작업복 바지를 입은 흑인 청년이 현관으로 찾아와 투표권에 관해서 차분하게 설명해 주었을 때, 리는 약간의 위험을 감수하기로 마음먹었다. 그는 뉴욕에서 왔다는 그 청년을 태우고 에이밋 카운티를 함께 돌아다녀 주겠다고 했다. 친구들과 가족이 보기에, 리의 결정은 죽여 달라고 비는 꼴로 보였다.

미시시피에서 흑인들은 투표하지 않았다. 사람들이 기억하는 한 그런 일은 결코 없었다. "여기 검둥이들은 투표할 필요가 없소" 하고 어떤 경관이 말했다. "투표해서도 안 되고……." 흑인이 백인을 수에서 훨씬 압도하는 모든 카운티에서 흑인 유권자는 단 한 명도 없었다. 미시시피 주가 인두세, 교양 시험을 비롯한 악법 조항을 교묘하게 짜 맞추어 놓은 뒤 70년도 더 지난 때였다. 그렇게 술수를 쓰고 나서 10년 안에 흑인 유권자 수가 19만 명에서 단 2천 명으로 급감했다. 그 뒤로 흑인이 유권자 등록을 하고자 하면 그는 어김없이 테러를 당했다. 법원의 유권자 등록 담당자를 만난 흑인의 이름은 신문에 실렸다. 곧이어 그 '건방진 검둥이'는 두들겨 맞고 화형당하고 들판에 버려지거나, 한밤중에 판잣집 안까지 총알이 날아 들어와 덜덜 떨어야 했다. 허버트 리는 위험을 감수해야 한다는 건 알았지만, 그것들과 정면으로 맞서고자 마음먹었을 때 자신이 목숨을 걸고 있다는 건 알지 못했다.

1961년 9월 25일 아침, 리는 미시시피 주 리버티라는 작은 도시를 향해 흙먼지 날리는 시골길을 덜컹덜컹 달리고 있었다. 몰고 있는 낡은 픽업트럭의 백미러 속에 신형 트럭이 보였다. 그는 조면기(繰綿機)가 있는 곳 주차장으로 들어섰다. 따라오던 트럭도 타이어로 자갈을 튀기며 옆에 차를 세웠다. 크게 튀어나온 귀에 여름 볕에 붉어진 반짝거리는 넓은 이마를 지닌 건장한 백인, 그 운전자를 리는 알아보았다. '허스트 씨'는 어릴 적부터 함께 뛰어놀던 평생지기이다. 두 사람의 농장은 멀리 떨어져 있지도 않았다. 허스트 씨가 할 말이 있는 모양이다. 이윽고 리는 이 이웃남자가 손에 쥐고 있는 38구경 권총을 보았다.

픽업트럭 창문을 통해 리는 소리 질렀다. "총을 내려놓기 전에는 당신과 얘기하지 않을 것이오!" 허스트는 아무 말 없이 타고 있던 트럭을 박차고 나왔다. 리는 몸을 낮춘 채 정신없이 조수석 문으로 빠져나왔다. 허스트가 차를 돌아 와서 총을 내저었다.

"오늘 아침엔 당신이랑 놀자는 게 아니야!" 거구의 백인이 말했다. 리가 두 걸음을 채 떼기도 전에, 허스트는 리의 왼쪽 관자놀이에 총을 쏘았다. 리는 자갈밭에 그대로 고꾸라졌다. 신형 트럭은 재빨리 달아났다.

주차장에 정적이 흘렀다. 구경꾼들이 에워싼 시신은 핏물 웅덩이에서 이글거리는 햇빛을 받으며 몇 시간 동안 방치되었다. 흑인들은 시신을 옮기는 걸 두려워했고, 백인들은 손대지 않으려 했다.

1961년에 미시시피에서 얼마나 많은 흑인이 살해되었는지 아는 사람은 아무도 없다. 매그놀리아 주(Magnolia State, 미시시피 주의 애칭. 매그놀리아는 목련으로 미시시피 주의 꽃이다—옮긴이)가 흑인을 살해한 백인에게 유죄판결을 내렸다는 얘기를 들은 사람은 하나도 없다.

검시관 심문에서, 허스트는 허버트 리가 타이어 레버를 휘둘렀다고 이야기를 꾸며 냈다. 우발적으로 총알이 발사되었다고 허스트는 말했다. 떠밀려 증인으로 나선 사람은 타이어 레버를 두 눈으로 보았고, 그것은 바로 허버트 리의 시신 밑에서 '발견된' 타이어 레버라고 진술했다. 주의회 의원인 E. H. 허스트는 재판조차 받지 않았다. 그러나 허버트 리를 죽인 총알은 그 여름 한 철에 폭죽처럼 잇달아 터진 총격의 시작이었을 뿐이다. 여느 여름과는 완전히 달랐다. 이상주의가 넘쳤고 몹시도 잔인하고 무척 용감했던 그 여름은 미국에서 자유를 새롭게 정의했다.

# 1부

# 우린 절대 물러서지 않는다

흑인으로 산다는 건 냉혹하고 고달픈 문제였다.
흑인들에 대한 백인들의 증오가 왜 그토록 끈질겼으며,
어째서 세상의 바탕처럼 되어 버린 것인가?
그런 증오 아래에서 어떤 삶이 가능했겠는가?
이런 증오는 어떻게 생겨난 것인가?
— 리처드 라이트, 《흑인 소년》

# 1
## 목화밭을 휘감고 흐르는 미시시피 강

> 꿈이란 건 가까이 하기에 그다지 안전한 게 아니야, 베이어드. 나도 알아.
> 나도 한때는 꿈이 있었거든.
> 살짝만 건드려도 격발되는 권총 같은 거지.
> 꿈이 오랫동안 생생하게 살아 있다면 누군가는 다치게 돼.
> 하지만 좋은 꿈이라면 그 정도는 감수해야지.
> — 윌리엄 포크너, 〈버베나 향기〉

1963년 가을, 미국에는 참을 수 없는 백인우월주의(unbearable whiteness of being)가 넘쳐났다. 대담하고도 자신감 넘치는 이 국가는 전례 없는 번영의 물결에 올라탔다. 미국 경제의 엔진은 최고의 출력으로 가동되고 있었다. 젊고 잘생긴 대통령 존 F. 케네디는 사랑과 존경을 듬뿍 받았다. 적은 명확했다. 버섯구름, 유엔 연단에서 구둣발을 쾅쾅 구르던 머리 벗겨진 불량배(소련 공산당 서기장 흐루쇼프—옮긴이), 억제되어야 할 전 세계를 향한 위협이 그것이었다. 전 세계 승용차의 3분의 2가 굴러다니고 전 세계 부의 절반을 차지한 나라, 미국은 그런 나라였다. 크고 육중한 자동차는 기다란 후미 안정판과 눈부신 미등을 달았고, 널찍한 보닛 아래 굉음을 내는 엔진을 장착하고 있었다.

'미러클 휩'(Miracle Whip, 마요네즈와 비슷한 샐러드 드레싱 제품 이름—

옮긴이)과 원더 브레드(Wonder Bread, 상점에서 파는 빵 제품 이름—옮긴이)가 집집마다 주방에 자리 잡았다. 말보로와 켄트 담배는 TV 광고를 장식했고, 전체 성인의 절반이 하루에 담배 한 갑을 피웠다. 아직은 대형 쇼핑몰이 들어선 도시가 한두 곳 뿐이었다. 99퍼센트의 가정, 흑인이든 백인이든 거의 모든 집에 TV가 있었고 일곱 개 정도의 채널을 시청했다. TV에는 서부의 '광활한 황야,' 의학 드라마, 웃기는 시트콤이 방영되었다. 가장 비중이 적은 조연을 제외하면 누구든 어두운 표정을 짓고 있는 프로그램은 하나도 없었다. 미국 전역의 주 의사당과 시청에서 소수를 제외한 모든 정치인은 자신을 뽑는 투표용지만큼 하얀 사람이었다. 하지만 이 하얀 세상은 앞으로 얼룩이 진다.

그해 가을 동남아시아에서 미국인 자문가들이 보내 온 실망스런 소식으로 케네디 대통령은 베트남 개입을 끝마치는 문제를 고민하고 있었다. 대학생들은 기타 줄을 튕기며 포크송을 불렀고, 그 동생들은 끈적끈적한 팝 음악에 맞춰 춤을 추었다. 저 멀리 영국에서는 부스스한 머리의 록밴드가 열광의 물결을 일으키고 있었는데, 머지않아 대서양을 건너와 낡은 도덕관을 몰아낼 터였다. 미국 남부 곳곳에서 흑인은 경찰견과 소방호스에 맞서 행진하며 정당한 처우와 인권을 요구했다. 그러나 가장 중요한 이정표는 1963년 가을, 미국의 가장 가난한 주에서 세워졌다. 댈러스에서 일어난 사건(케네디 암살을 가리킴—옮긴이)이 모든 걸 바꾸기 시작하기 직전 어느 11월의 주말에, 가난에 찌든 수천 명의 시민들은 오래도록 미뤄 온 민주주의에 대한 가르침을 미국에 던져 주었다.

미시시피 주 공식 후보자 명부에는 공화당과 민주당 주지사 후보가 등재되었다. 그러나 여전히 링컨이 GOP(Grand Old Party, 공화당의 별칭―옮긴이)를 이끌던 시대처럼 투표하는 남부의 한 주에서 선거 결과는 불 보듯 뻔했다. 민주당 폴 B. 존슨이 그의 아버지가 올랐던 계단을 따라서 차기 주지사가 될 것임을 누구나 알고 있었다. 백인 유권자들은 부지사였던 "폴이 지난해 가을 자신만만하게"[1] 주립대학에 입학하려는 흑인을 가로막았다고 칭찬했다(1962년 9월 30일, 흑인 제임스 메러디스는 120명이 넘는 연방 보안관의 보호를 받으며 인종분리주의 미시시피 대학에 등록하러 왔다. 이날 밤 인종분리주의자들이 유혈사태를 벌인 끝에 메러디스는 이튿날 학생으로 등록했고, 1963년 8월에 이 대학을 졸업한 최초의 흑인이 된다―옮긴이). 백인 유권자는 존슨이 미시시피에서 가장 미움 받는 정치인인 잭 케네디와 바비 케네디(현직 대통령 존 F. 케네디와 법무장관인 동생 로버트 케네디―옮긴이)를 비꼬는 걸 보며 좋아했다. 얘기인즉슨 두 정치인의 연방군이 '올 미스'(Ole Miss, 미시시피대학의 별칭―옮긴이)에서 인종 통합 소요 사태를 촉발시켰다는 것이다. 백인 유권자들은 NAACP(National Association for the Advancement of Colored People, 전국유색인지위향상협회)가 '검둥이(Niggers), 악어(Alligators), 유인원(Apes), 흑인(Coons), 주머니쥐(Possums)'[2]의 약자라고 지껄이는 존슨의 농담을 들으며 낄낄댔다. 그리고 11월 5일, 백인 유권자들은 '자신만만한 폴'을 낙승으로 선출했다. 하지만 그 화요일, 미시시피에 백인 유권자만 있는 것은 아니었다.

멕시코 만의 연노랑 모래톱부터 델타(Delta, 미시시피 강과 야주 강 사이 미시시피 북서부 지역―옮긴이)의 목화밭까지, 모의 선거, 흑인의 선거, '자유선거'(Freedom Election)를 치른 것이다. 장엄한 이름을 지닌 조그만 목조 교회에서, 전체 신도가 신도석에서 몸을 일으켰다. 복음성가대가 "흔들리지 않게 우리 단결해" 노래를 부르는 동안 남자들과 여자

들은 '자유투표 용지'(Freedom Ballot)를 나무상자 안에 넣었다. 옥수
수 빵 내음이 향긋한 카페에서, 앙상한 손들이 '에어런 헨리-주지사'와
'에드윈 킹 목사-부지사' 옆에 X 표시를 했다. 삐걱삐걱 흔들리는 포치
에서, 멜빵 달린 작업복 바지를 입은 흑인 남자와 체크무늬 옷을 입은
흑인 여자가 예일대학과 스탠퍼드대학 학생들과 대화를 나누었다. '프
리덤 서머'의 서곡을 위해 선발된 학생들이었다. 정중하게 고개를 끄덕
이며 말쑥한 대학생 손님을 "선생님" 하고 깍듯하게 부르는, 평생 소작
농민으로 살아온 그들은 투표가 언제까지나 '백인의 일'[3]로 남을 필요
가 없음을 깨우쳤다. 미시시피의 붉은 흙에서 민주주의의 싹을 틔우려
는 수천 명이 미용실과 식료품점, 이발소와 내기 당구장에서 '자유투
표'를 했다. 하지만 그보다 더 많은 사람은 너무도 두려워서 투표처럼
몹시 위험한 행동을 감행할 수 없었다.

　그 주 내내, 공포로 인해 미시시피의 심장은 박동이 빨라졌다. 주지
사 직 이상의 것이 결의되고 있었다. '닫힌 사회'에서, 인종분리는 델타
의 기름진 토양만큼이나 깊은 토대였다. 흑인과 백인이 합의를 본 적
은 거의 없지만, 투표가 권력을 평등하게 만든다는 걸 양쪽 모두 알
고 있었다. 남부의 다른 지역에서는 이미 흑인들의 유권자 등록이 시작
되어, 조지아에서 44퍼센트, 텍사스에서 58퍼센트, 테네시에서 69퍼
센트가 등록을 마쳤다. 하지만 미시시피에서는 6.7퍼센트밖에 등록하
지 않았다. '2등 시민'으로 남아 있는 한, 언제까지나 권력을 쥘 수 없
다는 점을 흑인들은 알고 있었다. 그리고 백인은 '우리 유색인'이 집단
적으로 유권자 등록을 한다면, 혹은 더 심한 경우에 "망할 NAACP 공
산주의자 분쟁꾼들"[4]이 흑인을 법원 등록소로 이끌고 간다면, 할머니
할아버지한테 들었던 모든 악몽이 되살아날 것임을 알았다. 재건시대

(Recostruction, 1865~1877, 미연방에서 탈퇴했던 남부 11개주를 연방에 재편입시키던 시기—옮긴이)에, "검둥이, 악어, 유인원, 흑인, 주머니쥐"가 미시시피 주를 운영하면서, 백인 권력과 그 밑바탕이었던 모든 독자적인 인종분리 제도를 일소한 건 악몽이었다. '시민들'은 후회를 모르는 KKK단이 "자신들의 문화를 보존할 권리뿐 아니라 의무도 지니고 있었다"[5]고 회상했다. 1963년 미시시피에서는 누구에게도 따로 설명할 필요가 없었다. 그 가을 주말의 잔학성은 주먹으로 얼굴을 강타하듯이 갑작스럽고 자연스럽고 직설적이었다.

할로윈 밤, 한 예일대학 학생이 주유를 하기 위해 포트 깁슨에서 멈췄다. 백 년 전, 북군은 바로 이 작은 마을을 거쳐 미시시피로 들어왔다. 멋진 저택들을 보고 율리시스 그랜트 장군이 "너무 아름다워서 불을 지를 수 없다"[6]고 한 곳이다. 지역 주민들의 눈에 이제 또 다른 침략이 시작된 것이었다. '빌어먹을 양키'(미국 남부에서 흔히 적대감을 담아 북부 사람을 일컫는 말—옮긴이)를 알아보는 것은 어렵지 않았다. 흑인 남자나 여자가 타고 다니는 차를 탄 금발의 백인 이방인이었으니까. 백인 대학생에게 차에서 내리라고 명령한 뒤, 사내 넷이 그를 쳐서 길바닥에 쓰러뜨렸다. 뒤이어 그를 에워싸더니 주먹과 발길질을 퍼부으며 폭행했다. 몇 사람이 바라보고 있었지만 아무도 그들을 말리지 않았다. 피투성이가 된 학생이 겨우 차에 올라타자, 괴한들은 깜깜한 도로를 몇 킬로미터나 추격했다. 이틀 뒤 그런 이방인들이 또 눈에 띄었다. 이방인은 남자들뿐이었다.

따스한 토요일 아침, 자유선거(Freedom Election) 활동가 두 사람이 선거 전단지를 배포하기 위해 나체스를 벗어나 북쪽으로 향했다. 갑자기 반짝거리는 초록색 쉐비 임팔라 한 대가 뒤에 바짝 따라붙었다. 운전자는 백미러로 백인 두 명의 얼굴을 보았다. 곧 유턴을 했지만 쉐비도 유턴을 하더니 범퍼를 들이받았다. 여러 농장과 밭을 지나 남쪽으로 두 자동차는 속도를 높였다. 쉐비가 두 번 옆으로 붙었지만, 고등학교 때 스피드 경주를 했던 운전자는 두 번 다 굉음을 내며 앞섰다. 쉐비는 꽁무니에 바짝 붙었다. 엔진이 신음을 하고 자갈이 튀었다. 두 자동차는 곧 시속 160킬로미터를 넘겼다. 결국 쉐비가 나란히 붙더니 이방인들의 차를 도랑으로 밀어냈다. 이번에는 총을 갖고 있었다. 차 밖으로 나오라는 명령을 들은 운전자는 멈칫했다가 가속페달을 힘껏 밟았다. 자동차는 요동을 치며 다시 도로로 진입했다. 총탄이 뒷유리를 박살냈다. 또 다른 총탄이 차체 옆쪽에 구멍을 냈다. 세 번째 총탄이 뒷바퀴를 스치고 지나갔다. 적신호를 무시하고 달리며 마주 오는 차량을 요리조리 피해 달리는 동안 타이어에 바람이 빠지면서 속도가 줄었고, 운전자는 결국 샛길로 숨어들었다. 쉐비가 굉음을 내며 지나갔다.

그 주 내내 미시시피 전역에서 '선동가들'은 비슷한 환대를 받았다. 미시시피 북쪽 테이트 카운티에서는 여러 발의 총알이 자유선거 활동가를 아슬아슬하게 빗나갔다. 남쪽 빌록시에서는 군중들이 돌을 던져 자유선거 집회를 해산시켰다. 델타로 가는 관문인 야주시티에서는 경찰이 또 다른 집회를 봉쇄했다. 주말까지 선거 활동가 70명이 체포되었다. 치안을 어지럽혔다는 것부터 진흙이 붙어 번호판이 보이지 않는 차량을 운전했다는 것까지, 혐의는 다양했다. 폭력을 당하고 당장 떠나라는 말을 들으면서, 학생들은 1963년 미시시피에서 법이 어떻게 작동하는지 제대로 맛보았다.

테러는 거의 성공적이었다. 조직가들은 처음에 20만 명의 흑인이 자유투표에 참여하리라 기대했다. 경찰이 압수한 투표용지를 셈에 넣지 않으면, 82,000명이 투표했을 뿐이었다. 조직가들이 기대했던 건 재건 시대 법률에 따라 모의 투표를 실시하여 공식 선거에 도전하는 것이었다. 그 도전이 성공할 거라고 예상한 사람은 아무도 없었지만, 자유투표는 그 한 장 한 장이 미시시피 변화의 신호였다. 굽신거리고 넙죽거리던 오랜 세월, '찰리 씨'의 비위를 맞추던 오랜 세월, "알겠슴다"와 "아남다"를 연발하던 오랜 세월은 끝을 맺었다. 하지만 자유선거는 남북전쟁처럼, 혹은 여전히 미시시피에서 하던 표현대로라면 '남부 독립전쟁'[7]처럼 케케묵은 불씨를 다시 일으켰다.

1964년이 되면, 미시시피는 인종차별의 화염에 휩싸이게 된다. 길고도 광포한 그해는 조직가들이 '미시시피 여름 프로젝트'라고 일컬은 것을 중심으로 흘러갔다. 미국이 '프리덤 서머(Freedom Summer)'라고 일컬은 그것은 미국의 높은 포부와 대조되는 인종적 증오의 나락으로 추락했다.

미시시피가 새 주지사를 선출하기 두 주 전, 25만 명이 워싱턴 DC에 운집하여 마틴 루터 킹 주니어가 그의 꿈을 피력하는 연설을 들었다. 수많은 군중이 링컨기념관 주변에 모였을 때, 여론조사원들이 전국에 파견되어 있었다. 남부 전역에서 충격적인 폭력이 저질러진 여름 동안 진행된, 인종에 관한 해리스 여론조사는 킹 목사의 꿈이 얼마나 멀리 있는 것인지 알려 준다. 미국 전역에서 흑인의 소득은 백인 소득의 56 퍼센트밖에 되지 않았다. 이 극명한 소득 격차와 함께 백인의 상당수는 흑인을 싫어하고 불신하며, 흑인과 가까이 지내지 않으려고 애썼다. 어떤 이들은 조심스럽게 말했다. "유색인이 된다는 건 역겹고 비참한 삶이죠."[8] 또 어떤 이들은 퉁명스럽게 말했다. 샌디에이고의 한 여성은 미소를 지으며 말했다. "우린 검둥이를 미워하지 않아요. 다만 우리 가까이에 있는 걸 원하지 않을 뿐이죠. 그래서 우리는 시카고에서 여기까지 이사를 온 거예요."

킹이 바리톤 목소리로 "지난날 노예였던 이의 아들들과 지난날 노예 주였던 이의 아들들이 형제애의 식탁에 함께 둘러앉을 그날"을 꿈꾸고 있다고 말할 때, 백인의 71퍼센트는 "흑인은 냄새부터 다르다"고 말했다. 언젠가 아이들이 "피부색이 아니라 인격으로 평가 받게" 되리라는 킹의 희망에 군중들이 환호할 때, 여론조사 참가자의 절반은 "흑인은 태어날 때부터 지능이 떨어진다"고 주장했다. 그리고 킹이 점점 감정이 고조되어 "흑인과 백인, 유대인과 비유대인, 개신교와 구교를 떠나 하나님의 모든 자녀들이 손에 손을 잡을 수 있는" 날을 꿈꾸고 있다고 말할 때, 여론조사 참가자의 69퍼센트는 "흑인은 도덕관념이 느슨하다"고 답했고, 네 명 가운데 세 명이 "흑인은 꿈이 별로 없다"고 답변했으며, 90퍼센트는 자기 딸이 흑인과 사귀는 걸 절대로 허락하지 않겠다고 말했다.

"흑인은 성욕이 넘쳐요"[9] 하고 네바다 주에 사는 남자가 말했다. "난 잡하죠."

"흑인을 만지고 싶지 않아요" 하고 펜실베이니아의 한 여자가 고백했다. "구역질이 나거든요."

세상에 널리 퍼져 있는 편견을 드러낸 여론조사는 북부 사람들이 자부심을 갖는 부분도 드러냈다. 바로 인종차별은 남부에서 횡행했다는 사실이다. 남부에서는 73퍼센트가 지능이 떨어진다고 생각했고, 88퍼센트는 "냄새가 다르다"고 여겼으며, 89퍼센트가 "도덕관념이 느슨하다"고 생각했다. 이 수치는 남부 전체에서 별반 다르지 않았지만, 편견이 가장 심각한 곳이 어디인지 누구나 알고 있었다. 메드거 에버스 (Medgar Evers, 1925~1963, 미시시피 출신의 아프리카계 미국인 민권운동가, NAACP 지부 대표—옮긴이)가 그 6월에 미시시피에서 총탄에 피살되었을 때, NAACP 대표는 놀란 척조차 하지 않았다. "비인도적 행위와 살인, 폭력, 인종차별적 증오에 관한 한 타의 추종을 불허하는 기록을 보유한 주가 바로 미시시피였다. 미시시피는 미국 모든 주 가운데 꼴찌다."[10] 하고 로이 윌킨스(Roy Wilkins, 1901~1981, 민권운동가, NAACP 대표—옮긴이)는 말했다.

아름다운 자연과 자랑스러운 유산을 물려받았지만, 인종차별이 심해지면서 1963년의 미시시피는 비열하고 혼란스러운 주가 되어 있었다. 입을 굳게 다문 정치인, 편협한 보안관과 경찰은 자신과 어긋나는 누구와도 '어울리지' 않고서 미시시피를 다스렸다. 날이 갈수록 심해지는 잔혹함은 수많은 미시시피 시민의 명예를 더럽혔다. "지난 10년 동안 한 사회로서 미시시피가 다다른 상황은, 비슷한 말뜻이 아니라 정확한 말뜻 그대로 제정신이 아니라고밖에 설명할 길이 없다"[11]고 지역 토박이 소설가 워커 퍼시는 썼다. 미국 전역을 통틀어 미시시피는 인종차별 테러의 상징이 되었다. 가수 니나 시몬은 "모든 사람이 미시시피가 어떤지 알고 있지, 빌어먹을"[12]이라고 차분히 노래했다. 나이트클럽 코미디언 딕 그레고리는 기회가 있을 때마다 빼놓지 않고 미시시피를 조롱했다. 시카고 우체국에서 해고당한 것으로 보이는 그는, 미시시피로 가는 편지는 '해외 우편'[13]이라고 표시된 자루에 넣었다며 청중들을 웃겼다.

지금 21세기에 이런 농담을 하면 아무 반응도 나오지 않을 것이다. 오늘날 미시시피는 남아프리카공화국에 견줄 만큼 인종 화합을 달성하여 다른 어떤 주보다도 많은 흑인이 공직에 오른다. 지난날 KKK였던 집단조차 흑인이 다수인 시의회, 흑인 시장, 흑인 경찰서장을 자랑할 정도다. 그러나 1963년, 북쪽으로 이어지는 61번 고속도로를 따라서 너무도 가난하고 너무도 억눌리고 너무도 짓밟힌 50만 명에 가까운 흑인들에게, 미시시피의 삶은 그저 농담이 아니었다. '프리덤 서머'와 그것이 촉발시킨 변화 이전에, 미시시피는 탁한 강물에 떠 있는 흑인의 시신이 '뱀처럼'[14] 흔한 곳이었고, 주 정부를 위해 일하는 밀고자와 정보원이 인종 통합을 지지하는 250개 조직과 1만 명이나 되는 개인에 관한 온갖 문서를 갖고 있는 곳이었다. 흑인 소작인들은 "뵈일 때부터 안 뵈일 때까지", 다시 말해 동이 터서 "앞이 뵈일" 때부터 해가 져서 "앞이 안 뵈일" 때까지 하루에 3달러를 받고 목화를 땄다. 민권운동가들은 체포되어 두들겨 맞는 일이 비일비재했고, 경찰은 '경찰 폭력'에 항의하는 고소를 웃어넘기기 일쑤였다. 인종 평등의 낌새가 조금이라도 감지되면 잔혹한 폭력의 광풍이 휘몰아쳤다.

폭력이 그린우드를 뒤흔든 건 얼마 전의 일이었다. 그린우드는 "세계적으로 유서 깊은 목화 생산지"[15]임을 자랑하는 작은 도시이다. 그린우드 주민 대다수가 흑인이지만 백인이 모든 부의 90퍼센트를 소유하고 있었다. 아름다운 저택과 쭉 뻗은 참나무 덕분에 그린우드의 그랜드 불러바드(Grand Boulevard)는 "미국에서 가장 아름다운 거리"[16]라는 호칭을 얻었다. 그러나 낡은 판잣집이 "도로의 다른 한쪽"에 줄지어 있었고 수영장과 음수대, 심지어 팝콘 가판대를 비롯한 모든 공공시설은 인종에 따라 분리되어 있었다. 그린우드에는 흑인 유권자가 딱 한 명 있는데, 도대체 그가 누군지 아무도 모른다는 쓸쓸한 농담이 있다.

1962년 여름, 격분한 백인들은 대량 검거, 차량을 이용하여 저격하고 흑인의 집에 화염병 투척하는 짓을 저지르며 선거운동을 가로막았다.

수십 명의 백인이 법원으로 행진했지만 단 한 명의 경찰도 야경봉을 휘두르며 그들을 막아서지 않았으며, 카운티의 공직자들은 훨씬 기본적인 무기인 굶주림을 이용했다. 겨울이 다가오자 그들은 연방 배급품인 쌀과 밀가루, 분유를 압류했다. 배급품은 수많은 소작 농민들이 불모의 계절 동안 생존할 수 있도록 돕는 식량이었다. 기온이 영하로 곤두박질치자 러플로어 카운티 곳곳에서는 수천 명이 "맨발에 벌거벗은 채로 배를 곯고"[17] 있었다. 유일한 '미시시피 보급 줄'이었던 활동가들이 엄청난 양의 식량을 델타로 실어 날라서 기근을 막았다. 하지만 갓난아기 하나가 굶주려 죽었고 소작인 두 명이 동사했다. 1963년 봄이 가까웠을 무렵, 흑인들은 군중을 이뤄 법원을 향해 행진했다. 백인들은 정면으로 자동차를 겨누고 총을 발사했다. 소이탄 화염이 운동본부를 삼켜 버렸고, 으르렁거리는 경찰견들이 시위대를 덮쳐 행진을 흩뜨려 놓았다. 그해 여름, 검거와 폭력 탓에 새로운 유권자는 딱 열세 명 늘었을 뿐이었고, 그린우드의 운동은 궁지에 몰렸다.

미시시피는 갈림길에 서 있었다. 평화적 항거의 세월이 맞닥뜨린 건 폭탄과 폭행, 살인이었다. 나머지 미국은 무관심한 것처럼 보였다. 마틴 루터 킹이 남부 도시들에 관심을 쏟고 있었지만, 미시시피는 여전히 방치된 시민권의 변경이었다. 너무나 멀고 너무도 궁벽하며 너무나 증오가 들끓어서, 눈곱만큼의 희망조차 찾을 수 없는 곳이었다. 그 가을의 자유선거에 뒤이어 새로운 전술이 필요했다. 성자 같은 풍모로 종종 예수에 비유되던 선거 기획자는 전술을 고심하고 있었다. 밥 모지스는 자유선거가 "미시시피 흑인이 참정권을 획득하려면 군대라도 이곳으로 투입되어야 함을 명백히 드러냈다"[18]고 말했다. 결국 이 생각은 꽃을 피웠다.

미시시피의 흑인들이 고립된 채 투쟁할 게 아니라, 수많은 대학생이 미국 전역에서 미시시피로 몰려든다면 어떻게 될까? 그때는 미국이 관심을 갖지 않을까? 유권자등록 운동과 나란히, 대학생 활동가들이 자유학교의 교사가 되어 흑인 아이들을 가르치면 어떨까? 흑인의 역사와 문학, 가난의 근본 원인을 비롯하여 '인종분리적이지만 평등한' 흑인 아이들의 학교가 결코 가르치지 않는 과목을 가르친다면? 새로 창설된 미국 평화봉사단(Peace Corps, 1961년에 창설된, '개발도상국'을 원조하는 미국의 민간 단체—옮긴이)의 정신으로, 이 '국내 평화봉사단'이 미시시피 전역에 도서관과 탁아소가 딸린 자유의 집을 세운다면? 그리고 그 자유의 집에서 야학을 열어 읽고 쓰기와 투표할 권리에 대해 가르친다면? 또 여름의 절정에서, 새로운 '자유당'(Freedom Party) 대의원들이 민주당 전당대회에 참석한다면? 그리고 그들이 전국방송 뉴스의 조명을 받으며 백인뿐인 미시시피 대의원이 아니라 바로 자신들이 매그놀리아 주의 정당한 대표라고 주장한다면 어떻게 될까? 학생비폭력실천위원회(SNCC, Student Nonviolent Coordinating Committee) 의장인 스물네 살의 존 루이스가 말했다. "흑인이 투표권을 획득하기 전에 대규모 충돌이 빚어질 수밖에 없을 것이다. 그리고 그것은 아마도 올 여름에 일어날 것이다. …… 우리는 대거 미시시피로 갈 것이다"[19]

이 아이디어는 여전히 남북전쟁의 망령에 사로잡힌 주에 들러붙었다. 미시시피는 오래 전부터 극명한 대조의 땅이었다. 붉은 점토와 초록 풀잎, 저택과 판잣집, 만발한 목련처럼 화사한 사람들과 습지의 뱀처럼 야비한 사람들. 하지만 프리덤 서머는 미국에서 가장 훌륭한 것을 드러낸 반면 미시시피에서 가장 추악한 것을 드러냈다. '여름 프로젝트' 소문이 퍼져 나가자, 재건시대 이후 미국에서 자취를 감춘 분노와 적의가 타올랐다. 미시시피 신문들은 '침략'[20]을 경고했다. 존슨 주지사는 '침략자들'과 그들의 '비겁한 계획'을 비난했다. "우리는 법과 질서가 유지되고, 미시시피 방식이 유지되는 걸 볼 것입니다"[21] 하고 주지사는 말했다. 미시시피의 주도 잭슨은 산탄총, 최루탄, 전차 한 대, 경찰 12명을 태울 수 있는 6톤짜리 장갑차 한 대로 경찰력을 확충했다. 시장 앨런 톰슨은 말했다. "드디어 시작입니다. 저들이 허세를 부리고 있는 게 아닙니다. 우리도 허세를 부리는 게 아닙니다. 우리는 준비를 갖추고 그들을 상대할 것입니다. …… 그들에겐 기회가 없을 것입니다."[22] 시골 주민들 또한 미시시피 방식으로 스스로를 보강했다.

홀리스프링스, 피카윤, 커피빌……. 경쾌한 이름의 작은 마을들에서, 남부식 환대를 자랑스러워하는 사람들은 여름을 생각하면서 노여워했다. 북부에도 할렘이나 록스베리 같은 곳이 많은데, '비트족들'이 어찌 감히 미시시피에 침략하여 미시시피 전체를 대상으로 인종 문제를 왈가왈부할 수 있느냐는 것이었다. 멜빵바지를 입은 깡마른 남자들이 가게 앞 벤치에 앉아 있고, 선글라스를 끼고 시원한 여름 드레스를 입은 여자들이 차양 달린 보도를 걸어가는 고요한 마을 광장에서, 백인의 대다수는 미시시피에 '흑인 문제'는 없다고 믿었다. "우리는 그들에게 모든 걸 주고 있습니다"[23] 하고 그린우드 시장은 말했다. "우리는 새로운 수영장을 짓고 있습니다. 우리는 검둥이 민간단체와도 긴밀히 협력해요. 그들은 매우 만족하고 있습니다." 거의 10년 동안, 미시시피는 몽고메리, 리틀록, 그린스보로, 내슈빌 같은 곳에서 인종 통합이 이루어지는 걸 공포스러운 기분으로 지켜보아 왔다. 그리고 이제 이 북부인으로 구성된 대부대가 미시시피를 전복시키고 "우리의 생활방식"[24]을 바꾸어 놓으려고 하는 것이다. 백인 여자를 포함한 '침략자들'이 "흑인의 집에서 지낼" 거라는 소문이 돌았다! '난잡한' 흑인, '내려온 북부인,' 흑인과 백인의 '잡종화'에 대한 본능적 두려움은 여러 세대에 걸쳐 묵혀 온 증오를 표면으로 부글부글 끓어오르게 했다.

미시시피에서 가장 오지에 있는 촌락들에서, 소규모 'KKK 지부'에 속한 무자비한 사내들은 비밀리에 회합을 열어 "검둥이 공산주의자들의 미시시피 침략"[25]에 관해 논의했다. 그들은 등유, 산탄총, 다이너마이트를 비축하고, 검둥이, 유대인, '검둥이와 한통속인 놈'을 표적으로 정했다. 그들의 비밀은 4월의 어느 따뜻한 날 밤, 화염으로 치솟았다. 60여 카운티의 법원 잔디밭과 마을 광장, 들판에서 십자가가 불탔다. 미시시피에서 KKK가 다시 봉기하고 있었다. 그 한 분파 이름인 '백기사'처럼, KKK는 "기독교 문명을 말살하려고 작정한 …… 사탄의 대리인들"[26]에 저항하는 성전을 계획했다. KKK가 맞서 처리할 것이라고, 한 단원 모집 포스터는 알리고 있었다. "성경을 꺼내서 기도하라! 그러면 우리 음성이 들릴 것이다."[27] 마침내 습지처럼 습기가 돌고 한낮의 하늘이 불처럼 이글거릴 때 그 여름이 당도했다.

여름이 끝나기 전에, 미국 전역의 모든 관심은 미시시피에 쏠리게 된다. TV와 신문은 미시시피를 혹평한다. 의사, 변호사, 성직자 수백 명이 이곳으로 와서 학생 활동가를 지원한다. 포크 가수, 할리우드 스타, 마틴 루터 킹까지 집결하지만, 그곳에서는 무자비한 폭력이 '사회계약'을 무효로 만든다. 교회 35곳이 방화되고 가정과 자유의 집 60곳에서 폭탄이 터진다. 미시시피는 살인과 동의어가 된다. FBI는 수사에 착수하여 '미시시피 버닝'이라는 코드명을 붙이는데, 뒷날 이 코드명은 수사관의 역할을 포장해 만든 영화 제목이 된다. 그러나 '프리덤 서머'는 그 폭력의 총합을 넘어서는 것이었다.

그 여름, 미국의 상황이 바뀌기 시작했다. 존슨 대통령은 기념비적인 민권법에 서명했고, '백인 전용' 표지판은 남부 전역에서 서서히, 마지못해 사라져 갔다. 도시 폭동은 북부에서 인종차별이 없다는 자만심을 종식시켰다. 통킹 만 결의안으로 미국은 베트남에 더욱 깊이 개입하게 되었다. 그리고 여름의 끝에, 민주당 전당대회에서 마이크를 쥔 흑인 소작인 때문에 미국 대통령의 정치 생명이 끝장날 뻔했다. 그 사이 미시시피에서는, 수백 명의 학생과 그들의 호스트 가정이 보기 드문 깍듯함으로 서로를 대하는 모습을 미국인들에게, 흑인과 백인들에게 보여 주었다.

그 여름, 흑인 가정에 머문 백인들은 평생을 비천하게 살고도 신념과 음식과 희망을 솔직하게 내보이고 내주는 사람들을 보고 놀랐다. 그 여름, 미시시피의 흑인들은 자신들과 악수를 나누고 평등한 인간으로서 말을 건네는 백인들을 만났다. "시골까지 와서 실제 농부나 이곳 사람들과 이야기를 나눈 사람들은 처음 보았어요"[28] 하고 패니 루 헤이머는 회상했다. "이 많은 것들을 깨뜨린 게 바로 학생들이었죠. 학생들은 우리가 특별한 사람인 것처럼 대해 주었어요. 우리는 학생들을 좋아했지요." 아침마다 수탉 울음소리와 비스킷 굽는 냄새, 무언가가 지글지글 튀겨지는 소리에 잠에서 깬 도시 근교 출신의 학생들은 '또 하나의 미국'을 발견했다. 그것은 영양실조로 불룩 나온 배, 흙길과 쓰러질 듯한 판잣집, 기우뚱한 옥외변소가 있는, 버림받은 나라였다. 임시 교실에서 가르치면서, 활동가들은 인간이 인종차별에 희생되고 있음을 알게 되었다. 집집마다 돌아다니며 유권자들에게 투표를 독려하면서, 활동가들은 민주주의에 대한 신념을 가다듬었다. 그리고 활동이 끝났을 때, 폭력에 몸서리치고 용기에 고무되었으며 한 철에 몇 년은 늙어버린, 여름 프로젝트 활동가들은 집으로 돌아가서 자신들이 알게 된 나라에 맞섰다.

"거기 갔던 사람들에게 미시시피는 모든 것을 바꾸어 놓았어요"[29] 하고 활동가 글로리아 클라크는 회상했다. 단지 투표하기 위해 목숨까지 걸었던 이들에 비하면 자신은 영웅이 아니라고 대부분의 활동가는 선선히 말했다. 그들은 여름 한 철 잠깐 들렀지만, 집으로 돌아와서 미국•에 이의를 제기했다. 일부 활동가는 버클리 자유언론운동, 반전운동, 여성운동 같은, 1960년대를 규정한 사건들의 맨 앞자리에 서게 된다. 또다른 활동가들은 미시시피에서 흡수한 이상을 퍼뜨리며, 늘 권력을 비판적으로 바라보고 언제까지나 평범한 민주주의자로 살았다. 젊은 날의 딱 한 철이 그들 마음에 영원히 감동을 준 것이다. 그러나 먼저 그들은 '프리덤 서머'에서 살아남아야 했다.

# 2
# 여름 프로젝트

당신이 북부에 산다고 해서 미시시피가 당신과
아무 관계가 없다고 생각하지 마십시오.
……내 미시시피는 어디에나 있으니까요.
- 제임스 메러디스

학기가 끝나고 여름이 미국 전역에 찾아들고 있을 때, 오하이오 주
옥스퍼드의 나뭇잎 무성한 캠퍼스에 300명이 모였다. 이웃한 인디애나
주와 나뉘는 경계선에서 멀지 않은 곳이다. 모두 미국인이고 대부분이
스물다섯 살 이하였다. 외면할 수 없을 만큼 조국이 변화하고 있다고
느끼는 이들이었다. 이런 특징 말고 그들에게는 공통점이 거의 없었다.
그들은 두 부류로 뚜렷이 나뉘었다. 주로 백인인 첫 번째 부류는 하
버드, 예일, 오벌린, 버클리 같은 대학교에서 2학년을 막 마친 학생들이
었다. 어깨에 기타를 메고 이상주의에 들떠 발걸음도 경쾌한 그들은 캘
리포니아, 매사추세츠, '링컨의 땅'(일리노이 주—옮긴이)을 비롯하여 각
지의 번호판을 단 자동차에서 쏟아져 나왔다. 1964년 〈아메리칸 밴드
스탠드〉(American Bandstand, TV에서 방송된 음악 공연 프로그램—옮긴

이)에 등장하는 패션 그대로 남자들은 폴로셔츠와 캐주얼 바지, 여자들은 카프리 바지와 민소매 블라우스를 입었다. 린든 존슨이나 밥 딜런, 상원에서 애를 먹고 있는 민권법안에 관해 이야기를 나누면서 기숙사에 도착한 그들은 룸메이트를 만나고 쉬면서 자신이 선택한 용감한 여름에 관해 이야기를 들었다.

두 번째 부류는 주로 흑인이었다. 기타 같은 건 하나도 없었고 품고 온 이상주의랄 것도 없었다. 그들이 입은 옷은 캐주얼 바지나 폴로셔츠가 아니라 멜빵 달린 작업복 청바지와 하얀 티셔츠였다. SNCC라는 문자 위로 흑인과 백인의 손이 굳게 악수를 나누는 그림이 그려진 배지를 달고 있는 사람이 많았다. 대부분 백인 학생과 같은 또래였는데도, 그들은 대학 생활 이야기가 아니라 폭행당하고 피격당하고 고문당한 이야기를 나누었다. 학생들처럼 최근에 읽은 책 이야기도 화제로 삼았다. 칸트, 카뮈, 제임스 볼드윈, 그리고 프란츠 파농의 《자기의 땅에서 유배당한 자들》을. 하지만 이런 책을 읽은 건 학과 공부를 위해서가 아니었다. 그들은 세상에 맞서 스스로를 무장하기 위해 읽었다. 그들의 세계는 화창한 캘리포니아도 고색창연한 매사추세츠도 링컨의 땅도 아니었다. 이 두 번째 부류가 온 곳은 어떤 주라기보다 전쟁터에 가까웠다. 그들은 미시시피에서 왔다.

두 그룹이 웨스턴여자대학에서 만난 6월 14일 일요일 오후, '미시시피 여름 프로젝트'가 시작되었다. 하지만 분위기는 여름의 시작이 아니라 여름이 끝날 때와 비슷했다. 9월에 으레 그렇듯이, 네모난 코베어와 지붕이 둥근 폭스바겐 승용차들이 담쟁이덩굴로 뒤덮인 고딕 양식의 기숙사 건물 앞에 멈춰 섰다. 자동차에서 두서너 명이 나오더니 다리를 쭉 펴고 여기저기 눈길을 주었다. 학생들이 자리 잡고 있는 안뜰 곳곳에서 〈내 남자〉(My Guy, 메리 웰스의 노래―옮긴이)나 〈그녀는 널 사랑해〉(She Loves You, 비틀스의 노래―옮긴이) 같은 히트송이 트랜지스터라디오에서 요란하게 흘러나왔다. 염소수염이 난 남학생이나 웨이브를 준 긴 머리 여학생들은 대개 나무 아래 앉아 기타 줄을 튕기며 자기만의 곡을 만들고 있었다. 몇 시간 되지 않아 가슴 벅찬 자유의 성가를 배우게 되겠지만, 그때까지만 해도 대부분이 아는 노래가 그런 노래였다. 〈우리 승리하리라〉를 부르면서 뽐내기에는 너무 일러 보였다.

기숙사 식당에서 저녁으로 나온 음식은 놀랄 만큼 맛있었다. 학생들은 저녁을 먹으면서 여름 프로젝트에 거는 기대를 이야기했다. 엽서에 담긴 남부의 이미지를 갖고 있는 학생은 거의 없었다. 대부분 초등학생 때 몽고메리 버스 보이콧이 일어났고, 조금 더 커서는 연방군이 리틀록에서 센트럴고등학교의 인종분리를 폐지하는 걸 보았으며, 고등학생 때는 남부 곳곳의 간이식당에서 흑인 스스로 자리를 차지하고 앉아 인종차별을 폐지한 일과 '프리덤 라이드'(Freedom Ride, 공공버스의 인종분리가 위헌이라고 미국 대법원이 판결했으나 집행이 이루어지지 않자, 민권운동가들이 이에 항의하여 1961년부터 주간州間 버스를 타고 남부로 들어가는 운동을 펼쳤다―옮긴이)와 관련된 폭력 사건이 주요 기사로 다뤄지는 걸 보았다. 바로 지난해에는 TV에서 오싹한 영상마저 보았다. 버밍햄에서 경찰견과 소방 호스로 흑인들을 공격하는 장면, 제일침례교회 폭파 사건(1963년 9월 앨라배마 주 버밍햄의 제일침례교회를 KKK가 폭파함으로써 예배를 드리던 십대 소녀 4명이 사망하고 10여 명이 부상당했다―옮긴이)으로 죽은 아이들, 교회의 잔해 속에 덜렁덜렁 달려 있던 아이들의 검은 다리까지.

그리고 이제 그들은 남부로, 남부 깊은 곳으로 향하고 있었다. 대부분이 그저 스치고 지나가는 이미지만을 갖고 있을 뿐이었다. 한 학생은 훗날 "옥스퍼드에서 내가 마음속에 갖고 있던 미시시피의 인상은 오로지 끝없이 이어지는 연못과 늪지, 컴컴하고 외딴 길뿐이었다"[1]고 기록했다. 남부를 안다고 생각하는 학생도 있었다. 포크너가 묘사하는 불운한 가족의 터전, 《바람과 함께 사라지다》의 쓸쓸한 향수, 최고 인기 시트콤 〈비벌리 힐빌리스〉(The Beverly Hillbillies)에 나오는 재미난 요소들의 본고장이 남부였으니까. 하지만 사방으로 거대하게 가지를 뻗은 채 스페인 이끼를 늘어뜨린 채 살아 있는 참나무를 본 적이 있거나, 한증막 같은 미시시피의 여름날 땀을 흘려 본 적이 있는 학생은 거의 없었다. 소작인이 사는 판잣집에 들어가 보고, 총기 거치대가 있는 픽업트럭을 보고, 옥외변소를 사용해 보고, 감옥에 갇히고, 산탄총 발사음이 울려 퍼지고 암흑 속에서 누군가가 죽어가는 소리를 들은 적이 있는 학생은 훨씬 드물었다. 그 청년들은 앞으로 엿새 동안 하나하나 알아 가게 될 것이다.

이들을 돕기 위해서 학생비폭력실천위원회(SNCC)가 파견한 작업복 청바지를 입은 청년들은 단순한 계획을 갖고 옥스퍼드에 도착했다. 단순한 계획이란 바로 진실을 알려 주는 것이다. '미시시피 여름 프로젝트'는 목숨을 걸고 주사위를 굴리는 일이었다. 말 한마디로 건방지다고 흑인이 살해당하고 백인이 폭행당할 수 있는 주에서, 내 자신의 안전을 건다는 건 이름 모를 수많은 사람이 안전을 거는 것과는 완전히 다른 문제였다. 그래서 신병훈련소의 조교들처럼, SNCC 교육 일꾼들은 순진한 이상주의자들을 걱정 많고 더 나아가 겁먹은 이상주의자로 변모시켜야 한다는 의무감을 느꼈다. 하지만 노래를 부르는 일이 그보다 먼저였다.

저녁 식사를 마치고 자유의 노래가 시작되었다. 선선해진 해질녘, 지원자들은 무리 지어 뻗어 있는 나무들 옆에 서서 '민권운동'의 도가니에서 뜨겁게 불린 노래를 배웠다. 〈우리 승리하리라〉(We Shall Overcome)를 배우고, 〈물을 건너세〉(Wade in the Water), 〈오, 자유여〉(Oh, Freedom), 〈아무도 나를 가로막을 수 없어〉(Ain't Gonna Let Nobody Turn Me Around)를 배웠다. 그 초저녁, 꽃무늬 옷을 입은 다부진 흑인 여성이 다리를 절며 무대에 올랐다. 목화밭에 바친 삶을 드러내듯 팔뚝이 굵은 그녀는 고개를 뒤로 젖히고 힘차게 노래를 부르며 합창의 분위기를 고조시켰다.

오 오 오
이 작은 나의 빛
비추게 할 테야

곧이어 지원자와 교육 일꾼이 손을 맞잡았다. 팔을 교차하여 손을 잡고, 여름 내내 부르게 될 노래를 함께 부르며 리듬에 따라 몸을 움직였다. 어떤 노래는 자장가처럼 포근하고 어떤 노래는 행진곡처럼 웅장했다. SNCC 교육 일꾼들은 눈을 감고 고개를 젖히고 서서, 그칠 줄 모르는 노랫가락 속에 자신의 고통을 토로했다. 학생들의 입에서는 가사가 한 음절씩 늦게 나왔지만, 노래를 익히려고 애쓴 끝에 마치 어린 시절부터 불러 온 노래인 양 곧잘 부르게 되었다. 해가 넘어가고 하늘에서 별이 반짝일 때도 노래는 끝날 줄 몰랐다. 노래는 머리카락을 쭈뼛서게 하고 영혼을 슬픔에 빠뜨렸다가 승리감으로 다시 일어서게 했다. 그 뒤 며칠 동안, 미시시피 베테랑들은 최선을 다해 학생들에게 두려움을 심어 주려 했다.

화요일: "내가 살해당할 수 있고 당신이 살해당할지도 몰라요."[2]

목요일: "그자들은, 그러니까 백인들과 경찰, 카운티 보안관 모두 당신을 예의 주시합니다. 당신을 찾아다니죠. 그들은 언제든 준비가 되어 있고 무장을 하고 있습니다."[3]

금요일: "그들은 당신을 감옥에 보내 벌거벗기고 바닥에 내동댕이친 다음 거의 숨이 넘어갈 때까지 두들겨 팰 거예요."[4]

그럼에도 일요일 저녁, 노래는 공포를 물리쳤다.

저기 붉은 옷을 입은 게 누구인가?
내 백성이 지나가게 해 주소서
모세가 이끌고 가던 사람들이 틀림없지
내 백성이 지나가게 해 주소서
《물을 건너세》 가운데─옮긴이)

한 주가 지나는 동안 미시시피의 진실을 알게 되면서 지원자들은 진지해졌다. 하지만 집으로 돌아간 학생은 몇 명 되지 않았다. 청년다운 이상주의는 그 어떤 진실보다도 더 질겼다. 존 F. 케네디가 댈러스에서 쓰러지고 딱 일곱 달이 지났을 뿐이기에, "당신이 당신의 조국을 위하여 무엇을 할 수 있는가를 물으라"던 그의 정신이 오하이오 캠퍼스를 뒤덮었다. 여름 프로젝트는 많은 사람들에게 케네디의 평화봉사단을 떠올리게 했고, 그만큼의 헌신을 요구하며 시작되었다. 지난 6월에 민권 법안을 발표하면서 케네디는 "엄청난 변화가 곧 일어날 것입니다"[5] 하고 국민들에게 말했다. "아무것도 안 하는 사람은 폭력뿐 아니라 수치심을 불러오고 있는 것입니다. 용기 있는 행동하는 사람은 현실뿐 아니라 권리를 인식하고 있는 것입니다." 1964년 봄 내내, SNCC 연설가들은 전국의 대학을 순회하며 용기 있는 사람을 선발했다. 연설가들이 들려주는 끔찍한 미시시피 이야기는 모든 청중을 사로잡았다. 이게 미국이란 말인가?

5월 말 즈음, 700명이 넘는 학생들이 인턴십을 단념하고, 여름 일자리를 포기하고, 유럽의 성당을 둘러보는 건 나중에 하기로 하고, 대신 미시시피에서 여름을 보내기로 결정했다. 냉소적인 친구들은 '민권운동의 일회용 소모품'[6]이 될 거라고 충고했지만, 그들은 더 높은 목표를 바라보았다. 지원서를 작성하면서, 헌법이나 노예해방령을 인용했고 예수를 인용하는 사람도 있었다. 하지만 더 많은 학생들은 케네디를 인용하며 "그를 추모하고 그의 뜻을 이어받아야 한다"[7]고 밝혔다. 빈정거림, 에너지의 소진, 한 세대 전체의 강렬한 자의식, 이런 것들은 1960년대 후반에야 나타난다. 오하이오 캠퍼스의 이 투명한 순간, 수백 명의 젊은 목소리가 자유를 노래할 때, SNCC의 창립 선언문에서 진부한 구석이라고는 하나도 보이지 않았다.

비폭력을 통해 용기는 두려움을 몰아내고 사랑은 증오를 변화시킨다. 수용은 편견을 일소하고 희망은 절망을 끝장낸다. 평화는 전쟁을 억누르고 믿음은 의심을 가라앉힌다.[8]

진정성이 넘쳤지만 수십 명이 인터뷰에서 떨어졌다. 면접관의 기준은 명확했다. 지원자들은, 흑인의 지도 아래 일하는 것이 어렵지 않겠느냐는 질문을 받았다. 모든 활동가는 "미시시피에서 펼쳐 나갈 활동에 관해 배우려는 자세로 자신의 역할이 현지의 지도에 '협력'하는 것이지 그 위에 '군림'하는 것이 아님"[9]을 인식해야 했다. '존 브라운 콤플렉스'[10](존 브라운[John Brown, 1800~1859]은 무장봉기만이 미국의 노예제도를 무너뜨릴 수 있다고 믿은 백인이었다. 미연방 무기고를 습격하다 체포되어 교수형을 당했다―옮긴이)가 엿보이는 활동가는 환영받지 못했다. "남보다 돋보이는 일을 하고, 집으로 돌아갔을 때 유명세와 명예를 얻고자 하는 듯한 학생은 미시시피 프로그램에 나쁜 영향만 끼칠 수도 있었다."[11] 다른 인종과의 섹스에 조금이라도 호기심을 보이는 활동가는 거부되었다. 인터뷰를 통과한 활동가는 두 그룹으로 나뉘어졌다. 그다음 주 수련회에 참석하게 될 자유학교 교사들과, 먼저 미시시피에 도착하여 여름 동안 판잣집을 돌아다니며 유권자들을 등록시킬 활동가들이었다. 두 그룹의 역할은 명확히 분리된다고 해도, 면접을 거쳐 오하이오에 온 프리덤 서머 활동가들은 미국의 이상주의를 보여 주는 집단적 초상이었다.

활동가들이 캠퍼스에 결집했을 때,《뉴욕 타임스》는 그들의 얼굴에서 "뚜렷이 나타나는 중류계급의 특징"[12]을 발견했다. 그들의 평균 가계소득은 전국 평균보다 50퍼센트 높았다. 여학생은 5분의 2뿐이었다. 1964년 미국 전체가 그렇듯이 90퍼센트가 백인이었다. 소수를 제외하면 모두 대학생이었고, 거의 절반이 아이비리그를 비롯한 명문대 학생이었다. 많은 학생이 성공한 부모의 아들딸로서 변호사, 의사, CEO, 심지어 국회의원의 자녀였지만, 또 그만큼 많은 학생들이 교사, 사회 활동가, 노동조합 활동가, 목사의 자녀였다. 모두 합쳐 생각하면, 그들은 전체 국민의 자녀였다. 48명이 뉴욕에서 왔고, 36명이 샌프란시스코 만 지역에서, 24명이 남캘리포니아에서, 나머지는 미시간 주 플린트, 아이오와 주 왓치어, 뉴저지 주 테너플라이, 오리건 주 프레이리시티, 조지아 주 아메리커스, 일리노이 주 피오리아, 텍사스 주 델리오, 웨스트버지니아 주 비에나를 비롯하여 전국 각지에서 왔다. 냉전 분위기 속에서 자라난 대다수 학생들은 진실로 미국을 신봉하고 있었다. 베트남에서 들려오는 암울한 소식이나 피그 만 침공(1961년 4월 미국의 지원을 받은 쿠바 반혁명군이 쿠바 카스트로 정권을 전복하기 위해 쿠바 남부 피그 만을 침략했다가 완패했다―옮긴이)에 이미 질려 버린 학생도 있었지만, 미국이 이상에 미치지 못할 때면 언제나 청년이 이상을 되살릴 수 있다는 희망을 모두가 지니고 있었다.

여름 프로젝트에 선발된 활동가들은 경비 150달러, 보석금 500달러, 증명사진 세 장을 지참하라는 말을 들었다. 선거운동을 맡은 학생은 6월 14일부터, 교사를 맡은 학생은 6월 21부터 시작하는 한 주 동안의 교육을 오하이오 주 옥스퍼드에 와서 받아야 했다. 21세 미만의 활동가는 부모의 동의가 필요했다. 일부 학생은 가까스로 동의를 받아 냈다.

맨해튼의 한 엄마는 아들에게 "내가 널 어떻게 말려야 할지 모르겠구나"[13] 하고 말했다. 그러고는 부엌으로 가서 설거지를 하면서 눈물을 흘렸다. 강한 반대에 부딪힌 학생들도 있었다. 한 여학생은 "넌 검둥이를 위한답시고 우리를 버렸다"[14]고 쓴 할아버지의 편지를 받았다. 몇 활동가는 견고한 벽에 부딪혔다. 여름 프로젝트를 소개하러 대학에 파견된 사람에게 "완전히 푹 빠진"[15] 어떤 여학생은 집에 전화를 걸어 여름 계획을 털어놓았다. "엄마가 울음을 터뜨렸어요. 또 아빠는 꾸중을 하다가 소리를 지르기 시작했어요. 내가 미시시피로 간다면 학비 2천 달러를 지원하지 않겠다고요. 대학에 간 건 교육을 받기 위해서인데, 딴생각을 하고 있다면 돈을 보낼 까닭이 없다는 거죠. 그걸로 토론은 끝낳어요." 그러나 대부분의 부모는 그토록 찬란한 이상에 딴죽을 걸 수 없었다. "이 나라에서 인종차별을 뿌리 뽑는 것보다 더 커 보이는 과제는 없다고 확신합니다"[16] 하고 한 학생은 지원서에 썼다. "나는 내 몫을 하고 싶습니다. 지금 청년들 사이에 도덕적 물결이 번지고 있습니다. 나는 그 물결에 함께하고자 합니다!"

———————

매사추세츠 주 암허스트의 고등학교 3학년인 크리스 윌리엄스는 서평이 향락을 은유한다는 걸 알고 있었을 테지만, 비치보이스보다 리듬앤블루스를 더 좋아했다. 마르고 재치 있으며 저항적 경향을 지니고 모험을 갈망하는 크리스는 현 상황, 특히 인종차별 현실을 타개하려는 모든 도전을 지지했다. 그는 어린 나이에 이미 인종차별의 추악한 맨얼굴을 보았다. 크리스는 워싱턴 DC에 사는 동안, 어머니를 도와 어린 네 동생을 돌보는 가정부의 아이들과 친구가 되었다. 이웃 사람들이 돌을 던지고 "검둥이와 한통속!" 하고 고함치기 시작했다. 가족은 곧 북쪽으로 이사를 갔지만 크리스는 그 일을 결코 잊지 못했다. 몽고메리에서 처음 소식이 들려오자 크리스는 곧 민권운동에 관심을 갖게 되었다. "살아가면서 옳고 그름이 뚜렷하게 분별되는 상황과 맞닥뜨리는 일은 흔치 않지요. 이 경우엔 '옳은' 게 무언지 누가 봐도 명확해 보였습니다"[17] 하고 그는 회상했다.

1964년 봄, 크리스는 중간 키에 보이스카웃 같은 얼굴이었지만, 갈색 머리카락이 귀를 덮을 만큼 길어서 정학을 당했다. 그렇게 생긴 '봄방학' 동안, 그는 지역 목사들을 따라 노스캐롤라이나 주 윌리엄스톤으로 가 법원에서 피켓 시위를 했다. 부활절 일요일에 난투극이 벌어져 한 남자가 야구방망이에 맞았고 크리스가 체포되었다. 감옥이 침울하기보다 즐거웠던 그는 〈인기가요 40〉 라디오 프로그램을 듣고, 시위자나 흑인 청소년들과 함께 농담을 하며 사흘을 후딱 보냈다. 흑인 청소년들은 크리스의 머리 모양을 보고 '링고'(비틀스 멤버 링고 스타를 빗댐—옮긴이)라고 불렀다. 곧 보석으로 풀려난 크리스는 집으로 돌아가면서 다시 오겠다고 다짐했다. 오래지 않아 기회가 왔다. 스미스대학 근처에서 열린 민권운동 집회에서, '미시시피 여름 프로젝트'를 설명하는 예일대 학생 두 명을 만난 것이다.

부모도 선뜻 허락했다. 크리스의 아버지 셰이퍼 윌리엄스는 마음을 잘 알았다. 그는 1928년 하버드대학을 중퇴하고 미국 곳곳을 유랑하며 제재소에서 일하고 파이프를 연결하는 일을 했다. 모험에 흥미가 없어지자 대학으로 돌아가서 중세 역사를 전공하고 박사 학위를 받았다. 이제 매사추세츠대학 교수로서 자신이 가르치고 있는 세대에 점점 회의가 깊어지던 그는, 여름 프로젝트가 아들에게 "값어치 있는 무언가를 실질적으로 하는"[18] 길이 될 것이라고 알아보았다. 크리스의 어머니는 이해가 더 깊었다. "버밍햄 교회 폭파 사건이 그 전해 가을에 일어났지요"[19] 하고 크리스는 회상했다. "메드거 에버스는 미시시피에서 피살되었고요. 어머니는 위험을 알고 있었어요." 하지만 어머니 진 윌리엄스는 너무나 많은 미국인이 청소년들을 '무위도식자'[20]라고 생각한다고 지역 신문에서 밝혔다. "미국 학생들이 드디어 해야 할 무언가를 하기로 마음먹은 것이다."

여름 프로젝트에 몸이 달아 있던 크리스는 졸업할 때까지 기다리지 않았다. 6월 초 그는 친구를 막아서서 자기 교과서를 건네주고는 지나가는 차를 얻어 타고 노스캐롤라이나로 돌아갔다. 윌리엄스톤에서 전단을 배포하고 소란스러운 교회 집회에 참석하고 호스트 가정의 식구들과 함께 콜라드 잎을 먹었다. 그러다가 오하이오에서 있을 교육 날짜가 가까워지자 엄지를 치켜들고 지나가는 차를 세워 서쪽으로 갔다. 경찰에 체포되었을 때 그는 "마치 미국 최고의 수배범이나 되는 것처럼"[21] 취조를 받았다. 집에 전화를 걸어 가출한 것이 아님을 입증해야 했던 크리스는 일기에 헨리 데이비드 소로를 인용했다. "가장 잘 통치하는 정부는 최소한으로 통치하는 정부이다."[22] 블루리지산맥을 지나고, 농부와 군인의 차를 타고, 크고 육중한 차들이 우레 소리를 내며 지나가기만 해서 해가 질 때까지 몇 시간을 길에 남겨지기도 했다. 길을 사랑하는 열여덟 살 청년은 그렇게 홀로 길에 서 있었다. 가던 중에 어딘가에서 지갑을 잃고 무일푼 신세가 되었다. 결국 얻어 탄 차는 '동성애자'[23]의 차, '불량배들이 들어찬 차,' 그리고 맥주를 마시고 캔을 창밖으로 던지던, 비번인 경찰 둘이 탄 차였다. 애팔래치아산맥 골짜기를 지나고, 완만한 기복이 있는 남부 오하이오의 넓은 들을 지나서, 그는 천천히 캠퍼스를 향해 갔다. "그리고 미시시피 모험 전체가 시작되었습니다."[24]

교육에 참여한 다른 학생들과 마찬가지로 크리스는 이번 여름만 활동할 생각이었다. 오는 가을에는 펜실베이니아대학에 입학할 생각이었다. 앞으로 몇 달 동안 피격당하고, 최루가스를 마시고, 자신에게 영원히 인간애의 기준이 되는 사람들을 만나게 될 줄은 알지 못했다. 결혼하게 될 여자를 만나게 되리라는 것도 알지 못했다. 몇 달 동안만 활동한다는 데 서명했지만, 그는 9월이 되었을 때 아이비리그의 일원이 되기를 포기하고 미시시피 시골에서 조직 활동을 계속하게 된다. "나는 펜실베이니아에서 받게 될 어떤 교육보다 미시시피가 더 교육적이라는 걸 깨달았습니다. 내 행동이 분별없는 탈선이 아니라는 의식이 있었습니다. 이것은 만들어지고 있는 역사였어요. 앞으로 기록되고 토론될 것이었습니다. 미국을 바꾸어 놓을 큰 변화였죠."[25]

그 일요일 밤 노래 부르기가 끝났을 때, SNCC 실무진은 늦게까지 잠들지 않았다. 미시시피의 끊임없는 테러에서 벗어난 그들 가운데 술을 마시는 사람도 있고 토론하는 사람도 있었다. 여러 실무자들이 벌써부터 활동가들 때문에 걱정이었다. '애들'은 너무 순진하고 여리고 못 말릴 만큼 자기 자신을 믿었다. 그런 아이들을 미시시피의 지옥 불구덩이에 던져 넣는다는 생각을 하니, 멍과 총상이 여전히 남아 있는 그들조차 오싹해졌다. 아이들에게 진실을 어디까지 얘기해야 할 것인가? 예일, 하버드 학생들이 미시시피의 고통을 느낄 수 있을까? 깜깜한 도로를 달리다가 백미러에 갑작스레 전조등 불빛이 나타나더니, 자동차가 질주해 와서 속도를 줄이지 않고 내 차 범퍼에 부딪히는 것이 어떤 건지 이 아이들이 이해할 수 있을까? 그 차가 옆으로 와서 지나갈 때 바닥에 납작 엎드리는 것이 어떤 것인지 알 수 있을까? 공포가 엄습해 올 때, 폭력배가 모여들 때, 보안관에게 체포될 때, 부를 만한 사람이 아무도 없다는 걸 깨닫는다면? '전형적인 남부 사내'한테 맞아 이가 바스러질 때 지켜 줄 경찰이 없다는 걸 안다면? 법무부가 신경도 안 쓴다는 걸 안다면? FBI가 관심조차 없다는 걸 안다면?

엿새 뒤 250명의 학생이 미시시피 주 매콤 같은 곳으로 가야 한다. 그곳은 그해 들어서만 흑인 다섯 명이 살해당하고 50명이 폭행당한 곳이다. 학생들은 겁에 질릴 것인가? 북부 사람으로서 우월감을 과시할 것인가? 비폭력으로 폭력에 맞설 수 있을 것인가? 크리스 윌리엄스가 일기에 쓴 표현대로, "무시무시한 이야기"[26]를 시작할 때가 되었다.

월요일 아침, 널찍한 강당에서 학생들이 수다를 떨고 농담을 주고받고 있을 때, 깃 모양이 사제복 같은 옷을 입은 백인이 활동가들 앞에 섰다. 전날 저녁 에드윈 킹 목사는 메드거 에버스의 추도식을 집전했다. 강당 어느 쪽에 있든, 활동가들은 킹 목사의 턱을 감싼 크고 하얀 붕대를 볼 수 있었다. 잭슨 근처에서 도로를 벗어나는 자동차 충돌로 턱이 부서진 것이다. 이제 목사는 미시시피를 일러 '경찰국가'라 불렀다. 모든 제도가 흑인에게 적대적이라고 그는 활동가들에게 말했다. 정부, 법원, 언론, 경찰, 부유한 사업가, 소상인, 특히 가난한 백인들마저 흑인이 "분수를 지키게" 하기 위해서 방화와 고문, 살인까지 무슨 짓이든 서슴지 않는다고 했다. 킹은 무자비한 위협과 일상적으로 폭력을 일삼는 경찰, '실종'되는 흑인, 한 시간도 안 돼 살인자들을 무죄 방면하는 배심단 이야기를 들려주었다.

뒤에 이어지는 이야기에 비하면 킹 목사가 들려준 이야기는 시시한 것이었다. 작업복 청바지와 티셔츠를 입은 흑인들이 한 사람씩 자신이 직접 목격했거나 겪은 테러를 알려 주었다. 몇몇은 '파치먼 농장'(미시시피 주립 교도소—옮긴이)이라 일컫던 악명 높은 교도소에서 겪은 얘기를 했다. 끼얹는 물에 홀딱 젖은 채 추운 밤을 견뎌야 했던 일과, 지독히 더운 한낮에 '몸 하나 돌릴 수 없는 고문실'에 갇혀 비지땀을 흘리던 일들을. 또 어떤 사람은 그린우드에서 경찰견의 목줄을 풀어 시위대를 공격하게 했던 일과 최근에 캔턴과 나체스에서 폭행당한 일, 거의 모든 마을에서 흑인 가정이 총알 세례를 받는 현실을 말했다. "경찰은 여러분의 친구"라는 말을 믿게끔 길러진 활동가들은 이제 미시시피 경찰의 실상을 들었다. "경찰서의 차가운 계단을 내려갈 때, 여러분은 다시 돌아올 수 있을지 기약할 수 없습니다. 저항하지 않고 폭행을 견딜 수 있을지도 알 수 없습니다. 당신이 반격하기로 결심할 수도 있으니까요. 그건 모두 당신이 어떤 식으로 죽고자 하느냐에 달려 있죠"[27] 하고 바로 지난주에 경찰서에 구금된 채 두들겨 맞았던 윌리 피코크가 말했다. 키가 큰 SNCC 실무자는 아무 말도 보탤 필요가 없었다. 목에 난 총탄 구멍이 흰 티셔츠 위로 선명하게 보였기 때문이다.

마지막으로, 바로 어제 일요일 저녁 집회 분위기를 노래로 고조시켰던 바로 그 뚱뚱한 여성이 1963년 6월 밤의 일을 들려주었다. 백인 전용 간이식당에서 나가라는 명령을 들은 패니 루 헤이머는 독방으로 끌려가 누우라는 말을 들었다. 그리고 간수들이 한 재소자에게 곤봉을 건넸다. "그 남자는 지칠 때까지 나를 팼어요."[28] 머리와 등, 맨발을 무자비하게 두들겨 맞았다. 그리고 이제 웅웅 울리는 헤이머의 목소리에 활동가들은 오싹해졌다. "때리지 마요! 그만 때려요!" 자리가 꽉 찬 강당에서, 학생들은 손으로 입을 틀어막고 눈길을 돌린 채 애써 눈물을 참았다. 이것이 미시시피였다. 그들이 오는 일요일이면 도착하게 될.

이튿날 저녁을 먹을 때 캠퍼스는 여름 캠프라기보다는 포로수용소 분위기에 가까웠다. 음식을 앞에 두고도 이제 입맛이 당기지 않는지 학생들은 두들겨 맞고 피격당하고 살해되는 자신을 상상했다. 백인의 하얀 얼굴이 아무래도 더 하얘진 듯했다. 웃음기는 사라졌다. 자유의 노래들은 가물가물해졌다. "얘기를 들은 우리는 완전히 겁에 질렸다"[29]고 크리스 윌리엄스는 썼다. 집에 보내는 편지에 두려움을 쏟아 낸 학생도 있었다.

6월 15일, 월요일 밤

　　가장 위험한 지역인 그 주의 남서부에서 활동하라는 제안을 거절했어요. 그 지역을 담당하는 실무자와 15분 정도 이야기를 나누었어요. 그곳에서 최근 석 달 동안 숲으로 끌려가 총살을 당한 흑인이 다섯 명쯤 된다고 말해 주더군요. …… 너무 무서워서 거긴 못 가겠다고 털어놓았어요. 너무 불안해서 미시시피에 가는 일을 단념하려 했어요. 하지만 아직도 가고 싶어요. 내 인생을 포기한 것 같은 기분은 싫으니까요…….[30]

　　크리스는 다른 대처 방법을 찾아냈다. 월요일 자정, 그는 짧은 운동복 바지를 입고 웃통을 벗은 채 맨발로 달리기 시작했다. 이슬이 내려앉은 풀밭을 밟고, 은은하게 불을 밝힌 기숙사 건물을 지나고, SNCC 회의가 열리고 있는 사무실을 지쳐 달리고 또 달리며 자신의 '미시시피 모험'을 다시 생각했다. "달리기만 하다가 완전히 지쳐 버렸고 그러자 더 이상 두렵지 않았다."[31]

　　화요일 내내 미시시피의 정치조직, 지리, 역사에 초점을 맞춰 워크숍이 진행되자 두 그룹 사이에 긴장이 감돌았다. 일부 학생은 강의를 듣는 기분이었고, 다른 학생은 인종 간의 간극을 아쉬워했다. "우리는 흑인으로 산다는 게 어떤 건지 모릅니다. 설령 안다고 해도 여기 온 흑인들은 우리를 인정하지 않을 거예요. …… 그들의 눈에 우리는 부유한 중상류계급 백인으로 여름 한 철 시간 내서 흑인을 도우려 할 뿐이니까요."[32] 하지만 많은 학생은 미시시피 베테랑들을 우상으로 여기기 시작했다.

　　학생들은 캠퍼스 어느 곳에서 만나든 '스니크'라고 발음되는 SNCC

라는 조직에 관해 이야기를 나누었다. 1930년대부터 민권운동에 열성적이던 엘라 베이커라는 용감하고 똑똑한 흑인 여성이, 여러 남부 도시의 간이식당에서 벌어진 '좌석점거 운동'을 통해 갓 길러진 대학생 수십 명을 1960년에 결집시킨 이야기. 베이커가 그들을 벼려서 학생비폭력실천위원회라는 조직을 결성한 이야기, 그 조직은 흑인이 '햄버거 이상의 것'(엘라 베이커는 남부의 식당에서 벌인 좌석점거 운동이 햄버거 이상의 것을 얻고자 했다고 여러 차례 강조했다—옮긴이)을 쟁취하는 걸 목표로 하는 정치 세력이라는 이야기. SNCC가 곧 미국 곳곳의 대학 캠퍼스에 지부를 세우고 그 구성원들이 '프리덤 라이드'를 펼친 이야기. 1961년 5월, 흑인 일곱 명과 백인 여섯 명으로 이루어진 프리덤 라이더 열세 명은 버스를 타고 남부로 들어갔다. 주간(州間) 교통수단에서 인종차별을 철폐한 법을 시행하라고 연방정부에 촉구하기 위해서였다. 이들은 노스캐롤라이나에서 체포되었고, 사우스캐롤라이나에서 폭력배들에게 폭행당했으며, 앨라배마에서는 버스가 소이탄 공격을 받아 시커멓게 타 버렸다. 경찰의 보호를 받지 못한 그들은 버밍햄에서 이후 일정을 포기할 수밖에 없었다. 하지만 곧 내슈빌의 SNCC 구성원들이 프리덤 라이드를 이어서 미시시피로 갔다. 그들은 잭슨에서 체포되어 '파치먼 농장' 감옥에 수감되었다.

'프리덤 라이드'는 SNCC를 운동의 '돌격대'로 만들었다. 그 참여자들은 반사적인 폭력에 간디의 평화주의로 맞서고, '보석 없는 수감 생활' 몇 주 동안 노래를 불렀으며, 스파게티와 햄버거만 먹으며 버티고, 밤이 깊도록 사랑과 공감, 비폭력을 이야기했다. 조지아에서 아칸소까지 작은 프로젝트가 이어지는 동안, SNCC 구성원들은 흑인 가정의 포치에서 가난한 흑인을 만나고, 간이침대나 바닥에서 잠을 자고, KKK가 활동하는 지역에 과감하게 들어갔다. 이 모든 일을 하고 받는 급여는 주당 세후 9.64달러였다.

그냥 '스니크'라고 불리기도 했던 SNCC 실무자들은 용감한 민권운동가들 사이에서조차 걸출했다. 스니크들은 오히려 결점이라 할 만큼 냉철하고 용감하고 활발했다. "그들은 구호를 놓고 논쟁하지 않았다"[33]고 구성원 조이스 래드너는 회상했다. '아름다운 공동체,'[34] '신뢰의 결집체'를 창조하는 일에 관해 유려하게 표현할 수도 있을 텐데도, SNCC은 어느 마치 제2차 세계대전을 치르듯 표현되었다. 그들은 "미시시피를 깨부수고,"[35] "교두보"를 건설하고, "적진의 후방"에 침투하는 작전을 의논했다. SNCC와 오랜 기간 함께한 역사학자 하워드 진은 이렇게 썼다. "그들과 함께 미시시피 주 해티스버그에서 비를 맞으며 피켓을 들고 행진하고, …… 앨라배마 주 셀마에서 그들이 전기 봉에 찔려 호송차 안에 던져지는 걸 보고, 또 델타의 한 교회에서 집회의 마지막에 그들이 팔을 걸고 노래를 부르는 걸 보면서, 위대한 존재의 현존을 느낄 수 있다."[36] 그런 그들이 오하이오에 나타났을 때, 대부분의 학생은 경외심을 느꼈다. 시간이 흐른 뒤 한 여성은 그때 교육이 자신이 삶을 바꾸어 놓았다고 말했다. "SNCC 사람들을 만나서 입이 떡 벌어졌기 때문이죠."[37]

유명인사 같은 마틴 루터 킹의 지위를 경멸하는 SNCC는 '집단지도체제'[38]를 길러 냈다. 어떤 구성원도 다른 구성원보다 더 중요하지 않았고, 모든 결정은 며칠이 걸리든 회의에서 벼려지는 합의에 의해 도출되었다. 구성원들이 서로 책을 돌려보거나 감방에서 토론을 하면서 SNCC는 그 자체로 대학이 되었다. 두려움을 극복하는 방법, 철학, 수학, 또는 여자 얘기까지 토론 내용도 다양했다. 스스로를 지도자가 아니라 조직가로 생각하는 스니크들은 각 지역에서 두려움을 극복하고 운동을 조직할 수 있도록 지역에 권한을 주었다. 집단지도 체제가 의미하는 건 이런 거였다. 오하이오에 있던 모든 백인 활동가들이 마틴 루터 킹 박사는 알고 있지만, 자신들 사이에 미래 민권운동의 상징이 되는 영웅들이 서 있다는 사실은 거의 인식하지 못했다는 것.

캠퍼스 한쪽에 제임스 포먼이 서 있었다. 파이프 담배를 피우는 점잖은 이 남자는 공군 전역자였다. 미시시피에서 자랄 때 너무도 가난해서 때로 흙을 퍼 먹으려고도 했지만, 대학을 다니다 SNCC로 온 이유는 오합지졸 같은 혁명가들을 활활 치솟는 불길로 일으키기 위해서였다. 다른 한구석에는 존 루이스가 있었다. 그는 앨라배마 소작인의 수줍음 많은 아들이다. SNCC 의장이었고 뒷날 국회의원이 된다. 이 밖에도 이 용감하고 새로운 아프리카 계 미국인 세대의 미래 지도자들이 캠퍼스에 와 있었다. 줄리언 본드, 패니 루 헤이머, 스토클리 카마이클, 빅토리아 그레이, 매리언 배리…….

그런데 이 걸출한 인물들 속에서도 한 명의 스니크가 유난히 두드러졌다. 자신은 그러지 않으려고 무지 애썼지만. 가슴받이가 달린 작업복 바지를 입고, 안경을 쓰고, 짙은 눈썹에 미간 주름이 깊게 팬 그는 지혜로운 소작인처럼 보였다. 작은 체구 덕분에 군중 속에서 눈에 띄지 않게 다녔다. 하지만 입을 열면 자신이 어떤 사람인지 숨김없이 드러나고 만다. "그는 전체 프로젝트의 예수 같아요"[39]라고 한 활동가는 표현했다. 언론이 지도자로 지목하고 있는 사람, '하버드대 석사'[40]인 흑인이 바로 이 사람이다. 뉴욕의 사립학교에서 수학을 가르치는 안락한 직업을 그만둔 사람. 1960년에 다른 민권운동 지도자들도 가지 않은 미시시피를 간 사람. 혼자 그곳으로 간 사람. 빈번히 체포되고 탄압받으면서도 얼음 같은 차분함을 잃지 않아 그를 대하는 모든 사람을 놀라게 한 사람. 폭도들이 샅샅이 뒤지고 막 나간 사무실에 들어가 간이침대를 펼치고 낮잠을 자는 배짱에 누가 공감할 수 있을 것인가? 그리고 그의 이름은 지난 밤 사람들이 부른 자유의 노래에도 등장하지 않았던가. 우연 이상의 어떤 것이 지어 주기라도 한 것처럼, 그의 이름은 모지스(Moses, 성경에 나오는 모세―옮긴이), 밥 모지스였다.

미시시피로 오기 전에, 로버트 패리스 모지스의 삶에는 전설은 고사하고 지도자가 될 것임을 암시해 줄 만한 것이 거의 없었다. 그는 부지런히 일하는 건물 관리인의 세 아들 가운데 하나로 할렘에서 자라났다. 모지스는 우수한 학생으로서 스타이버선트고등학교와 해밀턴칼리지에서 장학금을 탔고, 하버드대학 대학원에 들어갔다. 거기서 수리논리학을 전공하고 1957년에 석사 학위를 취득했다. 하지만 이듬해 어머니가 암으로 사망했고, 상심을 극복하지 못한 아버지는 끝내 정신병원에 들어갔다. 모지스는 하버드를 떠나 집으로 돌아왔고, 식구를 부양하고 아버지의 회복을 위해 이 일 저 일을 했다. 〈왜 바보들은 사랑에 빠질까?〉(Why Do Fools Fall in Love)를 부른 어린 가수 프랭키 라이먼의 가정교사도 그가 한 일 가운데 하나였다. 이 일을 계기로 모지스는 미국 곳곳의 흑인 빈민가를 돌아다니며, 남부를 탈출하여 '약속의 땅'으로 온 흑인의 운명을 깊이 고민하게 되었다. 자신은 하버드 덕분에 그런 신세를 모면했을 뿐이라는 비애를 느끼며, 그는 답을 찾아 나갔다. 그리고 1960년 2월 1일, 노스캐롤라이나 주 그린스보로에서 흑인 남성 넷이서 백인뿐인 식당의 좌석을 점거하는 일이 벌어졌다.

모지스는 신문에 실린 그 첫 번째 좌석점거 사건의 사진들을 자세히 들여다보고 몇 주 동안 연구했다. 카운터 좌석에 앉은 네 사람은 너무도 평온하고 무척 자신 있어 보였다. "그 전에 남부의 흑인은 늘 수세적인 모습, 굽신거리는 모습으로만 보였다"[41]고 그는 회상했다. "이번에는 그들이 주도권을 쥐고 있었다. 그들은 내 나이 또래 젊은이였고, 나는 이 일에 내 자신의 삶과 관련된 무언가가 있다는 걸 알았다. …… 이 일이 답을 주었다." 대학교 다닐 때 모지스는 유럽과 일본에서 열린 퀘이커 여름 캠프에 참여하여 가난한 사람들을 위해 집을 짓고 평화주의와 그 힘에 관해 새 친구들과 이야기를 나누기도 했다. 가장 좋아하는 작가는 알베르 카뮈였다. 카뮈의 소설은 악에 맞서는 평범하지만 고상한 사람들을 그리고 있다. 카뮈의 에세이는 "글이 화약보다 훨씬 강하다"[42]는 걸 확신시켜 주었다. 그린스보로 좌석 점거가 있고 넉 달 뒤, 스물네 살이던 모지스는 카뮈의 철학과 자신의 철학을 시험하기 위해 남부로 향한다.

버지니아 주에서 건축가로 일하던 삼촌을 방문하는 동안, 모지스는 뉴포트뉴스에서 피켓 시위를 했다. 이 소박한 저항은 큰 위안을 주었다. 그때까지 분노를 억누르며 '별일 없는 척' 살아왔지만, 마침내 그는 카뮈가 말했을 법한 '앙가주'(engagé, 참여―옮긴이)를 실천한 것이다. 애틀랜타로 향하는 길에 그는 마틴 루터 킹의 남부기독교지도자회의(SCLC)에서 활동했다. 낡은 책상에 앉아 우편물을 봉투에 넣으며 칸트에 대해 동료와 토론했다. 열렬한 신참 활동가 때문에 SCLC 조직의 어떤 사람들은 당황했다. 진지하고 지적인 모지스가 공산주의자임에 틀림없다고 생각하는 사람이 많았다고 줄리언 본드는 회상했다. "우리는 좀 심하게 그를 의심했어요"[43] 하고 본드는 떠올렸다. "우리는 편협했지요. …… 한편 밥 모지스는 이미 체계적인 분석을 투영하기 시작했답니다. 단지 남부에 대해서만이 아니라, 미국과 세계에 대해서요." SNCC

가 미시시피에 가서 협의체를 결성할 사람을 구하자, 모지스는 자원하고 버스비도 자비로 냈다. 통행증과 지역 NAACP 지도자 명단만 들고서 그는 앨라배마를 지나 미국의 가장 가난한 지역, 소작인들의 판잣집이 둘레에 줄지어 서 있는 넓디넓은 목화밭의 땅, 그 땅에 서린 슬픔이 블루스를 낳은 곳, 그저 델타라고만 알려져 있는 지역을 향했다.

볕이 이글거리는 미시시피 주 클리블랜드의 아파트에서, 모지스는 NAACP 조직가 앰지 무어를 만났다. 하버드대 예비 철학박사와 주유소 사장은 그 자리에서 친구가 되었다. 무어는 모지스한테서, 검은 미시시피를 "덮고 있는 것을 벗겨 낼"[44] 차분한 용기를 보았다. 그리고 단단하고 옹골찬 무어는 오래된 영가에 나오듯, 흔들리지 않는 "물가에 심어진 나무"[45] 같은 면모를 모지스에게서 보았다. 모지스는 앰지 무어가 좌석 점거에 관심이 없다는 걸 알았다. 한 해 500달러를 버는 소작 농민들은 간이식당에서 밥을 사 먹을 여유가 없기 때문이다. 투표가 미시시피를 변화시킬 열쇠라고 무어는 말했다. 델타에서 흑인의 수는 백인보다 곱절로 많았지만, 흑인 중에 투표할 수 있는 사람은 3퍼센트뿐이었다. 제2차 세계대전 이후로 유권자 등록 운동의 기미가 조금이라도 보일라 치면 보복성 폭력이 벌어졌다. 흐릿한 불빛 아래 이야기를 나눌 때, 모지스는 무어가 장전한 소총을 옆에 두고 있는 걸 알아챘다. 바깥에는 불을 환하게 켜서, 한밤중에 차가 지나가면서 총질을 하거나 저격수가 나타나거나 폭탄을 던지는 일에 대비하고 있었다. 이야기를 나누면서 모지스는 다음 여름에 시작할 유권자 등록 운동의 기본 계획을 수립했다.

무어는 아들 같은 청년을 차에 태우고 델타를 돌아다니며 지역 정치 조직을 설명해 주고, 짓눌린 사람들이 어떻게 움직이고 생존해 가는지 알려 주었다. 그곳은 인간의 화산을 둘러싼 깊고 평온해 보이는 검은 대양이었다. 무어는 모지스를 교회 단체 사람들에게 소개하여, 델타 주민들이 어떻게 반응하는지 알게 했다. "무언가가 일어날 것입니다."[46] 모지스는 작은 교회를 찾아다니며 지친 얼굴들을 마주하여 말했다. "준비하십시오. 당신의 마음에 들든 안 들든 반드시 당신에게도 닥칠 일이니까요. 당신에게 이 말을 전하려고 제가 온 것입니다." 대부분의 사람들은 눈을 내리깔았지만, 몇몇 사람은 차분하게 "아멘" 하고 응답했다. 공포에 질린 마을마다 이 한 줌도 안 되는 씨앗과 함께, 모지스와 SNCC는 미시시피에 운동의 싹을 틔울 것이었다.

내키지 않았지만, 모지스는 뉴욕으로 돌아가 계약된 교사 생활의 마지막 한 해를 마쳤다. 1961년 여름 그는 다시 남부로 갔다. 그리고 미시시피에서 거의 네 해를 머물게 된다. 적의가 불타고 지쳤지만 어쨌거나 여전히 살아남은 채로 그가 미시시피를 떠날 즈음, 미시시피는 선거운동과 자유학교로 사람들이 북적이고, 몇 백 년 만에 변화가 시작되고 있었다.

오하이오 수련회에서, 활동가들은 모지스의 안에 감춰진 힘을 금세 알아보았다. 일부 학생은 그를 모방하고 싶어 천천히 걷고 천천히 말했으며 가슴받이가 달린 작업복 청바지를 따라 입었다. 그러나 결코 앞에 나서서 자신이 알고 있는 공포스런 이야기를 들려주지 않았기에 여전히 그를 아는 사람은 거의 없었다. 나중에야 학생들은 알게 된다. 1961년 8월, 모지스가 미시시피 남서부 구릉에 있는 오지에서 유권자 등록 교실을 열었다는 걸. 모지스의 표현을 빌리자면, 그곳은 "도무지 미국의 일부라고는 보이지 않는, 가난에 찌들고 살기 힘든 시골"[47]이었다. 그리고 학생들은 모지스가 흑인들을 이끌고 법원으로 가서 뭐 씹은 듯한 표정의 등록 담당자들 앞으로 똑바로 걸어갔고, 증오가 담긴 담당관들의 물음에 부드럽게 대답했다는 걸 알게 된다. 그리고 호기심이 발동한 법원 직원들이 등록 사무실로 와서 이 '뉴욕 흑인'을 구경했다는 것도. 고속도로 순찰대는 관할구역을 떠나고 있는 모지스의 차를 한쪽에 세우게 하고 물었다.

"뉴욕에서 내려와 소란을 일으킨다는 검둥이가 당신인가?"[48]

"나는 유권자 등록을 알려 주기 위해 뉴욕에서 내려온 흑인입니다." 모지스가 고쳐서 말했다. 그러고는 순찰관의 명찰에 적혀 있는 번호를 적기 시작했다.

"차에 타, 검둥이!"

경찰서로 호송된 모지스는 일상적인 전화 통화를 허락받았다. 경찰들은 그가 전화 교환원에게 워싱턴 DC의 법무부 수신자부담 전화를 연결해 달라고 하는 말을 들었다. 모지스는 에이밋 카운티의 민권법 위반 사항을 자세히 진술했다. 아연실색한 경찰은 모지스에게 재판 비용 5달러만 내라고 했다. 그는 거부하고 이틀 동안 수감되었다. NAACP가 결국 그를 보석으로 꺼냈지만, 풀려나기 전에 한 경찰은 "얘야, 네가 지금 무슨 짓을 하고 있는지 알고는 있니?"[49] 하고 물었다.

몇 주 안에 소문이 쫙 퍼졌다. 흑인들은 "킹 박사와 거물 몇 사람이"[50]와 있다는 소문을 들었다. 십대 청소년인 홀리스 왓킨스와 커티스 헤이스는 킹을 찾아 나섰다가 모지스를 만나고 SNCC에 가입했다. 그동안 백인들은 "뉴욕에서 온 검둥이" 하나가 소란을 일으키고 있다는 말을 들었다. 밥 모지스라는 이름은 곧 KKK 공격 대상 리스트의 꼭대기에 올랐다. 공격은 머지않아 이루어졌다. 8월 말, 모지스가 세 사람을 이끌고 벽돌로 지은 땅딸막한 리버티의 법원으로 가는 길이었다. 한 사내가 달려들더니 나이프 자루로 모지스의 머리를 가격했다. 얼굴에 피가 줄줄 흘러내렸지만, 모지스는 덜덜 떠는 신청자들을 이끌고 법원 계단을 올랐다. 등록 사무실은 닫혀 있었다. 아홉 바늘을 꿰맨 뒤, 모지스는 1961년 미시시피에서 흑인이 하지 않는 또 다른 일을 했다. 고소를 한 것이다. 엽총을 소지한 농부들이 들어찬 법정에서 모지스는 차분하게 피습 사실을 진술했고, 보안관으로 하여금 시 경계선까지 자신을 호위하게 했다. 가해자는 정당방위가 인정되어 무죄 방면되었다. 곧이어 테러가 줄을 이었고 허버트 리의 살해로 정점을 이루었다. 공포가 운동을 짓눌렀고 SNCC는 미시시피 남서부에서 철수했다. 그러나 밥 모지스를 둘러싼 이야기는 더 많은 사람을 고무했다. SNCC의 새 교두보인 델타에서 밥 모지스와 함께하는 사람이 늘어났다. 1964년 즈음, 민권운동 바깥에 모지스는 거의 알려져 있지 않았지만 민권운동 내부에서는 이미 전설이 되어 있었다. 하지만 모지스에 관해 들은 적인 있는 몇 안 되는 활동가들조차, 그가 말하는 걸 직접 듣고서야 비로소 전율을 느꼈을 것이다.

비단결처럼 부드러운 목소리로 모지스는 일요일 밤에 짧게 발언했고, 그 주 내내 여러 차례 말할 기회가 있었다. 그는 웅변술의 모든 규칙을 깼다. 종종 아래를 내려다보았다. 결코 두 번 되풀이해 말하는 법이 없었고 그럴듯한 이야기를 들려주지 않았으며 거의 웃음을 짓지 않았다. 그러나 시간을 초월한 참된 지도자들의 맥을 이어, 그는 진실을 외쳤고 모든 사람의 이목을 집중시켰다.

"이 나라의 어떤 행정부도 흑인의 권리를 위해 정치적 자살을 선택하지 않을 것입니다"[51] 하고 모지스가 활동가들에게 말했다. "이것이 우리가 하고 있는 일의 일부입니다. …… 바로 여러분 자신을 바쳐 미국이 개입하게 하는 것이죠." 대담한 움직임만이 미시시피를 변화시킬 수 있다는 굳은 믿음으로, 모지스는 여름 프로젝트를 끈덕지게 호소하며 선배 운동가들의 강한 반대를 물리쳐 왔다. 그러나 지금 그는 그다지 확신하지 않는 것처럼 보였다. 그는 활동가들에게 말했다.

올 여름 미시시피 흑인을 구하기 위해서라면 미시시피에 오지 마십시오. 흑인의 자유와 여러분의 자유가 하나라는 걸 이해할 때에만, 참으로 이해할 때에만 오십시오. 어쩌면 우리는 올 여름에 아주 많은 사람을 등록시키지는 못할 것입니다. 또 어쩌면 우리는 아주 많은 사람을 자유학교에 오게 하지 못할 것입니다. 어쩌면 우리가 하려고 하는 모든 일은 올 여름 내내 생각대로 이루어지지 않을 것입니다. 미시시피에서는 그럴 가능성이 매우 큽니다.

세상이 어깨를 짓누르고 있기라도 한 듯 한숨을 내쉰 모지스는 허버트 리 살해 사건을 활동가들에게 말해 주었다. 그러나 가시지 않는 걱정은 드러내지 않았다. 화요일 오후, 그는 근심에 빠져 있었다. "무시무시한 이야기들"에도 불구하고 아무도 집으로 돌아가지 않았던 것이다. 자기분석적인 오랜 토론을 벌인 끝에 활동가들은 의심을 털어놓았다. 내가 자기중심적인 것은 아닌가? 피학적인가? 구세주 콤플렉스가 있는 건 아닌가? 미국에서 자라난 백인으로서, 나 또한 인종차별을 하지는 않았는가? 활동가들은 간디와 톨스토이, 제임스 볼드윈을 인용했지만, 아무도 포기라는 상식적인 선택을 하지 않았다. 모지스와 마찬가지로 다른 스니크들도 걱정이 깊었다.

최근에 폭행당해 생긴 멍을 문지르면서 "소용이 없어"[52] 하고 찰스 맥

러린이 말했다. "아무 소용이 없어. 학생들한테 통하질 않아." 남부 백인의 성향부터 노예의 역사에 이르기까지, 이런저런 교육을 받는 동안 학생들은 학구적이고 진지해 보였다. 하지만 워크숍이 끝나면 터치 풋볼을 하거나 기타로 〈바람만이 아는 대답〉을 연주했다. 마치 여름에 바닷가에라도 놀러 온 것처럼. 학생들은 SNCC의 안전 수칙을 읽었다. "혼자서는 '어디에도' 가면 안 되며, 특히 자동차를 타고서나 밤에는 혼자 다니지 않는다. …… 열린 창문 근처에서 잠들지 않는다. 언제나 집의 안쪽에 잠자리를 둔다. …… 밤중에 불빛을 등지고 문간에 서 있지 않는다."[53] 하지만 미시시피의 낯선 흉악성이 충분히 이해되는 것과 동시에 순진한 모습이 다시 드러났다. 섹스에 관해 솔직한 토론을 하는 시간에 한 여학생은 "우리는 인종 간 데이트에 관해 이야기를 나누었어요. 우리가 따라야 한다고 생각하는 방침이 있나요?"[54] 하고 물었다. SNCC 실무자들은 귀를 의심했다. "'방침'이라고요? 에밋 틸이라는 이름을 들어본 적이 있습니까? 백인 여성에게 휘파람을 불었다는 이유만으로 곤죽이 되도록 맞고 머리에 총을 맞은 뒤 조면기 팬에 묶여 탤러해치 강에 던져져? 에밋 틸은 열네 살이었어요. 방침이 있어도 소용이 없습니다." 화요일 밤, 활동가들은 더 많은 미시시피 이야기를 들었다.

저녁을 먹은 뒤 〈미시시피와 수정헌법 15조〉를 시청했다. 이 CBS 다큐멘터리는 매그놀리아 주가 흑인의 공민권을 박탈함으로써 헌법을 무시하고 있는 현실을 구체적으로 보여 주었다. 연방정부가 여러 번 소송을 제기했지만, 미시시피 주 판사들은 꿈쩍도 않고 트집을 잡아 기각시켰다. 활동가들은 분노하거나 역겨워했다. 그때 카메라가 흰 셔츠를 입고 뿔테 안경을 쓴 엄청나게 뚱뚱한 사람을 잡았다. 강당에 웃음이 번졌다. SNCC 실무진은 화가 났다. 이 다큐멘터리는 코믹물이 아니었다.

이 자는 포레스트 카운티의 등록 담당자 세런 린드였다. 소송을 당하기 전까지 단 한 명의 흑인도 등록해 주지 않은 자. 화면에 흑인 남성이 등장하여 누군가 집에 엽총을 쏘아 어린 두 딸이 부상을 당했다는 얘기를 할 때 청중은 잠잠했다. 하지만 우스꽝스러운 모자를 쓴 린드의 아내가 등장하자 몇 학생이 킥킥댔다. 스니크 몇 사람이 분개했다. 다큐멘터리가 끝나자 한 실무자가 무대에 뛰어올랐다. "부끄러운 줄 알아요! 이 영화를 보고 웃음이 나옵니까!"[55]

한 활동가가 표현했듯이 "일촉즉발의 순간"[56]이었다. 속닥거림과 눈빛이 강당의 고통스런 침묵을 깼다. 학생들 몇이 일어나 발언했다. SNCC 실무자들이 거리감이 있고 거만하며 생색을 내고 있다는 것이었다. 그들의 고통을 이해하지 못하는 사람보다 우월하다는 듯 굴고 있다고 했다. 한구석에 밥 모지스가 팔로 아내를 감싸고 서 있었다. 그의 아내 도나는 얼마 전 시카고대학 대학원에 들어간 철학 전공자였다. 둘은 표정이 돌처럼 굳었다. 다른 스니크들은 자신들의 회의 시간에 하는 것처럼 긴장이 감돌게 내버려 두었다가 고조시켰다. 그들은 그 뚱뚱한 등록 담당자 얘기를 꺼냈다. "우리는 그놈을 압니다." 지난 1월, 세런 린드는 '해티스버그 자유의 날'의 표적이었다. 수백 명이 비를 맞으며 피켓 시위를 벌였다. 모지스는 체포되었고, 시위자 한 명은 감옥에서 폭행당했다. 그런데 여기 오하이오에서 안전하게 있는 이 청년들은 웃고 있다. 또 다른 스니크가 목소리를 높였다. "저기 있는 지미에게 미시시피에 관해 어떻게 생각하는지 물어보십시오. 그의 몸 안에 슬러그 탄 여섯 개가 박혀 있습니다, 여러분. 마지막 총알은 목 뒤를 뚫고 나갔죠. …… 여기 있는 제시에게 물어보세요. 너무 심하게 맞아서 알아보지도 못할 정도였습니다. 그런 적이 몇 번인지 셀 수도 없어요. 두렵지 않다면 짐을 싸서 당장 돌아가십시오. 저들이 무슨 짓을 하는지 알지 못하는 사람은 누구도 필요 없으니까요."[57]

대립은 새벽 2시까지 이어졌다. 끝날 때 모든 사람은 손을 잡고 SNCC의 추모성가 〈우린 절대 물러서지 않는다〉(We'll Never Turn Back)을 불렀다. 허버트 리를 애도하기 위해 만든 곡이었다. 활동가들은 줄지어 기숙사로 돌아갔고, 실무자들은 다시 새벽까지 깨어 이야기를 나누고 술을 마시며 어느 때보다도 걱정이 깊어졌다. 밥 모지스와 그의 아내는 금세 눈물이 터질 듯했지만, 한 남학생이 집에 보내는 편지에 "위기가 지난 것 같아요"[58] 하고 울면서 쓴 말은 옳았다.

수요일, 워크숍은 열띤 토론으로 변했다. SNCC의 비폭력에 관한 숭고한 선언문을 작성한 제임스 로슨 목사가 스토클리 카마이클과 논쟁을 벌였다. 카마이클은 뒷날 SNCC의 운동을 '블랙 파워' 차원으로 끌고 가는 사람이다. 활동가들이 골똘히 지켜볼 때, 키가 크고 호리호리한 카마이클은 지난날 비폭력이 효과적이었던 이유는 그것이 새롭고 뉴스가 되었기 때문이라고 말했다. 그러나 감옥에서 구타당하고 '파치먼 농장'에서 고문당하면서, 악랄한 인종주의자들에게 대항하는 데 비폭력은 소용이 없다는 결론을 내렸다. 로슨이 선은 대가를 치른다고 했다. "나머지 뺨마저 내줄 때, 당신은 그 뺨을 곧 세차게 얻어맞는다는 사실을 받아들여야 합니다."[59] 많은 활동가들은 어느 쪽이 옳은지 확신할 수 없었다. 폭력은 때로 정당화되지 않던가? 정당방위의 경우라면? 마지막으로 소수의 백인 SNCC 실무진 가운데 한 명이 발언했다. 앨라배마 출신 밥 젤너는 1961년 매콤의 평화 시위 때 거기 있던 유일한 백인이었다. 폭도의 눈에 띈 그는 살기 위해 필사적으로 계단 난간을 붙잡은 채, 곤봉에 맞고 무차별 구타당하고, 눈알까지 뽑힐 뻔했다. "올 여름 우리 계획에 비폭력이 필수라는 걸 여러분은 알아야 합니다"[60] 하고 젤너가 활동가들에게 말했다. "이를 받아들일 수 없으면 우리와 함께 가서는 안 됩니다." 이번에도 떠나는 사람은 하나도 없었다.

점심을 먹은 뒤 맑고 파란 하늘 아래 열린 야외 워크숍에서 활동가들은 폭행에 대처하는 법을 배웠다. 핀으로 '법원'이라는 표지가 꽂힌 나무 근처에서, 폭도 역할을 맡은 학생들은 "검둥이!" "빨갱이 새끼!" 하고 고함치며 다른 친구들 둘레로 몰려들어 폭행하여 몇 사람을 쓰러뜨렸다. 활동가들은 쓰러지며 공처럼 굴러서 충격을 흡수하는 법을 배웠다. "다리, 허벅지, 궁둥이, 허리 등으로 발길질이나 경찰봉을 받아 낼 수 있습니다. 팔과 손도 마찬가지고요. 머리는 맞으면 안 됩니다. 목과 사타구니도 안 돼요."[61] 몇 학생은 '폭도'의 광포함에 덜덜 떨었다. 공격을 맡은 스무 살 앤드루 굿먼은 한순간 이성을 잃은 듯 고함을 지르고 악을 쓰더니 곧이어 내면의 분노를 깨닫고 조금 부끄러워하는 것 같았다. 그러나 이 모의 미시시피는 여전히 현실과는 동떨어져 보였다. 오하이오의 푸른 풀밭에서 폭력 놀이를 하는 대학생들이라니. 딱 나흘 뒤면 미시시피에 있게 될 청년들이었다.

그 수요일 오후, SNCC 캠퍼스 사무실로 전화 한 통이 걸려 왔다. 장거리 전화라 잡음이 많았지만 누가 들어도 느릿느릿한 말투였다. 그자가 전화번호를 어떻게 알아냈는지는 그 뒤로도 알 수 없었다. "내가 저 어기, 오지에 6미터짜리 구덩이를 파 두었거든. 너희 모두 얼른 내려와라"[62] 하고 목소리는 말했다. SNCC는 이런 전화가 왔다는 사실을 활동가들에게 밝히지 않았지만, 이튿날 오후에는 캠퍼스에 도착한 항의 편지를 공개했다. 한 편지의 내용이 눈길을 끌었다. "도덕적으로 타락한 백인 쓰레기들. …… '하얀 흑인'은 인종 교배 범죄자들 가운데 가장 추잡하다. …… 길고 뜨거운 여름이 될 것이다. 인종 간 매춘을 통한 잡종화를 신봉하지 않는 '품위 있는' 사람들이 인종 교배 쓰레기들에게 '뜨거움'을 맛보게 해주겠다."[63]

활동가들은 편지 내용을 들으며 증오가 타올랐다. 그러나 한 흑인 여학생에게, 그 항의 편지는 '생존'이라는 표제의 파일에 끼워 둘 정보를 넘어서는 것이었다. 다른 활동가와 마찬가지로 뮤리얼 틸링허스트는 다른 캠퍼스에서 곧장 오하이오에 왔다. 두 주 전, 그녀는 하워드대학을 졸업했다. 대학에서는 사회학과 정치학을 전공했지만 대부분의 시간을 하워드 '비폭력실천그룹'(NAG, Non-Violent Action Group)과 함께 보냈다. "우리는 배교자였어요"[64] 하고 뮤리얼은 자랑스럽게 회고했다. "워싱턴 DC의 흑인 사회 안에서 우리는 소외된 그룹이었어요. 우리는 달라 보였고 다르게 말했으며 우리끼리 결속했어요." 당시 하워드대학 철학과 학생이었던 스토클리 카마이클을 중심으로 모인 NAG '주말의 전사들'은 밤늦도록 토론을 계속했고, 잡담을 나누고, 십시일반으로 모은 돈으로 누군가 콜드 컷(cold cut, 얇게 썬 고기와 치즈의 혼합 요리—옮긴이)을 사온 뒤 이야기를 이어 나갔다. 주말에 시위를 하면서, NAG 구성원들은 인종차별적인 메릴랜드와 델라웨어, 워싱턴 DC에 압력을 가했다. 메릴랜드 주 케임브리지에서, 뮤리얼은 "NAG의 미시시피"[65]를 겪었다. 행진하는 시위대를 메릴랜드 주 방위군이 막아섰다. 총검을 든 방위군은 거리에 최루탄을 쏘았고, 뮤리얼과 카마이클을 비롯한 학생들은 기침과 구토를 하고 따갑고 타는 듯한 고통 속에 퇴각했다.

경험이 많고 물정에 밝으며 무척이나 독립적인 뮤리얼 틸링허스트는 세대에서 세대에 걸쳐 흑인들이 노예제 속에서도 살아남도록 도운 바위처럼 단단한 여성들의 현대적 현신이었다. 두려움에 사로잡힐 때, 뮤리얼은 때로 두려움이 엄습하더라도 내면의 깊은 강물로 찾아갈 수 있었다. 절망이 모습을 드러낼 때면 재치와 조롱이 섞인 위트로 다시금 자신을 가다듬었다. 그리고 이런 장점들마저 바닥이 나면 가족에게 기댔다. "우리 가족은 희생자 노릇을 하는 집안이 아니에요"[66] 하고 그녀는 말했다. "수많은 세대에 걸쳐 저항한 집안이죠." 루터교회와 "80개 정도의 다른 교파와" 깊은 관계가 있는 틸링허스트 집안은 오래 전부터 "조직화된 집안"이었다. 1964년에도 그들은 1900년 즈음 뮤리얼의 할머니가 텍사스 농장을 떠나 '걸어서' 워싱턴 DC로 왔던 이야기를 꺼내곤 했다. 글로리아 카터는 워싱턴에서 "의식 있는 흑인"과 결혼했다. 뮤리얼의 할아버지는 "성냥개비처럼 말라깽이"[67]였다. 널리 여행하고 도전적으로 독학한 할아버지의 집은 전체가 책으로 가득했다. 대학은 필수였으며, 아이들은 "걸음마를 할 때부터 회합에 참석하여 시간을 보냈다."

워싱턴 DC에서 자라는 동안 뮤리얼은 미국 최남단 동부 지역의 험악한 인종차별을 거의 겪지 않았다. 하지만 플로리다에 갔을 때 그녀는 백화점에서 옷을 건드리지도 말고 '절대로' 입어보지 말라는 말을 들었다. 더 사무쳤던 건, 이따금 피부색이 더 밝은 사촌들한테서까지 인종차별을 느낄 때였다. SNCC의 성가가 된 오래된 영가의 가사처럼, 그녀는 세어 본 적보다 많이 "비난 받고 경멸당했다." 2학년 때 학급이 최초로 DC의 루스벨트고등학교와 통합되고서, 교장과 학생 전체의 증오와 맞닥뜨렸다. 모욕을 당할 때마다 뮤리얼은 작은 체구에 숨겨져 있는 강철 같은 힘을 냈다. 하워드대학에 다닐 무렵, 신중하고 의식 있는 그녀는 NAG의 비폭력 저항에 꼭 알맞은 사람이었다. 하지만 전설이나 운동 회고담을 통해서만 남부의 실정을 알고 있는 도시 사람으로서, 그녀는 미시시피를 맞닥뜨릴 준비가 되어 있는가? 아직 운전도 할 줄 모르는 여자가 시골길의 무서운 추격에 대비할 수 있는가? 그리고 머리카락을 곧게 펴지 않은 흑인 여성으로서, 유행하기도 전에 '아프로' 스타일로 길게 머리를 기른 흑인 여성으로서, 곧 맞닥뜨리게 될 무자비한 증오에 맞설 수 있을 것인가?

뮤리얼은 미시시피를 "인간의 고난이 고여 있는 머나먼"[68] 곳으로만 알고 있었지만, 그 인간의 고난이 손짓하여 부르고 있었다. 1963년 겨울 델타 공직자들이 연방 식량 배급분을 압류했을 때, 그녀는 세미트럭의 반을 채울 만큼 충분한 옷과 식량을 모은 뒤 트럭운전사조합(teamster) 조합원을 구했다. 그는 무장을 한 채 물품을 러플로어 카운티로 수송했다. 한 해 뒤, 뮤리얼은 미시시피와 다시 접촉했다. NAG 구성원들이 거기 고립되어 있는 스니크들한테 전화를 걸어 연대와 우정, 인간적 교류의 손길을 내밀기 시작했을 때였다. 뮤리얼은 인명록에서 찰리 코브라는 이름을 알아보았다. 코브는 하워드대학 친구였고 NAG 구성원이었다. 코브의 고모는 5학년 때 뮤리얼의 선생님이기도 했기에 뮤리얼은 불쑥 전화를 걸었다. 코브는 곧 뮤리얼의 '일요일 통화' 상대가 되었다. "그는 자신들이 무슨 일을 하고 있는지 말해 주었어요. 그들의 일상 활동은 주로 목숨을 부지하는 것이었죠."[69] 여름 프로젝트가 구체화됨에 따라, 코브는 목소리로 만나는 전화 속 여성에게 앞으로의 계획에 관해 말하기 시작했다.

일부 활동가는 미시시피에 가는 문제를 놓고 번민했다. 다른 활동가는 기꺼이 기회를 잡았다. 뮤리얼에게 미시시피는 자연스런 논리적 발전 단계였다. 미시시피에서 교편을 잡았던 그녀의 어머니는 딸의 결정에 '혼비백산'했지만 뮤리얼에게 그것은 결정이 아니었다. "그 여름 미시시피에서 무언가가 벌어질 거라는 걸 2월 즈음 NAG 회의에서 들었어요. 그리고 분위기는 '너희들 갈 거지?'였죠. 5월로 접어들면서는 '버스가 몇 시 몇 시에 떠날 거야. 너희 그 버스 타고 갈 거지?'가 되었죠."[70] 6월 12일, NAG 구성원들은 워싱턴 DC를 떠나 오하이오로 향했다. 옷보다 책이 더 많이 든 파란색 낡은 옷 가방을 들고 스물두 살의 뮤리얼 틸링허스트는 버스에 올랐다.

오하이오 캠퍼스에서 뮤리얼은 실무진과 자원 활동가들 사이의 긴장과 자신을 연관 짓지 않았다. 살아오는 내내 그녀는 본론으로 직행했다. NAG 활동 경험 덕분에 뮤리얼은 자원 활동가에서 SNCC 실무진으로 곧바로 변신하여, 모든 끝없는 회의와 전략, 염려를 실무진과 공유했다. '스폰지'[71]처럼 정보를 흡수하려 애쓴 그녀는 찰리 코브를 비롯한 베테랑들에게 생존 비결을 알려 달라고 졸랐다. 그래서 미시시피에서는 시골 사람처럼 천천히 걸어야 한다는 걸 알았다. 그래야 이목을 끌지 않는다. 사람들에게 어떻게 말을 걸어야 하는지, 작고 다툼이 많은 여러 공동체를 단일하게 투쟁하는 대오로 어떻게 조직할 수 있는지 배웠다. SNCC의 공포스런 이야기들은 "우리 가운데 일부는 돌아오지 못할 것이라는 가혹한 현실을 깨우쳐"[72] 주었지만, 뮤리얼은 그것에 관해서는 생각하지 않으려 했다. 물려받은 강인함과 조직화 능력, 하워드대학에서 익힌 연대에 기대고, 그것들을 갖고 남부로 갈 준비를 했다. 여기에 용기는 아무 관계가 없었다. "그것은 '일체감'이었어요. 그들은 내 친구였고 그들이 가니까 나도 함께 가는 거였죠."[73]

어느새 출발까지 딱 이틀 남았다. 활동가들은 린든 존슨 대통령에게 편지를 써서, "우리는 그 문제 많은 주로 떠나면서, 미국인들이 헌신과 희생을 아끼지 않았던 그 원칙들을 지지한다는 대통령의 말씀을 듣고"[74] 싶다고 청했다. 밥 모지스는 이미 대통령에게 편지를 써서 연방 차원에서 프로젝트를 보호해 달라고 요청했다. 하지만 모지스도 활동가들도 아무런 답변을 듣지 못했다.

버스는 토요일 오후에 남부로 출발하여 일요일 밤에 미시시피에 들어가게 된다. 위험을 예고하듯이, 미디어가 캠퍼스에 모여들기 시작했다. 마지막 워크숍은 TV 카메라 앞에서 진행되었다. 활동가들은 몇 번이나 인터뷰를 했다. "무섭습니까?" "이 일이 정말로 도움이 될 거라고 생각하십니까?" "두려우시군요, 그렇죠?" 기자들에게 둘러싸인 활동가들은 자신의 동기를 설명하려고 노력했다. "일부는 아메리칸드림에서 비롯되었고 일부는 수치심에서 비롯되었습니다"[75] 하고 한 학생은 《새터데이이브닝 포스트》에 밝혔다. "정말로 죄책감을 느낍니다. 하지만 내가 자유주의라는 작고 붉은 배지를 달기 위해서 거기 가는 건 아니길 바래요." 버클리에 다니는 마리오 사비오는 《로스엔젤레스 타임스》에 "미시시피에서 벌어지는 흑인에 대한 불의는 내 권리에 대한 침해이기도 합니다"[76]라고 답했다. 신문사들은 미시시피가 "길고 뜨거운 여름,"[77] "인종 간 충돌"을 겪게 될 것이라고 미국에 경고했다. 칼럼니스트 조지스 알소프는 '게릴라전'[78]을 우려하기도 했다.

뮤리얼 틸링허스트는 미디어에 거의 관심을 두지 않았지만, 크리스 윌리엄스는 분개했다. 《라이프》 기자는 정말 멍청했다"[79]고 그는 일기에 썼다. "육중한 카메라를 목에 걸고 있는 TV 방송국 사람들은 정말 문제가 많다. 그들은 비폭력 워크숍을 마음에 들어 했는데, 보여 줄 만한 그림이 나오는 게 그것이었기 때문이다. 그것이 실제 폭력과 가장 흡사하다는 걸 알아낸 것이다. 가학적 변태들!" 활동가들은 부모에게 편지를 써서 신문이나 TV에서 자기들을 찾아보라고 했다. "잡지 《룩》(Look)은 전형적이고 순진한 북부 중류계급의 백인 여학생을 찾고 있었어요"[80] 하고 한 학생이 썼다. "전국을 대상으로 하는 잡지에 큰 이야깃거리죠. 우리 가운데 누구 하나가 살해당하면 더 큰 이야깃거리고요." 이제 이틀이 남았다.

목요일, 활동가들은 자신들의 법적 권리와 그 여름 그 권리가 얼마나 무의미할 것인지 배웠다. 크리스는 윌리엄 컨스틀러 변호사를 만났다. 컨스틀러는 뒷날 '시카고 세븐'(1968년 시카고에서 열린 민주당 전당대회 때 일어난 대규모 시위를 선동한 혐의로 체포된 일곱 명—옮긴이)을 변호하여 유명해지는 사람으로, 노스캐롤라이나에서 변호 활동을 하고 있었다. 그의 딸 카린이 활동가 속에 있었다. 그날 아침 시거 연기를 내뿜는 나이 지긋한 남자가 학생들 앞에 섰다. 미시시피의 흑인 변호사 네 사람 가운데 하나인 제스 브라운은 앞에 있는 얼굴들을 향해 앙상한 손가락을 뻗었다. "이제 이 말을 머리에 저장하세요. 내가 이제부터 하는 말을 기억하십시오!"[81] 브라운이 시작했다. 미시시피 보안관과 경찰, 고속도로 순찰대는 이미 활동가들의 이름과 고향, 그 밖에도 모든 걸 속속들이 알고 있다고. "내가 할 수 있는 모든 건 목숨을 부지하는 방법에 대해 몇 가지 충고를 해 주는 것입니다. 고속도로를, 예를 들어 미시시피 볼턴 근처의 80번 고속도로를 달리고 있는데 경찰이 차를 멈추게 하고 여러분을 체포한다고 칩시다. 그러면 차 밖으로 나와 '나한테는 권리가 있어요' 하면서 경찰과 입씨름하지 마세요. 그래 봤자 머리에 곤봉만 날아올 겁니다. 밤 12시에 도로에 선 채로 그들에게 헌법 조항을 가르쳐 주려고 하는 건 전혀 의미 없는 일입니다. 감옥으로 가서 변호사를 기다리세요." 미시시피에서 활동가들은 두 부류로 분류될 텐데, 두 부류는 "흑인, 그리고 흑인과 한통속인 것들이고, 그자들은 흑인과 한통속인 것들에게 더 가혹하다"고 브라운은 경고했다. 그 밤, 뮤리얼 틸링허스트는 더 많은 생존 비법을 전수받았다. 크리스 윌리엄스는 또 한밤중에 달리기를 했다.

금요일 아침, 활동가들은 법무부의 답변을 들었다. 민권운동 분야에서 존 도어는 연방 수준의 누구 못지않게 영웅에 가까웠다. 법무부 민권 담당 차관보인 도어는 포레스트 카운티와 또 다른 곳을 담당하는 그 뚱뚱한 등록 담당관을 상대로 이미 몇 건의 소송을 제기한 바 있다. 그는 밥 모지스와 긴밀히 협력했고, 리버티의 감옥에서부터 걸려 온 수신자부담 전화를 받았다. 허버트 리에 대한 위협 정황들을 수사하러 에이밋 카운티에 왔으나 워싱턴 DC로 돌아간 뒤에 그가 살해되었다는 소식을 들었다. 잭슨에서 열린 메드거 에버스의 장례식에서 도어는 분노하면서도 차분한 시위가 폭동으로 돌변하지 않게 막았다. 이제 그는 활동가들을 '진정한 영웅'[82]이라고 칭송했다. 하지만 "우리가 살아서 가을을 맞이할 수 있도록 당신은 무슨 일을 할 겁니까?"[83] 하고 누군가가 물었을 때 도어는 이렇게 대답했다. "할 수 있는 일이 없습니다. 연방 경찰력은 거기 없어요. 보호의 책임은 지역 경찰에게 있습니다." 우우 하는 야유가 강당을 울렸다. "우리는 베트남 국민을 보호할 수 있지만 미국인은 보호할 수 없네요, 그렇죠?"[84] 하는 항의가 터져 나왔다. 결국 모지스가 친구 옆에 섰다. "이러지들 맙시다"[85] 하고 분위기를 가라앉혔다. 강당은 잠잠해졌다. 도어는 그냥 정직하게 말할 뿐이라고 모지스는 말했다. 그 시간이 있고 나서 활동가들은 어느 때보다 참담한 기분이었다. 매사추세츠에 있는 진 윌리엄스는 그날 오후 도착한 편지에서 아들의 두려움을 감지했다.

　안전하고 평온한 북부의 집에 있는 식구들에게, 6월 17일
　미시시피는 올 여름 지옥이 될 거예요. 우리는 인종차별과 백인우월
주의의 중심부로 들어갑니다. …… 감히 말한다면, 미시시피 실무자는
모두 적어도 한 번씩 폭행을 당했고 총격을 받지 않은 사람은 거의 없어
요. 우리가 갈 곳이 어떤 곳인지 상상하기 어려우실 거예요. 지금은 나
도 상상하기 어렵지만, 곧 알게 되겠죠……
　사랑을 전하며,
　크리스토프[86]

　"안전하고 평온한 북부"에서 보내는 마지막 날 밤, 저녁 식사를 마치
고 노래 부르기가 다시 시작되었다. 서로 팔을 겯고 손을 잡고서 활동
가들은 이제 익숙하게 부를 수 있는 노래를 불렀다. 감옥에서, 피켓 시
위에서, 인고의 세월 동안 불리었던 노래들을. 미시시피에 관해 밝혀진
모든 진실에도 아랑곳하지 않고, 이상주의는 여전히 두려움을 압도했
다. SNCC 실무진은 그런 상태를 가리켜 "자유에 취했다"고 표현했다.
자유에 취해 노래 부르기는 자정까지 이어졌다. 노래 부르는 사이사이,
일부 학생은 라디오에서 방금 흘러나온 소식을 전했다. 린든 존슨의 민
권법안이 마침내 상원을 통과했다는 소식이었다. 이제 남부는 인종차
별을 철폐해야 한다. 그리고 그들은 미시시피에 가서 역사가 이뤄지는
걸 보게 될 것이다. 자정이 지나고 대부분의 활동가들은 애써 잠을 청
했다. 몇몇은 새벽까지 맥주를 마시며 이야기를 나누고, 미시시피의 출
라, 모스포인트, 이타베나를 비롯하여 자신들이 가게 될 미지의 장소를

그려 보려고 했다. 새벽 3시, 교육 일꾼 2명과 활동가 6명이 스테이션 왜건 한 대에 모두 탄 채, 네쇼바 카운티에서 일어난 교회 방화 사건을 조사하러 미시시피로 출발했다. 그들이 차를 타고 떠나는 모습을 본 사람은 아무도 없었다.

토요일, 짐을 싸고 꾸물거리며 점심을 먹고 오래도록 작별 인사를 나누었다. 남자들은 간이 이발 의자에 앉아 머리를 자르고 수염을 깎았고, 그 앞에서 기다리는 사람들은 길게 세 줄로 서 있었다. "옥스퍼드를 떠나기 전에 연방의원들에게 편지를 써서 당신의 안전을 보장할 조치를 취해 달라고 청원하세요"[87]라는 안내문이 보였다. 그 오후는 학생들이 도착했던 날처럼 맑고 화사했다. 초록 풀밭 옆에 고물 전세버스 두 대가 기다리고 있었지만, 버스에 타고 싶은 사람은 하나도 없는 것 같았다. TV 카메라와 기자들에게 둘러싸인 활동가와 실무진은 다시 손에 손을 잡고 노래를 불렀다. 처음에 왔을 때 그들은 두 부류였지만 이제 하나가 되었다.

마침내 출발 신호가 떨어졌다. 흑인과 백인은 〈우리 승리하리라〉를 마지막으로 합창했다. 활동가들은 버스 뒤쪽에 더플백과 옷가방, 기타를 모아놓고 좌석에 끼어 앉았다. 몇 활동가는 창으로 몸을 내밀어 차기 활동가 교육을 위해 남아 있는 실무진과 손을 꼭 잡았다. 다른 학생들은 정면에 시선을 고정한 채 멍하니 앉아 있었다. SNCC의 슬픈 성가 〈우린 절대 물러서지 않는다〉를 노래하는 슬픈 목소리가 버스 안에서부터 흘러나왔다.

우린 죽음의 골짜기를 지나왔어
우린 내내 혼자 걸어야 했지

우린 부끄러워하며 울었어

죽어간 리 같은 사람들 때문에……

이윽고 버스가 출발했다.

도망 노예들이 최초로 해방을 맛보았던 남부 오하이오의 옥수수밭을 지나갈 때까지도 노래는 그침이 없었다. 신시내티 버스터미널에서 그레이하운드 버스로 갈아타는 동안 학생들은 〈자유의 기차〉(Freedom Train)를 불렀다. 노래가 울려 퍼지는 두 대의 버스는 오하이오 강을 건너 켄터키로 들어갔다. 활동가들은 루이스빌에 내려 저녁을 먹었고, 화난 듯 붉은 해가 언덕 너머로 사라지는 걸 보고는 다시 길을 떠나 테네시로 들어갔다. 내슈빌을 지나고 따뜻한 밤 동안 멤피스로 갔다. 크리스 윌리엄스는 버스 창밖으로 《라이프》 잡지의 '작은 사내'를 보았고, 언론이 여전히 뒤쫓아 오고 있다는 사실을 알았다. 그는 책을 읽으려다가 잠이 들었다. 멀찍이 앞서가는 버스에 탄 뮤리얼 틸링허스트는 말똥말똥했다. 모든 자신감, 리더다운 모든 자질이 위축되기 시작했다. 캄캄한 남부의 밤, 그녀는 두려움이 커지는 걸 느꼈다. 멤피스를 벗어나는 뮤리얼의 버스는 여전히 연주하고 노래하고 있었다. "미시시피 주 경계선을 넘은 시각이 자정이었어요"[88] 하고 그녀는 회고했다. "그리고 버스가 '잠잠해'졌지요. 이젠 돌아갈 수 없었죠."

학생들은 남북전쟁 전에 지어진 저택, 범선, 그리고 키 큰 소나무들 옆에 만발한 목련이 그려진 광고판을 보았다. 그 목가적인 장면 위로 "미시시피에 오신 걸 환영합니다"라는 글귀가 보였다. 광고판 뒤로 고속도로를 따라서 고속도로 순찰차 몇 대가 줄지어 서 있었다. 환영위원회였다.

# 3
# 남북전쟁의 망령

우리가 사는 곳은 분명 흑인 지대다. 샤이앤이나 스키넥터디, 스톡홀름, 모스크바는 흑인 손님이 찾아오는 일이 하루 종일 얘깃거리가 되는 곳이므로 "인종 문제 따윈 없어! 남부 사람들은 야만스럽고 미개해!"라고 말하는 게 당연하다. 인종 문제가 시작되는 시점은 가까이 이웃하고 사는 두 인종의 수가 거의 같아질 때이다.
　　　　　　　　　　　　　　 ─ 윌리엄 앨릭샌더 퍼시,《제방을 비추는 등불》

61년 어느 봄날, 비구름이 걷히자마자 남부연합군은 잭슨 시내를 행진했다. 두 줄로 단추가 달린 풀 먹인 외투를 입고, 엔필드 소총을 어깨에 걸치고, 콧수염이 크게 가린 얼굴은 조각처럼 표정이 굳은, 자부심 넘치는 5천 명의 남부연합군이 반짝이는 거리를 행군했다. 취주악대는 〈딕시〉(Dixie, 남부 여러 주를 일컫는 별칭이자, 남군 병사들의 행진곡─옮긴이)를 힘차게 연주했고, 수많은 군중은 연주에 맞춰 노래를 불렀다. 긴 꽃무늬 드레스를 입은 여자들은 양산 아래로 손 키스를 보냈다. 남자아이들은 말에 탄 장교들과 반짝이는 총검, 펄럭이는 남부연합 깃발에서 눈을 떼지 못했다. 주지사는 관저 흰 기둥 사이에서 손을 흔들었고, 병사들은 회색 리본이 물결치듯 저택을 지나 행진해 나갔다. 남부연합 깃발은 북군에 대항하듯 도처에서 펄럭였다. 미시시피 역사상 최대 규

모였다는 이 퍼레이드는 몇 시간 동안 이어졌다. 퍼레이드가 끝난 뒤 사람들은 저마다 차를 타고 집으로 돌아갔다. 아메리카합중국의 미시시피 주에서, 남부연합군의 기세를 과시하기 위해 거행된 이 행사가 열린 때는 1861년이 아니라 1961년이었다.

역사에 관해 익히 알려져 있는 말처럼, 역사는 언제나 "승자에 의해 기록"되었고, 그런 역사는 헨리 포드가 말한 것처럼 늘 "허풍 같은 것"[1]이었다. 전쟁에서 패배한 나라는 늘 자신의 관점에서 역사를 쓰고 그렇게 기록된 역사는 패배를 고결한 대의로, 고통을 순교로 탈바꿈시킨다. 이 공인되지 않은 역사 기록은 마음을 위로하고 전쟁의 상처를 달래지만, 비극적인 관례처럼 더 많은 폭력을 낳는다. 제1차 세계대전 뒤 독일이 그러했다. 혁명 뒤 프랑스, 발칸반도, 그리고 여기 남부도.

"과거는 결코 죽지 않는다. 사실 그것은 지나간 일도 아니다"[2]라고 윌리엄 포크너는 썼다. 포크너의 말이 가리키는 곳은 남북전쟁의 참상이 서서히 과거의 한때가 되어 가고 있는 미국의 다른 곳이 아니었다. 펜실베이니아 주의 한 도시에서만 전쟁의 얼굴을 목격한 북부에서, 전쟁은 벽난로 선반에 진열되었다가 끝내 다락방 신세가 되는 먼지 쌓인 감사패, 은판 사진, 메달로 기억되었다. 그러나 지난날의 남부연합, 특히 미시시피에서 남부 독립전쟁은 삶의 결로 짜였다. 남부의 남자아이라면 누구든 전쟁이 도살장으로 변하고 패배가 불가피한 것으로 결정된 '피켓의 돌격'(Pickett's Charge) 직전, 게티스버그의 꿈같은 순간을 술술 설명할 수 있다고 포크너는 썼다. 포크너가 이렇게 쓴 건 1948년, 게티스버그 전투가 있고 85년 뒤였다. 그는 현재 시제로 그렇게 썼다. 한탄 속에 전쟁이 여전히 살아남아 남부연합 병사들의 아들과 딸들의 칭송을 받는 곳이 미시시피이고, 여전히 모든 태도를 규정한다고 그는 썼다.

그렇게 남북전쟁을 한 세기 동안 기려온 곳은 미시시피, 침략당하고 점령당하고 무릎을 꿇어야 했던 주였다.

1862년, 북군이 경계선을 넘어온 순간부터 미시시피는 남부 고난의 앞자락에 섰다. 약탈되고 방화되었으며, 최초로 포위 공격을 당했고, 최초로 수도가 함락된, 최초의 남부연합 주였다. 북부 사람들은 미시시피의 용감함을 부인할 수 없었다. "미시시피 사람은 복종하는 법을 알지 못하고 받아들이지도 않는다"[3]고 어떤 이는 말했다. 홀리스프링스에서 그랜트 장군을 패주시킨 뒤, 미시시피 병사들은 치커소 절벽에서 셔먼 장군을 무찔렀다. 그리고 빅스버그에서 다시금 그랜트 장군을 물리쳐 남부 전체의 칭송을 받았다. 하지만 48일 동안 포위되어 주민들이 굴을 파서 살며 죽은 개와 쥐를 먹기에 이르렀고, 빅스버그는 끝내 함락되어 남부 전체가 전쟁터로 변했다. 조지아 주를 초토화시킨 걸로 널리 알려져 있는 윌리엄 터컴서 셔먼은 그전에 미시시피를 짓밟았다. 그의 병사들은 저택과 목화밭을 불태우고 작은 마을을 약탈하고 땅을 망쳐 놓았다. 머리디언을 파괴한 뒤 셔먼은 "머리디언과, 거기 있던 보급소, 창고, 무기고, 병원, 관공서, 호텔, 야영지는 더 이상 존재하지 않는다"[4]고 자랑했다. 전쟁터가 된 미시시피 강에서 북군의 포함이 순찰했고, 철도역 창고에는 썩어 가는 시신들이 들어찼다. 그 수도는 철저히 유린되어, 살아 나온 이들이 "연기뿐인 도시"[5]라 일컬을 정도였다. 빅스버그가 함락되던 날, 게티스버그에서 소식이 전해졌다. 게티스버그는 자랑스러운 '미시시피 그레이스'(Mississippi Greys), 다시 말해 올 미스 대학생 103명이 피켓 돌격의 선봉에 섰던 곳이다. 한 사람도 남김없이 전사했다는 소식이었다.

전쟁이 끝났을 때, 미시시피는 또 하나의 최고 기록을 보유하게 되었다. 베니타 명사수부대(Benita Sharpshooters), 옥티베하 농민부대 (Oktibbeha Ploughboys), 털러호마 포병대(Tullahoma Hardshells)를 비롯한 부대를 통틀어 78,000명의 병사들 가운데 28,000명이 사망하고 31,000명이 부상을 입었다. 이는 남부와 북부를 통틀어 인구당 최고의 사상자 비율이었다. 1866년, 미시시피 예산의 3분의 1이 의수와 의족에 쓰였다.

전쟁 전 미시시피는 미국에서 다섯 번째로 부유한 주였다. 비록 그 부의 대부분이 노예 자산으로서, 436,631명의 노예를 현금 가치로 환산한 것이었지만. 주의 인구 가운데 노예가 절반을 넘었다. 전쟁의 결과로 미시시피는 미국에서 가장 가난한 주가 되었고, 그런 실정은 그 뒤로도 변함이 없었다. 카르타고처럼 철저히 파괴당한 잿더미에서 일어난 미시시피 사람들은 '절대' 잊지 않으리라고 다짐했다. 그러나 남북전쟁의 온갖 참사보다 더욱 고통스런 기억이 뒤따랐다. 전쟁과 전투보다 오히려 길었던 건, 역사학자들이 이름붙인 '재건'을 받아들이지 않으려는 투쟁이었다. 미시시피 사람들은 '비극의 시대'라 일컫게 된다. 이때도 미시시피는 남부의 맨 앞에 섰다. 저항의 선봉에 선 것이다. 단순한 선거 부정에서부터 전면적인 인종 전쟁에 이르기까지, 미국의 민주주의를 더럽혀 온 반동은 곧장 '프리덤 서머'로 이어진다. 4년 동안 전쟁을 치르고 열두 번의 점령과 게릴라전을 겪은 뒤, 미시시피의 온건함은 특히 북쪽 지역일수록 공중에 이따금 흩날리는 눈발처럼 열기가 상승할 때마다 사라지곤 했다. 어떤 해방된 노예는 "링컨 씨가 킬트를 입어서 사람들의 감정이 악화되었다"[6]고 말했다(1861년 링컨이 대통령 취임을 앞두고 있던 때는 남북전쟁 초기의 심각한 갈등 상황이었다. 링컨은 2월 11일 일리노이를 떠나 23일 백악관에 도착할 때까지 사고와 암살 협박의 긴장 속에서

역에 도착할 때마다 환영 인파에 인사를 하거나 연설을 했다. 마지막 여정인 볼티모어의 암살 위협은 정말로 무시할 수 없는 것으로 판단하여 옷을 갈아입고 특별열차를 타고 볼티모어를 빠져나갔다. 덕분에 무사히 백악관에 입성하지만, 언론은 링컨이 킬트를 입고 도망가는 듯한 만평을 그려 그의 비겁함을 조롱했다. 킬트는 스코틀랜드에서 입는 짧은 치마이다. 노예해방론자인 링컨이 결국 대통령이 되자 남부의 분위기가 더욱 악화된 상황을 설명해 주는 말이다—옮긴이).

애퍼매턱스 항복이 있고 넉 달 뒤, 미시시피는 연방 재편입을 위한 주 헌법을 마련했다. 그러나 워낙 시급하게 마련된 법안인 데다가, 해방된 노예들에게 어떠한 시민권도 부여하지 않는 '흑인단속법'은 연방의회를 속이지 못했다. 주의 지위가 거부된 미시시피는 제4군관구의 일부로 점령당했다. 1870년에 와서야 매그놀리아는 다시 주가 되었다. 지난날 노예였던 이들이 자유로이 투표하게 됨에 따라 미시시피는 미국 최초의 흑인 상원의원을 워싱턴 DC로 보냈다. 해방된 노예들은 결코 미시시피 정치를 지배하지 못했지만, 지난날 노예였던 인물이 나체스 시장으로 선출되었고, 또 다른 사람은 빅스버그 경찰서장이 되었으며, 그 밖에 여러 명이 판사, 보안관, 더 나아가 주무장관에 임명되었다. 어떤 시점에서는 주의회의 거의 절반을 흑인들이 채웠다. 그런데 10년도 안 되어 주 전체의 사회 시스템이 뒤집어지고 뒤바뀌고 역사를 더럽힐 뿌리들이 이식되어 있었다. 이 탈바꿈은 곧 '탈환'이라 이름 붙여졌고, 고상하게 일컬어진 그 만행은 전쟁과 마찬가지로 한 세기 동안 꼬박 미시시피에 상흔을 남기게 된다.

미시시피에서 탈환은 1871년에 시작되었다. 갑자기 나타난 KKK단이 머리디언 거리를 사격장으로 바꾸어 놓았다. 흑인 정치인 두 명을 살해한 뒤, 백인들은 시골을 돌아다니며 흑인을 사냥하고 불법 처형을 일삼았다. 30명이 희생된 뒤에야 연방군이 도착했다. 머리디언 폭동은 연방의회에서 'KKK 법'이 통과되도록 자극했다. 미시시피 KKK 단원 700명이 기소되었다. 하지만 밀림이 우거진 오지가 서부처럼 무법천지의 조건을 제공하는 주에서, 반란은 하얀 후드를 걸친 자들만의 일이 아니었다.

그 뒤 네 해에 걸쳐서 흉포한 폭력이 미시시피를 '탈환'했다. '재건시대' 전투는 남북전쟁만큼 희생자가 많지는 않았지만 전투인 건 틀림없었다. 제2차 빅스버그 전투가 1874년 7월 4일에 시작되었다. 총성이 거리를 뒤덮었다. 얼마 전의 인종 간 결혼에 분노한 백인들은 시가지를 접수하고 악어가 출몰하는 강의 지류를 건너가 겁에 질린 흑인들을 사냥했다. 그해 8월의 선거 때 공포에 질린 흑인들은 투표하지 않았고, 그결과 백인들은 아무런 저항도 받지 않은 채 지배자가 되었다. 빅스버그를 접수함으로써 다음 선거 해는 민주주의를 학살하는 자경단 활동으로 채워졌다. 흑인과 백인 사이의 격전이 클린턴, 야주시티, 클락스데일 등지에서 일어났다. '인종 전쟁'을 우려한 주지사 애덜버트 에임스는 그랜트 대통령에게 군대를 요청했다. 에임스 주지사는 백인들이 '뜨내기'(carpetbagger, 남북전쟁 뒤 이익을 노리고 남부로 이주해 온 북부 사람을 비하하는 말—옮긴이)라고 무시하는, 퇴역한 북군 장교였다. 이번에는 그랜트가 거부했다. "전체 국민이 이렇게 해마다, 가을마다 남부에서 발생하는 폭동에 지쳐 있습니다. 현재 대다수는 정부 쪽의 어떤 개입이든 규탄하려 할 것입니다"라고 대통령이 답신을 보냈다.

1875년 선거일에, 산탄총과 올가미와 폭도가 미시시피에서 흑인 정치권력을 종식시켰다. "총 옆에 당당히 서 있는 민주당원들! 마침내 미시시피 탈환!"[8]이라고 《애틀랜타 컨스티튜션》은 자랑했다. 탄핵을 당해 주에서 축출된 에임스 주지사는 "무장 세력의 주도 아래 혁명이 일어났다. 한 인종은 공민권을 박탈당했다. 그들은 예속 상태로 되돌아갈 것이다. 제2의 노예제 시대로"[9] 하고 탄식했다. 그 뒤 2년 동안 '미시시피 플랜'에 고무된 다른 남부 주들은 흑인을 위해 싸우려는 북부의 의지를 무력화시키고, 남부에서 연방군을 철수시키는 협정을 중재했다.

'재건시대'는 끝났다. 재건은 지난날 노예였던 이들을 제외한 모든 사람의 눈에 실수로 보였다. 지난날 노예였던 이들은 정치권력을 맛보았다가 폭도의 지배에 의해 다시 강탈당했다. 미시시피의 두 번째 흑인 상원의원은 다음 선거에서 떨어졌다. 그는 1966년까지 연방 상원에서 마지막 아프리카계 미국인으로 기록된다. 1890년, 흑인 노동자들이 델타에서 곰과 들고양이, 뱀이 들끓고 사람 키보다 큰 사탕수수밭을 개간하고 있을 때, 미시시피의 새 헌법은 폭도의 준동을 합법화했다. 미국 대법원이 비준한 교양 시험과 인두세는 흑인의 투표를 가로막았다. 1900년 즈음, 흑인은 미시시피 인구의 62퍼센트를 차지했다. 미국 전체에서도 가장 높은 비율이었다. 그러나 미시시피의 선출직 공무원에는 단 한 명의 흑인도 없었다. 한편 지난날 노예였던 이들이 목화를 따서 수확하면서 '고용주'에게 진 빚이 늘어만 가는 물납 소작제도는 미시시피 흑인의 90퍼센트를 '제2의 노예제 시대'로 몰아넣었다. 지난날 노예였던 이들은 분명 자유로웠다. "뵈일 때부터 안 뵈일 때까지" 자유로이 목화를 따고, 타르 종이를 바른 판잣집에서 자유롭게 살며, 무너져 가는 학교에 자유로이 자녀를 보내 "뚫린 바닥으로 보이는 흙을 공부하고 뚫린 지붕으로 보이는 별을 공부할 수 있게"[10] 했다. '짐 크로 법'(Jim Crow, 1876년부터 1965년까지 시행된 인종분리법. 학교, 교통수단을 비롯한 모든 공공시설에서 흑인과 백인의 분리를 명시했다. '짐 크로'는 흑인 일반을 비하하여 가리키는 말—옮긴이)이 자리를 잡으며 모든 사람을 억눌렀다. 흑인의 종속은 백인뿐인 대학에서부터 '백인 전용' 표지판에 이르기까지 모든 수준에서 깊이 뿌리를 내렸다. 아이들이 부르는 동요조차 예외가 아니었다.

영은 영

다섯은 손꼬락

모든 게 백인 꺼

검둥이 껀 하나도 없어[11]

위에서 아래까지, 인종분리는 법률만큼이나 관습에 의해 강화되었다. 백인이 다가오면 흑인은 인도에서 물러나고, 흑인은 "애"라고 불리며, 흑인 아이에게 "검둥이!"란 말을 내뱉는 것이 관습이었다. 이런 관습은 델타의 여성이 표현한 것처럼 "타르가 비스킷 반죽이랑 전혀 다른 것처럼, 여기는 다른 곳과 다르게"[12] 미시시피를 만들었다.

정치를 탈환한 뒤 미시시피는 명예를 탈환하는 일에 착수했다. 패자에 의해 기록된 역사가 공식 기록이 되는 건 무척 드문 일이다. 하지만 미국식 아파르트헤이트가 텍사스에서 메이슨-딕슨 선(Mason-Dixon line, 펜실베이니아와 메릴랜드를 가르는 선으로, 노예제를 반대하는 북부와 찬성하는 남부를 가르는 문화적 경계선이기도 하다—옮긴이)까지 확산되자, 역사학자들은 재건시대를 다시 기록했다. 민스트럴(minstrel, 백인이 흑인으로 분장하고 나오는 노래 등의 공연—옮긴이) 시대, 매주 불법 처형이 벌어지는 시대, "백인의 짐을 지라"는 요구가 등장한 시대에, 북부와 남부는 갑자기 한뜻이 되었다. 해방된 노예는 나태한 정치인이었고, KKK 단원은 해방자였으며, 불법적인 폭력을 저지른 건 백인이 아니라 흑인이었다는 데에. 《클랜스먼》(The Clansman, KKK 단원을 뜻함—옮긴이)과《흑인: 미국 문명에 대한 위협》(The Negro: A Menace to American Civilization) 같은 인기 저술은 미국 전역에 백인의 우월성을 널리 알렸다. 1900년 《뉴욕 타임스》가 썼듯이, 북부 사람들은 흑인 선거권에 대한 억압을 더 이상 비난하지 않았다. "자기 보존이라는 최고법 아래에서 솔직히 그 필연성이 인정된다는"[13] 이유였다. 재건시대는 곧이어 '비극의 시대'가 되었다.

같은 제목으로 미국 전역의 베스트셀러가 된 책은 '미시시피의 암흑 시대'를 상술했는데, 그 시대에 입법부는 "가장 그로테스크한 기관 가운데 하나였다. 흑백 혼혈인이 하원 의장이었고, 피부색이 더 검은 사람이 부지사였다"[14]고 썼다. 사악한 뜨내기와 역적 같은 건달들이 "흑인을 자극"하여 백인 여성을 공격하게 한다고 했다. "강간은 재건시대의 더러운 딸"[15]이라고 《비극의 시대》(The Tragic Era)는 서술했다. 유명한 영화 〈국가의 탄생〉(Birth of a Nation)이 그리고 있는 것처럼, 탈환을 위해 봉기하는 KKK단은 "여성과 재산, 더 나아가 문명을 보호하기 위해 조직된"[16] 집단이었다. 이런 수정주의적 관점은 '짐 크로 법'을 정당화하는 정도로 그치지 않았다. 그것은 북부를 달래고 남부를 결속시켰다. 인종에 대한 기념비적인 연구인 《미국의 딜레마》(An American Dilemma, 1944)에서 군나르 뮈르달은 "흑인이 투표할 때 삶은 견딜 수 없는 것이라고 남부는 믿어야 한다"[17]고 썼다.

여러 세대가 나타나고 사라졌다. 목화 값은 오르내렸다. 미시시피 강도 마찬가지로 흘러갔다. 찌는 듯한 여름날과 우중충한 날, 뼛속까지 추위가 파고드는 겨울날 동안, 남부연합의 후손과 노예의 후손은 잠깐 동안 휴전했다. 인종이 분리되어 있으면서도 이상하게 얽혀 있는 두 문화는 공존했다. 타르와 비스킷 반죽처럼, 우호적이었다가 예민했다가, 독립적이지도 않고 평등하지도 않게. 백인들은 도시 한쪽에 자신들만의 마을이 있었고 20세기가 보태 줄 수 있는 모든 것, 이를테면 좋은 집과 더 좋은 집, '모델 T' 승용차를 소유했으며, 멤피스나 뉴올리언스로 쇼핑을 다녀왔다. 흑인들 역시 자신들의 구역이 있었고, 얼마 안 되지만 그나마도 간신히 지니고 있는 걸 소유했다. 아마도 노새 한 마리거나 헛간의 몇 마리 가축, 여덟에서 열 명의 식구가 북적이며 살지만 사실 두 명이 겨우 살 만한 작은 판잣집을. 하얀 미시시피의 삶은 매우 사교적이고, 코티용(cotillion, 프랑스의 사교춤―옮긴이)과 사냥을 통해 깊어지는 혈연관계와 우정에 바탕을 두고 있었다. 그러나 검은 미시시피의 삶은 미국의 다른 어떤 곳보다 희망이 보이지 않았다. 1903년 W. E. B. 듀보이스는 "20세기의 문제는 인종차별의 문제다"[18]라고 썼다. 미시시피 '유색인종'들 사이에서 문제는 미시시피 자체였다. 연간 '결산' 때 '찰리 씨'가 물납 소작인들을 속이는 곳, 밀가루 자루로 옷을 지어 입어야 하는 곳, 복종이 영혼까지 속속들이 스민 곳이었기에.

제1차 세계대전 동안 흑인들은 북부로 도망가서 공장 일을 구했다. 너무 많은 흑인이 떠났기에, 남은 이들은 "미시시피에서 가장 큰 도시 세 곳은 과연 어디일까?"[19] 하고 농담을 했다. 힌트는, 미시시피'에는' 아무도 살지 않는다는 것! 고향에 돌아온, 마을마다 몇 안 되는 흑인은 사정이 눈곱만큼 나아져서 자그마한 땅을 사고, 이발소나 장례식장을 차리고, 수수한 집을 지었다. 그러나 '목화 왕'(King Cotton, 목화의 위상을 비유적으로 표현한 말. 남북전쟁 전부터 20세기 전반기까지 목화는 남부에서 가장 중요한 환금작물로서 남부 경제력의 원천이었다—옮긴이)의 봉건 지배에 예속된 노예였던 대다수 흑인은 토요일 밤 '선술집'의 술잔치를 위해 살았다. 여자 문제 때문에 술잔치가 폭력으로 변하고 그 사람들은 미시시피의 지옥 구덩이, '파치먼 농장' 교도소에 갇히는 일도 허다했다. 교도소에서 벌어지는 잔인한 살인, 강간, 고문은 "노예제보다 더 끔찍했다."[20] 토요일 밤을 무사히 살아 낸 이들은 일요일에 교회에서 참회했다. 나무 벽에 둘러싸인 예배당에는 독한 술이 있을 자리가 없었던 것이다. 그리고 월요일이 찾아오면 다시 흑인들은 새벽에 일어나 밭으로 향했고 땅거미가 진 뒤에야 돌아왔다.

1920년대에 뉴욕 할렘은 미술, 재즈, 문학 르네상스의 본거지였다. 미시시피에서 흑인들은 기우뚱한 포치에 앉아 낡아 빠진 기타를 병목이나 과도로 연주했다. 어떤 이에게 그들의 음악은 손톱으로 칠판 긁는 소리 같았고, 또 어떤 이에게는 인간적 고통이 노래에 스민 것 같았다. 그 음악은 '델타 블루스'라 불리게 되었다. 1930년대 무렵에는 방직 공장이 남부 위쪽 지역에 하나둘 들어섰다. 애틀랜타는 떠들썩했고 버밍햄은 철강 도시로 성장했다. 하지만 미시시피는 여전히 작은 시골 마을들의 주였다. 마을은 인종과 철길로 구역이 분리되어 있고, 짐승들이 으르렁거리는 깊은 숲으로 둘러싸여 있으며, 비포장도로로 연결되어 있었다. 이 덕분에 미시시피는 지역 주민들이 좋아하는 예스런 멋을 풍겼다. 할아버지가 하던 방식 그대로 사냥하고 낚시할 수 있는 고장이었다. 하지만 일리노이 센트럴 열차를 타고 델타로 들어온 '외부인'의 눈에, 20세기는 아직 하류 쪽으로 내려오지 않고 세인트루이스에서 멈춘 것처럼 보였다. 1940년대에 들어서도 넓게 펼쳐진 대농장에서는 작업복을 입은 흑인들이 목화를 따서 불룩한 자루에 넣었다. 원자력 시대에 와서도, 침례교 텐트 부흥회에서는 사악한 시골 사람들한테서 악령을 쫓아냈다. 그리고 여러 세대가 나타나고 사라졌다. 목화 값은 오르내렸다. 강도 그렇게 흘러갔다.

이데올로기는 흑인과 백인에게 경제 구조를 정당화시켰다. 《남부의 정신》(The Mind of the South)에서, W. J. 캐시는 남북전쟁이 어떻게 한 지역 전체의 사고방식을 형성했는지 살펴보았다. 분리를 후회하지 않는 남부 사람들은 전쟁이 '바람과 함께 사라지게' 만든 전쟁 이전의 세계를 낭만적으로 묘사했다. 노예제도는 인류 역사에서 최악의 범죄 가운데 하나가 아니라 인도적이고 아버지 같은 제도였다. "노동과 자본이 가장 행복하게 서로 의존했다"[21]고 남부연합 대통령이자 미시시피 사람이었던 제퍼슨 데이비스는 회고했다. 노예제도는 "하느님의 피조물 가운데 가장 사랑스럽고 순수한"[22] 백인 여성을 욕정이 강한 흑인 남성으로부터 보호했다. 일부 흑인의 피부색이 왜 더 밝은 것인지에 관해서는 한마디도 하지 않았다.

코티용과 명함으로 상징되는 상류사회 문화는 흑인과 백인 사이의 친절한 행위에 관해 말하는 걸 더 좋아했고, 그런 화젯거리는 많았다. 그러나 "건방지게 빤히 쳐다보면서"[23] 감히 백인을, 특히 백인 여성을 화나게 하는 흑인은 누구라도 잔인하게 응징하는 것이 바로 그 문화였다. 500명이 넘는 미시시피 흑인을 불법 처형한 것을 비롯해서, 다른 어떤 주보다도 많이 저지른 극악무도한 짓은 정당한 행위로 포장되었다. 불법 처형은 처벌받지 않았고, 살해는 '자기 방어'가 되었다. 여러 도시는 "검둥이, 여기서 얼쩡거리지 마라!"[24]는 도로 광고판으로 자신들의 비열함을 과시했다. 이런 일에 반대하는 백인들은 입 다물고 지내는 법을 배웠다. '짐 크로 법'에 대한 비판은 손봐 줘야 할 불경이었다. "그런 비판을 몹시 위험한 것으로 만들어, 미치지 않고서야 아무도 감히 그러지 못하게 하는"²⁵ 방법으로 손보았다고 캐시는 말했다.

1950년대까지도 비판은 극히 드물었다. 소수 북부인을 제외하고는 모두가 '흑인 문제'를 남부의 문제로 치부했고, 소수의 남부인을 제외하고는 모두가 문제를 직시하지 않으려 했다. 이해는 쌍방향이지만, 미시시피의 그린우드와 잭슨, 리버티에서는 일방통행으로 흘렀다. 흑인 여인들은 백인 가정에서 청소하고 요리했고, 백인 아이들을 돌보았으며, '가족의 일부'인 경우도 있었다. 흑인은 백인이 어떻게 사는지 너무도 잘 알고 있었다. 반면에 백인은 어렸을 때 흑인 아이들과 함께 놀았을 수는 있으나 '검둥이 마을'에는 간 적이 없었고, 자기 집 가정부나 요리사의 살림살이와 자신들의 살림살이를 비교할 기회가 없었다. 흑인은 잘 웃었다. 따라서 그들은 분명 행복했다. "민권 문제가 등장했을 때 많은 사람이 충격을 받았어요"²⁶ 하고 나체스의 한 여성이 말했다. "내가 아는 흑인이 행진에 참여한 걸 보고 깜짝 놀랐습니다. 우리는 그들이 불행하다는 사실을 몰랐기 때문이에요." 그리고 '프리덤 서머'가 미국의 이목을 미시시피에 집중시켰을 때, 미시시피의 많은 백인은 다른 사람이 바라보는 미시시피를 인지하지 못한다. 검은 미시시피에 한 번도 가본 적이 없는 것처럼. 바로 맞은편에 있는데도.

지뢰밭 같은 계급 문제를 회피할 목적으로, 미시시피 정치인들은 '인종 카드'를 현란하게 구사했다. 미시시피는 링컨 당에 투표하는 사람이 거의 없는 일당독재 주였기에, 현역 의원들은 몇 세대에 걸쳐 의원직을 유지했고 연방의회에서 가장 유력한 인물이 되었다. 선거가 위기에 봉착할 때마다 정치인들은 편리하게도 흑인한테서 희생양을 찾아냈다. 미시시피 주지사 제임스 K. 바더먼은 "흑인은 게으르고 욕정이 넘치는 짐

승이다. 아무리 합당한 교육을 시킨다 해도 받아들여질 수 있는 시민으로 바꿀 수 없다"[27]고 말했다. 바더먼의 뒤를 이은 미시시피의 핵심 권력자 시어도어 G. 빌보는 머리가 벗겨지기 시작한 작은 체구의 꼴통으로 더 직설적이었다. 길고도 부패한 정치 경력의 막바지에서, 상원의원 빌보는 "나는 백인종의 우월성과 고결함을 믿는 피 끓는 모든 미국인이 나서서 어떤 검둥이도 투표하지 못하게 해야 한다고 요청하는 바입니다. …… 그렇게 할 가장 좋은 때는 선거일 전야입니다"[28]라고 발언했던 것이다.

빌보가 무장 요청을 한 때는 1946년, 제2차 세계대전에 참전했다 돌아온 미시시피 흑인들이 시민권을 요구하기 시작한 때였다. 드디어 상황이 바뀌고 있었고, 이는 어느 정도 기술 발전 덕분이었다. 전쟁이 끝나갈 무렵, 최초의 기계화된 채면기(採棉機)가 델타의 대농장에 선보였다. 목화 한 꾸러미를 손으로 따는 데 드는 비용은 39.41달러였는데, 기계로 따면서 5.26달러로 내려갔다. 전후 10년 동안 흑인 315,000명을 기계가 대체했고 흑인들은 북부로 몰려갔다. 미시시피 인종차별의 용암은 냉각되었다. 새 세대 흑인 지도자들이 목소리를 내기 시작했다. 작은 NAACP 지부가 등불을 밝힌 교회에서 회합을 열기 시작했다. 1930년대 이후 줄어들고 있던 불법 처형이 자취를 감추었다. 수천 명의 흑인이 유권자 등록을 했고, 집에 총격을 받는 사람도 없었다. 흑인 보통선거권을 말하는 사람은 거의 없었지만, 침체기는 막바지에 이른 것 같았다. "인종분리는 물론 내 평생 끝나지 않을 것이다. 하지만 내 아이들은 그 종말을 보게 될 것이다"[29]라고 많은 이들이 말했다. 하지만 1927년 델타 지역에 160킬로미터까지 강물이 범람했던 미시시피 대홍수를 기억하는 이들은 알고 있었다. 재앙은 소리 소문 없이 닥쳐온다는 걸.

둑이 무너지는 건 댐이 무너지는 것과 다르다. 댐은 굉음과 함께 순식간에 물이 덮쳐 온다. 하지만 둑이 무너질 때는 불어난 물이 압력을 가중시키며 '여울'을 형성한다. 이 작은 여울이 연약한 흙을 뚫고 흘러나온다. 흘러나오는 여울마다 모래주머니로 틀어막으면 홍수를 방지할 수 있지만, 수많은 여울이 흙을 뚫기 시작하면 둑 전체가 무너지고 만다. 미시시피와 남부 전체에서, 첫 번째 여울이 나타난 건 1954년 5월 17일이었다.

미시시피 사람들이 "충격을 받고 어안이 벙벙했다"[30]고 주지사는 발표했다. 델타의 거대한 대농장을 소유한 상원의원 제임스 이스틀랜드는 연거푸 두 주먹을 내리치며 "우리는 미국주의를 회복하기 위한 위대한 십자군 원정을 시작하려 합니다"[31] 하고 선언했다. 미시시피의 한 판사는 '검은 월요일'을 탄식했다. 문제의 그 월요일은 연방 대법원이 '브라운 대 캔자스 주 토피카 교육위원회' 사건을 판결한 날이었다. 흑인 아동에 대한 심리학 연구에 영향을 받은 법원은 "오로지 인종 때문에 그들을 나이와 자격이 동등한 다른 아이들과 분리하는 것은 공동체 안에서 그들의 지위에 관해 열등감을 낳으며, 그것은 그들의 감성과 이성에 돌이킬 수 없는 방식으로 영향을 끼칠 수 있다"[32]고 판결했다. 인종이 분리된 학교는 "본질적으로 불평등"하다고 법원은 만장일치로 선언했다. 남부 전체에 계속 경보음이 울리고 있던 1955년 말, 앨라배마 주 몽고메리에서 로자 파크스는 버스에서 자신이 선택한 좌석을 포기하지 않았다.

재건시대에 저항하던 식으로, 미시시피는 민권운동에 대한 반발을 주도했다. '브라운 판결'이 있고 두 달 뒤, 농장주나 변호사를 비롯한 델타의 유지들이 인디어놀라에 모여 백인평의회(White Citizen's Council)

를 구성했다. 평의회는 그 정책에 '주권(州權) 확대론'이란 겉옷을 입혔지만 한 팸플릿에서 그 목표를 간단명료하게 규정했다. "백인평의회는 인종 잡종화론자들에 대한 남부의 응답이다. 우리는 통합되지 않을 것이다! 우리는 우리 백인의 혈통과 백인의 유산을 자랑스럽게 생각한다. …… 우리가 편협하고 편견에 치우쳐 있으며 미국적이지 않다면, 조지 워싱턴, 토머스 제퍼슨, 에이브러햄 링컨, 그리고 인종분리를 신봉한 다른 걸출한 선조들 또한 마찬가지였다고 할 수 있다."[33] 한 해도 지나지 않아서, 백인평의회 지부가 미시시피 전역에서 결성되었다. 두 해가 지나지 않아서, 비슷한 평의회가 남부 전역에서 결성되었다.

'상류 KKK'[34]라고도 불린 미시시피 '백인평의회'는 다양한 전술을 구사했다. "백인과 흑인을 위해 인종분리 학교가 유지되어야 하는 이유는 무언인가"[35]를 주제로 고등학생 백일장을 열었다. 자원봉사자들이 가가호호 방문하여 인종차별에 대한 태도를 조사했다. 그들이 정리한 파괴분자 조직 명단은 감리교회와 감독교회(미국 성공회)에서부터 엘크스 클럽, YWCA, 미 공군까지 포함된, 인종 통합을 지지하는 조직 명단이었다. 백인평의회의 기본적인 무기는 500만 장이나 되는 팸플릿을 찍어 낸 등사기와, "올바르게 생각하는"[36] 미시시피 사람들을 규합하기 위한 언론 보도였다. 팸플릿과 언론 보도는 하나같이 백인우월주의 신조를 쏟아 냈다. 더 나아가 악의에 찬 거짓말을 꾸며 내기도 했다.

1956년, 남부는 하워드대학 루스벨트 윌리엄스 교수의 발언이 실린 등사물로 홍수를 이뤘다. 잭슨에서 열린 NAACP 회의에서, 윌리엄스는 백인 여성은 흑인 남성을 갈망하고 흑인 남성은 자신이 원하는 백인 여성을 얻을 수 있다고 주장했다는 것이다. 이 발언은 널리 회자되다가 조지아의 한 언론인이 하워드대학에는 루스벨트 윌리엄스라는 교수가 없다는 사실을 밝혀냈다. '발언'을 널리 퍼뜨린 건 미시시피 '백인평의회'였다. 하지만 백인평의회가 "하느님이 인종분리주의자의 원조다"[37] 라고 주장한 로스 바넷을 주지사로 당선시킬 만큼 충분한 권력을 획득했을 때, 허위 정보는 경제적 압박에 비하면 온건한 전술임이 밝혀졌다. 유권자 등록을 한 흑인, NAACP에 가입한 흑인, 학교 통합을 요구하는 청원서에 서명한 흑인은 곧바로 신용이 곤두박질치고 세금 조사를 받고 보험이 취소되었다. 그리고 전화 협박이 시작되었다. 대부분의 '선동가들'에게 이것이면 충분했다. 전화 협박만으로도 흑인들은 "그 브라운 뭐시기"[38]라는 데 관심 두지 않기로 했다. 계속 관심을 갖는 이들을 처리하는 건 '상류'가 아닌 시민들의 몫이었다.

레드네크, 페커우드, 화이트 트래시(모두 남부 시골 마을의 가난한 백인을 가리키는 말―옮긴이) 어떤 말로 비하되든, 미시시피의 가난한 백인은 흑인을 밑으로 깔아뭉갬으로써 사회적 사다리에서 한 단계라도 높은 자리를 차지했다. 부유한 백인에게 따돌림당하는 그들은 판잣집과 오두막집에서 고달픈 삶을 근근이 살아갔다. 그들은 척박한 땅 가까이 살면서 그 잔인무도함을 흡수했다. 야주시티에서 자라난 작가 윌리 모리스는 그들을 잘 알고 있었다. "그리고 레드네크 소년들이 있었다"[39]고 모리스는 썼다.

그들은 대부분 거칠고 노골적이었다. 우리는 그들을 조심스럽게 존중하면서 대하는 법을 일찌감치 배웠다. 그들은 덩치가 더 크고 때론 나이가 더 많았다. 한 학년을 꿇거나 사정이 있어 학교를 못 다녔기 때문인데, 목화를 따는 철에는 며칠씩 못 등교를 못하는 경우도 많았다. …… 그들이 밖에 있을 때, 학교 앞을 지나가는 가난한 유색인종 아이들은 운이 나쁜 것이었다. "깜씨" 또는 "검둥이 자식"이라고 소리치면서 돌멩이나 흙덩이가 계속 날아온다. 나는 어른이 되었고, 흑인 시위대를 두들겨 패는 보안관 대리와 폭력배를 보았다. 그때 아무도 말해 주지 않았지만, 그들이 똑같은 짓을 여덟 살 때부터 해왔다는 걸 나는 알고 있었다.

'레드네크 소년들'은 무리 지어 다녔고, 아버지에서 아들로 전해진 역겨운 야비함으로 서로 결속했다. 소년 시절 내내 억눌렀던 야비함이 폭발하는 때는 밀주에 취해 군중심리로 들뜰 때, 특히 흑인들이 사다리를 오르려 할 때였다.

1955년 5월, 동료 흑인들에게 유권자 등록을 촉구하던 조지 리 목사가 차를 몰고 벨조니를 지나가고 있었다. 별안간 총성이 울렸고 총탄은 그의 얼굴을 날려 버렸다. 리는 병원으로 옮겨지던 도중에 숨을 거두었다. 잭슨의 신문들은 그 살인 사건을 '이상한 사건'[40]이라고 보도했다. 그해 8월에 퇴역 군인인 한 흑인이 브루크헤이븐에 있는 법원에서, 그것도 사람들이 많은 잔디밭에서 총에 맞아 쓰러졌다. 두 주 뒤에는 십대 청소년 에밋 틸이 사망했다. 시카고에 살다 친척집에 놀러온 에밋은 인구가 55명뿐인 미시시피 주 머니에서 백인 여자를 집적거렸던 것이다. '에밋 틸 세대'의 아프리카계 미국인이면 누구나 관에 누운, 끔찍하게 뭉개진 틸의 얼굴 사진을 결코 잊지 못할 것이다. 틸의 어머니는 "그들이 내 아들에게 무슨 짓을 했는지 세상에 알리기"[41] 위해 사진을 공개했다. 인종분리 법정에 100명이 넘는 기자들이 앉아 있었다. 보안관은 흑인 기자들에게 "안녕하신가, 검둥이들"[42] 하고 인사했고, 피고 측은 배심원들에게 "앵글로색슨 여러분 한 사람 한 사람은" 살인자들이 무죄임을 인식하라고 촉구했다. 배심원단은 한 시간 남짓 만에 그렇게 했다. 윌리엄 포크너는 "어떤 이유에서든 피부색이 어떻든, 우리 미국인들이 아이들을 살해해야 하는 극단적인 문화 수준에까지 이르렀다면, 우리는 살아갈 자격이 없으며 앞으로도 없을 것이다"[43]라고 비판했다. 한 백인의 평가는 이보다는 덜 웅변적이지만 훨씬 예언적이었다. "이제부터 흑인 사냥 시즌이 시작된다."[44] 네 해 안에, 미시시피 흑인이 열 명 더 백인에게 살해되었다. 하지만 누구한테도 유죄 평결은 내려지지 않았다. 공포가 통치하면서 불법 처형도 되살아났다. 포플러빌이라는 작은 마을에서, 강간으로 피소된 맥 파커는 감옥에서 끌려 나간 뒤 펄 강 한쪽에 몰려 떠 있는 통나무 사이에서 사슬에 묶인 채 발견되었다. 그러나 에밋 틸 살해 사건에 자극받은 건 백인보다 흑인이었다. "그때부터 미시시피가 움직이기 시작했다"[45]고 밥 모지스의 멘토인 앰지 무어는 회고했다.

그리고 그 무렵 운동은 밑바닥에서부터 시작되었다. "운동을 시작한 건 이른바 벙어리 민중이었죠"[46] 하고 홈스 카운티의 농부는 회상했다. "…… 학교 교사, 교육받은 사람들, 그들은 그딴 거 안 했어요! 목사도 마찬가지예요. 그야말로 입 닥치고 살던 민중이 모두를 위한 길을 냈습니다. 그렇게 밥상이 차려진 거예요." 미시시피 운동은 시민으로 인정되는 일반 노동자, 백인이 해고하거나 위협할 수 없는 자영 농민과 함께 시작되었다. NAACP나 지역흑인지도자협의회(RCNL, Regional Council of Negro Leadership)의 지부, 만나는 장소, 용기 있는 사람들의 연대, 이것들이 불꽃을 일으켰다. 잡지 《제트》에 실리고 또 손에서 손으로 전달된 에밋 틸의 사진은, 미시시피에서는 변한 게 거의 없으며 모든 게 바뀌어야 한다는 바람을 부채처럼 흑인들에게 일으켰다.

자경단과 '백인평의회'가 운동을 감당할 수 없게 되자 주 정부가 개입했다. '브라운 판결'의 영향으로, 유권자들은 앞으로 미시시피 주 헌법의 일부를 읽을 뿐 아니라 '해석'까지 해야 했다. 상원의원 빌보가 표현한 것처럼, 미시시피 헌법은 "검둥이는 물론, 백인조차 그걸 설명할 수 있는 이가 거의 없는"[47] 문헌이었다. 주 헌법은 285조로 구성되어 있었다. 모든 '해석'은 등록 담당자의 판단에 맡겨졌다. 어떠한 항의도 허용되지 않았다. 흑인 교사, 의사, 철학 박사가 번번이 시험에 '불합격'했지만, 대부분의 백인은 이 시험을 치지 않아도 되었다. 그리고 주 전체의 흑인 유권자 수는 22,000명에서 8,000명으로 줄었다. 1956년에 주 의원들은 '브라운 판결'이 "무효이고 위헌이며 법적 효력이 없다"[48]고 선언했다. 136명 전원이 찬성한 표결 결과였다. 표결 뒤 의원들은 〈딕시〉 노래를 불렀다.

같은 해, 주의회는 미시시피의 KGB격인 주권수호위원회(State Sovereignty Comission)를 창설했다. 주지사가 위원장을 맡고 납세자들과 개인 기부자의 돈으로 기금이 조성된 주권수호위원회는 염탐하고, 정보원에게 돈을 대고, 전화를 도청하고, 신문사 논설위원들이 가짜 이야기를 싣고 사실을 은폐하도록 힘을 실어 주었다. 위원회의 가장 극단적인 활동은 오늘날의 눈으로 보자면 우스꽝스럽기까지 하다. 이를테면 결혼한 부부가 아기를 낳으면 조사관들이 아기 머리카락과 코, 손톱을 검사하여 흑인의 피가 섞였는지를 알아냈다. 하지만 다른 전술들은 아이젠하워의 미국보다는 흐루쇼프의 소비에트연방에 훨씬 어울리는 듯했다.

처음 다섯 해 동안 주권수호위원회는 전국의 인종분리주의자들이 보내온 지지 편지에 응대하는 데 상당한 시간을 썼다. 하지만 구성원들은 미시시피에서 소동을 일으키는 일도 빼놓지 않고 했다. 위원회는 흑인 정보원을 이용하여 서던미시시피대학을 인종 통합하려고 한 남자를 투옥했다. 또 NAACP 지도자들을 조사했다. 그들의 친구는 누구인가? 그들은 기독교인인가? 망신거리가 될 만한 어떤 성적 습관을 갖고 있는가? 인종차별 폭력에 관한 위원회 보고서는 반드시 흑인에게 책임을 돌렸고 백인은 무죄였다. 그때 밥 모지스가 미시시피에 왔다. 한 조사관은 모지스를 인터뷰한 뒤 "노골적인 공산주의 선동가는 아닐지라도 공산주의 동조자들과 친밀한 관계를 맺고 있다. 내가 보기에 모지스는 공산주의자이다"[49]라고 결론지었다. 몽고메리 버스 보이콧이 있고 몇 해가 흘러 마침내 미시시피에 민권운동이 자리 잡았을 때, 주 전체에서 '피포위 심리'(siege mentality, 항상 적에게 포위되어 있다는 강박관념―옮긴이)를 심화시킨 게 바로 모지스와 SNCC였다.

1962년 여름, SNCC는 미국에서 가장 가난하고 폭발력을 지닌 지역에 '교두보'를 건설하고 있었다. 미시시피 주 델타가 바로 그곳이었다. 그동안 잭슨에서 흑인들은 인종분리 상점에 대해 불매운동을 벌이고, 간이식당에서 좌석을 점거하고, 경찰한테 질질 끌려가 호송차에 실렸다. 그리고 델타에서 남쪽 파이니우즈까지, 미시시피 전역에서 흑인들은 유권자 등록을 하기 위해 카운티 법원에 줄지어 섰다.

미시시피에서 법원은 법과 질서의 상징을 넘어서는 것이었다. 그것은 바로 백인 사회의 심장이었다. 카운티의 행정 중심지에 위치하고, 작은 시가지 광장이 붙어 있는 각 법원은 반경 몇 킬로미터 안에서 가장 오래되고 가장 잘 보존된 건축물이었다. 법원마다 뾰족탑이 솟아 있고 화려한 벽돌로 외관이 꾸며져 있었다. 법원 잔디밭마다 군인의 석상이 서 있고, 석상을 받치고 있는 대좌에는 남부연합군 사망자 명단이 새겨져 있었다. 백인의 출생과 사망, 혼인은 모두 법원에 기록된다. 이제 대거 유권자 등록을 하러 오는 흑인들은, 옛 남부의 향수 어린 이 초상화에 구멍이라도 뚫으러 오는 듯이 느껴졌다. 테러만으로는 그들을 막을 수 없었기에, 미시시피는 문에 빗장을 지르고 마음을 닫고 이제는 과거라고 할 수 없는 과거에 집착했다.

그러나 1960년대에 현 상태를 보존한다는 건 지난날처럼 쉽지 않았다. 새로운 침입자인 텔레비전은 인종 통합에 관해 북부의 사상을 확산시키겠다고 위협했다. 미시시피의 도시에는 대부분 한두 채널이 나왔지만 통제를 받았다. 소설가 제임스 볼드윈이 TV 쇼 〈투데이〉에 출연했을 때 미시시피에서는 그 방송을 볼 수 없었다. NBC 계열사들이 주 전체에 옛날 영화를 방영한 것이다. NAACP 변호사 서굿 마셜이 TV 방송에서 견해를 피력할 때, 잭슨의 NBC 계열사인 WLBT에서는 '유선 장애'라는 문구가 떴다. "죄송합니다. 유선 장애입니다"[50]라는 안내 방송은 미시시피 TV에서 다반사가 되었다. 뉴스 프로그램 전에는 "다음 프로그램은 북부에서 제작한 뉴스입니다"[51]라는 경고문이 나왔다. 그런 통제가 가능했던 건 미디어 독점 때문이었다. WLBT 국장은 '백인평의회' 이사였다. 방송국 소유주인 헤더먼 일가도 마찬가지였고, 이 일가는 미시시피 주 전역에 발행하는 일간지 《잭슨 클래리언-레저》와 《잭슨 데일리뉴스》 두 곳도 소유하고 있었다. 짐 크로에게 그랬듯이, '북부' 미디어에 대한 반발은 때로 이해하기 힘들 만큼 커졌다. 1964년 봄, 인기 서부극 〈보난자〉가 '흑인 여자 카우보이'[52]를 출연시킬 거라는 소문이 돌면서 이 드라마와 광고주에 대한 거부운동이 벌어졌다. 몇 달 뒤, 미시시피의 ABC 계열사는 마녀랑 결혼한 남자를 그린 새 시트콤 〈아내는 요술쟁이〉가 '은근히 인종 간 결혼을 지지하는'[53] 것처럼 보일 수 있다고 항의했다.

보도 통제, 밀정, 자경단, 경찰의 엄중 단속, '올바른 생각'을 퍼뜨리기 위한 백인평의회 지부의 로비……. 이 모든 것은 미시시피를 '닫힌 사회'로 바꾸어 놓았다. '올 미스'(미시시피대학) 역사 교수 제임스 실버가 1963년에 '닫힌 사회'라는 용어를 처음 만들어 냈을 때, 그 또한 표적이 되었다. 주지사에게 매도당하고 대학 본부의 조사를 받은 실버는 침대 옆에 엽총을 놓고 잠을 잤고, 밤에는 결코 운전을 하지 않았다. 다른 온건한 이들도 비슷한 탄압을 받았다. 올 미스에서 강사들은 인종 통합에 관한 견해를 검열 받았다. 캠퍼스의 종교생활 감독관은 파면되었다. 범죄라도 저지른 것일까? 흑인 기자를 재워 주었을 뿐이었다. '지적인 구속'[54]에 항의하는 교수들이 한 명씩 사임하여 결국 교수의 4분의 1이 그만두었다. 목사들 또한 압력을 느꼈다. 1963년 1월, 감리교 목사 스물여덟 명은 교회의 인종 통합을 촉구하는 선언문을 발표했다. 그리고 한 해 안에 그 목사들의 절반이 주를 떠났다. 미시시피에서는 "당신을 키 작은 나무 아래에서 불법 처형하는"[55] 사람이 온건한 사람이라고 딕 그레고리가 말한 적이 있다.

하지만 몇몇 이성의 목소리는 위험을 무릅쓰고 여전히 남아서, 누군가가 "매그놀리아 정글"이라고 일컬은 곳에서 용감하게 외쳤다. 《렉싱턴 애드버타이저》 발행인 헤이즐 브래넌 스미스는 백인평의회와 그 '사설 게슈타포'[56]인 주권수호위원회에 맞서는 1인 운동을 감행했다. 1면 칼럼 〈헤이즐의 세상보기〉에서 그녀는 이렇게 발언했다. "지금 우리는 홈스 카운티에서 그리고 미시시피에서 두려움 속에 살고 있다. 그것은 먹구름처럼 우리를 뒤덮은 채 공적인 삶과 사적인 삶의 모든 국면을 지배하고 있다. 오해받을까 두려워 자유롭게 말할 수 있는 사람이 아무도 없다. 거의 모든 사람이 인종 간에 선의와 조화를 증진시키는 무언가를 하기를 두려워한다."[57]

스미스는 그 작은 도시에서 배척당했다. 광고는 끊기고 그녀의 이름에는 공산주의자라는 꼬리표가 붙었으며 남편은 직장을 잃었다. 또 그녀는 흑인 남성을 사살한 백인 경찰을 비판했다고 해서 유죄 판결을 받았다. 그러나 스미스는 끈질기게 발언했고, '프리덤 서머' 한 달 전에 논설기사로 퓰리처상을 수상한 최초의 여성이 되었다. 훨씬 남쪽인 미시시피 주 페털에서, 《페털 페이퍼》의 편집인 겸 발행인, 광고 영업자이자 기자, 식자공인 P. D. 이스트는 "개떡 같은 현실"[58]의 확산을 비판했다. 그는 백인평의회를 모방하여 "영광스런 시민 조직에 참여하세요. …… 나날이 커지는 광신자 모임"[59]이라는 광고를 실었다. 헤이즐 브래넌 스미스와 마찬가지로 이스트도 배척당했다. 《페털 페이퍼》는 미시시피 바깥에서 판매되는 매출로만 유지해 나갔다. 그리고 더 남쪽, 조선업 도시인 패스커굴라에서 신문을 발행하는 아이어러 하키 주니어는 자신의 신문에서 대담하게 '검둥이'[60]와 '유색'이라는 표현을 없애고, 지역의 '폭력배'와 '증오의 화신들'을 비판하는 논평을 썼다. 그들은 집에 총을 쏘고 집 잔디밭에서 십자가를 불태우는 것으로 응답했다. 증오는 더욱 공고해졌고, 마침내 미시시피가 가장 두려워하는 일이 닥쳤다. 북부 군대가 다시 온다는 소식이었다.

미시시피 사람들은 올 미스에 입학하려는 흑인을 처리하는 방법을 자신들이 알고 있다고 생각했다. 1958년 그 최초의 흑인은 정신병원에 보내졌다. 그러나 1962년, 제임스 메러디스의 입학이 미뤄지면서 아름다운 옛 도시 옥스퍼드는 소란스러워졌다. 라디오 방송마다 〈딕시〉를 틀어 댔다. 남부연합 깃발이 펄럭였다. 반대의 외침이 거리에 울려 퍼지고, 먼 남쪽 멕시코 만 부근의 백인들까지 옥스퍼드로 몰려왔다. 옥스퍼드는 무장한 채 전투 준비를 하고 있었다. 연방 보안관들이 군용 트럭을 타고 도착했다. 9월 30일, 캠퍼스에 어둠이 깔리자, 벽돌이 자동차와 창문을 부수었다. 미시시피 고속도로 순찰대가 철수하자 법무부 장관 로버트 케네디는 격노했고 더 많은 보안관을 보냈다. 밤 내내 폭동이 계속되어 두 명이 죽고 스물여덟 명이 총상을 당했으며 수백 명이 폭행을 당하고 자동차는 불타고 건물 내부는 짓밟혔다. 이튿날 아침, 연방 군대가 메러디스를 호위하며 돌 부스러기를 밟고 강의실로 들어갔다. "우리는 폭력을 증오한다. 하지만 우리는 우리의 생활방식을 지킬 것이다. 아무도 우리 생활방식을 앗아 갈 수 없다. 나는 그것을 위해 죽을 것이다"[61] 하고 한 학생이 말했다.

연방군은 이듬해 8월까지 올 미스 캠퍼스에 주둔했다. 남부의 연방 탈퇴 100주년 기념 퍼레이드를 벌이고 세 해 뒤인 1964년이 되었을 때, 남북전쟁은 여전히 아물지 않은 상처였고 옥스퍼드 '점령'은 꺼지지 않은 증오의 불씨를 다시 타오르게 했다. 미시시피는 그야말로 압력밥솥이 되었다. 3월, 여름 프로젝트 소식은 주 전체를 동요시켰다. 미시시피에 가는 활동가들은 행진이나 좌석 점거, 또는 시위를 하지 않을 것이라고, '프리덤 서머' 기획자들은 거듭 공표했다. 모든 카운티 보안관에게 보내는 편지에서, 기획자들은 "프로젝트는 선동이 아니라 건설을 하려는 것"[62]이라고 설명했다. 그러나 그 봄, 미시시피 의회는 주 경찰 수를 곱절로 늘리고 피켓 시위와 전단지 배포, 집회를 금지하는 법을 무더기로 통과시켰다.

주 의회가 긴급회의를 여는 동안, 미시시피의 KGB는 자체적으로 '프리덤 서머'에 대비하고 있었다. 4월과 5월 내내, 주 주권수호위원회는 보안관과 경찰을 대상으로 강좌를 열어, 물밀듯이 몰려올 "공산주의자,

변태성욕자, 괴짜, 몽상적 사회 전복 세력"[63]을 새로운 주 법에 근거하여 어떻게 다루어야 하는지 지도했다. 위원회는 흑인 두 명을 밀정으로 고용하여 정보원 X, 정보원 Y라 칭했다. 'X'의 임무는 민권운동가들과 함께 섞여 다니는 것이었다. "미시시피의 여름은 길고 뜨거울 것"[64]이라고 X는 보고했다. "'인종분리의 벽'이 무너질 때까지 그들이 잭슨시의 거리에서 시위를 벌일 것이기 때문이다." 오하이오 수련회에 참석한 X는 "백인 여학생이 흑인 남자와 어울리고, 흑인 여학생이 백인 남자와 함께 어울렸다"[65]고 보고했다. X가 운동가들과 다니는 동안, Y는 미시시피 민권운동 단체 연합 조직인 민권단체연합(COFO, Council of Federated Organizations)의 잭슨 본부에 침투했다.

COFO 본부는 '프리덤 서머'의 신경 중추였다. 잭슨의 흑인 구역인 린치 스트리트에 위치한 COFO는 나지막한 벽돌 건물을 스트림라인 바, 당구장과 함께 썼다. '프리덤 서머'가 다가오면서, 사무실은 이웃한 바보다 훨씬 바빠졌다. 전화가 쉼 없이 울려 댔다. 여자들이 타자기를 탁탁 두들기며 온갖 편지와 명단, 호소문, 여름 프로젝트의 모든 내용이 담긴 안내문을 쏟아 냈다. 담배연기 자욱한 밀실에서 열리는 회의는 자정을 넘기기 일쑤였다. 구석구석에는 기부해 온 책과 옷 상자들이 쌓여 있었다. 정보원 Y는 그 소란 속에서 별다른 제약 없이 움직였다. 모든 활동가의 명단과 집 주소를 비롯하여 핵심 문건을 훔쳤고, 상상을 곁들여 쓴 보고서를 주권수호위원회로 보냈다. COFO 본부는 공산주의자들뿐 아니라 '동성애자'가 득실거린다는 내용도 있었다. 흐루쇼프와 레닌의 사진이 벽에 걸려 있고 마르크스주의 문학을 탐독하며, "흑인과 백인이 함께 가는 세상, 공산주의가 도래한"[66] 새 세상을 이야기하고, "사랑이 아니라 육체를 만족시키는 섹스만을 이야기한다"고 Y

는 보고했다. 여름으로 접어들면서, 정보원 X는 여전히 건조한 보고서를 작성했고, 정보원 Y는 주권수호위원회가 듣고 싶어 하는 말만을 들려주었다.

1964년 6월 즈음, 미시시피의 과거는 현재의 맹공에 전면적으로 맞서고 있었다. 소수를 제외한 온건파는 모두 입을 다물거나 도피해야 했다. 패스커굴라의 신문 발행인 아이어러 하키는 대담하게 발언했던 신문을 처분했다. 연방의회에서 유일한 미시시피 중도파였던 프랭크 스미스는 재선에 실패했다. P. D. 이스트는 앨라배마로 이사했고, 윌리엄 포크너는 세상을 떠났다. 사슬을 벗어난 남부연합의 자긍심은 복수심과 함께 부풀었다. '뜨내기'[67]니 '건달'(scalawag, 남북전쟁 뒤 공화당을 지지하는 남부 백인을 경멸적으로 일컫는 말—옮긴이)이니 하는 재건시대 욕설이 흔해졌다. 《잭슨 클래리언-레저》는 남북전쟁에 관한 칼럼 〈1864년의 이번 주〉에서 북군의 잔학 행위를 자세히 밝혔다. 눈에 띄지는 않지만 이해를 촉구하는 더 낮은 목소리도 있었다. "우리는 백년이라는 세월을 지나왔다"[68]고 해티스버그의 어느 의사가 말했다. "이미 백년이 흘렀다. 그리고 이런 말을 하기는 부끄럽지만 우리에게는 시간이 더 필요하다. 시간이 더 주어진다면 우리는 문제를 해결할 것이다." 그러나 대부분의 미시시피 사람들에게 이런 호소는 이미 때늦은 것이었다. "내 평생에, 하느님과 조국을 위해서 떨쳐 일어나야 한다고 느끼게 된 건 처음이다"[69]라고 잭슨의 한 남성은 《잭슨 클래리언-레저》에서 밝혔다. "나는 미시시피를 작은 뉴욕으로 만들지 말라고 백인과 유색인종 모두에게 요구한다."

'프리덤 서머'를 딱 한 주 앞두고 온갖 소문은 공황 상태를 낳았다. "몇 백 명이 아니라 3만 명의 '침략자'[70]가 쳐들어오고 있다!" 잭슨에서는 흑인 폭력 조직이 "백인 여자들을 강간하기 위해 결성되고"[71] 있다는 소문 탓에 총포상이 문전성시를 이루었다. 미시시피 경찰은 최루탄과 진압용 산탄총, 전기 진압봉을 비축했다. 경찰은 폭동 진압 훈련을 했다. KKK는 미시시피의 회원이 91,000명이라고 발표했고 적극적으로 회원을 모집했다. 경보가 확산되면서 폭력은 이제 일반적인 흐름이 되었다.

6월의 어느 저녁, 자동차 두 대가 잭슨의 COFO 본부 앞에 멈췄다. 백인 청년 두 명이 차에서 내렸다. 그러고는 담담하게 총을 꺼내더니 사무실을 조준해 발사했다. 창문이 박살나고 건물 안에서 비명이 터져 나왔다. 두 청년은 차를 타고 사라졌다. 엿새 뒤에는 캔턴의 자유의 집에 폭탄이 터졌다. 바로 그날, 폭발 직전의 미시시피 남서부에서 백인들은 언론인 세 사람을 공격했다. "이게 바로 당신들 북부 선동가들이 맛보고 싶었던 거겠지"[72] 하고 공격하던 한 명이 내뱉었다.

눈 깜짝 할 새에 며칠이 흘렀고 그동안 미시시피는 '길고 뜨거운 여름'에 대비했다. 상공회의소도 이런 전략을 공유했다. 차분히 지낸다. 지역의 KKK를 자극하지 않는다. 경찰을 믿는다. 언론을 차단한다. 미시시피 남서부에서는 신생 조직 두 곳이 회의를 시작했다. 백인보존미국인협회는 평화로운 저항을 촉구했다. "어떤 폭력도 안 됩니다. 우리가 서너 명을 죽이는 날, 저들은 미시시피에 계엄령을 내릴 것입니다"[73] 하고 단체 회원들에게 주장한 사람이 있었다. 매콤에서 이웃 지킴이 단체인 '헬프'는 구역마다 대표를 뽑고 "자기 방어와 보호를 위한 지침서"[74]를 우편으로 발송했다. "어린 아이들이 어디에 있는지 늘 확인한다. …… 누구인지 확인한 뒤 문을 열어 준다. …… 비상경보를 숙지한다. …… 임시 경보는 엽총을 세 번 발사하거나 자동차 경적을 세 번 울리는 것으로 한다" 같은 내용이었다. 미시시피에 산재한 KKK 지부에서 단원들은 무장을 갖추었다. "이번 여름 불과 며칠 안에, 적은 여기 미시시피에서 승리하기 위해 최후의 돌격을 감행할 것이다"[75]라고 그림자 같은 KKK 대마왕이 선포했다. "우리는 바로 며칠밖에 안 되는, 우리에게 남은 모든 시간을 이용하여 이 공격에 대비해야 한다. 무기와 탄약을 모아 비축하라. 분대는 훈련에 돌입하라. …… 모든 단원들은 엄숙하고 확고한 기독교인의 경외심을 고무해야 한다."

봄의 마지막 날, 활동가들이 오하이오에서 버스에 오르고 있을 때, 잭슨의 거대한 장갑차는 경찰 본부에 대기하고 있었다. 근처에 있는 카운티 박람회장은 수천 명의 죄수를 수용할 수 있을 만큼 큰 수용소가 되었다. 몇 달 동안 소문과 위협에 시달린 미시시피는 최악의 사태를 기다리고 있었다. 잭슨에서 유도라 웰티는 친구에게 "이번 여름에 지옥이 펼쳐질 거래"[76]라고 편지를 썼다. 주권수호위원회는 "무기 운반 활동이 증가했다"고 보고했다.[77] 진흙에 들어선 마을에서부터 목화밭에 우뚝 선 마을까지, 미시시피는 기다리고 있었다. 그리고 여름의 첫날 자정을 넘기고 있었다. 버스를 탄 젊은 남녀들이 멤피스에서 남쪽으로 내려오며 주 경계선에 가까워지고 있었다. 그 일요일, 피처럼 붉은 해가 떠올랐을 때, 미시시피는 다시 전쟁 속으로 휩쓸려 들어갔다. 그때까지 사실상 끝나지 않았던 백인과 흑인, 북부와 남부, 관용과 무관용의 전쟁 속으로.

# 4
# 미국은 어디에 있는가

"왜 모든 사람이 서로 사랑하지 않는 걸까요?"
"뭘 어쩐다고요?"
"서로 사랑하는 거요. 왜 사람들은 서로 사랑하지 않냐구요?"
"이봐요, 도대체 당신 누구예요? 좀 돌았나?"
– 셸비 푸트, 《조던 카운티》

땅은 녹색 당구대 같고 하늘은 몬태나의 하늘보다 넓었으며, 아스팔트는 쭉 뻗은 채 텅 비어 있었다. 활동가 여덟 명과 SNCC 실무자 두 명이 고속도로 갓길에 내린 곳은 미시시피 어디쯤이었다. 그들은 날짜를 알고 있었다. 1964년 6월 21일. 시간도 알고 있었다. 새벽 5시. 그런데 여기는 어디인가?

마지막으로 지나친 표지판은 '베이츠빌-행정 경계선'이었지만, 눈에 들어오는 마을이 없었다. 펠트 같은 들판과 좁다란 2차선 도로 말고는 아무것도 없었다. 텅 빈 그레이하운드 버스 정류장과 고속도로 건너편으로 '미시시피 고속도로 순찰대'라는 표지가 보이는 낮은 벽돌 건물뿐이었다. 장시간 버스 여행으로 녹초가 된 크리스 윌리엄스는 "가장 조심스럽게 표현한다 해도 불쾌한 곳"[1]이라고 생각했다. 베이츠빌이 도대체 어디란 말인가? 오하이오에서 교육 받을 때, 그들은 미시시피 지리의 기초를 배웠다. 델타의 목화밭, 중앙의 야트막한 구릉지, 성냥개비가 서 있는 듯한 머나먼 남쪽의 파이니우즈. 하지만 베이츠빌 근처의 도로가에 서 있자니, 목화도 구릉도 숲도 전혀 보이지 않고 적막한 허허벌판뿐이었다. 그들은 뭔가 매우 잘못되었다는 알 수 없는 공포에 사로잡혔다.

누군가가 마중 나오기로 되어 있었다. 한 시간 전, 홀리스프링스의 작은 대학에 내린 열두 명에게는 마중 나온 사람이 있었다. 하지만 지금 여기엔 아무도 없고, 도로 건너편에 고속도로 순찰대만 있었다. 자동차에 앉은 한 명. 선글라스가 반짝거렸다. 활동가들은 두런두런 얘기를 나누면서 침착함을 유지하려 애썼다. 하지만 최악의 상황이 벌어질 것 같은 긴장이 감돌았다. 마치 최악의 상황에 던져진 것만 같았다. 그들이 있는 곳이 미시시피 어디든, 그들이 알고 있는 미국 어디와도 먼 곳으로 보였다. 저 멀리 뒤로 "얼 워런을 탄핵하라"[2](Earl Warren, 1891~1974, '브라운 소송'을 판결하고 학교의 인종분리를 철폐한 법관—옮긴이)라고 적힌 도로 광고판이 보였다. 길가의 나무에는 우아하고 하얀 목련이 피어 있었고 푸릇푸릇한 덩굴은 전신주와 울타리, 나무들을 휘감고 있었다. 아침 해마저 너무 눈이 부셔 눈을 뜨기 힘들었다. 점점이 보이는 집들은 가난에 찌든 과거 속에 파묻힌 듯했다. 빛바랜 물막이 판잣집은 낡은 냉장고, 녹슨 세단, 고물이 된 픽업트럭 더미 속에서 보일까 말까 했다. 마지막 주유소는 "휘발유—갤런 당 29.9센트"라고 광고하고 있었지만, 제2차 세계대전 이래 아무도 거기서 주유를 한 것 같지 않았다.

미시시피에 와본 적이 있는 SNCC 실무자 틸먼 맥켈러가 재빨리 수

습에 나섰다. 버스 정류소의 전화 부스로 가서 연락 대상에게 전화 건 뒤, 도로로 돌아와서 첫 번째로 지나가는 흑인 운전사의 차를 세웠다. 고속도로 순찰대가 속도를 높여 따라오더니 차를 세웠다. 순찰 경관은 훈계를 하는 것 같았다. 맥켈러가 나중에 밝힌 바로는, 그 순찰 경관이 그들 모두 탤러해치 강바닥에 처박힐 거라고 말했다고 한다. 그리고 차 두 대는 다시 출발하고, 아홉 명만이 길가에 남았다. 하지만 그 시간이 그리 길지는 않았다.

6월은 미시시피에서 '환대의 달'이었다. 6번 고속도로에서 처음 환대를 한 건 모기였다. 지역에서 농담처럼 '저격수'라 일컫는 미시시피 모기는 "엄청 커서 두 발로 서면 칠면조만"[3] 했다. 모기가 몰려들면서 귓전에서 앵앵거리고 따끔따끔 찌르자 떠오르는 해가 더 뜨겁게 느껴지고 하늘은 창공이 아니라 냄비뚜껑 같았다. 6월의 벌레들도 나타났다. 성가신 갈색 벌레 무리가 귓전과 눈앞에서 붕붕거렸다. 뒤이어 나타난 해충은 인간이었다. 픽업트럭이 요란한 소리를 내며 지나갔고, 쉐비와 포드가 뒤이어 지나갔다. 엔진 마력을 높인 폭주족의 차들은 머플러에서 우레 같은 소리가 났다. 스포츠카마다 들어찬 '레드네크 청년들'은 엘비스처럼 보이게 최대한 멋을 냈다. 머리는 향유를 발라 모양을 냈고, 열린 창으로 두툼한 이두박근을 과시하고 있었다. 몇 명은 비웃기만 했지만 몇 명은 고함을 쳤다.

"너희에게 고생길을 터 주마, 빌어먹을 놈들!"[4]

"이 자식들을 당장 죽여 버려야 하는데!"

활동가들은 충격을 받았다. 이 행성의 인간들이 우릴 위협하기 위해 새벽 5시에 일어난 것인가? 아니면 밤을 꼬박 샌 것인가? 베이츠빌에서는, 아니 베이츠빌이 아닌 어디서라도 다른 할 일이 없는 것인가? 자동차와 픽업이 잇달아 지나갔다. 아홉 명의 활동가는 그저 선 채로 모기를 때려잡았다. 옷가방과 더플백은 옆쪽에 쌓여 있었고, 희망은 저만치 물러났다. "누군가가 빨리 와야 할 텐데" 하고 어느 하나가 말했다.

'프리덤 서머'의 첫날은 미시시피 6번 도로에서 고립된 활동가들과 함께 시작되었다. 이어진 하루는 굉장히 드문 날이었다. 흑인과 백인 사이에 아무런 장벽이 없다고 믿을 수 있을 것처럼 보인 날, 역사가 용서되고 미래가 기다릴 만한 것으로 보인 날이었다. 250명 정도의 미국인이 미국에서 가장 가난하고 당장 폭발할 것만 같은 주에 와 있었다. 비록 '침입자'처럼 보이더라도, 그들은 그 꼬리표에 신경 쓰지 않고 활동을 시작했다. 오하이오 수련회에서 밥 모지스는 곧바로 활동을 시작해서 "여러분이 내려간 건 좌석 점거나 …… 행진이나 시위를 조직하려는 것이 아님"⁵을 보여 주라고 충고한 터였다. 하지만 그날은 일요일이었다. 첫날이었고, 그들이 유일하게 할 일은 그저 그곳에 있는 것이었다. 백인들이 도시의 흑인 구역에서 걸어 다니고, 흑인 가정에서 밥을 먹고, 흑인 교회에 가서 자신을 소개하고, 어떤 백인도 앉았던 적이 없는 포치에 앉아 있었다.

그날의 끝은 불길했지만, 한 여성은 나중에 그 첫날, 첫 번째 만남을 이렇게 떠올렸다. "그들의 태도를 말하자면, 그들은 우리에게 잘 대해 주었다. 친근하게 다가왔고 예의바르고 정중했다. 경멸하는 투로 말하지도 않았다. 아무런 두려움 없이 그들하고 얘기할 수 있었다. 그들하고 얘기할 때는 '내 지위'를 의식하지 않아도 되었다."⁶ 이것이 바로 모든 경고와 두려움, 이룰 수 있는 게 거의 없을 것이라는 회의를 무릅쓰고 그들이 끝내 미시시피에 온 까닭이었다.

베이츠빌 근처 어디쯤 도로에서 활동가들은 10분을 더 기다렸다. 벌레들이 심하게 괴롭혔다. 더 많은 자동차와 픽업이 점점 가까워지면서 엔진을 가속하여 굉음을 내며 지나갔다. 경찰차 한 대가 지나가고 보안관 차도 지나갔다. 해는 뜨겁게 달아오른 하늘로 올라갔다. 새벽 5시 30분이 가까워서야 드디어 낡고 흰 소형 트럭이 도착했다. 운전사는 자신을 연락 대상인 마일스라고 소개했다. 안도하는 낯빛이 된 활동가들은 모두 짐칸에 끼어 앉았다. 고속도로 순찰대가 곧바로 트럭을 세우더니, 마일스 씨에게 정지 신호를 무시하고 달렸다며 딱지를 끊었다. 물론 그는 정지 신호를 무시한 적이 없었다. 어쨌거나 딱지를 끊고서야 다시 출발할 수 있었다. 몇 분 안에 트럭은 철길을 건넜고 유턴을 한 뒤 지선 도로로 접어들었다. 그리고 텁스 스트리트 옆으로 흐르는 깊은 배수로 뒤에 서 있는 수수한 집으로 다가갔다. 로버트 마일스의 집에 들어갈 때, 활동가들은 옆면의 흰 판자에 난 총탄 구멍 몇 개를 보았다. 안으로 들어가니 문 뒤에 소총과 엽총이 놓여 있었다. 하지만 여전히 실내 가운 차림인 중년의 흑인 아줌마가 차려 준 아침은 누구나 좋아할 최고의 맛이었다.

달걀과 매운 소시지, 대부분이 처음 맛본 옥수수 죽을 앞에 놓고 활동가들은 마일스 가족과 만났다. 대체로 흰 셔츠에 타이 차림으로 다니는 쉰 살의 로버트 마일스는 신뢰감을 풍겼지만, 백인들은 그것을 '오만'이라 일컬었다. "그는 자신의 처신을 곰곰이 생각해서 백인에게 어떤 욕도 듣지 않아요"[7]라고 크리스 윌리엄스는 집에 보내는 편지에 썼다. 제2차 세계대전에서 돌아온 마일스는 민권운동의 개척자였다. 1950년대 후반에 그는 퍼놀라 카운티 유권자연맹을 공동 설립했고, 연맹은 유권자 등록을 개시하라고 카운티에 소송을 걸었다. 그의 용기 덕분에,

마일스의 집은 총격을 당하고 잔디밭에서 십자가가 불태워졌다. 폭력은 "내가 사는 동안 받아들여야 할 것이고 …… 우리는 어디에도 가지 않을 것이며, 갈 곳도 없다"[8]고 그는 오래 전에 결심했던 것이다.

아침 식탁에서 활동가들은 여덟 살짜리 케빈 마일스와 남동생 버넌을 보고 웃음 지었다. 두 아이는 백인들이 자기 집 식탁에 앉아 있는 걸 보고 놀랐을 텐데도 그저 킥킥대기만 했다. 며칠이 지나서야 활동가들은 마일스 부인, 그러니까 모나가 초조해 보였던 이유를 알게 된다. 몇 해 전, 마을의 보안관이 "네 아버지가 똑똑한 NAACP 검둥이니까"[9] 하며 모나의 조카딸을 심하게 폭행했던 것이다. 그 뒤 모나 오빠의 집에 총탄이 날아들고 잔디밭에서 십자가가 불타자 그는 디트로이트로 이사했다. 심한 스트레스로 마일스 부인은 '신경과민 증세'를 보였다. 그녀는 거리낌 없이 말하고 폭넓게 독서했지만, 실내 가운을 입고 지내면서 결코 밖으로 나가지 않았다. 하지만 그녀는 끊임없는 위험을 유머로 누그러뜨렸다. "그들은 왜 우리가 인종분리 수영장에서 수영하게끔 내버려 두지 않는지 모르겠어. 그렇다고 우리 피부가 하얘지지 않는다는 건 이미 입증되었는데 말이지."[10] 그녀는 이따금 이렇게 말했다. 식탁의 대화가 농사일로 옮겨 가자, 마일스 씨(활동가들은 늘 그렇게 불렀다)는 6백 에이커에서 기르는 밀, 콩, 목화, 옥수수 얘기를 했다. 아침을 먹고 난 뒤 얼마 전 앨콘 농업기술대학을 졸업한 마일스 부부의 큰아들 '주니어'가 활동가들에게 농장을 구경시켜 주었다. 크리스는 돼지를 보고 놀랐다. 특히 350킬로그램이 넘는 암퇘지가 오전 10시에 이미 섭씨 30도를 웃도는 열기를 피하기 위해 진흙탕에 코를 박고 있는 모습이 인상적이었다. 빛이 바랜 낡은 헛간까지 둘러보면서 나머지 시간을 채우고 교회로 갔다.

웨스트캠프 침례교회는 마일스의 집에서 몇 블록 떨어져 있었는데, 다른 세계의 교회인 양 크리스나 다른 활동가들이 아는 어떤 교회와도 달랐다. 높은 천장도 없고, 딱 하나 있는 작은 방에 '가장 좋은 외출복'을 입은 사람들이 들어찼다. 어린 여자아이들은 솜사탕처럼 풍성한 드레스를 입었고, 남자아이들은 코트와 타이를 불편해 했으며, 성인 남자와 여자들은 결혼식에 온 듯 치장한 모습이었다. 찬송가가 시작되자 영혼으로부터 음악이 터져 나왔다. 목사의 설교는 중간에 "아멘!" 또는 "믿습니다!"라는 외침으로 힘이 실리며, 실내가 힘과 결의로 가득 찼다. 예배 마지막에 '디콘 마일스'가 활동가들을 소개했다. 모두가 일어서서 수줍어하며 이름과 고향을 밝혔다. 볼티모어, 앤아버, 매사추세츠의 암허스트, 뉴욕의 헤이스팅스-온-허드슨. 그리고 활동가들의 호스트가 회중에게 경고했다. "여러분 모두 이 사람들이 누군지 그리고 왜 여기 왔는지에 관해서 백인한테 다른 이야기를 많이 듣게 될 것입니다."[11] 로버트 마일스는 말을 이었다. "백인들은 여러분에게 이 사람들을 선동가라고 말할 것입니다. 선동가가 무엇인지 아십니까? 선동가는 때를 빼기 위해 빙글빙글 돌아가는 세탁기의 중심 부분입니다. 그것이 바로 이 사람들이 여기에 온 이유입니다. 그들은 묵은 때를 빼기 위해 여기에 온 것입니다." 악수를 하고 만나서 반갑다는 인사를 나누며 헤어진 뒤 집에서 점심을 먹었다. 활동가들이 점심을 먹은 뒤 나무 그늘에 앉아 무더위를 피해 쉬고 있는 동안, 로버트 마일스는 마지막 숙소까지 섭외를 마쳤다.

그동안 미시시피 전역에서, 지난 한 세기 동안의 '짐 크로'는 그 오래고 느린 해빙을 시작했다. 이 하루 동안, 적어도 땅거미가 질 때까지는, 경이감이 모든 불길한 예감을 억눌렀다. 호스트 식구들은 활동가들을 데리고 '흑인 구역'을 둘러보며, 귀한 재산이라도 되는 것처럼 활동가들을 자랑했다. "우리 여학생들을 벌써 보셨어요?"[12] 할머니들은 어린 '여자애들'을 붙들고 살을 만져 보며 "말랐네"[13]라든가 "곱네"라고 말했다. 활동가들의 머리카락을 손가락으로 쓸어 보았다. 사람들은 포치에서 손을 흔들었고, 웃고 있는 얼굴이 창문을 통해 보였다. 그 찌는 오후에 활동가들은 흙길을 걸어 판잣집 미로 속으로 들어갔다. 아이들이 북적이는 먼지 날리는 길을 지났고, 어깨가 구부정한 노인들이 앉아서 쳐다보는 곳을 지나갔다. 어디를 가든 활동가들은 사람들이 쳐다보고 있음을 알고 있었다. 처음 보는 사람들이 나와서 인사했다. "네, 선생님" 그리고 "아닙니다, 선생님" 하고 조심스럽게 말하는 사람들은 숨기지 않고 고마움을 드러냈다.

"자애로운 주님이 여러분을 우리에게 보내 주시니 얼마나 기쁜지 몰라요"[14]

"여러분 모두 여기에 온 건 좋은 일이에요. 올바르고 좋은 기독교다운 일이죠."

아이들은 낯선 사람한테 달려와서 이름을 물어보거나 뒷마당에 수줍게 서서 두 손으로 입을 가린 채 "저 사람들이야!"[15] 하고 속삭였다. 미시시피의 흙과 함께 살아온 사람들에게 저마다 같은 감정이 샘솟았다. "여러분이 오기를 난 80년 동안 기다렸다네"[16] 하고 노예의 아들, 백발이 성성한 노인이 한 활동가에게 말했다. 하얀 손에 1달러를 쥐어 주며, 노인은 "이 푼돈을 주는 건 여러분이 온 걸 우리가 얼마나 고마워하는지 여러분 모두에게 알려 주고 싶어서네. 매일 밤 여러분의 안전을 기도하고 있다네. 여러분 모두에게 하느님의 은총이 있기를"이라고 덧붙였다.

활동가들은 구타와 곤봉 세례, 산탄총 등 최악을 예상하라는 얘기를 들어 왔다. 오하이오에서 공포스런 이야기만 들었던 그들이 전혀 예상하지 못한 상황이었다. 그들은 하얀 미시시피에 관해 경고를 들었지만, 이 첫날 검은 미시시피는 그들에게 감동으로 몰려왔다. 하느님의 은총을 빌어 주는 사람들 말고도 여러 소리가 활동가들을 에워쌌다. 벌레들이 윙윙거리는 소리, 치익치익 기차가 지나가는 소리, 버려져 아무도 안 살 것 같은 판잣집에서 들려오는 아기 울음소리. 튀김 요리를 하는 향긋한 냄새는 옥외변소의 악취와 뒤섞였다. 아득한 과거의 풍경을 마주하며 놀라기도 했다. 쪼개진 나무에 채색된 카멜과 럭키스트라이크의 빛바랜 광고, 빨래판 앞에 쪼그리고 앉아 옷을 빠는 아낙네들, 빨랫줄에 널린 세탁물. 아름다운 장식에 목마른 가난한 이들의 민속 예술은 활동가들을 매료시켰다. 장식된 타이어 휠이 벽에 걸려 있었다. 파란 변비약 병들이 나무에 매달려 반짝거렸다. 썩어 가는 포치는 녹슨 깡통에 키우는 분홍 제라늄으로 화사한 분위기를 냈다. 이 새로운 세계는 활동가들의 살갗을 공격하는 곳이기도 했다. 모기한테 물리는 거야 새로울 게 없었지만, 털진드기라 불리는 것들은 대체 무얼까? 왜 눈에 보이지도 않는 것일까? 어떻게 이렇게 가려울 수가 있지? 햇볕이 6월에 이 정도라면, 7월에는 오븐 온도처럼 올라간다는 말이며, 8월이 되면 용광로처럼 이글거린다는 말인가?

하지만 열기와 벌레, 온갖 소리는 둘째 치고, 활동가들을 가장 놀라게 한 건 그들의 눈앞에 펼쳐진 빈곤이었다. 아마도 가난이 정복되었을 '부유한 사회'에서 자라난 그들. 그들은 그날 그 뒷골목으로 걸어 들어갔다. 대부분은 어안이 벙벙했고 일부는 분노했다. 포장도로는 어디 있지? 상하수도는? 가로등은? 활동가들의 호스트 가정은 침실 두 개인

수수한 집이었는데, 자갈길 아래쪽과 모퉁이의 판잣집에서 사는 사람들에 비하면 부자였다. "여기엔 음식과 옷도 없이 사는 사람들이 있어요"[17]라고 한 활동가가 집에 보내는 편지에 썼다. "아이들이 아침에 빵한 쪽을 먹고 저녁에 닭 목뼈를 뜯어요. 학교에 입고 갈 옷이 없는 아이들도 있고요. 무척 늙은 노인들과 어린 아이들이 해 떠서부터 해 질 때까지 목화를 솎아 내고 일당 3달러를 받아요. 지쳐서 집에 돌아오면 식구들이 먹을 음식도 충분하지 않아요. 돈을 받기 전에 음식이 다 떨어지고 말죠." 활동가들에게 달려와 인사하는 아이들은 팔다리에 아물지 않은 상처가 나 있었다. 더욱 궁핍한 판잣집 앞에 있는 어린 아이들은 너무 허약하고 배만 볼록하게 부풀어서 잘 뛰지도 못했다. 상당히 고령의 노인들이 생전 처음 흰 손과 악수하려고 내미는 손은 굳은살이 박여 있거나 불구였다. 모두가 웃음을 지어 보였지만, 먼 포치에 있는 한 사람의 멍한 표정에는 비탄과 낙담이 엿보였다.

활동가들은 계속 걸었고, "두 발과 작은 망치로도 무너뜨릴 수 있을 듯한"[18] 집들을 지났다. 어떤 판잣집은 뒤쪽에 구정물이 그대로 고여 있었다. 콘크리트 블록 위에 세워진 다른 집들은 악취 속에 잠겨 있는 것 같았다. '이것이 미국이라니' 활동가들은 이렇게 되새길 수밖에 없었다. 이것은 "그때까지 본 것 가운데 가장 충격적인 가난의 맨살"[19]이었다. 이런 불평등에 맞서, 한 명이든 천 명이든 활동가라면 무엇을 이루고자 해야 하는 것인가? 그들은 이제 미시시피에 와 있다. 시도해 보는 것 말고는 달리 방법이 없었다.

호스트 가정에서도 활동가들은 일상의 영웅을 발견했다. 델타의 중심부 이타베나에서, 청년 두 명은 자신의 호스트인 예순일곱 살 할머니가 자유의 거리/프리덤스트리트??를 따라 놓인 철길 옆에 혼자 살고 있는 걸 보고 놀랐다. 한쪽 다리가 오래 전에 부러졌다가 잘못 붙어 절뚝거리는 로자 리 윌리엄스는 "불같은 성미에 동작이 빠른 할머니"[20]였다. 산파였다가 은퇴한 그녀는 1918년 독감 유행 때 아이들을 잃었고 몇 해 뒤에는 남편까지 잃었다. 활동가마다 한 주에 4달러씩 지불하는 돈을 받는 게 기뻤던 그녀는 티끌 하나 없이 집을 치웠다. 기차가 지나갈 때마다 흩날리는 흙을 쓸고 또 쓸었고, 깡통 분무기에 든 살충제를 뿌리며 말파리를 잡았다. 남자들이 침대를 거실로 옮길 때는 눈치 빠르게 '침 뱉는 그릇'으로 쓸 깡통 하나를 침대 아래 놓았다. "나는 담배를 씹는데, 학생들은 안 씹어?" 하면서.

활동가들은 예상했던 것보다 빨리 검은 미시시피에 익숙해졌다. 대학생들은 튀긴 닭과 콜라드, 심지어 매운 돼지 곱창인 '치틀링스'가 푸짐하게 차려진 식탁에 앉아 배불리 먹었다. 롱아일랜드에서 온 여학생은 털진드기에 감염된 다리를 휘발유 양동이에 담근 뒤에 그 역겨운 벌레들이 사라졌다. "그리고 우리가 써야 했던 옥외변소요?" 하고 그린우드의 작가 엔더서 아이더 메이 홀랜드는 회상했다. "나는 깜짝 놀랐어요. 다른 모든 사람처럼 이 백인 여학생은 옥외변소를 쓰지 않을 거라 생각했죠. 그런데 그 여학생은 '늘 쓰던 것인 양' 옥외변소를 썼고, 그 덕에 우리 모두가 옥외변소로 우르르 몰려갔지요."[21] 곧이어 활동가들은 뒷마당에서 통에 찬물을 받아 저녁 '샤워'를 하고, 이튿날 아침에는 온갖 소리에 잠에서 깬다. 수탉, 개 짖는 소리, 거리까지 요란하게 울려 퍼지는 라디오 소리. 하지만 활동가들은 그다지 불평하지 않는다. 그 일요일, 모든 것은 새롭고 감동적이어서 편지에 담아 집에도 알려 준다.

식구들에게, 1964년 6월 21일

미시시피 베이츠빌에서 인사드려요. '프리덤 라이더들'은 토요일 오후 2시쯤 옥스퍼드를 떠나 이튿날 새벽 5시에 여기 도착했어요. 지역 주민들이 우리를 프리덤 라이더라고 불러요. …… 오늘 아침 베이츠빌에서 우리가 타고 갈 차를 기다리고 있을 때, 경찰과 보안관, 백인평의회 사람들의 환영을 받았어요. 한 사람은 "너희에게 고생길을 터 주마, 빌어먹을 놈들!"하고 윽박지르더군요. 또 다른 사람은 자기 친구한테 "이 자식들을 당장 죽여야 하는데!"라고 했어요. 하지만 흑인 사회는 이게 흔한 엄포라고 우리를 안심시켰죠. 여기 사람들은 무척 친절하고 퍼놀라 카운티는 편안한 곳이에요. 편지 보내실 주소는 '미시시피 주 베이츠빌 시박스 20 루트 2 로버트 마일스 목사님'입니다.

그럼 이만,
크리스토프[22]

그 오후 늦게, 크리스를 비롯한 활동가들은 베이츠빌의 작은 술집 두 군데에 들렀다. 조명이 희미한 술집은 맥주 광고판과 크리스마스 전구로 장식되어 있었고, 앞쪽에는 탄산음료와 잡화 판매대가 있었다. 남쪽의 술집 토머스 선드리, 토요일 밤이면 라이브 공연을 하지만, 때는 일요일 오후였다. 부모님이 가지 말라고 신신당부한 장소인 것 같았지만 크리스와 활동가들은 코카콜라 네온 광고판 아래를 지나 안으로 들어갔다. 바비큐 소스와 등유 냄새가 진동하는 실내로 더 들어가니, 바와 당구대, 주크박스가 있었다. 주크박스는 크리스가 알고 있는 최고의 리듬앤블루스 음악을 소장하고 있었다. 활동가들은 곧 '프리덤 라이더'와 인사하려는 수십 명의 군중으로 둘러싸였다. 30분 뒤 군중은 크리스와 크리스의 새 친구들을 따라서 베이츠빌의 흑인 구역을 돌았다. 약국 비슷한 것, 미용실, 주유소를 지나 H&H 카페까지 갔다. 주민들은 크리스에게 "남부의 끝내주는 버번위스키"[23]를 마셔 보라고 했다. 사람들을 기쁘게 해주고 싶었던 데다, 미국에 마지막으로 남아 있는 금주법 시행 주에서 시골 밀주를 대접받은 데 놀란 십대 소년은 입안이 타들어 가는 밀주를 처음으로 들이켰다. 본격적으로 여름이 시작되고 있었다.

프리덤 서머를 처음 기획한 사람이 누구였는지는 확실하지 않다. 어떤 사람은 밥 모지스라고 하고 어떤 사람은 앨러드 로웬스틴이라고 한다. 돈키호테 같은 학자이자 피리 부는 남자처럼 젊은 이상주의자들을 끌어모으는 로웬스틴은 스탠퍼드와 예일 대학생들을 한 해 전 가을의 자유선거에 참여시켰고, 더 많은 백인 학생이 그다음 여름 프로젝트에 참여하게 했다. 하지만 상당수가 동의하는 한 가지는 "모지스가 원하지 않았다면 일어나지 않았을 일"[24]이라는 점이다. 그리고 여름 프로젝트는 하마터면 실행되지 않았을 뻔했다. 그 안건은 1963년 겨울 내내 격렬한 토론을 거쳤다. 스토클리 카마이클에게는 "정신 나간 짓 아니면 천재의 대담한 일격"[25]으로 보였다. 카마이클이 유일한 회의론자였던 건 아니었다. 많은 SNCC 운동가는 자신의 주장이 미시시피가 이루어야 할 진보에 대한 정당한 요구라고 느꼈다. '그들'은 아무도 나서지 않을 때 미시시피에 용감하게 맞섰다. '그들'은 여전히 상흔을 지니고 있었다. 피투성이 채찍질 흔적과 골절, 손가락이 들어갈 만큼 푹 파인 총상을. 그런데 이제 팸이니 조프니 하는 이름의 백인 대학생 아이들을 미시시피로 불러들여 용감한 행동으로 신문에 대서특필되고 박수갈채를 받게 한다는 게 아닌가. 미시시피 원주민들은 다른 이유로 프로젝트를 반대했다. "우리는 지역 주민이 운동의 주도권을 쥐도록 정말 열심히 노력해 왔습니다"[26] 하고 홀리스 왓킨스는 회고했다. "그런 일이 이제야 실현되기 시작하고 있었어요. 그러니 북부에서 수많은 사람이 내려오는 건 지역사회 주민들이 밟고 서 있는 발판을 낚아채는 짓이라고 생각했지요."

그러나 카마이클이 말했듯이 "이것은 밥 모지스의 생각이었다."[27] 기획안이 점점 신뢰를 얻어 감에 따라, SNCC의 몇 사람은 백인의 개입을 제한하려고 했다. 그 잘난 스탠퍼드와 예일 학생들이 "잭슨 사무실을 접수하는"[28] 건 아니겠지? 모든 사무실에서 "예일대 학생들이 의기양양하게 돌아다닐"[29] 때 SNCC의 "아름다운 공동체"를 유지하는 게 불가능한 건 아니겠지? 하지만 SNCC가 어떻게 백인을 거부할 수 있겠는가? "우리가 인종분리의 장벽을 걷어 내려 한다면서 우리 스스로 인종분리를 해서는 안 된다"[30]고 패니 루 헤이머는 주장했다. 다른 사람들은 동의하지 않았다. "흑인이 백인을 만난다고 해서 우리가 얻을 수 있는 건 많지 않다"[31]고 맥아서 코튼은 경고했다. 그는 '파치먼 농장' 교도소에서 엄지손가락만 묶여 매달리는 고문을 당한 프리덤 라이더였다. "그들이 여기 와서 두세 달 동안 혼란을 일으키고 가 버린다면 우리는 잃는 게 너무 많다." '백인을 제거'[32]하려는 시도를 알게 된 모지스는 '흑인뿐인'[33] 어떤 활동에도 참여하지 않겠다고 단호히 선언했다. 미시시피의 흑인이 백인과 손을 잡을 때에만 민권운동은 더 이상 피부색의 문제가 아니라 "합리적인 사람들이 비합리적인 사람들에 맞서는 문제"[34]가 된다는 것이었다. 그는 "다른 누구도 할 수 없지만 우리가 나라를 위해 할 수 있는 일은 인종 문제를 넘어서는 것이라고 나는 늘 생각했다"고 주장했다.

논쟁은 녹초가 될 때까지 끝나지 않는 회의에서 계속되었다. 회의는 설득력 있는 주장으로 시작해서 정당한 분노로 치솟았다가 손에 손을 잡고 노래를 부르며 끝났지만, 의견이 완전히 모이지는 않았다. 1964년 새해가 밝았을 때까지도 여름 프로젝트는 미궁 속이었다. "여름 프로젝트 활동가를 얼마나 많이 모집해야 할 것인가?"[35] 하고 모지스는 메모에 적어 두었다. "100? 1,000? 2,000?" SNCC가 이 결정에 합의한다 해도 결과는 0명이 될 수도 있었다. 1월 말에 열린 회의도 교착상태에 빠졌다. "너무 힘들다."[36] "대규모 유입"에 SNCC는 당황스러웠다. '사회학적 연구'에 왜 여름을 통째로 낭비한단 말인가? 전환점은 한 주 뒤, 또 다른 살인 사건에 의해 촉발되었다.

허버트 리가 총에 맞아 쓰러지고 거의 세 해가 지났지만 그 사건은 여전히 모지스를 괴롭혔다. 리의 장례식에서, 리의 아내는 모지스에게 다가와 악을 썼다. "당신이 내 남편을 죽인 거야! 네가 죽였어!"[37] 장례식을 마치고 모지스와 동료 조직가들은 목격자를 수소문하며 돌아다녔다. 밤에 문을 두드리고 다닌 끝에 루이스 앨런이라는 건장한 벌목꾼을 만났다. 그는 모든 걸 알고 있었다. 허버트 리는 타이어 레버를 휘두르지 않았다고 앨런이 모지스에게 분명히 밝혔다. 그는 냉혹하게 살해된 것이었다. 앨런이 사실과 다르게 증언한 이유는, 집에 돌아왔을 때 엽총을 든 백인들이 거실에 버티고 있었기 때문이다. 나중에 앨런은 FBI에 진실을 털어놓았고 연방의 보호를 받을 수 있다면 증언하겠다고 약속했다. 하지만 연방의 보호는 제공되지 않았다. 앨런이 사실을 알고 있다는 소문이 퍼지자 지역 주민들은 그의 통나무를 사러 오지 않았다. 그의 신용은 하락했다. 보안관은 길을 가던 그를 불러 세우더니, 그가 FBI에 한 증언을 토씨 하나 빼놓지 않고 읊고서는 손전등으로 턱을 가격했다. 뒷조사를 당하며 시달린 앨런은 미시시피를 탈출할 계획이었다. 그는 "사람이 일단 죽으면 죽음만 영원한 것"[38]이기에 죽고 싶지 않다고 아내에게 말했다.

1964년 1월 31일 저녁, 그가 밀워키로 떠나기 몇 시간 전이었다. 루이스 앨런은 픽업을 몰고 진입로에 들어온 뒤 차에서 내려 철조망으로 만든 문을 열었다. 타르종이를 붙인 판잣집 안에서 그의 아내는 세 발의 엽총 소리를 들었다. 미시시피에서 엽총이 발사되는 소리는 결코 특별한 것이 아니었기에 엘리자베스 앨런은 신경 쓰지 않고 집안에서 TV를 보고 있었다. 그동안 남편은 진입로에 쓰러진 채 끝까지 목숨을 붙들고 있었고 트럭의 전조등은 서서히 희미해졌다. 자정 직후에 그녀의 아들이 시신을 발견했다. 그 아침 모지스는 전화를 받았다.

"마치 모든 것이 한 바퀴를 빙 돌아 제자리로 온 것 같았다"[39]고 모지스는 회상했다. "내가 시작한 곳은 에이밋 카운티였는데, 보호 조치를 해줄 수도 없었고 보호를 제공하라고 연방정부를 강제할 수도 없었다. 허버트 리가 살해당했고, 루이스 앨런은 사건을 목격했으며 이제 그도 죽었다." 1961년, "우리가 하고 있는 일에 우리 자신의 삶을 바치는 것 말고는"[40] 풋내기 스니크는 리의 죽음에 대응할 어떤 힘도 없었다고 그는 말했다. "그러나 루이스 앨런의 피살은 우리가 또 다른 선택권을 가지고 있던 역사의 한 순간에 일어났다." 모지스는 영향력과 명성을 모두 쏟아부어 여름 프로젝트를 성사시켰다. "실무진은 서로 대립하며 교착상태에 빠져 있었는데, 이 사건이 결정을 내려 준 것이다."[41]

타이밍이 그보다 더 적절할 수 없었다. 성공적인 몽고메리 버스 보이콧이 마틴 루터 킹을 전국적인 유명 인사로 만들어 놓고 크나큰 희망을 불러일으켰다. 그러고 거의 아홉 해가 지났다. 하지만 1964년 봄, 민권운동은 애쓴 만큼 성과가 없었다. 분위기를 고양시키고 언론에 중요하게 보도되기는 했지만, 민권운동이 바꾸어 놓은 법이나 관습은 거의 없었다. 몇 해를 질질 끈 뒤 존 F. 케네디는 민권법안을 제안했지만, 열 달이 지나서도 법안은 상원의 필리버스터로 답보 상태였다. 민권과 관련하여 이렇다 할 업적을 이룬 적이 전혀 없는 남부 출신의 린든 존슨이 자신이 명성과 권력을 걸고서 법안을 통과시킬 거라고 기대하는 사람은 거의 없었다. '백인 전용' 표지판은 남부 전체에 여전히 남아 있었고, '딕시' 정치인들은 남북전쟁을 연상시키는 용어로 인종 통합을 비난함으로써 관심과 표를 얻고 있었다. 그 전해, 산탄총과 폭탄 테러는 비폭력을 끝까지 옹호하던 이들의 확신을 뒤흔들었다. 그리고 KKK가 부상하고 있었다. 마틴 루터 킹의 웅변은 새로운 경지를 펼쳐 보였지만, 남부 바깥에 사는 대부분의 백인에게 민권은 여전히 자신과는 거리가 멀었고 자녀들과는 더욱 관계가 없는 먼 나라의 문제였다. 마침내 SNCC가 결의한 '프리덤 서머'는 이제 모든 사람의 관심을 얻게 되고 민권운동은 다시 시작된다.

프로젝트가 결의된 뒤로 SNCC는 프로젝트에 의해 소모되었다. 회의는 가장 정력적인 발언자들마저 지쳐 떨어지게 했다. SNCC 실무진은 대학원생처럼 보고서를 쏟아 냈는데, 실제로 많은 실무진이 나중에 대학원에 진학했다. 〈미시시피에서 이루어질 교육에 대한 의견〉,[42] 〈현장 활동 기법—유권자 등록〉, 〈미시시피 흑인의 일반적 조건〉이 그런 보고서이다. 애틀랜타의 SNCC 실무진은 에너지의 많은 부분을 미시시피에 쏟았다. 신중한 NAACP는 여름 동안 미시시피에서 인종적 불안이 야기되면 백인의 '반발'이 일어나 배리 골드워터가 백악관을 차지할 수도 있다고 경고했다. 하지만 SNCC는 밀고 나갔다. 밥 모지스는 앨러드 로웬스틴 쪽의 조직적 공세를 물리쳤다. 전국에서 학생들을 모집한 뒤, 로웬스틴은 스탠퍼드와 보스턴 지역의 활동가들을 자신의 영향력 아래 두려고 했다. 하지만 SNCC에 공산주의자가 침투했을까봐 염려스러운 나머지 돌연히 프로젝트를 떠났고, 모지스에게는 준비해야 할 소중한 시간이 거의 남지 않았다. 유권자 등록, '자유학교'(Freedom School) 개설, '자유의 집'(Freedom House)이라고 불리던 커뮤니티센터 운영, 그리고 프리덤 서머를 전국적 무대에 올려야 하는 네 번째 과제까지.

그 봄에 결성된 미시시피 자유민주당(MFDP, Mississipi Freedom Democratic Party)은 프리덤 서머의 등불이 된다. 이전 가을의 자유선거처럼, MFDP는 모의 민주주의 훈련이었다. 여름 활동가들은 미시시피의 닫힌 체제가 허락하는 만큼의 유권자를 등록시킬 것이지만, 위험부담을 지고 싶지 않은 흑인은 양식에 서명하는 것만으로 자유민주당 당원으로 안전하게 등록할 수 있게 한다고 SNCC는 결정했다. 모지스는 40만 명을 MFDP 명부에 올리기로 계획했다. 흑인이 미시시피에서 투표하기를 간절히 바라고 있음을 입증하는 대대적인 표출일 것이다. 이 명부와 그 여름 그들이 뽑은 대표를 내세워, 자유민주당 당원들은 8월 말 애틀랜틱시티에서 열리는 민주당 전당대회에 참석할 터였다. 거기서 그들의 현실을 밝힐 것이며 어쩌면 텔레비전 방송에도 출현하여 폭행과, 자동차를 탄 채 총격을 가하고 사라지는 악행과, 흑인의 선거권을 인정하지 않는 온갖 폭력적 인권 침해 상황을 전국에 알릴 것이다. 충분한 지지를 받는다면, 자유민주당은 전부 백인인 미시시피 대의원을 제치고 주의 공식 대표가 될 수도 있다. 그러나 그 모든 것은 여름의 더 나중에 일어날 일이었다. 그 봄 내내, SNCC 실무진은 이상주의와는 별개인 한 가지 요소, 다가오는 여름에 필수적인 요소에 집중했다.

'머니'는 에밋 틸이 살해당한 미시시피의 작은 마을 이름인 것만이 아니었다. 머니, 그러니까 돈은 여름 프로젝트의 생명 줄이었다. 20만 달러의 비용을 예상하고, SNCC는《뉴욕 타임스》전면 광고로 2월에 모금을 시작했다. 캠퍼스에 기반을 둔 곳곳의 'SNCC의 친구들' 지부가 모금 행사를 열었다. 선전 일꾼들이 스미스에서 스탠퍼드에 이르기까지 캠퍼스를 방문했다. 딕 그레고리는 자선 공연을 열었고, SNCC 자유의 가수들은 낡은 스테이션왜건을 몰고 다니며 콘서트를 열어 한 주에 5천 달러를 벌었다. 그 무렵 미국에서 가장 유명한 흑인 작가였던 제임스 볼드윈은 수천 명에게 개인적으로 호소문을 보냈고, 미국기독교교회협의회는 오하이오에서 열리는 두 차례의 수련회를 후원하기로 약속했다. 3월 말 즈음, SNCC는 97,000달러를 모금했다. 그러나 일부 실무자는 여전히 몇 주째 보수를 받지 못하고 있었다. 더 많은 우편물을 보내야 했다. 더 많은 모금 행사, 더 많은 돈이 필요했다.

《뉴욕 타임스》에 광고가 나가자 "검둥이…… 비트족…… 검둥이와 한통속인 무리들"[43]이라고 비난하는 항의 편지가 빗발쳤다. 그러나 그것은 오랫동안 무시되거나 잊혔던 주에 관한 높아지는 관심을 끌어냈다. 에밋 틸의 불법 처형으로 시끄러웠던 시절 이후 몇 해 동안 미시시피로부터 들려오는 뉴스는 거의 없었다. 그러나 올 미스에서 벌어진 유혈 폭동, 메드거 에버스의 충격적인 암살 사건, 그리고 대담한 여름 프로젝트는 미시시피를 미국 민권의 온상으로 변화시켰다. 대부분의 미국인이 미시시피 문제는 자신과 상관없는 일이라고 느꼈지만, 수백 명이 SNCC의 호소에 응답했다. 일리노이 주 하비의 인종교류 여성 단체에서 25달러를 보내왔다. 캘리포니아의 한 여성은 연필 한 상자를 보내면서, "이 연필을 열 살 안 된 흑인 아이들에게 전해 주시겠어요? …… 모두가 사랑과 이해를 보낸다고 아이들에게 말해 주세요"[44] 하고 부탁했다. 맨해튼의 변호사는 "여러분이 하고 있는 좋은 활동에"[45] 써 달라며 25달러를 보냈다. SNCC가 너무 위험해서 조직 활동을 하기 힘든 곳으로 생각하고 있는 미시시피의 도시 야주시티의 목사는 5달러를 보냈다. 돈을 주지 못하는 이들은 책을 보냈다.

이전 10월에, SNCC를 다룬 《하퍼스》 기사는 "미시시피 주 그린우드 시 애비뉴 N 708, 로버트 모지스"[46] 앞으로 중고 서적을 보내 달라고 독자들에게 요청했다. 그린우드와 머리디언에 자유의 집 도서관을 개관하기에 충분한 책이 석 달 안에 답지했다. 인종평등회의(CORE, Congress of Racial Equality) 활동가이자 뉴요커인 리타 슈워너와 남편 미키는 머리디언에서 장서가 1만 권에 이르는 도서관을 운영하고 있었다. 아이들이 하루에 50권을 대출해 간다고 리타는 보고했다. 이제 여름에 운영할 자유학교가 스물네 곳이 넘을 테니 더 많은 책이 필요했다. 다시 한 번 중고 도서를 요청했고, 너덜너덜한 책들이 상자에 담겨 미시시피로 보내졌다. 뉴햄프셔의 여성은 45상자를 보냈는데, 주로 역사책과 모서리가 닳은 《리더스 다이제스트》였다. 2달러와 사과의 글도 동봉했다. "더 보내지 못해 미안합니다만 비교적 가난한 교사라 갖고 있는 게 별로 없네요."[47] 미네소타대학에서는 학기 말에 교과서를 반납하도록 조교가 학생들을 설득하여, 《블랙 라이크 미》(Black Like Me, 언론인 존 하워드 그리핀이 직접 흑인의 피부색을 하고 남부 여러 주를 돌아다니면서 일어난 일을 기록한 책. 1961년에 출간되었다—옮긴이)와 《또 하나의 미국》(The Other America)을 여러 권 보냈다. 캘리포니아, 아칸소, 브롱크스의 교육위원회도 도서를 모아 미시시피로 보냈다. 6월에 프로젝트 사무실은 책으로 넘쳤고, 모든 자유학교 도서관을 채울 만큼 충분해서 학교 건물을 구해야 했다. SNCC 실무자들은 흑인 사회를 이 잡듯이 뒤져 자유학교 장소를 물색하기 시작했다. 교회 집사들을 접촉하여 작은 사제관을 내놓거나 열정적인 활동가들이 교실로 개조할 수 있는 버려진 판잣집을 물색하게끔 했다.

돈과 책이 모이면서, 기획자들은 그 여름에 필요한 타자기, 등사기, 칠판, 게시판, 사무용품 같은 다른 물자도 요청했다. "우리에게는 부족한 물품이 한두 가지가 아닙니다" 하고 한 호소문은 고백했다. 그다음 의제는 홍보였다. 지역 조직가로 알려져 있지만, SNCC 실무자들은 홍보의 달인이기도 했다. 또는 그들 스스로 말하듯 "사람들을 낚는"[48] 데 선수였다. 전국과 지역 단위에서 언론 공략 지점도 결정되었다. 새로 나오는 보도자료는 AP, UPI, 《뉴욕 타임스》 같은 언론사로 전달되었다. 오하이오로 출발하기 전, 활동가들에게 거주지역의 신문사와 접촉하기를 권했다. "대중매체는 선행을 베푸는 지역 주민에게 언제나 관심이 있다."[49] 여름 내내 대중적 홍보를 위해 활동가마다 SNCC에 열 번씩 연락했다. 미시시피에서 활동하는 '동네 여학생'이나 '지역의 남성'에 관한 소식을 쉽게 퍼뜨리기 위해서였다. 홍보가 자리 잡히자, SNCC는 미국 문화의 실세들에게 손을 내밀었다.

프리덤 서머를 준비하는 동안, SNCC는 몇몇 저명인사를 설득하여 완고한 인종분리에 항의하는 뜻으로 미시시피에 예정된 출연을 취소하게끔 했다. '출연 취소자들'은, 트럼펫 연주자 앨 허트, 야구선수 스탠 뮤지얼, 〈보난자〉에 출연하는 배우들, ABC 방송국 포크뮤직 쇼 〈후터내니〉 출연진에 이르기까지 그 분야가 다양했다. 봄이 되어 SNCC는 유명인 섭외를 계속했고, 민권운동을 지지하는 것으로 알려진 시드니 포이티어, 레너드 번스타인, 프랭크 시나트라, 토니 베넷, 포크가수 오데타, 랭스턴 휴스, 엘라 피츠제럴드, 새미 데이비스 주니어, 버트 랭커스터, 밴 클라이번, 레나 혼, 셀로니어스 멍크 등에게 여름 프로젝트 안내 팸플릿을 보냈다. 그동안 COFO는 "우리는 미국 최고의 지성이 미시시피에서 무슨 일이 벌어지고 있는지 아는 것이 중요하다고 생각하기에"[50] 100명이 넘는 교수와 학장을 접촉했다. '최고의 지성들'은 자유학교를 관찰하고 연구 프로젝트에 자문을 하도록 초청되었다. 작가 어빙 하우,《고독한 군중》의 사회학자 데이비드 리스먼, 흑인 역사학자 존 호프 프랭클린, 남부 역사학자 C. 밴 우드워드, 그리고 저명한 지식인 한나 아렌트, 브루노 베텔하임, 허버트 마르쿠제, 존 케네스 갤브레이스, 하버드대학 교수 헨리 키신저 등이 초청받았다. 초청에 응한 자가 아무도 없었지만 스니크들은 거절에 익숙했다. 섭외는 계속되었다.

이른 봄, 밥 모지스는 '미시시피 자유의 친구들'을 조직했다. 민권운동 지도자와 저명인사로 조직된 이 임시 단체는 곧 린든 존슨 대통령에게 편지를 썼다. 미시시피를 "사실상의 경찰국가"라 표현하면서, 자유의 친구들은 그 여름 폭력의 "명백하고도 현존하는 위험"[51]을 경고하고, 활동가들에 대한 연방의 보호를 촉구했다. 아무런 답을 듣지 못한 SNCC는 백악관에 더 다가가 백악관과 몇 블록 거리에서 호소했다.

6월 8일, 백악관 인근 펜실베이니아 애비뉴에 있는 국립극장에 저명한 패널들이 모였다. 장엄하고 오래된 극장의 반짝거리는 샹들리에 아래 앉은 패널은 작가 조지프 헬러와 폴 굿먼, 하버드 정신과 의사 로버트 콜스와 여러 교육자 들이었다. 엄숙한 분위기에서 토론자들은 감옥에서 당한 야만적인 폭행을 묘사하는 패니 루 헤이머의 이야기를 들었다. "미시시피에서 뜨거운 여름이 펼쳐질 거라고 봅니다"[52] 하고 헤이머가 말했다. "지금 날씨를 얘기하는 게 아니에요." 루이스 앨런의 미망인 엘리자베스 앨런은 남편과 허버트 리가 피살된 얘기를 들려주었다. 토론자들은 충격에 빠졌다. 누구도 기소되지 않았습니까? "미시시피에서는 백인을 체포하지 않아요"[53] 하고 앨런의 미망인이 대답했다. "그들은 흑인을 체포해요. 하지만 백인에게는 아무 책임도 묻지 않죠." 옹골찬 농부 하트먼 턴보는 미시시피의 느릿느릿한 말투로 좌중을 사로잡은 뒤, 유권자 등록을 하려 했다가 출러에 있는 집이 소이탄 공격을 받아 타 버린 얘기를 들려주었다. 또다시 질문, 누구도 체포되지 않았습니까? "나요"[54] 하고 턴보가 대답했다. 경찰은 그를 방화로 기소했다. 이들의 얘기를 듣고 패널들은 LBJ에게 편지를 썼다. "미국에서 일어날 수 있으리라고 거의 믿어지지 않는 무자비한 폭력과 테러 사건들 …… 폭행당하는 아이들 …… 피격당하는 사람들 …… 투표하고자 하는 것 말고는 결코 다른 범죄를 저지르지 않았는데도 살해당한 사람들"[55] 이야기를 하나하나 편지에 밝혔다. 사람 목숨에 대한 그리고 "이 나라의 도덕적 고결성"에 대한 위협의 실례를 밝히며, 토론자들은 연방 보안관을 파견하고, 청문회를 열고, 선거권을 보장하라고 대통령에게 촉구했다. 대통령은 응답하지 않았다. LBJ의 특별 변호인은 비공식 자리에서 보호 요청을 조롱하며, "자발적으로 자신의 머리를 사자의 아가리 안으로 들이미는 사람들이 다른 사람더러 내려와서 사자를 쏴 죽이라고 요청하다니 정말 놀랍다"[56]고 했다. 대통령에게 거의 기대할 것이 없었던 '프리덤 서머' 기획자들은 다독이며 서로서로 의지했다.

이 패널 회의가 있고 이틀 뒤, 애틀랜타의 어느 무더운 저녁에 SNCC는 바짝 다가온 여름을 논의하기 위해 마지막 회의를 열었다. 모든 것이 준비된 듯했다. 돈은 모금되고 흘러 나갔다. 책은 산더미처럼 쌓여 자유학교를 채우기 위해 대기하고 있었다. 낡고 오래된 자동차 수십 대와 몇 대뿐인 신형 흰색 플리머스로 이루어진 '차량 지원단'[57]은 활동가들을 곳곳에 데려다 줄 준비를 마쳤다. SNCC와 COFO, CORE는 세부 사항을 둘러싸고 여름 내내 논쟁을 벌이게 되지만, 담당 구역, 다시 말해 누가 어느 지역에서 무엇을 조율할지 정해 놓았다. 마틴 루터 킹의 남부기독교지도자회의는 여름 프로젝트에 찬성했지만 참여하지는 않았다. NAACP도 여전히 찬성하지 않았고, 그 지도자는 "우리는 여기에 참여하지 않은 상태"[58]라고 말했다. 보복 위협에도 불구하고, 미시시피 전역에서 수백 명의 흑인이 집을 개방하여 활동가들을 맞이하기로 약속했다. 이제 스물네 명이 지하실에 북적거리며 서류가 수북하고 냉차 주전자가 놓인 테이블 둘레에 모였다. 이후 몇 시간 동안 스니크들은 마지막 단계까지 가시지 않는 의문을 놓고 고민했다.

테이블을 둘러싼 표정들은 근심 어리고, 지치고, 떼죽음의 생각에 짓눌려 있었다. 이것은 새로운 영역이었다. 여름 프로젝트는 SNCC가 대담하게 벌였던 어떤 일보다도 훨씬 두려웠다. 무언가가 잘못된다면? 아직 예상하지 못한 것이 무엇일까? KKK가 가장 악랄하게 날뛰는 남서부 미시시피에 활동가들을 보내야 할 것인가? 그 위험을 "우리가 거기서 활동하지 않는 경우 지역 흑인이 감당해야 할 위험"[59]과 견주어 판단해야 했다. 나체스에는 보낼 수도 있지만 매콤은 절대 안 된다고 그들은 결론을 내렸다. 아직은 아니다. 그리고 주제는 비폭력으로 넘어갔다. "비폭력을 통해 용기는 두려움을 몰아내고 사랑은 증오를 변화시킨다"는 SNCC의 기본적인 신념이 무너지고 있었다. 그린우드의 SNCC 사무실에 몇 자루의 총이 있음을 밥 모지스는 그제서야 알았다. 아무도 폭력을 주장하지는 않았지만, 소이탄이 터지거나 총탄 세례를 받는 경우 사무실을 방어해서는 안 되는 것인가? 논의는 거의 한 시간 동안 이어졌다. 미시시피는 폭발 직전이었다. 흑인은 자체적으로 무장하고 있고, 백인은 "자신이 흑인을 죽이고도 처벌을 피할 수 있음을 그 어느 때보다도 장담했다."[60] 공격을 저지해야 할 때가 아닌가? SNCC는 얼마나 오랫동안 "사람들을 불구덩이 속으로 이끌고 가서는 그들에게 노래를 부르고 교회로 돌아가라고 요청"[61]하게 될 것인가? 긴 침묵은 하나의 공통된 생각만을 드러낼 뿐이었다. 여름 내내 미시시피에는 죽음의 그림자가 어른거릴 거라는 것.

마지막으로 신앙심이 깊고 여러 번 투옥되었으며 한 번은 총에도 맞았던 여성이 발언했다. 모두의 눈길이 호리호리하고 슬픈 듯한 표정의 프레이서 홀에게 쏠렸다. "죽음을 앞에 놓고 이성적일 수 있는 사람은 없어요"[62] 하고 홀이 입을 열었다. "우리는 지금이 마지막일 수도 있는 상황에 처음 직면해 있습니다. 우리가 싸우는 건 삶을 살 만한 것으로 만들고 싶기 때문이지요. …… 버밍햄에서 아이들이 살해당했을 때 나는 총을 들고 싶었어요. 하지만 남의 목숨을 빼앗으면서 우리 목숨을 보존하려는 건 옳지 않다는 걸 깨달았습니다." 해답은 단지 비폭력에 있지 않고 국가적 인식에 있다고 홀은 말했다. "우리는 우리가 놓은 현실적 상황을 국민에게 알려야 합니다. 우리의 피를 백악관 문 앞에 갖다놓아야 합니다. 우리가 여기서 죽더라도, 그 침묵에 의해 전체 사회가 방아쇠를 당기겠지요." 드디어 합의에 이르렀다. SNCC는 지역 주민들의 정당방위를 말리지 않을 것이다. "정당방위는 미국 남부 시골에 매우 깊이 뿌리내리고 있어 작은 단체인 우리가 거기까지 영향을 미칠 수 없다"[63]고 밥 모지스는 말했다. 그러나 SNCC 실무진은 "총을 소지하지 않기로" 했다. 그린우드 사무실에 있던 무기는 치워졌다. 그 여름 어떤 스니크도 무장하지 않는다.

회의는 이른 아침까지 이어졌다. 인종은 역시나 가장 예민한 문제였다. 백인 활동가들이 지역 주민들로부터 권력을 넘겨받을 것인가? 그들에게 권력을 허용해야 하는가? "백인이 프로젝트에 참가하면 흑인의 자존심이 구겨진다"[64]고 한 남자가 말했다. 하지만 엘라 베이커는 반대했다. 1960년에 SNCC를 결성한 이후, 베이커는 자신이 평생 품어 온 이상을 자신이 "애들"이라고 일컫곤 하는 청년 조직가들이 흡수하는 걸 보아 왔다. 그러나 애들은 지금 싸우고 있고 흑인과 백인 문제를 놓고 논쟁하고 있었다. 합의가 도출되리라고 믿고 대개 아이들의 논쟁을 지켜보던 베이커가 이번에는 의견을 표명했다. "혁명을 한 걸음 더 진전시켜야 할"[65] 때가 아닐까요? 그리고 "우리는 동의한 대로 행동해야 할 의무가 있습니다"[66]라고 말을 이었다. "우리가 동의해야 할 것 가운데 하나는, 백인 활동가들이 백인 사회의 사절로 오는 게 아니라는 것입니다. 우리가 미시시피에 가는 이유 가운데 하나는 나머지 미국 사회가 미국 최남단 동부 지역에 벌어지는 일에 많은 책임을 느낀 적이 한 번도 없기 때문입니다. 미시시피에서 벌어지는 일에 대해 나머지 사회가 책임을 느끼게 한다는 개념을 이해하기만 한다면 우리는 무언가를 성취할 수 있을 것입니다."

회의의 마지막 내용은 재정 보고였다. SNCC 통장에는 11,600달러가 있었다. 지불해야 할 금액은 17,600달러였다. 돈과 시간, 에너지, 의욕, 이 모든 것을 여름 프로젝트에 쏟아붓고 있었다. 열하루 뒤, 여름의 첫날, 활동가들은 뜻밖의 환영을 받았다. 그러나 그 모든 전력투구와 계획, 또는 신중함도 그 밤이 오는 걸 막을 수 없었다.

그해에 가장 낮이 길었던 날, 저녁은 늦게 찾아왔다. 어른들은 포치에서 몸을 일으켰다. 밖에서 놀던 아이들은 집으로 불려 들어갔다. 오래된 블루스의 노랫말처럼 "그 저녁 해가 지는 걸 보기" 싫은 듯 땅거미가 오래도록 감돌았다. 드디어 저녁 8시가 되자마자 미시시피 강에 드리웠던 마지막 분홍빛 줄무늬마저 사라지고 그날의 마지막 환영 인사도 끝났다. 멀리 서부에서 온 활동가들은 반딧불이를 보고 놀랐다. 어둠 속에서 들판 전체가 반짝이는 걸 본 적이 없었기 때문이다. 마법 같은 불빛이 반짝였지만 활동가들의 호스트 가정과 그들의 뼛속까지 두려움이 몰려왔다. 미시시피에 밤이 찾아왔다. 미국 최남단 깊은 시골의 밤은 활동가들이 보았던 어떤 밤보다 깜깜했다. 더 깜깜하고 더 더웠다. 온실처럼 답답한 열기는 한 줄기 산들바람의 희망마저 억눌렀다. 그리고 남부 밤의 교향곡이 퍼졌다. 황소개구리가 목청껏 노래하고 귀뚜라미는 1만 볼트의 전류가 나무를 타고 흐르듯 웅웅 콧노래를 불렀다. 매미는 심판의 호각 소리처럼 "맴맴" 크게 울다가 중간 중간 "매애애앰" 하고 소리를 낮추었다. 그리고 다시 귀뚜라미가 울고, 호각 소리처럼 매미가 울고, 개구리가 울고, 열기가 이글거리면서 밤이 깊어 갔다.

미시시피의 밤은 유명했다. 활동가들은 밤에 관해 많은 얘기를 들었고, 그들이 들은 어떤 얘기도 위로가 되는 건 없었다. 밤은 여기서 "사건이 일어나는" 때, '라이더'가 프리덤 라이더가 아니라 밤의 라이더를 의미하고, 말을 탄 라이더가 아니라 픽업트럭을 타고서 밤을 공포로 물들이는 라이더를 의미하는 때였다. SNCC 안전 지침서는 밤에 관해 노골적으로 명시해 놓았다. "'밤중에' 문간에 서 있지 않는다. …… 혼자서는 '어디에도' 가면 안 되며, 특히 자동차를 타고서나 '밤에는' 혼자 다니지 않는다." 아무도 이런 규칙을 무시하지 않을 텐데도, 미시시피의 밤은 그들의 새로운 집, '안전한' 집에 쉽게 스며들 수 있었다. 집 앞의 거리는 칠흑처럼 깜깜하고 활동가들이 묵고 있다는 사실만으로도 모든 집은 표적이 될 수 있기 때문이었다. 밤이 찾아왔고, 환영해 준 모든 사람들은 거리에서 사라졌다. 어떤 부류의 사람들이 100년 묵은 분노를 암흑 속에서 분출하는지 알기 때문이었다.

미시시피의 밤, 어둠 속에 잠기는 풍경 속에 드문드문 마을이 모여 있었다. '아버지의 날,' 주민들은 저녁상을 물리고 편한 자세로 〈에드 설리번 쇼〉, 〈보난자〉, 〈몰래 카메라〉 같은 TV 프로그램을 시청했다. 그 시각 베이츠빌에서 크리스 윌리엄스와 활동가들은 마일스 씨 집 뒤뜰에서 팔을 걸고 자유의 노래를 불렀다. 〈복음의 기차〉와 〈우린 절대 물러서지 않는다〉는 두려움을 차단했지만, 합창을 마치고 로버트 마일스와 '주니어'는 안으로 들어가더니 엽총을 들고 나왔다. 평상형 트럭에 올라앉은 그들은 전조등을 세 번 깜빡이는 신호를 주지 않고 진입로로 들어오는 모든 차를 향해 총을 쏠 준비를 했다. 미시시피 곳곳의 호스트 가정에서는 거울에 비춘 듯 한결같이 이런 장면이 펼쳐졌다. 검은 피부의 사내들이 총을 들고 진입로나 포치에 앉거나 반짝이는 별들이 가득 깔린 하늘 아래에서 보초를 섰다. 안에서는 활동가들이 커튼 틈으로 암흑 속을 엿보고 있었다. 곧이어 뜻밖의 하루를 보내 피곤했던 그들은 달려드는 모기떼와 몸에 끈적끈적 달라붙는 열기와 밤새도록 높이 우는 새 소리를 떨치고 잠이 들거나 조금이라도 눈을 붙이려고 애썼다.

그 밤에 뮤리얼 틸링허스트는 그린빌의 위층 프로젝트 사무실에 혼자 있었다. 미시시피 강에서 여덟 블록 떨어진 곳이었고, 집에서 너무 먼 최남단 지역에 있다는 사실에 몸이 덜덜 떨렸다. 자정에 미시시피로 들어온 버스는 노랫소리가 끊기고 잠잠해졌다. 그때부터 뮤리얼의 뱃속은 통증이 더 심해졌다. 버스는 61번 고속도로, 그러니까 '블루스 고속도로'를 따라 남쪽으로 달렸다. 블루스가 확산된 경로를 거슬러 내려오면서, 활동가들은 버스에서 내려 이른 아침 속으로 사라졌다. 델타를 굽이굽이 거쳐 마을을 지나면서, 뮤리얼은 오래된 하워드대학 친구들과 오하이오에서 새로 사귄 친구들에게 작별인사를 건넸다. "작별의 순간은 정말 짧았어요"[67] 하고 그녀는 회상했다. "잘 가, 나중에 보자. 무슨 말이냐면, 나중에 '꼭' 만나기를 바란다는 거였죠." 아침 8시가 지난 직후 뮤리얼이 내릴 차례가 되었다. 버스는 그린빌 중심지의 텅 빈 거리를 덜컹덜컹 지나갔다. 교회와 카페, 약국과 공원을 지나 '유색인종' 구역에 도착했다. 다른 나라에라도 들어온 양, 보도가 갈라지고 깨진 게 뮤리얼의 눈에 들어왔다. 집들이 갑자기 작아졌고 아무렇게나 흐트러진 슬픔이 길거리를 뒤덮고 있었다. 넬슨 스트리트 901 1/2에 내린 뮤리얼과 여섯 명의 활동가는 몰려드는 공포심 탓에 곧장 위층의 사무실로 들어갔다. 그리고 세탁소 위층의 어질러진 사무실에 하루 종일 머물렀다. 다른 활동가들이 환대 속에 호스트 가정으로 가는 동안에도 뮤리얼은 사무실에 웅크리고 있었다. 미시시피의 '블랙홀'에 있다는 사실만으로도 무서웠다.

흙 제방을 따라 남쪽으로 1.5킬로미터 정도 거리에 위치한 하얀 그린빌은 번영하는 도시였지만, 검은 그린빌은 뮤리얼이 본 어떤 곳과도 달랐다. 수십 년 전, 넬슨 스트리트는 생동감 넘치고 약동하는 흑인 사회의 심장부였다. 최고 블루스 가수들의 사랑을 받으며 〈넬슨 스트리트 블루스〉 같은 노래까지 탄생시켰다. 그러나 1964년의 그곳은 그 자체로 그림자 도시였다. 약국 하나, 술집 몇 군데, 판자로 지은 블루스 클럽들이 간신히 목숨을 부지하고 있는 곳. 워싱턴 DC에서 온 젊은 여성에게, 넬슨 스트리트는 옛날 서부영화에 나오는 초라한 마을 같았다. 뮤리얼은 전에도 가난을 목격한 적이 있다. 루터교회 선교사로 가이아나에 파견되었을 때, 뮤리얼은 '관목 숲'을 헤치고 들어가, 대나무 오두막에 사는 노예의 후손을 만나고 영양실조로 죽은 아이를 보았던 것이다. 하지만 그곳은 다른 나라였다. 이곳은 내 나라가 아닌가. 어머니가 탈출했던 미시시피 이야기를 평생 들어 온 뮤리얼은 이제 자신이 그곳에 있었다. 자신을 남부로 오게 한 이상주의와 연대감은 어디론가 사라졌다. 대신 원초적인 공포가 그 자리를 차지하고는, 그녀가 읽었던 모든 불법 처형 이야기, 그녀가 들었던 모든 끔찍한 남부 이야기를 되새기게 했다. 뮤리얼이 그 봄 내내 일요일마다 통화를 했던 그린빌 프로젝트 담당자 찰리 코브는 뮤리얼을 진정시켜 주었을지 모른다. 하지만 그는 여전히 오하이오에서 2기 수련회를 준비하고 있었다. 젊고 건강한 활동가들이 해주는 어떤 말도 뮤리얼이 사무실을 벗어나게 하지 못했다. "잔뜩 겁을 먹었죠"[68] 하고 그녀는 회고했다.

밥 모지스는 "미시시피 이야기는 과장된 게 아니에요"라고 말해 준 적이 있었다. 이제는 과장될 필요도 없었다. 밤이 사무실 창문을 암흑으로 물들였다. 다른 활동가들이 호스트 가정으로 떠나 그녀 혼자 남았다. 곁에 침낭 하나와 벽 속에서 돌아다니는 생쥐들을 두고, 그녀의 신경은 날이 섰다. 사무실에 몸을 숨긴 그녀는 스스로 어려운 질문을 던졌다. 그래, 난 늘 조직가였고 리더였어. 그런데 지금은? 어떻게 여름을 살아 낼 수 있겠니? 사무실조차 벗어나지 못한다면 어떻게 가가호호 여론조사를 벌일 수 있겠어? 그린빌은 양호한 편으로 알려져 있다고 모두가 뮤리얼을 안심시켰다. 강을 따라 내려오는 새로운 사람들과 새로운 생각으로 새로워지는 그곳은 "다르다"는 평판을 듣는 곳이었다.

스니크들은 "미시시피 어떤 곳보다도 그린빌에서 체포되고 싶다"[69]고 말했다. 그러나 뮤리얼은 여전히 농담할 기분이 아니었다.

"많은 미시시피 마을은 포악했어요"[70] 하고 그녀는 말했다. "그린빌은 포악하지는 않았지만 반동적이었죠. 지옥 서쪽의 열기는 끓어오를 만큼 뜨겁지 않을 수도 있지만……." 뮤리얼은 가로등이 환한 거리와 정기적인 대중교통, 활동적인 사람들이 있는 큰 도시에 익숙했다. 그런 젊은 여성이 집에서 1,500킬로미터가 넘게 떨어진 곳에 혼자 있자니, 밤은 뼛속 깊은 공포를 불러일으켰다. 밤은 텍사스에서부터 워싱턴 DC까지 걸어간 뮤리얼의 할머니가 KKK에게 들키지 않으려고 헛간에 숨어 있던 시간이었다. 밤은 십자가가 불타는 시간이었다. 밤은 뮤리얼이 미시시피를 처음 대면한 시간이었다. 그리고 이제 다시 밤이 온 것이다. "미시시피의 밤은 까만 잉크를 풀어 놓은 것 같아요"[71]라고 그녀는 기억한다. "우리는 대부분 도시내기들이었어요. 시골에서 산 적이 한 번도 없었죠. 밤에 남부 지역에 있었던 적은 단연코 없었고요. 나는 도시 생활의 모든 겉치레를 던지고 기본으로 내려갔어요. 음식, 물, 모든 자잘한 것에 대해서까지." 사무실에서 혼자 지낸 그 밤의 모든 것, 자잘한 모든 것에 그녀의 심장은 요동쳤다. 벽을 스치고 지나가는 모든 자동차 전조등 불빛에도 소스라치게 놀랐다. 거리에서 고함소리가 들릴 때마다 일어나 앉았다. 사무실 계단이 삐걱거릴 때마다 벌떡 일어섰다. 미시시피는 과장될 수 있는 곳처럼 보였다.

밤에 대처하기 위해 COFO는 경보 시스템을 마련했다. 모든 프로젝트 사무실은 광역전화 서비스를 통해 잭슨의 본부에 연결되었다. 1964년 장거리 전화는 요금이 비싸 응급 상황에 이용했지만, 광역전화 서비스는 월정액으로 무제한 통화가 가능했기에 미시시피 전역의 사무실에서 시간 단위로 확인 통지를 할 수 있었다. 섬세한 거미줄처럼 미시시피에 뻗어 있던 COFO 전화망은 밤낮을 가리지 않고 여름 프로젝트를 지키면서 모든 폭력 사건 소식에 움찔하고 모든 평화로운 소식에 안도했다. 그 첫날, 전화로 들어온 소식은 소소한 소동뿐이었다. 룰빌에서 경찰이 CBS 카메라 기자를 유치장에 억류했다. 잭슨 부근의 어느 교회 지하에 화염병이 날아들어 이런저런 피해를 입혔다. 그것뿐이었다. 그러나 밤이 이제 막 시작되었다.

COFO의 전화망은 또 미시시피를 돌아다니는 활동가들을 보호하기도 했다. 자유의 집에서 나오는 사람은 누구든 정확한 복귀 시간을 보고하고 늦어질 경우 전화를 하게 되어 있었다. 시간이 되었는데 어떤 연락도 없으면 지역의 모든 감옥과 경찰서에 전화를 돌렸다. 이 전화 덕분에 활동가가 체포되거나 유치장에 갇힌 일을 알아내곤 했다. 때로는 누군가 지켜보고 있다는 사실을 경찰에게 환기시켜 폭행을 예방하기도 했다. 물론 그러지 않은 경우가 더 많았지만. 6월 21일 어둠이 내렸을 때, 경보 시스템은 최악의 공포 속에 서린 의혹을 푸는 시험을 치렀다.

그 일요일 정오 직후, 세 남자가 미시시피 동부의 머리디언을 출발해 미시시피의 시골 오지 롱데일로 향했다. 이들은 네쇼바 카운티의 교회 화재 사건을 조사하기 위해 토요일 새벽 전에 오하이오에서 출발했던 세 명이었다. 그 토요일 밤 머리디언에 도착해서 잠을 자고 아침을 먹고 머리를 자른 뒤 화재 현장으로 가서 시온 산(Mt. Zion) 감리교회의 잔해를 헤치며 살펴보았다. 네쇼바 카운티는 인구가 희박한 늪지대와 어디에서나 KKK가 출몰한다고 알려진 들판이 펼쳐진 곳이다. 네쇼바로 들어가기 전, 그룹의 지도자는 엄격한 지침을 내렸다. 그들이 그 일요일 오후 4시까지 돌아오지 않으면 전화를 걸기 시작하라는 것이었다.

그 시간이 되었고 지나갔다. 셋은 돌아오지 않았다. 머리디언의 사무실에 있던 여성 활동가는 미시시피에 온 첫날이었는데 잭슨의 COFO에 즉시 전화를 걸었다. 그러나 밥 모지스와 나머지 실무진 모두 오하이오에서 두 번째로 활동가들을 맞이하고 있던 때였다. 광역전화 서비스로 연결된 활동가는 길잡이로 삼을 그들의 노련한 조언을 들을 수 없었다. 그래서 한 시간 정도 기다렸다가 교도소에 수소문해 보라고 충고했다. 세 사람이 탄 자동차에 문제가 생겼거나 먼 길을 돌아오는 중이라면 곧 도착할 거라면서. 그들이 곧 도착할 거라고 했다.

영원처럼 긴 시간이 이어지는 동안 세 사람은 돌아오지 않았다. 오후 5시, 잭슨의 광역전화가 다시 울렸다. 활동가는 연필로 종이에 전화번호를 적었다.

필라델피아 교도소 656-3765
머리디언 시 교도소 485-9811
카운티 482-7262

몇 분 안에, 네쇼바와 주변 카운티 교도소에 전화가 울렸다. 세 사람 이름은 마이클 슈워너, 제임스 체이니, 앤드루 굿먼이었다. 교도소 직원 누구도 세 사람을 유치하고 있다고 확인해 주지 않았고, 그들이 체포되었다는 기록도 없었다. 필라델피아 경찰은 "그 사건에 관해 아는 바가 전혀 없다고 말했다."[72] 그리고 네쇼바 카운티 보안관은 병원에 입원 중인 아내를 보러 가서 연락지 닿지 않는다고 말했다. 기다림이 이어졌다. 오후 6시. 7시. 7시 반. 밤이 이슥해졌다. 아무리 전화를 걸어 봐도 대답은 똑같았다. 네쇼바 카운티의 한 줄기 도로는 고요하기만 했다. 활동가들은 실종 사건에 대해서 전혀 몰랐지만, 주 전역의 실무진 사이에는 불안이 고조되며 확산되고 있었다.

머리디언에서 샘 블록은 지역의 교도소로 갔다. 그는 용감하게 그린우드 경찰에 대응하는 것으로 SNCC의 전설이 된 인물이다. 블록이 딱 부러진 대답에만 만족한다는 걸 모두가 알고 있지만, 그는 아무런 소식도 듣지 못한 채 돌아왔다. 밤 8시. 곧 도착하겠지. 픽업트럭들이 사무실 둘레를 맴돌기 시작했다. 엔진 소음과 "검둥이와 한통속들!"이라는 고함소리가 찜통 같고 어질러진 실내를 여느 때보다 동요시켰다. 그다음 한 시간은 훨씬 더 길었다. 활동가들과 지역 사람들, 흑인과 백인이 책상에, 바닥에 앉아서 기다리고 또 기다렸다. 몇 사람은 뒷방에서 탁구를 쳤다. 톡탁 톡탁, 탁구공 소리는 긴장을 더욱 조였다. 몇 사람이 거리로 나가 커피를 사 왔다. 매사추세츠에서 막 도착한 활동가는 《서부전선 이상없다》를 읽었다. 그 책에 그려진 전쟁의 공포는 바로 그 순간의 일인 듯했다. 다른 사람들은 천천히 돌아가는 천장 선풍기 아래 앉아 있었다. 땀이 셔츠와 블라우스를 검게 적셨다. 9시. 오하이오에 있는 슈워너의 아내 리타에게 전화를 해야 할까? 누군가에게 전화를 해야 했다. 그들은 애틀랜타의 SNCC에 전화했다. 실무자 메리 킹이 《애틀랜타 컨스티튜션》 기자인 체하며 미시시피 카운티 교도소마다 직접 전화를 걸었다. 그러나 아무런 단서도 얻지 못했다.

밤 10시가 지난 직후, 광역전화 서비스를 담당하는 법대생이 잭슨의 자택에 있는 FBI 요원에게 전화를 걸었다. 학생은 요원에게 세 사람의 이름과 행선지를 알려 주고 즉각적인 수사를 요구했다. 요원은 "무슨 일이 생기면 내게 알려 주시오"[73]란 말만 할 뿐이었다. 30분 뒤, CORE 사무실은 머리디언의 FBI와 접촉했다. 그는 걱정스러움에 이성을 잃은 목소리를 그저 듣기만 했다. 그는 밤 11시의 두 번째 통화 때도 듣기만 했고 자정 때 조금 더 긴 통화 때도 듣기만 했다. 드디어 그가 한 말은 이제 잘 시간이라는 것이었다. "FBI는 경찰이 아니오" 하고 그가 말했다. 기다림이 이어졌다.

프리덤 서머 첫날의 끝 무렵에 내리던 어둠처럼 두려움은 점점 깊어 갔다. 크리스 윌리엄스는 베이츠빌에서 잠이 들었다. 뮤리얼 틸링허스트는 혼자 잠들지 못한 채 그린빌 사무실을 스쳐 가는 그림자들을 지켜보았다. 평생에 가장 따뜻한 환대를 누린 나머지 활동가들은 호스트 가정에서 잠이 들었거나 한밤중의 작은 소음에도 흠칫 놀랐다. 불과 이틀 전 오하이오에 있었던 세 남자가 네쇼바 카운티에서 실종되었다는 사실을 아무도 몰랐다. 이른 아침 시간까지 전화가 이어졌다. 미시시피 고속도로 순찰대, 워싱턴 DC의 법무부, 드디어 부모와 아내에게까지. 답을 해 주는 이도, 설명을 해 주는 이도 전혀 없었다. 마이클 슈워너, 제임스 체이니, 앤드루 굿먼은 흔적도 없이 사라진 것이다.

# 5
# 세 청년

좌석점거 운동 이전에 나는 늘 미시시피의 백인을 증오했다. 하지만 질병을 증오하는
건 부질없는 일이란 걸 깨닫게 되었다. 백인은 질병을 갖고 있었고, 그것은 궁극적으로
치료 불가능한 질병이었다. 그런 질병을 상대하는 우리에게 얼마나 승산이 있었을까?
- 앤 무디,《내 고향 미시시피》

네쇼바 카운티의 시골길에서 먼지를 길게 끌며 달리는 한 대의 자동
차는 몇 킬로미터를 가는 동안 눈에 띌 수 있었다. 앨라배마 주 경계선
안쪽으로 80킬로미터에 이르는, 볕이 이글거리는 들판에는 자동차가
많았다. 하지만 이방인의 차가 의심을 받지 않을 만큼 흔하지는 않았
다. 흑인이 운전하면 곱절로 의심을 받는다. 그리고 그가 유명한 민권운
동가라면, 그리고 심지어 백인과 함께 차를 타고 있다면, 앞길에 놓인
곤경을 헤아릴 길이 없다. 그래서 네쇼바 카운티의 암흑 속으로 사라지
기 전 마지막 몇 주 동안, 제임스 체이니는 여러 번 밤길에 운전하고 다
녔다. 카운티 경계선을 넘으면 전조등을 끄고 가속페달을 밟았다.

네쇼바 카운티의 농지는 잡목 숲으로 둘러싸여 있고, 그 완만한 구
릉을 따라 내려가면 습지로 이어진다. 150헥타르 면적에 2만 명뿐인 주

민이 흩어져 살고 있는 곳이었다. 4분의 3이 백인이라서 델타의 '흑인 지대'와 달리 흑인 투표를 두려워할 일이 거의 없었다. 하지만 1955년 이후로 네쇼바 카운티에서는 한 명의 흑인도 유권자 등록을 하지 않았다. 유권자 등록을 할 때라고 말하는 사람은 누구든 몇 세력과 대적해야 했다. 먼저 몸집이 큰 근육질 카우보이 같은 보안관이 있었다. 그는 "검둥이와 외부인들을 처리"[1]하겠다는 공약으로 당선되었다. KKK도 있었다. 그들은 그해 봄에 회원 모집 전단지를 붙이고 십자가를 불태웠다. 그리고 네쇼바 카운티의 선량한 사람들이 있었다. 상인, 노동자, 교사, 이 모두가 그들의 할아버지 시대 이후로 자리 잡은 방식을 상당히 좋아했다.

네쇼바 카운티의 평판은 그 경계선을 넘어 멀리까지 알려졌다. 밀조 위스키와 거기서 비롯하는 부패에 발을 담그고 있는 네쇼바는 "금주법을 시행하는 미시시피 주에서 가장 술이 많은 지역 가운데 하나"[2]로 알려져 있었다. 네쇼바 카운티는 낙후된 지역으로도 악명을 떨쳤다. 사람들은 투박하고 편협하며 지역 주민에게는 친절하지만 외부인에게는 심술궂었다. 하지만 '이쪽'에 오는 외부인은 많지 않았다. 네쇼바 카운티에서 자라난 토박이라면 평생을 사는 동안 미시시피 바깥의 사람을 만나는 일이 손에 꼽을 정도일 수도 있었다. 북부로 갔던 백인이 돌아오면, 냉정하고 범죄가 끊이지 않는 도시 이야기를 들려주었다. 도시에서 흑인들은 게토에 몰려 살고, "늬들이 거리에서 만나는 사람들은 늬들이 살든 죽든 관심도 없다"[3]고 했다. 그러나 북부로 간 흑인들은 결코 돌아오지 않았고, 네쇼바 카운티를 떠나지 않은 흑인들은 눈에 띄지 않게 지내는 법을 배웠다. "우리는 백인을 성가시게 하지 않고 그들도 대체로 우리에게 아무 관심 없어요"[4] 하고 어떤 사람은 말했다. "우리는 여기서 그저 근근이 살아갈 뿐이죠." 이렇게 생각하지 않는 흑인은 입을 다물거나 떠나갔다.

미등과 달빛에만 의지해서 흙길을 달리면서도 제임스 체이니는 시속 120~130킬로미터로 속도를 올렸다. 이웃한 로더데일 카운티에서 자랐지만 체이니는 네쇼바를 잘 알았다. 모든 도랑, 모든 수로, '투표 열망'[5]을 지닌 용감한 흑인 가족이 사는 판잣집 하나하나까지. 날듯이 늪지대를 지나고, 바퀴자국이 팬 도로를 미끄러지는 체이니의 파란색 포드 왜건은 달빛 아래 희미한 줄무늬를 남겼다. 컴컴한 오두막에 도착하면 체이니는 주위를 살피며 차에서 내려 휘파람을 불었다. 백인 동료가 기다리고 있었다. 촛불이나 등유 램프는 맞게 찾아왔다는 표시였다. 그들은 안으로 들어가 어둠 속에서 가족과 농사, 그리고 궁극적으로는 투표에 관해 얘기를 나눴다. 머리디언의 유권자 등록 교실에 관한 리플릿을 남겨 두고 스테이션왜건에 재빨리 올라타 속도를 냈다. 1964년 봄 내내, 체이니가 긴장을 견딜 수 있는 한 매일 밤의 이런 주행이 계속되었다. 그리고 그는 두려움이 촉발시키는 만큼 속도를 높여 카운티 경계선을 향해 차를 몰았다. 로더데일 카운티로 진입하면 체이니는 전조등을 켜고 안전 속도로 줄이고 집으로 갔다.

6월 22일 악몽의 시간 동안, 전화는 미시시피부터 모스크바까지 자고 있던 사람들을 깨웠다. 세 남자가 실종되고 사라졌고 없어졌다. 애틀랜타의 SNCC는 법무부에 세 번 전화했다. 전화가 거듭될수록 걱정은 깊어졌고, 아침이 되자 존 도어 차관보는 FBI 권력자에게 수사를 지시했다. 그러나 잭슨에 있는 FBI 수사관은 여전히 수사를 거부했다. 오하이오 캠퍼스에서 얼이 빠진 리타 슈워너는 간이침대에 웅크리고 누운 채 전화를 걸고 있었다. 뉴욕에서 CORE 대표 제임스 파머는 새벽 2시 30분에 잠에서 깼다. 몇 시간 뒤, 전화 한 통이 윌리엄 컨스틀러 변호사를 놀라게 했다. "당신은 나를 모를 겁니다"[6] 하고 전화를 건 이가 말했다. "하지만 내 아들 미키는 변호사가 필요할 때 당신에게 전화를 걸라고 했습니다." 모스크바에서는 UPI통신 기자가 딕 그레고리에게 전화를 걸었다. 이 코미디언은 친선 방문을 취소하고 주 전체에서 전화벨이 울리고 있는 미시시피로 떠났다. 머리디언으로 다시 전화를 걸었다. 세 사람에 관한 소식은 아직 없다. 미시시피 고속도로 순찰대에 전화를 걸었다. 보안관 명령이 없이는 72시간 이내에 어떤 실종자 공보도 낼수 없다. 전화는 계속되었다. 보안관. 워싱턴 DC. 잭슨의 FBI……

오전 6시 55분, 네쇼바 카운티 교소도로 건 확인 전화에서 첫 번째 소식이 들려왔다. 앞서 세 사람을 봤다는 사실을 부인했던 여자 교도관이 이제는 세 사람이 유치되었다고 시인한 것이다. 일요일 오후 4시쯤 잡혀 온 제임스 체이니는 과속으로 기록되었고, 마이클 슈워너와 앤드루 굿먼은 "조사를 받기"[7] 위해 체포되었다. 하지만 세 사람 모두 저녁 6시에 석방되었다는 것이다. 이 소식은 COFO 전화망을 통해 전율을 퍼뜨렸다. 프리덤 서머 기획자들은 이런 일을 충분히 예상한 터였다. 그런데 프로젝트 첫날에 일어날 줄이야?

활동가들은 아직 모르고 있었다. 그린빌에서 바닥에서 자고 일어난 뮤리얼 틸링허스트는 사무실에 온 다른 활동가들을 움푹 꺼진 눈으로 맞이했다. 뮤리얼은 그 주 내내 사무실 밖으로 나서지 못한다. 베이츠빌에서 크리스 윌리엄스는 남부의 소박한 아침밥을 또 먹었다. COFO로부터 '일단 대기하라'[8]는 지시를 받고는 활동이 언제 시작될지 궁금했다. 그동안 오하이오에서 2기 수련회 참석자들은 SNCC의 모든 미시시피 이야기 가운데에서도 가장 오싹한 이야기를 곧 듣게 된다. 아침 9시 30분, 밥 모지스는 강당에 모인 새로운 얼굴들, 자유학교 교사가 될 활동가들 앞에 섰다. 그는 칠판에 지도를 그려 놓고 미시시피를 설명했다. 미시시피를 '닫힌 사회'라 일컬은 그는 "미시시피는 닫혀 있고 굳게 잠겨 있습니다. 우리는 그 열쇠가 선거라고 생각합니다"⁹라고 덧붙였다. 그는 말을 멈추고 아래를 내려다보았다가 다시 고개를 들었다. "카뮈의 《페스트》와 비슷한 점이 있습니다. 미시시피는 페스트가 창궐하고 있다는 사실을 아직도 인정하려 하지 않지만, 페스트가 사회를 온통 뒤덮고 있습니다."¹⁰ 세 명의 스니크가 들어와 모지스를 불렀다. 무대로 돌아왔을 때 그의 목소리는 훨씬 조용했고 그의 태도는 예사롭지 않았다.

"어제 아침, 우리 활동가 세 명이 네쇼바 카운티의 교회 화재 사건을 조사하기 위해 미시시피 머리디언을 출발했습니다. 세 사람은 돌아오지 않았고, 우리는 그들한테서 아무런 연락도 받지 못했습니다."¹¹ 경악이 물결처럼 강당에 퍼졌다. 혼란 속에, 짧은 짙은 색 머리에 까만 테 안경을 쓴 도발적인 여성이 무대로 걸어갔다. 리타 슈워너는 고향이 같은 활동가들끼리 모임을 만들고 지역의 연방의원에게 FBI 수사를 촉구하는 전보를 보내 달라고 요청했다. 누군가 실종자 이름의 철자를 묻자, 그녀는 칠판 앞으로 가서 미시시피 지도의 반을 지웠다. 그리고 실종된 사람이 자신의 남편이 아니라 모르는 사람인 것처럼 셋의 이름을 차분하게 대문자로 썼다. 분필이 칠판에 부딪히는 소리가 강당 뒤까지 들렸다. 활동가들에게 '겁을 줄' 필요가 한순간에 사라졌다. 표정마다 원초적인 두려움이 드러났다. 이 일이 '나'한테도 일어날 수 있다. 무리를 짓는 동안 모지스는 밖으로 빠져나와 펼쳐진 잔디밭이 굽어보이는 계단에 털썩 주저앉았다. 지나가던 친구가 다가와 그를 안아 주었다. 한 사람은 "자네 책임이 아니야"[12] 하고 속삭였지만 모지스는 그 자리 앉아 몇 시간을 움직이지 않았다.

며칠 안에 세 사람의 사진은 미국 전역에 알려졌다. 성가대 소년처럼 순수한 표정의 굿먼, 상냥한 표정으로 고개를 갸우뚱하고 있는 체이니, 염소수염에 입 꼬리를 한쪽으로 올리고 미소 짓는 슈워너. 보고 또 보게 되니, 세 사람은 마치 잘 알고 있던 사람들인 양 활동가들에게 곧 친숙해진다. 어떤 이는 오하이오에서 '앤디'를 만났고 미키와 저녁을 먹은 적이 있으며 체이니가 자신들의 모임에 와서 말하는 걸 들었다고도 이야기한다. 하지만 이 아침, 세 사람의 얼굴은 아직 알려지지 않았으며 아무런 자취도 남지 않았다. 단지 칠판에 이름이 적혀 있을 뿐.

제임스 체이니―CORE 실무자
마이클 슈워너―CORE 실무자
앤드루 굿먼―여름 프로젝트 활동가
실종된 곳―네쇼바 카운티

슈워너가 다섯 달을 미시시피에 머무는 동안, 어떤 사람은 미키 슈워너를 "검둥이와 한통속인 그 공산주의 유대인"[13]이라고 욕했다. 하지만 슈워너를 아는 사람들은 그의 친절함과 여유로운 태도, 흑인이든 백인이든 사람을 미워하지 않는 품성에 감동받았다. 그는 "활력과 아이디어로 넘쳤"[14]고, "내가 아는 가장 신사적인 남자"였다. "내가 아는 어떤 백인보다도 그는 유색인종 사람들을 편하게 해 주었다"[15]고 머리디언의 동료 활동가가 보낸 찬사를 미키 슈워너는 아마 가장 각별하게 여겼을지도 모른다. 중간 정도의 체구에 중키이고, 주로 회색 맨투맨 티셔츠에 청바지, 검은 운동화 차림의 미키 슈워너는 코미디언 W. C. 필즈와 즐거운 포커 게임, 운이 지지리도 없는 뉴욕 메츠를 좋아했다. 가발 제조업자인 그의 아버지는 반전동맹 회원이었다. 자유주의적인 부모 밑에서 양육된 미키는 비트족 고등학생에서 수의학과 학생이 되었고, 코넬대학을 졸업한 뒤 헌신적인 사회활동가가 되었다. 1963년 여름 즈음, 그는 로어 맨해튼의 사회복지 활동에 깊이 관여했다. 날마다 아침 6시에 일어나 CORE의 민권 활동을 펼쳤다. 오후에는 로어 이스트사이드에서 청소년들의 사회 정착을 도왔다. 저녁을 먹은 뒤에는 가정 방문을 하거나 종종 한밤까지 이어지는 회의에 참석했다. 아내 리타도 활동을 함께했다. 퀸스칼리지 학생 시절에 리타는 중학생들을 개인 지도했고 CORE 활동도 했다. 그리고 남편과 함께 피켓 시위에 참여하여 인종분리 동맹에 저항했다는 이유로 둘 다 체포되었다.

1963년 여름, 인종차별 폭력이 미국을 얼룩지게 하는 동안, 민권운동은 슈워너 부부를 사로잡았다. 그 8월, 미키는 청소년들을 데리고 워싱턴 행진에 참석했다. 하지만 그를 남부로 이끈 것은 마틴 루터 킹이 아니라 몇 주 뒤 일어난 버밍햄 교회 폭파 사건이었다. "지금 나는 민권 투쟁과 완전히 하나 되어 남부에서 활동해야 한다는 마음뿐이다"[16] 하고 스물네 살의 슈워너는 미시시피 CORE 지원서에 썼다. "내 온 시간을 바치지 않는다면 죄책감을 느끼고 거의 위선자라고 생각하게 될 것이다."[17]

1964년 1월, 미키와 리타 슈워너는 브루클린 하이츠 아파트를 임대하고 코커스패니얼 애완견 간디를 친구들에게 맡기고서 59년식 폭스바겐을 타고 잭슨으로 향했다. 며칠 안에 부부는 머리디언에 자리 잡고, 미시시피에서 두 번째로 큰 도시에 들어온 최초의 백인 민권운동가가 되었다. 간이침대에서 자고 지역의 흑인 호텔에서 샤워하면서 지내는 두 사람의 삶을 지탱해 준 건, 변변찮은 월급보다 드높은 이상에서 비롯되는 무한한 에너지였다. 그들은 지저분하고 낡은 사무실을 하루하루 자유의 집으로 고쳐 나갔다. 리타는 쓸고 닦으며 길고 파란 커튼을 바느질했고, 미키와 제임스 체이니라는 열정적인 활동가는 온갖 세간을 수리하고 책장을 만들었다. 2월 말, 자유의 집은 활기가 돌았다. 열두 명 남짓한 아이들이 토요일 대화 시간에 찾아왔다. 화요일과 목요일 저녁에는 성인들이 유권자 등록 교실에 왔다. 오후에는 대개 청소년들이 들러서 슈워너 부부와 노닥거렸다.

미키는 스스로 "미시시피 최고의 희망"[18]이라고 일컫는 아이들에게 농담하고 장난치는 걸 좋아했다. 아이들을 폭스바겐에 태워 주고 자유에 관해 이야기했다. 그러나 머리디언의 일부 흑인은 이 북부에서 온 부부가 들이미는 민권에 아직 준비가 되지 않았다. 한 고등학교 교장은 미키를 교정에서 쫓아냈지만 그는 리타와 함께 다시 돌아가 농구장에서 전단을 배포했고, 그 결과 더 많은 청소년이 자유의 집에 왔다. '유색인 전용' 표지판을 걷어 내는 활동을 슈워너 부부가 의논할 때, CORE는 그들이 너무 급하게 움직이고 있다고 생각했다. 하지만 두 사람은 흑인 점원 고용을 거부하는 시내 상점을 상대로 불매운동을 조직하도록 허락받았다. 4월 즈음, 그들은 머리디언 시 흑인 구역에 정착했다. 미키는 기자에게 이렇게 말했다. "우리는 실제로 여기서 무척 운이 좋습니다. 그들이 우리를 내버려 둘 거라 생각해요."[19]

그러나 '백인 전용' 미시시피에서, 슈워너 부부는 최악의 분노를 촉발시켰다. 그들이 미시시피에 온 지 며칠밖에 안 되었을 때 한 경관이 말했다. "여기서 당신들을 환영하는 마음은 비스킷에 붙은 머리카락을 보는 심정 정도란 걸 알기 바라오."[20] 더 나아가 리타는 흑인 남자들과 대화를 나눴다. 그리니치빌리지에서는 괜찮았겠지만, 미키의 염소수염은 말쑥한 남부에서 경고 표시였다. 그는 브루클린을 떠나기 전에 면도를 했다. 그런데 3월에는 수염이 다시 자라 있었기에 그를 증오하는 어떤 사람에게도 변명의 여지를 주지 못했다. 흑인 아이들은 미키의 염소수염을 좋아했고, TV에 나오는 턱수염을 기른 합창 지도자 미치 밀러의 이름을 따서 그를 '미치'라 불렀다. 하지만 턱수염은 몇몇 백인을 분노케 하여 미키에게 별명이 따라붙게 했다. 미키는 그 5월 피켓 시위로 체포되었을 때 "당신이 그 흑인과 한통속인 공산주의 유대인, 사람들이 '염소수염'이라 일컫는 작자겠군"[21]이라는 말에서 자신의 별명을 처음 들었다. 그 즈음 위협은 이미 일상생활의 일부가 되어 있었다. 자유의 집에 전화를 걸어온 사람들은 리타가 흑인들과 잠자리를 한다며 비난했다. 어떤 사람은 "그 유대인은 죽었어! 그 유대인은 죽었어!"[22]라고 되풀이했다. 전기가 몇 번 나가고 이따금 물이 끊겼다. 슈워너 부부는 호스트 가정이 표적이 되었음을 그 집 식구들이 감지할 때마다 집을 옮겨 다녔다. 미시시피 주권수호위원회는 이미 부부의 자동차 번호를 주 전체 경찰서에 통보해 놓았다.

5월 말, 미키는 아버지에게 자신이 '유명 인물'[23]이라고 말했다. 며칠 뒤 슈워너 부부는 수화기를 내려놓았다. 리타는 때로 향수에 젖었고 임신을 하면 떠나자고 설득했지만 미키는 확고했다. "난 여기 미시시피 사람이야"[24] 하고 그는 친구에게 말했다. "백인우월주의 사상 같은 어떤 것도 사람들 사이의 평화를 위협하지 못해. 백인우월주의가 세상에서 가장 깊이 뿌리박혀 있고 가장 악성인 곳이 바로 미시시피야. ……

그래서 여기는 미국의 결전지이지. 그 판가름에 참여하고자 하는 미국 청년이라면 모두 여기 있어야 해."

슈워너 부부의 헌신이 닻을 내리고 있는 곳은 그들이 다른 이에게 불러일으킨 헌신이었다. 수줍음 많고 나서지 않는 제임스 체이니는 피부색이 다른 만큼이나 사교적인 미키 슈워너와 정반대였다. 제임스의 가운데 이름이 얼(Earl)이었기에 식구들은 제임스를 'J E'라 불렀지만, 슈워너는 늘 그를 '곰'이라 불렀고 두 사람은 뗄 수 없는 막역한 관계였다. "미키는 제임스에게 의지해서 함께 지옥을 헤쳐 갈 수 있었다"[25]고 자유의 집 활동가가 말했다. 천식이 있다는 이유로 군대에서 거부된 뒤 체이니는 방황했다. 이 일 저 일을 하다가 몇 달을 일 없이 쉬었고, 아버지를 도와 건물에 회반죽 바르는 일을 했다. 하지만 아버지가 어머니와 헤어질 때 둘은 다투었고 체이니는 그 일마저 때려치웠다. 고등학교 시절부터 민권운동에 참여한 그는 슈워너 부부의 그룹에 들어왔다. 마치 집을 찾아온 느낌이었다.

"엄마"[26] 하고 체이니는 말했다. "내가 참여해서 내 자신과 다른 누군가를 위해서도 무언가를 할 수 있는 조직을 찾은 것 같구먼."

하지만 주당 28달러로 다섯 자녀를 키우는 패니 리 체이니는 아들보다 미시시피를 더 잘 알고 있다. "무섭지는 않구?" 그녀가 물었다.

"아녀, 엄마. 지금 중요한 건 그거여" 하고 체이니가 말했다. "모두가 무서워한다는 거."

네쇼바 카운티로 밤 주행을 시작했을 즈음 체이니는 CORE 실무자였다. 스물한 살 나이에 곧 아버지가 될 예정이었지만, 아기가 태어날 때 곁을 지키지 못하게 된다. 딸이 태어나는 날 그는 미키, 리타와 함께 차를 타고 오하이오 수련회에 가고 있었다. 수련회에서 세 사람은 활동가 앤드루 굿먼과 함께 네쇼바 카운티에서 자유학교를 열자는 데 의견을 모았다. 그리고 학교로 쓰기로 결정되었던 교회가 불에 타 잿더미가 되었다는 소식을 듣고, 슈워너와 체이니는 새 지원자와 함께 미시시피로 돌아간 것이다.

FBI 포스터에 얼굴이 실리기 전, 스물한 살의 앤드루 굿먼은 이타적인 청년의 표상이었을지도 모르겠다. 그의 어머니의 회상에 따르면, 연극과 시, 홀로코스트에 이르기까지 다양한 분야에 관심을 보였던 굿먼은 "타고난 행동주의자"[27]였다. 미키 슈워너와 마찬가지로 그는 맨해튼 어퍼 웨스트사이드에 있는 진보적인 월든 학교를 다녔다. 슈워너처럼 굿먼 집안도 자유주의 분위기였다. 저녁 식사에 초대받아 오는 손님에는 앨저 히스, 지어로 모스텔 같은 매카시 시대의 추방자들과, 그들의 변호인이자 블랙리스트에 오른 '할리우드 10인'을 변론한 변호사들도 포함되었다. 고등학교 시절 앤드루 굿먼은 가난한 석탄 광부에 대한 보고서를 쓰기 위해 버스를 타고 애팔래치아로 갔다. 대학에 와서는 전공과 캠퍼스를 바꿔 다니다가 퀸스칼리지에 정착해서 연극을 공부했다. 그는 1964년 여름 멕시코에 가서 학교를 지을 계획이었으나 퀸스칼리지에 온 패니 루 헤이머의 강연을 듣고는 집에 돌아와서 미시시피에 가야겠다고 부모님에게 말했다.

아버지가 이유를 묻자 굿먼은 이상주의를 토로했다. "이 일은 미국에서 진행되고 있는 가장 중요한 일이니까요! 남들에게 관심을 갖는다는 말을 듣는 사람이라면 어떻게 이 일에 관심을 가지지 않을 수 있겠어요?"[28] 심리학자인 캐럴라인 굿먼은 아들이 "나는 전쟁터로 가고 싶어요"[29] 하고 말하는 편이 차라리 낫다고 느꼈지만, 미시시피가 "근사한 생각" 같다고 애써 대답했다. 그의 아버지는 "그동안 키우면서 아이에게 불어넣은 가치에 우리가 등을 돌릴 수는 없었다"[30]고 인정했다. 토목기사인 로버트 굿먼은 150달러 비용을 대 주겠다고 했지만 앤디는 트럭에 짐을 싣는 일을 구했다. 두 달 뒤 앤드루는 더플백에 짐을 챙겼다. 그의 사진에 드러나는 기대만큼, 굿먼은 미시시피에서 지낼 여름을 위해 스웨터도 챙겼다. "두려워"[31] 하고 그는 친구에게 털어놓았다. "두렵지만 갈 거야." 그가 오하이오로 떠날 때, 캐럴라인 굿먼은 아들의 더플백에 요오드팅크와 붕대를 찔러 넣었다. 오하이오에서 그는 원래 빅스버그에서 활동할 계획이었지만 슈워너 부부에게 낙점되고 말았다. 다시 배치되고서 그는 부모님에게 전화를 걸었다. "걱정하지 마세요. CORE 활동 지역으로 가게 되었어요. 더 안전한 곳이에요."[32] 6월 21일 아침 미시시피에서 잠깬 그는 집에 편지를 썼다.

엄마, 아빠께,
미시시피 주 머리디언에 안전하게 도착했습니다. 아름다운 도시예요. 날도 화창하고요. 두 분도 여기 있으면 좋으련만. 이곳 사람들 참 좋습니다. 우리를 따뜻하게 맞아 주었어요.
사랑을 전하며,
앤디[33]

그 일요일 정오에 세 남자는 체이니가 밤에 타고 다니던 그 파란색 포드왜건을 타고 네쇼바 카운티로 출발했다. 떠나기 전 슈워너가 '꼬맹이'라 부르는 열두 살짜리 벤 체이니가 울며 큰형이랑 같이 가겠다고 졸랐다. 체이니는 벤에게 조금 참았다가 오후에 돌아오면 차 타고 나가자고 했다. 어린 벤은 그때부터 기다렸다.

월요일 늦은 아침, 세 남자는 열여덟 시간 동안 실종된 상태였다. 필라델피아로부터 잭슨에 소식이 막 도착했다. 밤 9시에 세 사람이 교도소에 있는 게 목격되었다. 일요일에 세 남자는 폭행당하고 멍든 모습이었다. COFO는 FBI에 다시 전화했다. 가혹 행위 혐의가 있다는 말을 들은 잭슨의 수사관은 드디어 행동에 나섰다. 자신의 뉴올리언스 사무실에 전화를 건 것이다. SNCC는 더욱 절박해졌다. 방송으로 찾는 건 어떨까? 도로 검문은? 전국에 수배하는 건? 미시시피의 열기는 습도와 거의 관계가 없는 것처럼 더욱 뜨거워졌다. 그날 아침 내내 프로젝트 사무실마다 성난 전화가 불이 났다. "검둥이와 한통속!" "공산주의자!" "지옥에나 떨어져라!" 흑인 사회에서 따뜻한 환영을 받은 뒤, 활동가들은 이상하고 악의적인 백인들과 처음 만나고 있었다. 몇 활동가에게는 말쑥하게 차려입은 대학생들이 다가왔다. '수정헌법 10조 수호협회' (Association of Tenth Amendment Conservatives)라고 자신들을 소개한 학생들은 주의 권리와 "독재적 명령을 공포하는"[34] 소수파의 위험성에 관해 얘기를 늘어놓았다. 그러나 다른 백인은 말보다 행동으로 나왔다. 철길을 지나 백인 구역으로 들어가는 활동가들은 증오 어린 따가운 눈총을 받았고 자신이 여름내 견뎌 내야 할 혐오감에 놀랐다.

로스앤젤레스에서 온 활동가가 델타의 북단에 있는 클락스데일에서 흑인들과 이야기를 나누고 있을 때 경찰이 차를 멈추었다.

"여기서 뭐 하는 건가?"[35]

"유권자 등록을 돕고 있습니다."

"검둥이는 아무 도움도 바라지 않는다는 거 모르나? 여기서 너를 원하지 않는다는 거 몰라? 대체 이 빌어먹을 녀석들이 여기서 도대체 뭘 하는 거야!"

대답을 하려던 활동가는 경찰차에 타라는 말을 들었고, 차 안에서는 경관 둘이 으르렁거리며 악담을 퍼부었다. "검둥이 사창가에서 네 어미 일자리를 구하려는 거냐." 활동가는 구금되어 전화 통화도 금지되었다가 결국 풀려나면서 미시시피에서 당장 꺼지라는 소리를 들었다. 클락스데일은 보안관 대리로 임명된 시민 100명이 곤봉으로 무장하고서 "어떤 머리통을 쪼개라는 신호만 기다리고 있는 곳이야. …… 어떤 사람은 다치고 아마도 누군가는 죽임을 당하겠지만, 그래야 문제가 해결되지" 하고 보안관은 말했다.

미칠 듯이 걱정스럽던 그 월요일, 두려움은 점점 심해졌지만 잭슨의 FBI 수사관은 수사를 거부했다. SNCC는 분노했지만 놀라지는 않았다. 밥 모지스가 처음 미시시피에 온 뒤로, 스니크들은 연방의 문을 두드리며 법이 시행되게 해 달라고 요구해 왔다. 그들이 맞닥뜨린 건 명백한 무관심이었다. 존 F. 케네디는 SNCC를 싫어했고, 그 구성원들을 "폭력에 집중하는" "빌어먹을 놈들"[36]이라 여겼다. 민권 문제를 길거리에서 법정으로 옮겨 오고자 했던 로버트 케네디는 법무부에 지시하여 미시시피에서 24건 정도의 유권자 차별 소송을 제기하도록 했다. 하지만 이 사건 모두 항소가 제기되거나 미시시피 판사들에 의해 판결이 뒤집혔다. 판사 가운데 한 명은 "유권자 운동을 하는 검둥이들"[37]을 심하게 꾸짖었다. 모든 기회마다 좌절한 모지스는 직접 소송에 나섰다. '모지스 대 케네디와 후버' 사건은 잔혹 행위를 길게 나열하고 법무부 장관과 FBI 국장은 "흑인의 투표를 방해하는 미시시피 법 집행관을 누구든 체포"[38]하라고 요구했다. 모지스는 패소한 뒤 항소했다.

민권운동가 보호에 관한 연방의 업적은 훨씬 열악해졌다. 존 도어는 허버트 리와 루이스 앨런에 대한 위협을 수사했지만 보호는 거부했다.

그리고 두 사람은 총격을 당해 쓰러졌다. 로버트 케네디는 프리덤 라이더들의 버스가 소이탄 공격에 불탄 뒤에도 보호를 꾸물거렸다. 그가 요청한 '냉각기간'[39]은 SNCC의 농담이 되었다. 그러나 SNCC의 가장 냉소적인 농담은 FBI를 향한 것이었다. 스니크들은 FBI 수사관들이 잔인한 폭도 주변에서 무언가를 끄적거리며 있는 걸 보곤 했다. 매콤에서 밥 젤너가 폭도에게 거의 죽임을 당할 뻔했을 때조차 무언가를 적고 있었고, 그린우드에서 경찰견이 밥 모지스에게 달려들었을 때에도 무언가를 적고 있었으며, 캔턴과 잭슨에서 경찰이 폭력 진압할 때에도 무언가를 적고 있을 뿐이었다. FBI 국장 J. 에드거 후버는 사과하지 않았다. 민권운동이 공산주의자들과 결합되어 있다고 확신한 후버는 이미 마틴 루터 킹을 도청하고 있었다. 후버는 킹을 "머리끝부터 발끝까지 진정한 마르크스-레닌주의자"[40]라 여겼다. FBI의 불간섭주의 태도에 대해 압박을 받자, 후버는 "우리는 남부를 개혁하기 위해 내려간 이들의 응석을 받아 줄 수 없다"[41]고 선언했다.

프리덤 서머 한 해 전, SNCC의 분노는 워싱턴 행진의 구슬픈 분위기를 뒤흔들 정도에 이르렀다. 마틴 루터 킹 전에 연설을 할 SNCC 의장 존 루이스는 "연방정부는 누구 편인가?"[42] 하고 질문할 계획이었다. 루이스는 다른 사람들의 설득 끝에 수위를 낮췄다. 프리덤 서머가 시작될 즈음, 미시시피 전역의 SNCC 사무실에 붙은 문구는 그들의 냉소를 한눈에 보여 주었다.

이타베나에는 '자유'(프리덤)라는 이름이 붙은 거리가 있다.
미시시피에는 '해방'(리버티)이라는 이름의 도시가 있다.
워싱턴에는 '정의'(법무부)라는 이름의 부서가 있다.[43]

SNCC와 COFO는 여름 활동가들을 연방이 보호해 달라고 요청하고 호소했다. 아무런 답이 없었다. 그리고 그 첫날밤에 세 남자가 실종되었다. 이제 미시시피 주에는 잠재적 표적이 수백 명이나 있으니, 얼마나 더 많은 사람이 미시시피의 시골길로 나섰다가 돌아오지 못하게 될지 누가 알겠는가?

굿먼, 슈워너, 체이니가 머리디언에 도착했어야 할 시간이 만 하루가 지나서야 연방은 게으름을 털어 냈다. 월요일 저녁 6시가 가까워질 때 로버트 케네디는 린드버그 유괴법 규정에 따라 철저하게 수사할 것을 FBI에 지시했다. 존슨 대통령이 관심을 보였다. 미시시피 고속도로 순찰대는 실종자 공보를 냈고, 미국과 유럽 각지의 기자들이 지도를 펼쳐 네쇼바 카운티 위치를 확인하고 항공편을 예약했다. 오후 6시 30분, 월터 크롱카이트가 전국에 뉴스를 방송한다. "안녕하십니까. 젊은 민권운동가 세 명이 일요일 밤 미시시피 주 중부 도시, 잭슨에서 남동쪽으로 80킬로미터 떨어진 필라델피아 근처에서 실종됐습니다."[44] 크롱카이트가 보도하는 동안, FBI 수사관은 뉴올리언스에서부터 북쪽을 향해 운전하고 있었다. 미시시피는 뭔가 부글대며 또 하루를 준비했다. 밤이 다시 찾아왔다. 후텁지근한 기운이 사방을 뒤덮고 나무에서 새와 벌레들이 전자음 교향곡처럼 울어 댔다. 그 여름 미시시피 전체를 폭력 속에 빠뜨리게 되는 작은 도시에서 밤의 라이더들이 밖으로 나왔다.

SNCC는 활동가들을 매콤으로 보내지 않기로 결정했다. 이어진 토론 끝에 KKK가 출몰하는 파이크 카운티도 봄 내내 흑인들이 실종된 곳이기에 너무 위험하다는 결론을 내렸다. 밤 10시, SNCC의 결정이 문득 현명해 보였다. 침대에서 벌떡 일어난 한 흑인 여성이 앞창으로 내다보니 반짝이는 신형 쉐비가 미끄러지며 정지한 자국이 보였다. 한 사내가 차에서 나와 뭔지 모를 꾸러미를 던졌고 여인은 급히 집 안쪽으로 이동했다. 그 순간 폭발이 일어나며 포치가 무너지고 현관문이 박살났다. 여인의 침대에 유리 파편이 흩어졌다. 얼마 뒤 또 다른 폭탄이 터졌고, 그다음 폭탄이 또 터졌다. 오랫동안 민권운동을 지지했던 흑인의 집들이 박살났다. 이튿날 아침 흑인들이 잔해를 조사하는 동안, 미국의 눈은 매그놀리아 주의 머나먼 곳, '형제애'를 뜻하는 이름이 붙은 도시로 쏠렸다.

바로 그 전날 아침에 눈을 떴을 때만 해도, 인구 5,017명의 필라델피아는 미시시피의 다른 마을과 다를 바가 없어 보였다. 2층 건물들이 그리는 스카이라인 위로 작고 뾰족한 첨탑 수십 개가 하늘로 치솟아 있었다. 제재소 세 곳의 굴뚝은 검은 구름을 내뿜었다. 시가지의 상점 벤 프랭클린 파이브 앤드 다임, A&P, 피글리 위글리 앞에서는 상인들이 비질을 하고 있었다. 포장된 인도를 따라서, 볕에 그을린 노인 한 무리가 나무 벤치에 앉아 담배를 피우고 침을 뱉으며 도시가 깨어나는 모습을 지켜보았다. 퍼레이드라도 하듯 픽업이 줄 지어 지나갔다. 작업복 바지를 입은 농부가 트랙터에서 손을 흔들었다. 엄마들은 머리를 짧게 깎은 사내아이들을 잡아끌듯이 데리고 걸어갔다. 아침 9시 즈음, 해는 벌써 자갈길을 달구고 있었다. 노인들에게는 6월 23일이 여느 화요일과 다른 날이 될 것이라 믿을 아무런 이유가 없었다. 몇 사람은 자신의 카운티에서 세 사람이 실종되었다는 보도를 보았을지 모른다. 더 많은 사람이 '북부에서 제작한 뉴스'를 보았을 수도 있다. 문제가 뭐였든 상황은 곧 정상으로 돌아오게 된다. 필라델피아에서 '정상'이란 곧 열리게 되는 네쇼바 카운티 우유 미인대회만큼이나 소박한 것이었다. '정상'이란 법원만큼이나 영원한 것이었다. 코린트 양식 기둥과 남부연합군 동상이 서 있는 벽돌 건물은 몇몇 사람들이 '또 다른 필라델피아'[45](미국 독립기념관이 있는 펜실베이니아 주 필라델피아와 같은 이름—옮긴이)라 일컫는 도시의 암반이었다. 그러나 이 안에도 또 하나의 필라델피아가 있었다.

구불구불한 흙길을 지나 철도 선로를 지나면 독립 구역이 나왔다. 창문에 나무를 덧댄 작은 집에서 필라델피아 흑인들은 "근근이 살아갔다." 독립 구역은 자체적인 학교와 교회가 있는, 또 다른 버전의 미시시피였다. 네쇼바 카운티에서 세 남자가 실종되었다는 소문이 퍼졌을 때, '구역'에서 그 이야기를 의심하는 사람은 거의 없었다. 사람들은 실종 사건이 틀림없이 교회 화재 사건과 모종의 연관이 있을 거라고 말했다. 자유학교를 열려던 교회였으니까. 젊은 CORE 활동가가 몇 주 전에 방문했던 교회니까.

하얀 필라델피아는 교회 화재 사건에 대해 아무것도 몰랐다. 지역의 한 은행장이 논설위원들에게 그 이야기를 빼라고 했고, 미시시피의 그 어떤 신문에도 그 기사는 실리지 않았다. 사건을 알고 있는 몇 안 되는 이들은 뻔한 사건이라고 여겼다. 검둥이들이 이런 저런 문제를 놓고 다투다가 자기네 교회를 불태운 거라고. 그 사건 또한 곧 흐지부지 사라질 것이다. 남북전쟁 전의 저택도 격전지도 대농장도 없고, 환대와 "공평무사한 기독교인들"[46]을 자랑스러워하는 필라델피아에서 상황은 늘 그런 식이었다.

침략자들을 처음 본 건 노인들이었다. 오전 10시 즈음, 어느 쪽으로 고개를 돌리든 노인들은 선글라스를 끼고 서류가방을 들고 흰 셔츠에 가느다란 타이를 맨 외부인들을 볼 수 있었다. 저마다 가느다란 안테나가 달린 검은 세단을 몰았고, 저마다 신경이 곤두선 듯했으며 무언가를 끼적이고 시 광장을 훑어보되 사람들과 눈을 마주치지 않았다. 노인들은 벤치에 모여, 조상 대대로 주입된 공포, 양키, 뜨내기, 그리고 결코 끝난 적이 없는 전쟁에 대한 두려움을 서로 토로했다. 이제 악몽이 다시 시작되고 있었다. 미시시피의 그 누구도 상상할 수 없었을 만큼 많은 FBI 요원이 네쇼바 카운티를 침공한 것이었다.

그 화요일 아침, FBI는 작전에 돌입했다. 낡아 빠진 방들이 직각으로 콘크리트 부지를 면하고 있는 델피아코츠 모텔 18호실은 FBI 본부가 되었다. 수사관들은 시청 뒤에 통신센터를 설치했고, 널찍하고 야트막한 급수탑에 안테나를 세우기 시작했다. 워싱턴과 이어지는 무선통신장치를 설치하고 나서는 경찰서, 법원, 교도소를 찾아갔다. 여자 교도관은 제임스 체이니에게 벌금 20달러를 물리고 세 사람을 밤 10시 30분에 석방했다고 수사관들에게 말했다. '거북해하는' 미소를 짓는 둥근 얼굴의 건장한 사내인 보안관 대리 세실 프라이스는 자신이 세 남자를 체포한 게 맞다고 말했다. 그들을 마지막으로 본 건 일요일 밤이었고, 그들은 19번 고속도로를 타고 머리디언을 향해 남쪽으로 갔다고 했다. 미등이 언덕 넘어 사라지는 걸 보았다고 했다. 수사관들은 곧 오르락내리락하는 2차선 도로를 달려가 오싹하리만치 고요해 보이는 습지에 차를 멈추고 살펴보았다. 정오 즈음, FBI 헬리콥터 여러 대가 낮게 급강하하자 습지에는 물결이 일고 빨랫줄에 걸린 세탁물은 펄럭였으며 닭들은 종종거리며 흩어졌다.

시내에서는 기온이 38도로 치솟고 분노가 일렁였다. 분노한 사람들은 무기를 흔들며 벌어진 상처처럼 입을 벌린 채 법원 바깥에서 기자들과 대치했다. 당신들이 속고 있다는 걸 모르나? 이건 완전히 날조야!

그 세 명의 사내자식들은 떠났다고! 그 자식들에게 뭐가 이로운지 생각해 봐, 그 자식들은 분명 그렇게 할 테니. 가가호호 찾아다니면서 수사관들은 단단한 벽을 만났다. 아무도 말하려 하지 않았다. 심지어 들으려고도 하지 않았다. 오후 3시 30분을 향해 갈 즈음, 전국의 라디오와 TV에 속보가 나왔다. 파란색 포드 승용차가 발견되었다는 소식이었다. 그 장소는 보안관 대리인 프라이스가 미등이 사라지는 걸 봤다고 말한 필라델피아 남쪽이 아니라 시에서 '북'쪽으로 24킬로미터 떨어진 촉토 인디언 보호구역 근처였다.

촉토 인디언들은 시내에서 낚시를 하고 있다가 새까맣게 탄 파손된 차량을 발견했다. 보호구역 대표가 FBI에 전화를 했고, 수사관들은 고생스럽게 길을 헤치고 가 차를 찾아냈다. 엄청난 열기를 내뿜는 차는 보그치토 습지 가장자리의 검은딸기 덤불에서 삐죽 튀어나와 있었다. 자동차 내부는 오븐처럼 까맸다. 뒷바퀴는 없었지만 'H25 503'이라는 번호판은 식별할 수 있었다. 습지에서 끌어낸 자동차는 머플러가 덜렁거리고 앞 유리는 박살이 나 있었다. 검게 탄 자동차가 시내로 견인되었다. 몇 분 안에 이 사실이 백악관에 보고되었다.

린든 존슨은 지난 4월에 여름 프로젝트에 관해 들었다. "전국 각지에서 모집한 수백 명을 버스에 태워 보내 유권자 등록을 돕겠다고 하오"[47] 하고 존슨이 조지아 상원의원 리처드 러셀에게 말했다. "그리고 그들은 미시시피에서 흑인 모두 유권자 등록을 하도록 할 것이오. 살인이 여러 건 일어날 것이오." 그러나 보좌관의 조언에 귀 기울이면서, 대통령은 모든 보호 요청을 묵살했다. 존슨은 그 화요일에 다른 문제들로 압박을 받고 있었다. 베트남 대사를 교체하고, 부통령 후보를 가려내고, 민권법에 서명하는 일정을 계획해야 했다. 그러나 아침 내내 그리고 오후에 들어서까지 기자회견에서, 전화에서, 속보에서 미시시피가 계속 언급되고 있었다. 그는 실종자들을 찾기 위한 충분한 조치를 대통령이 전혀 하지 않고 있다는 식의 언질에 화가 났다. "나는 두 주 전에 법무장관과 이야기한 뒤, 미시시피를 FBI 요원으로 채우고 가능한 모든 곳에 침투시키라고 후버에게 말해 놓았습니다"[48] 하고 대통령이 말했다. "이 세 청년 사건 직후에도 더 많은 사람을 투입하라고 말했습니다. …… 내가 아는 최대한의 방법으로 밀어붙이고 있다는 말입니다." 오후 3시, 존슨의 최대 라이벌 로버트 케네디는 굿먼 부부, 네이선 슈워너와 회담했지만 대통령은 케네디를 흉내 내고 싶지 않았다. "거기 내려가서 종적을 감춘 아이들의 보모 노릇을 하기 시작한다면, 백악관에는 날마다 동정을 요구하는 사람들로 넘치게 되지 않을까요."[49] 결국 존슨은 세 사람에게 무슨 일이 생긴 것 같냐고 법무차관보 대리 니콜러스 캐천버크에게 물었다.

"KKK 단원들에게 납치되었다는 게 제 추측입니다."[50]

"그리고 살해되었다고?"

"예, 아마도요. 그렇지 않다면 헛간 같은 곳에 숨어 있는 것이겠죠. …… 겁먹고 못 나오고 있는 겁니다. 하지만 그들이 살해되었다 해도 놀라운 일은 아닙니다, 대통령 님. 매우 험악한 인물들 짓이죠." 캐천버크는 대통령이 부모를 만나지 않아도 된다는 데 동의했다. "그러면 앞으로 일이 생길 때마다 문제가 되지 않겠습니까. …… 이런 일이 이번 한 번만 일어나고 마는 게 아닐 겁니다." 오후 4시가 가까워질 때 존슨은 상원의원 제임스 이스틀런드와 통화했다. 이스틀런드가 룰빌에 있는 자신의 대농장에서 전화를 건 것이다.

"세 명이 실종되었다는 걸 믿을 수 없습니다"[51] 하고 이스틀런드가

LBJ에게 말했다. "선전 활동일 겁니다." 네쇼바 카운티에서는 KKK가 활동하지 않는다고 상원의원은 거짓말을 했다. "미시시피 그 지역에는 백인 조직이 전혀 없습니다. 그런데 누가 그들에게 나쁜 짓을 할 수 있겠습니까?" 통화를 방해한 건 J. 에드거 후버로부터 걸려온 전화였다.

"대통령 님, 자동차를 발견했다는 사실을 알려드리고자 합니다. …… 안에 시체가 있는지는 우리가 직접 차 안을 봐야 알 수 있습니다. …… 하지만 알고 계셔야 할 것이 있습니다. 분명한 것은, 이들이 살해되었다는 것입니다."

"그렇다면 무엇을 근거로 그들이 살해되었다는 것이오?" 대통령이 물었다.

"그 차량이 미시시피 주 필라델피아에서 그들이 탔던 바로 그 차라는 사실 때문입니다……" 하고 후버가 대답했다. "추측이기는 하지만, 그들은 차에 탄 채로 불에 탔을지도 모릅니다. 아니면 끌려 나와서 바깥에서 살해되었을 수도 있고요."

"아니면 납치되어 감금된 상태일 수도 있잖소."

"글쎄요. 저 지방 사람들이 과연 그들에게 그만큼의 휴식을 줄지 의문입니다."

후버는 한 시간 뒤 다시 전화했지만, 통화가 짧게 끝난 이유는 캐럴라인과 로버트 굿먼 부부가 집무실로 안내되어 들어왔기 때문이었다. 네이선 슈워너도 함께 왔다. 잠을 못 자 눈이 충혈되고 녹초가 된 부모들은 그날 아침 뉴욕에서 비행기를 타고 왔다. 대통령이 자동차 얘기를 하는 걸 들은 캐럴라인 굿먼은 커다란 책상을 뛰어넘어올 기세로 소리쳤다. "아이들이 무사한가요?"[52] LBJ는 전화를 끊고 책상을 빙 돌아서 가냘픈 금발의 여인을 굽어보며 손을 잡고 소식을 전했다. "'세 아이들'

은 아직도 실종 상태입니다" 하고 그가 말했다. "법무부와 국방부의 모든 권한을 수색에 쏟아붓고 있습니다." 20분 뒤 가족들은 떠나면서 대통령에게 명심을 시켰다. 캐럴라인 굿먼은 "공인이 아니라 …… 순수하게 한 인간이 된다면 내 아들의 목숨을 걱정할 것"[53]이라고 대통령에게 말했다고 회상했다.

그날 오후 네쇼바 카운티에는 벼락을 동반한 소나기가 쏟아지면서 더위가 한풀 꺾였고 FBI의 수색은 단축되었다. 하지만 충격의 여파는 여전히 미국 전역에 퍼지고 있었다. TV 속보가 멜로드라마와 퀴즈쇼 중간 중간에 보도되었다. 로버트 케네디는 폴란드 방문을 취소했다. 대통령은 전 CIA 국장 앨런 덜레스를 잭슨으로 보냈다. 더 많은 FBI 수사관들이 파견되었다. 다시 밤이 되자 COFO의 광역전화선에 지역의 충격파가 기록되었다. 벌어지는 사건들에 대한 모든 보고와 늦게까지 일하는 활동가에 관한 모든 전화는 공포심을 더욱 휘저었다. 그리고 세 번째 날 밤 동안, 테러는 그 수위가 한 단계 상승했다. 잭슨에서 흑인 목사의 집과 흑인 카페에 산탄총이 발사되었다. 소이탄이 멕시코 만의 한 집회장에 터졌다. 해안도시 모스포인트에서는 흑인 아이 둘이 지나가는 차에서 던져 준 독이 든 사탕을 먹었다는 소문이 파다했다. 한 명은 죽었다고 했다. 델타에서는 백인들이 기자들을 룰빌에서 쫓아낸 뒤 차를 몰고 '흑인 구역'을 다니며 병과 화염병을 던졌다.

수요일 아침, 검게 탄 채 미시시피 습지에서 튀어나와 있는 스테이션 왜건 사진이 미국 전역에서 신문 첫 면에 실렸다. 《워싱턴 포스트》는 "불탄 차량, 세 사람 수색의 실마리,"[54] 《로스앤젤레스 타임스》는 "덜레스, 활동가 3인에 대한 수색 지휘,"[55] 《뉴욕 타임스》는 "파손 차량, 실종자들의 안전에 새로운 우려 높여"[56]를 보도했다. 정오 무렵, 시위대가 시카고 연방청사 앞과 뉴욕, 그리고 미국의 수도에서 피켓을 들고 행진했다. 워싱턴 DC에서 열린 NAACP 전국 대회에서, 회원들은 밖으로 나가 시위에 동참했다. 로버트 케네디는 메드거의 미망인인 미를리 에버스와 함께 가서 시위자들과 악수를 나눴다. 사건의 중심지에서는 산탄총과 자동 화기, 진압봉을 갖춘 경찰이 네쇼바 카운티 법원을 에워싸고 있었다. 거리에서 상점과 가게에서 보도에서, 주민들은 분노와 거부감으로 들끓었다.

"그놈들이 여기까지 내려와서 볼일이 뭐가 있어."[57]

"COFO가 날조한 게 먹히도록 자기네 차를 불태운 게 틀림없어. 그들은 아마 멀리 빠져나가서 웃고 있을걸."

"자기네 집에 가만히 있었으면 이런 일이 생기지 않잖아."

"우리가 할렘에서 얼마나 오래 견딜 수 있을 것 같나?"

기자들이 몰려다니고 FBI의 침략을 받은 '또 다른 필라델피아'는 총성 한 번만 울리면 전면적인 인종 전쟁에 돌입할 기세였다. 정오가 지나자마자 차량의 행렬이 네쇼바 카운티 경계선에 다다랐을 때 방아쇠는 당겨졌다.

신기루처럼 일렁이며 19번 고속도로를 달려 온 차량 행렬에는 CORE의 제임스 파머, SNCC의 존 루이스, 소비에트연방에서 막 돌아온 딕 그레고리 같은 흑인 지도자들과 시신을 찾으려는 십대들이 타고 있었다. 모두는 네쇼바 카운티에 관해 경고의 말을 들었다. "파머, 저쪽에는 가지 마시오"[58] 하고 미시시피 주립 경찰청장이 말했다. "미시시피에서 최악의 레드네크 지역 가운데 한 곳이오." 차량 행렬은 카운티 경계선을 넘어갔다. 쨍쨍 내리쬐는 태양 아래 행렬은 습지와 농장, 길가에 자갈이 깔린 갈보리 언덕을 지났다. 필라델피아 시 경계선에서, 유치한 서부극 같은 장면 앞에 차량 행렬이 멈추었다. 범법자 추격대라도 되는 양 로런스 레이니 보안관과 몇 사람이 엽총을 들고 도로를 가로막고 서 있었다. 거구에 배가 튀어나온 레이니는 카우보이모자를 썼고 씹는담배 때문에 뺨이 불룩했다. 그는 차를 뒤덮을 듯이 선두 차량에 바짝 다가갔다. "어디로 가시는 거요?"[59] 그가 파머에게 물었다.

네쇼바 카운티 대부분의 사람들이 그렇듯이 보안관도 실종 사건을 조롱했다. 세 사람은 "어딘가에 숨어 있으면서 크게 유명해지려는 것 아니겠소."[60] 아스팔트에 침을 뱉고서 레이니는 네 명하고만 말하겠다고 파머에게 말했다. 나머지는 고속도로 갓길에서 기다려야 한다는 것이다. 조금 뒤 레이니의 순찰차가 세단 한 대를 이끌고 시내로 들어갔다. 법원에 도착한 흑인들은 쏘아보는 백인들을 지나쳐 고요한 엘리베이터를 타고 보안관 집무실로 들어갔다. 집무실 천장에서 천천히 돌아가는 선풍기 한 대만이 온도를 32도 아래로 유지시키고 있었다. 흑인들은 긴장과 노여움에 신경이 곤두섰지만, 레이니와 보안관 대리 프라이스는 사람들을 긴장시킨 게 즐거운 듯 카운티 검사들이 질문을 던지는 동안 능글거리며 농담을 했다.

파머는 불탄 시온 산 교회를 방문하겠다고 했다. 수색영장이 있어야 한다는 대답이 돌아왔다. 존 루이스는 불탄 포드왜건을 직접 보겠다는 뜻을 꺾지 않았다. "증거를 인멸할"[61] 우려가 있어 거절되었다. 범죄 행위가 벌어진 게 틀림없다고 루이스가 쏘아붙였다. "범죄가 일어났다 '면'"[62] 하고 검사는 웃음을 띤 채 말했다. "세 청년은 북부나 어디로 가서 잠깐 휴가를 보내고 있을 수도 있지요. 아마 곧 돌아올 겁니다." 파머가 자원해 온 십대들과 함께 가서 수색하겠다고 했다. 그들은 고개를 저었다. "거긴 사유지요. 늪살모사가 있어요. 불법 침입에 해당됩니다.

우리는 여기서 당신들에게 어떤 일도 생기지 않기를 바랍니다."[63] 냉기가 흐르는 몇 분이 지나고 흑인들은 호위를 받으며 밖으로 나갔다. 엽총과 떨떠름한 얼굴들을 지나 시 경계선에서 기다리고 있는 차량으로 돌아갔다. 독선적인 보안관과 미소를 짓고 있는 보안관 대리가 실종자들에게 정확히 무슨 일이 일어났는지 알고 있다는 게 모두의 의견이었다.

빗물이 우레 같은 소리를 내며 지붕을 두들기는 머리디언에서 열린 대중 집회에서는 분노가 들끓었다. 딕 그레고리는 실종자들과 책임 있는 자들을 찾아내는 사람에게는 25,000달러를 주겠다고 약속했다.《플레이보이》발행인 휴 헤프너와 전화 통화에서 방금 합의한 금액이었다. 그날 밤 비구름 사이로 월식 달이 나타났다. 주 곳곳의 작은 도시마다 '레드네크 청년들'은 고함을 지르고 병을 던지며 '검둥이 마을'에서 소란을 피웠다. 누구든 미시시피를 건드릴 테면 건드려 보라고 자극했다.

누군가 오산한 것이었다. 시대가 변했다는 걸 누군가 인식하지 못한 것이다. 미시시피에서 일어난 살인 사건은 미시시피에서만 알고, 심지어 그런 범죄에 대해 들은 사람도 거의 없고, 나머지 미국은 자신의 일에만 신경 쓰며 문화적으로나 지리적으로 멀게 살던 그런 시대가 있었다. 하지만 그 시대는 지났다. 때는 1964년이었고, 세 남자가 남부의 가장 촌스러운 주에서도 가장 오지에서 실종되었을 때, 미국 전체는 이튿날로 그 소식을 들었다. 마이클 슈워너과 앤드루 굿먼, 제임스 체이니의 행방을 아는 자는 누구든 그리고 그 실종 사건이 불법 처형과 관계가 있다면, 그 진부한 미시시피의 불법 처형이 일으킨 결과에 분명 놀랐을 것이다. 미국 최남단 동부의 실종 사건이 미국 전역을 그토록 뒤흔든 적은 한 번도 없었기 때문이다. 이 경보음은 프리덤 서머 기획자들에게 반갑지 않은 칭찬을 한 셈이었다. 그들의 냉소가 정확한 것으로 판명된 것이기 때문이다. 에밋 틸 이후 미시시피에서 살해당한 흑인은 하나같이 주 경계선 너머까지 관심을 불러일으킨 적이 없었다. 허버트 리의 살해 사건을 보도한 건 주요 신문사 한 군데뿐이었다. 루이스 앨런 살인 사건은 단신으로나 실렸을 뿐이다. 하지만 '백인'이 살해되었고 ……
"두 백인 청년이 실종된 뒤에야 전국적인 관심이 치솟다니, 부끄러운 일입니다"[64] 하고 존 루이스는 언론에 발표했다. 스니크들의 예상은 들어맞았지만 미시시피의 누군가의 예상은 빗나간 것이다.

목요일이 되자 대통령마저 날짜를 세고 있었다. 존슨은 그날 오후 "그들이 호수에 있을 것 같소"[65] 하고 보좌관에게 말했다. "내 추측으론 그렇소. 벌써 사흘이 지났잖소." 미국 전체가 지켜보고 기다리고 있었다. 관심은 세 사람에게만 한정된 게 아니었다. 살해 사건은 늘 미국의 자아상을 훼손시켜 왔지만, 이번은 특히 그 훼손이 심한 해였다. 이전 열두 달 동안 메드거 에버스가 자기 집 진입로에서 총격에 쓰러졌고, 버밍햄 교회에서는 네 살짜리 여자아이가 살해되었으며, 케네디가 댈러스에서 암살당했고, 암살범으로 추정되는 자가 살해되는 장면이 텔레비전에 방영되었다. 보스턴을 활보하던 교살범이 죄 없는 여자들을 목 졸라 죽였다. 그해 봄 뉴욕에서 키티 제노비스가 살해당했는데, 수십 명의 이웃은 사건을 목격하면서도 경찰에 신고 전화조차 하지 않았다. 이제는 미시시피에서 이 사건이 터졌다. 미국은 도대체 어떻게 되어 가고 있는 건가? "우리는 기본적으로 법을 준수하는 국민입니다"[66] 하고 그 주에 존슨 대통령은 미국 국민에게 상기시켰다. 그러나 세 남자가 미시시피에서 실종 상태인 한, 배심단의 최종 결정은 아직 내려지지 않은 것이었다.

FBI가 움직이기 시작했지만, 그리고 머리디언 해군 항공기지의 수병 200명이 수색에 투입될 예정이었지만, SNCC에 연방 수사에 대한 믿음은 거의 없었다. "우리는 사실보다 앞서나갈 FBI가 필요하다. 하지만 지금 그들은 뒤따라잡기에 급급하다."[67]라고 밥 모지스가 말했다. SNCC는 독자적인 수색을 해야 했다.

뉴스가 오하이오에 다다른 직후, 승용차 두 대가 나무로 우거진 캠퍼스를 떠났다. 두 차량은 경찰에게 가로막히게 될까봐 서로 다른 길로 갔다. 운전자들은 화요일 오후에 머리디언에서 만날 계획이었다. 미시시피 주 경계선으로 들어선 한 팀이 예정대로 사무실에 전화를 걸었다. "아직 소식이 없어요." 한 차량은 '수정헌법 10조'에 관해 설교하는 수호협회 학생들 때문에 홀리스프링스 외곽에서 지체했다. 하지만 시간에 맞게 도착했다. 다른 차는…… 연락이 없었다. 더 큰 공포가 머리디언 사무실을 휩쓸었다. 그 공포는 밤새 계속되고 수요일 아침까지 이어졌다. 스토클리 카마이클과 찰리 코브가 드디어 나타나서 들려준 건 위기일발의 이야기였다. 그들이 탄 낡은 뷰익 승용차는 '음흉하기로 자자한'[68] 도시 듀런트에서 고장 났다. 그들은 플로리다로 휴가 가는 교사들로 위장했지만, 경찰은 그 말을 믿지 않았다. 카마이클은 밤새 구금되었지만 코브는 밤 10시에 석방될 수 있다는 말을 들었다. 그는 석방을 거부했지만 교도소에서 쫓겨났고 자동차 안에서 공포의 밤을 보냈다. 타이어 레버를 쥔 채 "해가 뜨기만을 기도했다."[69] 이튿날 아침 코브는 카마이클을 보석으로 꺼냈고, 둘은 차를 타고 머리디언으로 와서 수색 준비를 했다.

실종 사건이 있고 셋째 날 땅거미가 질 무렵, SNCC의 수색 팀은 네쇼바 카운티에 잠입했다. 시골길로 접어든 그들은 잿더미가 된 시온 산 교회를 둘러본 뒤 소총으로 그득한 판잣집을 은신처로 삼았다. 콜라드와 훈제 돼지다리를 차려 놓은 저녁상에서, 그들은 지역의 흑인들이 사건을 어떻게 바라보고 있는지 들었다. 세 사람은 교회를 불태운 '바로 그 페커우드들'[70]에게 살해당한 게 틀림없었다. "그들이 시체를 어디에 숨겼는지 말을 안 허는 것이지."[71] 수색 팀은 자정까지 기다려서 습지로 출발했다. 집주인들이 그들을 차에 태웠다. 제임스 체이니가 그랬던 것처럼 전조등을 끄고 바퀴자국이 새겨진 길을 달려 KKK 구역으로 깊이 들어갔다. 방향을 한 번만 잘못 꺾어도 잔혹한 폭행이나 또 다른 실종으로 이어지는 일이었다. 픽업에서 우르르 내린 그들은 습지와 지류로 흩어져, 헛간과 우물을 수색하고 긴 막대기를 이용하여 진흙투성이 수로를 쑤시고 다녔다. 후덥지근한 밤은 공포로 가득한 것 같았다. 모든 순간, 그들은 막대기가 어깨나 상체에 부딪히는 둔탁한 소리를 듣게 되리라 예상했지만, 들려오는 소리라고는 뱀이 쉬익쉬익, 모기가 앵앵, 사슴등에가 귓전에서 붕붕거리는 소리뿐이었다. 그들은 발목 깊이, 무릎 깊이, 허리 깊이까지 첨벙첨벙 걸어 들어갔다. 덩굴에 걸린 옷이 찢어지고 딸기나무 가시에 팔이 긁혔다. 하늘이 연어처럼 분홍빛을 띨 때까지 수색 작업을 쉬지 않았던 그들은 오두막으로 돌아갔다. 오두막에서는 잠을 잤다기보다 비지땀을 흘렸고, 이튿날 자정에 다시 수색에 나섰고 최근 소문을 들었다. "아무개 아무개가 무언가를 보았다고 말했습니다. …… 우리는 이야기를 들었고요. …… 아무개 아무개는 백인들이 어쩌고저쩌고 하는 걸 들었다고 했지요……."[72] 결국 소문이 말해 주는 건 KKK가 그들의 존재를 이미 알고 있다는 것이었고, 자정의 수색은 취소되었다.

목요일 오후, 존슨 대통령의 명령을 받은 수병 200명이 바로 그 습지대에 왔다. 모두 하얀 수병 모자를 쓰고 흙 묻은 낡은 구두를 신고 있었다. 수병들은 바짓가랑이를 발목에서 테이프로 감아 거머리를 예방했다. 뱀을 쫓을 나뭇가지를 쥐고 수병들은 땅거미가 내릴 때까지 수색했다. 미시시피의 습지가 얼마나 불길해 보이는지를 수병들은 습지에 들어가기 전에 이미 알아챘다. 물은 탁하고 고요했으며 편평해 보여서 깊이를 짐작할 수 없었다. 잠자리들이 작고 파란 헬리콥터처럼 부목 위로 쌩쌩 날아다녔다. 수면의 녹황색 카펫 위를 열기가 뒤덮고 있었고, 카펫 아래에서는 아무것도 움직이지 않았다. 그러다가 밑의 검은 물에서부터 이따금 공기방울이 수면으로 올라와 퐁 하고 사라졌다.

린든 존슨부터 아래로는 연방정부 공무원들까지, 자신들이 실종자를 찾기 위해 할 수 있는 일은 다 하고 있다고 생각했다. 하지만 앞으로 발생할 실종을 막는 문제는 어떠한가? 연방의회 의원들은 연방 보안관이 자신들의 자녀를 보호해야 한다고 요구하는 부모들의 전화와 전보로 압박을 받았다. LBJ의 참모들은 만장일치로 반대했다. 법무부 차관보 버크 마셜은 군대를 보내면 "두세 세대에 돌이킬 수 없는 영향을 미치게 될 것"[73]이라 말했다. 로버트 케네디는 미시시피의 식지 않는 폭력 사태가 "지역의 법 시행과 관련된 지역 문제"[74]라고 주장했다. 저명한 법학 교수들은 이에 동의할 수 없어서 법무부가 개입할 수 있는 법적 권리를 환기시키는 성명을 발표했다. 그러나 어떻게 개입할 것인가? "거기 내려가서 …… 유색인종의 집에 머물고 있는 이 수많은 청년들을"[75] 보호하는 건 "거의 초인적인 과제"라고 J. 에드거 후버가 앨런 덜레스에게 말했다. 미시시피 고속도로 순찰대에 KKK 단원이 있고, '경찰서장들'[76] 가운데에도 KKK 단원이 있으며, 일부 보안관도 KKK이므로, "당신은 청년들이 미시시피로 갈 때 거의 요원을 붙여서 보내야 할 거요"하고 후버가 말했다. 뉴욕에서 맬컴 X는 자신의 단체 '무슬림 모스크' 구성원들을 경호대로 지원하겠다고 밝혔다. 그 제안에 대해 누구도 반박하지 못했다.

언론과 의회는 곧 논쟁에 돌입했다. 《워싱턴 포스트》는 "이 숨 막히도록 우러러보이는 청년들"[77]을 칭찬했지만, 연방의 보호는 '불가능'하다고 말했다. 《뉴욕 타임스》는 '두 번째 재건'[78]의 위험성을 개괄했다. 국회에서는 미시시피의 존 스테니스가 "확고하고도 적극적인 성명을 발표하여 이 침략을 막으라"[79]고 대통령에게 촉구하자, 뉴욕의 제이콥 제이비츠가 펄쩍 뛰었다. 미국인은 자신이 원하는 곳은 어디에든 갈 권리가 있다고 제이비츠가 목소리를 높였다. 스테니스는 미시시피에서 흐르는 피는 "환영받지도 못하고 초대받지도 않은 주에 침략한 이들의 손에 떨어질 것"이라고 대꾸했다. '무언가'라도 하라는 압력에 직면한 LBJ는 완강히 버텼다. 그 주에 FBI를 더 파견할 것이지만, '두 번째 재건'에는 책임질 수 없다고 했다. "보내지 않을 수만 있다면 나는 내 국민에게 군대를 보내지 않을 것입니다. 그리고 그들은 내가 군대를 보내지 않도록 협조해야 합니다."[80]

미시시피가 협조할 것인가? 오랫동안 두려움을 불러일으켰던 '침략'은 밤사이에 점령과 비슷해졌다. 수병들이 습지를 뒤지고 다녔다. 미국 전역의 기자뿐 아니라 프랑스, 영국, 독일 기자들까지 필라델피아로 내려왔다. FBI 요원들은 검문소에서 차를 세우고 있었다. 알루미늄 소형 보트가 모터 소음을 내며 갈고리를 늘어뜨리고 강바닥을 긁으며 지나다녀 강물이 커피색으로 변했다. 점령은 마음 깊은 곳의 적의마저 휘저어 놓아 그 퇴적물이 수면으로 떠올랐다. 다리에서 수색을 지켜보던 청년 몇 명이 말보로 담배에 불을 붙이며 농담을 주고받았다. "우리는 해마다 검둥이 두셋을 물고기 밥으로 던져 주잖아"[81] 하고 껄껄 웃었다. 다른 청년은 FBI에게 제임스 체이니를 수색하는 방법을 알려 주었다. "거기 물 위에 구호수표 한 장 띄워 놓지 그래요? 그 검둥이 개자식이 떠올라서 낚아챌 텐데."[82] 수군수군 속삭이는 온건한 목소리도 있었지만, 소수뿐이었다. "자네들도 잘 알다시피 우리 법이 이 문제에서 혼란스럽잖나. 왜 우리가 저들을 보호해야 하는지 난 모르겠어"[83] 하고 필라델피아의 남성은 로터리클럽 회원들에게 말했다. "이 사람들은 살인을 옹호하려는 거라고요!"[84] 하고 지역의 여성은 오싹해 했다. 돌아가는 모양새를 보니, 7월 중순이면 미시시피가 연방 치하에 놓이겠다고 많은 이들이 입을 모았다. 전체 상황을 감안하면 "걸쭉해질 때까지 아무리 졸여도 대단한 게 남지 않을 것"[85]이기에 참으로 안타깝다고 누군가는 덧붙였다.

날조 의혹이 미시시피 전체에 퍼졌다. 《잭슨 클래리언-레저》는 앤드루 굿먼이 베이턴루지에서 버스에 탑승하는 걸 목격한 사람이 있다고 주장했다. CORE가 일요일 오후에 경찰에 전화를 건 시점이 세 사람이 실종되기 '전'이었다는 소문이 돌았다. 그리고 슈워너 부부의 폭스바겐은 어디에도 없다는 게 이상하지. 언론사에 쏟아지는 편지는 날조를 '입증'하고 있었다. 그렇지 않다면 어째서 앤드루 굿먼이 오하이오의 수련회에서 영상을 찍은 뒤 '사라진' 것이며, 왜 방송국들이 그의 소년 같은 얼굴이 나온 장면을 보여 주는 것이겠습니까? 그래서 야간 뉴스에서 미시시피의 평판이 나빠지고 있지 않습니까? 월터 크롱카이트는 '피 묻은 네쇼바'[86]에 대해 보도했다. 네쇼바 카운티 주민은 레이니 보안관이 관련 있다고 NBC 인터뷰에서 말했다. ABC는 냉담하게 부인하는 미시시피 주민들을 방영함으로써 미시시피 주를 한심하게 보이게 했다. "나는 그 사기꾼들이 이 일을 계획했고, 뉴욕에 앉아 우리 미시시피 주민들을 비웃고 있다고 생각합니다"[87] 하고 한 남자가 말했다. 한 여자는 "그들이 죽었다면 그들이 바라는 대로 된 거군요. 말썽을 일으키려고 여기 온 게 그들이니까요"라고 덧붙였다.

미시시피와는 대조적으로 비통한 가족들은 남다른 품위를 보여 주었다. 토요일 오후, TV 카메라들이 굿먼 부부의 멋진 맨해튼 아파트에 들어찼다. 플래시가 터지는 동안 캐럴라인 굿먼은 "나처럼 아기의 부드러움과 따뜻함과 아름다움을 경험해 보았고, 그 아기를 가슴에 간직하고 사랑하는 세상의 모든 부모에게, 특히 미시시피의 부모들에게 호소합니다. 이 세 청년을 찾는 데 할 수 있는 모든 방법으로 협력해 달라고 간청하는 바입니다"[88]라는 호소문을 읽었다. 고령의 앤 슈워너는 제임스 체이니를 "내 아들 미키의 친구이자 형제인 흑인"[89]이라고 표현했다. 앤 슈워너는 체이니의 엄마를 만난 적이 없지만 "그녀를 꼭 안아 주고 싶다"고 말했다. 미시시피에서, 패니 리 체이니는 집 앞뜰에서 십자가가 불태워지는 순간에도 거의 말이 없었다. 그녀의 집안에서 처음 겪는 실종이 아니었다. 수십 년 전, 그녀의 할아버지는 땅을 팔라는 백인의 요청을 거부했다. 그리고 그 뒤 발견된 건 그의 신발과 셔츠, 손목시계뿐이었다. 이제 넋이 나간 그녀는 머리를 두 손으로 감싸 쥔 채 "지금 희망만을 갖고 있을 뿐 아무 생각도 하지 않아요"[90]라고 언론에 밝혔다. 존슨 대통령과 마찬가지로 거의 모두가 세 사람이 죽었다고 생각했다. "우리가 다시는 미키를 만나지 못한다는 걸 당신이 모른단 말이오?"[91] 하고 네이선 슈워너는 기자에게 고함을 쳤다. FBI 수사관 한 명은 "지금 우리는 시신을 찾고 있습니다"[92]라고 털어놓았다. 그러나 어머니들은 자신의 아들이 교도소나 헛간, 다른 곳에 있을 거라고 여전히 믿었다. 어머니들이 희망을 내비치는 동안, 리타 슈워너는 전체 상황을 떠맡았다. 너무나 작고 약해서 미시시피에서 더 이상 활동하지 못할 거라는 사람들의 예상을 뒤엎고.

어머니들이 언론을 상대로 발언하고 있을 때, 리타는 잭슨으로 날아갔다. 공항에서 기자들을 만난 그녀는 "나는 남편과 두 사람을 찾을 것입니다. 그들에게 무슨 일이 일어났는지 알아낼 것입니다"[93] 하고 공표했다. 리타는 몇 가지 요구도 내걸었다. "연방 보안관을 미시시피로 보내 주십시오. …… 일부 법 집행관들이 관계되었다는 보도와 관련하여 전면적인 수사가 있어야 합니다. …… 존슨 대통령의 개인 특사 앨런 덜레스는 정확히 상황을 알고 있는 머리디언 사람들과 의논해 주십시오."[94] 그리고 "한 마디로, 우리는 '당장 자유를' 요구합니다" 하고 끝을 맺었다. SNCC의 밥 젤너와 함께 리타는 폴 존슨 주지사와 면담하기 위해 주 의사당으로 향했다.

미시시피의 아름다움에 관해 끊임없이 이야기하는 서기의 말을 다 들은 뒤, 리타는 주지사가 저택에서 조지 월러스(앨라배마 주지사)를 영접할 예정이라는 걸 알게 되었다. "나는 실종자 세 사람보다 월러스가 미시시피에 훨씬 중요한 사람이라는 걸 깨달았다"[95]고 리타는 말했다. 저택 뜰에 들어가니 두 주지사가 영접하러 줄지어 서 있는 사람들의 맨 앞에 있었다. 그리고 그들에게 다가가던 그녀는 폴 존슨이 "월러스 주지사와 나 둘만이 그들의 행방을 알고 있는 사람들이고, 우리는 말하지 않을 겁니다"[96] 하고 농담하는 소리를 들었다. 조금 뒤 존슨이 상체를 숙여 리타를 맞이했고, 밥 젤너는 악수를 하면서 마이클 슈워너의 아내라고 리타를 소개했다. 존슨이 움찔하자, 젤너는 손을 꽉 쥐고서 "당신과 여기 있는 월러스 주지사가 실종된 민권운동가들이 어디 있는지 알고 있다는 게"[97] 사실이냐고 물었다. 주지사는 당황하는 빛이 역력했고, 기자들은 목소리를 높여 질문을 던졌다. 주 경찰은 젤너를 떼어 냈다. 월러스와 존슨은 저택으로 들어가 문을 쾅 닫았다. 저택 뜰에서 끌려 나온 리타는 앨런 덜레스를 만나러 갔다. 대통령 특사는 그녀를 45분 동안 기다리게 한 뒤 5분 동안 이야기를 나눴다. 덜레스가 위로를 건네자 리타는 "나는 당신의 동정심을 바라는 게 아니에요! 내가 바라는 건 남편이 돌아오는 거예요!"[98] 하고 대답했다.

금요일 오후, 리타는 필라델피아의 델피아코츠 모텔에서 FBI 수사관들과 이야기를 나누고 있었다. 갑자기 레이니 보안관이 콘크리트 부지로 차를 몰고 들어왔다. 여전히 뺨이 불룩하게 씹는담배를 문 채 그녀에게 다가온 레이니는 "도대체 여기서 뭐하는 거요?"[99] 하고 호통을 쳤다. 리타는 물러서지 않았다. 그녀는 스테이션왜건을 볼 때까지 떠나지 않을 거라 했다. 군중이 위협적으로 몰려들자, 레이니는 순찰차에 타고 이야기를 나누자고 했다. 리타의 기분을 감지한 고속도로 순찰관이 보안관에게 너무 딱딱하게 굴지 말라고 리타에게 경고했다. 보안관의 아내가 병상에 있다면서.

"그래요, 적어도 그 작자에게는 걱정해 줄 아내가 있군요"[100] 하고 리타가 받아쳤다. "난 내 남편이 어디에 있는지 말해 주는 친절을 베풀어 달라는 것 뿐이에요."

"하지만 보안관은 알지 못합니다."

리타는 완강했다. "레이니 보안관, 무슨 일이 일어났는지 당신이 알고 있다는 걸 알아요. 알아낼 수만 있으면 내가 알아낼 거예요. 내가 알아내는 걸 막으려면 당신은 날 죽여야 할 거예요."

레이니는 목까지 새빨개졌다. 그는 핸들을 쥔 두 손에 힘을 꽉 주었다. "매우 충격적이군" 하고 그가 조용하게 말했다. "그런 식으로 말하다니 유감이오." 그리고 보안관은 리타와 젤너를 스테이션왜건에 데리고 갔다. 정비소의 정비공들이 야유를 보내는 동안, 그들은 까맣게 그을린 차 껍데기를 보았다. 자동차가 발견되었다는 말을 들은 순간부터 리타는 다시는 남편을 만날 수 없을 거라는 걸 알았다. 이제 그녀는 그 증거를 본 것이다. 리타와 젤너가 돌아갈 때, 그날 아침 필라델피아에 들어올 때 고속도로를 막고 있었던 초록색 픽업이 두 사람이 도시를 벗어날 때까지 추격했다.

그 주의 마지막에, 미시시피는 전국적인 관심사가 되어 있었다. 몇 주 전만 해도 모든 민권운동 뉴스는 플로리다의 세인트어거스틴에서나 들려오는 소식이었다. 그곳에서 마틴 루터 킹과 여러 사람이 공립 수영장과 공립 해수욕장의 인종 통합을 이뤄내기 위해 KKK와 백인 폭도에 맞서 싸우고 있었기 때문이다. 그러나 갑자기 TV, 라디오, 신문이 일제히 매그놀리아 주에 눈을 돌려 그곳의 심각한 가난과 오지에서 저질러지는 만행을 보도하고 있었다. "역사상 미국에 존재한 어떤 곳보다도 훨씬 경찰국가에 가깝다"[101]고 미시시피를 설명한 제임스 실버의 《미시시피: 닫힌 사회》는 베스트셀러 목록에 올랐다. 주디 콜린스에서 피트 시거에 이르는 포크 가수들이 잭슨, 그린빌, 매콤에서 여름 콘서트 계획을 잡기 시작했다. 수십 명의 의사와 변호사가 7월이나 8월에 미시시피에서 활동하겠다고 서약했고, SNCC 사무실에는 자원 활동을 하겠다는 사람들의 전화가 빗발쳤다. 지원자가 너무 많아서 밥 모지스가 "훈련되지 않고 목적이 뚜렷하지 않은 지원자들이 프로젝트가 진행될 지역에 몰려들어 봤자 현재 주 전체에서 잘 관리되고 있는 운영 계획에 혼란만 가져오게 될 것"[102]이라고 말할 정도였다. 그날 오후 시카고에서는 캘류멧 고속도로 근처에서 흑인 남자가 차를 세우고 소총을 꺼내서 자기 머리에 쏘았다. 경찰은 그가 남긴 쪽지를 발견했다. "필라델피아의 세 사람을 위해 이 일을 벌인다. 그들은 나를 운동에 참여시키지 않았고 나는 이렇게 내 머리를 바친다."[103]

전국의 조명이 집중되자, 필라델피아는 한계점에 이르렀다. "오래된 목재에 바글거리는 흰개미처럼 우리 땅에 우글대는"[104] 기자들과 FBI 때문에 어안이 벙벙해진 사람들은 길모퉁이에 모여서 이방인이 지나가면 서로 속삭이거나 무슨 말을 했다. 법원 근처에서는 한 운전자가 사진기자의 승용차를 세게 들이받았다. 사진기자가 밖으로 나오자 운전자도 나왔는데 손에 사냥칼을 쥐고 있었다. 경찰이 개입했다. 성난 백인들이 《뉴욕 타임스》 기자 클로드 시턴을 따라다니자 그는 우연한 연고를 통해 피난처를 구했다. 전국적인 뉴스거리가 된 작은 마을은 《뉴욕타임스》 편집국장 터너 캐틀리지의 고향이었다. 자신의 고향이 대응하는 태도를 본 캐틀리지는 친구에게 "내가 알던 그 친절한 사람들은 어디에, 도대체 어디에 있는 것인가?"[105] 하고 편지를 썼다. 그리고 위협적인 백인들이 다가오자, 시턴과 《뉴스위크》 기자는 캐틀리지의 삼촌이 소유한 철물점으로 숨어들었다. "솔직히 말하자면 말이오, 시턴"[106] 하고 삼촌이 말했다. "당신이 여기 보도에서 두들겨 맞는 흑인이라면 난 당신을 도울 수 있소. 하지만 당신은 여기와 아무 상관이 없소. 저 사람들이 당신을 여기서 끌고 나가더라도 난 손가락 하나 까딱하지 않을 거요." 두 기자가 차를 몰고 호텔로 갈 때, 승용차 한 대가 카운티 경계선까지 그들을 뒤쫓아 왔다.

이제 모두가 '길고 뜨거운 여름'이라고 일컫고 있는 계절의 다섯 번째 밤, 미시시피가 봉기했다. 이 도시 저 도시에서, 활동가들은 픽업에 추격당하고 폭언을 들었으며 날조된 혐의로 체포되었다. 맥주 캔이 날아왔고, 스니크의 자동차 타이어가 파손되었다. 해티스버그에서 백인들은 "조심하라, 선량한 흑인 시민이여. 우리가 선동가들을 상대하게 될 때는 물러나 있으라"[107]고 경고하는 전단지를 흑인 사회에 뿌렸다. 잭슨 부근에서는 누군가가 교회에 잠입해 바닥에 등유를 뿌리고 성냥을 그어 던졌다. 이 대혼란 속에서 가장 놀라운 소식이 델타에서 날아왔다. 목요일, 활동가 두 명이 납치되어 총구 앞에 세워졌다. "저쪽 필라델피아에서 사람들이 한 일을 너희에게도 해줄까?"[108] 그리고 주유소에서 그들을 북부로 보낼 버스를 기다렸다. 이는 COFO 업무 일지에서 길어지고 있는 사건 목록에 하나를 더 보탰을 뿐이었다. 하지만 이튿날 저녁에 FBI는 이타베나에서 백인 세 명을 체포했다. 스니크들은 이 소식을 믿기 힘들 지경이었다. 한 활동가는 집에 "이해하시겠어요? 백인 폭력배가 이 남부 감옥에 갇혔어요!"[109]라고 편지를 보냈다. 그 밤, 교회를 폭파시키겠다는 경고를 입수한 이타베나 경찰은 교회를 포위하고 어떤 백인도 접근하지 못하게 막았다.

그 주에 뉴스를 본 모든 미국인 가운데에서도 누구보다 큰 불안감을 갖고 지켜본 이들은 오하이오에서 곧 미시시피로 떠날 활동가들이었다. SNCC는 2기 교육을 1기 때와 거의 똑같이 진행했지만 활동가들의 캠퍼스 분위기는 "장례식장 같았다."[110] 네쇼바 카운티발 첫 번째 속보 때부터 겁에 질린 부모들이 전화를 걸어 오고 자녀를 돌려보내라고 간청했다. 그 주 내내 정신과 의사인 로버트 콜스가 걱정과 공포에 휩싸인 활동가들과 이야기를 나눴다. 콜스는 공황, "정신병에 근접"[111] 또는 "인격 장애"로 진단된 여덟 명의 학생을 집으로 보냈다. 그러나 나머지 활동가들한테서 그는 이상주의의 힘을 보았다. "갑자기 수백 명의 미국 청년들이 새로운 에너지와 결의로 충만해졌다"[112]고 콜스는 썼다. "갑자기 두려움이 강인함으로, 동요가 고요한 확신으로 바뀌는 걸 나는 보았다." 많은 활동가들이 예배당을 찾았다. 다른 학생들은 TV 앞에 둘러앉아 월터 크롱카이트의 보도를 보고, 늪에서 견인되어 나오는 자동차를 보았으며, ABC 특집 〈미시시피의 수색〉을 시청했다. 프로그램이 끝났을 때 활동가들은 손에 손을 잡고 노래를 불렀다. "우리 모두가 무슨 일을 하고 있는지 알겠죠."[113] 한 사람이 활동가들에게 말했다. "우리는 세상을 움직이고 있는 것입니다."

유권자 등록 교육을 받은 1기 활동가들은 청년 정치가의 자신감을 안고 도착했다. 그러나 이 2기 그룹은 자유학교 교사들로 구성되어 있었다. 아이들과 함께 일하는 데 적응해야 할 그들이 이제 폭행과 투옥, 더 나아가 살해 가능성에 직면한 것이었다. 그 주 내내 그들은 두려움에 떨고 있는 부모에게 자신이 왜 집으로 돌아가지 않을 것인지 애써 설명했다.

엄마 아빠께, 6월 27일

이 편지를 쓰기가 어려운 이유는, 내 감정을 정말 잘 전달하고 싶은데 그렇게 할 수 있을지 모르기 때문이에요. 부모님을 사랑한다면 이 일을 그만두어야 한다는 부모님의 요구에 대답하기가 무척 힘들어요. 모진 생각을 하기 때문에 힘들어요. 내가 두 분을 정말로 사랑하면서도 미시시피에 가고 싶다는 걸 엄마 아빠가 잘 이해해 주기만을 그저 바랄 뿐이에요……[114]

부모님께,

…… 올 여름 미시시피를 가는 것보다 하와이에 가는 게 훨씬 즐거울 거라는 건 부모님도 아실 거예요. 저 아래쪽 정세가 두렵고, 해변과 안전한 일상은 정말 유혹적이에요. 하지만 어쩌면 내가 더 두려워하는 건 내가 하와이에서 누리게 될 삶의 형태인지도 몰라요. 어쨌거나 나는 내 삶의 결정적인 순간에 와 있다는 걸 알겠고, 모든 게 안락하고 나를 위해 갖춰져 있는 집으로 돌아가는 건 죽음을 선택하는 것과 다를 바 없다고 느껴요. …… 삶으로 뛰어들어야 할, 그 삶 속에서 새로이 살아가야 할 절실한 필요를 느껴요……[115]


안전한 북부에서 보내는 마지막 밤, 활동가들은 다시 캠퍼스의 강당에 앉았다. 유령의 기시감이 강당에 드리웠다. 이전 금요일 밤, 실종된 세 남자는 바로 이 강당에 앉아서 바로 이 노래들을 부르고 바로 이 지도자들의 강연을 들었다. 이제 이 두 번째 그룹은 그들을 따라 내려갈 것이다. 하지만 먼저 그들은 마지막으로 한 번 더 밥 모지스의 이야기에 귀를 기울였다.

한숨을 쉬면서 말문을 연 모지스는 대학마다 유행처럼 읽히고 있는 톨킨의 《반지 원정대》를 읽어 본 사람이 있느냐고 물었다. "선과 악에 관해 이야기할 게 많은 책입니다" 하고 말했다. 그리고 잠깐 멈추었다가 안경 밑으로 눈을 비비고는 차분하게 말했다. "세 사람은 죽었습니다."[116] 자신의 말이 충분히 이해되도록 잠깐 뜸을 들였다. "처음에 소식을 들었을 때 곧 나는 그들이 죽었다는 걸 알았습니다. 그들이 체포되었다는 소식을 들었을 때 무고한 이들에게 죄를 뒤집어씌웠다는 걸 알았습니다. 일찍이 이런 말을 하지 않은 이유는 리타 때문이었습니다. 그녀는 정말로 실낱같은 희망이라도 잡으려 하고 있었으니까요. 살인 사건이 더 많이 일어날 수도 있습니다……." 강당 전체에서 일부는 고개를 숙이고 있었고, 나머지는 머뭇거리는 '민권운동의 예수'에게 여전히 시선을 고정하고 있었다. "내가 스스로를 정당화할 수 있는 건 내 자신이 위험을 감수하기 때문입니다." 모지스는 말을 이어갔다. "그리고 나는 내가 하고 싶지 않은 일을 남에게 부탁하지 않을 것입니다. 그리고 또 하나 사람들이, 미시시피의 흑인들이 이미 죽임을 당하고 있습니다. 그리고 나는 어쨌거나 그들의 죽음에 책임을 느낍니다. 허버트 리가 살해당했고, 루이스 앨런이 살해당했고 ……. 올해 다섯 사람이 살해되었습니다. 어떤 면에서 여러분은 그 문제와 직면하고, 그것이 무엇을 의미하는가를 알아야 합니다. 여러분이 그 문제에 관해 무언가를 하게 된다면 다른 사람들이 죽임을 당하게 된다는 걸요."

모지스는 여름 프로젝트가 "몇 사람이 죽임을 당하게 함으로써 연방정부가 미시시피에 개입하게 하려는 시도"라고 말하는 사람들이 있다는 걸 알고 있었다. 그러나 그는 더 크고 더 깊은 면을 들여다보았다. "우리나라에는 진정한 악이 있습니다. 그리고 그것을 뜯어고치기 위한 일에는 엄청난 노력이 들어가고 …… 따라서 어마어마한 위험을 감수해야 합니다. 어떤 이유로든 여러분이 곧 하게 될 일에 망설임이 생긴다면 떠나는 게 좋습니다. 이루어져야 할 일은 어떤 식으로든 이루어져야 할 일이고, 그렇지 않다면 이루어지지 않을 테니까요."[117] 활동가들은 가만히 앉아 있었다. 몇 사람의 뺨에는 눈물이 흘러내렸다. 나머지는 눈을 반짝이며 모지스를 바라보고 그의 말에 집중했다. 미국에 대한, 인류애에 관한 신념은 흔들림이 없었다.

"나는 어디라도 갔을 거예요"[118] 하고 한 여성은 회고했다. "나는 그가 권하는 일이라면 무엇이든 했을 거예요. 그만큼 모지스를 신뢰했습니다."

몇 마디 말을 더 하고서 모지스는 느릿느릿 퇴장했다. 입을 여는 사람은 아무도 없었고, 아무도 무대에 오르지 않았다. 활동가들은 침묵속에 앉아 있었다. 마침내 강당 뒤쪽에서 한 여성의 노랫소리가 울렸다.

사람들은 말하지
자유는 쉽 없는 투쟁이라고
사람들은 말하지
자유는 쉽 없는 투쟁이라고.

강당에 있는 사람 모두가 서로 팔을 걸고 손을 잡고 함께 노래를 불렀다.

많은 이들이 밤을 새웠다. 세탁실에서 진행된 토론은 새벽 4시까지 이어졌다. 그저 서성이는 이들도 있었다. 몇몇 활동가는 전화 부스에 서서 부모님하고 입씨름을 했다. "나치 독일에서도 누군가는 우리가 하려는 일을 했던 거잖아요"[119] 하고 한 여학생이 목소리를 높였다. "그리고 오빠는 여전히 살아 있을 거고요!" 롱아일랜드의 여학생은 아버지의 호통을 들었다. "너 때문에 네 엄마가 죽어 가고 있어! 자식을 낳아 기르는 게 어떤 건지 네가 알기나 해?"[120] 그러나 헤더 토비스가 할 수 있는 말은 "미시시피에서 자식을 낳아 기르는 게 어떤 건지 아빠는 아세요?"였다.

이튿날 저녁, 토비스는 두 대 가운데 버스 하나를 타고 남부로 향했다. 켄터키를 지나 테네시로 진입하는 먼 길 내내 다시 노래는 그침이 없었다. 버스가 멤피스에 도착한 건 일요일 새벽 5시였다. 클락스데일, 빅스버그, 룰빌 등지로 가는 그레이하운드로 학생들이 갈아타도록 밥 모지스가 안내했다.

뜨겁고 끈적끈적한 연무가 무릎 높이로 펼쳐진 목화의 바다 위에 드리워져 있던 오후 2시, 그레이하운드는 룰빌에 정차했다. 느릿느릿 지나간 그 일요일, 2천 명이 사는 도시 델타는 선잠을 자고 있었다. 하지만 활동가 스무 명이 짐과 상자, 침낭을 들고 내렸을 때, 룰빌은 개운치 않은 기분으로 잠에서 깼다. 버스 정류장 맞은편에 있던 건장한 백인 남성 몇 사람은 손에 맥주 캔을 든 채, 새로 나타난 이들을 빤히 쳐다보며 기를 죽였다. 곧이어 분홍색 컬 핀으로 머리카락을 만 채 운전하며 버스를 지나치던 한 여인은 가운뎃손가락을 세우고 흔들었다. 보안관의 픽업이 멈추자 짐칸에 있던 독일산 셰퍼드가 으르렁거리며 우리에서 뛰쳐나오려 했다. 그다음 시장이 나타났다. 키가 작고 턱살이 늘어진 시장이 승용차에서 내리며 밀짚모자를 썼다. 몇 흑인 식구들이 차를 몰고 도착하여 또 다른 서먹함이 감돌려 할 때 패니 루 헤이머가 성큼성큼 나타났다. 그 다부진 여성은 호스트 식구들에게 모든 활동가를 데리고 자신의 집으로 오라고 일렀다. 거기서 그들은 이전 일요일에 도착한 활동가들을 만났다. 모두가 성대한 점심을 맛있게 먹고, 집 앞의 커다란 피칸나무 아래서 더위를 식혔다. 헤이머의 앞뜰을 메우고 그늘에서 부채질하는 새로 온 활동가들은 유권자 등록이 진행되고 있다는 말을 들었다. 선거운동원들은 '험악한 도시' 드루에서 쫓겨났지만 일부 주민은 이미 인디어놀라의 법원에 다녀왔다고 한다. 아이들 50명은 자유 학교를 신청해 놓았다.

그날 저녁, 활동가들과 주민들은 헤이머의 집 가까이에 있는 윌리엄스 예배당에 모였다. 나흘 전 날아든 화염병으로 까맣게 탄 작은 교회였다. 하지만 불길은 주변에 놓여 있던 플라스틱 휘발유 통에 용케 닿지 않았다. 룰빌 소방서가 불을 껐고 까매진 콘크리트라도 남아서 신도들은 감사하게 여겼다. 일요일의 대중 집회가 시작되었고, 100명이 방 하나에 들어찼다. 갓도 없는 전구가 예수 사진과 "우리 승리하리라"라고 적힌 플래카드에 가느다란 그림자를 드리웠다.

"굳건해지고 충분히 용기를 지니십시오"[121] 하고 목사가 강조했다. "하느님은 때로 우리가 더 이상 나아갈 수 없다고 느끼는 걸 좋아하십니다……"

"맞습니다."

"우리 스스로 이룰 수 없는 불가능한 일들을 하느님만이 도와주실 수 있기 때문입니다……"

"맞습니다."

목사가 설교를 끝냈을 때 일리노이 출신의 활동가가 FBI가 이타베나에서 범인을 체포한 사례를 발표했다. FBI가 그렇게 한 건 "그러고 싶어서" 그런 게 아니었다고 그는 말했다. "그들이 범인을 체포한 건 그래야 했기 때문입니다. …… 나라 전체가 여러분을 지켜보고 있고 여러분을 칭찬하고 있습니다. 그러니 힘을 내서 일어서야 합니다." 그리고 노래 부르기로 이어졌다. 노랫소리는 점점 커지고 격정이 더해졌다. 노래를 부르는 흑인과 백인의 고양된 표정이 빛났다.

이제 미시시피에는 거의 500명의 활동가가 와 있었다. 몇 명은 공포와 절망 속에 한 주 안에 떠났다. 나머지는 '돌파'의 여름이거나 그것이 아니면 《뉴욕 타임스》가 우려하는 대로 '인종 문제의 홀로코스트'[122]일

날들을 위해 남아 있었다. 그 일요일 아침 네쇼바 카운티에서 흑인 교구민들은 시온 산 교회의 잔해 옆에 임시 의자를 놓고 예배를 드렸다. FBI 요원들은 다시 소형 보트에 올라타서 펄 강바닥을 긁으며 다녔다. 필라델피아에서, 수사관들은 레이니 보안관을 심문할 준비를 하고 있었다. 굿먼, 슈워너, 체이니의 얼굴 사진 위에 "실종자—FBI로 신고 요망"이라는 글귀가 적힌 포스터가 남부 전역에 붙었다. 리타 슈워너가 존슨 대통령을 만나러 가는 동안, 미시시피 주 전역의 시장들은 '침략'에 항의하기 위해 워싱턴 DC로 가는 문제를 논의하고 있었다. 땅거미가 내릴 무렵, 실종자들을 위한 철야 촛불시위가 열려 백악관 밖에서 침묵 행진을 했다.

미시시피에서는 오하이오에서 직접 승용차를 몰고 온 활동가 몇 명이 자신들이 활동할 도시에 도착했다. 내려오는 내내 한 활동가는 "왜 이렇게 야단법석인지 모르겠어. 여전히 미합중국 맞는데 말이야"[123]라는 말을 되풀이했다.

# 6
## 뭔가 변하고 있는 거야

인종 통합은 소멸될 수도, 감춰질 수도, 위조될 수도,
억제될 수도, 인위적으로 얻어질 수도, 수명을 다할 수도 없다.
결국에는 거부할 수 없는 것이라고 나는 믿는다.
- 유도라 웰티

미시시피에서 온전히 하루를 다 보낸 첫날, 프레드 윈은 옥외변소를
무너뜨리고 그것을 책장으로 탈바꿈시켰다.

옥외변소는 방 두 칸짜리 판잣집 뒤편 흙길에 서 있었고, 흙길 옆은
룰빌의 목화밭이었다. 흙길은 그 도시의 두 흑인 구역을 가르고 있었다.
구역 이름은 저루설럼(Jerusalem)과 생터파이드(Sanctified)였는데, 풍
경보다는 영혼이 그렇다는 뜻이리라. 델타는 평탄한 곳이어서 판잣집
과 흑인 구역, 근처에 있는 철도 선로는 탁상용 모형 기차 세트처럼 보
인다. 미시시피의 판잣집들이 흔히 그렇듯이, 이 집도 블루스가 생겨난
뒤로 아무도 살지 않은 것처럼 보였다. 기우뚱한 포치를 따라서 해바라
기 네 그루도 비스듬히 서 있었다. 앞문이 삐걱 소리를 내며 열리면, 피
칸보다 큰 바퀴벌레들이 숨을 곳을 찾아 흩어진다. 집 안의 곰팡내 나

는 방마다 깨진 병과 부서진 가구, 녹슨 침대 스프링이 흩어져 있었다. 거미줄은 구석마다 늘어졌다. 벽은 축축하고 곰팡이가 피었다. 그리고 뒤쪽 바깥에는 아침 햇살에 반짝이는 고대 해시계 같은 각도로 지붕이 비스듬한 옥외변소가 서 있었다.

그 월요일 아침 스무 명의 활동가는 충격을 받기도 하고 당황하기도 하면서 그 집을 들락거렸다. "여기가 룰빌의 자유학교라고, 여기가?" 하지만 미시시피 전역에 걸쳐 비슷하게 펼쳐진 장면 속에서, 한 주도 지나지 않아 여성 활동가들은 머리를 뒤로 묶고 남성 활동가들은 셔츠를 벗었다. 그리고 모두가 집 안팎을 줄지어 드나들기 시작했고, 활동가들 둘레에서 곤충들도 떼 지어 오갔다. 빗자루와 양동이, 소독약 병을 나르면서 그들은 무너져 가던 판잣집을 다시 살려냈다. 여자들은 흰 넝마를 갖고 들어갔지만, 나올 때는 델타의 겉흙처럼 까맣고 너덜너덜한 누더기를 쥐고 있었다. 땀으로 번들거리는 남자들은 폐물을 한 아름 안고 나왔다. 곧이어 화사한 스카프로 머리를 싸맨 흑인 여성 몇이 집에 있던 세제 용액을 갖고 왔다. 그 아침 어느 때인가 누군가가 책 상자를 배달했다. 활동가들이 상자를 열어 보니, 어린 시절에 재미나게 읽었던 책들과, 당황스럽게도 대학 교재가 들어 있었다. '역사,' '참고서,' '어학,' '잡서'[1] 별로 책을 무더기로 쌓아 놓았다. 책이 아직 많이 쌓이지 않았을 때 프레드 원은 책장 얘기를 꺼냈다. 지역 아이들이 동네를 돌아다니며 두께 5센티미터, 너비 10센티미터의 목재를 가져왔지만 널빤지는 없었다. 콧수염을 기르고 뿔테 안경을 낀, 키가 작고 건장한 원은 결국 옥외변소에 눈을 돌렸다. 깔깔대는 몇 아이들과 함께 흔들고 흔든 끝에 옥외변소가 와르르 쓰러졌다. 넋이 나갈 만큼 악취가 풍겼지만, 판자는 겉보기만큼 낡지 않았기에 연장통에서 대패를 꺼내 깨끗하게 대패질할 필요가 전혀 없었다.

늦은 오후, 벼락을 동반한 폭우가 델타 전역에 내릴 즈음, 룰빌 자유학교는 수업 준비를 마쳤다.[2] 교실은 여전히 곰팡내가 났고 마룻바닥은 여전히 삐걱댔지만 벽에는 새로 바른 페인트가 끈적거렸다. 다락에서 유아용 침대 머리 판을 찾아내 초록색 스프레이 페인트로 칠하니 칠판이 되었고, 책이 빽빽이 꽂힌 책장이 두 교실을 채웠다. 새 학교를 거닐어 보며, 활동가들은 자신이 이런 일을 해냈다는 걸 거의 믿기 힘들어했다. 하지만 비슷한 기적은 빅스버그나 클락스데일, 해티스버그 같은 곳에서도 일어나고 있었다. 룰빌의 자유학교는 그 주 금요일에 개학할 예정이었다. 그동안 활동가들은 한 세기를 묵은 절망을 자신이 다른 어디에 가서 무너뜨릴 수 있을지 생각하며 감탄했다.

7월 첫 주 내내, 굿먼, 슈워너, 체이니에 대한 수색 과정은 미시시피발 뉴스의 모든 것이었다. 더 많은 수색대, 더 많은 헬리콥터가 투입되고, 더 많은 소문이 돌았다. 화요일, 네쇼바 카운티에서 북쪽으로 160킬로미터 떨어진 길가에서 토막 난 시신이 발견되었다. 미키 슈워너와 비슷한 나이에 청바지와 운동화 차림이었던 남자 시신은 지문 감식 결과로 모든 추측을 잠재웠다. 하루 뒤, 어떤 경관이 테네시 주 경계선 근처의 카페에서 염소수염의 남자를 보았다. 미시시피 신문들은 1면을 온통 그 기사로 채웠다. 그 남자는 슈워너와 '판박이'[3]였고 경관에게 '불쾌한 표정'[4]을 지었다고 보도했다. 그리고 COFO 본부는 세 활동가의 시신이 서로 사슬에 묶인 채 나체스 트레이스 고속도로 부근의 로스 바넷 저수지에 던져졌다는 말을 들었다. 후버는 FBI가 모든 소문을 추적하여 "괴소문들에 대한 모든 실마리를 찾고 있다"[5]고 LBJ에게 말했다. 그리고 주민들을 대상으로 탐문을 이어 가면서 수사관들은 6월 21일 사건의 조각들을 조금씩 맞춰 나갔다.

한 여인은 그 일요일 오후에 자신이 목격한 이야기를 들려주었다. 파란 스테이션왜건이 댈러스 정비소 맞은편, 필라델피아 동쪽 16번 도로에서 멈추었다. 백인 두 명과 흑인 한 명이 펑크 난 타이어를 수리했다. 경관 한 명과 고속도로 순찰대 두 명이 지켜보았다. 순찰대원 얼 포의 말도 일치했다. 동료와 함께 16번 도로 가에 있는 그늘에서 땀을 식히고 있을 때 파란색 왜건이 오르막길 정상에 나타나더니 "내려왔다."[6] 몇 초 뒤, 흑백 두 가지 색으로 도장된 56년형 쉐비를 탄 세실 프라이스 보안관 대리가 경광등을 빛내며 빠른 속도로 지나갔다. 치익 치익 무전기에서 소리가 들려왔다. 프라이스가 지원을 요청하고 있었다. 순찰대가 뒤따라가니 스테이션왜건이 차를 세워놓고 있었다. 땅딸막한 보안관 대리는 흑인이 타이어를 갈아 끼우는 걸 지켜보았다. 그리고 두 '백인 청년'은 포의 순찰차에 탔는데, 염소수염을 기른 사람이 뒷좌석에 두었던 총을 경관에게 넘겨주었다. 다른 순찰대원은 '흑인 청년'[7]과 함께 스테이션왜건에 탔고, 프라이스 보안관 대리가 두 차를 앞세우고 교도소로 향했다.

교도소에서 있었던 일을 알려준 건 가까운 방에 구금되었던 사람이었다. 그는 굿먼, 슈워너, 체이니가 인종분리 감방에 구금되었다고 말했다. 슈워너는 아내에게 전화하게 해달라고 부탁했다. 여자 교도관은 자신이 전화를 걸어 주겠다고 했지만 슈워너는 정중하게 거절했다. 그 사람은 슈워너와 굿먼이 차분했으며, 며칠 구금될 것 같다고 자신에게 말했다고도 했다. 이 구체적인 사실을 갖고 FBI는 본격적인 수사를 시작했지만, 일요일 밤부터 까맣게 타 버린 스테이션왜건이 발견된 화요일까지 40시간은 여전히 공백 상태였다. 그리고 지역 주민 몇 명이 목격담을 이야기하는 동안에도 대부분은 여전히 FBI의 침략에 격분했다. 아무것도 모르오. 아무것도 보지 못했소. 세 사람이 죽었다면, 그들은 "인과응보를 치른"[8] 것이라고 몇 사람은 덧붙였다. 그 주, 과속으로 제임스 체이니를 체포한 사실에 대해 청문회가 네쇼바 카운티 법원에서 열릴 예정이었다. 체이니는 출석하지 않았다.

백인들이 증언하거나 증언을 거부하는 동안, 필라델피아의 흑인들이 언론 앞에 나섰다. 주니어 콜 부인은 백인 폭도가 저녁에 시온 산 교회 바깥에 집결하고 난 뒤 교회가 불탔다고 《뉴욕 타임스》에 밝혔다. 나이 지긋한 노인은 덜덜 떨며 밝히고는 남편과 함께 교회를 나섰다. 갑자기 총을 든 남자가 부부의 승용차 앞을 가로막았다. 곧이어 상체에 사선으로 소총을 둘러맨 백인들이 도로에 몰려들었다. 한 사람은 주니어 콜의 얼굴에 손전등을 비추며 교회 회합에 관해 물었다. 여느 때와 다름없는 모임이었다고 콜이 대답하자, 그 백인이 "이 거짓말쟁이! 당신은 여기서 N, 그 A 두 개 들어가는 CP 모임을 하고 있었잖아?"[9] 하고 윽박질렀다. 노인을 승용차 밖으로 끌어낸 폭력배는 무자비하게 폭행하여 쓰러뜨렸고, 콜 부인을 걷어차서 자갈길에 내동댕이쳤다.

"주님, 저들이 남편을 죽이지 못하게 해 주세요."

"기도가 소용이 있을 것 같으면 기도나 해!"

어둠 속에서 주먹질과 권총 손잡이로 가격이 이어질 때, 콜 부인은 두 팔을 하늘로 쳐들었다. "천부여, 두 팔 벌려 비오니" 하고 그녀가 외쳤다. "도와주소서!" 이 영가 구절이 폭력배를 진정시킨 것 같았다. 땅에 쓰러진 주니어 콜을 내버려 둔 채, 그들은 저마다 승용차와 픽업을 타고 떠났다. 몇 시간 뒤, 교회 부근에서부터 주황색 불길이 밤하늘을 밝혔다.

FBI가 수사를 진행하고 사람들 사이에 온갖 소문이 무성해지는 동
안, 활동가 450명은 두려움을 억누른 채 미시시피에 적응해 갔다. 밥
모지스는 'SNCC의 친구들' 지부에 어떻게 할 것인지 설명하는 글을
써서 보냈다.

심리적 전쟁을 치르기 위해서는 여러분 자신과 지역사회를 철저히 파
악해야 합니다. 폭행과 피격, 그리고 일어날 수 있는 폭력에서 비롯되는
두려움과 싸워야 합니다. 여러분이 거기 있다는 사실만으로도 흑인 사
회의 근심 섞인 공포는 억제됩니다. …… 조금씩 조금씩, 소규모로 사람
들을 조직하십시오. …… 때가 되면 나설 수 있는 소규모 타격 부대를
조직하십시오. 우리가 피하든 피하지 않든 때는 반드시 옵니다.[10]

때가 왔다. 1964년 7월 첫 주는 미국의 루비콘 강이었다. 7월 2일,
존슨 대통령은 민권법에 서명함으로써 모든 공공시설의 인종분리를 금
지했다. 그리고 그 연휴의 주말에 흑인들은 강물에 살짝살짝 발을 담
가 보았다. 백인 여종업원에게 아침 식사를 주문하고 백인 이발사에게
머리를 잘랐으며, 불과 한 주 전만 해도 여급이나 주방 보조로나 들어
갈 수 있었던 호텔에 투숙했다. 그러나 이 혁명의 무대 바깥에서, 미시
시피 곳곳에 흩어져 있는 흑인과 백인은 더 작은 승리를 쟁취했다. 그
들은 포치에서 서류에 서명했고 자유학교에서 함께 배웠으며 함께 소
풍 가서 놀고, 미국 역사에서 가장 인종 통합적이었던 독립기념일을 함
께 보냈다.

거부감이 커져만 가는 하얀 미시시피는 여전히 침략자들에게 냉소

를 보냈다. 《잭슨 클래리언-레저》의 칼럼니스트는 "'평등'을 신봉한다고 공언하면서, 이 개혁자로 자임하는 자들은 스스로를 정신적으로나 도덕적으로 미시시피 사람들보다 우월하다고 생각하는 게 분명하다. 학생들이 우리를 어떻게 생각하느냐는 그다지 중요하지 않다. …… 아마도 침략자들이 우리를 하찮게 여기는 것보다는 이곳의 다수가 학생과 그 배후 세력을 훨씬 더 하찮게 여길 것이기 때문이다"[11]라고 썼다. 목화밭을 굽어볼 수 있는 자기 집에서, 상원의원 제임스 이스틀런드는 미시시피 백인 사이에서 상식적인 것이 되어가고 있는 거부감을 다시금 표명했다. 머리가 벗겨지고 안경을 쓴 상원의원이 기자들에게 말했다. "나는 우리 주에서 벌어지고 있는 이 일에 대해서 백인보다 흑인 쪽에서 훨씬 더 적의를 보이는 걸로 알고 있습니다."[12] 그러나 그는 한 번도 투표가 허용된 적이 없었던, 자기 지역 선거구민의 40퍼센트를 모르는 사람이었다. "미시시피가 생겨난 뒤로 있었던 일 중에 가장 좋은 일이죠"[13] 하고 어떤 흑인은 말했다. "학생들이 더 많이 내려오면 침대를 내주고 나는 도구 창고 팔레트에서 잘 거예요. 그들은 우리가 오랜 세월 동안 우리 스스로 못했던 일을 하고 있어요. …… 엄청난 악취가 바깥 세상으로 퍼지고 있어요. 여태까지 한 번도 없었던 일이죠. 그리고 다른 주의 FBI가 여기 와 있고 연방에서 소송도 걸려 있어요. 변하고 있는 거죠. 바로 이번 여름에, 분명 변하고 있는 거예요."

여름의 첫날부터 미시시피에 와 있었던 활동가들은 이곳에 익숙해지고 있었다. 한 여성 활동가는 어디에나 떼 지어 있고 치마 속까지 들어오는 각다귀를 지긋지긋하게 여겼다. 또 다른 남성 활동가는 샤워를 하고 몸을 닦은 뒤 몇 분 만에 겨드랑이가 축축해지고 셔츠가 끈끈하게 달라붙고 운동용 헤어밴드가 땀범벅이 되는 걸 믿기 힘들어했다. 세 번째 활동가는 호스트 식구들이 자신을 "어떤 모르는 신처럼 다룰 때, 그러니까 좋은 신일 수도 있지만 위험을 불러오는 신인 것처럼 나를 대할 때"[14] 화를 냈다.

목수 프레드 원에게, 가장 익숙해지기 힘든 건 밤중이었다. 낮에는 바쁘게 책장을 만들고 썩어 가는 판잣집을 되살렸지만, 한밤중에는 잠을 못 이룬 채 새 집인 룰빌 자유학교의 마룻바닥에 누워 있었다. 두 주 전에는 고향 샌프란시스코에 있었다. 그곳의 밤은 상쾌하고 시원했다. 이제 그는 후덥지근한 밤에 자리에 누워, 어떤 과정을 거쳐서 결국 미시시피까지 오게 되었는지 곰곰이 돌이켜 보았다.

프레드가 여름 프로젝트를 알게 된 건 SNCC의 봄 순회강연이 머린 카운티에 있는 그의 대학을 찾아왔을 때였다. 많은 학생이 SNCC에 성금을 냈다. 하지만 프레드 원이 여름 활동에 지원하겠다고 하자 친구들은 말을 못 할 만큼 깜짝 놀랐다. 어울려 놀기 좋아하는 스무 살 남학생, 살고 있던 소살리토 아파트가 '파티 소굴'로 악명이 자자한 남학생은 민권 활동가로 적당해 보이지 않았기 때문이다. 프레드의 확고한 악수와 재치 있는 인사말 뒤에 가족사가 담겨 있음을 아는 친구는 몇 되지 않았다. 한 해 전, 존경받는 샌프란시스코 변호사인 프레드의 아버지는 자식이 하나 더 있다고, 흑인 아이라고 식구들에게 털어놓았다. 프레드의 어머니는 남편을 쫓아냈다. 다른 형제들은 아무 관심도 쏟지 않으려 했지만 프레드는 네 살짜리 여자아이를 만났고 아이가 귀여워졌다. 원 집안과 흑인 가정부 사이에 놓여 있던 피부색의 경계선이 갑자기 흐릿해진 것이다. 흑인을 지칭하는 '그 낱말'을 절대로 쓰지 말라던 아버지의 일장 훈시가 한순간에 이해되었다. "이제 그들은 '흑인'이거나 '유색인'이거나 모두가 일컫는 어떤 표현에 그치지 않고, 나와 관계 있는 사람이 되었습니다"**15**라고 프레드는 회고했다. "그건 의식이 변화하는 일이었습니다."

프레드의 아버지는 자신과 파티를 좋아하는 아들 사이에 공통점이 없어 걱정스러웠던 차에, 미시시피에 가겠다는 '프레디의' 결정이 반가웠다. 프레드의 어머니는 대학 총장에게 전화를 걸어, 아들에게 무슨 일이라도 생기면 SNCC의 학내 강연을 허락한 일에 대해 고소하겠다고 으름장을 놓았다. 총장은 프레드를 총장실로 불렀지만, 교직원이나 어머니가 할 수 있는 일이라고는 아무것도 없었다. 프레드의 아버지가 이미 SNCC 허가서에 서명했기 때문이었다. 그 뒤로 두 달 동안 대학의 '궁중 광대'는 견디기 힘든 시간을 보냈다. 민권에 대해 캠퍼스에서 논쟁을 벌였고, 편지 마지막에는 "우리 승리하리라"**16**라는 글귀를 꼭 썼다. 몇몇 친구는 프레드가 미쳤구나 했고, 어떤 친구들은 프레드를 대담한 친구라고 일컬었다. 하지만 그는 마땅한 분노를 느꼈을 뿐이고, 이 분노가 조금 누그러진 건 처음으로 오싹한 공포를 느꼈을 때였다. SNCC 이야기를 들으면서 그는 미시시피에서 자신에게 무슨 일이 생길 수 있는지 알았다. 반격하지 않고 폭행을 견딜 수 있을지도 확신할 수 없었다. 몸을 둥글게 만 채 속수무책으로 발길질을 당하고 두들겨 맞는다는 건 그의 본능과 어긋났다. 그리고 미시시피가 전혀 생각지 못한 방식으로 나올지 누가 안단 말인가? 오하이오로 가기 직전 프레드는 차분히 앉아 유언장을 썼다. 자신의 자동차와 책, 갖가지 소지품을 누구에게 줄지 밝히고, "내 영혼은 언제나 살아 있다. 어디든 평등을 위한 싸움이 벌어지는 곳이라면, 어느 때든 자신의 것을 빼앗긴 사람이 있다면 나는 거기에 있을 것이다. 나는 가도 진리는 남는다. —우리 승리하리라"**17**라고 썼다.

다른 활동가들은 미시시피에 전문적인 지식을 갖고 왔지만 프레드 윈은 연장을 갖고 왔다. SNCC는 그에게 잡역부 노릇을 부탁했다. 프레드는 변호사의 아들이었지만 건축일이 잘 맞다고 늘 생각했다. 그래서 유언장을 쓰고 며칠 뒤 연장 가방을 챙기고 자유학교에서 쓸 종이와 크레용, 아버지의 성경책과 구급함을 챙겼다. 그레이하운드에 탑승해서 시에라산맥을 넘어 오하이오로 향했다. SNCC가 활동가들에게 추천했던 책《블랙 라이크 미》,《남부의 정신》,《흑인의 영혼》(The Souls of Black Folk)을 도중에 펼쳐보았다. 그러나 책 세 권으로는 앞으로 닥칠 문화적 충돌에 거의 대비할 수 없었다. 순진하고 고생을 겪은 적 없는 '스무 살의 청년'[18] 프레드는 최남단 동쪽에 가본 적이 없었고, 여자와 자본 적도 없으며 미국의 흑백 문제에 관해 많이 고민한 적도 없었다. 그는 바위를 미는 소년처럼 힘들게 여름을 보내고 결국 바위 밑에 있던 소중한 것을 발견하게 된다. 수련회 첫날밤 춤추는 시간에 흑인 남자가 백인 여자에게 다가가는 모습을 그는 분노 속에 지켜보았다. 남자가 계속 밀착하자 여자가 결국 밀쳐냈다. 샌프란시스코에서 남자는 그런 식으로 여자에게 다가가지 않았다. 그러나 그 주 동안 프레드는 스니크와 여러 활동가들을 만났고, "서먹서먹함이 사라지고 분위기가 좋아졌다."[19]

워크숍에서 활동에 참가하는 이유를 물었을 때, 프레드는 흑인 여성과 외도한 아버지 이야기를 솔직하게 털어놓았다. 그리고 그 월요일 아침, 리타 슈워너가 연방의회 의원에게 편지를 보내라고 활동가들에게 말했을 때, 프레드는 지역 의원에게 편지를 쓴 뒤《샌프란시스코크로니클》과 어머니에게도 편지를 보냈다. 어머니한테는 인종차별주의자라 비난했다. 그러나 캠퍼스 분위기가 장례식장처럼 바뀌었을 때, 그의 정의

감은 시험에 들었다. 실종 사건은 "나를 '살해'할 수도 있는 사람들이 미시시피에 있다"[20]는 걸 명백하게 입증했다. 같은 방을 썼던 중서부 출신의 미식축구 선수는 집으로 돌아갔지만 프레드는 미시시피로 가겠다고 결심했다. 그는 기분 전환을 위해, 떠나올 때 아버지가 했던 충고를 떠올렸다. "KKK한테 잡히면 '우리 아버지가 프리메이슨이야!' 하고 소리쳐라."[21] 메이슨의 신호법은 메이슨끼리 서로의 가족을 해치지 않도록 막기 위한 것이라고 했다. 그 말을 떠올리고 연장 가방을 챙겨 프레드 윈은 미시시피로 왔고, 미시시피의 한밤중에 그는 여전히 잠들지 못했다.

프레드는 미시시피의 밤이 "끔찍하게 무서웠다."[22] 그는 이미 음식을 극복했다. 돼지 족발을 한 입 먹고 돼지 귀도 한 입 먹었지만, 더는 먹을 수 없었다. 오크라가 "사포를 먹는 민달팽이 같다"[23]고 놀려댔지만 차차 좋아하게 될 터였다. 하지만 위험에는 익숙해질 수 없었다. 룰빌에서 보내는 첫 편지에 그는 실종 소식을 전했다. "아빠, 내가 며칠 뒤에 똑같은 처지가 될 수 있다는 걸 아셨으면 좋겠어요. 걱정하지 말고 제발 여기로 달려 내려오지는 마시고요. 우리에겐 우리 나름대로 무척 훌륭한 수사국이 있어요."[24] 아버지는 글자 하나하나를 읽고 또 읽었다. 육군 지원병으로 이제2차 세계대전에 참전하여 대위 계급까지 올랐던 자신의 경험을 떠올리며 아버지 윈은 '프레디'에게 돈을 보내고 LBJ에게 쓴 편지에 서명하고 걱정에 빠졌다. 먼 곳의 아들은 발을 치고, 변기를 고치고, 대중 집회에서 노래를 부르며 하루를 보낸 뒤, 매일 밤 자유학교 마루에 팔레트를 놓고 안경을 벗어 그 옆에 둔 뒤 잠을 자려고 애썼다. 프레드는 방어하기 위해 학교 창문을 골함석으로 덮었다. 그래서 바람 한 점 들지 않는 그의 '침실'은 한증막으로 변했다. 뉴저지에서 온 활동가는 옆에서 네 활개를 벌리고 깊이 숨 쉬며 골아 떨어졌는데, 프레드는 홀로 앉아 저 멀리 고향의 흩어진 가족을 생각하고, 이튿날 해야 할 일을 떠올리고, 자신이 어떤 상태에 놓인 것일까 궁금해 했다. 실내는 칠흑같이 어둡고, 그는 지나가는 모든 차 소리를 유심히 들었다.

6월 29일 월요일 아침, 리타 슈워너와 밥 젤너는 백악관 대통령 집무실로 안내받아 들어갔다. 대통령 앞에 선 리타는 어린아이처럼 보였을 것이다. 대통령은 리타보다 키가 30센티미터가 크고 몸무게는 곱절이 넘었다. LBJ는 상체를 굽히고 악수를 나누며 만나서 기쁘다고 인사했다. 하지만 이제 스물두 살의 미망인이 되었다고 확신하는 리타는 퉁명스러웠다. "유감입니다만, 대통령 님. 우리는 그저 인사나 드리려고 온 게 아닙니다"[25] 하고 리타가 말했다. "우리는 미시시피에서 실종된 세 사람에 관해 얘기하러 왔습니다. 우리는 수색이 진지하게 이루어지고 있다고 생각하지 않아요. 그 문제에 관해 얘기하러 왔습니다."

"그렇게 느낀다니 유감스럽소, 아가씨" 하고 대통령이 대답했다.

대화는 짧았다. 리타는 연방 보안관 5천 명을 미시시피에 보내 달라고 요구했다. 대통령은 할 수 있는 모든 걸 하고 있다고 말했다. LBJ가 불쑥 몸을 돌려 떠나자, 피어 샐린저 공보관이 리타에게 호통을 쳤다. 미국 대통령에게 그런 식으로 얘기하는 사람은 없다는 말이었다.

"우리는 그렇게 얘기해요" 하고 리타가 대꾸하고 곧바로 기자회견을 하러 갔다.

그 두 번째 주 내내, 활동가들은 검은 미시시피에서 자신이 할 일을 했다. 자유학교의 채비를 갖추고 커뮤니티센터를 열었으며 흔들거리는 포치에 앉아 콩 꼬투리를 까며 호스트 식구들과 친해졌다. 그리고 하얀 미시시피는 자신들이 할 일, 바로 침략을 물리치는 일에 열심이었다. 어쩌면 FBI가 이타베나에서 범인을 체포했기 때문에, 또 어쩌면 미국 전체가 지켜보고 있기 때문에, 그 주에 폭력은 간조기를 맞았다. 그러나 그 '고요함'은 누구도 차분하게 하지 못했다. 세 사람의 실종은 미시시피에 불길한 징조를 퍼뜨렸다. 지나가는 모든 픽업, 증오에 찬 모든 시선, 한밤중의 느닷없는 모든 소음은 유효 공격 범위 안에 숨어 있는 날것 그대로의 증오를 의미했다. 도착 예정 시간보다 늦는 활동가들의 모든 차량은 또 다른 실종이 단지 시간문제일 뿐이라 말하는 듯했다.

공포스런 상황을 제대로 파악하기 위하여 스니크들은 겉으로 위험이 없어 보이는 인근의 '살벌한 도시들' 이야기를 공유했다. 델타의 험악한 도시 드루에서, 처음 활동에 나선 선거운동원들이 폭력배에게 쫓겨났다. 베이츠빌 활동가들은 탤러해치 카운티에는 '절대' 들어가지 말라는 말을 들었다. 에밋 틸의 참혹한 시신이 흙투성이 강물에 던져진 곳이었기 때문이다. 더 남쪽으로 가면, 에이밋 카운티의 찌는 듯한 농장에 원초적인 야만성이 숨어 있다고 했다. 에이밋 카운티는 허버트 리가 총에 맞아 쓰러진 곳이다. 시청 밖에서 폭도가 스니크들을 폭행한 파이크 카운티도 마찬가지였다. 그러나 '살벌한 도시들'을 여전히 출입 제한 구역으로 두어도, 위협과 괴롭힘, 공격은 점점 다가오고 있었다. 잭슨의 광역전화 서비스로 들어오는 확인 전화는 담당 활동가가 의무적으로 타이핑을 하게 되어 있었는데, 그 내용을 보면 하얀 미시시피는 마치 공격 태세를 갖춘 뱀 같았다.

6월 30일 - 7쪽

홀리스프링스: ……오늘밤 자유의 집에 다이너마이트 폭파 협박 여러

건. 총을 든 사람들이 차를 타고 주변을 배회……

룰빌: 번호판 없는 트럭에 관한 보고 두 건. 한 건은 오늘 오후. 룰빌과 클리블랜드 사이 시 쓰레기 처리장 부근, 8번 고속도로에 집결……

잭슨, 10:45: 총을 소지한 두 남자가 64년형 검은색 템페스트를 타고 지나감.

홀리스프링스: 래리, 웨인 앤시, 피터 커밍스, 해리엇 펜먼 등 몇 명이 레스토랑에서 나옴. 그들은 주유소를 지나가고 있었다. 빈 콜라병을 들고 주유소에 있던 한 사내가 …… 래리에게 욕을 퍼붓고 밀치고 멱살을 잡았다. 피터 커밍스가 되돌아갔다. 사내가 두 사람에게 고함을 질렀다. 그를 피해 왔다. "12구경 엽총을 꺼내 그 자식 엉덩이에 쑤셔 넣겠어. 너희 사무실을 쑥대밭으로 만들어 주마."[26]

그린우드에서는 백인 여성과 흑인 여성이 함께 걸어갈 때 자동차가 방향을 틀어 정면으로 돌진했다. 둘은 후다닥 옆으로 피했다. 자동차가 지나갈 때 두 사람은 뒷 유리에 붙은 글귀를 보았다. "너희는 점령당한 미시시피에 와 있다. 조심해서 다녀라."[27] 이런 얘기를 들으며 많은 활동가들이 가시지 않는 공포 속에 지냈다. "폭력은 고여 있는 공기처럼 머리 위에 걸려 있다……"[28]고 룰빌의 활동가는 썼다. "무언가가 공기 중에 감돌고 있고, 무슨 일이 생길 것이다. 언젠가, 어디에선가, 누구에겐가." 공포에 더 보태진 것은 하얀 미시시피가 드러낸 추악한 맨얼굴이었다. 한 활동가는 "길을 가는데 어느 모로 보나 평범한 어머니 같은 작은 할머니가 가운뎃손가락을 치켜들어 보인 일을"[29] 결코 잊지 못한다. 클락스데일의 활동가들은 보안관이 법정에 들어와서는 자신들 주변에 탈취제를 뿌리는 걸 경악하며 지켜보았다. 여성들은 때로 사탕발림 속에 숨은 적대감을 느꼈다.

"둘 다 이뿐 아가씨네"[30] 하고 캔턴에서 무표정한 남자가 두 여성에게 말했다. "내가 본 중 가장 이뿐 편이야. 그런데 요전 날 그 검둥이 가게에서 둘이 노닥거리고 있던걸, 카운티에서 가장 너저분한 검둥이 녀석들한테. 말이지, 그 검둥이들은 열까지 세지도 못해."

"맞아요. 가게에서 흑인들과 얘기했어요" 하고 한 여성이 미소를 지으며 대답했다. 다른 한 명이 "그리고 우리는 아저씨 집에 가서 부인과 아저씨하고도 대화를 하고 싶어요" 하고 덧붙였다.

"내 집에 너희 같은 사람들은 들이지 않아" 하고 남자가 말했다. "너희가 지내는 집으로 돌아가지 그래?"

그러나 사탕발림조차 없는 경우가 훨씬 많았다. 흑인과 백인이 함께 타고 가던 SNCC 자동차를 세운 경관은 한 명뿐인 백인 여성을 보고 "저 검둥이들 가운데 어떤 녀석하고 자냐?"[31]라고 비아냥댔다.

린든 존슨은 '내 국민에게' 군대를 보내지 않겠다고 선언한 터였다. 물론 그들이 협조하는 경우를 말한다. 하지만 미시시피의 누가 협조하겠는가? 폭력 사태가 벌어지는 동안 대부분의 백인은 침략을 무시하려 애썼지만, 환대의 달 6월이 다 지나고 7월로 접어들 때까지 남부의 환대를 보여 준 이는 딱 두 명뿐이었다.

그린빌에서, 《델타 데모크랫-타임스》 편집주간인 허딩 카터 3세는 "열 명 남짓한 활동가들과 함께 식사를 하고 위스키를 마시며 토론했다."[32] 프리덤 서머가 시작되기 훨씬 전에, 카터 일가의 《데모크랫-타임스》는 KKK와 백인평의회를 비난했고, 협박과 불매운동, 꾸준한 괴롭힘에 시달렸다. 해병대 전역자로서 나중에 지미 카터 대통령의 국무부에서 일하게 되는 카터는 1964년에 승용차와 책상 서랍, 호주머니, 식탁

옆에도 총을 두고 있었다. 하지만 그 공포조차 그가 여름 활동가들을 만나 정치 토론을 하는 걸 막지 못했다. "나는 민주사회학생연합과 비슷한 웅변술이나 일부 전술적 접근 방식에 단호히 반대했습니다. 그런 것들은 고의적으로 폭력을 점화시키는 것이라고 생각했기 때문입니다"[33] 하고 그는 회상했다. "활동가들은 나를 젊은 구식 고집쟁이로 여겼습니다. 반사적인 반공주의라는 구름에 이성이 가려져 있는 상황이지만, 변화의 바람이 불어오면 그 구름이 걷힐 것이라고요. 또 나는 LBJ를 지지했습니다. 그들은 LBJ를 파시스트라고 생각했지요." 카터는 자신의 직원인 기자 두 명이 활동가들과 데이트하는 걸 당혹감 속에 지켜보았다. 그리고 때로는 활동가들을 불러 자신의 수영장에서 수영하게 했다.

미시시피에서 나머지 환대의 섬은 그린빌에서 140여 킬로미터 떨어진 곳에 있었다. 7월 첫 주 동안 홈스 카운티 활동가들은 진주 목걸이를 걸고 있는 빨간 머리의 창백한 부인 집에서 묵었다. 헤이즐 브래넌 스미스는 얼마 전 퓰리처상을 수상한 전투적인 편집주간으로서, 헤이즐우드라고 일컫는, 하얀 기둥이 있는 집으로 활동가들을 맞아 들였다. 다른 미시시피 신문사는 이 "인종을 혼합하려는 침략자들,"[34] "흑인 음악을 좋아하는 좌익 학생들,"[35] "골칫거리들"[36]에게 포화를 퍼붓고 있었다. 아직도 습지를 수색하고 있는 수병처럼 대부분의 활동가가 말쑥하게 머리를 다듬은 상태였지만, 다른 신문들은 활동가들을 "수염이 덥수룩하고 씻지도 않는 건달"[37]이라고 묘사했다. 그러나 스미스의 《렉싱턴 애드버타이저》는 "인권과 민권에 관심이 있는 대학생 30명"[38]이라고 자랑스럽게 소개했다. 여름 프로젝트를 "평화 봉사단 유형의 활동"이라 일컬으면서, 스미스는 활동가와 그들이 다니는 대학, 전공, 관심 분야를 나열했다. 도시 전체에서 스미스는 볼멘소리와, "모두가 우리를 그냥 내

버려 두면 우리는 스스로 모든 문제에서 벗어날 것"이라는 비판을 들었다. 그녀는 칼럼 〈헤이즐의 세상 보기〉에서, "사실인즉슨, 우리가 우리 흑인 시민들에 대한 우리의 책임을 전반적으로 무시하지 않았다면 이 젊은이들은 여기 오지 않아도 되었을 것"이라고 반박했다.

그러나 카터와 스미스는 외롭게 버텼다. 미시시피의 시장들은 미국의 수도에 가서 시위를 벌이지는 않기로 결정했지만 "우리 주민들 사이에 존재하는 친밀한 관계에 돌이킬 수 없는 해악을 끼치고 있다"[39]는 이유로 활동가들을 규탄했다. 경찰은 어떤 구실을 대든 활동가들을 체포했다. 과속, 난폭 운전, 심지어 '난폭 보행'[40]으로도. 그리고 레드네크, 페커우드, '화이트 트래시'는 활동가들을 몰아내기 위해 온갖 테러를 저질렀다.

토박이인의 테러범의 실제 숫자는 도시마다 열두 명 정도에 지나지 않았을 텐데도, 나머지 대다수는 무자비한 폭력을 반대한다고 하면서도 입을 다물고 있었다.

———

7월 초, 프리덤 서머의 신경 중추는 몹시 지친 상태였다. 에어컨이 고장난 잭슨의 COFO 사무실은 찜통이었다. 땀이 이마에서 흘러내려 턱 밑으로 방울방울 떨어지고 옷을 흠뻑 적셨다. 날짜 지난 신문, 책 상자, 빈 RC 콜라병이 어질러진 사이를 개들이 무람없이 돌아다녔다. 벽에는 "누구도 감히 이곳을 폭파시켜 이 혼란을 끝장내지 못하리라"[41]라는 글귀가 붙어 있었다. 날마다 과제가 쌓여만 가는 듯했다. 모아야 할 보석금, 보고서, 명단, 타이핑할 편지, 접촉해야 할 활동가 고향의 언론사가 늘 더 많아졌다. 소파에서 눈 좀 붙이러 오는 방문객들, 이동용 차량 수배, 기금 모금을 위한 전화가 끊이지 않았다. 이제 모두가 자리를 잡았기 때문에 한 집 한 집 민주주의를 수확할 때가 되었다.

'미시시피 자유민주당'은 대기하고 있었다. MFDP가 민주당 전당대회에서 벌일 대담한 도전은 아직 한 달 반 정도 남아 있었다. 백인뿐인 미시시피 대의원 자리를 얻기 위해, 자유민주당원은 자신의 모의 정당에 가능한 많은 입당서를 받아야 한다. 하지만 지금 7월 초, 애틀랜틱시티와 8월 말은 먼 나라처럼 아득해 보였다. 자유민주당에 가입시킬 시간은 나중에도 있을 것이다. 갑자기 프로젝트 사무실마다 열망을 지닌 이들의 발걸음이 끊이질 않았다. SNCC의 당면 목표는 그 누구도 무시할수 없을 만큼 많은 흑인을 규합해 카운티의 법원에 가는 것이었다. 전체 조직의 에너지를 하루의 유권자등록 운동에 집중하는 '자유의 날'이 그린우드, 그린빌, 클리블랜드, 홀리스프링스 등지에서 계획되었다. 잠재적 유권자를 끌어모으기 위해 활동가들은 거리로 나갔다.

무너져가는 수많은 집을 다시 일으킬 때와 마찬가지로, 그 주 미시시피 전역에서 비슷한 장면이 펼쳐졌다. 자갈길. 늘어선 오두막. 포치에 털썩 주저앉는 남자와 여자, 12시간 동안 청소, 요리, 밭일로 지친 사람들. 서쪽 하늘이 붉어질 때 도로에 '라이더들'이 나타난다. 손에 서류철을 들고, 머리는 단정하게 빗고, 흰 셔츠와 파스텔 빛깔의 블라우스를 얼룩 하나 없이 풀 먹여 입었다. 백인만 둘이서, 또는 흑인과 백인이 함께 집집마다 포치로 다가간다. '렌과 빌입니다, 크리스와 팸입니다' 하고 자신을 소개하고, 여름 프로젝트에 관해 설명한 뒤 유권자 등록 절차와 투표의 목적을 설명한다. 일부 흑인은 "예, 선생님" 또는 "예, 부인" 하고 말하지만, 대부분은 가만히 앉아 쳐다보기만 한다. '선거 운동 기법은 대화의 기법과 비슷하다'고 활동가들은 깨우치고 있다. 예술과도 같다. 사람들은 모두 대화하는 법을 알고 있지만, 두려움이 커서 "싫어요" 하거나, 너무 지쳐서 많은 얘기를 할 수 없는 사람과 대화한다는 게 쉽기만 하겠는가? 다행히도 활동가들은 베테랑들에게 비법을 전수받았다.

SNCC의 선거운동 지침서는 명백히 밝혀 놓고 있었다. "도시에서 들고 나는 모든 길을 숙지한다."[42] "입을 열기는 하지만 선뜻 응하지 않을 때는 긴 설명을 늘어놓지 않는다. 다른 날 다시 가서 설명한다." 사람들한테 온갖 희망을 주려 하지 말고 한 가지 희망에 초점을 맞춘다. 유권자 등록 교실, 대중 집회, 법원에 가기. 그러나 미시시피 토박이인 로런스 가이요는 더욱 단순한 관점에서 선거 운동을 바라보았다. 선거 운동은 "함께 살고 함께 걸으면서 사람들이 무엇에 관심 있는지에 관해 말하는 것입니다. 전혀 다를 바가 없어요. 낚시를 한다면, '유권자 등록을 하러 언제 갈 겁니까?'라는 대화를 어떻게 이끌어 낼까요? 종교라면 유권자 등록으로 화제를 돌리기가 훨씬 쉽죠."[43] 가이요의 기본 법칙은 상식이었다. "당신이 맞닥뜨리게 되는 기본 상황을 바꾸려 하지 마세요. 차를 타고 가다 소풍 나온 가족을 지나치게 되었다고 합시다. 그들이 수박을 자르고 있어요. 그때 당신은 바로 다가가서 '수박 썰기를 멈추고 유권자 등록에 대해 말해 볼까요' 하면 안 됩니다. 당신이 할 일은 옆에 앉아 수박을 써는 거예요."

여름이 하루하루 지나가면서, 선거운동원들은 문이 살며시 닫히거나 재빨리 닫히는 걸 보게 된다. 사람들이 고개를 끄덕이고 '꼭' 유권자 등록 교실에 참석하겠다고 약속하고서 나타나지 않는다는 걸 알게 된다. 흑인 노인에게 팸플릿을 나눠주고서, 노인이 글자를 읽을 줄 모른다는 사실을 깨닫게 된다. 그리고 가끔은 집에 들어와 앉으라는 소작인을 만난다. 집 안에서 그들은 여기저기 둘러보거나 울지 않으려 애쓴다. 양철 지붕에서 발산하는 열기 속에서 눈을 깜빡여 가까스로 눈물을 참을 때, 눈에 보이는 건 누렇게 변색된 신문지로 벽지를 때운 벽, 너덜너덜한 전선에 갓도 없이 매달려 있는 전구, 맨발로 바닥에서 병뚜껑을 갖고 노는 아이들이다. 대개 집에는 딱 한 점의 그림이 있다. 예수나 존 F. 케네디나 마틴 루터 킹이다. "전반적인 풍경이 다른 시대 같다"[44]고 한 활동가는 썼다. 지역 주민 스무 명 가운데 한 명꼴로 문을 열어 주었다. 나머지는 포치에 앉은 채 반백의 구레나룻을 긁적이고 빨래판처럼 굵은 주름을 이마에 그렸다.

"그런 거에 정신 쏟을 수 없지. 난 투표해 본 적도 없고 이제 너무 늙었잖아."[45]

"그런 문젯거리로 복잡해지고 싶지 않네."[46]

"뭔 서류야? 서명 안 해."[47]

활동가가 "흑인도 무언가를 해야 할……" 하고 입을 열면,

"난 흑인이 아닌걸. 난 검둥이야. 고용주는 나한테 '검둥이 여자' 말고 암말도 안 해. 난 검둥이야. 뭔 서류에 서명 안 해."

다음 판잣집으로 간다. 미끄러지듯 까만 뱀이 길을 가로질러 지나간다. 기차 경적 소리가 들려온다. 낮아지는 해는 시계 노릇도 하고 사람들 기분의 잣대가 되기도 한다. 스무 명 가운데 한 명이 집 안으로 맞아들인다면, 백 명 가운데 한 사람은 일자리와 집, 목숨을 걸고 투표를 하겠다고 결심한다. 유권자 등록은 미시시피에서 언제나 크나큰 위험이 따르지만, 프리덤 서머는 그 위험이 길거리에서도 따라붙는다는 걸 알았다. 경찰차가 따라붙곤 했다. 경찰차는 엽총을 내보이며 바로 뒤에

붙어 바퀴로 자갈을 튀기며 따라왔다. 경찰을 보기만 해도 선거운동원들은 지친 몸뚱이로 재빨리 안으로 들어가게 되었다. 활동가들은 경찰이 꽁무니를 쫓아오는 걸 싫어했지만, 그 덕분에 다른 위험이 차단되기도 했다.

베이츠빌 바깥에서, 제이 셰털리와 조프 코원은 목화밭을 휘휘 돌아 흘러가는 탤러해치 강을 따라서 선거운동을 하고 다녔다. 괭이를 어깨에 걸친 농장 노동자들에게 말을 걸면서, 둘은 왜 사람들이 빤히 바라보기만 하는지 궁금했다. 코원이 투표에 관해 말했다. 사람들은 쳐다보기만 했다. 셰털리가 단결의 필요성을 말했다. 초조한 듯 씩 웃는다. 둘은 몸을 돌리고 나서야 픽업을 보았다. 운전석 등받이 소총걸이에 엽총이 걸려 있고 좌석에 권총을 둔 백인 남자가 굳게 입을 다물고 있었다.

"그 검둥이가 여기 오라고 하던가?"[48]

둘 다 말 잘 하는 하버드대 학생이었지만 코원과 셰털리는 입을 열지 못했다.

"미시시피 법에 따르면 내가 불법 침입자를 사살할 수 있다는 걸 아나?"

아니오, 몰랐습니다.

"이 농장에서 나가 줄 텐가?"

두 활동가는 말없이 떠났다. 픽업이 굉음을 내며 사라졌다.

숫자만으로 따지면 선거운동 결과는 좌절할 만한 것이었다. 열두 팀이 열두 도시에서 12일 동안 활동했다면, 백 명 가운데 한 명 정도만을 법원 앞에 줄서게 한 셈이었다. 그리고 7월 그 첫 주 내내, 선거운동원들은 미시시피 강바닥을 훑듯 한 집 한 집 문을 두드렸고, 희망을 찾으며 계속 활동했다. 이 냉정한 평균치가 유일하게 예외를 보인 곳은 퍼놀라 카운티, 미시시피에서 가장 어린 선거운동원인 크리스 윌리엄스가 활동하는 지역이었다.

미시시피에서 두 주를 지내는 동안, 크리스는 점점 자신감이 붙고 심지어 무모해졌다. 그는 무료한 오후에는 살갗에 줄처럼 그어진 때를 긁어 냈고, 밤늦도록 리처드 라이트의 소설을 읽었다. 그리고 대부분의 저녁에는 미시간대학의 "약간 신경과민인 1학년 학생"[49]과 선거운동을 했다. 아직 십대인 이 활동가가 하얀 미시시피 때문에 화가 나서 매사추세츠 고등학생들이 흔하게 쓰는 "젠장, 빌어먹을, 열 받게 하네!"[50]라는 표현을 내뱉을 때면 나이가 더 많은 활동가들은 재미있어 했다. 동료 활동가들은 크리스가 "익살스럽기도 하고 엉뚱하기도 해서 크리스를 찾아가면 늘 재미있었다."[51]

크리스와 다른 베이츠빌 선거운동원들은 집집마다 찾아다니기가 유리했다. 1961년에 퍼놀라 카운티 유권자연맹이 소송을 제기하여 유권자 등록의 인종차별 경향을 고발한 바 있다. 재판은 2년 동안 질질 끈 끝에 판사가 카운티의 손을 들어 주는 판결을 내렸다. 하지만 프리덤 서머 한 달 전, 5차 연방순회 항소법원은 뉴올리언스에서 판결을 뒤집었다. 항소법원은 유권자, 정확하게는 흑인 유권자가 주 헌법을 해석해야 한다는 요건을 유예하라는 '1년 중단' 명령을 내렸다. 이 중단 명령은, 물납 소작인의 일당과 맞먹으며, 투표를 하기 '전' 2년 동안 완납해야 하는 부담스런 인두세도 무효로 만들었다. 되도록 많은 사람을 등록시킬 수 있는 열두 달이 갑자기 SNCC에 생긴 것이었다. 중단 명령 전에 퍼놀라 카운티에는 흑인이 한 명만 등록되어 있었는데, 그는 1892년부터 명부에 올라 있는 사람이었다. 그래서 여름 첫 주 동안 SNCC는 야간 등록 교실을 열었다. 법무부 차관보 존 도어가 상황을 확인하러 법무부에서 파견되었다. 선거운동원들이 가가호호 방문했고, 흑인 50명이 법원으로 갔다. 47명이 등록되었다. 그 여름, 분명히 모든 게 변하고 있었다.

크리스는 코넬리어 로버트슨 부인과 부인의 성인 딸 페퍼와 지내고 있었다. 수돗물도 없고 현관 철망 문에 총알구멍이 여러 개 뚫린 방 두 칸짜리 판잣집이었다. 그러나 두 여인은 일찍 일어나 일하러 갔기에 크리스는 혼자 아침을 차려먹고, 햇빛 아래에서 양동이로 찬물을 부으며 샤워한 뒤 서둘러 프로젝트 사무실로 갔다. 사무실은 천천히 하루 일과를 시작하고 있었다. 크리스가 '우리 위대한 지도자'[52]라 일컫는 사람은 대부분의 시간을 지역의 여자애들과 얘기하는 데 썼다. 그래서 하버드대 흑인 학생인 클로드 위버가 그를 대체하게 되었다. 위버는 평온한 얼굴과 능숙한 유머 감각을 갖고 있었다. 만평도 그랬는데, 위버의 만평은 널리 프로젝트 사무실마다 배포되었다. 얌전한 흑인 잡역부가 위험이 닥치면 작업복 바지에서 '짜잔' 하고 수퍼 스니크로 변신하는 만평이었다.

7월 초가 되자, 크리스는 아침마다 판잣집과 작은 술집을 지나가며 지역 주민에게 손을 흔들거나 고갯짓을 하고 정신없는 사무실에 도착했다. 사무실 밖에는 SNCC '차량 지원단'의 흰 플리머스에다가 한 활동가의 폭스바겐, 또 다른 활동가의 폰티악 GTO가 주차되어 있었다. 사무실에는 "지금 자유를!" 그리고 "이타베나에는 해방이라는 이름의 거리가 있다!"고 선언하는 포스터가 붙어 있었다. 라디오에서는 멤피스 소울 방송이 크게 흘러나왔다. 어리서 프랭클린. 윌슨 피켓. 마빈 게이. 연락, 법무, 선거운동을 담당하는, 하버드, 래드클리프, 시카고대학 학생들이 사무실을 바삐 오갔다. 대부분의 낮 동안 크리스는 선거운동 경로를 연구하고 심부름을 했다. 대부분의 저녁, 소작인들이 밭에서 돌아온 뒤에는 소작인들의 집 포치에서 그들을 만났다. 그리고 한 주에 한 번꼴로 법원에 갔다.

어느 날 오후, 크리스는 퍼놀라 카운티 등록 사무소 바깥, 소리가 울리는 시원한 복도에 앉아 있었다. 며칠 전 글래디스 톨리버 부인을 만나 설득한 끝에 부인은 위험을 감수해 보기로 했다. 이제 크리스는 늙은 부인과 다른 세 명의 잠재적 유권자들과 함께 딱딱한 나무 벤치에 앉아 있었다. 기다리는 시간이 길어질 무렵, 톨리버 부인은 짧고 각 지게 머리를 깎은 친절한 백인 소년에게 털어놓았다. 자신이 시험에 통과할 거라 생각하지 않는다고. 그 모든 질문, 그 모든 법률에 어찌 답하겠느냐고. 크리스는 등록 신청서 한 장을 꺼내 부인과 함께 복습을 했고, 그때 발걸음 소리가 따각따각 복도를 지나왔다. 크리스가 고개를 들었다. 키가 작고 올챙이배에 뿔테 안경을 썼으며, 가슴에 배지를 달고 허리에 총을 찬, 얼 허버드 보안관이었다.

보안관은 꾸짖기 시작했다. 활동가들은 "문제를 일으키러 미시시피에 온 …… 선동가"[53]였다. 크리스는 앉은 채 속이 부글댔지만 비아냥거리는 대답을 억눌렀다. 결국 보안관은 크리스에게 나가라고 했다. 법원은 투표 공부를 하는 곳이 아니라면서. "내 얘기 들었어? 나가!" "젠장, 빌어먹을, 열 받게 하네!"라고 중얼거리면서 크리스는 복도를 걸어 '백인 전용' 식수대를 지나 밖으로 나왔다. 델 정도로 뜨거운 공기가 얼굴에 훅 끼쳐 왔다. 계단에 홀로 있자니 자신감이 흔들렸다. SNCC에서 들은 이야기에 따르면 이런 상황에서 온갖 폭력이 저질러졌다. 밥 모지스는 리버티의 법원에서 폭행당했다. 그린우드에서는 몇 사람이 짓밟혔다. 지금도 언제든……. 드디어 그의 친구들이 나타났고, 그 뒤에 보안관이 나오면서 여전히 호통을 쳤다. "그는 나를 집으로 보내서 어떻게 처신해야 하는지 부모가 가르쳐야 한다고 했어요"[54] 하고 크리스는 집에 편지를 썼다. "나는 그저 그를 똑바로 바라보면서 아무 말도 안 했어요. 그는 어리석은 노인일 뿐이었으니까요." 허버드 보안관은 SNCC 승용차에 주차 위반 딱지를 발부했다. 마일스 집으로 돌아온 크리스는 푸짐한 저녁을 먹었다. "남부 음식의 참맛을 알게 된 것 같아요"[55] 하고 부모에게 전했다. 그날 저녁, 흑인들이 경계를 서면서 다시 엽총을 꺼내들었다. 어떤 것들은 변하려면 아직 멀었던 것이다.

7월 2일 목요일, 굿먼, 슈워너, 체이니에 대한 수색은 앨라배마 주 경계선까지 확대되었다. 오후에 폭우가 내린 탓에 수색은 자주 중단되었다. 커시어스코의 주유소 종업원이 세 사람을 봤다는 말과 함께 소문이 다시 무성해졌다. 필라델피아에서, 수사관들은 점점 더 로런스 레이니 보안관을 의심하고 있었다. 중졸 학력에 190센티미터에 육박하는 키, 110킬로그램에 가까운 몸무게의 레이니는 술고래에 '흑인들에게 가혹한'[56] 사람으로 알려져 있었다. 심지어 그가 흑인 두 명을 죽인 일도 다들 알고 있었다. 둘 다 그의 근무 중에 일어난 일이고, 둘 다 무기도 없는 사람이었다. 미시시피 보안관들은 엄청난 권력을 갖고 있었다. 저마다 카운티의 세금 징수인이고 금주 단속관이며, KKK 조직이 있는 지역에서는 그 지부의 자랑스러운 구성원이었다. 그러나 레이니는 훨씬 더 큰 권력을 요구했다. 한 번은 자동차를 멈춰 세우고 그가 물었다. "검둥이, 이 카운티를 누가 다스리는 줄 아나? 로런스 A. 레이니가 이 카운티를 다스리고 있다."[57] 운전자가 시장을 언급하자 레이니는 "검둥이, 시장 얘기는 꺼내지도 마. 내가 이 카운티의 보안관이니까"라고 쏘아붙였다. 이제 그 보안관은 용의자가 되었다. FBI는 머리디언의 고속도로 순찰관에게 넘겨받은 일곱 명의 명단을 갖고 있었다. "증거는 없습니다만"[58] 하고 순찰관이 수사관들에게 말했다. "이들 모두가 사건과 연관이 있다고 장담할 수 있습니다." 명단에는 로런스 레이니 보안관과 세실 프라이스 보안관 대리의 이름이 들어 있었다. 레이니가 시온 산 교회 예배를 급습하여 주니어 콜이 정신을 잃을 때까지 폭행한 무리에 있었다는 걸 FBI는 이미 파악하고 있었다. 기자들은 백인 폭력배가 교도소 밖에서 기다리고 있다가 굿먼, 슈워너, 체이니를 납치했다는 소문에 관해 레이니에게 질문을 던졌다. 그는 단호히 부인했다. 7월 2일, FBI는 보안관을 불러들여 심문했다.

카우보이모자를 쓰고 뺨이 불룩하도록 씹는담배를 물고 허리춤에 총을 찬 보안관이 델피아코츠 모텔 18호실에 거드름피우며 들어왔다. 심문할 준비를 갖춘 카운티 검사가 그를 상대했다. 레이니에게 염소수염의 슈워너, 상냥한 체이니, 크고 아름다운 갈색 눈의 굿먼 사진을 보여 주었다. 전에는 한 번도 본 적이 없는 사람들이라고 보안관은 말했다. 담배 즙을 뱉는 것으로 대답에 마침표를 찍은 그는 6월 21일 밤 자신의 행적을 설명했다.

병원에 있는 아내를 방문한 뒤에 친척들을 찾아가 〈몰래 카메라〉와 〈보난자〉를 시청했고, 자정 전에 필라델피아로 돌아왔다. 교도소에 들러서야 세 사람을 체포했다가 석방했다는 말을 들었다. 그리고 집으로 갔다.

수사관들은 듣기만 했다. 수사관들은 메모를 했다. 그리고 한 명이 레이니에게 KKK 단원이냐고 물었다. 그는 부인했고, 네쇼바 카운티에 KKK가 있다는 사실조차 부인했다. 보안관의 말을 듣던 검사는 그의 대답이 이상하고 믿기 힘들었다. KKK 회원 모집 전단지가 이른 봄에 당신의 집무실 밖 복도에 며칠 동안 계속 붙어 있지 않았습니까? 주거니 받거니 말이 여러 번 오간 끝에 한 수사관이 엉겁결에 "자, 보안관 양반, 이제 당신이 그들에게 무슨 짓을 했는지 말하시죠"<sup>59</sup> 하고 말했다. 보안관은 아무 말도 안 했고 가도 좋다는 말을 들었다. 수사관들은 그가 한 말을 검토하기 시작했다. 레이니는 FBI가 병원에 있는 아내한테까지 전화를 한 데 충격을 받았다. 이틀 뒤, 레이니가 심문 때 한 말을 여전히 의심하고 있던 검사는 로런스 레이니 보안관이 '가장 유력한 용의자'<sup>60</sup>라고 수사관들에게 말했다.

수사관들은 프라이스 대리에게도 의심을 품었다. 자신의 상관과 마찬가지로 고등학교 중퇴 학력의 프라이스는 어리숙한 태도 뒤에 분노를 감추고 있었다. FBI가 처음 접촉했을 때 모든 혐의를 아무렇지 않은 척 부인하더니, 순찰차의 트렁크를 열고는 수사관에게 밀주를 한 잔 대접했다. 수사관들은 그 뒤 6월 21일 프라이스의 행적, 그러니까 체포와 석방, 미등이 사라지는 걸 볼 때까지의 행적을 수사했다. 많은 부분이 확인되었지만, 밤 10시 40분에서 11시 30분까지의 행적은 확인되지 않았다. 네쇼바 카운티의 여자 교도관이 구금된 용의자들의 자동차 키를 대체로 자신이 보관한다고 말했을 때 수사관들의 의혹은 더욱 커졌다. 프라이스는 그녀에게 세 사람의 키를 주지 않았던 것이다. 자동차 키 얘기는 꺼낸 적도 없었다. 검사가 심문하지 않는 자리에서는 심문에 응하지 않겠다고, 지역 경찰들이 보안관과 마찬가지로 거부하는 것도 이상했다.

FBI가 프라이스와 레이니를 심문하는 동안 첫 번째 자유학교 두 곳이 문을 열었다. 클락스데일에서, 학생들은 백인 여선생님이 읽어 주는, 제임스 볼드윈의 〈교사들에게 전하는 말〉을 들었다. "지금 내가 이 학교 또는 어떤 흑인 학교의 교사라면, 그리고 내가 날마다 몇 시간만 돌본 뒤에 집으로, 거리로 돌아가게 되는 흑인 아이들을 맡고 있다면, …… 나는 아이들에게 알려줄 것이다. 너희가 지나는 거리, 너희 집, 너희를 둘러싸고 있는 위험과 고통은 모두 범죄라고. 이런 것들은 너희를 파멸시키려는 범죄 모의의 결과라고 아이들 한 명 한 명에게 알려줄 것이다."[61]

그런 솔직함이 그다지 놀라운 것이 아닌 양, 교사는 아이들에게 말을 해 보라고 했다. 볼드윈의 열정에 점화된 아이들은 미시시피를 비난하고, 경찰과 최근의 총격, 그리고 왜 어떤 아이는 수박이 '검둥이 음식'[62]이라고 더 이상 먹지 않는지에 관해 의견을 내놓았다. 고조된 감정으로 자유의 노래를 부른 뒤 아이들은 집으로 돌아갔다. 시작이었다. 바로 그 오후, 홀리스프링스에서 잎사귀가 무성하고 가지를 낮게 드리운 풍나무 아래에서 학생들이 만난 선생님은 아이들을 '미래의 지도자'[63]라 일컬었다. 그리고 그 저녁, 내일은 일찍 찾아왔다.

저녁 7시가 되자 모든 방송 프로그램이 중단되었다. 미국 전역의 거실에서, 존슨 대통령은 미국인에게 "인종차별의 독이 흘러나오는 샘물을 틀어막으라"[64]고 촉구했다. 그리고 대통령은 일흔두 자루의 펜을 이용하여 민권법에 서명하기 시작했고, 뒤에 서 있던 의원들과 마틴 루터 킹에게 펜을 전달했다. 재건시대 이후 처음으로 중요한 민권법안들이 존 F. 케네디에 의해 제출되었고, 몇 시간 뒤 메드거 에버스가 피살되었다. 법안은 거대한 저항을 견뎌 냈다. 남부 상원의원들은 단조로운 목소리로 의회 역사상 가장 긴 필리버스터를 이어 갔다. LBJ는 법안의 막후에서 엄청난 설득력을 발휘하고 필리버스터를 끝내도록 강요한 끝에 인준을 얻어 냈다. 이제 대통령이 '시험 기간'[65]이라 일컬은 때가 왔다. 존슨이 마지막 펜을 넘겨주자마자 미시시피 중부에서 불타는 십자가가 하늘을 밝혔다. 도시 이름은 '하모니'였다.

그 연휴 주말 내내 시험이 이어졌다. 흑인들은 앨라배마 주 몽고메리의 간이식당에서 백인 옆에 앉아 점심을 먹었다. 하지만 베서머에서는 야구방망이로 폭행당했다. 버밍햄에서 흑인들은 인종 통합 호텔과 극장을 이용했지만, 텍서캐너 호수에 '발을 담그려던' 세 사람은 총에 맞았다. '점령된 미시시피'는 최악의 상활을 예상했다. 잭슨 상공회의소는 기업인들에게 법을 준수하라고 촉구했지만, 《클래리언-레저》는 "최루가스를 발사하는 펜 모양 총"[66]을 광고했고, 폴 존슨 주지사는 "내전과 혼란스런 상황"[67]을 예견했다. 주 전체에서 백인은 '결사반대!'를 선언했고, 흑인은 희망을 품으려 했으며, 활동가들은 증언했다. "여기 클락스데일 사람들은 그 법안에 대해 다 알고 있어요"[68] 하고 한 활동가가 자기 집에 보내는 편지를 썼다. "하지만 내일과 7월 4일 토요일, 그들은 여전히 목화밭에 나가 일당 3달러를 벌 거예요. …… 그들은 아직도 굶주리고 두려워하고 있어요." 스니크들은 법을 시험하는 일은 하지 않기로 결정했다. 주민들에게 공개적인 충돌을 피하라고 말해야 했다. 그린우드의 한 여인은 "난 그 수영장에서 헤엄칠 거야. 얼마나 오래 기다렸다구"[69] 하고 거듭 말했다. 몇 사람이 조금만 더 기다리라고 그녀를 설득했다. 긴 연휴 주말이 막 시작된 참이었다.

여느 날과 다를 바 없는 4일이었다. 백만 명의 인파가 코니아일랜드의 널빤지를 간 산책로에 북적거렸다. 양키 스타디움에서는 미키 맨틀이 3점 홈런을 쳐서 트윈스를 이겼다. 비치보이스의 〈난 유명해〉(I Get Around)가 인기 순위 1위에 올랐고, 어디에서나 불꽃놀이가 펼쳐졌다.

그러나 기억 속의 어떤 날과도 다른 4일이기도 했다. 애틀랜타에서, 흑인과 백인이 어울린 몇 명의 스니크가 조지 월러스 지지 집회에 들어갔다. 주먹질, 의자, 납 파이프로 폭도가 공격해 왔고, 어떤 백인이 침입자들을 안전한 데로 질질 끌고 갔다. 라디오 시티 뮤직홀 밖에서는 시위대가 굿먼, 슈워너, 체이니를 기억하기 위해 검은 테두리를 두른 판을 들고 있었다. 뉴욕 세계박람회에서 스니크들은 미시시피 주 그린우드에서 온 고등학교 밴드의 불참을 설득했다. 그리고 그린우드, 빅스버그, 베이츠빌에서, 활동가들은 그동안 자유를 꿈으로만 간직하고 있던 이들과 함께 자유를 경축했다.

이때까지 대부분의 활동가들은 호스트 식구들과 소수의 이웃을 만났을 뿐이었다. 이 소수로부터, 활동가들은 검은 미시시피가 그 판잣집들보다 훨씬 튼튼하다는 걸 깨달았다. 흑인 여성들은 백인이 자신한테 결코 쓰지 않는 존칭인 미세스나 미스를 붙여 서로를 불렀다. 활동가들은 '구역'의 누구를 믿을 수 있고 누가 '검둥이 유다'[70]인지 알게 되었다. 그리고 이미 사라졌다고 생각했던 직업인, 그러니까 산파, 점쟁이, 밀주 제조자를 만났다. 민간요법, 미신, 하루에 3달러로 살아가는 법을 알게 되었다. 일요일마다 교회에 가서 신앙과 노래로 삶을 지탱해 나가는 모습을 보았다. 그러나 그 7월 4일은 활동가들에게 지역의 영웅을 소개해 준 날이었다.

오늘날 민권운동이 언급될 때 하나같이 이런 이름이 등장한다. 로자 파크스와 킹 박사, 로자 파크스와 킹 박사…… 미시시피의 평범한 사람들 이름은 알려져 있지 않았다. 밥 모지스의 '타격 부대'였던 그들은 자유의 이름으로 행진하고 유권자 등록을 하고 모든 것을 건 사람들이었다. 그러나 활동가들은 그제서야 그 이름들을 알게 되고, 앞으로 결코 잊지 못할 사람들을 만나고 있었다. "내가 살면서 무엇을 했을까요?"[71] 고령의 프레드 윈이 물음을 던지며 40년도 더 전을 돌이켜보았다. "글쎄, 이것도 조금 하고 저것도 조금 했지요. 하지만 나는 패니 루헤이머의 집에서 같은 식탁에 앉아 밥을 먹었습니다. 그녀는 내 이름 그대로 불렀고 우리는 친구였지요." 경찰들은 지역의 영웅들을 '골칫덩어리'[72]나 '건방진 검둥이'라고 불렀다. 대부분은 거주하는 도시에서나 알려진 사람들이었지만, 그 도시에서 그들은 전설이었고, 그 전설들이 그 휴일 오후에 감자 샐러드를 건네주었다.

정오 직후, 한 활동가가 43도에 육박했다고 기억하는 기온 속에서, 사람들이 해티스버그 근처의 농장에 몰려들기 시작했다. 오후 내내 백인과 흑인은 트랙터가 끌고 가는 건초 운반용 짐칸에 올라타 소풍을 갔다. 이끼를 축축 늘어뜨린 살아 있는 참나무 그늘에 앉아, 수북이 쌓인 감자 샐러드와 수박, 거대한 솥에서 튀겨 낸 메기를 먹었다. 사람들은 소풍을 주최한 게 누구인지 궁금했다. 사파리 모자를 쓴 우락부락한 남자가 책임자처럼 보였다. 메기를 나눠 주고 모든 사람과 이야기를 했지만 그는 백인으로 보였다. 어떤 미시시피 백인이 SNCC 모임을 주최하겠는가? 누가 물으니 그가 버넌 다머라고 했다. 상냥하고 불그레한 얼굴의 농부는 백인이라고 해도 '통할' 만했지만 자신의 흑인 혈통을 자랑스러워했다. 다머는 해티스버그에서 활동하는 최초의 스니크들을 집에 들인 사람이었다. 이제 그는 멤피스에서 마지막 수련회를 마치고 막 도착한 교사 그룹을 포함하여 활동가들을 환영해 주었다. 소풍 나온 모두가 즐거운 시간을 보냈지만 소총걸이를 장착한 픽업이 지나가면서 분위기가 깨졌다. 다머와 해병대에서 휴가를 나온 그의 아들이 집으로 들어가 소총을 들고 나왔다. 픽업은 다시 지나쳤지만 조용히 지나갔다. 소풍은 다시 이어졌다가 날이 어둑어둑해지자 활동가들은 서둘러 집으로 돌아갔다. 다시 밤이 찾아왔다.

미시시피 주 클리블랜드에서, 7월 4일과 여름 내내 볼 수 있었던 사람은 역시 앰지 무어였다. 180센티미터가 넘는 키에 목이 굵고 머리가 벗겨진 무어는 힘과 평정심을 발산했다. 밥 모지스에게 아버지 같은 인물인 무어는 이제 활동가들에게도 똑같은 노릇을 했다. 7월 초, 무어의 집은 대학생들로 북적거렸다. 그는 어설프게 만든 스파게티로 저녁상을 차려 학생들과 함께 먹으며 살아온 얘기를 들려주었다. 무어는 목화를 따던 시절 대공황을 맞았고, 그 뒤 우체국 잡역부로 일하며 살았다. 제2차 세계대전 동안 인종이 분리된 흑인 부대에 들어가 태평양에서 싸웠고, 델타로 돌아와 땅을 사서 부자가 되기를 꿈꾸었다. 하지만 어느 겨울날, 궁핍한 여인의 판잣집에 들어갔다가 넝마를 걸치고 있는 열네 명의 자녀를 보았다. "그런 꼴을 보고도 부자가 될 생각만 한다는 게 죄악처럼 생각되었지"[73] 하고 그는 떠올렸다. 우체국 일을 계속 하면서 주유소를 운영했던 무어는 NAACP에 참여하고 순식간에 지역 지부를 이끌었다. 1961년, 밥 모지스가 문 앞에 나타났을 때 그는 준비가 되어 있었다. 세 번의 여름 뒤, 델타를 거쳐 북쪽으로 가는 활동가들은 무어의 집을 피난처처럼 이용했다. 그의 용기를 경외하면서도 일부 활동가는 그의 무기고에 충격을 받았다. 한 번은 활동가 두 명이 거실에 누워 자고 있을 때 무어는 "비상시를 대비하여"[74] 소탁자에 장전한 루거(독일제 반자동 권총―옮긴이)를 놓아 두었다. 두 사람이 총을 쏠 수 없을 것 같다고 하자 그는 총을 치웠다. '정히 그렇다면. 잘 자라'면서.

클락스데일에서, 활동가들은 '덕' 헨리의 집으로 소풍을 갔다. 에어런 헨리는 친구 메드거 에버스의 뒤를 이은 검은 미시시피의 대표적인 대변인이었다. 클락스데일의 상점들을 상대로 오랜 기간 불매운동을 벌인 결과, 그의 집과 약국이 폭파되었다. 날조된 혐의로 체포된 그는 '파치먼 농장' 교도소에서 쓰레기 수거인으로 일하고 다른 죄수들과 한 줄의 사슬에 묶여 있었다. 헨리는 굴하지 않고 4번가의 약국으로 돌아왔다. 약국 전면 유리에 독립 선언문과 노예해방 선언문을 붙여 놓았다. 보수적이고 신중한 헨리는 SNCC의 작업복과 티셔츠에 신경이 곤두섰고, 많은 SNCC 전술에 동의하지 않았다. 하지만 그는 프리덤 서머를 첫날부터 뒷받침했다. 7월 4일, 활동가들은 '덕의 집'에서 핫도그를 먹고 기타 줄을 퉁겼다.

지역의 모든 영웅이 남자인 것만은 아니었다. 휴일 소풍에서 활동가들은 강인하고 감동적인 흑인 여성들을 만났다. SNCC는 언제나 여성을 환영했다. 미시시피에 온 첫날부터 그들은 법원으로 행진하고 이웃을 규합하고 대중 집회에서 노래를 불렀는데, 여성이 3분의 2를 차지하는 경우가 많았다. 여성들은 함께 뭉쳐 지원군을 형성했는데, 그들 가운데에서도 눈에 띄는 몇 사람이 있었다. 그린우드에서, 자긍심 넘치고 도전적인 로라 맥기는 오빠가 저격당한 데 분노하여 1962년 자신의 작은 농장을 SNCC에 개방했다. 맥기는 한 해 뒤 경관에게 맞아 쓰러지면서도 경찰의 야경봉을 쳐내 전설이 되었다. 그 여름 내내, 맥기의 아들 사일러스는 검은 그린우드의 저항을 이끌게 된다.

해티스버그의 다머에게 소풍을 갔던 활동가들은 빅토리아 '그레이를 만났다. 이미 세 아이의 엄마로서 화장품을 판매하고 있었는데, 유권자 등록을 하기로 결심하고 읽고 쓰기를 가르치고 있었다. "손을 들었을 때"[75] 하고 그레이는 떠올렸다. "내 남은 인생은 전과 같지 않을 거라는 걸 나는 알았다." 한 해 안에 그녀는 SNCC 지역 연락책이 되었고, 두

해 안에 모의 미시시피 자유민주당(MFDF) 후보로서 연방의원에 도전하고 있었다.

그러나 모든 지역 영웅 가운데에서 가장 유명한 사람은 룰빌에서 직접 독립기념일 소풍을 주최한 정열적인 인물이었다. 물납 소작인의 20세기 후손인 패니 루 헤이머는 1920년대부터 목화밭에서 일해 왔고, 오래도록 자신에게 선거권이 있는지조차 모르고 살았다. 평생토록 그녀는 미시시피가 자신을 대하는 방식에 분개했다. 가진 것도 없이 굶주리며 자라났고 백인이기를 "매우 간절하게" 소망했던 그녀는, 어머니를 도와 말로 대농장을 돌아다니며 목화 자투리를 '모아'[76] 내다 팔았다. 그녀의 아버지는 저축을 해서 왜건 차량과 농사 장비를 샀지만, 시샘한 백인이 아버지의 노새를 독살했다. 농장 노동에 쇠약해진 헤이머는 아이 둘을 사산했고 그 뒤 딸 둘을 입양했다. 1961년, 그녀는 '뱃속이 뭉쳐'[77] 병원에 갔는데 동의 없이 불임 시술을 당한 채 퇴원했다. 무언가가 달라져야 했다. 그녀는 1962년 여름에 처음으로 SNCC 회의에 참석했다. 충분히 많은 흑인이 유권자 등록을 한다면 투표로써 인종차별적 정치인과 보안관을 물러나게 할 수 있다고 제임스 포먼이 공언했다. 포먼이 활동가로 지원해 달라고 요청했을 때 헤이머의 손이 가장 먼저 올라갔다. "들 수 있는 최대한으로 높이 들었다"[78]고 그녀는 회고했다. 며칠 뒤 그녀는 선플라워 카운티 법원으로 가는 버스를 탔다. 유권자 등록 시험은 관습법에 대해 설명하라는 것이었고 했다. "내가 관습법에 대해 아는 건 소나 말이 크리스마스에 대해 알고 있는 것과 비슷했다"[79]고 그녀는 뒤에 말했다. 당연히 시험에 떨어졌다. 집에 왔을 때 '농장주'[80]가 "화내고 있다"는 말을 들었다. 농장주 말로 씨는 헤이머에게 유권자 등록 접수를 철회해야 한다고 했다. "미시시피에서 우리는 아직 그럴 준비가 안 되어 있다"[81]는 게 그 이유였다. 그녀가 거절한다면, 18년 동안 마치 시간 기록원처럼 규칙적으로 일해 온 농장을 떠나야 한다고 했다.

"내가 등록을 하려는 건 당신을 위해서가 아니었어요" 하고 헤이머가 대답했다. "내가 등록하려는 건 내 자신을 위해서였어요."

판잣집에서 쫓겨난 헤이머는 이웃집에서 묵었고, 그녀의 침실은 곧 어느 깊은 밤 열여섯 발 엽총으로 벌집이 되었다. 그러나 그녀는 자기 자신과 운동에 전념하여, 스스로 표현하듯 '스니크 사람'[82]이 되었다. 제임스 포먼은 헤이머를 두고 "그녀는 SNCC 자체였다"[83]고 설명했다. 헤이머는 때로 자연계의 힘처럼 보였다. 고개를 뒤로 젖히고 노래할 때, 선플라워 카운티 어디에서나 그녀의 노랫소리를 들을 수 있다는 말이 있었다. 강연할 때, 그녀는 청중의 감정을 한껏 끌어올렸다. 그녀가 움직이면 검은 온 미시시피가 함께 움직이는 것 같았다. 가끔 그녀는 위험을 얕잡아봤다. "저들이 내게 할 수 있는 유일한 건 날 죽이는 거야. 그리고 내가 기억할 수 있는 때부터 줄곧 저들은 조금씩 차근차근 그렇게 하려고 했어."[84] 신앙심이 무척 깊은 헤이머는 성서 이야기 속에서 운동을 바라보았다. 밥 모지스의 이름은 우연의 일치가 아니라고 그녀는 말하곤 했다. 폭행과 구금은 져야 할 십자가일 뿐이었다. 여름 활동가들은 선한 사마리아인이었고 자유는 그녀에게 약속의 땅이었다.

오하이오에서 활동가들에게 들려준 이야기는, 헤이머가 1963년 구금되었을 때 잔인하게 폭행당한 경험이었다. 하지만 그녀는 자신을 증오하는 이들을 미워하지 않았다. "백인은 자신이 흑인을 대해 왔던 것과 똑같이 남들이 자신을 대할까봐 두려운 것이지만, 나는 그토록 큰 증오심을 지닐 수 없었어요."[85] 1964년, 그녀의 서명 문구는 "넌더리를 내는 게 넌더리 난다"로, 델타 흑인들 사이에 널리 알려졌다. 그녀가 가장 좋아하는 노래는 〈이 작은 나의 빛〉(This Little Light of Mine)이었다. 헤이머가 참석하는 모든 대중 집회는 이 노래로 시작했다. 프리덤 서머 내내 그녀의 집은 활동가들에게뿐 아니라 '자유' 그 자체에도 본부가 된다. 기삿거리를 찾는 기자들은 패니 루 헤이머의 집으로 가 보라는 말을 듣는 경우가 많다. 배고픈 활동가들이 그녀의 부엌에 가면 언제든 콩 요리 한 냄비가 있었고, 그늘이 필요한 이들은 그녀의 피칸나무 아래로 찾아들었다. 수십 년 동안 그녀는 룰빌의 목화밭을 넘어서는 미래를 보지 못하고 살았다. 하지만 1964년 봄, 그녀는 돈키호테답게 연방 의원에 출마하여 《네이션》과 《워싱턴 포스트》에 인물 소개가 실렸다. 8월에 그녀는 미국 전역에 방영되는 텔레비전에서 발언하게 된다. 그러나 그녀가 아무리 불꽃같았다고 해도, 활동가들과 지역 영웅의 결합이 그 여름 미시시피 운동을 어떻게 실현시켰는지를 가장 잘 표현한 사람은 따로 있었다. 그녀가 '패프'라고 부르는, 거구에 건장한 술고래. 바로 헤이머의 남편이었다. '백인 아이들'을 집에서 재우니 어떤 기분이냐고 경찰이 묻자, 패프 헤이머는 "그 아이들이 나를 사내처럼 대해 주니 내가 사내가 된 기분입니다"[86] 하고 대답했다.

헤이머의 소풍에서, 활동가들은 저루설럼과 샌터파이드 구역의 여자들이 준비한 '특별 요리'를 먹었다. 옥수수 빵, 양파와 볶은 완두콩과 베이컨, 감자 캐서롤, "그리고 또 나오고 또 나오다가 마지막으로 파이와 케이크와 아이스크림을 먹었고 우리는 거부할 수 없었다."[87] 정찬을 마친 뒤 델타를 여행하고 있는 하원의원 네 명이 몇 마디 말을 했다. 그 중 한 의원은 룰빌 활동가의 아버지였다. 지역의 흑인 여성은 더 많은 이야기를 했다. "이 백인 청년들은 이미 자유롭고, 우리를 돕자고 여기 와 있어요. 흑인과 백인이 함께 이뤄 낼 수 있다는 걸 우리에게 입증해 주는 사건이에요. 하지만 우리가 언제나 했던 생각, 그러니까 백인은 모두 비열한 놈이라는 생각은 틀렸어요. 백인 청년들은 절대 그렇지 않으니까요."[88]

미시시피에서 또 한 주가 지났다. 희망과 증오의 한 주였다. 이제 프로젝트 사무실마다 장난전화가 걸려 왔다. "앤디 굿먼 좀 바꿔 줄래?"[89] 분위기는 적대적이었지만 프리덤 서머의 둘째 주는 첫째 주보다 폭력이 반으로 줄었다. 가장 순진한 활동가조차 테러가 자취를 감추었기를 기대하지 않았지만, 미시시피가 그들에게 익숙해지고 있는 것이 아닐까? 밤은 여전히 광란의 무대라 해도, 낮에는 밖에 나갈 수 있지 않을까?

그린빌 미시시피 강에서 몇 블록 떨어진 곳에 있는 뮤리얼 틸링허스트는 위층에서 두 주를 보냈다. 다른 활동가들은 매일 아침 일찍 사무실에 들어왔고 저녁 늦게나 돌아갔다. 그들의 익살스러움은 뮤리얼을 놀라게 했지만, 그 자신감이 전염되지는 않았다. 아무리 밖에 데리고 나가려고 해도 뮤리얼은 나가지 않았다. 그녀에게 내재된 모든 능력, 몇 년 동안의 저항과 피켓 시위는 두려움의 물밑에 가라앉았다. '일요일 통화' 상대 찰리 코브가 네쇼바 카운티에서 돌아왔을 때, 그는 늦은 밤 세 사람을 수색했던 오싹한 이야기를 들려주었다. 이제 시인이자 작가이자 교육자인 상냥한 코브는 그린빌이 안전하다고 뮤리얼에게 말해 주고 있었다. 하지만 자신의 피부색과 자연 그대로의 머리카락이 표적이 될 것이라고 믿는 뮤리얼은 여전히 위층에서 내려오지 않았다. 매일 밤 홀로 공포와 남겨졌고 "오늘 아침 너희 검둥이들이 교회에 가는지 알고 싶은걸"[90] 하는 협박 전화 탓에 두려움은 점점 심해졌다.

뮤리얼의 근심을 잠재워 줄 많은 일이 그린빌에서 일어났다. 활동가들이 연방 청사 주변에서 행진하며, 미시시피에 연방 보안관을 보내지 않겠다는 LBJ에게 항의했다. 그린빌 경찰이 지켜보았지만 아무도 체포하지 않았다. 그린빌 배심원단은 백인 여성에게 강간으로 고소된 흑인 남성을 무죄 석방했다. 미시시피에서 한 번도 없었던 일이다. 좌석 점거를 이끌었던 고등학생 몇 명이 사무실에서 활동하고 농담하며 긴장을 누그러뜨리고 있었다. 그리고 매일 아침 누군가는 신문을 갖고 왔다.

굿먼, 슈워너, 체이니가 실종되었을 때,《델타 데모크랫-타임스》는 관용을 설파했다. 1964년 6월 24일자: "오늘은 미시시피에서 기도하기 좋은 날일 것이다. 실종된 민권운동가 세 사람이 죽지 않았기를 중심으로 기도하자. 우리 기도가 응답을 듣지 못하면, 살인이 저질러졌다면, 앞으로 남은 여름은 지옥 그 자체가 될 수 있을 것이다."[91] 그리고 '골칫거리' 세 사람이 교훈을 얻은 거라고 말하는 이들에게, 허딩 카터 3세는 "교훈을 얻은 것도 무리가 아니다. 세 사람이 실종된 걸 보고도 그 세 사람을 달갑지 않게 느꼈다는 이유만으로 아무 걱정도 안 하는 사람들이 살고 있다는 교훈일 것이다"[92]라고 덧붙였다. 위층에서 뮤리얼은 지역에서 발간되는 신문을 읽으며 그린빌이 다르다는 걸 인식했다. 그렇지만 미시시피 다른 지역의 소식도 듣는 그녀이기에 여전히 실내에 머물렀다. 사무실에는 냉장고도 없어서 다른 사람들이 가져다주는 것만 먹고 살았다. '몸무게가 엄청'[93] 빠졌다. 드디어 "2층의 사무실에서는 사람들에게 유권자 등록을 권유할 수 없다는 걸 깨달았다. 나는 밖으로 나가야 했다."[94]

그 7월 4일 주말 어느 때에, 뮤리얼은 조금씩 계단을 내려가 눈부신 빛 속으로 걸어 들어갔다. 미시시피의 얼굴에 정면으로 다가갔다. 한 걸음 한 걸음마다 공포가 함께 걸었다. COFO 건물에 바짝 붙어서 세탁소를 지나고 따뜻한 벽돌을 손으로 짚으며 간 것이 첫 번째 여정이었다. 몇 분 뒤 다시 안으로 들어갔지만, 이튿날 거리에 다시 나갔다. 2층 유리창으로만 보았던 작은 가게에 들렀고, 조금 더 멀리 넬슨 스트리트에 있는 작은 술집에도 들렀다. 차를 타고 지나가며 고함을 지르는 사람은 아무도 없었다. 눈여겨보는 사람도 하나 없었다. 미시시피에서 보내는 세 번째 주가 시작되었을 즈음, 뮤리얼은 자신감을 되찾았다. 떨리긴 했지만, 앞장서서 행동할 준비가 되어 있는 하워드 졸업생, 비폭력행동그룹이 낳은 '거리의 투사'로 돌아간 것이다. 그녀는 미시시피가 자신에게 무엇을 던지더라도 받아 낼 준비가 되었다고 느꼈다. 그것이 두 주뒤, 찰리 코브가 떠나고 자신이 그린빌 프로젝트를 책임지게 되는 것일 줄은 알지 못했다.

무너져 가는 집을 되살리는 일로 시작된 한 주는, 마찬가지로 한 달전에는 상상조차 하지 못했던 사건들로 끝을 맺었다. 6월에는, 흑인들이 버거 셰프에서 햄버거를 먹으려 할 때 로럴에서 폭도가 난동을 부리고, 사일러스 맥기가 러플로어 극장의 인종분리를 철폐하기 위해 나섰을 때 그린우드에서 소동이 일어나리라고 예상하기 쉬웠을 것이다. 하지만 7월 5일에 잭슨에서 무슨 일이 일어날 것인지 과연 누가 예측할 수 있었을까? 그 일요일 오후, NAACP 지도자들은 민권법을 시험하기 위해 비행기를 타고 미시시피에 왔다. 체포되거나 폭행당할 것을 각오하고 온 그들을 경찰이 맞이하고 시내의 하이덜버그 호텔까지 호위했다. 잭슨 지역의 영웅들이 함께 하여, 흑인들은 호텔로 들어가 안내 데스크로 갔다. 그리고 투숙했다. 백인 벨보이가 그들의 가방을 들었다.

그들은 그린이라는 이름의 방에서 점심을 먹었다. "음식도 맛있고, 서비스도 괜찮고, 태도가 좋았다"[95]고 잭슨의 목사가 말했다. 불과 12일 전에 집에 총격을 당한 사람이었다. 선앤드샌드 모텔과 킹에드워드 호텔에서도 별다른 사고 없이 시험이 치러졌다. "미시시피가 국가와 보조를 맞춰 걸을 거라는 유익한 신호를 보는 거라고 생각한다"고 목사는 말했다. 선앤드샌드의 매니저는 미시시피 상당수의 흔쾌하지 않은 태도를 압축해서 드러냈다. "우리는 법을 준수할 뿐입니다."[96]

새로운 한 주가 시작되었을 때, NAACP 지도자들은 미시시피 각지를 돌며 더 많은 시험에 나섰다. 똑같은 분위기에 휩쓸린 SNCC는 KKK의 온상인 매콤에서 실무자들이 활동할 채비를 갖추었다. 그리고 활동가들은 더 활발한 선거운동에 나서고 주 전체에서 자유학교를 열 준비를 했다. NAACP도, 활동가들도, 미시시피의 폭력이 어떤 것인지 익히 배운 이들도, 휴일이 끝났다는 생각을 미처 하지 못했다.

# 7
# 착한 검둥이가 되는 법

나는 지금 교차로에서
그만 주저앉고 마네.
- 로버트 존슨, 〈교차로 블루스〉

멕시코 만 부근의 싱잉 강을 끼고 있는 작은 마을, 미시시피 모스포인트는 그 여름에 자기 몫의 혼란을 겪었다. 활동가들이 들어온 지 며칠 만에 한 집회장이 소이탄 공격을 받았고 몇 명이 체포되었다. 긴장감이 높아지면서 흑인과 백인은 너도나도 총을 샀고 한 백인은 수류탄을 몸에 지녔다. 흑인 아이들이 사탕을 먹고 독살되었다는 소문은 소문일 뿐이었지만, 모스포인트는 여전히 인종 문제의 지뢰 선으로서 긴장과 초조함 속에 어떤 끔찍한 일이 벌어지기만을 기다리는 것 같았다.

"오늘 밤 큰일이 있었어요"[1] 하고 모스포인트의 활동가가 7월 6일에 집에 편지를 썼다. 그 월요일 저녁, 300명의 사람들이 피시어스 기사단(Knights of Pythias) 집회장에 꾸역꾸역 모였다. 사무소의 정문은 화염병 공격 탓에 여전히 까맣게 그을려 있었다. 사람들 앞에서 발언하면서, 안경을 낀 다부진 사내 로런스 가이요는 점점 흥분했다. 그는 지난해 패니 루 헤이머와 함께 폭행을 당한 사람이다. 그린빌과 마찬가지로 그의 고향인 멕시코 만 연안은 비교적 관용적인 곳으로 알려져 있었다. 하지만 꾸준히 선거운동을 하는데도 유권자 등록에 나서는 사람은 거의 없었다. "무슨 일이 더 일어나야 여러분이 움직이게 될까요?"[2] 하고 가이요가 외쳤다. "강간? 총살? 살인? 도대체 무엇이어야 하겠습니까?" 다른 발언들이 이어진 뒤 자유의 노래가 긴장을 누그러뜨렸다. 그 직전 근처의 패스커굴라에서 세 남자가 작은 승용차에 비집고 탔다. 소총을 놓을 자리조차 모자랐다.

기사단 회의소에서 사람들은 모든 회합의 마지막에 부르는 노래를 시작했다. 붉게 달아오른 무아지경의 표정으로 사람들은 두 손을 모으고 들판의 백합처럼 함께 몸을 움직이며 노래를 불렀다. 근처에 있었던 경찰 한 명은 회의가 끝났다고 판단하고 차를 몰고 자리를 떴다. 그리고 마지막 노랫말 "우리 승리하리라"가 회의소를 채울 때 그 승용차가 빠른 속도로 지나갔다. 날카로운 파열음이 세 번 울렸다. 창가에 있던 흑인 여성이 바닥에 쓰러졌다. 선풍기가 넘어지면서 회전하는 날개가 콘크리트 바닥에 부딪혀 기관총이 발사되듯 요란한 소리를 냈다. 소란 속에서 한 활동가의 눈에 들어온 건 "넘어진 여성이 배를 움켜쥔 채 누워 있는 장면이었다. 그녀는 너무도 차분했고 평온한 미소를 띠고 있는 조각상 같았다."[3] 몇 사람이 회의소에서 뛰쳐나가 자동차에 올라타고 용의자들을 추적해 주유소로 들어갔다. 하지만 백인 한 명이 소총을 겨눠 흑인들은 몸을 피해야 했다. 경찰이 도착하여 흑인들을 체포하고 나머지 사람은 모두 보냈다. 싱잉리버 병원에 입원한 여성은 상태 '양호'로 분류되었지만, 이 산탄총 공격은 분명히 알려준 것이었다. 아무리 희망을 품고 아무리 노래를 부르고 아무리 새 민권법이 시행되어도, 여기는 여전히 미시시피라는 것을, 여전히 "길고 뜨거운 여름"이라는 것을, 그리고 때는 겨우 7월이라는 것을.

6월이 담요였다면 7월은 오븐이었다. 모든 걸 녹이고 점화시키고 삼켜 버릴 것 같았다. 시대를 초월하여 미시시피의 7월은 한결같은 모습이었다. 먼저, 습도가 엄청나게 높다. 찜통 같은 밤은 결코 대지를 말리지 못했고, 해는 다시 떠올라 증기를 가열시켰다. 다음으로, 열기와 비, 열기와 비가 반복된다. 자질구레한 농사일을 언제 해야 하는지, 타는 듯한 하늘이 낮잠을 불러오는 때가 언제인지, 적란운이 모루처럼 수평선 위에 놓여 있을 때가 언제인지, 그리고 구슬만 한 빗방울이 떨어져서 붉은 대지가 진흙탕으로 변하고 오븐 같았던 공기가 끈적끈적한 섭씨 27도 정도로 내려가는 때가 언제인지를 지역 주민은 훤히 알았다. 그러나 활동가들은 7월의 미시시피를 아직 배우는 중이었다. 한낮의 거리를 그들만 돌아다니는 일이 특별한 건 아니었다. 크리스 윌리엄스는 왜 미시시피 남자들이 아무도 반바지를 입지 않는지, 왜 자신도 입을 수가 없는 건지 이해할 수 없었다. 활동가들은 물에 몸을 담글 수도 없었다. 강은 흙탕물에 뱀이 들끓었고 공립 수영장은 '침략자들'에게 출입을 금지했다. 날이 갈수록 열기는 점점 더해져, 살갗은 뜨거운 가죽처럼 변하고 도화선에 불이 붙듯 벌컥벌컥 성질이 났다. 실내에 에어컨을 트는 건 부잣집뿐이었기에, 납빛 구름이 노기를 폭발할 때에야 사람들과 메마른 대지는 비로소 함께 안도의 한숨을 쉬었다. 그리고 활동가들이 점점 그 양상에 익숙해져 가는 동안, 미시시피는 노기를 폭발했다.

그 주 남부연합 깃발이 잭슨에 있는 우아한 로버트 E. 리 호텔 밖에서 나부꼈다. 문에는 "절망 속에 휴점함, 민권법안은 위헌"[4]이라는 안내문이 나붙었다. 이 호텔은 며칠 뒤 회원제 클럽으로 다시 문을 열었다. 시내 곳곳에서 시 공무원들은 공원 둘레에 울타리를 치고 있었다. 흑인 아이들이 "나는 자유다!"[5] 하고 외치며 뛰어다니는 걸 백인들이 불만스러워했기 때문이다. 미시시피 다른 곳에서도 수영장과 도서관이 문을 닫았다. 레스토랑 주인은 총을 겨눠 흑인들을 못 들어오게 했다. 주지사 폴 존슨은 "이들이 주를 떠나 집으로 돌아가서 자기 문제나 신경 쓰지 않는 한"[6] 더 많은 폭력이 저질러질 것이라 예견했다. 모스포인트 총격 사건이 있고 몇 시간 뒤, 미시시피의 교회 세 군데가 더 화염에 휩싸였다. 이제 열기와 화염, 열기와 화염이 거듭되는 양상이었다. 이 인정사정없는 기상 이변조차 숨통을 틀어막지 못하는 이들이 있었다. 너무도 순수하고 헌신적이어서 주변에서 일어나는 혼돈에 아랑곳하지 않는 사람들이었다.

———

따뜻하고 고운 비가 프랜 오브라이언을 맞이하고 있을 때, 그레이하운드 버스는 미시시피 강을 굽어보는 절벽에 그녀를 내려놓았다. 남북전쟁 때 빅스버그 포위 공격이 벌어진 곳이다. 여름에 비가 오지 않는 남캘리포니아에서 온 프랜은 버스에서 내리자마자 이국적이라고 느꼈다. 그러나 COFO 자유의 집에 들어가자, 평생 만나 온 친구나 아이들과 함께 집에 있는 기분이 들었다. 베시라는 흑인 여성은 남편이 KKK에 살해당하고 최근에 집이 폭탄 공격을 받아, 상자와 잡동사니 틈에서 여섯 아이들과 지내고 있었다. 다른 활동가들이 그 일요일 오후에 자유의 집을 드나드는 동안, 아이들은 하얀 얼굴, 짙고 굽슬굽슬한 머리카락, 어여쁜 웃음을 지닌 신참내기 둘레에 모여들어 비 오는 날 자기들과 '뭔가' 하자고 졸랐다. 오리건 캠퍼스를 떠나 장거리 버스를 갈아타고 막 도착한 스물한 살 프랜 오브라이언은 그렇게 자신의 여름을 시작했다. 그리고 이어지는 한 달 반 동안, 그녀는 마틴 루터 킹을 만나게 된다. KKK와 맞닥뜨리는 오싹한 경험을 하게 된다. 미시시피의 붉은 점토를 이용하여 공예 프로젝트를 기획한다. 그런 역할을 맡기에는 너무도 얌전한 여대생이었지만, 그녀는 파괴와 맞선 끊임없는 전투 속에서 독창성을 드러내게 된다.

프랜은 프리덤 서머의 '정치학'에는 거의 관심을 두지 않았다. 대신 그 프로젝트는 자신의 기독교 가치를 검증하고 가르칠 기회였다. 성인과 함께 있을 때는 수줍어했지만, 아이들과 함께 있을 때는 생동감이 넘쳤다. 이 날씬하고 얌전한 여학생은 오리건에 있는 고등학교와 퍼시픽 대학에서 수업을 보조하여 최소한의 재료로 공예와 연극을 했고, 이는 정확히 자유학교에서 계획하고 있는 것이었다. 대학기독학생회연합에서 여름 프로젝트를 알게 된 프랜은 신청서를 냈지만 그 자리에서 결정을 내릴 수 없었다. 마침내 그녀를 남부로 향하게 한 건 영화 〈뉘른베르크 재판〉의 한 장면이었다. 재판관이 독일 여인에게 히틀러 치하에서 무엇을 했느냐고 묻는다. 그 장면에서, 프랜은 30년 뒤 누가 자신에게 민권운동 시대에 무엇을 했느냐고 묻는다면 "아무것도"라고 대답해야 할 때 스스로 어떤 기분을 느낄지 자문했다.[7]

캘리포니아 위티어에 있는 집으로 쓴 긴 편지는 부모를 놀라게 했다. "두 분이 '너무' 화내지 않기를 바랍니다"[8] 하고 프랜은 썼다. "또 우리 관계가 여전히 갈라지지 않기를 바라고요." 노무사인 프랜의 아버지는 자랑스러움을 느꼈다. 사회복지사로 일했던 어머니는 지지해 주고 싶으면서도 "이 일이 네가 하고자 하는 일이라고 확신하는 거니?"[9] 하고 거듭 물었다. 프랜은 확신했다. "이것이 내 프로젝트임을 분명히 깨달았어요"[10] 하고 편지에 썼다. 그녀는 100달러를 모았고, 소득세 환급으로 생긴 57.30달러를 보태 스스로 비용을 마련했다. 결혼식 한 군데에 참석한 뒤 스포캔으로 가는 그레이하운드에 탑승하고 환승을 거듭하면서 오하이오 캠퍼스에 도착한 일요일은 바로 세 청년이 실종된 날이었다. 그 공포스러운 주 내내, 프랜은 워크숍에 집중하려 애썼지만 미시시피에서 들려오는 소식이 끊임없이 정신을 흐트러뜨렸다.

월요일 아침, 리타 슈워너는 활동가들에게 지역의 연방의원에게 편지를 쓰라고 했다. 하지만 프랜은 다른 방식으로 위험과 맞섰다. 수련회에는 캘리포니아에서 온 다른 활동가들이 많았기에 프랜은 자신이 다른 볼일을 보더라도 아무도 섭섭해 하지 않을 거라고 믿었다. 조카 생일이 7월이었고, "그때에는 내가 멀리 있다는 생각이 떠올랐다."[11] 캠퍼스 전체에 경보음이 퍼지고 있을 동안, 프랜은 시내로 걸어가서 장난감 찻주전자를 사서 캘리포니아로 부쳤다. 다시 수련회로 돌아오면서도 미시시피에 가겠다는 마음은 확고했다. 빅스버그가 활동 장소가 될 터였다. 그녀가 알고 있는 빅스버그는 남북전쟁의 격전지라는 사실뿐이었다.

그 일요일, 빗방울이 자유의 집 유리창을 톡톡 두드릴 때 프랜은 고장 난 피아노에 앉아 아이들이 알고 있는 온갖 노래를 연주하고 있었다. 다른 활동가들은 위험을 무릅쓰고 가까운 거리에 나섰지만, 프랜은 오후 내내 노래를 부르고 게임을 만들어 내고 이야기를 들려주었다. 바로 그날 빅스버그의 흑인 구역 들판에서 놀던 세 아이가 시신을 발견했다. 이어지는 주 동안 한 활동가의 승용차 앞 유리는 파손되고, 자유학교 학생들은 날아오는 돌멩이를 맞고, 인근의 교회는 불길에 휩싸인다. 프랜 오브라이언은 일어나는 사건을 다 들었다. 하지만 성인이 다른 성인에게 저지르는 짓에 신경 쓰지 않는다. 아이들이 있었기 때문이다.

프랜이 온 다음날, 활동가들은 빅스버그 커뮤니티센터를 단장했다. 하루 종일 아이들은 길고 구멍이 뻥뻥 팬 진입로를 지나 새로 온 활동가들 둘레에 모여들었다. 아이들은 자기들도 돕게 해 달라고 졸랐지만 대개는 방해가 될 뿐이었다. 프랜의 수업이 시작하는 날은 다음 주 월요일로 잡혀 있었다. 그동안 프랜은 호스트 가정에 자리 잡기 위해 노력했다. 프랜을 받아들인 나이 지긋한 아주머니는 프랜하고 아무런 관계도 맺지 않길 바라는 것 같았다. 프랜이나 한 방을 쓰는 활동가가 거실에 앉으면 아주머니는 곧 부엌으로 갔다. 둘이 따라가면 아주머니는 다시 거실로 나왔다. "아주머니는 자랄 때부터 그랬던 거였어요"[12] 하고 프랜은 회고했다. "사람들은 백인과 함께 거실에 있지 않으려 해요. 건방진 태도라고 생각했니까요." 집에서 아주머니를 졸졸 따라다니고 있다고 깨달은 프랜은 되도록 방 안에 있으려 했다. 존슨 대통령이 민권법에 서명하던 저녁에, 프랜은 자유의 집에 있었다. 자유의 집은 활동가들과 집에 텔레비전이 없는 이웃 주민들로 들어찼다. "서명한다!"[13] 누군가 외치자 모두가 파란 빛을 내는 TV 앞으로 몰려들었다. 사람들은 기뻐하며 〈우리 승리하리라〉 노래를 부르면서, 장난으로 "우리 승리하였다"고 가사를 바꿔 불렀다.

나흘 뒤 프랜은 새로 단장한 커뮤니티센터에서 수업을 시작했다. 자유의 집에는 아직 배관이나 전기 시설이 없었다. 프랜이 아이들을 하나하나 도와줄 때 창으로 들어와서 얼룩지는 빛은, 아이들이 베틀 삼아 씨실과 날실을 엮고 있는 판지에서 흔들렸다. 그 뒤 이야기를 읽어 주는 수업 시간에 아이들이 북적북적했다. 프랜의 차분한 표정과 캘리포니아 악센트는 모든 아이를 집중시켰다. 그날 오후 네쇼바 카운티에서 순회하고 있는 NAACP 지도자들을 폭도 무리가 위협하고 있을 때, 프랜은 아이들과 함께 밖으로 나가 게임을 했다. 저녁을 먹은 뒤, 모스포인트에서 산탄총이 발사되는 동안, 그녀와 다른 교사들은 다음 주 계획을 짜고 있었다. 잠이 들기 직전에 프랜은 어머니에게 편지를 썼다.

> 너무 걱정하지 마세요. 위험에서 벗어나 있다는 면에서, 빅스버그는 미시시피에서 가장 활동하기 좋은 곳이에요. 집에 돌아가기까지 한 달 반은 긴 시간처럼 느껴지는 게 사실이에요. 하지만 집에 돌아가는 건 물론이거니와, 내가 미시시피에 가야 할 것인가를 고민하기 시작한 3주 전처럼 길어 보이지는 않아요. …… 나는 하느님을 믿으며 합당한 범위 안에서 내 신심을 지켜 나가려 해요. 이 일을 하는 나를 지지해 주셔서 정말 고맙습니다.
> 안녕히 주무세요.
> 사랑하는 딸, 프랜[14]

7월 둘째 주 즈음, 모든 사람이 굿먼, 슈워너, 체이니가 죽었다고 생각했다. 그들의 어머니만 빼고는. 맨해튼 아파트에서 캐럴라인 굿먼은 아들의 방에 들어갔다. 슬픔에 잠겨 말없이 앉아 옷과 책과 포크 음악 LP판을 바라보았다. 그 하나하나에 앤디는 무슨 생각을 했을까 알고 싶었고, 자신은 결코 알지 못할 거라는 생각을 떨쳐 내려 했다. 어느 날 오후에 한 남자가 전화를 걸어와서는, 자신이 앤디를 브루클린 호텔에 데리고 있으니 15,000달러를 주면 돌려보내겠다고 했다. 아들의 실종 뒤 굿먼 부부는 기도와 애도를 표하는 편지 수십 통을 받았고, "당신의 사랑스런 앤디를 죽인 살인범을 찾는 데 필요할"[15] 500달러 수표를 보낸 이도 있었다. 열 살짜리 소녀는 고양이 이름을 '앤드루 굿먼'이라 지었다는 편지를 보냈다. "앤드루 굿먼은 영웅이라 생각해요. 그래서 무언가가 그 이름을 간직해야 한다고 생각해요"[16]라고 이유를 들면서. 모든 편지 가운데 굿먼 부부가 특히 위로를 받은 건 미시시피 주 머리디언에 사는 한 어머니가 보낸 편지였다. 미시시피에 대해 사과하면서 "이 악마들은 누구이며, 어디서 살다가 어둠 속에서 출몰하여 살인을 저지르는 것인가?"[17] 하고 물었다.

1,600킬로미터 남쪽에서, 패니 리 체이니는 머리디언의 집 밖을 거닐었다. 하늘이 훤해질 때까지 매일 밤 서성댔다. 집을 돌고 돌아서 풀밭에 길이 났고, 〈만세 반석 열리니〉 같은 영가를 콧노래로 불렀다. 일을 마치고 돌아온 저녁마다 강박적으로 청소를 했다. 부엌 바닥을 서너 번 대걸레로 문지르고, 설거지를 하고, 그릇이 마르면 다시 설거지를 했다. 열두 살짜리 벤이 길거리에서 공놀이를 하는 걸 허락하지 않았다. 어느 저녁에 'J E'의 딸을 최근에 낳았다는 젊은 여자의 전화를 받았다. 반신반의하면서 엄마와 아기 모두 택시 타고 집으로 오라고 했다. 아기를 보자마자 패니 리 체이니는 자신이 할머니가 되었다는 걸 알았다. 아기를 두 팔로 받아 안으며, 자신의 아들도 이렇게 할 수 있기를 기도했다.

여전히 세 사람의 흔적은 어디에도 없었다. 미시시피의 거칠고 냉혹한 땅은 시신을 숨기기에 무척이나 알맞은 곳이었다. 탁한 강물은 바닥을 긁고 다니는 갈고리에 아무것도 내주지 않았다. 습지는 불쑥 튀어나온 나무 뒤에, 검은 물 밑에 비밀을 꽁꽁 감추고 있었다. 얽혀 있는 덩굴뿌리는 누구도 걷어 내고 지나가는 걸 허락하지 않았다. 자취를 찾을 수 없었다. 뉴올리언스의 FBI 과학수사팀은 불탄 스테이션왜건에서 채집한 물증을 조사했다. 흙과 파편, 열쇠, 12:45에 멈춰 있는 까맣게 탄 손목시계를 조사했지만 "사람의 흔적은 전혀"[18] 발견하지 못했다. 네쇼바 카운티 남쪽의 청키 강 옆에 시신을 매장한 걸로 추정된다는 최신 제보가 있었지만 확인 결과 죽은 말이 묻혀 있었다. 희망이 사라지면서, 미시시피에 집중되었던 미국의 눈길은 다른 관심사로 옮겨 가고 있었다. 베트남에서 고조되고 있는 위기, 다가오는 공화당 전당대회, 젖가슴을 노출한 수영복을 둘러싼 대소동으로. 언론의 집중 조명이 수그러들었다. 이렇게 되자 미시시피 일부는 미시시피에서 벌어진 일이 바깥세계로 알려지지 않았던, '좋았던 옛 시절'에 대한 면책을 다시 느꼈다. 그리고 프리덤 서머를 저지하고 '침략자들'을 몰아내 '우리 생활 방식'을 보존하려는 노력이 터져 나오며 복수가 자행되었다.

어떠한 구실로든 활동가들을 체포한 뒤 100달러의 보석금으로 석방하는 데 싫증 난 경찰은 보석금을 올리기 시작했다. 난폭 운전 250달러, 과속 400달러, 불법 침입 500달러, 불법 침입과 욕설 1,000달러. 평범한 시민들이 난폭하게 굴었다. 해티스버그에서 흑인 몇 명이 '백인 전용' 안내판이 붙은 여인숙에 들어갔다가 쫓겨났다. 여인숙 주인의 아내는 총을 꺼내 들었다. 델타의 활동가는 법원에서 나가라는 말을 들었을 뿐 아니라 멱살이 잡혀 내동댕이쳐졌다. 잭슨에서는 백인이 픽업을 주차하고 내리더니 느닷없이 흑인에게 주먹을 날리고는 차를 타고 사라졌다. 그런 사건들, 더 많은 폭력이 더 자주 훨씬 위협적으로 미시시피 전역에서 일어나고 있었다. 그래서 매콤의 고요함이 특히 오싹하게 느껴졌다.

7월 7일 화요일, SNCC는 미국 최남단 동부, 미시시피의 오지에 다시 '교두보'를 건설했다. 연휴 주말 동안, 활동가 다섯 명과 SNCC 실무자 두 명이 낡은 세단을 비집고 올라타 잭슨에서 출발했다. 뭉게구름이 떠 있는 파란 하늘 아래 남쪽으로 달려가는, 흑인과 백인이 함께 탄 승용차는 새로 뚫린 55번 주간 고속도로를 달리는 동안 누구의 시선도 끌지 않았다. 그러나 주간 고속도로가 끝나고 세단이 구불구불한 2차선 도로를 달리기 시작하자, 고속도로 순찰대 차량이 따라붙었다. 앞차가 뒤차를 견인해 가기라도 하는 것처럼, 두 차량은 갈수록 무성해지는, 덩굴이 얽힌 잡목림을 일정한 간격을 두고 지나갔다. SNCC 실무자들은 "파이크 카운티"라고 적힌 표지판을 지날 때 분명 몸서리쳐지는 공포감을 느꼈을 것이다. 인구 12,020명의 매콤은 미시시피의 '험악한 도시' 가운데에서도 가장 험악한 곳이었다. 하지만 밥 모지스가 그곳의 흑인들이 느끼는 "공포를 함께 나누고자"[19] 했기에, 도시의 흑인 구역에 자유의 집이 문을 열 예정이었다.

고속도로 순찰차가 백미러에 담긴 채로, 세단은 천천히 매콤으로 들어갔다. 그들이 익히 들어 온 얘기를 생각할 때, 활동가들은 소설 《타바코 로드》(Tobacco Road)에 나오는 레드네크의 낙후된 마을을 보게 되리라 예상했을 것이다. 하지만 그들의 눈에 들어온 건 깔끔하게 정돈된 약국과 파이브 앤드 다임 상점, 포장된 인도 위의 화분에 만발한 분홍 철쭉, 그리고 미인대회 우승자 사진 위에 "미스 미시시피의 고향"이라는 글귀가 적힌 광고판이었다. 매콤은 '철도 도시'였다. 화물열차가 하루에도 몇 번씩 덜컹덜컹 지나가고, 수백 명이 이곳저곳의 철도에서 일했다. 하루에 두 번, 시티 오브 뉴올리언스 열차는 오래된 역에 정차하여 승객들을 시카고로 실어 나르고 또 실어 온다. 기차는 달궈진 일요일 오후에 유일한 생명의 흔적이었고, SNCC 베테랑들은 세 해 전에 도망쳐 나온 도시와 다시 마주했다. 뒷골목에는 레스토랑 입구에 '유색인 전용' 안내판이 붙어 있었다. 1961년, 폭도가 스니크 몇 명을 폭행했던 시청 계단이 있었다. 그리고 그들 뒤에는 고속도로 순찰대가 따라오며 붉은 경광등을 빛내고 있었다.

SNCC 차량을 세운 순찰대원들은 일곱 명 모두를 연행해 심문했다. 하지만 놀랍게도 그들은 폭행당하지도 체포되지도 않았다. 석방된 그들은 철도 선로를 건넜다. 차를 세운 곳은 작고 쓰러질 듯한 집들 가운데 있는 작고 쓰러질 듯한 집이었다. 성난 백인을 하나도 마주치지 않았다. 주변을 기웃거리는 픽업도 전혀 없었다. 그 저녁, 새로 도착한 활동가들이 흑인 카페에서 식사를 할 때 경관 둘이 들어와서 안쪽으로 걸어가더니 백인을 노려보다가 나갔다. 이튿날, SNCC 실무진이 여행 중인 하원의원 네 명 가운데 한 명과 함께 매콤의 시장과 파이크 카운티 보안관을 만났다. 심지어 보안관은 자유의 집을 경찰이 보호하겠다는 약속도 했다. SNCC는 "사기가 높아지고 있다"[20]고 잭슨에 보고했다. 하지만 밥 모지스는 속지 않았다. 화요일 저녁, 그는 자유의 집을 방문하여 자신이 거기에 보낸 모두에게 떠나라고 설득했다. 무슨 일이 벌어질 거라고 모지스가 말했다. 자신의 고향에서 활동하기로 결심한 커티스 헤이스가 자유의 집을 열자고 모지스를 설득하며 떠나지 않겠다고 했다. 다른 이들은 이튿날 아침에 떠나겠다고 했다. 모지스는 돌아가고 모두가 잠이 들었다.

그 화요일 저녁, 잭슨의 광역전화 서비스는 여느 때처럼 갖가지 사건 전화로 불이 났지만, 새벽 1시 30분에 전화 벨소리가 잠잠해졌다. 그 뒤 두 시간 동안 사무실은 소름 끼칠 만큼 고요했다. 그리고 전화벨이 다시 울렸다. 갈라진 목소리가 전화에서 들려왔다. 매콤에서 걸려 온 전화였다. "폭탄이 터졌어요! …… 잠깐만요……." 영원 같은 순간이 지나고 그는 다시 전화 걸겠다고 말했다. COFO가 주 전체 사무실에 설치하고 있는 새 CB 라디오(citizens band radio, 자동차, 집, 사무실과 같은 곳에서 주로 개인이 이용하는 단거리 무선통화 시스템—옮긴이) 가운데 한 곳에 드디어 최종 보고가 들어왔다.

폭발음은 매콤 전체를 뒤흔들었다. 다이너마이트 여덟 자루가 자유의 집 앞에서 폭발했다. 커티스 헤이스가 앞쪽 창 가까이에서 자고 있었다. 폭발은 그를 방 반대쪽으로 날려 버렸고, 의식을 잃었다. 의식을 되찾았을 때 머리는 욱신거리고 귀가 윙윙거렸으며 팔과 다리와 얼굴은 온통 찢어진 상처였다. 헤이스는 잔해 위를 기어 가서 다른 실무자를 찾았다. "보라고, 빌어먹을"[21] 다른 실무자가 말했다. "이 빌어먹을 곳에서 나가야 한다고 했잖아." 오리건 출신의 활동가는 뇌진탕이었다. 함께 잠이 들었던 다른 활동가들은 다친 데가 없었다. 잭슨에서 실무자들은 너무 빨리 매콤에 들어간 것을 걱정했다. 하지만 다시 걸려온 전화는 폭탄 테러가 사기를 드높였을 뿐임을 알려 주었다. "폭탄은 도로가에 있는, 집 전면의 왼쪽 끝과 자동차 사이에서 터졌습니다. 왼쪽이 파괴되었습니다. 왼쪽 전체가 완전히 뻥 뚫려 자동차 한 대가 들어올 수 있을 정도입니다. 창문은 모두 박살났고 벽은 꼭대기부터 무너졌습니다. 맞은편 집과 이웃집 창문도 부서졌고요. 우린 여기서 전진할 것입니다. 모두가 결정했어요. 오늘 밤 대중 집회를 엽니다."[22]

1964년 7월 둘째 주, 미국 전역의 아이들이 수업에서 해방된 즐거움을 맛보는 동안, 미시시피 주에는 36군데 학교가 문을 열었다. 탈바꿈한 판잣집과 교회 지하에서, 나무 아래와 넓은 잔디밭에서 수업이 열렸다. 교사들은 교과서도 거의 없었고 연수를 받지도 못했다. 출석은 완전히 자발적이었다. 강의도 없고 시험도 없고 교장도 없고 숙제도 없는 학교였다. 하지만 그 수업은 거의 모든 교사와 학생들의 삶을 변화시킨다. 이 학교가 바로 자유학교였다.

자유학교에는 특별한 유산이 있다. 1961년 가을, 매콤고등학교 학생 브렌다 트래비스는 좌석 점거에 참여했다는 이유로 정학을 당했다. 곧 100명의 학생들이 가두시위에 나섰다. 100명마저 전원 정학을 받자, SNCC는 학교를 열어 곧바로 '비폭력고등학교'[23]라 칭했다. 밥 모지스가 다시 수학을 가르쳤고, 다른 스니크들이 인류 역사와 흑인의 역사, 미술, 문학을 가르쳤다. 비폭력고등학교는 모든 교사들이 미성년자의 비행에 원인을 제공했다는 이유로 유죄 판결을 받고 최대 6개월형 선고를 받을 때까지 계속되었다. 그 뒤로도 줄곧 모의 학교는 SNCC의 꿈이었고, 미시시피의 흑인 청소년들에게는 광야의 한 줄기 빛이었다.

'브라운 판결'이 있고 10년 뒤, 미시시피는 여전히 완전하고도 반항적으로 인종분리 학교 교육을 시행하는 최후의 남부 주였다. 학교는 '분리되었지만 평등한' 미시시피의 제도 가운데 하나일 뿐이었다. 하지만 그 실상은 그것이 내건 기치를 조롱거리로 만드는 데 가장 큰 몫을 했다. 미시시피 백인 가운데 42퍼센트는 고등학교를 졸업했지만 흑인에게 오면 그 수치는 7퍼센트로 떨어졌다. 주 전체에서 백인에게 지출되는 학생당 교육비는 흑인에게 지출되는 비용의 네 배였다. 그리고 일부 카운티에서 그 비율은 50대 1이나 되었다. 흑인 교사들은 옛날 교과서에 아무런 시설도 없고 오로지 가장 기초적인 과목만 공부하는 낙후된 교실에서 분투했다. 그러나 SNCC 베테랑 찰리 코브는 그 교사들의 수업 방식에 분노했다. 아이들 쉰 명을 데리고 수업하는 교사는 질문을 받고 함께 탐구해 나갈 시간 여유가 없었다. 백인 학교위원회가 고용한 교장들은 감히 현실을 타개하려 하지 않았다. 공동 작성한 계획서에, 찰리 코브는 자유학교가 이와 다를 것이라고 썼다. 그 봄, 계획서는 모든 자유학교 교사들에게 전달되었다.

건조한 교육학 논문을 보며 길러진 교사들에게, SNCC의 〈미시시피의 교육에 관한 소고〉는 유도라 웰티(Eudora Welty, 1909~2001, 미국 남부를 다룬 소설을 쓴 작가—옮긴이)의 산문처럼 유려해 보였을 것이다. 글은 이렇게 시작한다. "상황은 이렇다. 우리가 가르칠 청소년들은 평생 미시시피에서 살아온 아이들이다. 말하자면, 1학년 때부터 고등학생이 되도록 양질의 교육을 받아 본 적이 없다. 아이들이 자유로운 표현과 자유로운 사고를 할 기회가 없었다는 뜻이다. 무엇보다도 그 아이들은 질문할 권리를 누리지 못했다. 자유학교의 목적은 아이들이 질문하기 시작하도록 돕는 것이다."²⁴

이들은 어떤 아이들인가?

"아이들은 서로 다르겠지만, 시스템의 상흔을 갖고 있다는 점에서는 한결같다. 어떤 아이는 냉소적일 것이다. 어떤 아이는 불신을 품고 있을 것이다. 아이들 모두 심각할 만큼 준비가 안 되어 있을 것이다. …… 그러나 아이들 모두는 살아온 세월을 훨씬 넘어서는 지식을 갖고 있을 것이다. 대놓고 자신을 파멸시키려는 사회에서 생존하는 법에 대한 지식이다."

그러면 아이들이 교사에게 요구하는 것은 무엇인가?

"아이들은 교사가 정직하기를 바랄 것이다. …… 정직이란 교사가 질문에 대답할 뿐 아니라 질문을 '던져야' 함을 의미한다. 어떤 것에 대해 알지 못한다면 알지 못한다고 말한다는 걸 뜻한다." 자유학교는 미시시피 권력 구조에 대한 전면적인 공격을 정면으로 감행하게 된다. "가만히 있으면서 …… 거기에 만족하는 '착한 검둥이'가 되는 법을 배우는" 것으로 흑인 교육을 제한하는 권력 구조에 대한 공격이었다.

2천 달러의 예산으로 36군데 학교를 열어 학생 1천 명을 가르친다는 계획은 대부분이 예상했던 것보다 훨씬 많은 시간이 들었다. 3월에 맨해튼에서 열린 SNCC 회의는 교수와 교사들의 전문 지식을 취합했다. 그들이 수립한 자유학교 교과과정에는 다음과 같은 것이 포함될 것이다. "① 읽기, 쓰기, 산수의 보충수업과 기본수업, ② 민권운동에 대한 탐구, ③ 미국 공립학교에서 가르치는 것을 넘어서는 흑인 역사, ④ 미시시피와 북부 게토의 실상에 질문을 던지는 수업, ⑤ 흑인과 '가난한 백인'의 비교." 자유학교 교사들은 미시시피 공립학교에서 백인들만 누리는 선택과목, 이를테면 타자 치기, 프랑스어, 스페인어, 미술, 연극, 무용 등도 가르칠 계획이었다. 무엇보다도 자유학교 교사들은 "창조적이고 실험적이어야 했다. 아이들은 그런 걸 좋아할 것이다."[25]

6월 28일에 미시시피에 도착한 교사들은 한 주 동안 교실을 마련하고 책장을 정리하고 학교를 연다고 널리 알렸다. 하지만 모순어법처럼 느껴지는 '자유학교'라는 곳에, 한여름에 낯선 사람이 가르치는 수업에 과연 누가 오긴 올 것인가? 그 반응을 결정하는 건 호기심보다 공포였다.

잭슨에서 북쪽으로 반시간 거리에 있는 캔턴에 학교 세 군데가 문을 열 예정이었다. 하지만 한 사람이 학생들의 집에 폭탄을 터뜨리겠다고 위협했고, 다른 사람들은 새로 단장한 도서관에 들어가 책에 오줌을 누었다. 입학 접수하는 날, 어떤 학교에는 아무도 오지 않았고 또 어떤 학교들에는 손가락으로 꼽을 만큼 왔다. 교사들은 집집마다 돌아다녔고 직접 독립기념일 소풍을 주최했다. 얼마 지나지 않아 입학 신청은

75명까지 늘었다. 룰빌에서는 목수인 프레드 윈과 활동가들이 말끔하게 되살린 낡은 판잣집에 50명이 들어찼다. 룰빌의 공립학교는 아직 학기 중이었기 때문에 아침 수업은 성인과 때로 유아들을 대상으로 열렸다. 가까운 들판에서 목화가 익어 가는 동안 자유의 집은 북적거리며 활동이 무르익었다. 아이들이 뛰어 들어오고 뛰어 나갔다. 성인들은 공민권, 보건, 읽기와 쓰기, 셈을 배웠고, 교사들은 키 큰 해바라기가 서 있는 기우뚱한 포치에 앉아 《허클베리 핀》이나 재건시대를 둘러싼 진실에 관해 토론했다. 열기를 피하기 위한 한낮의 휴식시간이 끝나면 고등학생들이 자유학교에 와서 문학, 아프리카 문화, 미술, 생물학을 공부했다. 특히 여학생들은 무용 수업을 좋아했다. 무용 수업 때 여학생들은 이따금 두 팔을 펄럭펄럭 움직이는 '원숭이' 율동을[26] 영 어설프게 따라하는 교사들을 가르치기도 했다. 무용 시간의 왁자지껄한 소리를 넘어서 탁탁 두드리는 시끄러운 소리가 포치에서 들려왔다. 타자 수업이었다.

리타와 미키 슈워너가 길을 닦아 놓은 머리디언에서는 50명 정도 오리라 예상했지만 120명이나 접수했다. 30명이 넘는 학생을 데리고 수업을 이끌어 가는 교사가 더욱 애쓴 건 수줍어하는 학생들한테서 대답을 이끌어 내는 일이었다. "미시시피에서 상황이 나쁘다고 할 때 우리가 말하려는 뜻은 무엇인가요?" "백인이 갖고 있고, 우리가 원하는 건 무엇인가요?"[27] 머리디언의 한 교사는 앞서 "살아온 세월을 훨씬 넘어서는 지식"이라고 스니크가 표현했던 것이 어떤 의미인지 알아챘다. 학생 수가 그렇게 많고 "읽기 수준도 늘 최고인 건 아니지만"[28] 하고 그 교사는 집에 보내는 편지에 썼다. "철학적 이해 수준은 정말 걱정스러워요. 여기 열한두 살 아이들이 표현하는 생각 가운데 어떤 건 북부에서 그 또래 아이들한테 한참 못 미치는 것일 거예요."

그 주에 그린우드와 빅스버그, 그린빌과 모스포인트에서 다른 학교들도 문을 열었다. 가장 성공적인 학교는 저 아래 남쪽의 해티스버그에 있었다. 그곳의 흑인들은 지난 1월의 '자유의 날'을 아직도 이야기하고 있었다. 200명이 비를 맞으며 법원에서 피켓 시위를 벌인 날이었다. 그 뒤로 천 명이 넘는 사람이 유권자 등록을 하려 했고, 일부는 여섯, 일곱, 여덟 번이나 거듭해서 등록을 하러 갔다. 해티스버그의 열망 중 많은 부분은 클라이드 케너드라는 한 이름에서 비롯되었다. 그 불굴의 퇴역 군인은 미시시피서던대학을 인종 통합 대학으로 만들기 위해 애쓰다가 닭 모이를 훔쳤다는 날조된 혐의를 뒤집어썼다. '파치먼 농장' 교도소에 수감된 케너드는 말기 암이었지만 구금 상태에 놓여 있다가 사망 직전에야 풀려났다. 격분하여 단결한 검은 해티스버그는 SNCC를 열렬히 환영했고 NAACP 지부를 강화했다. 프리덤 서머가 가까워질 때, 자유학교 일곱 군데가 계획되어 있었다. 입학 접수일, 150명을 예상했지만 575명이 접수했다. 처음으로 접수한 사람은 여든두 살의 노인이었다. 그는 독학으로 글을 깨쳤지만 입학 원서 양식에 기록하기 위해 도움을 받아야 했다. 학교가 문을 열었을 때 학교 일곱 군데는 이미 정원을 다 채웠다. 자유학교 운영자들은 8월에 2학기를 운영하겠다고 약속해야 했다.

계획과 홍보 덕분에 자유학교에 학생들이 많이 입학했지만, 그 수업이 자유의 뜻 깊은 의미를 길러 낼 수 있을 것인가? 오하이오로 가는 길에 W. E. B. 듀보이스의 《흑인의 영혼》을 처음 읽은 백인 대학생이 흑인 역사를 제대로 가르칠 수 있을 것인가? "썩어 가는 판잣집과 부패해 가는 미국 사이의 연관성"[29]을 학생들이 깨우치도록 그들이 도울 수 있을 것인가? 펜실베이니아 벅스 카운티에서 온 패멀러 파커는 그 대답을 집에 보내는 편지에 썼다.

엄마 아빠께,

수업 분위기는 믿을 수 없을 정도로 좋아요. 모든 교사가 꿈꾸는 분위기죠. 무엇이든 배우려는 참되고 솔직한 열정과 열망이 넘쳐나요. 여학생들이 스스로 마음먹고 수업에 와요. 무슨 말을 던지면 다 대답하고요. 배우는 데 신이 나 있어요. 내가 주는 모든 것을 아이들이 얼마나 쪽쪽 빼 가는지 집에 와서 밤만 되면 완전히 기진맥진이죠. 하지만 정말 행복해요……[30]

그러나 모든 교사가 행복한 건 아니었다. 학생들의 무지함에 얼이 빠질 지경인 교사도 많았다. 미국에 주가 몇 개 있느냐고 묻자, 한 남자아이가 "여든두 개"[31]라고 대답했다. 그것은 미시시피에 있는 카운티의 수였다. 해티스버그의 수업에서는 '브라운 대 교육위원회' 소송에 대해 들어 본 학생이 한 명도 없었다. 도로가 시작하는 곳은 어디인가요?[32] "하느님이요"라는 대답. 미국의 수도는 어디인가요? "어디더라, …… 잭슨?"[33] 무지에다 상황도 문제였다. 작은 벽에는 포스터 한두 장밖에 걸 수 없었다. 학생들은 책상도 없이 벤치에 끼어 앉았다. 갖추어야 할 물품은 만성적으로 부족했다. 교실은 숨이 턱턱 막힐 지경이어서 오후 수업은 야외의 나무 밑에서 진행되는 경우가 많았다. 이런 장애를 극복하기 위해 교사들은 독창성을 발휘했다. 한 학교에서는 깨진 유리창을 아이들의 수채물감으로 칠했다. 교사들은 지칠 줄 모르고 에너지를 발휘했다. 거의 모든 교사가 아침 7시에 출근하여 한 시간 뒤 시작하는 수업 계획을 짰다. 정오까지 수업하고 점심시간을 가진 뒤 오후 세 시간 수업을 이어 갔다. 집에 가서 저녁을 먹고 다시 와서 야간 성인반 수업을 했다. 저임금에 익숙한 이 교사들은 아무런 대가 없이 활동하고 있었다. 주당 10달러의 방값과 밥값은 자기 주머니에서 나왔다.

대부분의 자유학교가 활기를 띠고 있을 때 몇 학교는 거의 고요했다. 차를 이용하여 총질을 하고 도망가는 폭력배 탓에 여전히 동요하고 있는 모스포인트에서 날마다 학교에 오는 학생은 열두 명이 채 되지 않았다. 몇 도시에서, 소이탄 공격을 두려워하는 목사들이 교회 집회장을 교실로 내주지 않아서 아직 문을 열지 못한 자유학교도 있었다. 델타의 가난한 도시 쇼에서는 첫날 학생 40명이 왔지만 이튿날에는 10명밖에 오지 않았다. 드디어 그 자유학교 운영자는 자유학교 총책임자 스터턴 린드에게 편지를 썼다.

진행자로서, 아니 정확히 말하면 민권운동가로서 가질 수 있는 나의 쓸모를 너무 빠르게 잃고 있는 듯합니다. …… 이곳의 생활 조건은 너무 끔찍하고, 흑인들은 정말로 완전히 억압되어 있습니다. 희망조차 없는, 정말로 완벽한 억압이어서 나는 그 모두를 당장 바꾸고 싶습니다. 그럴 수 있기를 간절히 바랍니다. 자유학교를 운영한다는 건 불필요한 시간 낭비입니다. 교실에 하릴없이 앉아 있고 싶지 않습니다. 차라리 밖으로 나가서 폭탄을 던져 몇 군데 기관을 불태우면 좋겠습니다. 사람들은 다치지 않고 그것들을 재편성할 수만 있다면, …… 정말로 여기서 견디기가 힘듭니다.[34]

린드는 쇼로 갈 계획을 세웠다.

그러나 절망보다 공통적인 건 발견이었다. 아이들은 교사 이름을 부를 수 있다는 데 놀라고, 교사들이 미시시피에 대해 질문하도록 다그치는 걸 보고 놀랐다. 또 자신들에게 자랑스러운 역사가 있다는 걸 알게 되어 놀랐다. '아미스타드'호 노예 반란 이야기를 들은 흑인 아이들 얼굴에 물결처럼 미소가 번졌다. 매슈 핸슨이라는 흑인이 최초로 북극에 도착한 사람 가운데 하나였다는 걸 알게 된 학생들은 충격적이라 할 만큼 놀랐다. 아이들은 랭스턴 휴스의 시에 빠져들었고 큰 소리로 암송하며 그의 책을 집에 가져가겠다고 졸랐다. 엔더서 아이더 메이 홀랜드는 그린우드 자유학교에서 리처드 라이트의 《흑인 소년》을 읽었던 일을 떠올렸다. "난, 그러니까 흑인도 실제로 '책을' 쓸 수 있다는 말이지? 하고 거듭 생각했다. 왜냐하면 늘 내가 들었던 건 흑인은 결코 큰일을 한 적이 없다는 말이었기 때문이다. 흑인은 어떤 일도 하지 않았기에, 우리에게는 자랑스러워할 만한 게 '아무것도' 없다는 말이었다."[35]

처음엔 서툴렀으나 점점 매기고 받는 익숙한 리듬이 자리 잡아 갔다. 학생과 교사는 함께 인종 장벽을 넘어서고, 남북의 간극을 뛰어넘고, 어린 아이들은 손을 번쩍번쩍 들고, 쇠약한 노인들은 손에 연필을 쥔 채 천천히 A……B……C……를 써 나갔다. 그들은 뭔가 안 어울리는 교실 모습을 만들어 가면서 호기심과 경이로움을 함께 나눴다. "우리 학교는 어떤 잣대를 들이대도 좋은 학교였다"[36]고 해티스버그에서 가르쳤던 뉴욕의 영어 교사 샌드라 애디커스는 회고했다. "출석부도, 결석 통지문도, 태만한 교장도, 성적표도 없이 전원 출석하는 학교."

폭탄이 매콤의 자유학교 벽에 구멍을 뚫고 이튿날 아침, 경찰들은 부서진 진입로 부근에 비를 맞으며 서서 잔해를 조사했다. "흰개미가 한

짓으로 보이는 걸"³⁷ 하고 한 경관이 농담했다. 하지만 경관뿐 아니라 매콤의 모든 사람은 정확히 누구 짓인지 알고 있었다.

KKK는 '비밀' 조직이라고들 했다. 비밀스런 악수, 남몰래 나누는 인사, '클리글'이나 '클러드' 같은 괴상한 직함들로 가려진 KKK는 폭력에 대한 책임을 인정한 적이 거의 없었다. 하지만 1964년 봄 내내, 흑인 다섯 명의 실종, 습지에서 흑인들을 채찍질한 사건, 지역 영웅들 집 폭파를 비롯한 테러가 끊이지 않았다. 모든 걸 말해 주는 테러 덕분에 파이크 카운티의 모든 사람은 KKK가 다시 부상하고 있음을 알았다. 불법적인 폭력으로 주를 '탈환'한 뒤 90년 동안, KKK는 미시시피에서 왕성하게 활동하지 않았다. KKK의 필요성을 거의 느끼지 못했으니까. 흑인이 '제 본분'을 잘 알았고, 백인은 흑인의 본분을 지키게 하는 공포에 대해 충분히 알고 있었다. 'KKK주의'가 미국에 널리 퍼진 1920년대에만 KKK가 매그놀리아 주에 귀환했는데, 용감한 델타 농장주들이 그 부패를 폭로한 결과 KKK가 수십 년 동안 겨울잠에 들어야 했다.

민권운동 시대에 들어와 KKK는 단지 미시시피에서만 부활한 게 아니었다. 1964년 여름 즈음, KKK 지부는 남부 전역에서 회합을 열고 있었다. 노스캐롤라이나 지부만 해도 회원이 7천 명이었다. "야생 돼지 KKK"³⁸가 아칸소에서 봉기했다. KKK의 뜨거운 결집은 플로리다 세인트어거스틴에서 폭력에 불을 댕겼다. 그리고 KKK는 루이지애나에서 '들불처럼' 번져 가고 있었다. 불법 처형의 유산이 입증하듯이, 미시시피에서는 여름 내내 불법 폭력이 엄청나게 저질러졌다. 마구잡이 폭행과 위협, 파괴 행위를 주로 저지른 건 KKK 지부와 관계도 없는 평범한 시민들이었다. 그러나 KKK의 종교, 우생학, 망상증의 치명적인 혼합은 개별적인 증오를 성전으로 변모시켰다. 프리덤 서머 몇 달 전, 새로운

KKK 지부는 '미시시피 자치 지역'³⁹을 알리기 시작했다.

미시시피 KKK 백기사단은 그 선조들의 미션만큼 정당한 사명을 세웠다. 7월 4일에 배포한 팸플릿《더 클랜 레저》(The Klan Ledger)는 그 임무를 밝혔다. "지금 우리는 미개한 흑인과 그들의 공산주의 우두머리가 순진한 미시시피 사람들에게 약속한, 선동의 "길고 뜨거운 여름 한가운데에 있다"⁴⁰고 팸플릿은 시작했다.《레저》는 이어서 "굿먼, 슈워너, 체이니의 이른바 실종"을 비난했다. "그들이 댈러스에서 케네디에게 저지른 것처럼 뻔한 공산주의자들의 날조라는 사실을 깨닫지 못할 만큼 단순한" 바보라면 반드시 공산주의에 관한 J. 에드거 후버의 논문 〈기만의 달인들〉(Masters of Deceit)를 읽어야 한다고 했다. 그러나 백기사단은 어떤 행동도 취한 바가 없다고《레저》는 말했다. KKK는 실종에 "연루되지 않았다"는 것이다. "실종은 일어나지 않았다." 그러나…… "우리는 무신론 성직자, 세뇌된 미개한 흑인, 잡종 배금주의자로 구성된 집단, 거기다 일부 어리석고 비겁한 정치인까지 한몫 거드는 집단에 의해 우리 권리와 우리 후손의 권리가 사라지는 걸 뒤로 물러나 지켜보지만은 않을 것이다. 경고한다, 무신론자와 인간 잡종들이여, 우리는 레닌주의 지옥으로 떨어지는 너희 길을 가지 않을 것이다. …… 선택하라! 인종분리, 평온, 정의냐 아니면 인종 혼합, 혼돈, 죽음인지."

폭탄 테러와 채찍질은 파이크 카운티 KKK의 특징이었지만, 네쇼바 KKK 지부는 다른 방식으로 자신의 존재를 인식시켰다. '이른바 실종'이 있고 이튿날부터 KKK는 미시시피 주 필라델피아 전역에서 공공연한 비밀이었다. 지역 주민들은 과묵한 농부 누구누구, 다혈질의 사업가 누구누구, 무자비한 경관 누구누구가 지부에 가입했을 거라고 짐작했다. KKK 단원들은 회의 장소를 옮겨 다니고 자동차를 적어도 한 블록 떨어진 곳에 주차하게 되어 있지만, 비슷하게 다혈질인 백인들이 네쇼바 카운티 법원 근처의 스테이크 하우스 카페에 들어가는 게 정기적으로 눈에 띄었다. 주민들은 그들을 '폭력단'[41]이라 일컬었다. 민권법의 영향으로, 스테이크 하우스 카페는 창문에 흰 천을 드리운 회원제 클럽이 되었다. 사람들은 시내의 몇몇 이발소, 식당, 약국도 KKK 소굴로 추측했다. 백인 사회에서 추측이 확산되고 있을 때, FBI는 어떤 해병대 옷차림의 야윈 트럭 운전사 아니면 그의 삼촌을 델타코츠 모텔로 여러 차례 불러들였다. 철도 선로 건너 흑인 구역에서는, 가정부가 주인집 옷장에서 흰 가운을 발견할 때마다 흑인들은 그 이야기를 들었다. 하지만 KKK가 어떻게 운영되고 다음에 어디를 공격할 것인지는 KKK 회원만 알 수 있었다.

KKK 무기는 다이너마이트처럼 노골적이고 휘발유처럼 값이 싼 것이었지만, 미시시피 백기사단은 성전에서 네 가지 명백한 전법을 갖고 있었다. 첫 번째는 선전이었다. 주로 십자가를 불태우고 리플릿을 배포했다. 두 번째는 방화와 다이너마이트 설치[42]였다. 세 번째는 채찍질이었고, 네 번째는 모조리 죽이는 행위[43]였다. KKK 대마왕만이 네 번째 전법을 명령할 수 있었고, KKK 외부의 누구도 그가 누구인지 몰랐다.

샘 할러웨이 바워스는 전형적인 KKK 단원과는 거리가 있었다. 마르고 말투가 사분사분한 바워스는 자신이 남부 신사이고, 자신의 부하들보다 몇 등급은 높은 사람이라고 자부했다. "전형적인 미시시피 레드네크는 자신이 무슨 짓을 하고 있는지 알 정도의 의식이 없다"[44]고 바워스는 말했다. "나는 레드네크를 내 필요를 위해 이용하고 그의 모든 행동이 내 계획대로 움직이도록 지도해야 한다." 바워스의 할아버지는 4선 의원이었고, 영업사원인 그의 아버지는 백인과 남부, 기독교의 모든 것에 관해 올바름의 기준을 아들에게 불어넣었다. 제2차 세계대전 동안 해군에서 복무한 뒤 바워스는 'GI 법안'(G. I. Bill, 제2차 세계대전에 참전했던 군인들에게 저리의 주택 담보대출, 저리의 사업자 대출, 학비와 생계비 지원 등의 혜택을 주어 사회 적응을 돕도록 규정한 법안—옮긴이)에 의거하여 서던캘리포니아대학(USC)에 다녔다. 미시시피로 돌아와서는 로럴에서 자판기 회사를 시작했다. 그러나 1950년대 말, 남부 신사들은 스와스티카(卐), 총, 그리고 갖가지 폭발물을 애호하게 되었다. 냉전이 맹위를 떨치고 흑인들이 미시시피 전역을 뒤흔들면서, 바워스의 올바름은 악화되어 망상증으로 치달았다. 그는 공산주의자들이 쿠바에서 흑인 군대를 양성하고 있다고 친구들에게 경고하기 시작했다. 군대가 곧 멕시코 만을 침공할 것이라고 했다. 그 뒤엔 대통령이 미시시피 주 방위군을 연방 휘하에 두고 백인을 미시시피에서 소개시킨다는 것이다. 그러면 미시시피는 흑인의 맹공에 속수무책이 될 것이다. 크렘린은 기독교를 무너뜨리려는 유대인의 최전선이라고 바워스는 말하곤 했다. 그렇게 광분한 사람에게, 프리덤 서머는 행동을 촉구하는 신호였다.

1963년 말, 바워스는 지부를 창설했다. 200명을 모집하여 주 차원의 KKK 백기사단을 설립했다. 곧이어 'KKK 헌법'을 제정했다. 미시시피를 '자치 지역'[45]으로 일컬으면서, 대마왕인 자신과 KKK 상하 양원이 자치 지역을 수호할 것임을 알렸다. 로럴의 지부에서 바워스는 명령을 전달하기 시작했다. "이 조직의 목적과 기능은 기독교 문명을 보존하는 것이다. …… 기독교와 미국식 원리에 저항하고 그것을 전복시키려는 자유주의자나 공산당 동조자, 반역자, 무신론자, 공산주의자는 '반드시 섬멸'되어야 한다. 이것이 우리의 신성한 임무이다."[46]

KKK 바깥의 어느 누구도 대마왕의 정체를 몰랐던 것처럼, 그가 굿먼, 슈워너, 체이니를 모조리 죽이라고 명령했는지는 아무도 알지 못했다. 그러나 KKK 지부 수십 군데가 새로 등장하도록 자극했고, 다이너마이트와 휘발유를 등에 업은 바워스의 망상증은 결국 하나의 전술, 곧 테러로 귀결되었다. 일차적 표적은 흑인이었지만 KKK는 장애가 되는 누구에게든 테러를 저질렀다. 프리덤 서머가 끝나기 전, 두 명의 시장, 신문사 논설위원, 교회 재건 기금을 낸 의사, 흑인 일꾼을 해고하지 않은 식료품점 주인, 심지어 판사의 집 잔디밭에서도 십자가가 불에 탔다. 그 메시지는 명확하고 효과적이었다. 여름의 열기가 더해 갈수록 온건한 목소리는 테러의 위협으로 점점 잠잠해졌고, KKK는 신성한 임무를 다하기 위해 "우리의 극악무도한 적"[47]들을 몰아내고 미시시피에 불을 붙였다.

로버트 케네디는 LBJ에게 경고했다. 프리덤 서머 직전, 케네디는 대통령에게 "지난 넉 달 동안 법무부는 KKK 방식의 활동 또는 경찰의 폭력 사례 약 40건에 주목해 왔습니다. 이런 일이 증가하리라는 건 거의 확실합니다"[48]라고 보고했다. 부친이 텍사스 KKK에게 위협을 당한 적이 있는 대통령은 7월이 되자 다시 J. 에드거 후버에게 기댔다. "당신이 50명, 100명을 투입해 이 KKK를 추적하시오. 공산주의자들을 감시할 때보다 더 잘해야 하오. …… 이 KKK 단원들이 입을 열 때 당신은 그들이 하는 말을 이미 알고 있어야 한다는 말이오"[49] 하고 LBJ가 후버에게 말했다. 후버는 더 많은 요원을 보내며 "미시시피의 모든 KKK 단원을 파악하고 심문하라"[50]는 지시를 내렸다. 그리고 7월 9일, FBI 국장은 자신이 직접 미시시피로 갈 것임을 발표함으로써 미시시피 주민들을 놀라게 했다. 그것도 바로 다음날에.

후버는 미시시피에 온 적이 없었기에 그가 온다는 소식은 온갖 억측을 불러일으켰다. "네쇼바 검거 임박 추정"[51]이라고 《머리디언 스타》는 머리기사를 실었다. 그러나 검거는 어디서도 일어나지 않았다. FBI 수사관들은 여전히 네쇼바 카운티 주민들이 그 늪지처럼 비밀을 꽁꽁 감추고 있다는 걸 알아 가고 있을 뿐이었다. 일부 주민이 드디어 입을 열기 시작했지만 실종에 관한 말은 절대 하지 않았다. 주민들을 탐문 수사하는 수사관들은 공산주의와 유대인, 마틴 루터 킹과 바비 케네디에 관해 지겨운 장광설을 들어야 했다. 거리에서 맞닥뜨리는 저항은 훨씬 직접적이었다. 사람들은 필라델피아를 활보하는 수사관들을 어깨로 밀쳐 인도에서 떨어지게 하고, 침을 뱉고 위협하며 뒤쫓아 왔다. 어떤 수사관은 승용차에서 방울뱀을 발견했다. 건장하고 머리를 짧게 다듬은 FBI 베테랑 조지프 설리번은 수사를 지휘하고 있었는데, 믿을 만한 정보원을 딱 한 명 찾아냈다. 용의자 일곱 명의 최초 명단을 건네 준 머리디언 고속도로 순찰관이었다. 6월 말에서 7월 초까지, 설리번과 그의 정보원은 길거리나 카페에서 만나 KKK에 관해서, 그리고 "누구의 이웃이 누구와 가깝게 지내는지"[52]에 관해서 이야기를 나누었다. 그러나 설리번이 굿먼, 슈워너, 체이니에 관해 물을 때마다 순찰관은 입을 다물었다. 네쇼바 카운티 나머지 주민에 관해서, 설리번은 KKK에 버금가는 사람들이라고 말했다. 카운티의 평범한 주민들은 그동안 만나 본 어떤 이들보다도 공모자에 가까웠기 때문이다. 미시시피에 온 지 석 주가 지났는데, 설리번의 많은 부하들이 수사를 포기했다. 수사는 "그저 시늉만 하고 있을 뿐"[53]이라고 누군가가 말했다. 하지만 몇 명은 희망을 붙들고 있었다. "우리는 아직 용의자를 짐작조차 못하고 있다. 하지만 짐작이라도 하게 된다면 본격적으로 수사에 돌입할 것이다. 누군가가 돌파구를 열 거라 생각한다."[54]

7월 10일 금요일 아침, 우람하고 불독 같은 사람이 잭슨 공항 활주로에 내렸다. 주지사 폴 존슨과 잭슨 시장 앨런 톰슨이 J. 에드거 후버를 맞이했다. "오늘은 정말 굉장한 날입니다!"[55] 하고 시장이 말하면서 악수를 한 후버의 손을 위아래로 세게 흔들었다. 여느 때처럼 찌푸린 표정의 후버는 그 말에 동의하지 않는 것 같았다. 그는 미시시피에 관해 아는 것이 거의 없었다. 그는 FBI가 최근에 '몇 명'[56] 체포한 델타의 도시를 방문했다. 잭슨에 사무소를 연다는 건 후버의 생각이었지만, 7월에 잭슨에 간다는 건 그의 생각이 아니었다. LBJ가 방문을 결정했다. "이 미시시피 건은 몹시 어려운 문제요"[57] 하고 대통령은 불평했다. "외줄을 타듯 조심조심 나아가야 할 문제요" 후버를 보내면서, 존슨 대통령은 FBI에게 되도록 공개적으로 잭슨에서 존재를 부각시키라고 명령을 내렸다. 그리고 그 주 내내, 수사관들은 문 닫은 은행을 FBI 최초의 미시시피 본부로 황급히 개조했다. 빈 파일 캐비닛을 날라 오고 어울리지 않는 건물 정면에 콘크리트를 발랐다. 미국 국기가 눈에 띄었다. 하지만 이 포텀킨 사무실의 연단에 섰을 때, 후버는 할 말이 별로 없었다.

그는 먼저 미시시피가 미국에서 범죄율이 세 번째로 낮은 주라는 말로 시작했다. 이는 미시시피 신문들이 여름 내내 강조한 절반의 진실일 뿐이었다. 폭력과 관계없는 범죄율은 미국에서 가장 낮은 편에 속했지만, 미시시피의 살인 범죄율은 최고였고 미국 평균의 곱절이 넘었다. 기자들이 굿먼, 슈워너, 체이니에 관해 후버에게 물었을 때, 그는 퉁명스럽게 대답했다. "절대적인 확신을 갖고 얘기하는 건 아니지만 …… 그들이 죽었다고 생각합니다."[58] 하지만 수사는 계속될 것이라 했다. 수사관 50명이 더 투입되었고 오로지 수사에만 전념할 생각이었다. "우리는 분명히 민권운동가들을 보호하지 않고 있으며 앞으로도 보호하지 않을 것입니다"[59] 하고 후버는 주장했다. 그는 네쇼바 카운티를 방문하겠다는 뜻을 내비쳤지만, 이후 자신의 숙소로 살해 협박이 이어지자 방문 계획을 취소했다. 후버의 방문이 "정말로 굉장한 날!"을 만들었다고 미시시피의 모든 사람이 생각하지는 않았다. FBI의 침략에 위기감을 느끼는 미시시피 시민들은 FBI가 '연방인종통합국'(Federal Bureau of Integration)의 약자라고 농담을 주고받았다. 잭슨에서 주 상원의원은 FBI 수사관 200명을 시켜 미시시피에서 "바비 케네디의 소원을 실현시키려고 의도적으로 미시시피를 모욕"[60]한다고 비판했다.

그 아침 후버가 잭슨에서 발표하는 동안, 이글거리는 햇볕 아래 소동이 시작되었다. 정오가 가까워질 무렵 해티스버그에서, 중년 남성과 그의 조카가 타이어 레버를 픽업에 싣고 '하얀 검둥이들'이 걸리기만 하면 "때려눕히려고"[61] 출발했다. 철도 선로 근처를 달리던 중, 백인 남자 셋과 흑인 십대 소녀 둘이 제방을 걸어가는 게 눈에 띄었다. 트럭을 세우고 풀이 무성한 오르막을 뛰어 올라간 두 사람은 소녀들을 제치고 지나갔다. 두 소녀는 공포에 질려 바라보기만 했다. 주먹에 맞은 활동가가 쓰러졌다. 발길질과 폭행을 당한 또 다른 활동가는 몸을 공처럼 말고 버텼지만, 들고 있던 입당서 양식이 떨어져 흩어졌다. 가해자는 종이를 주워 활동가의 입에 쑤셔 넣으며 "처먹어라, 검둥이와 한통속인 놈!"[62] 하고 소리 질렀다. 세 번째 희생자인 오하이오 출신의 유대교 랍비가 가장 큰 타격을 받았다. 타이어 레버가 랍비의 관자놀이를 강타했고 땅으로 고꾸라졌는데도 계속 내리쳤다. 조금 뒤 둘은 둑을 뛰어 내려가 차를 타고 달아났다. 이튿날 랍비 조지프 렐리벨드의 사진이 미국 전체에 알려졌다. 그의 셔츠는 흰 부분보다 붉은 부분이 훨씬 많았고, "미시시피에 깊은 슬픔"[63]을 느낀다는 소감도 실렸다.

그 주말은 '깊은 슬픔'에 더 많은 원인을 제공했다. 망연자실케 하는 만행이 잇따르는 가운데, 미시시피의 극명한 분열, 온건파와 강경파, 레드네크와 사회 유명인, 가해자와 방관자의 분열이 흐릿해질 만큼 무자비한 복수가 벌어졌다. 환대의 전통을 자랑스러워하는 주는 모든 수준의 만행이 가능하다는 걸 더 이상 부인할 수 없었다. 캔턴, 브라우닝, 로럴, 소이탄이 터지는 자유의 집, 교회 방화…… 경찰이 지켜보는 가운데 야구방망이로 폭행당한 열두 살 소년. 빅스버그, 잭슨, 나체스, 흑인 카페에 폭탄 투척. 어떤 백인 노인은 커피숍에서 흑인 여성을 폭행한다. 등유가 뿌려진 교회 두 곳의 불길은 제단과 십자가상, 나무 벽을 모조리 태웠다. 잔해 속에서 까만 시멘트 계단만이 솟아 있었다. 미시시피 전역에서 쉼 없이 보고가 들어왔다. 폭행, 폭파, 드디어 시신까지.

7월 12일 일요일 저녁, CBS 기자가 머리디언의 CORE 사무실을 방문했다. "뉴스 들었습니까? 루이지애나의 강 하류에서 어부가 통나무에 걸린 시신을 발견했답니다. 시신의 반, 다리만 있다는데요. 청바지를 입고 운동화를 신었는데 발목이 묶여 있더랍니다. 피부색을 확인한 사람은 없는데, 청바지에 두른 가죽 허리띠 버클에 'M자'가 새겨져 있고, 금색 손목시계와 열쇠고리가 호주머니에 들어 있다는군요." COFO 활동가는 몸서리쳤다. 미키 슈워너가 비슷한 허리띠, 손목시계, 열쇠고리를 갖고 있었던 것이다. 그리고 슈워너는 늘 청바지에 운동화 차림이었다. 딱 하루 전 누군가 뛰어 들어와서는 시신이 발견되면, "토막 난 채 여러 주에 흩어져"[64] 발견될 거라는 소문을 알려 주었던 것이다. CORE는 뉴욕의 윌리엄 컨스틀러 변호사에게 전화를 걸었다. 그는 리타 슈워너에게 전화했다. 리타는 남편 손목시계는 금색이 아니라 은색이라고 했다. 'M자'가 새겨진 버클이 달린 허리띠도 없고요. 그러나 그 즈음 FBI는 이미 강바닥을 수색할 해군 잠수부 한 명과 함께 루이지애나로 가고 있었다. 이튿날, 수사관들은 모래톱에서 또 다른 반 토막 시신을 발견했다. 시신 두 구는 흑인이었다. 뒷주머니에서 나온 종이로 두 시신이 앨콘 농업기술대학 대학생임이 확인되었다. 5월에 납치된 그들은 살해당하여 낡은 지프의 모터 덩어리에 묶인 채 강에 던져진 것이었다. "미시시피는 언제든 강바닥을 긁어내면 뜻밖의 시신을 건질 수 있는 유일한 주예요"[65]라고 한 활동가는 부모에게 편지를 썼다. "여기서는 매주 흑인들이 실종되고 그 뒤로 결코 소식을 듣지 못해요. …… 어떻게 이런 일이 있을 수 있죠? 여기가 1964년 미국이라니요."

아들이나 딸의 편지에서 시체, 교회 방화, 타이어 레버를 휘두르는 폭력 이야기를 읽을 때, 부모들은 무슨 생각을 했을까? 미시시피의 '낮은' 범죄율과 상관없이, 그곳의 폭력은 매우 일상화되어 더 이상 머리기사로 등장하지 않았다. 친구들은 어떻게 자식을 '저 아래'에서 여름을 보내게 할 수 있느냐고 물어 왔다. 친지들이 전화를 걸어 물었다. "그 끔찍한 랍비 사진 봤어?" 어떤 부모들은 이제 날마다 자식들에게 전화를 걸어 돌아오라고 빌고 있었다. "우리가 히틀러를 피해 나온 건 내 딸을 순교자로 만들기 위해서가 아니었다"[66]고 한 어머니는 말했다. 하지만 자녀들이 프로젝트에서 이탈하지 않았기에 대부분의 부모는 서로 전화를 주고받기만 할 뿐이었다.

여름 프로젝트를 알고 난 뒤로 줄곧, 전혀 일면식이 없던 부모들은 헌신적이고 이상주의적이고 살짝 머리가 돈 아이들에 관한 근심을 서로 나누었다. 4월 말, 펜실베이니아 주 필라델피아의 부모가 LBJ에게 편지를 써서, 미시시피에 비축되어 있는 '탱크, 총, 보병용 장갑차'[67]에 대응하여 연방의 보호를 요청했다. 한 달 뒤, 보스턴의 부모들도 그렇게 했다. 실종 두 주 전, 맨해튼의 '학부모비상대책위원회'는 LBJ에게 전보를 보내 "비극적 사건이 일어나기 전에"[68] 조치를 취하라고 촉구했다. 그리고 비극적 사건이 일어나고 사흘 뒤, 학부모 스물 네 명이 워싱턴 DC로 날아가서 상원의원들, 법무부 차관, 백악관 보좌관과 면담했다.

캘리포니아 주 위티어에서, 프랜 오브라이언의 어머니는 《빅스버그 포스트》를 받아 보면서 걱정만 할 뿐이었다. 매사추세츠 주 암허스트에서, 진 윌리엄스는 '크리스토프'한테서 오는 편지를 간직하며 최상의 결과만 바랄 뿐이었다. 워싱턴 DC에서, 전직 교사인 홀리 틸링허스트는 오로지 최악의 상황이 닥치지 않을까 걱정하고 이었다.

부모들 가운데 어떤 이는 영향력이 컸다. 어떤 부모는 국회와 직접 연결되어 있었다. 7월 초 어느 날 아침, 활동가 스티브 빙엄이 마일스톤에서 잠을 깼을 때 미시시피 고속도로 순찰대가 그를 찾고 있었다. 빙엄은 마추픽추를 발견한 역사학자이자 뒤에 상원의원이 된 하이럼 빙엄의 손자였다. 빙엄 가는 코네티컷에서 가장 유명한 집안 가운데 하나였지만, 그 집안의 막내아들이 미시시피의 흙길에 있는 판잣집에서 다른 활동가 여덟 명이랑 지내고 있었던 것이다. 휴대용 스토브로 음식을 준비하고 뒤뜰에서 펌프로 물을 길으면서. 빙엄 부부는 남부로 가겠다는 아들의 결정을 지지했지만 마음이 놓이지 않았다. 스티브 빙엄이 미시시피에 도착한 직후, 그의 아버지는 가족의 오랜 친구이자 미시시피 상원의원인 존 스테니스에게 연락했다. 빙엄은 자기 아들만 걱정하는 게 아니었다. 그는 모든 활동가들이 보호 받기를 바랐다. 하지만 스테니스는 미시시피 주지사 폴 존슨에게 전화를 걸었고, 스티브 빙엄은 자신이 고속도로 순찰대에게 밤낮으로 경호를 받고 있다는 걸 곧 알아챘다. 빙엄은 밥 모지스의 도움으로 경호원들을 떨쳐 낼 수 있었다. 순찰대가 다른 모든 이들처럼 KKK를 두려워한다는 걸 알고 있는 모지스가 빙엄에게 방법을 알려 주었다. 빙엄은 모지스가 가르쳐 준 대로, 고속도로 순찰대에 경호를 받고 있는 자신이 KKK가 득실대는 나체스에서 활동하게 될 것이라고 말한 것이다. 경호원들은 한 시간도 안 돼 빙엄을 포기했다. 더 뒤에, 뉴욕 출신의 활동가가 앨러드 로웬스틴을 차에 태우고 미시시피를 돌아다니다가 체포되었다. 경찰들은 운전면허증에 있는 이름, 프랭클린 델러노 루스벨트 3세를 보자마자 그냥 보내 주었다.

앉아서 기다릴 수밖에 없는 부모들은 홀로 그냥 앉아 기다리지 않았다. 7월 중순 즈음, 학부모지원단이 전국에서 결성되었다. 보스턴 부모들은 법무부에 편지 쓰기 운동을 시작했다. "때로 밤에 잠을 못 이루고 깨어 있을 때, 토막 살해되거나 죽은 내 아이의 모습을 마음에서 떨쳐 버릴 수가 없습니다"[69] 하고 한 어머니가 어느 회의에서 말했다. 롱아일랜드 부모들은 6월에 모스포인트에서 나온 활동가에게 2천 달러를 쥐어 주었다. 미시시피로 돌아오면서 그는 그 돈을 COFO에 전달했다. 미국 어느 곳 못지 않게 미시시피와 동떨어진 장면이겠지만, 부모들은 비벌리힐스의 수영장 딸린 호화 저택에서 회의를 시작했다.

7월 13일 월요일 저녁 8시, 미시시피 학부모비상대책위원회 로스앤젤레스 지역 회의가 시작되었다. 참석한 부모들의 직업은 다양했다. 영화감독에서 잡역부의 아내, 목사, 고등학교 교사, 캘리포니아공과대학 생물학과 학과장에 이르기까지. 그러나 두려움은 한결같았다. "함께 모였을 때 우리가 무엇을 하고자 하는지 정말 알지 못했다"고 한 어머니는 말했다. "어떻게든 아이들을 보호해야 한다는 것 말고는."[70]

호화로운 거실의 한쪽 벽에, 최신 미시시피 뉴스가 붙어 있는 판지

한 장이 걸려 있었다. 그날 아침 《로스엔젤레스 타임스》에서 오려 낸 "다리 묶인 시신, 루이지애나 강에서 발견"[71]이라는 기사는 부모들의 걱정을 증폭시켰다. 한 어머니가 들려준 해티스버그 소식도 마찬가지였다. 가까스로 감정을 억누르며 말하는 그녀는, 자신의 아들 데이비드가 사람들이 신문에서 본 그 랍비와 함께 있었다고 설명했다. 데이비드는 지금 두피에서 머리털을 넓게 밀어내고 일곱 바늘을 꿰맨 상태이다. 아들은 피 묻은 셔츠를 기념품으로 간직하고 있다고 했다. 굳은 표정의 다른 부모들도 아이들이 보내온 편지 내용을 공유했다. "정말 더워서 못살겠어요. 옷을 빨 수도 없어요. 여기서 한 달 더 머물게 허락해 주시겠어요?"[72] 그리고 부모들은 본론으로 넘어갔다.

한 아버지가 보석금 문제를 제안했고, 몇 분 안에 부모들이 수표에 써 낸 금액 합계가 2,150달러였다. 이어서 샌프란시스코 만 도시 지역 어머니의 얘기를 들었다. 그곳의 학부모 모임은 샌프란시스코에서 열린 공화당 전당대회에 참석한 미시시피 사람들과 이야기를 나누었다고 했다. 미시시피 주 대의원들은 부모들에게 조언을 하면서 자녀들에게 전하라고 했다. 첫째 떠나라. 둘째 기도하라. 샌프란시스코 지역 보고가 끝나고, 부모들은 가든파티와 소풍, 포크 음악회와 미술품 경매 활동을 계획했다. 그렇게 해서 모은 기금은 COFO로 보내기로 했다. 밤 9시 30분이 가까워질 무렵 회의가 끝났다. 부모들은 앞 차의 미등 불빛이 번져 보일 때마다 눈을 깜빡여 눈물을 떨구면서 프리웨이를 달렸다. 제정신이 아닌 자식이 여름을 보내고 있는 그 폭탄 같은 도시는 거의 자정이 되었을 거라는 생각이 들었다.

열흘의 적나라한 폭력은 큰 타격을 입혔다. 7월 15일, 프리덤 서머 활동가 서른네 명이 체포되었다. 델타의 '험악한 도시' 드루에서, 스물네 명은 악취가 코를 찌르는 36제곱미터 시멘트 감방을 가득 채운 채, 땀을 흘리고 모기를 때려잡고 목이 쉬도록 노래를 불렀다. 미시시피 전역에서, 활동가들은 사기를 잃지 않으려고 분투하고 있었다. 남부에 온 뒤로 세 사람이 실종되고 백 명 넘게 체포되었으며 교회 여러 곳이 불타고 사람들이 폭행당하고 여자들이 모욕당하고 무시당하는 걸 그들은 보아 왔다. 분명 미시시피에 온 게 실수였는지 아닌지 고민하는 사람도 있었을 것이다. 또 미국에 대한 신념이 반감으로 바뀐 활동가도 있었다. "미국은 어디에 있는가?"[73] 하고 한 활동가는 썼다. "유권자 등록 활동가를 괴롭히는 건 연방법 위반이다." 또 다른 활동가는 곧이어 1960년대의 대표적 정서가 되는 분노를 터뜨렸다. '품위 있는 중산층'[74] 이 불평등이라는 불의에 눈감고 있는 것에 주목하면서, 그는 "중산층의 허울을 벗으시죠, 당신의 체면을 벗어 던지세요, 착실한 교인 선생님. 새로 렌트한 그 빌어먹을 차를 버리세요. 반듯하고 격식에 맞는 당신의 옷을 벗으라고요. 예의를 갖춘 비열한 웃음과 말쑥하게 다듬은 머리를 포기하세요. 바닥에서 잠을 자는 우리와 함께 참여하시죠" 하고 쏘아붙였다.

7월 셋째 주 중반 즈음, 프레드 윈의 아버지는 집에 돌아와서 타이를 풀었다. 술을 한 잔 따라서 의자에 앉아 미시시피 주 쇼 우체국 소인이 찍힌 편지를 읽었다. 가난에 찌든 델타 도시에 뚝딱뚝딱 잘 고치는 프레드의 재주가 필요했기에, 콧수염을 기른 목수는 쇼로 오게 되었다고 한다. 쇼에서 프레드는 "엉덩이를 붙이고 있을 새가 없었다."[75] 룰빌에서 흑인의 고통에 이미 눈을 떴지만, 쇼의 더 누추한 현실에 아연실색할 만큼 여전히 그는 순진했다. 굶주려서 배가 볼록한 아이들을 쇼에서 만났고, 기우뚱해서 점점 무너지고 있는 악취 어린 판잣집들을 돌아다녔다. 쇼의 물납 소작인들은 이미 희망을 포기했지만, 백인들은 흑인을 더욱 궁지에 몰아넣으려고 작정한 것 같았다. "아빠!"[76] 하고 프레드는 썼다. "여기 아래쪽 사람들의 사고방식은 정말 놀랄 말큼 어리석고 비미국적이에요."

프레드는 쇼에 며칠만 머물렀는데, 그동안 볼리바 카운티 보안관을 만났다. 마르고 세련된 대농장 소유주이자 백인평의회 회원인 보안관 찰리 캡스는 활동가들을 "더럽고 지저분하다"[77]고 여겼다. "내가 보기에 그들의 동기는 말도 안 되는 것이다" 하고 그는 말했다. 하지만 폭력배도 KKK도 아닌 캡스는 널리 소문이 나거나 연방 보안관을 불러들이고 싶은 마음이 없었다. 살인 사건이 일어나면 그 두 조직이 카운티로 오게 된다는 걸 그는 알았다. "네쇼바 카운티에서 일어난 일은 미시시피 어떤 카운티에서든 일어날 수 있었을 일입니다"[78] 하고 그는 회고했다. 평화를 유지하기 위해 보안관은 제2차 세계대전 퇴역 군인 36명을 보안관 대리로 임명했다. "우리는 작은 마을이었고 양키를 좋아하지 않았습니다. '그런' 것이라면 정말 싫어했죠"라고 캡스가 말했다. "그러나 막강한 화력을 갖추고 있으면 그렇게 큰일이 생기지 않는다는 걸 군대에서 배웠지요."[79] 프레드 윈과 활동가들을 집무실로 호출한 캡스는 그들에게 고향집으로 돌아가라고 충고했다. 지역의 백인은 활동가들을 증오하며, 백인의 증오는 어떤 보안관도 억누를 수 없는 것이라고 충고했다. 하지만 활동가들이 떠날 생각이 없다는 걸 파악하고는 "사태가 악화되는 걸 막기 위해"[80] 최선을 다하겠다고 말했다. 그러나 프레드의 아버지는 아들의 편지를 읽으면서 사태가 이미 걷잡을 수 없을 만큼 악화되고 있음을 감지했다.

7월 11일 토요일 밤, 활동가들은 말끔해진 커뮤니티센터에서 쉬고 있었다. 센터는 월요일에 문을 열 예정이었다. 흑인과 백인이 어울려 이야기하고 노래 부르고 수박을 나눠 먹고 있을 때, 마을의 흑인 소년이 뛰어들어 왔다. 소년은 덜덜 떨면서, 커뮤니티센터를 폭파시키면 400달러를 주겠다는 제안을 방금 받았다고 더듬거리며 말했다. 즉시 모든 불을 껐다. 모두가 안쪽 사무실로 대피하여 찜통 같은 어둠 속에 앉았다. 앞서 활동가들은 쇼에서 아무 일도 안 하고 있다가 토요일 밤에 백인들의 '쇼'에 출연하게 되는 것 아니냐는 농담을 한 적이 있었는데, 이제는 누구도 농담할 기분이 아니었다. 활동가 렌 에드워즈는 캘리포니아 주 하원의원인 아버지에게 전화를 걸었다. 던 에드워즈는 전직 FBI 요원이었고 미시시피에서 막 돌아온 참이었다. 그는 FBI에 전화를 걸어 누구든 보내겠다고 아들에게 말했다. 프레드 윈은 《샌프란시스코 크로니클》에 전화했지만 야간 당직자는 관심을 보이지 않았다. 1분, 1분이 거북이걸음처럼 지나갈 때, 미시시피의 쇼는 문명의 변방에 놓인 외로운 오지처럼 보이기 시작했다. 어둡고 숨 막히는 사무실 안에서, 활동가들은 황소개구리의 시끄러운 울음소리와 귀뚜라미의 노랫소리를 듣고 있었다. 차 전조등 불빛들이 칙칙한 사무실 벽을 훑고 지나갔다. 끈적끈적한 바닥이나 삐걱거리는 의자에 앉은 활동가들은 곧 한밤중에 폭탄이 터져서 쇼가 델타의 매콤이 될지도 모른다고 생각했다. 그리고 별빛과 은색 달빛이 얼굴을 내밀자 몇몇이 용감하게 밖으로 나갔다.

한 사람은 지붕 위로 올라갔다. 한쪽은 컴컴한 목화밭이었고 등불을 밝힌 쇼 본부가 반대쪽에 보였다. 살펴보던 그는 경찰차 두 대와 헬멧을 쓴 경관 여섯 명을 보았다. 그들의 담뱃불 빛이 어둠에 빛났다. 경관들은 서로 이야기를 나누고 농담을 주고받았으며, 자동차들은 그 옆을 지나 자유의 집 쪽으로 달려왔다. 어떤 차가 폭탄이나 화염병을 던지고 엽총을 쏠지 몰랐다. 대피 상태가 이어졌다. 저녁 10시, 자유의 집 안에 있던 남자들은 '여학생들'을 피신시키기로 결정했다. 여자라고 특별 대접을 받아야 할 까닭이 없다고 래드클리프 학생이 항의했지만, '여학생들'은 서로 손을 잡고 근처의 집으로 걸어갔다. 그 집에서는 반백의 통통한 흑인 남성이 쌍대 엽총을 허벅지에 올려놓고 포치에 앉아 있었다.

밤 11시가 가까웠을 즈음 서쪽 지평선에서 번개가 쳤다. 1초, 1초가 더디게 흘러 한 시간이 겨우 지난 뒤 폭풍우가 찾아와 나무를 때렸고, 천둥소리는 사람들 목소리를 묻어 버렸다. 그렇게 쇼에서 토요일의 '나이트 쇼'가 끝났다. 자동차와 경찰은 집으로 돌아갔고, 활동가들도 따뜻한 비에 온몸을 흠뻑 적시며 숙소로 갔다. FBI는 새벽 1시 30분에 도착했다.

호화로운 샌프란시스코의 집에서, 프레드 윈의 아버지는 활동가 아들이 쓴 "우리가 겪은 공포의 밤"의 분노 어린 묘사를 읽으며 다시금 제2차 세계대전을 떠올렸다.

나는 그때도 지금도 분노합니다. 나라의 명예일 청년들이 여기 있어요. 이 적대적인 땅에서 그들을 몰아내려는 폭탄이 터질 때를 기다리고 있었죠. …… 그리고 이것은 자유의 땅에서 벌어지는 일이에요. 수많은 이들이 황금으로 포장된 거리를 추구하는 이곳에서, 진흙에 푹푹 빠지는 길거리에서 수많은 사람들이 살고 있어요. …… 위풍당당한 자줏빛 산이 펼쳐진 이 아름다운 땅에서, 우리는 쪼그려 앉아 폭파범을 기다렸습니다.[81]

# 8
## 유권자 등록

나는 강가의 작은 움막에서 태어났다네
그 뒤로 줄곧 강물처럼 흘러왔지
여기까지 오랜 시간이 걸렸네
하지만 나는 알고 있지, 변화가 닥쳐올 거라는 걸
– 샘 쿡


오전 7:00     채널 2 뉴스: 날씨

채널 4 투데이: 휴 다운스

채널 7 앤 소던 (재방송)

오전 7:30     채널 5 공산주의가 의미하는 것

채널 7 게일 스톰 (재방송)

오전 8:00     채널 2 캥거루 대령

채널 5 샌디 베커

채널 7 용감한 고양이와 조수 생쥐


7월 16일 목요일 오전 9시, 흑인 청소년 셋이 농담을 주고받으며 맨해튼 어퍼 이스트사이드의 서머스쿨에 가고 있었다. 멋진 거리를 지나

인도에 서 있던 한 건물 관리인을 지나쳤다. 우연이었을지도 모르지만 어쩌면 의도적으로, 그는 청소년들에게 스프레이를 뿌렸다. 그가 "내가 네놈들의 까만색을 없애 주마"[1] 하고 외쳤다고 어떤 이는 나중에 말했다. 청소년들이 그를 안으로 쫓아 들어갔다가 웃으면서 밖으로 나왔다. 때마침 비번인 경관이 TV 수리점에서 나왔다. 경관은 자신의 배지를 보여 주면서 청소년들에게 흩어지라고 명령했다. 그다음 일어난 일은 누구 말을 믿느냐에 따라 달라진다. 경관은 한 남자아이가 칼을 들고 자신에게 다가왔다고 증언했다. 현장을 지켜본 사람들은 칼은 없었으며, 문제의 청소년은 그런 부류의 아이가 아니라고 말했다. 경관은 총을 꺼내 발사했다. 제임스 파월은 인도에 푹 쓰러졌고, 곧 숨이 끊어졌다. 곧이어 흑인 청소년들이 경관에게 분노를 퍼부었다.

"나도 검둥이니, 또 쏴 봐!"[2]

"여긴 미시시피보다 더 나빠!"

대치는 정오까지 이어졌다. 그 토요일 밤, 굿먼, 슈워너, 체이니를 지지하는 CORE 집회는 경찰 만행 규탄으로 분출되었다. 분노가 들끓은 이틀이 지나고 할렘이 불에 탔다. 여름이 끝나기 전, 도시 폭동은 로체스터, 저지시티, 패터슨, 필라델피아 등지에 상처를 남기게 된다.

"역사는 결코 페이지를 넘기지 않는다. 페이지를 넘기는 건 역사학자뿐이다"라는 옛말이 있다. 그러나 1960년대가 시작된 페이지를 찾아야 한다면, 그리고 그것이 달력상의 60년대가 아니라 소란스럽고 저항적이고 세계에 도전하는 60년대를 의미한다면, 1964년 7월 16일이 알맞은 시작 페이지일 것이다.

목요일. 한여름의 평범한 어느 날, 아무것도 변하지 않을 것처럼만 보였던 날. 제2차 세계대전이 끝난 뒤 미국에서는 변화에 관해 충분한 논의가 이루어져 왔다. 존 F. 케네디는 뉴 프런티어를 약속했고 밥 딜런은 자신의 성가를 불렀지만, 1964년 7월 16일, 대부분의 미국인은 여전히 1950년대의 안락을 고수했다. 오래된 라디오 쇼는 텔레비전으로 옮겨 갔지만, 텔레비전에서는 여전히 진저 로저스, 클라크 게이블, 에드워드 G. 로빈슨이 출연하는 옛날 영화를 상영했다. 비틀스가 팝 차트 정상에 올랐지만 두왑(Doo-Wop)과 십대 취향의 노래들이 바로 아래 순위를 차지했다. 5년 연속 우승을 향해 가고 있던 양키스는 여전히 메이저 리그 최강팀이었다. 대공황 이래 겉모습이 거의 변한 게 없는 도시 외곽에서는 여름 밤마다 57년형 쉐비와 59년형 포드가 드래그레이스를 벌였다. 새로 개통된 주간(州間) 고속도로는 몇몇 도시를 이어 주고 있었지만, 완공된 구간은 전체 도로망의 절반도 되지 않았다. 한여름 그 목요일 아침, 대부분의 미국인은 그 상태에 만족한 채로, 닥쳐올 변화가 급작스럽지 않기를 바랐다. 그런데……

그린우드에서, SNCC는 7월 16일을 '자유의 날'로 선포했다. 하지만 그 준비 과정에 결혼식이 끼어들었다. 지난 월요일, 활동가 두 명이 2층의 SNCC 사무실 아래 있는 간이 예배당에서 결혼했다. 신부와 신랑은 그냥 청바지 차림이었다. 꽃과 자유의 날 리플릿이 꽃줄 대신 예식장을 장식했다. 신부는 유대교, 신랑은 기독교 신자였기에, 지역의 아이들이 반짝거리는 빨간 십자가와 다윗의 별을 만들었다. 짧은 결혼식을 마치고 자유의 노래가 길거리까지 울려 퍼졌다. 길고 꼬불꼬불하게 줄지어 선 아이들이 웃고 실수하며 난생 처음 '호라'를 추었다. "모두가 거의 두 시간 동안 근심을 멈추었다"[3]고 한 활동가는 회고했다. 결혼식이 끝나고 신부와 신랑, 하객들은 일터로 돌아갔다. 자유의 날이 가까워 오고 있었다.

《그린우드 커먼웰스》는 1면에서 "또 하나의 이른바 '자유의 날'"[4]에 대해 경고했다. COFO는 500명이 법원까지 행진하리라 예상했다. 자유의 날에 그린빌과 클리블랜드에서도 흑인들이 법원까지 행진할 예정이었다. 그린빌과 클리블랜드는 델타를 옆에 두고 있는데도, 그 "세계적으로 유서 깊은 주요 목화 생산지"와 거리는 세상 끝만큼이나 멀었다.

그날의 시위대 한 명이 회고한 대로, SNCC가 처음 델타에 들어온 뒤 그린우드는 "우리의 게티스버그 전투, 우리의 벌지 대전투, 우리의 이오지마 전투가 모두 하나로 농축된 곳"[5]이었다. 그린우드의 생활양식 자체가 소작인의 쉼 없는 노동에 기반을 두고 있기 때문에, 흑인 선거권이라는 위협은 '목화 제국' 전체를 위험에 빠뜨렸다. 완전한 민주주의를 조금이라도 요구하면 폭력이 점화되었다. 1962년 여름, 폭도가 SNCC 사무실을 샅샅이 수색하는 바람에 실무진은 뒤쪽 창문으로 도망쳐야 했다. 조금 지나 돌아온 밥 모지스는 누워서 낮잠을 잤다. 이듬해 봄, 사무실은 총격과 소이탄 공격을 당했다. 어느 밤, 대농장의 바다를 가르고 있는 평지의 직선 도로를 모지스와 활동가 두 명이 차를 타고 달리고 있었다. 하얀 뷰익이 옆으로 따라붙었다. 뷰익 운전자가 소총을 겨누고 열다섯 발을 쐈다. 총알이 지미 트래비스의 어깨와 목과 머리에 박혔다. 차가 길을 벗어나자 모지스가 운전대를 잡았다. 미친 듯이 병원으로 달려간 끝에 트래비스는 생명을 건졌고, 오하이오에서 활동가들에게 자신의 상흔을 보여 주었다.

그러나 자유의 날 즈음, 그린우드의 자생적 테러리즘은 역화를 일으키고 있었다. SNCC가 처음 도착했을 때, 흑인은 '라이더들'을 피하기 위해 길을 건너갔다. 두려움에 질린 어른은 십대 청소년에게 SNCC 사무실에 흑인과 백인이 얼싸안는 사진이 걸려 있다고 주의를 주었다. 그 뒤로 백인들이 소작농에게 지급하는 연방 식품 배급분을 차단함으로써 굶주린 겨울을 보냈고, 화염과 총격이 난무하고 경찰견과 경관이 시위대를 공격하는 추악한 봄을 맞았다. 백인이 공격할수록 흑인은 기꺼이 희생자로 나섰다. 총이 발사될 때마다 또 다른 가정이 운동에 뛰어들었다. "일어나 창밖을 보세요. 그리고 역사가 만들어지는 모습을 바라보세요"[6] 하고 한 고등학교 여교사는 학생들에게 말했다.

1964년 7월 무렵, 대중 집회에는 수백 명씩 모여들어 노래를 부르고 외치고 "지금 자유를!" 하고 부르짖고 있었다. 여름 프로젝트가 전면적으로 펼쳐지면서, SNCC는 전국 본부를 애틀랜타에서 그린우드로 옮겼다. 자유의 날이 가까워 오자, SNCC 사무실은 선생님이 자리를 뜬 고등학교 교실 같았다. 아이들이 뛰어 들어왔다 나가며 트렁크와 상자를 피해 다녔고, 어른들은 여느 때보다 정신이 없었다. 이름이 프리덤과 나우인 새끼 고양이 두 마리가 기타 옆 구석에서 잠들어 있었다. 누구도 기타를 칠 시간이 없었다. 울려 대는 전화벨, 탁탁 울리는 타자기 소리, 그리고 건들거리는 회의 탁자에 이르기까지, 모든 에너지가 자유의 날에 집중되었다. 그린우드 자유학교 학생들은 다른 얘기는 거의 하지 않았다. 등사 인쇄된 두 쪽짜리 자유학교 신문은 자유의 날에 무슨 일이 벌어지든 "우리는 그 때문에 멈추지 않을 것이다"[7]라고 천명했다. 상점 앞 유리에 붙은 자유의 날 알림판은 모두에게 법원으로 가라고 촉구했다.

"모두들 갈 거예요?"[8] 스토클리 카마이클이 대중 집회에서 목소리를 높였다. 군중이 "모~두!" 하고 우레처럼 대답했다. 모든 흑인 구역에서 흑인들은 떨쳐 일어나 나와서 유권자 등록을 하자고 서로 격려했다.

SNCC 사무실에서, 활동가들은 미시시피의 새로운 피켓시위 금지법을 시험해 볼 사람을 제비뽑기로 결정했다. 몇몇 활동가는 명예가 주어져서 만족스러워했고 어떤 이들은 뽑혀 보려고 눈에 불을 켰다. "감옥에 가고 싶어요"[9] 하고 버클리대학 학생 활동가가 말했다. "진심이에요. 한 번도 가본 적 없으니까." 드디어 자유의 날이 밝아 왔다.

7월 16일 아침, 델타는 잔뜩 흐려 여느 때보다 시원했다. 커피 같은 갈색 야주 강은 한쪽으로 목화밭을 지나고 다른 한쪽으로는 법원의 높은 뾰족탑을 지나치며, 또 하루의 느릿느릿한 여름날과 보조를 맞추었다. 오전 9시가 가까워지면서, 낡은 구형 승용차들이 법원 맞은편에 주차하기 시작했다. 꽃무늬 드레스를 입은 흑인 여성들과 낡아 빠진 양복을 입고 중절모를 쓴 남성들이 법원 계단을 향해 걸어갔다. 활동가들과 SNCC 실무자들은 인도에서 피켓을 들고 있었다. 반듯하게 줄지어 선 경찰은 헬멧을 쓰고 야경봉을 들고 있었다. 길 맞은편에는 버스 한 대가 체포된 이들을 교도소로 데리고 가려고 대기했다. 피켓을 든 이들이 천천히 행진을 시작했다. 수척한 눈매에 키 큰 남자가 확성기를 통해 군중에게 말했다. "여러분은 자유롭게 유권자 등록을 할 수 있습니다."[10] 경찰서장 커티스 래리의 목소리가 윙윙거렸다. "여러분이 유권자 등록을 하기 위해 여기 서 있고자 한다면 아무도 여러분을 막지 않을 것이지만, 피켓 시위는 절대 용납할 수 없습니다." 경찰서장은 피켓 시위대에게 2분을 줄 테니 해산하라고 했다. 곧 검거가 시작되었다.

경찰이 몰려왔다. 일부는 순순히 끌려가고 일부는 억지로 끌려갔다. 몇 사람은 땅에 드러누워 포장도로 위를 질질 끌려가 야경봉으로 두들겨 맞으며 버스에 처박혔다. 창문마다 흑인과 백인이 손으로 철망을 붙잡았다. 곧이어 버스가 흔들렸다. 손뼉 치며 부르는 합창의 박자에 따라서 흔들렸다.

오, 자유여
오오, 자유여
오오오, 자유여, 오라…….

피켓 시위대는 계속 체포되었다. 임신한 여성도 끌려가고 밀쳐져서 곁에 있던 여동생이 비명을 질렀다. 길 건너편에서 흑인들은 줄을 서서 기다리고 있었다. 법원 안에서는 한 번에 세 명씩 천천히 등록 양식을 채워 넣고 등록 담당자 마사 램의 '환대'를 견뎌 냈다. 그 여자의 무례함은 이미 이 동네에서 전설이었다. 태양이 구름을 뚫고 이글거릴 때 피켓 시위대의 두 번째 행진이 시작되었다. 래리 서장이 확성기를 들었다. "여러분은 자유롭게 유권자 등록을 할 수 있습니다. 여러분이 유권자 등록을 하기 위해…….

델타의 다른 곳에서 자유의 날은 덜 혼란스러웠다. 그린빌에서 COFO 차량 몇 대가 파손되어 법원으로 가는 길이 늦어졌다. 그럼에도 정오 무렵 등록 사무실 바깥으로 난 줄은 거리까지 이어져 있었다. 피켓 시위대는 사고 없이 행진했다. 그린빌 경찰은 지켜보기만 할 뿐 체포하지 않았다. 델타에서 활동가 수십 명이 클리블랜드로 지원을 왔다. 많은 활동가가 쇼에서 온 이들이었다. 폭파 위협에 시달린 토요일 밤의 기억이 여전히 어른거리는 곳, 인근 드루에서는 블랙홀 같은 감방에 활동가들이 갇혀 비지땀을 흘리고 있었고, 부모들에게 전화가 바삐 이어졌던 곳. 쇼의 활동가들은 최악을 예상하고 지역 주민들에게 비폭력 교실을 진행해 왔지만 수업은 불필요했음이 증명되었다. 법원에서 활동가들은 인도에 줄지어 서서 "짐 크로 법 …… 철폐하라!"[11]고 외쳤다. 길 건너편에서는 보안관 대리 서른여섯 명이 엽총을 들고 서 있었다. 보안관 찰리 캡스의 '막강한 화력' 덕분에 성난 백인들은 안전거리를 유지했다. 오전 11시, 근처의 들판에서 방향을 선회한 방제용 항공기가 나무 위에서 웅웅거렸지만, 볼리바 카운티의 첫 번째 자유의 날은 평화롭게 출발했다. 법원이 점심시간 동안 문을 닫자, 흑인과 백인은 나무 아래에서 샌드위치를 나눠 먹었다. 백인 청년들이 들어찬 자동차 석 대가 인종이 어우러진 소풍 주변을 맴돌았다. 활동가들은 보안관 대리들에게 그들을 쫓아 달라고 부탁했다. 자동차는 다시 나타나지 않았다.

오후 12:00    채널 2 삶에 대한 애착
               채널 4 '그만'이라고 말해요 (컬러 방송)
               채널 7 아버지가 가장 잘 알지 (재방송)
               채널 8 뉴스: 존 윈게이트
오후 12:15    채널 9 공화당 전당대회 하이라이트
오후 12:30    채널 2 내일을 위한 모색
               채널 4 진실 또는 결말 (컬러 방송)
               채널 5 카툰 플레이타임
               채널 7 테네시 어니 포드
               채널 9 조 프랭클린의 추억 여행

낮 12시 30분, 린든 존슨은 아내를 설득하여 산책에 나섰다. 대통령은 의중은 운동을 하는 데에만 있지 않았다. 공화당 전당대회가 공중파 방송을 채우고 있으니 국민의 관심을 다시 모으고 싶었던 것이다.

"무척 자연스러워 보일 것입니다"[12] 하고 공보관이 존슨에게 말했다. 백악관을 나온 린든 존슨과 영부인 버드는 기자들과 특별 경호원 한 명만 대동하고 여러 게이트를 지나 펜실베이니아 애비뉴로 접어들었다. 그 뒤 30분 동안 대통령과 영부인은 손을 꼭 잡고 걸었다. 관광객들이 못 믿겠다는 듯 뒤를 돌아보았다. "대통령과 영부인이라고? 정말 놀랍다! 봐, 바비, 대통령이야."[13] 어떤 사람들은 공원 벤치에서 일어나 대통령과 악수를 나눴다. 대통령 부부는 주변을 한 바퀴 돌고 백악관으로 돌아갔다.

남부 전역에서 다시금 폭력과 시위가 벌어진 해인 1964년의 7월 16일은 미국의 인종 격차를 더 넓혔다. 이제 민권법안이 법률이 되자, '백인의 반발'이 끓어오르고 있었다. "저들은 늘 검둥이를 위해 무언가를 하고 있습니다"[14] 하고 시카고의 한 남성이 말했다. "저들은 언제쯤 백인을 위해 무언가를 하게 될까요?" 해리스 여론조사는 흑인이 자기네 일자리를 빼앗을까봐 두려워하는 백인이 거의 60퍼센트이고, 백인의 4분의 1은 흑인이 백인의 아내를 빼앗을까봐 두려워한다는 사실을 보여 주었다. 거의 모든 백인은 인종 통합을 지지한다고 '말했지만,' 5분의 3은 사교 클럽이나 동네 인근에서는 흑인을 배제하는 것이 허용되어야 한다고 생각했다. 캘리포니아 주 유권자들은 투표 제안을 위한 서명 용지를 쌓아 가고 있었는데, 투표 제안은 곧이어 주의 공정주택법(Fair Housing Law, 주택의 임대와 구입, 주택담보대출과 관련 보험 등 주택 거래 관련 행위에서 인종이나 피부색을 이유로 차별받지 않음을 규정한 법—옮긴이)을 폐지하게 된다. 그러나 인종 간 불만은 미국의 불안한 분위기로 볼 때 빙산의 일각일 뿐이었다.

겉으로는 여전히 1950년대처럼 보이는 이면에, 시대가 너무 빨리, 많이도 변하고 있다는 불안감이 어른거렸다. 가정에서, 케네디 암살과 그 뒤에 줄줄이 이어진 충격적 암살은 미국이 평화로운 나라라는 환상을 깨부쉈다. 대법원은 공립학교 기도 시간을 금지시켰고, '경구 피임약'은 성 관념을 느슨하게 했으며, 베트남 폭격에 관한 얘기와 대대적으로 병력을 증파한다는 얘기는 불안감을 부채질했다. 7월 16일《뉴욕 타임스》에서, 제임스 레스턴은 "미국적 삶에 안타까움이 깊이 스며 있다. 종교적 신념의 상실에 대한 안타까움, 소박함과 충성심의 상실에 대한 안타까움, 투지 넘치는 개인이 지닌 개척 정신의 상실에 대한 안타까움, 한마디로 이상주의를 품은 순수한 미국 청년의 상실에 대한 안타까움이"[15]라고 썼다.

1960년대에 따라붙게 되는 몇몇 이름은 이미 널리 알려져 있었다. 리처드 닉슨은 그날 샌프란시스코에서 배리 골드워터를 대통령 후보로 지명할 준비를 하고 있었다. 장차 〈이지 라이더〉로 스타덤에 오를 잭 니콜슨은 〈백도어 투 헬〉[16] 같은 B급 영화를 제작하고 있었다. 글로리아 스타이넘은 페미니스트로서가 아니라 '플레이보이 버니스'(플레이보이 클럽에서 코르셋과 토끼 귀 등을 착용하고 일하는 여급—옮긴이)에 관해 이름을 숨기고 글을 쓰는 프리랜서 작가로 알려져 있었다. 코미디언 레니 브루스는 외설 혐의로 맨해튼의 법정에서 재판을 받았다. 미시간 주 플린트에서는, 1세대 포드 자동차 '머스탱'이 조립 라인을 지나고 있었다. 그러나 다가오는 1960년대의 '스타'들은 대부분은 아직 숨어 있었다. 지미 헨드릭스는 리듬앤블루스 반주를 하며 남부를 여행하고 있었다. 애비 호프먼은 매사추세츠 주 우스터에서 SNCC 활동을 하면서 미시시피에 가기엔 너무 늦은 게 아닐까 걱정하고 있었다. 물론 이듬해 여름에는 매콤 자유학교에서 가르치게 되지만. 트루먼 커포티는 롱아일랜드의 집에서 캔자스의 두 살인범이 처형되기를 기다리고 있었다. 그러면 그는 《인 콜드 블러드》를 끝마칠 수 있을 터였다. 닐 암스트롱은 아폴로 11호에 승선할 우주인 가운데 한 사람으로 훈련 받고 있었다.

그리고 이 이른바 '자유의 날'에, 1939년형 인터내셔널하베스터 버스는 미국을 가로지르고 있었다. 카니발 축제 같은 데에서나 볼 수 있을 만큼 어울리지 않게 알록달록 칠해진 버스였다. 거기에 덧써진 글귀는 "경고: 수상한 적재물,"[17] "배리에게 투표하는 건 장난하자는 거죠,"[18] 앞 유리 위쪽 행선지 칸에 붙은 글귀는 "더 멀리"[19]였다. 미시시피 주에 진입하기 전, 이 '즐거운 장난꾸러기들'은 루이지애나 주 폰처트레인 호숫가에 멈춰 시끄럽게 음악을 연주했다. 지금 그들은 남부를 가로질러 더 동쪽으로 가는 길이다. 고개를 돌려 이들을 본 남부 사람이 있다면, 버스를 타고 온 이 까불거리는 사람들이 LSD를 복용했다는 걸 알고도 전혀 놀라지 않았을 것이다. 버스 밖의 그 누구도, 티모시 리어리가 이 장난꾸러기들을 곧 맞이하게 될 뉴욕 밀브루크보다 남쪽에 사는 그 누구도 LSD가 무언지 전혀 몰랐을 테니까.

'23인치 네모난 브라운관'을 장착한 새 매그너벅스 컬러 TV 한 대 가격은 노동자들의 한 달 평균 임금이었다. 휘발유는 갤런당 30센트였지만, '가격 전쟁'으로 5센트씩 값이 떨어지기도 했다. 스테이크 450그램은 79센트, 닭 450그램은 25센트에 살 수 있었다. 상태가 좋은 중고차는 300달러면 살 수 있었다. 공중보건국의 경고에도 아랑곳하지 않고 모든 식당과 회의실에서 연기를 피워 올리는 담배는 한 갑에 25센트였다. 하지만 무형의 것에는 가격표가 없었다. 결혼에는 가격표가 없기에, 전쟁이 끝난 뒤 성급하게 짝을 이뤘던 이들은 얼마 지나지 않아 끊어지게 될 끈에 서로 묶여 있었고, 이혼율은 머지않아 곱절로 뛴다. 가격표가 없는 부모 자식 간의 결속도 몇 년 안에 '세대 차이'를 넓히게 된다. 링컨의 '마지막 남은 최상의 희망' 같은, 미국에 대한 굳건한 신념에도 가격표가 없었다. 그래서 그 신념은 베트남에서 총탄에 스러지고, 와츠, 뉴어크, 디트로이트(차별에 분노한 흑인들이 폭동을 일으킨 곳들—옮긴이)의 길거리에서 무참히 짓밟히게 된다.

변화에 조심스럽고 어떤 힘으로도 막을 수 없는 거대한 것이 다가오는 것을 모르는 대부분의 미국인은 편안했던 적이 한 번도 없었다. 머리디언의 가계소득은 1950년 이후 53퍼센트 증가했고, 인플레이션율은 1.2퍼센트였으며, 국민총생산은 사상 최고 수준이었다. 살 수 있는 것이 어느 때보다 많고 살 돈도 어느 때보다 많으니, "중산층의 허울을 벗으려는" 사람은 거의 없었다. 한 여론조사는 미국인의 3분의 2가 미시시피 여름 프로젝트에 반대한다는 생각을 드러냈다. "법을 너무 자기네 마음대로 하려는 것 같다"[20]고 디트로이트의 한 기계공은 말했다. 미시시피 신문사들처럼 무례하지는 않았지만 미국 언론은 프리덤 서머에 거의 공감하지 않았다.

> 미시시피에 사는 대부분의 흑인들에게 선거권이 주어지지 않는다는 건 수치스럽고 변명의 여지가 없는 일이다. 그러나 북부 대학생들이 이 문제를 치료하는 데 최상의 자격을 갖춘 사람인지는 매우 의심스럽다.[21]
> -《시카고 트리뷴》

대통령은 현재 권력을 이용하여 미시시피 문제의 원인을 공격하고 있다. 문제는 바로 일군의 북부 대학생들이 그 자치주를 부당하고 주제넘게 침략한 것이다. 더구나 그 대학생들은 미시시피 흑인들에게 '자유'를

준다는 미명 아래 문제를 일으키는 데 필요한 교육을 미리 받았다.[22]

　－《댈러스 모닝뉴스》

인종차별적 태도를 눈감아 주지 않고도, 우리는 미시시피 사람들이 그런 침략에 분노할 수밖에 없음을 이해할 수 있다. 외부 세력은 자신들을 영웅적인 자유의 투사라도 되는 양 생각하지만, 실상은 오히려 문제를 일으키고 있다고 한다.[23]

　－《월스트리트 저널》

칼럼니스트들은 활동가들의 이상주의를 칭찬하면서도 여름 프로젝트 자체에 대해서는 비판적인, 균형 잡힌 시각으로 글을 썼다. "말하기 싫지만 말할 필요가 있다"[24]고 조지프 얼소프는 썼다. "이 젊은이들을 미시시피로 보낸 조직가들은 순교자를 원했거나 심지어 기대한 것이 분명하다." 윌리엄 F. 버클리는 미시시피 흑인들이 투표할 준비가 되어 있느냐고 물었다. "민주주의 절대론자와 달리, 나는 투표라는 어려운 권리를 행사하지 않는 사람들의 수에 진심으로 기뻐할 수 있다"[25]고 버클리는 썼다. 라디오 토론 프로그램이 별로 없었기에, 미국인들은 편지를 써서 신문사 논설위원들과 미시시피를 놓고 논쟁했다. 오클라호마의 여성은 이렇게 "쓸모없는 선동가 세 명을 남부에서 찾겠다는 목적으로 우리 미국 해군을 이용하고 있다는 게 화가 나고 역겹습니다."[26] 루이지애나의 여성은 "무엇보다도 이 아이들이 미시시피에 어떤 권리라도 갖고 있다고 생각하려면 도대체 어떤 상상력을 발휘해야 하는 건가요? 모든 상황이 넌더리가 나요"[27] 하고 말했다.

프리덤 서머는 남북전쟁 때 생긴 상처를 헤집어 놓았다. 미시시피로 대표되는 남부는 갑자기 공개적인 모욕에 딱 알맞은 대상이 된 것 같았다. "남부를 연방에 다시 편입시켰을 때, 링컨은 이 나라에 크나큰 해를 끼친 것입니다"[28] 하고 캘리포니아의 남성은 썼다. "그들을 지금 '탈퇴'시킬 길은 없습니까?" 남부 사람들이 떨쳐 일어선 건 정당방위였다. "보통의 남부 사람이라면 귀사가 내놓는 온갖 논평에서 남부와 남부 사람들에게 매우 불공정하다고 생각하는데, 귀사는 남부 사람들의 그 정직한 견해를 믿을 수 있는지요?"[29] 하고 한 여성은 《뉴스위크》에 물었다. "나는 흑인을 살해하고 싶어 하거나 그런 짓을 눈감아 줄 만한 남부 사람을 하나도 알지 못합니다." 십자포화 속에서, 몇 안 되는 미국인만이 활동가들을 칭송했다. "나는 그들이 자신이 믿는 바를 두려움 없이 옹호하는 용감한 젊은이라고 말할 것이다"[30]라고 코네티컷 여성은 주장했다. 선거가 있는 해에 이타주의는 늘 그렇듯이 정치에 이용되고 있다고 의심하는 사람이 훨씬 많았다. 인디애나의 한 남성은 "전체 계획은 흑인을 도우려는 게 아니라, 불안과 갈등을 선동하고 창출하여 진보 좌파 민주당 권력으로 더 많은 표를 몰아 가려는 게 틀림없다"[31]고 했다.

해가 긴 포물선을 그리며 델타의 하늘을 지나다가 가장 높은 곳에 이르렀을 때, 자유의 날 검거 소식을 들은 활동가와 SNCC 실무진이 그린우드로 집결했다. 점심을 먹은 직후, 피켓 시위대는 인도에서 세 번째 행진을 시작했다. 래리 서장이 확성기를 들었다. "2분 안에 해산하라!" 경찰이 수십 명을 더 체포하면서 난폭하게 굴어 일부 활동가들에게 평생 잊지 못할 공포로 남았다. 활동가 린다 웨트모어는 고통스러워하는 스토클리 카마이클의 얼굴을 평생 떠올리게 된다. "버스에 올라타면서 뒤를 돌아보니, 그들이 소몰이용 전기 충격기를 카마이클의 음경에 갖다 댔어요. 그이가 반격하지 않으려고 이를 악물고 참고 있다는 걸 알 수 있었어요"[32] 하고 웨트모어는 떠올렸다. 몇 초 뒤 웨트모어와 카마이클은 버스에 탔고 새 합창에 동참했다.

    래리 서장은 나를
    가로막을 수 없어
    막을 수 없어
    막을 수 없어 …….

시동을 다시 켜고 출발한 버스는 왼쪽으로 방향을 틀고 다시 왼쪽으로 방향을 튼 뒤 법원 뒤쪽 야주 강가에 멈추었다. 강은 여전히 느릿느릿 흐르고 있었다. 머리 위로 적란운이 파란 하늘에 가득했다.

처음 체포되었거나 여러 차례 체포된 버스 안의 피켓 시위대는 미시시피 경찰서의 공포에 직면했다. 몇몇은 체포가 신기한 일일 수도 있었겠지만, 대부분은 그린우드 경찰서를 매우 잘 알고 있었다. 늘 그렇듯 고령의 당직 경사가 검거된 이들의 이름을 노란 서류철에 또박또박 적었다. 그리고 늘 그렇듯 능글거리는 경찰들은 고문해야 할 '검둥이와 한통속들'이 더 많이 들어와 즐거워했다. 온통 경찰서 자체가 검거된 이들을 비웃는 듯했다. 칭찬할 만한 경찰 서비스를 제공한 경찰견 '타이거'에게 수여한 공로패가 벽에 걸려 있었던 것이다. 독일산 셰퍼드인 타이거는 한 해 전 시위대를 공격한 개였다. 그리고 FBI가 배포한 굿먼, 슈워너, 체이니의 포스터도 붙어 있었는데, 굿먼 얼굴에 콧수염이 덧칠되어 있었다. 어두운 복도를 지나면 유치장이 나온다. 경찰들이 흑인을 폭행하거나 백인 수감자들에게 곤봉을 넘겨주어 대신 그 짓을 하도록 하는 곳이다. 그러나 그린우드 경찰이 쇠창살 안에서 늘 분노를 분출하는 것만은 아니었다. 한 주 전, 머리색이 짙고 이름이 로건인 경관이 긴 칼을 가져오더니 활동가들이 지켜보는 데서 날을 갈았다. "검둥이 여자하고 비비적대는 소리 같은 걸"[33] 하더니 로건은 칼날로 한 남자의 갈비뼈 쪽을 눌렀다. "네 물건을 베어 낼 만큼 날카롭지?" 그리고 로건은 다른 경관에게 말했다. "날 여기서 내보내 줘. 확 사고 치기 전에." 나가기 전에 그는 리볼버 권총을 흑인 여성에게 겨누더니 약실을 돌렸다.

어느덧 이제 유치장으로 행진할 시간이 되었다. 또 다른 익숙한 얼굴, 활동가들을 '검둥이 바라기들'[34]라 부르는 살찐 교도관이 검거된 이들을 이끌고 퀴퀴한 복도를 지나 습한 시멘트 계단을 올랐다. 흑인 여성들이 한 방에 갇히고, 백인 여성들이 또 다른 방에 갇혔다. 남자들은 아래층에서 인종 별로 수감되었다. 유치장에 몰아넣어진 수감자들은 쇠창살을 붙들고 노래하고 서로를 불렀다. 한 시간 뒤 그린우드 경찰이 억수같이 쏟아지는 폭우 속에 피켓 시위대를 추가로 체포했다. 그날 연행된 사람은 모두 111명이었다. 하지만 법원 계단에서 흑인들은 여전히 한 줄로 늘어선 채 등록 사무실로 들어가고 있었다.

그린우드 자유의 날은 결국 그 여름 가운데 체포자 수가 가장 많은 날로 기록된다. 그러나 클리블랜드 자유의 날은 놀랄 만큼 성공이었다. 흑인 40명이 줄을 서서 기다렸고 24명 이상이 서류 빈칸을 모두 채웠다. 경찰은 흑인과 백인을 보호했고 아무도 체포하지 않았다. 찰리 캡스 보안관은 "사태가 악화되는 걸 막겠다"는 약속을 충실히 지켰다. "나는 볼리바 카운티 주민들이 이 선동가들을 무시한 것을 자랑스럽게 생각합니다"[35] 하고 보안관은 발표했다. 그린빌도 성공적이어서 1백 명이 등록 양식을 채웠다. 그곳의 실무자들은 심지어 그린우드 활동가들과 오는 토요일 야구 경기를 계획할 만큼 시간이 남았다.

미시시피 주 다른 곳에서도 자유의 날은 낡은 문제와 새로운 문제를 등장시켰다. 캔턴에서 활동가 두 명이 체포되었다는 보고가 COFO 본부에 들어왔다. 경찰이 트럭을 압수하고 두 활동가를 권총으로 가격했다는 것이었다. 겁에 질린 활동가들을 되도록 빨리 보석으로 꺼내야 했다. 한 실무자가 캔턴으로 출발했고, 그동안 디트로이트와 중부 아이오와의 부모에게 보석금을 마련하라는 전화를 걸었다. 그리고 뒷날 매사추세츠 주를 대표하여 하원의원이 되는 하버드대 대학원생 활동가 바니 프랭크가 더 큰 문제를 지적했다. 몰수된 트럭에는 미시시피 자유민주당 입당서가 실려 있다는 것이었다. 입당서에는 흑인 수백 명의 주소가 적혀 있었다. 누구든 그걸 발견하는 자는 표적이 될 넉넉한 명단을 입수하게 되는 셈이다. COFO는 경찰이 짐칸을 살펴보기 전에 그 트럭을 되찾아 와야 했다. 프랭크는 여러 차례 전화를 건 뒤, 렌트한 트럭은 렌탈 업체의 허가 없이 압수할 수 없다는 사실을 알게 되었다. 지금 트럭이 어디 있지? 그 트럭을 렌트해 준 업체는 어디야? 업체 전화번호는? 오후 3시, COFO는 프랭크를 캔턴으로 파견했다. 그는 바람 같은 속도로 '내셔널 렌터카'에 도착했고, 그 뒤 자동차 보관소가 문을 닫기 전에 도착했다.

주를 가로질러 머리디언에서는, 더욱 친숙한 공포가 프로젝트 사무실을 사로잡았다. 그날 아침, 흑인 실무자 네 명이 살인 소문을 조사하기 위해 시골인 재스퍼 카운티로 갔다. 그들은 오후 4시에 확인 전화를 하라는 지시를 받고 떠났다. 하염없이 미키 슈워너의 전화를 기다렸던 바로 그 활동가가 다시 전화를 기다리고 있었다. 시간이 한참 지났지만,

전화는 오지 않았다. 주 전체의 프로젝트 사무실로 경보가 확산되었다. 오후 5시, 보안관들에게 전화를 걸었다. 30분 뒤, COFO는 빅스버그의 밥 모지스에게 전화했다. 모지스는 방금 마틴 루터 킹을 미시시피로 초청하고 바빠 그의 여정을 짜고 있었다. 하지만 그는 모든 일을 멈추고 직접 전화를 걸기 시작했다. 저녁 6시 3분, 머리디언 사무실에서 주 고속도로 순찰대에 전화를 걸었다. 어떤 소식도 들을 수 없었다. 모지스가 잭슨의 새 FBI 사무실에 전화를 걸었다. 그의 아내 도나는 로더데일과 재스퍼 카운티 보안관에게 전화했다. 여전히 감감 무소식. 한 시간 뒤면 해가 진다. 네 사람은 어디에 있는 것인가?

저녁 7시     채널 2, 4, 7 공화당 전당대회

              채널 5 만화영화 매길라 고릴라

              채널 13 컬럼비아 세미나: 컬럼비아대 교수 제이콥 C. 휴러

              위츠와 아미타이 W. 에치오니가 이스라엘에 관해 토론하다

그날 저녁 맨해튼에서 극장에 간 사람들은 〈화니 걸〉에 출연한 바브라 스트라이샌드나 〈맨발로 공원을〉에 출연한 로버트 레드포드를 볼 수 있었다. 캐럴 채닝은 〈헬로, 돌리!〉의 주연을 맡았고 폴 뉴먼은 거의 알려지지 않은 연극에 팬을 끌어 모았다. 영화를 좋아하는 이들은 〈닥터 스트레인지러브〉와 〈핑크 팬더〉를 비롯하여 세 영화에 출연 중인 피터 셀러스를 볼 수 있었다. 로널드 레이건은 자신의 마지막 영화 〈킬러스〉에 출연했지만, 샌프란시스코에서 더 큰 역할을 하고 있었다. 캘리포니아 공화당 골드워터 선거본부 공동대표로서, 레이건은 카우팰리스에서 열린 GOP 전당대회 마지막 밤 행사에 참석한 대의원들을 환영하고

있었던 것이다.

케네디가 암살되고 여덟 달 뒤, 미국인들은 시대를 경로에서 이탈시켜 버린 그 분리의 순간이 남긴 상처를 여전히 아파하고 있었다. 베스트셀러 세 권은 JFK에 관한 것이었고, 4위는 케네디가 쓴 《용기 있는 사람들》이었다. 선박, 공항, 새 동전에 케네디라는 이름이 붙었다. 저격에 쓰러진 대통령의 성자 같은 초상화를 걸어 놓은 미국 가정이 가난한 소작인의 판잣집만은 아니었다. 케네디의 뜻을 이어가겠다고 맹세한 LBJ가 11월 선거에서 승리할 수 있는 무척 유리한 입장이었지만, 그 주 내내 샌프란시스코에서 공화당은 존슨을 무너뜨릴 기회를 잡으려 애썼다. 그토록 적개심에 불타는 전당대회는 다시없었다. 후보들은 분노에 찬 표현을 쏟아 냈다. 핑커턴 탐정들이 경쟁 후보의 선거 캠프를 감시했다. '극단주의자'라는 꼬리표가 붙은 데 분노하는 공화당 강경파는 온건파의 도전을 격퇴했다. 골드워터는 "그 빌어먹을"[36] 록펠러의 양보 요청을 받아들이지 않았고, LBJ가 갑작스레 민권운동을 지지함으로써 '미국 최대의 사기꾼'이 되었다고 말했다. 전직 대통령 아이젠하워는 확고한 공화당원이었지만 연단에서 쏟아 내는 정부에 대한 날선 공격에 혼란을 느꼈던 당원 가운데 하나였다. 넬슨 록펠러가 "미국주의에 전혀 공감하지 못하는 …… 극단주의자들"[37]을 비난하자 대의원들이 야유를 퍼부었다. 또 다른 연사가 진보적인 미디어를 공격하자 대의원들은 방송국 부스를 향해 주먹질을 했다. 회의장 바깥 주차장에서, CORE는 공화당의 민권법 거부에 항의했다. "미시시피 여름 프로젝트 학부모들"이라는 현수막을 앞세우고 행진하는 사람들이 있었다. 하지만 회의장 안의 대의원들은 골드워터가 반대한 새 민권법에 대한 지지를 거부했다. 공화당의 한 보좌관은 '검둥이 문제'[38]가 골드워터를 백악관에 입성시킬 게 분명하다고 기자에게 말했다.

캘리포니아 시간으로 밤 9시가 가까워질 때 힘차고 머리가 하얀 후보가 연단으로 올라섰다. 골드워터가 "자유를 수호하는 극단주의는 악이 아닙니다" 하고 선언하자, 박수갈채가 거의 1분 동안 카우팰리스를 뒤흔들었다. 미시시피에서는 KKK 대마왕 샘 바워스가 그 장면을 텔레비전으로 시청하고 있었다. 골드워터의 서명 문구를 흡수한 바워스는 그것을 KKK 헌법에 끼워 넣었다. 골드워터가 연설을 마쳤을 때, 빨강, 하양, 파랑 풍선들이 〈공화국 찬가〉(The Battle Hymn of the Republic) 곡조에 맞춰 천장으로 떠올랐다. 그해 11월 골드워터는 참패하게 되지만, 그가 이른바 '자유의 날'에 일으킨 보수주의 반동은 향후 10년 동안 힘을 키워 간다.

샌프란시스코에서 공화당 당원들이 아직 축하 행사를 시작하지 않았을 무렵, 미시시피의 또 다른 실종 사건은 전화 한 통으로 막을 내렸다. 저녁 6시 30분, 재스퍼 카운티에서 실종된 이들 가운데 한 사람이 머리디언 사무실에 도착했다. 여러 번 전화를 걸었지만 전화가 계속 통화 중이었다고 했다. 네 명 모두 무사했고 돌아오는 길이었다.

캔턴에서, 바니 프랭크는 자동차 보관소에 있었다. 압수된 트럭과 거기 실려 있는 위험한 적재물인 자유민주당 입당서를 되찾으려고 분투했다. 그 하버드대 대학원생을 도와주는 이가 있었으니, 영화배우 리처드 베이머였다. 〈웨스트 사이드 스토리〉와 〈지상 최대의 작전〉에 출연한 이 미남 배우는 여름 동안 할리우드를 벗어나 활동가로 지원했다. "나는 늘 미국에 관해 불평했습니다"[39] 하고 베이머는 회고했다. "그러니까 내 에이전트가 '이봐, 그럼 뭐라도 하든가 아님 입 다물어' 하고 말하더군요." 그래서 베이머는 배우 활동을 보류하고 미시시피에서 여름을 보내게 되었다. 캔턴에서 선거운동을 하면서, 그는 여름 프로젝트에 관해 다큐멘터리를 촬영하고 있었다. 그 화요일 베이머가 자동차 보관소에 도착했을 때, 바니 프랭크는 보관소 주인과 입씨름을 벌이고 있었다. 트럭을 갖고 가려면 35달러를 내야 한다고 프랭크가 말해 주었다. 둘이 돈을 징발했고, 거대한 주황색 해가 델타 대농장 판잣집들의 윤곽선만 드러낼 즈음 미래의 하원의원과 영화배우는 트럭을 몰고 그린우드를 향해 북쪽으로 달리고 이었다. "나는 수동 조작을 못 했기 때문에 베이머가 운전했지요"[40] 하고 프랭크가 회상했다. "종이가 사방팔방으로 날리던 기억이 나네요." 트럭 적재물을 들여다본 사람은 아무도 없었다. 어떤 이름도 새 나가지 않았다. 그리고 캔턴에서, 활동가 두 명은 석방되었다.

자유의 날은 장차 미국에서 일어날 변화의 예고편이었다. 그러나 미시시피에서 그날은 그저 또 다른 하루일 뿐이었다. 경찰은 활동가들을 괴롭혔다. 프로젝트 사무실마다 협박으로 몸살을 앓았다. 자동차와 픽업이 사무실 밖에서 굉음을 내며 지나갔다. 매콤에서는 백인들이 곧 자유의 집을 "지도에서 사라지게"[41] 할 거라는 소문이 돌았다. 나체스에서 백인 목사가 불에 타 사라진 흑인 교회를 재건하기 위해 성금을 모으고 있었다. 성금은 이미 1,000달러에 이르렀다. 그리고 쇼에서, 드루의 좁은 감방에 갇힌 활동가들을 꺼내기 위해 보석금 4,500달러를 보내 달라고 부탁하는 전화를 부모들에게 걸었다. 그러나 그린우드에서는 보석이 불가능했다.

러플로어 카운티 법원의 창자 속 깊은 곳에서, 111명은 눅눅하고 후덥지근한 감방을 메우고 있었다. 긴긴 밤 동안 수감자들은 노래를 부르고 이야기를 나누며 음식을 거부했다. 여자들은 누구 하나가 후추를 뿌린 콩밥을 뱉어 낸 뒤 단식투쟁을 시작했다. 해가 지고 오후에 폭우가 내려도 열기는 거의 변함이 없었다. 얼굴마다 땀이 번들거리고 검어진 매트리스마다 토사물로 인한 악취가 뿜어 나왔다. 그 순간에도 감옥이 여전히 진기한 경험처럼 느껴졌을까? 감방에서, 남자들은 자유와 여자, 여자와 자유 얘기를 이어갔고, 위층의 여자들은 동전 던지기를 하거나 칸을 그린 뒤 아이보리 비누로 사방치기를 하면서 시간을 보냈다. 언제쯤 변호사가 찾아올까? 다른 이들도 단식투쟁에 동참할까? SNCC는 언제 우리를 '꺼내' 줄까?

그날 저녁 늦게 백인 여성들의 감방 벽을 두드리는 소리가 났다. 작고 편평한 판이 열리더니 얼굴 하나가 나타났다. 흑인 남자. 자신을 '모범수'라고 소개한 그 남자는 초콜릿과 흑인 여성들이 보낸 쪽지를 들여보냈다. "우리는 단식할 거야. 담배 좀 보내 줘. 불도 없어"[42]라고 쓰여 있었다. 그리고 한 시간 동안, 여자들은 얼굴 크기의 구멍을 통해 서로 이야기를 하고, 그 모범수와도 이야기를 나누었다. 그의 이름은 패터슨이었고, 자신이 저지르지 않은 범죄로 18개월을 복역하고 있는 중이었다. 여자들이 그에게 1달러를 주어 담배를 부탁했다. 그들은 그날 얼마나 많은 이들이 체포되었는지를 전해 듣고 전율했다. 패터슨은 구멍을 닫고 다른 수감자들을 만나러 갔다. 1960년대 첫날 자정이 가까워질 때, 문이 열리고 마지막 쪽지가 왔다. 흑인 남자들이 보낸 쪽지였다. "우리는 내일 단식에 들어간다. 동이 틀 녘에 우리는 우렁차게 노래할 것이다. 자유!"[43]

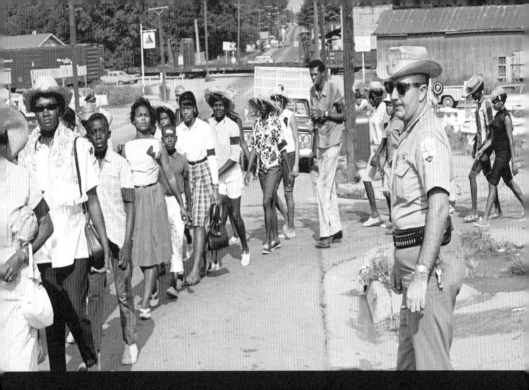

# 2부

# 우리 승리하리라

언제나 참을 수 없는 문제들이 있는 법이란다.
그런 문제들은 절대로 참으려 해서는 안 된다.
불의와 폭력, 모욕, 치욕, 네가 얼마나 어리든 또는 얼마나 나이가 많든.
칭찬이나 돈 때문에 참아서는 안 된다.
널리 알려지기 위해서나 재산을 불리려고 참아서는 안 된다.
참으려 하지 말아라.
— 윌리엄 포크너,《무덤의 침입자》

# 9
# 미시시피 자유민주당

사실 나는 투표가 내게 어떻게 도움이 될지 확실히 알지도 못했다.
하지만 백인들이 그걸 그렇게 싫어한다는 얘기를 들을수록,
점점 더 이 투표란 것에 분명 무언가 있다는 생각이 들었다.
– 유니타 블랙웰, 《맨발로 살아온 삶》

메스꺼움과 두려움 속에 오들오들 떨면서 독서지도 교사는 매콤행
버스를 탔다.

맨해튼에서 수업을 마치고 2주 뒤에 아이어러 랜더스가 있게 된 곳
은 대륙보다 더 큰 문화적 간극을 건너온 곳이었다. 버스를 타고 맨해
튼에서 멤피스까지 온 뒤, 남부로 가는 택시에서 그는 제대로 '환영'을
받았다. 남부로 가는 목적을 들은 택시 기사가 그의 짐을 길바닥에 내
동댕이친 것이다. 다른 교사들과 함께 수련회에 참석한 랜더스는 고개
를 숙이고 노래했다. "세 명이 실종되었습니다, 주여, 쿰바야 ……."[1] 7월
4일, 그의 그룹은 미시시피로 들어왔다. '또 다른 필라델피아에 들러 점
심을 먹고, 카페 창밖을 응시했다. 실종자들이 어디 있는지 행인들이
알고 있을까 궁금했다. 필라델피아를 떠나면서 그들은 존 F. 케네디 사

진에 검은색 페인트가 뿌려진 광고판을 지났다. 그 오후 도착하여 해티스버그의 휴일 소풍에 참석한 랜더스는 메기를 먹고 트랙터 뒤쪽 건초칸에 탔으며 소총걸이를 실은 픽업이 지나갈 때 몸을 숨겼다. 그날 밤, 그는 이상한 소리에 깜짝 놀라 자다가 벌떡 일어났다. KKK가 자신을 잡으러 왔다고 생각한 그는 용기를 내어 밖을 살펴보았다. 암소 한 마리가 판잣집에 몸을 문지르는 소리였다. 나중에 랜더스가 만난 흑인 아이들은 랜더스 같은 유대인에게 꼬리가 달려 있느냐고 물었다. 그리고 이제 여기서 그는 후덥지근하고 담배 연기 가득한 그레이하운드를 타고서, 두려움에 창백해진 얼굴들과 함께 파이크 카운티로 들어가고 있었다. 칡넝쿨로 뒤덮인 나무들이 서 있고, 구릉지에 KKK가 출몰하며 폭탄과 불에 탄 교회들이 있는 곳이었다.

다이너마이트가 매콤 자유의 집을 망가뜨렸을 때, SNCC는 더 많은 활동가들이 와서 "공포를 공유"해 달라고 요청했다. 예전에 브랜다이스 대학 동급생이었던 멘디 샘스틴이 매콤의 SNCC 실무자였기에 랜더스가 신청했다. 며칠 뒤 자신이 놓인 상황에 두려워하고, 자신이 '침략자'이자 유대인으로 지목되었다고 확신한 상태로 미시시피에서 가장 위험한 도시에 도착했다.

7월 중순 즈음, 두려움 말고 더 큰 어떤 것도 그를 괴롭히지 못하던 때, 랜더스는 자리를 잡아 가고 있었다. 교실로 돌아온 것이 기뻤기에 처음에 가졌던 공포도 사라졌다. 하지만 그를 가장 편안하게 만들어준 건 다름 아닌 어느 날 오후에 받은 인사였다. 매콤의 흑인 구역을 걸어가고 있을 때 허리가 굽은 백발의 할머니가 판잣집에서 나왔다. 할머니의 가죽만 남은 얼굴에 환한 웃음이 퍼졌다. 할머니는 빗자루를 옆에 놓더니 랜더스에게 손을 흔들면서 외쳤다. "안녕하우, 프리덤!"[2]

7월이 서서히 8월로 다가가고 있을 때 활동가들은 의문스러웠다. 겨우 한 달 지난 거야? 굼벵이처럼 지나가는 무더운 오후, 깜깜하고 공포스러운 밤, 지붕이 들썩거리는 대중 집회, 호스트 식구들과 함께 먹는 감동적인 저녁, 7월 4일의 소풍. 이 모든 것들보다 앞서 떠올릴 수밖에 없는 충격적인 실종 사건과 분주했던 도착. 여름은 영원히 지속되는 것이 아니었나? 떠나온 집의 안락한 생활은 여전히 그대로일까? 이미 밥 모지스가 경고한 바 있었다. "여러분이 미시시피에 있지 않다면, 미시시피는 현실이 아닙니다. 그리고 여러분이 미시시피에 있다면 나머지 세계가 현실이 아니죠"[3] 하고 그는 오하이오에서 활동가들에게 말했던 것이다.

그러나 영원 같은 한 달은 그저 시간만 왜곡한 게 아니었다. 그 한 달은 프리덤 서머를 가속화했다. 미시시피는 여전히 화약고여서 느닷없는 폭행, 불합리한 체포, 프로젝트 사무실 둘레를 굉음을 내며 맴도는 트럭 천지였다. 날마다 벌어지는 여러 건의 공격은 이제 잭슨 COFO 본부 바깥의 칠판에 분필로 기록되고 있었다.

매콤: 파이크 카운티 시온 산 침례교회 폭파 또는 방화로 소실.
필라델피아: 컬럼비아 법대생과 작가가 이른 오후 중년의 백인 두 명한테 체인으로 폭행당함.
베이츠빌: 8명이 한 시간 반 동안 보안관에게 억류되었다가, …… 풀려난 곳은 백인 군중이 몰려 있던 곳. 지역 활동가가 백인한테 턱을 강타 당함.[4]

백인과 맞닥뜨리는 일은 예측할 수 없는 운수 게임이었다. 철길을 건

너거나 시내로 들어갈 때 앞으로 무슨 일이 닥칠지 결코 알 수 없었다. 저만치 앞쪽에서 벤치에 모여 있는 사내들이 노려보거나 가운뎃손가락을 치켜들지도 몰랐다. 입을 굳게 다문 채 차를 타고 지나가는 남자는 잠자코 지나갈 수도 있었다. 주유소에서 노닥거리는 삼인조 건달 청년들은 위협하는 걸로 만족할지 모른다. 하지만 벤치에 모여 있는 사내들이 아무렇지도 않게 우르르 몸을 일으킬 수도 있었다. 지나치는 자동차에서 빈 맥주병이 날아올지도 몰랐다. 건달 셋이 한꺼번에 덮쳐올 수도 있다. 활동가들은 날마다 행운이 이어지길 기대했고, 대부분은 아무런 상처 없이 집으로 돌아갔다. 하지만 날마다 몇 사람에게는 운이 찾아오지 않았다.

프리덤 서머 한 달 동안 두려움을 느끼는 사람들이 걸러졌다. 몇몇은 활동을 포기하고 집으로 돌아갔다. 나머지는 미시시피에 단련되고 지역 영웅들을 보며 고무되면서 자신의 일에 집중하며 자리를 잡아 갔다. 수업을 더 맡고, 새로운 집의 문을 두드리고, 또는 그저 거기에 머물면서 미시시피의 흑인들과 더불어 지내는 백인이 되었다. 7월 셋째 주 즈음, 폭력의 여린 생채기는 점점 아물어 무시할 수 있을 만큼 굳어졌다. "여기 모기는 악독하다. KKK나 백인평의회에 고용된 게 분명하다"[5]고 해티스버그 여성 활동가는 일기에 썼다. 룰빌에서 한 남성 활동가는 집에 부치는 편지에 이렇게 썼다. "내 지독한 체취 때문에 키가 6미터인 해바라기도 쓰러진다는 걸 알면 놀라실 거예요."[6] 또 그린우드에서 한 활동가는 최근에 벌어진 대소동을 부모님에게 자세하게 설명하고는 "아아. 폭력이 난무하는 이 생활은 오늘도 변함이 없어요. 우리 승리하리라!"[7] 하고 끝을 맺었다.

미시시피의 '거친 도시'들을 향한 새로운 태도에서도 그런 굳건함이 드러났다. 드루나 매콤처럼, 한때 기피되었던 도시마다 이제 활동가들이 몰려들어 사무실을 벌집처럼 채우고 지역의 영웅들을 만나고 달려드는 경찰과 주민들에게도 당당히 맞섰다. 에밋 틸이 살해당해 던져진 강이 있는 곳, 탤러해치 카운티의 법원에도 곧 유권자 등록을 하려는 흑인들이 줄을 서게 된다. 궁극적으로 그런 굳건함은 폭력을 묘사하는 방식까지 바꾸어 놓았다. 광역전화 서비스로 걸려오는 전화 용건은 이제 "늘 경험하는 경찰 폭력," 경찰이 뱉는 "뻔한 말," "흔한" 증오를 뱉어 내는 "노상 걸려오는" 전화라고 표현하고 있었다. 폭행도 "심각하지 않아요. 얼굴에 멍이 좀 들고 몇 군데 터졌을 뿐이에요."[8]

프리덤 서머의 결집력은 새로 형성된 이 과감함을 미시시피 구석구석까지 확산시켰다. COFO는 레이니 보안관과 KKK, 백인평의회를 고소하여, 그들이 "만연한 테러 행위에 관여했으며 …… 미시시피의 흑인 시민들을 위협하고 처벌하고 겁박했다"[9]고 비난했다. 소송에서 이기리라고 기대하는 사람은 아무도 없었지만, 적어도 담배를 씹는 그 보안관은 변호사까지 고용하고 거드름 피우며 법정에 출석해야 했다. 민권법에 대한 응답으로 십자가가 불태워졌던 하모니에서, 규칙적인 망치질 소리가 농장과 들판에 울려 퍼졌다. 자유학교로 쓸 건물을 구할 수 없었던 활동가들과 지역 주민들이 돈을 걷어 직접 커뮤니티센터를 짓고 있었다. 수십 명이 이 일에 달려들었다. 픽업들이 주변을 맴도는 동안, 흑인 여성들은 닭튀김과 청량음료를 내왔다. 작업복을 입은 남자들이 이글거리는 태양 아래 널빤지를 톱으로 자르고 벽체를 세웠다. 밀워키에서 온 신혼부부가 함께하고 있는 하모니 프로젝트를 본 어떤 사람은 "내가 미시시피에서 본 가장 행복한 프로젝트"[10]라고 표현했다. 부모들에게 전화를 건 뒤 부모들이 부쳐 준 4,500달러는 룰빌의 렉설 약국

뒤편에 있는 웨스턴유니언 전신회사에서 찾아 왔다. 드루의 끔찍한 감방에서 이가 옮고, 모기와 털진드기에 물려 피부에 물집이 잡힌 스물세 명의 죄수 모두 보석으로 풀려났다. 약 50킬로미터 남쪽 그린우드의 감방에서는 단식투쟁이 이어졌다. 구중중한 자유의 날, 죄수들은 아이스크림과 진토닉, 그리고 다진 간 요리와 베이글을 한가득 싣고 뉴욕에서 달려오는 화물열차를 상상했다.

한마음 한뜻으로 뭉친 활동가들은 지지의 새로운 원천도 발견했다. 미시시피 주 전역에서 CB 라디오 네트워크가 확대되어 SNCC 차량과 가정 기지국의 연결이 더욱 긴밀해졌다. 제임스 체이니에게 그런 라디오가 있었더라면……. 의사, 간호사, 치과 의사, 정신과 의사로 구성된 의료진 수십 명이 보름 동안 미시시피를 순회했다. 활동가들의 건강을 보살피고 흑인 아이들에게 기초 건강검진을 한 뒤 호스트 가정으로 돌아가 '경찰국가' 미시시피에서 벌어지는 이야기를 들었다. 전국 각지에서 온 변호사 100여 명은 더 많은 소송을 준비하게 되었다. 유명 인사들도 도착하여 지지를 표명했다. 어느 날 오후, 밝은 빨간색 머리에 청바지를 입은 어여쁜 여인이 패니 루 헤이머에게 들렀다. 헤이머는 '작은 백인 여성'을 못 알아보았다. 셜리 맥클레인이라는 이름의 '진짜 영화배우'[11]가 자신의 부엌에서 콩 요리를 뒤적였다는 사실을 나중에 듣고서야 놀랐다. 보스턴 셀틱스 농구팀의 스타 빌 러셀은 잭슨에서 농구 교실을 열었고, 며칠 뒤에는 민권운동의 거목 마틴 루터 킹 주니어 박사가 미시시피 주에 당도한다. 딱 한 달 지났을 뿐이고 한 달 하고 조금 더 남아 있었지만 프리덤 서머는 그렇게 지나가고 있었다.

그 여름에 놀랄 만한 일은 아직 끝난 게 아니다. 이타베나에서, 지난 6월에 부싯깃으로 활동가들을 놀라게 했던 담배를 씹는 부인은 한 활동가의 여자친구가 보내 준 찻잔 세트를 자랑하고 있었다. "요 작은 잔에 차를 따라 마실 수 있어" 하고 부인은 자유의 거리에서 친구들에게 말했다. "또 위스키도 따라 마실 수 있지." 하지만 미시시피의 한 달은 오하이오 수련회에서 SNCC 베테랑들을 걱정시켰던 천진난만함을 지워 주었다. 문이 열릴 때 야간의 눈에 띄는 표적이 되지 않도록 차량의 등 스위치는 모두 테이프로 고정시켜 놓았다. 이제 호스트 식구들은 집에 묵는 손님을 더 이상 "진짜 귀엽게"[12]만 보지 않았다. 활동가들은 양동이에 손만 씻지 않았다. 그들은 옥외변소와 펌프 사용, 양철 대야에서 목욕하는 데 도가 텄다. 콜라드 잎사귀 한 접시를 얼굴 한 번 찡그리지 않고 싹 비울 수 있었다. 그들의 생체 시계는 이제 지역 시간, 그러니까 남부 시골의 시간에 맞춰져 있었다. "여덟 시에 회의를 시작하고 싶으면 일곱 시로 계획해 놓아야 해요"[13] 하고 한 활동가는 집에 보내는 편지에 썼다. 패니 루 헤이머는 "뒤뜰 나무 아래에서 흑인 사내들과 카드놀이를 하는!"[14] 백인 여자를 두고 더 이상 걱정하지 않았다. 그러나 여전히 위기일발의 상황이 벌어졌고 위험을 상기시키는 사건도 그칠 줄 몰랐다.

어느 토요일 저녁, 크리스 윌리엄스는 베이츠빌의 마일스 씨 집 뒤뜰에 있었다. 활동가들이 둘러서서 농담을 주고받을 때 소총이 발사되고 윙윙거리던 벌레들이 흩어졌다. 다들 비명을 지르며 엄폐물을 찾아 엎드리자, 로버트 마일스가 "미친 듯이 낄낄거리며"[15] 나와서 설명했다. 총에 익숙하지 않은 한 활동가가 장전된 소총을 집어 들었던 것이다. "집 '안'에서 누군가 너희한테 쏜 거야" 하고 마일스가 말했다. 총알은 뒤뜰에서 풀을 뜯던 돼지들 근처 땅에 박혔다.

프레드 윈은 여전히 쇼에서 수렁에 빠져 있었다. "폭파범을 기다리던" 토요일 밤 이후, 활동가들은 자리 잡아 가고 있었지만 프로젝트는 그러지 못했다. 도시 자체가 낙후된 것처럼, 주요 도로 옆에 위치한 습지를 따라 이어지는 쇼의 프로젝트도 뒤처졌다. 어떤 지역 운동도 벌어지지 않았고, 대중 집회에는 몇 안 되는 성인만 참석했다. 흑인 사회에서 수런거리는 소문은 활동에 도움이 되지 않았다. 어떤 백인 활동가가 흑인 여자랑 같이 산다고 말하는 사람들이 있었다. 심지어 그가 아침 내내 웃통을 벗고 여자네 집 포치에 앉아 있었다는 얘기도 돌았다. 키가 큰 백인 여자와 마을 흑인 남자가 자유의 집에서 같이 잔다고 말하는 사람들도 있었다. 캘리포니아 목수는 소문에 아무런 관심을 기울이지 않았다. 프레드는 쉼 없이 책장을 만들고 철망을 설치하고 화장실을 고쳤다. 집에 가끔 편지를 보내면서, 그동안 거의 알지 못했던 아버지와 전보다 훨씬 가까워진 느낌이었다. 그리고 똑같은 감정을 느끼고 있는 아버지는 SNCC에 기부해 달라고 친구들에게 부탁하고 다녔다. 한 친구는 "나는 이런 일은 믿지 않네. 그리고 프레디가 그런 일을 하다니 다 큰 멍청이로군"[16] 하고 답장을 보내 왔다. 불안한 밤과 지리멸렬한 낮을 보내면서, 프레드는 자신이 언제까지나 미시시피에서 이방인일 거라는 괴로운 확신을 키워 갔다.

활동가들이 분투하며 적응해 갈 때, SNCC 지도자들은 의문을 품기 시작했다. 프리덤 서머는 정확히 무엇을 성취했는가? 자유학교는 학생이 넘치고 열정이 끓어올랐다. 열두 군데 커뮤니티센터에서 읽고 쓰기 수업, 보건 교실, 보육, 바느질, 이야기 시간을 열고 있었다. 그러나 SNCC의 더 큰 목표인 유권자 등록은 그다지 진전이 없었다. 밥 모지스는 고민했다. 그렇게 자유의 날들을 일구어 왔지만 SNCC 보고서는 암울한 결과만를 보여 줄 뿐이었다. "캔턴-응시자 수 22명, 합격자 수

0명. 해티스버그-응시자 수 70명, 합격자 수 5명. 그린우드-응시자 수 123명, 합격자 수 2명."[17] 결과적으로 법원에 간 흑인 1,500명 가운데 퍼놀라 카운티 바깥의 소수만이 성공적으로 유권자 등록을 한 것이다. 남은 달 동안 뭔가 정치적 진보가 이루어질 수 있다면, 그것은 열려 있는 유일한 길을 따라야 할 것이다. 바로 '자유민주당'이라는 길이었다. 그러나 이번에 그 무대는 미시시피가 아니라 미국 전체가 될 것이다. 7월 19일, "우리가 민주당 전당대회에 준비가 되어 있지 않을 농후한 가능성"[18]에 대해 모지스는 모든 실무자와 선거운동원들에게 10쪽짜리 비망록을 보냈다.

3월에 창설된 뒤, 미시시피 자유민주당(MFDP)은 꿈을 먹고 버텨 왔다. 패니 루 헤이머와 다른 후보 세 명은 6월 예비선거에서 연방의회에 출마했지만, 애틀랜틱시티는 여전히 자유민주당의 당면 목표였다. 이제 민주당 전당대회 개회까지 한 달 남짓 남았다. 거기서 자유민주당은 백인뿐인 미시시피 대표단에 도전할 것이었다. 텔레비전 시청자들 앞에서, 흑인들은 민주주의를 부정하는 미시시피의 만행을 고발할 수 있을 것이다. 그리고 충분히 지지를 받는다면, 아마도 전보와 전화가 쇄도하게 된다면, MFDP은 장내 표결에서 승리하고 의석을 차지함으로써, 미시시피 '공식' 대의원단을 망신 속에 돌려보내게 될지도 모른다. 하지만 그러려면 명부가 필요하다. 모지스는 여전히 40만 명을 기대하고 있었다. 자유민주당에 입당한 사람들의 명부가 한여름이 되었지만 모지스가 갖고 있는 모의 정당 입당서에 서명한 사람은 21,431명뿐이었다. 이런 속도라면, 전당대회가 시작할 때 자유민주당원은 6만 명밖에 되지 않을 것이다. 그 도전에 대한 위협을 상상하기란 어렵지 않았다. 미시시피의 다른 모든 흑인들은? 그들은 분명 투표에 관심이 없는 것이다. 실패를 눈앞에 두고, 모지스는 이제 대다수의 의견을 방침으로 확립했다. 앞으로 자유의 날은 거의 없을 것이다. 자유의 날은 보석금과 인력에 너무 많은 대가가 따르기 때문이다. 대신, "자유학교나 커뮤니티센터에서 일하지 않는 '모든' 활동가는 전당대회의 도전을 조직하는 데 모든 시간을 바쳐야만 합니다."[19]

모지스는 2만 명의 서명을 받는 것으로 기대치를 낮추었다. SNCC 기준으로 보아도 허황된 목표였지만, 모지스는 여느 때와 마찬가지로 고민 속에 계획을 세워 나갔다. SNCC는 흑인 구역 곳곳에 자유유권자 등록센터를 연다. 상점, 술집, 미용실, 이발소, 식당, 내기 당구장, 자동차 정비소, 교회……. 선전 트럭이 골목골목 다니며 확성기로 운동 내용을 알린다. 라디오 광고와 신문 광고로 널리 홍보한다. '거물급' 포크 가수들이 이미 미시시피에 와서 MFDP를 홍보하는 콘서트를 열고 있었다. 피트 시거와 피터, 폴 앤드 메리를 비롯하여 더 많은 가수들이 올 것이라고 했다. 그리고 "여러분 모두가 잘 알고 있는, 선거운동"[20]을 펼칠 것이었다. 그리고 며칠 뒤에는 마틴 루터 킹이 미시시피를 돌아다니며 자유민주당에 대한 지지를 명확히 표명하게 된다. 떠들썩한 대중 집회가 밤이면 밤마다 열렸다. 활동가들은 일요일 아침 예배에 의무적으로 참석했다. 남자는 셔츠와 타이 차림, 여자는 스타킹에 구두를 신고서 집사가 헌금 쟁반을 들고 돌아다닐 때까지 기다렸다가 선 채로 자유민주당에 대해 설명해 주었다. 예배가 끝나면 밖으로 나가서 모두에게 입당서를 받았다. 모두에게! 목표인 20만 명 입당을 달성하기 위해서는 매주 3만5천 명을 가입시켜야 했기에, 활동가들은 대농장 구석구석까지 날마다 돌아다녔다.

7월 말에도 미시시피 주 델타의 아침은 일찍 찾아온다. 팬케이크처럼 평평하고 드넓은 대지 위로 활짝 펼쳐진 하늘은 새벽 5시 쯤 연어 같은 분홍빛으로 변한다. 1964년 여름 이곳에서는, 그 시간이면 그린우드를 에워싸고 있는 대농장을 버스가 돌아다니면서 중간 중간 멈춰서 목화를 솎아낼 '일손'을 태웠다. 수십 년 동안 그래 왔듯이. 그런데 난생처음으로 백인 일꾼들이 흑인들 속에 있었다. 활동가들은 등유 램프로 불을 밝힌 판잣집 옆에 서서 작업복을 입은 지친 남자들과 실내복을 입고 스카프로 머리를 싸맨 지친 여자들에게 끊임없이 설득했다.

"아뇨, '이' 서류에 서명하는 건 전혀 위험하지 않습니다."

"아저씨 이름은 어떤 신문에도 실리지 않아요."

"농장주는 절대 알 수가 없어요."

"대부분의 백인은 MFDP가 무언지 알지도 못해요. 그게 뭐냐고요? 여기 브로셔를 읽어 볼게요."

그리고 손전등을 비추며 읽는다. "민주당 전당대회는 8월에 열리는 무척 큰 집회이다. 그것이 매우 중요한 집회인 이유는 민주당원이 미국 대통령으로 출마하기를 바라는 사람을 선택하는 자리이기 때문이다. …… 미시시피는 이 전국 대회에 대표단을 보낸다. 올 여름 우리는 전국 대회에 자유 대표단을 보낼 것이다."[21]

브로셔는 민주주의를 기초부터 차근차근 설명해 나간다. 주 전역에서 선거구 회의가 열리고 카운티 회의가 개최된 뒤, 마지막으로 잭슨에서 주 대회를 개최하여 애틀랜틱시티로 갈 대의원을 선출한다. 하지만 소작인과 선거운동원이 버스에 탑승하고 목화밭을 달리게 되면 자세한 얘기를 할 겨를이 없다. 설득은 이어진다.

"MFDP에 입당할 때는 인두세를 낼 필요가 없습니다. 주 헌법을 해석하라는 둥 입당을 가로막는 장애물도 없습니다. 이름과 주소, 그리고

러플로어 카운티에서 얼마 동안 살았는지만 써 넣으면 됩니다. 입당서
는 대외비로 보관됩니다. 아무도 알 수가 없습니다. 여기 서명하세요."

설득은 브로셔만큼 단순했지만 사람들은 여전히 머뭇거렸다.

"생각 좀 해 보고요."²²

"난 너무 늙어서 그런 일에 참견 안 하우."

"난 못해요. 난 우리 아이들의 '하나뿐인' 부모니까. 나는 아이들이
'가진' 전부라고요."

활동가들은 "생각 좀 해 보고요"라는 대답을 듣는 데 만족하는 것으
로 그 여름을 낭비하지 않았다. 판잣집을 찾아가고 또 찾아갔고, 예배
에 함께 참석하고, 새벽 버스를 탔으며, 망설임을 지워 갔다. 매주 3만5
천 명의 서명을 새로 받으면 7월과 마찬가지로 8월에도 그 흐름을 이어
가게 될 것이다. 하지만 장애물은 공포보다 훨씬 깊이 흐르는 것이었다.

애틀랜틱시티에서 열릴 전당대회가 당내 결속을 과시하고, 70퍼센트
의 찬성률로 현직 대통령을 후보로 지명하는 자리라는 걸 의심하는 사
람은 아무도 없다. 그러나 자유민주당의 도전은 민주당을 쪼갤 수도 있
다는 위협이다. 린든 존슨은 민권법으로 이미 남부를 분노케 했다. 민
주당이 미시시피 흑인 대표를 인정하고 백인을 돌려보낸다면, 린든 존
슨이 '메이슨-딕슨 선' 남쪽의 주에서 승리할 수 있을 것인가? 인종 문
제에 뿌리를 둔 전당대회 장내 투쟁이 벌어지면, 샌프란시스코에 열렸
던 GOP 전당대회의 소란은 어린애 장난처럼 여겨지게 되는 것이 아닐
까? 배리 골드워터가 미국의 차기 대통령이 되지는 않을까? 임박한 도
전 소식은 아물고 있던 상처에 이미 소금을 뿌리고 있었다. 민권 강령
에 항의하여 민주당 전당대회를 박차고 나간 1948년의 민주당 주권
파(州權派, Dixiecrat)를 상기시키고 있었던 것이다. 《워싱턴 포스트》는

'대혼전'[23]을 경고했다. 《로스엔젤레스 타임스》는 "언제 폭발할지 모르는 딜레마"[24]를 예고했다. 그러나 SNCC와 MFDP는 투쟁을, 공정한 투쟁을 준비했다.

이후 다섯 주 동안, 자유민주당은 신중하게 모든 규칙을 따른다. 모든 정당 양식에 서명하고 모든 정당 내규를 준수하며 모든 필요한 서류를 갈무리해 둔다. 입당서로 무장하고, 공포스런 이야기를 미국에 알릴 각오를 갖추고, 애틀랜틱시티의 보드워크에서 집회를 열 준비가 되어 있는 수백 명을 등에 업은 그들은 확신했다. 그들의 목소리가 틀림없이 알려질 거라고. 그들은 의석을 틀림없이 얻을 거라고. 반드시 미시시피를 대표하게 될 거라고. 새로 서명을 받을 때마다 그들은 더욱 자신감이 생겼다. "명부가 필요합니다. 여기 서명하십시오."


모의 정당을 창설하는 데는 확신을 뛰어넘는 무언가가 필요했다. 조직과 지도력 또한 중요했다. 이를 위해 자유민주당은 SNCC 프로젝트 책임자들에게 의지했다. 자유학교가 문을 열던 주 동안, 베이츠빌에 있는 크리스 윌리엄스의 '위대한 지도자' 같은 몇 사람이 교체되어야 했다. 비슷한 실책이 빅스버그에서도 일어났다. 백인 활동가들이 '파파독'[25](Papa Doc, 당시 아이티의 독재자 프랑수아 뒤발리에의 별명—옮긴이)이라 부르는 젊은 흑인 지도자와 대립하면서 모지스가 중재에 나서야 했다. 그러나 7월 말 즈음, 약한 고리들을 교체한 SNCC는 더욱 공고한 흑인 군단을 자랑했다. 아직 20대 초반인 그들은 오성 장군처럼 지휘력이 뛰어났다.

홀리스프링스에서, 아이번호 도널드슨은 프리덤 서머의 가장 활동적인 프로젝트 가운데 하나를 총괄하고 있었다. 도널드슨이 처음 남부에 온 건 1962년이었다. 미시간 주에서 트럭에 양식을 실어 델타의 굶주린 소작인들에게 갖다 주기를 수십 번 했다. 마르고 강단 있으며 늘 신경이 곤두서 있는, 이 뉴욕 경찰의 아들은 편두통에 시달렸다. 그래서 때로는 머리를 감싸 쥔 채 프로젝트 사무실의 소파에 누워 있었다. 긴장을 이기지 못한 도널드슨은 가끔 활동가들, 특히 여자들에게 소리를 질렀다. "그는 백인 여자들과 함께 일을 하는 데 문제가 있어"[26] 하고 여러 사람이 말했다. 하지만 그의 헌신성을 의심하거나 감히 그가 세운 규칙을 무시하는 이는 없었다. 도널드슨은 여름의 첫날에 활동가들에게 말한 바 있다. 규칙을 깨는 사람은 누구든 "짐을 싸서 당장 떠나야 합니다. 우리는 여기 활동하러 온 거예요! 노닥거리던 지난날은 끝났습니다!"[27] 그리고 두려움에 굴복하지 말라고 했다. 초여름, 흑인 활동가가 '교통 방해'로 체포되었을 때 도널드슨은 그 활동가에게 다시 거리로 나가라고 했다. "우리가 두려워한다고 저들이 생각하게 해서는 안 됩니다. 알겠죠? 당신이 체포된 바로 그 장소로 다시 가세요."[28] 다른 여러 스니크들처럼, 도널드슨은 여름 프로젝트를 반대했고, 여름 프로젝트가 "흑인이 앞장설 수 있는 기반"[29]을 무너뜨릴 것이라고 확신했다. 그러나 프로젝트가 시작되자, 그는 차를 운전하는 것과 똑같은 방식으로 프로젝트를 펼쳐 갔다. 한 발은 브레이크에 한 발은 가속페달에 올려 두고, 때로는 시속 160킬로미터가 넘는 속도로 돌진했다.

도널드슨은 홀리스프링스에서 널리 알려져 있었고 존경받았지만, 델타의 프로젝트 책임자는 미시시피 전역에 널리 알려지고 곧이어 미국 전역에 악명을 떨치게 된다. 키가 크고 말랐으며 눈이 크고 무례한 농담을 일삼는 스토클리 카마이클은 고향인 트리니다드를 떠나 사우스브롱크스로 왔고, 하워드대학에 진학하여 지적인 여정을 이어 갔다. 밥 모지스처럼 카마이클도 철학을 전공했고, 둘은 밤늦도록 '괴델의 정리'에 관해 토론하곤 했다. 모지스처럼, 카마이클도 전액 장학금을 받고서 하버드대학 대학원에 진학할 수 있었다. 하지만 그는 제안을 거절하고 전선에 남았다. 그리고 모지스처럼, 카마이클도 그 여름 어디에나 있는 것 같았다. 모든 회의, 모든 집회, 모든 시위에. 그가 프란츠 파농이나 흑인 해방을 설파한 사상가들을 번개처럼 인용하고 지나갈 때마다 활동가들은 한마디도 놓치지 않으려 애썼다.

카리스마가 뿜어져 나오기에 '스토클리 스타마이클'이라는 별명으로 불리는 그린우드 사무실에서, 카마이클은 동료들보다 훨씬 풀어진 모습이었다. 대놓고 여자들과 시시덕거려서, 사람들은 그랑 잔 여자가 몇이나 될지 짐작해 보곤 했다. 변함없이 격의 없는 말투는 그가 세운 규칙만큼이나 사무실의 긴장감을 풀어 주었다. 대부분의 프로젝트 사무실은 CB 망에서 암호명을 썼다. 존이 들어가는 암호명으로, 이를테면 쇼는 존 슈워츠, 클락스데일은 존 어거스트였다. 하지만 카마이클은 어디든 '자기'라고 불렀고, 자신의 CB 기지국을 '그린우드 자기'라고 이름 지었다. 거의 매주, 'FASC'(스토클리 카마이클의 친구이자 숭배자들)에서 날아온 소포가 사무실에 배달되었다. 카마이클은 활동가들을 불러 모아 스스로 그 모임에서 보내 준 새로운 선물을 구경하도록 했다. 그는 "친구, 필요한 게 있으면 FASC에게 말해. 그러면 FASC가 알아서 해 줄 거야"[30]라고 활동가에게 말하곤 했다. 그는 소포를 열고 치약, 사탕, 벌레 퇴치제, 과자 같은 걸 나눠주었다. 그런 걸 보내 주는 '친구이자 숭배자들'이 누구인지 활동가들은 이리저리 짐작해 볼 따름이었다. 하지만 카마이클은 법규 위반도 두려워하지 않았다. 그가 여러 차례 체포되었다는 걸, 그가 자유의 날 함께 피켓 시위를 벌였다는 걸, 그리고 그린우드 감옥에 함께 갇혀 있었다는 걸 모두가 알고 있었다. 뒷날 그는 사람들과 함께 "블랙 파워!"라고 외치며 하얀 미국을 움츠러들게 하고, 흑인들로만 구성된 SNCC를 이끌어 가게 된다. 이때 일부 백인은 거부감을 느끼게 되지만 그린우드 활동가들은 그를 지지해 주었다. 스토클리가 그린우드에서 그들을 지지해 주었기 때문에.

도널드슨과 카마이클이 극과 극이라면, 홀리스 왓킨스는 온화하고 겸손했다. 느릿느릿한 미시시피 말투가 자유의 노래를 부를 때면 아름다운 테너로 녹아들었다. 파이크 카운티 소작인의 열두 번째 자식인 왓킨스는 미시시피를 떠나 캘리포니아로 갔다가 프리덤 라이드에 참여하고자 고향으로 돌아왔다. 때늦은 도착이었다. 카마이클을 비롯한 '라이더들'이 잭슨에서 체포되어 파치먼 농장에 수감된 뒤였다. 프리덤 라이더가 되지 못했지만 왓킨스는 매콤에서 밥 모지스와 함께했다. 그 뒤로 SNCC 실무자로 일해 온 왓킨스는 감정이 풍부하고 당밀처럼 붙임성 있는 태도로 유명했다. 그러나 홈스 카운티에서 활동가 2명을 책임지게 되었을 때, 그는 프리덤 서머에서 가장 엄격한 규칙을 적용했다. 대중 집회에 참석하는 경우 말고는 야간 외출 금지, 음주 금지, 맥주조차 불허. 더 나아가 마일스톤의 49번 고속도로 건너편에 있는 작은 시골 가게도 못 가게 했다. 어떤 레드네크가 나타날지 누가 알겠는가? "내 프로젝트에서 활동하는 모두의 목숨에 책임을 져야 한다고 느꼈습니다. 이 청년들은 여기 남부로 내려왔지요. 진지하고 운동에 헌신하려는 그들은 희생을 두려워하지 않을 것이기 때문입니다"[31] 하고 그는 회고했다. 왓킨스의 마지막 규칙이 가장 가혹했다. '연애 금지, 끝!' 홈스 카운티 프로젝트가 딱 이틀 지났을 때 여성 활동가가 지역의 백인 남자와 데이트했다. 이튿날 왓킨스는 그녀를 잭슨으로 데리고 가서 다른 활동을 맡게 했다. 왓킨스의 친구이자 동료이고, 성격이 비슷한 찰리 코브는 그린빌에서 똑같은 문제와 맞닥뜨렸다. 그 미시시피 강가의 도시는 온건한 곳이었겠지만 인종 간 연애는 마찬가지로 금기였다. 백인 여성 활동가와 손을 잡고 가는 모습이 눈에 띈 흑인을 경찰이 체포했을 때, 코브는 커플에게 선택권을 주었다. 연애 아니면 여름 프로젝트. "둘은 함께 떠났지요. 그 뒤로 두 사람을 본 적이 없습니다"[32] 하고 코브가 회상했다.

헌신적이고 영리하며 단호한 뮤리얼 틸링허스트는 7월에 중순 실무자로 합류하게 되었다. 미시시피에서 SNCC의 유일한 여성 프로젝트 책임자가 된 것이었다. 석 주 전, 뮤리얼은 그린빌의 사무실에서 바깥으로 나가는 것조차 두려워했다. 이제 그녀는 사무실을 책임져야 했다. 지휘권을 넘겨주는 찰리 코브는 거리낌이 없었다. "뮤리얼은 강했어요. 누구나 알 수 있었죠. 또 나는 그녀가 하워드에서 어떤 평을 듣는 사람인지 알고 있었습니다. 그녀는 똑똑하고 좌석점거 운동에도 참여했죠. 그것만으로 그녀가 미시시피 시골에서 조직가가 될 수 있다고 말할 수는 없지만 가능성은 충분한 것입니다"[33] 하고 코브는 회고했다. 자유학교 순회 여행을 떠나기 전, 코브는 아이사케나 카운티에서 뮤리얼을 시험했다. 강줄기가 뱀처럼 구불거리고 지류가 발달한 그곳은 그린빌 남쪽으로 미시시피 강과 나란히 위치한 지역이다. 봉건적인 시골 오지가 그렇듯이, 아이사케나는 가난에 찌들고, 엽총과 픽업이 순찰을 돌며, 온갖 만행이 미시시피의 어떤 카운티에 뒤지지 않는 곳이었다. 흑인이 인구의 반이 넘었지만 유권자 등록을 한 사람은 하나도 없었다. 7월 초, 백인 활동가 두 명이 목숨을 걸고 이 대농장의 요새에 '침입'했다. 그들은 걸음걸이 탓에 즉각 눈에 띄었다. "미시시피 델타에서 한여름에 그렇게 빨리 걷는 사람을 우리는 본 적이 없었다"[34]고 소작인 유니타 블랙웰은 말했다.

인구 7백 명의 메이어스빌 행정 중심지에 있는 문레이크 침례교회에서 활동가들이 집회를 열었던 밤, 20세기는 비로소 아이사케나에 찾아들었다. 자리를 채우고 앉은 흑인들을 마주하고 서서, 브루클린에서 온 백인 남자가 설명을 시작했다. 결국 확실한 건, 아무도 그가 하는 말을 알아듣지 못했다는 사실이다. 버지니아에서 온 또 다른 백인 활동가가 나서서 운동과 여름 프로젝트, 흑인의 선거권에 관해 지역 주민들에게 설명했다. 교회 뒤쪽에 앉아 있던 집사가 겁에 질려 신음하듯 내뱉었다. "오, 주여, 주여……."[35] 그러나 유니타 블랙웰은 "기나긴 가뭄 뒤에 마침내 큰비가 퍼붓는 듯한" 느낌이었다. 평생 목화밭에서 일해 온 강인하고 비범한 여성 블랙웰은 곧장 SNCC와 함께 법원으로 갔다. 그녀는 등록 시험에 '떨어졌고' 즉시 대농장에서 쫓겨나 목화 꼬투리 하나도 딸 수 없게 되었다. 운동은 그녀의 새 직업이 되었다. 두 주 뒤 뮤리얼 틸링허스트가 아이사케나 카운티에 왔을 때, 블랙웰은 뮤리얼의 제자이자 사도이자 친구가 되었다.

허리 높이로 자란 목화밭에 둘러싸인 블랙웰의 판잣집에 앉은 뮤리얼은 선조의 목소리를 들었다. 그녀는 선거권, 공민권, 흑인 역사에 관해 의견을 말하기 시작했다. "그렇게 어리고 작은데도 그녀에게는 차분한 힘이 있었다"[36]고 블랙웰은 떠올렸다. 뮤리얼이 스스로를 교사라고 일컬었을 때, 블랙웰은 뮤리얼이 학교에서 가르치는 사람이라고 생각했다. 하지만 "뮤리얼은 더 드물고 값진 것들을 가르쳐 주었다."[37] 블랙웰은 곧 열두 명 남짓 되는 사람들을 자기 집이나 교회에서 오게 하여 뮤리얼이 들려주는 프레더릭 더글러스, 해리엇 터브먼, W. E. B. 듀보이스에 관한 이야기를 듣게 했다. 뮤리얼은 사람들에게 자기 집안 얘기도 해주었다. 텍사스에서 워싱턴 DC까지 걸어간 할머니와 그 뒤를 이은 자랑스런 후손 이야기를. "뮤리얼 틸링허스트가 진실로 우리에게 가르쳐 준 건 우리 스스로 자긍심을 지니라는 것이었다"[38]고 블랙웰은 회고했다. 지역 주민들은 뮤리얼의 지식과 재능에 깊은 인상을 받았지만, 머리 스타일을 보고도 놀랐다. 곧 '아프로'라 일컬어지게 되는 헤어스타일을 처음 보았던 것이다. 여인들은 뮤리얼의 뒤에서 낄낄거리기도 했고, 블랙웰은 늘 뮤리얼에게 '둔해 보이는' 머리카락을 펴라고 충고했다. "알았어요. 언젠가 그렇게 할게요"[39] 하고 뮤리얼은 대답했다. 또는 "머리 감아야 해요"라고. 하지만 뮤리얼은 머리를 변함없이 길렀고, 한 해 안에 블랙웰과 수많은 다른 아프리카계 미국인 여성들은 똑같은 머리 모양을 하고 있었다.

뮤리얼이 아이사케나 카운티에 도착한 지 얼마 되지 않아 그린빌에서 잭슨으로 전화가 걸려 왔다. "아이사케나의 상황이 엄중해지고 있습니다. 백인들이 핵심 가정 몇 집과 교회 주변을 맴돌고 있어요"[40]라고 보고했다. 그러나 블랙웰과 다른 주민들은 뮤리얼과 활동가들을 여전히 자신의 집으로 데려오고 먹이고 재우고 이야기 나누고 학습하고 함께 힘을 키워 갔다. "그들은 우리가 그들의 보호를 받고 있다는 걸 인식하고 있었지요. 우리는 그들 없이는 단 하루도 버틸 수 없었을 거예요"[41] 하고 뮤리얼이 회상했다. 7월 20일, 대중 집회 때 길가에 주차해 놓은 자동차에 백인들이 산탄총 아홉 발을 쏘았다. 이웃하고 있는 샤키 카운티 또한 뮤리얼의 활동 지역이었고, 마찬가지로 봉건적이고 마찬가지로 성질이 불 같은 곳이었다. 그곳에서 흑인 활동가의 자동차가 멈춰 서자, 경찰이 활동가를 체포하고 곤봉으로 머리를 가격했다. "그린빌로 돌아가. 그리고 그린빌의 모든 검둥이에게 말해. 샤키 카운터에서는 검둥이를 후려친다고"[42] 하고 경관이 말했다. 하지만 그 즈음 지역 주민들은 자유학교를 여는 문제를 논의하고 있었다. 그리고 자유민주당 입당서에 서명하고, 교회에서 노래하고, 밖에 나와 뮤리얼과 실무자들을 만나는 흑인이 더 많아지고 있었다. 자유민주당 선거구 회의가 7월 26일 문레이크 침례교회에서 열릴 예정이었다. 마틴 루터 킹이 미시시피를 순회하는 여정이 끝나고 그 이튿날이었다. 유니타 블랙웰은 회의에 참석할 예정이었다. 이제는 자신이 미시시피에 대처할 수 있음을 알고 있는, 그녀의 선생님이자 친구 또한 회의에 참석할 터였다.

7월 21일 화요일 정오 직후, 로버트 케네디는 백악관으로 전화를 걸었다. 위기의 여름 한가운데 또 하나의 위기가 임박한 것이다. 마틴 루터 킹은 비행기를 타고 미시시피로 날아가고 있었다. "그가 살해당하면 온갖 문제가 벌어집니다. 그냥 살해당하는 데 그치지 않고 수많은 다른 문제들이 터집니다"[43] 하고 케네디가 LBJ에게 말했다. 대통령은 즉시 J. 에드거 후버에게 전화했다. 후버는 킹을 지긋지긋하게 싫어하고 킹의 호텔방마다 도청하고 있었지만 위험을 감지했다. "그를 죽이겠다는 협박이 여러 차례 있었습니다"[44] 하고 후버가 말했다. 존슨은 생각만으로도 몸서리쳤다. "잭슨의 요원에게 연락하시오. 그리고 우리의 생각을 전하시오. 킹이 거기 갔을 때 누군가 그의 앞이나 뒤에 나타나면 그 자리에서 타협을 보는 것이 국익 차원에서 현명한 일이 될 거라고 말이오. …… 불에 탄 차를 또다시 발견하는 일이 있어서야 되겠소. 그런 일이 생기기 전에 상황을 감시하는 것이, 그런 일이 생긴 뒤에 해군을 출동시키는 것보다 훨씬 쉬운 일이라고 말이오"[45]라고 대통령이 말했다.

킹은 1963년 6월 메드거 에버스의 장례식에 참가한 뒤로 미시시피에 처음이었다. 장례식에서 눈에 띄지 않고 있던 그는, 행진이 시위로 발전하려 하자 서둘러 공항으로 빠져나갔던 것이다. 킹의 측근들은 미시시피를 두려워했다. "우리는 SNCC에 경고하려 했다. 우리는 모두 남부 사람들이었고, 남부의 인종차별 만행이 얼마나 심각한지 알고 있었다. 우리는 미시시피에 도전할 만큼 어리석지는 않았다"[46]고 앤드루 영은 썼다. 잭슨에서 도망친 뒤 1년 하고도 한 달 동안 킹의 명성은 치솟았다. 그는 워싱턴 몰에서 25만 명의 군중과 함께 꿈을 이야기했고, 노벨평화상에 추천될 참이었다. 미국의 흑인을 통틀어서 가장 높은 지지를 받는 인물이었다. 하지만 미시시피의 백인에게, 그는 "마틴 루터 검둥이"[47]일 뿐이었다. 미시시피 고속도로를 따라 서 있는 광고판은 테네시 주 하이랜더 포크스쿨에 있는 킹의 모습을 싣고서 "공산주의자 양성 학교의 마틴 루터 킹"[48]이라는 설명을 달아 놓았다. 미시시피 신문들은 "악랄한 마틴 루터 킹"[49]과 "극단주의 선동가 마틴 루터 킹 주니어 박사 목사"에 관해 기사를 실었다.

킹은 미시시피로 가는 데 위험이 따른다는 걸 알았다. 출발하기 전 주말 내내 그는 죽을 수도 있다는 생각으로 번민했다. "나는 정상적인 삶을 살고 싶네"[50] 하고 참모에게 말했다. 가지 말라고 킹을 설득한 뒤, 동료들은 킹의 대학시절 은사를 끌어들여 "자네가 거기 가는 건 자살 행위"[51]나 마찬가지라고 충고하게 했다. 어쨌든 킹은 밥 모지스의 초청을 수락했다. 그는 스니크들이 때로 자신을 '쥬님'(de Lawd, 주님the Lord의 흑인 영어—옮긴이)이라고 조롱하는 걸 알지 못했다. 미시시피에서 '게릴라 단체'가 자신을 살해하려 한다는 경고를 들었지만, 그는 SNCC의 여름 프로젝트가 "오늘날 민권운동에서 일어나고 있는 가장 창조적인 활동"[52]이라고 생각했다. 그리고 자유민주당은 지지할 만한 정당이었다. 킹이 처음 들를 곳은 그린우드였다.

분위기가 달아오르는 목화 생산 중심지에 있는 흑인들은 킹 목사가 온다는 소식을 도무지 믿을 수 없었다. 그 많은 판잣집의 그 많은 벽을 장식하고 있는 사진의 주인공이 자신들과 함께하려고 오고 있다는 것이다. 킹 박사는 그린우드 어디에서 연설하게 될 것인가? 어디에서 묵을 것인가? 킹이 도착하기 하루 전, 집집마다 먼지를 털고 대걸레질하고 마당을 쓸었다. 여자들은 뜨거운 부엌에서 오후를 보내며, 닭튀김과 옥수수 빵, 파이와 케이크를 구워 냈다. 목사들은 킹이 누구의 교회를 명예롭게 해야 하는지를 두고 언쟁을 벌였다. 이튿날 아침, 기자들이 흑인 구역에 몰려들었다. 애틀랜타에서 이륙한 비행기로 잭슨에 도착한 킹은 반짝이는 활주로에서 곧장 연설했다. "이번 여름 프로젝트를 지지한다는 걸 …… 그리고 폭파, 살해, 그 밖에 다른 많은 어려운 경험 속에서도 미시시피 주민들이 지닌 선거권에 대한 거대한 열망을 남부기독교지도자회의가 전폭적으로 지지한다는 걸 보여 주기 위해서 왔습니다."[53] 킹이 연설을 마치자 FBI 요원이 다가가 자신을 소개했다. 그리고 킹이 SNCC와 COFO 지도자들을 만나고 연결 비행 편에 탑승하는 동안 킹 곁을 지키고 있었다.

시커먼 먹구름이 델타를 뒤덮고 있을 때, 킹은 FBI 요원 네 명의 호위를 받으며 걸어갔다. 자갈길을 따라 서 있는 무너져 가는 판잣집들을 지나 처절한 가난과 끓어오르는 분노의, 검은 그린우드의 심장부로 들어갔다. 추종자와 기자들을 대동하고서 지나가자 교통이 막히고, 사람들이 돌아보고, 킹에 대해 직접 들어 본 적이 없는 사람들이 놀라워했다. 비가 퍼붓기 시작했을 때, 등골을 짜릿하게 하는 바리톤 목소리가 내기 당구장과 작은 술집들이 늘어선 거리 맞은편까지 울려 퍼졌다. 사보이 카페 바깥의 벤치에 올라서서, 그는 군중을 향해 두 팔을 흔들었다. "여러분을 중요하지 않은 사람인 것처럼 느끼게 하는 그 누구도 용납하지 마십시오. 모든 흑인은 소중하고 존엄합니다. 미시시피는 흑인이 사람이 아니라 물건인 양 취급해 왔습니다"[54] 하고 그가 말했다. 킹이 당구장 안으로 들어가 게임을 중단시키자 군중이 환호했다. "여러분, 한마디만 드리겠습니다."[55] 당구 큐를 손에 들고 서 있는 청년들 앞에서, 킹은 "흑인이 자유로워지고 등록 유권자가 되기를 열망한다는 걸 세상 모든 사람에게 분명히 알려야" 한다고 말했다. 다시 거리로 나온 킹은 나중에 활동가들이 건네는 자유민주당 입당서에 서명하라고 촉구했다.

그날 저녁, 킹은 작은 교회에서 강연한 뒤 엘크스홀로 향했다. 기다리는 청중 속에는 베이츠빌의 활동가들과 함께 온 크리스 윌리엄스도 있었다. 엿새 동안 수감되었다가 막 석방된, 그린우드 자유의 날 피켓시위대도 있었다. 피켓 시위대는 100달러의 벌금과 30일 구금을 선고받았다. 항소해서 석방된 그들은 치킨과 콜라드로 단식투쟁을 훌훌 털고 앉아서 '쥬님'을 기다렸다. 군중들이 잔뜩 기대에 부풀어 있을 때, SNCC에서 가장 냉소적인 사람조차 킹의 호소력을 부인할 수 없었다. 킹이 수행원들과 함께 엘크스홀에 도착하자, 군중이 무대로 몰려들었다. 수백 명이 박수치며 "우리는 자유를 원한다! 우리는 자유를 원한다!"고 외쳤다. 연단에 선 킹, 자리에 앉지 못하고 벽에 기대 서고 창밖에서 들여다보는 청중마저 감동시켰다. 흑인이 "영혼의 힘을 발휘한다면, 이 나라를 거꾸로 뒤집어서 올바르게 다시 세울 수"[56] 있다고 그가 말했다. 굿먼, 슈워너, 그리고 체이니는 "선량한 사람들의 침묵과 무관심에 의해 살해"⁵⁷당했다고 했다. 배리 골드워터는 인종분리주의자들에게 도움을 주고 있다고 덧붙였다. 그리고 다른 사건에 기민하게 대처해 온 FBI, "바로 그 유능한 FBI 수사관들이 실종된 활동가들의 행방을 찾지 못하는 상황을"⁵⁸ 믿기 힘들다고 했다. 킹은 "자유민주당을 '의회로!' 자유민주당을 '의회로!'"⁵⁹라는 구호를 외치며 끝을 맺었다.

킹이 연설할 때, 항공등을 끈 작은 비행기 소리가 엘크스홀을 울렸다. 비행기가 두 번째로 지나갈 때 하얀 구름 같은 리플릿 무더기가 팔락팔락 땅에 떨어졌다. 이 《클랜스먼》(The Klansman) 최신호는 "폭동 선동가 목사 마틴 루터 킹 주니어"⁶⁰가 "미시시피 그린우드에 폭동과 갈등과 혼란을 가져오고, 지역의 검둥이들한테서 돈을 죄다 갈취해 가려고" 왔다고 비난했다. 이튿날 새벽, 활동가들은 목화밭 일손들과 함께 다시 버스를 탔고, 흑인들은 훨씬 선선히 입당서를 썼다. 그날 아침의 《잭슨 클래리언-레저》는 "몇 안 되는 청중이 그린우드에서 킹을 환영하다"⁶¹라는 머리기사를 실었다. 아침 8시 23분, 킹이 탄 비행기가 잭슨으로 출발했다.


운동 지도자가 미시시피를 순회하고, 활동가들은 폭력 앞에서도 굴하지 않았다. 그러자 프리덤 서머를 탈선시키려고 작정한 자들도 중간 궤도 수정에 들어갔다. 야비한 폭력과 천박한 증오만으로는 침략을 종식시킬 수 없었다. 미국 전역에서 미시시피의 이미지는 몹시 나빠져서 뉴욕 세계박람회에 다녀온 주민들은 자동차 번호판을 다른 주의 번호판으로 바꾸고 있었다. 누군가는 미시시피를 지켜야 했다.

로런스 레이니가 처음 나섰다. 그 네쇼바 카운티 보안관은 《헌틀리-브링클리 뉴스》 인터뷰가 자신을 실종 사건에 연루시켰다는 이유로,

NBC를 상대로 100만 달러 명예훼손 소송을 제기했다. 이 소송은 나중에 결국 기각된다. 사흘 뒤, 미시시피 신문들은 NBC 〈투데이〉 쇼에 보내는 서한을 실었다. 프로그램 진행자가 미시시피를 비판한 게 이유였다. "지난해 미시시피 주 전체에서 일어난 폭력 사건보다 최근 석 달 동안 뉴욕 시 지하철에서 일어난 폭력 사건이 더 많다는 건 널리 알려진 사실입니다"[62] 하고 해티스버그의 남자는 썼다. 그리고 할렘에서 폭동이 일어나자 백인들은 고소해했다. 미시시피 연방의원은 국회에서 "백인 폭도가 뉴욕의 거리를 활보하고 …… 약 1,500명이나 되는 이른바 민권운동가이자 분쟁꾼들이 미시시피에 있다는 건 슬픈 현실입니다. 미국에서 범죄율이 가장 낮은 주에 가서, 순진하고 법을 준수하는 시민들을 모욕하고 온 나라에서 비웃음의 대상으로 만들고 문제를 일으키다니요"[63]라고 의사당에서 발언했다. 북부의 범죄 사건을 1면에 쏟아 내는 걸로 유명한 미시시피 신문들은 할렘의 폭동을 자세히 보도했다. "최근 몰려온 침략자들이 오늘 절실히 필요한 곳은 뉴욕"[64]이라며 《잭슨 클래리언-레저》는 빈정거렸다. 베이츠빌의 주간지 《퍼놀리언》은 여름 활동가들이 긴장감을 조성하고 있다면서, "다행히도 폭력 성향은 미시시피보다 뉴욕이 더 심하다. 그렇지 않다면 홀로코스트가 일어났을지도 모른다"[65]고 끝을 맺었다. 그러나 미시시피의 선전이라는 무기고에서, 가장 막강한 무기는 가장 오래된 것이었다.

민권운동에 공산주의가 침투했다는 비난은 '브라운 판결' 때부터 나타나 매카시즘 시대로 이어졌다. 그 시대도 쇠퇴하고 있었다. 그러나 반사적인 공산주의 비방이 매카시와 함께 사라진 건 아니었다. 그것은 남쪽으로 옮겨 갔을 뿐이었다. 1960년대에 들어서, J. 에드거 후버는 냉전적 사고를 부채질했다. "공산주의가 흑인 운동에 영향을 미친다고 우리는 알고 있습니다. 이 영향력은 매우 중요합니다."[66] 남부 연방의원들이 꾸준히 인용하는 후버의 의혹은 하얀 남부의 밑바닥에 스며들었다. 민권운동을 하는 사람은 틀림없이 공산주의자인 것이다. 스니크들은 공산주의 연루설을 하도 자주 들어서 농담을 할 정도였다. 스토클리 카마이클은 "이봐요, 공산주의는 걱정하지 마세요. SNCC를 걱정해야죠. 우리가 훨씬 위험하다고요, 여러분!"[67] 하고 자주 언론을 향해 말했던 것이다. 공산주의 연루설이 점점 진부해지고 있던 바로 그때, 프리덤 서머가 '공산주의자' 무리를 미시시피로 데리고 온 것이었다. 여름 내내 활동가들은 '일상적인' 악담을 들었다. 경찰과 보안관은 활동가들에게 '① 예수를 믿는지, ② 하느님을 믿는지, ③ 공산주의자인지'를 물었다. 베이츠빌의 활동가는 길거리에서 붙들려서 러시아어로 말해 보라는 얘기까지 들었다. "모든 공산주의자는 러시아어를 한다는"[68] 게 이유였다. 하지만 이제 미시시피가 오명을 뒤집어쓰고 있으니, 구체적인 이름을 지목하여 공격할 때가 되었다.

7월 22일, 마틴 루터 킹이 잭슨을 여행하고 있을 때, 상원의원 제임스 이스틀런드는 "시위대, 선동가, 도발 행위자, 폭력 유발자들이 대거 미시시피를 침략한 것"[69]이 공산주의의 음모라고 비난했다. 이스틀런드는 상원에서 한 시간 동안 발언하면서, J. 에드거 후버를 인용하고 수많은 이름을 고발했다. 이 상원의원에 따르면, 활동가 래리 루빈은 오하이오 앤티오크대학에서 쿠바를 위한 페어플레이위원회 공동의장이었다. 홀리스프링스에서 체포되었을 때 루빈은 유명한 공산주의자 이름이 여럿 포함된 연락처를 갖고 있었다고 이스틀런드는 말했다. 이스틀런드가 제시한 공산주의 '끄나풀이자 앞잡이'[70] 명단은 줄줄이 이어졌다. 모스포인트의 활동가는 공산주의 문건을 배포한 죄로 코스타리카에서 추방당한 전력이 있었다. 1930년대부터 공산주의자들을 변호한 것으로 악명 높은 전국변호사협회가 미시시피에서 SNCC를 지원하고 있다. 앤드루 굿먼 가족의 법정 대리인 마틴 포퍼는 "오래 전부터 수완 좋은 공산주의 변호사"[71]였다. 정의감에 취해 주먹을 휘두르면서 그 상원의원은 여름의 침략이 미시시피를 "암흑 같던 재건시대 이후 최악의 …… 중상모략"에 빠뜨렸다고 힐난했다. 그는 미시시피 사람들이 "영원히 자신의 기질대로 살" 자격이 있다며 끝을 맺었다.

이스틀런드의 발언은 미시시피 전역에서 신문 머리기사로 실렸다. 며칠 안에 주권수호위원회는 래리 루빈과 '비트족 같은 무리들'[72]을 추적하기 시작했다. FBI도 비슷한 작업을 했고 미시시피 의회는 프리덤 서머에 미치는 공산주의 영향력을 전방위로 조사했다. 공산주의를 색출하려는 자들은 이스틀런드의 비방에서 진실의 알갱이들을 발견한다. 여름 활동가 몇 명은 쿠바를 비롯한 좌익 운동에 공감하고 있는데, 이가운데 많은 활동가가 과거 공산주의자들의 자녀로서 "기저귀를 찰 때부터 빨간 물이" 들었다는 것이다. 그리고 전국변호사협회가 SNCC와 손잡고 있기 때문에 SNCC가 네오 매카시즘에 굴복하지 않는다는 것이다. "저들에게 공산주의자라는 말을 듣지 않는다면 우린 제대로 일을 하고 있지 않은 거예요"[73] 하고 패니 루 헤이머는 곧잘 말했다. 그러나 여름이 가속되면서, 대다수 활동가들은 정신없이 바쁜 나머지 냉전과 싸울 수가 없었다. 냉전의 어느 쪽에서든.

빅스버그 커뮤니티센터에서, 프랜 오브라이언은 석 주 동안 미술과 공예를 가르쳐 왔다. 아이들은 깊은 생각을 할 수 있는 과목을 요구했다. 어느 날 센터의 장서를 뒤적거리던 아이들이 미국 역사 교과서를 찾아냈다. 아이들은 상냥하고 머리색이 짙으며 악센트가 재미난 선생님에게 역사책을 갖고 다가왔다. "역사도 배우고 싶어요" 하고 아이들이 프랜에게 말했다. 큰 아이처럼 살포시 웃으며 프랜은 낡은 책을 펼쳤다. 1930년이라는 출간 연도가 곧바로 눈에 띄었다. 역사책은 이렇게 시작했다. "미국 역사는 사실 영국에서 시작된다. 모든 미국인은 영국에서 왔기 때문이다."[74] 프랜은 앞에 있는 얼굴들을 바라보았다. 책을 덮었다.

미시시피에서 보낸 석 주는 프랜이 아이들에게 가르친 것보다 훨씬 많은 것을 프랜에게 가르쳐 주었다. 학예회에서 한 여학생이 "87년 전에" 라고 암송했을 때, 프랜은 기계적인 암기는 감동을 주지 못한다는 걸 깨달았다. "게티스버그 연설이 무얼 의미하는지 아니?"[75] 하고 프랜이 물었다. "그럼요. 모든 노예가 해방되었다는 것이고, 1776년 7월 4일에 승인되었죠" 하고 여학생이 대답했다. 학생들에게 책을 읽어 주면서, 프랜은 《초원의 집》이 남부 캘리포니아에서 자라난 백인 소녀에게는 의미가 있지만 미시시피에서 자란 흑인 아이에게는 그만큼의 의미를 갖지 못한다는 걸 알게 되었다. 그래서 다른 이야기책을 찾기 시작했다. 프랜은 신경이 곤두설 때일수록 빨리 말하면 안 된다는 걸 깨우쳤다. 아이들이 멍한 눈길로 바라보다가 마침내 한 남자아이가 "무슨 말인지 하나도 모르겠어요"[76]라고 말한 덕분이었다. 그리고 어느 날 아침, 자유의 집으로 태워다 줄 자동차가 도착했을 때, 프랜은 밖으로 나가기 전에 세심히 확인해야 한다는 걸 다시금 배웠다. 그 차는 프랜의 출근 차량이 아니었던 것이다. 프랜과 프랜의 방 친구가 길가에 서 있게 되었을 때 오토바이를 탄 경관이 멈춰 섰다. 그는 가출했느냐, '성년'이냐고 물었다. 그리고 두 번째 경찰이 와서는 둘이 민권활동가냐고 물었다. 프랜의 방 친구가 경관들을 구워삶은 덕분에 별일 없이 올 수 있었다. 프랜 오브라이언의 배움은 계속되었다.

빅스버그의 멜로디 라운지에 폭탄이 터진 날 저녁, 프랜은 미시시피에 관한 모든 진실을 어머니에게 곧이곧대로 말해서는 안 된다는 걸 깨우쳤다. "걱정하지 않으셔도 돼요. 빅스버그는 정말 잠잠한 도시예요"[77]라고 그날 밤 집으로 편지를 썼다. 그리고 수업을 하면서, 프랜은 모든 아이가 어여쁘지는 않다는 걸 알아 가고 있었다. 오후 합창 시간에 남자아이 둘은 계속 개구리처럼 깍깍댔고 프랜은 결국 '작고 귀여운 아이들'[78]에게 화를 냈다. 또 다른 여자아이는 날마다 "지킬-하이드처럼 변신"[79]했다. 실내를 뛰어다니고 다른 학생들을 윽박르기도 했다. 하지만 프랜이 미시시피에서 배운 것 가운데 가장 슬픈 건, '짐 크로'가 모든 흑인 아이들의 자신감을 꺾어 놓았다는 걸 알게 되는 일이었다. 자신이 가르치는 학생들의 독창성에 새삼 전율하는 프랜은 아이들이 자기가 그린 그림을 쓰레기통에 처박는 걸 보고 당혹스러웠다. 버려진 그림을 꺼내 교실 벽에 붙여 놓았다.

자유학교가 임시 장소를 이용하는 탓에 프랜은 빅스버그 여러 곳을 돌아다녔다. 7월 중순, 커뮤니티센터가 문을 닫았다. 프랜과 동료들은 학습 자료를 싸들고 두 블록 떨어진 자유의 집으로 옮겨 갔다. 거기서 그들의 수업은 유권자 등록 운동과 경쟁해야 했다. 그다음 프랜은 호스트 가정을 떠나야 했다. 아주머니가 보복을 점점 두려워했기 때문이다. 고가구와 도자기까지 있는 더 큰 집으로 옮겼다. 프랜이 영원히 '개럿 부인'이라 부르게 되는 흑인 여성은 자랑스러워하며 고가구와 도자기를 닦아 놓았다. 둘의 만남은 이상적이었다. 숱이 많은 철회색 머리에 통통한 개럿 부인은 퇴직 교사였기에 초보 교사에게 풍부한 조언을 줄 수 있었다. 매일 저녁, 프랜이 긴 하루 수업을 마치고 돌아오면, 개럿 부인이 곁에 앉아 이야기를 들려주었다. 해방되었을 때, 무릎을 꿇고 자식들을 껴안고 "내 아기들이 팔려 가지 않아도 되기"[80]에 예수에게 감사했던 할머니 이야기. 교과서도 거의 없고 학습 자료도 거의 없고 그저 공감과 상식만으로 빅스버그 흑인 학교에서 가르쳤던 이야기. 거짓말만 늘어놓는 수십 년 묵은 역사책으로 무엇을 할 것인가에 관한 이야기. "글쎄, 책을 읽고 올바른 지식을 전해 주면 되겠죠."[81]

이튿날 프랜은 미국 역사를 가르치기 시작했다. 1930년 교과서를 펼친 그녀는 "미국 역사는 사실 영국에서 시작된다"를 읽었다. "자, 이 문장에서 무엇이 잘못되었을까요?"[82] 한 아이가 손을 들었다.

"영국에서 오지 않은 사람들도 여기 많이 왔거든요."

프랜이 흐뭇하게 웃었다. "그러면 또 어떤 나라 사람들이 와서 미국인이 되었을까요?" 학생들이 지구를 유람하기 시작했다.

"프랑스요?"

"맞아요."

"이탈리아?"

"물론."

"독일?"

아이들은 멕시코와 남아메리카로 넘어갔다. 프랜은 아이들의 지리 지식에 감명 받으면서도 의아했다. 중국과 인도까지 나온 뒤 프랜이 물었다. "그럼, 아프리카는요?" 교실이 잠잠해졌다. 마침내 어린 여자아이가 손을 들었다.

"그게 중요한가요?"

프랜은 가까스로 눈물을 삼켰다. "그럼요. 그건 중요해요" 하고 프랜은 차분히 대답했다.

며칠 뒤, 프랜은 집에 또 편지를 보냈다.

때로는 내가 별다른 일을 하고 있다는 느낌이 들지 않아요. 하지만
…… 우리가 진짜로 성공을 기대한다면 그건 아이들인 것 같아요. 아이
들은 두려움을 피하지 않고도 똑똑해질 수 있고, 분노를 피하지 않고도
인간이 될 수 있어요. 하지만 나는 흑인 활동가들이 보여 주는 결단력의
본보기와 자유학교가 자극이 되어 "그게 무슨 소용이람?" 하는 냉담한
태도에서 아이들이 벗어나길 바라요. 그런 태도가 법보다도 훨씬 더 사
람들을 억압하고 구속하니까요.[83]

7월 23일 목요일, 프랜이 보기에 빅스버그 자유의 집이 '허둥대고' 있
었다. 오후 내내 사람들이 바삐 들락거리고 정리하고 청소하고 준비했
다. 마틴 루터 킹이 오고 있었다. 오후 6시쯤 도착 예정이었다. 전날 킹
은 잭슨에서 COFO 활동가들과 함께 커피를 마시고 자유민주당 가입
권유 활동을 벌였다. 밤에는 프리메이슨 사원에서 강연했다. 이튿날 아
침, 킹의 애틀랜타 집을 도청하던 FBI는 살해 협박을 포착했다. 하지만
도청이 탄로날까 두려웠던 후버는 협박 건에 대해 킹에게 발설하지 말
라는 지침을 하달했고, FBI는 단지 경계를 강화했다. 목요일 오후, 킹은
밥 모지스, 제임스 파머를 비롯한 지도자들과 만나 애틀랜틱시티 전략
을 논의했다. 미시시피를 "합중국 최악의 주"[84]라고 일컬은 기자회견을
마치고 그는 빅스버그로 향했다.

하얀 빅스버그는 마틴 루터 킹에게 아무런 관심을 기울이지 않았다.
'미스 미시시피' 선발대회가 열리고 있었다. 퍼레이드와 파티로 도시의
눈길을 사로잡은 미인대회는 셋째 날 밤, 수영복 심사 중이었다. 도시
맞은편에서, 프랜 오브라이언은 수업을 마쳤고 저녁 시간이 다가오고
있었다. 킹은 활동가들과 저녁을 먹고 교회에서 강연할 예정이었으나

늘어졌다. 일부는 그가 오기는 오는 걸까 의심이 생기고 있었다. 저녁 6시 15분이 가까워질 때 프랜은 교실을 정리하고 있었고, 누군가 프랜에게 서두르라고 말했다. 마지막 자동차가 출발하고 있었다. 프랜이 긴 진입로를 달려갔을 때, 앞좌석에 마틴 루터 킹이 앉아 있었다.

처음에는 킹과 아주 닮은 사람일 거라고 생각했다. 하지만 친구가 그렇게 얼을 빼고 서 있기만 할 거냐고 물었을 때 냉큼 뒷좌석에 올라탔다. 저녁을 먹으러 가는 길 내내 다른 활동가들은 킹에게 자신의 여름 활동 얘기를 기를 쓰고 들려주었다. 프랜은 말없이 앉아 있었다. 드디어 킹이 뒤를 돌아보았다. "당신은 무슨 일을 하나요? 프로젝트에서 어떤 활동을 하죠?"[85] 하고 그가 물었다.

"대단치 않아요. 그냥 아이들이랑 지내요." 프랜이 겨우 대답했다.

"아이들이랑 뭘 하죠?"

프랜은 수줍어서 아무 말 못 했지만, 다른 활동가가 프랜이 좋은 선생님이고, 아이들에게 미술과 공예를 가르치며, 뒤뜰에서 게임하고, 지금은 합창과 피아노, 바느질 수업을 하고 있다며 킹에게 주저리주저리 말해 주었다. 프랜이 보일듯 말듯 미소 지었다. 킹은 프랜을 바라보다가 물었다. "그런 걸 '대단치 않다'고 하나요?"

"아뇨, 선생님."

그러자 마틴 루터 킹은 최대한 진지한 태도로 말했다. "앞으로는 '그냥 아이들이랑 지낸다'고 '절대로' 말하지 마세요. 우리 아이들은 미래고, 당신이 미래를 만들고 있는 거니까요." 저녁을 먹은 뒤 킹은 떠들썩한 군중 앞에서 강연했지만, 프랜 오브라이언의 기억에 킹이 자신에게 했던 말보다 더 중요한 말은 하나도 없었다.

이튿날 아침 잭슨에서, 킹은 TV 프로그램 한 편을 녹화하고 필라델피아로 향했다. 밥 모지스는 최근에 폭도가 NAACP 지도자들을 쫓아낸 그 도시에 킹이 가는 걸 바라지 않았지만 킹이 고집했다. 거기서는 어떤 행사도 계획된 게 없었고, 그를 기다리는 지역 주민도 없었다. FBI 요원들이 네쇼바 카운티 경계선에서 킹의 행렬과 합류하여 앞장서서 도로를 달렸다. 한 시간 뒤, 독립 구역의 흑인들은 승용차 열다섯 대가 철도 선로를 넘어오는 걸 보고 놀랐다. 붉은 흙먼지 구름을 일으키며 차량 행렬은 교회 앞에 멈춰 섰다. 킹이 다시 거리를 걷다가 또 다른 내기 당구장에 들렀다. 이번에는 재킷을 벗고 소매를 걷어 올린 뒤 에이트볼 게임을 했다. 그가 졌다. 벤치에 올라선 그는 군중에게 말했다. "세 청년은 여러분을 해방시키는 데 도움을 주기 위하여 여기 왔습니다. 그들은 어쩌면 목숨을 잃었을지도 모릅니다. 나는 여러분이 이 주에서 불법 처형과 살해를 당하며 고통 받아 왔다는 걸 압니다. 하지만 상황은 나아지고 있습니다."[86] 그리고 오래된 영가를 인용하여 "함께 걸어라, 자녀들아, 지치지 말지어다"라고 말했다. 내기 당구장을 나설 때 나이 든 여인이 다가와서 앙상한 손을 내밀며 말했다. "당신을 만져 보고 싶어요."[87] 킹은 오후의 천둥과 빗속에서 자리를 옮겼다. 시온 산 교회의 폐허에 서서 교구민들과 슬픔을 함께 나누면서도, "악의를 지닌 자들이 불태우고자 할 만한 교회는 아직도 충분히 많다"[88]며 힘을 북돋웠다. 그는 금요일 저녁에 머리디언에서 강연한 뒤 호텔로 돌아갔다. 그리고 사각팬티를 입고 앉아 친구들과 맥주를 마시면서 미시시피에서 맞는 마지막 밤을 초조하게 견뎠다. 그의 비행기는 이튿날 아침 애틀랜타로 떠났다.

킹이 미시시피를 떠난 다음날 밤, 리타 슈워너는 그린우드의 흑인들에게 강연했다. "나는 두려움이 어떤 건지 압니다. 하지만 아무것도 안 하면 여러분은 더 많은 걸 희생해야 한다는 것도 알지요. 두려워한다는 건 부자연스러운 게 아닙니다. 하지만 여러분의 두려움 때문에 여러분의 자녀가 누려야 할 것을 못 누리게 한다면 여러분은 자식의 권리마저 빼앗고 있는 것입니다."[89] 그러나 두려움은 미시시피에서 만만찮은 적수를 만났다. 폭력으로 얼룩진 또 한 주 동안, 마일스톤에서 활동가의 차량이 불탔고 매콤에서 또다시 폭탄이 터졌다. 베이츠빌에서 최루탄이 마일스 씨의 집을 뒤덮었다. 기침을 하고 숨이 막혀 캑캑대면서, 로버트와 모나 마일스 부부는 아들들을 붙잡고, 활동가들을 뒤에 매달고서 비틀거리며 어둠 속으로 나왔다. 하지만 모든 눈은 민주당 전당대회라는 새로운 과녁에 쏠려 있었고, 두려움은 처음에는 사람들을 깜짝 놀라게 하지만 나중에는 아무도 피할 곳을 찾지 않는 여름 천둥처럼 되어 버렸다.

폭탄이 터지고 폭행이 일어나도, 이제 희망의 상징이 있었다. 수많은 자유민주당 브로셔가 주 전체에 배포되고, 수많은 입당서가 쌓여 갔다. 클락스데일 선거구 회의에는 200명이 모였고, 캔턴에서는 300명, 홀리스프링스에서는 300명 이상이 모였다. 홀리스프링스에서는 사람들이 경찰차를 에워싸고 자유의 노래를 불렀다. 스타크빌이라는 작은 마을에서는 활동가 둘만 차에서 내렸다. 보안관이 길을 막아섰지만, 둘은 곧 흑인들에게 에워싸여 보호를 받았었다. "당신들을 기다리고 있었습니다"[90] 하고 몇 사람이 말했다. 거의 500명이나 되는 사람들이 자유민주당 입당서에 서명했다.

미시시피 백인은 프리덤 서머를 피로 물들이고 멍들게 할 수는 있었을지 모르나, 되살아난 정신마저 억누를 수는 없었다. 자유민주당 회의는 불법이라고 미시시피 주무장관이 선언했을 때, 바니 프랭크는 조롱 섞인 메모를 쏟아 냈다. "대답: 선거구 회의에 관해 붉은 여왕이랑 토론하기."[91] "우리에겐 회의를 열 수 있는 절대적 권리가 있고, 그 회의를 선거구 회의든 후보 지명대회든 대관식이든 교령회든, 뭐든 우리가 좋을 대로 부를 수 있는 절대적 권리가 있다"고 쓰고 앨리스라 서명했다(붉은 여왕은《거울 나라의 앨리스》의 등장인물―옮긴이). 그리고 룰빌에서 소식이 왔다. "헤이머 부인이 돌아왔어요. 분위기가 들썩들썩 합니다······."[92]

신중한 프랜 오브라이언마저도 집단적 용기에 힘입어 대담해졌다. 마틴 루터 킹을 만난 뒤 닷새 째 되는 날 밤, 프랜은 자유의 집 위층에 혼자 있었다. 다른 활동가는 모두 빅스버그 자유민주당 선거구 회의에 갔다. 사무실은 고요했고 희미하게 불을 밝히고 있었다. 조금 오싹했다. 그때 전화가 울렸다. 전화기 저편의 느릿느릿한 말투는 프랜에게 어디서 왔느냐고 물었다.

"캘리포니아 위티어에서요."

"미시시피는 마음에 드는가?"

"그럼요, 좋아요."

그러자 전화를 건 이는 자유의 집 모두에게 사흘을 줄 테니 떠나라고 태연하게 말했다. 사흘 뒤에는 자유의 집을 폭파하겠노라고. 프랜은 "전화 주셔서 감사합니다"라고 대답했다. 잠깐 침묵이 흘렀다.

"이봐. 내가 너희 모두를 '폭탄'으로 날려 버리겠다고 했잖아. 그러면 자유학교는 사라질 거고 거기든 다른 어디든 자유 따윈 없어. '아무것도' 남지 않는다고!"[93] 하고 사내가 말했다.

"예, 선생님. 처음에 다 알아들었습니다. 다른 말씀이 남으셨나요?" 프랜이 대꾸했다.

"아니……, 못 알아들은 것 같은데. 하지만 나중에 다시 전화하지."

"아, 좋으실 대로요. 다시 통화하길 기대하겠습니다. 전화 주셔서 감사합니다. 안녕히 주무세요."

잠시 침묵이 흐르고 그가 말했다. "그럼 이만."

# 10
## 우리 땅에서 피를 씻어 주오

새로운 땅이여 솟아라. 새로운 세계여 태어나라.
핏빛 평화여 하늘에 새겨져라.
- 마거릿 워커 앨릭샌더,《흑인을 위하여》

프리덤 서머에 관한 첫 머리기사가 실렸을 때부터, 세 사람의 얼굴 사진은 미국을 응시했다. 미시시피와 나머지 남부 곳곳에서, 이 얼굴들은 잡화점과 우체국, 경찰서, 은행, 연방 청사, 법원에서 응시하고 있었다. 미국 전역에서, 이 얼굴들은 커피 테이블과 해변의 모포 위에 놓인 잡지에 실려 있었다. 이따금 TV 뉴스의 최신 소식에 다시 등장했다. 그리고 7월이 조금씩 8월로 다가가고 있을 때, 세 얼굴은 새로운 의미를 획득했다. '레드네크' 미시시피 시골에서는 누군가가 FBI보다 한 수 위라는 걸 뜻했다. 제트 여객기와 머큐리 우주비행사들, 대서양 횡단하는 텔스타 전화를 자랑하는, 세계에서 가장 현대적인 국가에서는, 사람들이 여전히 '실종'될 수 있음을 뜻했다. 그리고 프리덤 서머 활동가들에게는 여름이라는 의미 자체였다. "이 세 사람의 그림자가 우리의 모든 활동에 드리워져 있다, '그들을 아니?' 하고 사람들이 늘 물어 온다. 내가 알아야 하는 건가?"[1] 하고 어떤 활동가는 썼다.

미시시피에서 수많은, 어쩌면 대부분의 백인은 실종 사건을 여전히 날조라고 생각했다. 하지만 다섯 주가 지나자 그들의 분노는 당혹감으로 바뀌었다. "난 정말 그들이 어딘가에 살아 있다고 믿어요. 우리가 결코 알 수 없을지도 모르지만, 그렇다 해도 난 그렇게 믿어요"[2] 하고 필라델피아의 할머니는 말했다. 시내의 상인은 좀 더 상식적인 우려를 드러냈다. "그들이 죽었다면 시체가 이 근처에서는 발견되지 않았으면 합니다."[3] 또 어떤 이들은 공산주의 연루 문제를 의심에 보탰다. "그들이 살해당했다면 공산주의자들이 입을 틀어막으려고 앞잡이들을 처형한 경우일 테고, 이번이 결코 그 첫 번째 사례가 아닐 것이다. 그러나 세심하게도 단서가 될 만한 걸 남기지 않은 걸 보면, 그들은 쿠바나 다른 공산주의 국가에 머물면서 다음 임무를 기다리고 있는 것으로 보인다. 그들이 미합중국에서 법을 가장 잘 준수하는 주의 시민들에게 심각한 상해를 입었다고 믿을 이유는 전혀 없다"[4] 하고 한 남자는 《잭슨 클래리언-레저》에 썼다.

알루미늄 모터보트는 이제 진흙 강바닥을 훑고 다니지 않았지만, 수병 수백 명은 여전히 오지의 작은 마을을 수색하고 있었다. 군용 버스에서 쏟아져 나온 수색 팀은 동네 잡화점 근처에 주간 막사를 세우고, 가게 진열대에서 과자와 벌레 퇴치제를 싹 쓸어 담고는 습지와 들판으로 나갔다. 지역 주민들은 충격을 받았다. 저 사람들이 시체를 '여기서' 발견할 거라고 실제로 기대하는 게 아닌가? '여기' 켐퍼 카운티에서? '여기' 재스퍼 카운티에서? 수병들은 근처 어딘가에서 셋을 발견될 거라 예상한다고 대답하곤 했지만, 그건 그저 허풍일 뿐이었다. 일요일 오후 체포, 몇 시간의 구금, 늦은 밤의 석방, 까맣게 탄 스테이션왜건을 비롯한 기본 사실 말고도 소문이 무성해서 수색대는 계속 수색해야 했다. 최근에는 시체들을 유사(流砂)에 파묻었다는 소문과 어떤 오지 제재소의 '분쇄기'[5]에 던져 넣었다는 소문이 돌았다.

미시시피의 태양 아래에서 열 군데 카운티를 돌아다닌 FBI 수사관들은 "빨간 목(redneck)이 되었다"[6]고 농담을 했다. 그들은 굿먼, 슈워너, 체이니에 관해 아는 게 거의 없었지만, 미시시피에 관해 주목해야 하는 건 다 알고 있었다. 유명한 KKK에 관해 탐문 수사를 벌이던 그들은 네쇼바 KKK 지부가 봄부터 세력을 키워 회원이 세 배, 네 배로 불었다는 걸 알았다. 그리고 밀조한 술에 대한 풍부한 증거를 수집했다. 밀주, 맥아 증류주, 그리고 은밀히 거래되는 술 단지까지. 거대한 부패의 거미줄은 KKK와 농장주, 그리고 궁극적으로 레이니 보안관의 곳간을 채우는 것이었다. 그리고 수사관들은 "카운티 교도소에 수감되었던 모든 이들이 뼈를 추리지 못할 만큼 정기적으로 폭행을 당했다"[7]는 사실도 알게 되었다. 그러나 FBI는 실종된 세 사람을 찾지 못했다. 최근에 실마리를 준 사람은 그 지역 백인 여성이었다. "패니 존스에게 가서 그녀의 아들 월머에 관해 물어보세요."

FBI 수사관들이 월머 존스를 추적하여 시카고의 사우스사이드로 갔을 때, 그가 들려준 이야기는 여름의 첫째 날 밤에 일어난 일을 짐작하게 해주는 것이었다. 실종 석 주 전, 존스는 필라델피아로 돌아가 어머니를 방문했다. 상점에 들러 고등학교 반지의 크기를 조정할 수 있는지 문의했다. 그가 아는 다음 일은, 상점의 어여쁜 점원에게 데이트를 신청했다는 이유로 피소된 것이었다. 수감되어 있는 동안 존스는 레이니 보안관을 만났다. "야 검둥이, 네가 그 백인 여자한테 전화해서 데이트를 신청했나?"[8] 하고 레이니가 고함을 쳤다. 존스가 고개를 젓자 레이니가 두툼한 손으로 후려갈겼다. 프라이스 보안관 대리도 몇 대 후려치고는 주머니칼로 존스의 염소수염을 잘라 냈다. 존스는 덜덜 떨다가 자정이 되어서야 석방되었다. 밖에서 권총과 엽총을 든 사내 다섯이 기다리고 있었다. 프라이스와 레이니가 지켜보는 가운데 사내들이 존스를 자동차에 처박았다. 달빛이 비치는 몇 시간 동안, 그들은 존스를 태우고 구불구불한 길을 달렸다. 권총으로 목덜미를 가격하고, 고래고래 소리를 지르며 백인 여자와, COFO, NAACP에 관해 질문했다. 마지막으로 그들은 존스를 '그곳'으로 데리고 갔다. 가시철조망 문 안에 있는 빈 우물, 네쇼바 카운티의 어디쯤이었다.

월머 존스가 마침내 버스에 태워져, 다시는 네쇼바 카운티에 얼굴도 비치지 말라는 말을 들었다는 얘기에 FBI는 관심을 기울이지 않았다. FBI는 '그곳'만을 알고자 했다. 수사관들은 존스를 태우고 사방팔방을 뒤지기 시작했다. 여전히 겁에 질린 그는 눈구멍만 뚫은 판지 상자를 머리에 쓰고 다니다가 열기에 쓰러질 지경에 이르렀다. 탐색은 이틀 동안 이어졌다.

수사관들은 코미디언 딕 그레고리한테서 얻은 실마리도 추적하고 있었다. 보상금 25,000달러를 건 뒤, 그레고리는 시골 말투가 고스란히 묻어나는 세 장짜리 편지를 받았다. "그 정보 요원들은 머리디언과 미시시피 주 필라델피아 사이에서 기다리고 있다가 모두 다섯 사람들에게 포위되었습니. …… 폭력배들한테 둘러싸인 직후에 매장되었는데, 거긴 미시시피 필라델피아에서 그닥 멀지 않은 들판입니다. 필라델피아 남쪽에서 온다면 오른쪽으로 8~13킬로미터, 도로에서 180~360미터 떨어진 곳입니다……."[9] 그레고리가 이 편지를 FBI에 넘겨주자, 수사관들은 이를 추적하여 워싱턴 DC에 있는 미시시피 토박이를 찾아갔다. 그리고 그를 "엄청나게 편지를 써대는 …… 골칫거리"¹⁰ 정신질환자로 판단했다. 수사관들은 그레고리가 지닌 테이프에도 더 이상 감흥을 받지 않았다. 굿먼, 슈워너, 체이니를 죽인 다섯 명의 이름을 미시시피의 느린 말투로 밝히는 남자의 목소리가 녹음된 테이프였다.

윌머 존스의 도움으로 FBI는 마침내 '그곳'을 찾아냈다. 철조망 문 안쪽에 있는 열두 개의 깊은 우물은 시신을 감추고 있음직했지만, 우물 안에 있는 거라곤 물뿐이었다. 또다시 막다른 벽이었다. 그동안 수사를 지휘하고 있는 건장한 조 설리번은 유일한 정보원인 머리디언 고속도로 순찰관을 계속 만나고 있었다. KKK에 관해서는 열심히 이야기하면서도 그는 여전히 살인에 관해서는 아무 말도 하지 않으려 했다. 8월이 가까워지자 설리번은 미시시피와 그 '공평무사한 기독교인들'에게 넌더리가 났다. 보상금을 지불해야 할 때였다. 석 주 전, 잭슨에서 J. 에드거 후버를 만난 설리번은 25,000달러를 주면 머리디언의 정보원이 말할지도 모른다고 전했다. 후버는 보좌관에게 "FBI 본부에 돈을 준비시키도록 하라"¹¹고 지시했다. 7월의 마지막 날, 돈은 벌써 한 주도 더 전에 준비되어 있었다.

여름 내내, 미시시피 주 쇼의 무너져 가는 판잣집들은 절망 속에서 허우적거리는 것 같았다. 프레드 원은 누구한테서든 어떤 반응을 얻는 걸 이미 포기했다. 아이에게 돈을 줄 테니 폭탄을 설치하라고 했다는 말조차 흑인 사회를 깨어나게 하지 못한다면, 다른 어떤 말이 필요하겠는가? 날마다 오후는 전날 오후보다 더 굼뜨고 더 우울해졌다. 매일 저녁 델타의 해는 울적한 땅 너머로 사라졌다. 쇼의 농장주와 그들이 고

용한 깡패들은 노동과 배고픔, 굴욕감에서 헤어 나오지 못하는 흑인들을 여전히 쥐어짰다. 그런데 별안간 쇼가 깨어났다. 촉매가 된 건 단 한 마디 말이었다. "어리석게 들릴 수 있다는 걸 알지만, 우리 흑인 가운데 95퍼센트는 행복합니다"[12] 하고 찰리 캡스 보안관이 《뉴욕 타임스》 기자에 말했던 것이다. 기민한 활동가가 이 기사를 자유의 집에 게시하고, 대중 집회 때 큰 소리로 읽어 주었다. 이 말은 금세 퍼졌고, 분노한 편지가 신문사로 쇄도했다.

여기 미시시피에서 시간당 30센트에 목화를 솎아 내면서 행복하다고 느끼는 이는 바보뿐일 것이다.[13]

우리가 행복하다고 생각한다면, 캡스도 흑인처럼 살아 보길 바란다. 그가 흑인처럼 산 다음에 그에게 행복하냐고 물어보라.

우리는 행복하지 않으니까, 나는 우리가 행복하다고 말하지 않을 것이다. 우리는 어디에서고 정의를 누리지 못한다. …… 우리 남자들이 원하는 건 백인 여자가 아니다. 우리는 우리의 정의를 원한다. 우리 가운데 태반은 노동으로 한평생을 보낸다.

쇼의 흑인 고등학교 또한 깨어나고 있었다. 활동가 세 명이 구내식당에서 쫓겨나자 학생들이 수업 거부에 나섰다. 교장은 학교를 폐쇄했고 학부모는 시위에 동참했으며 질서 유지를 위해 경찰이 왔다. 하지만 쇼가 깨어나기 시작하는 모습을 프레드는 그곳에서 지켜보지 못했다. 프리덤 서머가 드디어 델타의 중심으로 다가오고 있었고, 그 지역 프로젝트 책임자는 목수를 필요로 했기 때문이다.

7월 말, 프레드는 가방과 도구를 챙겼다. 이제는 어디에나 갖고 다니는 아버지의 성경책도 함께 넣었다. 목화밭 20킬로미터를 가로질러 인구 6,714명의 더 큰 도시 인디어놀라로 갔다. 그 도시가 민감하고 폭력이 훨씬 쉽게 점화되는 곳임을 직감했다. 도시를 교차하는 주요도로는 그가 만나고 싶지 않은 부류의 사람들이 다니는 직선 도로였다. 고출력 자동차가 82번 고속도로를 밤낮으로 굉음을 내며 내달렸다. 찰리 캡스 보안관과 달리, 선플라워 카운티 보안관은 "사태가 악화되는 걸 막으려" 하지 않았다. 그린우드에서처럼 백인은 인디어놀라에서 소수였지만 모든 걸 통제했고 그 방식을 유지하려고 했다. 흑인은 인디어놀라가 백인평의회의 탄생지라는 걸 프레드에게 즉각 상기시켰다. 여름 내내, 하얀 인디어놀라는 침략자들이 다른 미시시피 오지에서 흑인들을 휘저어 놓는 걸 지켜보았다. 그리고 자신들의 도시는 영향을 받지 않을 거라고 생각했다. 이제 프로젝트 사무실이 들어서고 자유학교가 계획되어 있으니, 그들은 폭력적인 저항으로 결집하기 시작한다. 그 저항은 앞으로 1년 동안 점점 거세지고, 한밤중을 밝히는 화염으로 정점을 이루게 된다.

그 여름 처음으로 프레드는 집에서 살게 되었다. 예순여덟 살의 아이린 매그루더 집에서 묵는 활동가 세 명 가운데 한 사람이었다. 키가 작고 원기 왕성하며 맥주 통처럼 뚱뚱한 매그루더 할머니는 코담배를 피우고, 아름다운 퀼트를 만들며, 델타 흑인들이 '타고난 지혜'[14]라고 일컫는 것에 기대 살아왔다. 프레드가 집에 불을 켜 놓으면, 백발의 할머니는 "저 백인을 내 집에서 쫓아내!"[15] 하고 소리쳤다. 매그루더 부인은 집에 기거하는 활동가들을 자신의 화이트로즈 카페에 데리고 가서 밥을 먹였다. 카페에서 조금만 더 가면 인디어놀라가 자랑하는 비비 킹이 종종 연주하는 작은 술집이 있었다. 화이트로즈가 내세우는 메뉴는 매운 햄버거, 튀긴 볼로냐 샌드위치, 맥주로 씻어 낸 족발이었다.

COFO가 뒤늦게 시작한 프로젝트는 검은 인디어놀라를 흥분시켰다. "여태까지 어디 있었어요? 우리가 얼마나 기다렸다고요!"[16] 하고 한 아이가 말했다. 새 프로젝트는 손일 말고 그 이상의 일을 할 기회를 프레드에게 주었다. 자리를 잡은 직후, 프레드는 프로젝트 통신 책임자가 되었다. 늦은 밤 자유의 집에서 CB 라디오를 조작하며, 그린빌에서 '그린우드 자기'에 이르기까지 델타 곳곳의 자동차와 사무실에서 오는 잡음 섞인 목소리를 들었다. 그러나 그가 CB를 맡은 지 오래지 않아서 그의 암호명 '아이템 베이스'가 노출되었다. 어느 날 오후, 경찰들이 자유의 집에 들이닥치더니 CB로 가서 채널 번호를 적어 갔다. 며칠 뒤 늦은 밤, 오싹한 목소리가 라디오에서 흘러나왔다. "안녕하신가, 아이템 베이스. 잘 있었나, 검둥이와 한통속!"[17]

새 집과 새로운 책임을 만나면서, 프레드는 가을까지 머물 것인지 고민을 시작한 참이었다. '지옥 구덩이'라고 표현하는 일이 많았지만 미시시피가 좋아지고 있었다. 적어도 검은 미시시피는. 델타에서 한 달 남짓 지내는 동안 마침내 공포감은 사라졌다. 그는 "정말로 솔직하게 고백하자면, 나는 매우 평온하고 차분해요. 시간이 흐르니 감시당하고 미움 받는다는 생각에 익숙해진 거죠. 그래서 신경이 곤두서고 초조한 지옥 같은 시간은 없어요. …… 나는 혁명의 한가운데에 있습니다. 이것은 미국 독립혁명 이후 가장 위대한 혁명이에요"[18]라고 집에 편지를 보냈다. "그런데 이복 누이동생은 어떻게 지내요?" 하고 아버지에게 물었다. "샌프란시스코의 유치원생 흑인 아이가 운동을 이해할 수 있을까요? 이복 오빠가 여름 동안 어떻게 지내는지 말해 준 적 있으세요?" 프레드가 인디어놀라로 옮겨 가기 전, 아버지는 프레드가 일찍 돌아오기를 바랐다. "마지막 며칠 동안은 특히 조심해야 한다"[19]고 '프레디'에게 편지를 보냈다. "제2차 세계대전 때 '전쟁의 마지막 날에 죽임을 당할 것인가'라는 전단지를 우리가 무수히 뿌렸던 일이 떠오르는구나." 하지만 이제 아버지 원은 아들이 집으로 돌아오기는 할 것인지 궁금해졌다. 아들이 돌아오기를 바라는 마음으로 그는 프레드가 미시시피를 떠날 때까지 날짜를 세고 있을 거라고 썼다. "감옥에서 출옥 날짜를 세듯이 날짜를 세고 있다."[20]

북쪽으로 80킬로미터 떨어진 곳, 크리스 윌리엄스는 베이츠빌에서 새 가지를 뻗어 나오고 있었다. 퍼놀라 카운티는 프리덤 서머의 정치적 성공담이 되었다. 흑인 수백 명이 유권자로 등록했다. 고등학교 교장선생님까지 모험을 했다. 등록한 사람들 명단이 여전히 《퍼놀리언》에 실렸지만, 흑인들은 그 이름을 자랑스럽게 가리키기 시작했다. 모든 사람의 집을 표적으로 삼기에는 이제 새로운 유권자가 너무 많아졌다. 그러나 SNCC가 연방의 유예 명령을 완벽하게 이용하려면, 퍼놀라 카운티의 모든 집을 방문해야 했다. 7월 중순, 크리스는 무척이나 사랑하는 길에 나섰다. 매일 아침, 재치 있는 십대 소년은 자리에서 일어나 티셔츠와 청바지를 입었다. 빨리 아침을 먹고 이미 활동가들이 들어찬 자동차에 몸을 구겨 넣었다. 자동차는 흙먼지를 일으키면서 목화밭으로 들어갔다. 작업복을 입고 허리를 깊이 숙인 채 목화를 솎고 괭이질하는 흑인들을 지나쳤다. 더 깊은 '시골'로 들어간 크리스는 달구어진 도로를 미끄러져 지나가는 뱀처럼 적대적인 마을들로 향했다. 미시시피 사디스. 코모. 크렌쇼로. 손에 입당서와 팸플릿을 들고, 크리스는 작은 술집과 교회에서 설명하고, 자유민주당과 다가오는 애틀랜틱시티 전당대회에 관해 열심히 이야기했다. 때로는 용감히 대농장에도 발을 들였지만 대개는 쫓겨났다. 한번은 "정부를 원숭이 무리에게 넘겨주지 않겠다"[21]며 으름장을 놓는 농장주에게 쫓겨났다.

크리스는 마을마다 다니며 대중 집회를 열 만한 곳이 있는지, 누가 활동가를 재워 줄 마음이 있는지 물었다. 몇 번의 집회는 가까스로 계획을 잡았는데, 대농장을 기반으로 살아가는 흑인들은 집을 내주기를 주저했다. 집사들은 자신의 교회가 다음번 미시시피 방화 대상이 될까 두려워했다. 말이 사람들을 무섭게 한다면, 크리스는 재치 있게 말해야 했다.

델타의 변두리에서, 크리스는 크렌쇼가 '매우 폭력적인 곳'[22]임을 알아챘다. 삐걱대는 상점 앞쪽과 목재가 깔린 인도는 옛 서부를 떠올리게 했다. 그곳의 거들먹거리는 보안관만 보면 웃음이 터질 지경이었다. "나 지난 4년 보안관 대리였다. 검둥이는 나만 보면 지레 줄행랑 치지."[23]고 보안관이 크리스에게 말했다. 어느 토요일 해가 질 무렵, 크리스는 볼티모어에서 온 흑인 활동가 팸 존스와 함께 선거운동을 하고 있었다. 짙은 색 쉐비가 앞을 가로막았다. 근육질 몸에 티셔츠가 달라붙은 사내 몇 명이 우르르 내렸다. 크리스는 참으려고 했지만 "공산주의자!"[24]라는 그 일상적인 악담에다가 어린 시절의 안 좋은 기억을 떠올리게 하는 "검둥이와 한통속!"이라는 말까지 듣자 성질이 폭발했다. "여기랑 무슨 상관이냐"는 게 무슨 말입니까? 크리스가 목청을 높였다. 미국인은 자기가 가고 싶은 곳 어디든 갈 수 있지 않습니까? 삿대질이 오가고 주먹들을 불끈 쥐었다. 턱이 닿을 만큼 서로 얼굴을 디밀었다. 하지만 사내들은 고함을 더 지르다가 차를 타고 사라졌다. 크리스는 어느 때보다

으쓱한 기분이었다.

베이츠빌로 돌아왔을 때, 스토클리 카마이클은 테러가 점화될 것을 대비하라고 크리스에게 말했다. "여름 프로젝트는 백인들의 예상보다 훨씬 성공적이야" 하고 카마이클이 말했다. 그리고 자유민주당의 도전은 심각한 위협이었다. KKK와 백인평의회는 분명 대응에 나설 거야. "주 전체에 긴장감이 높아지고 있어요. 지난주에는 낮에도 그린우드 거리에서 사람들이 총격을 당했고 폭도가 민권 활동가 두 명을 공격했어요"[25]라고 크리스는 집에 편지를 보냈다. 8월에는 "테러가 더 많이 일어날 거예요"라는 말로 끝을 맺었다. 로버트 마일스의 집에서는 최루탄에 이어 지근탄이 터졌다. 어느 한밤중, 활동가들이 부엌에 모여 땅콩버터와 딸기잼을 바른 샌드위치를 먹고 있을 때 밖에서 섬광이 번쩍 했다. 총탄이 창가에서 쉭쉭 날아갔다. 활동가 한 명이 침실로 기어가서 두 남자아이를 바닥으로 끌어내렸다. 며칠 뒤 법원으로 가려고 나서던 크리스는 방울뱀 사체가 현관문에 못으로 박혀 있는 걸 보았다.

그 즈음 크리스는 크렌쇼에 살면서 "델타에서 자유의 전초기지를 운영하고"[26] 있었다. 흑인 카페를 자주 드나들고 메이슨홀에서 지역 주민들과 모임을 열면서 크리스는 자유민주당에 '무더기로'[27] 가입시키고 있었다. 크리스는 백인에게 반발하지 않는 법을 배웠다. "쓰레기 같은 개자식"[28]이라고 욕을 듣고 다른 활동가를 차도로 밀쳐내도 참았다. 결코 혼자가 아니었고, 낙담하지도 않았으며, 자신이 미시시피에서 역사를 만들어 가고 있다는 걸 여전히 경이로워했다. 크리스는 흑인과 우정을 쌓아 갔다. 그들은 곧 크리스의 이름을 부를 만큼 친해졌다. 어디에서나 크리스에게 인사를 건넸으며, 크리스의 농담에 웃음을 터뜨리기도 했다. 어느 날 저녁, 그는 그 지역 흑인 여자가 백인 남자 세 명을 세게 때리고 도망가는 걸 보았다. 기분이 좋아졌다.

7월 마지막 날 오후, 필라델피아의 거리에는 소문이 퍼졌다. 주유소의 주유기 앞에서, A&P와 피글리위글리 사이의 골목에서, 우체국에서, 실종이라는 글귀 아래 세 사람의 얼굴이 응시하고 있을 때 소문이 퍼졌다. FBI가 레이니 보안관을 호되게 심문했대! 수사관들이 30,000달러를 줄 테니 실토하라고 했다며! 프라이스 대리에게는 '100만 달러' 얘기를 던지고, 시 순경에게는 "평생 먹고 살 만큼 많은 돈"[29]을 제시했다네! 소문이 부풀려질 때, FBI 수사관들은 다시 시내에 나타났다. 선글라스를 반짝반짝 빛내면서 법원 밖에 선 수사관들은 모든 증오의 시선에 응수했다. 무언가 일이 일어나기 직전이었다. 아니면 벌써 일어났거나.

이것만큼은 사실이었다. FBI 수사관들은 그 금요일에 프라이스와 레이니를 심문했다. 우람한 보안관은 나중에 자신이 '연방인종통합국'을 어떻게 상대했는지 떠벌였다. "맞아, 수사관들을 만났지. 하지만 다음에 다시 나를 만나고 싶으면 '소환장을 갖고' 오는 게 좋을 거라고 대꾸했네"[30] 하고 레이니가 말했다. 그러나 수사관들은 허세 이면에서 보안관이 겁을 먹었다는 걸 알았다. COFO의 고소로 거짓말 탐지기 시험을 받게 될까 걱정스러웠던 그는 기소 면제에 관해 물었다. 금요일, 수사관들이 집무실에 찾아가서 그에게 밀주에 관련된 증거를 내밀었다. 유죄가 선고된다면, 아니 유죄가 '선고될' 텐데, 그러면 벌금, 투옥, 그리고 어마어마한 추징금이 기다리고 있다. 하지만 실종과 관련하여 알고 있는 바를 자백한다면 FBI가 자그마치 3만 달러를 "내놓겠다"[31]고 했다. 레이니는 수사관들에게 아무 말도 하지 않았다. 복도를 지나가면서 수사관들은 세 명의 시신을 찾는 데 이미 300만 달러를 썼으며 "시신을 찾기 위해 앞으로도 100만 달러가 넘는 돈을 쓸"[32] 것이라고 프라이스 대리에게 말했다. "와이오밍에 작은 목장 하나는 살"[33] 수 있지 않겠느냐고 프라이스를 떠보았다. 살집이 있는 보안관 대리는 멍청한 웃음을 지으면서도 보안관처럼 아무 말이 없었다. 하지만 누군가는 입을 열었다.

프리덤 서머 이후 수십 년 동안, 많은 이들은 FBI에게 시신의 위치를 밝힌 사람이 누구냐를 둘러싸고 이런저런 추측을 했다. 지역 주민들은 어떤 술꾼이 숲에서 자다 깨어 세 명을 매장하는 장면을 목격했다는 말부터, 네덜란드 '점쟁이'[34]가 건설 현장 부근에 시신 세 구가 매장되어 있다고 알려 주었다는 말까지 온갖 이야기를 들었다. 여전히 많은 사람들이 믿는 건 FBI가 뉴욕의 폭력배를 고용했다는 설이었다. 그는 '죽음의 신'이라고 알려진 콜롬보 갱단의 일원이었다. 그 암살자가 비행기를 타고 미시시피에 도착해서 용의자를 폭행하고·입에 총을 쑤셔 넣고서 "세 아이에게 무슨 짓을 했어?"[35]라고 고함을 쳤다는 것이다. 이 미심쩍은 이야기는 또 다른 미시시피 살인 사건과도 잘못 연결된다. 진실과 연결된 건 훨씬 진부한 것이다. 발설한 '누군가'는 바로 돈이었거나, 어쩌면 그저 돈이 동기가 된 것이었다.

3만 달러. 100만 달러. 평생을 먹고 살 만큼 많은 돈. 실제로 건네진 돈은 여기서 가장 적은 액수였다고 하는데, 그 무렵 3만 달러는 요즘으로 치면 20만 달러가 넘는 금액이다. "더 지불해야 한다면 우리는 훨씬 더 많이 지불할 것이다. 얼마든 지불하겠다"[36]고 한 수사관은 말했다. 돈이 건네진 이야기는 네쇼바 카운티에서 전설처럼 전해지지만, 누가 얼마를 받았는지에 관해서는 오늘까지도 확실히 알고 있는 사람이 없다. 지휘관인 설리번은 돈을 건넸다는 사실 자체를 늘 부인했다. 하지만

7월 30일 목요일, 그가 정보원인 머리디언의 고속도로 순찰관과 홀리데이인 호텔에 가서 스테이크 만찬을 즐겼다는 건 인정했다. 그리고 거기서 FBI는 시신이 매장된 곳을 드디어 알게 되었다. 이튿날, 수사관들은 소문을 퍼뜨리며 용의자들을 심문하고 거액의 보상금을 제안하기 시작했다. 시신이 발견될 경우 KKK 단원들 사이에서 의혹을 증폭시키기 위한 전략이었을 것이다. 누군가는 3만 달러를 받았을 테지만, 고속도로 순찰관은 2년 뒤 심장마비로 사망할 때까지 갑자기 거액이 생긴 티를 낸 적이 없었다. 미궁에 빠진 사건을 해결하는 데 그가 어떤 역할을 했는지도 결코 밝혀지지 않았다. 정보원이 노출되면 살해당할 것이라고 생각한 FBI는 정보원을 'X씨'라 부르기 시작했다. 8월 1일, 소문을 퍼뜨려 정보원의 비밀을 보호하면서, 수사관들은 네쇼바 카운티의 울창한 숲으로 향했다.

그 토요일 해가 떠올랐을 때, 수사관들은 필라델피아 시내 외곽을 따라서 21번 도로를 타고 남쪽으로 달렸다. "언제나 즐거운 곳"이라고 불리는 농장으로 가는 것이었다. 그들은 거대한 사력댐을 찾고 있었지만, 미시시피의 울창한 숲은 사람의 몸뚱이보다 훨씬 큰 것도 능히 숨길 수 있음을 알게 되었다. 한 시간 동안 관목을 베면서 나아간 끝에, 수사관들은 본부에 전화를 걸어 머리디언 해군 항공기지에서 헬리콥터를 한 대 띄워 달라고 요청했다. "댐을 발견했다. 큰 댐이다."[37] 수사관들은 무전기에서 흘러나온 말을 들었다. 상공의 지시에 따라 잡목을 베며 나아간 수사관들이 이른 곳은 산의 정상이었다. 그들 앞에 초승달 모양의 황토색 흙더미가 버티고 서 있었다. 정 가운데 높이가 6미터에 이르고, 미식축구 경기장 두 배 길이 정도를 소나무 숲 가운데 차지하고 있는 댐이었다. X씨는 시신들이 그 아래 어딘가에 묻혀 있다고 장담했다. "곡괭이나 삽 가지곤 안 되겠군"**38** 하고 설리번 지휘관이 말했다. 그는 워싱턴 DC의 FBI에 전화를 걸어 중장비 대여 허가를 요청했다. 수색 영장도 신청했다.

댐 밑에서 시신 세 구를 찾는다면, 아니 찾을 수만 있다면, 존슨 대통령이 최근에 "우리의 불만스러운 여름"**39**이라고 표현했던 것은 분명 진척이 빨라질 것이다. 하지만 하얀 미시시피의 벽은 어느 것이 무너뜨릴 수 있을까? 날조라느니, 언론의 박해라느니, 우정 어린 인종 관계를 방해하는 '침략자들'이라느니 하는 변함없는 말들은 결국 심리적 방어 기제에 뿌리를 둔 문화 전체의 문제였다. 실종자들이 발견되더라도 변하긴 변할 것인가? "어쩌면 모두를 위해 가장 좋은 길은 시신을 찾지 말고 흥분이 점차 가라앉기를 기다리는 것일지 모른다"**40** 하고 필라델피아의 남성은 말했다. 지역의 배심단은 누구에게도 유죄 평결을 내리지 않을 것이다. "왜 우리가 이 모든 비난을 감수해야 하며, 모두가 미시시피를 욕보이는 큰 구경거리 같은 재판을 받아야 하는가?" 그러나 프리덤 서머는 희망을 먹고 자라기에, 어떤 시점에서 희망은 철도 선로를 건너와야 했다.

초기 계획 단계에서부터 여름 프로젝트는 그 이상주의의 일부를 미시시피의 가난한 백인들에게 집중했다. '백인 주민 프로젝트'는 그린빌만큼이나 관용적인 곳으로 알려져 있는 빌록시를 목표로 삼았다. 6월 말, 활동가 열여덟 명이 오하이오에서 그 멕시코 만의 도시로 갔다. 가난한 백인들이 "적은 흑인이 아니라 가난임을 깨우치도록"**41** 도움을 주고자 한 것이다. 7월 초, 활동가들은 목수, 이발사, 어부, 더 나아가 고등학교 교장선생님에게 날마다 말을 걸었다. 가끔은 귀를 기울이는 사람을 만났지만 "대화 없이 적대감만 드러내는"[42] 사람이 더 많았다. "왜 미시시피에 왔어?"[43]라고 백인들은 물었다. "네가 사는 주에서 활동하지 그래?" 백인 주민 프로젝트는 곧 난관에 봉착했다. 활동가들은 자신이 누구를 만나야 하는지, 무슨 말을 해야 하는지를 둘러싸고 며칠 동안 논쟁을 벌였다. 활동에서 돌파구를 찾지 못한 두 여성 활동가는 "그 사회를 알기 위해"[44] 식당 일자리를 구했지만 'COFO'임이 탄로 나서 해고되었다. 8월에는 활동가 여섯 명이 그만두었다. 나머지 활동가는 집집마다 찾아다니며 자유민주당은 '검둥이 정당'이 아님을 가난한 백인들에게 설득했다. "백인 사회 프로젝트 시험 단계는 일치감치 끝난 것 같아요"[45]라고 한 활동가는 집에 편지를 보냈다.

관용에 대한 탐색은 이어졌다. 인종 통합을 지지하지는 않더라도 적어도 이성의 목소리에 귀 기울이는 백인이 몇 명이라도 있지 않겠는가? 백인 주민 프로젝트가 제대로 가동되지 않는 동안, 고립된 활동가들은 인색한 환대를 맞닥뜨렸다. 활동가들이 여름 내내 머물 것임이 분명해지자, 몇몇 활동가는 백인 가정에 초대되었다. 거기에서 정중하지만 확고한 거부 의사를 확인했다.

"너희 북부 사람은 하나같이 모든 미시시피 사람이 가난한 레드네크라고 생각하지."[46]

"이 아이들이 어떻게 이렇게 건방지게 나올 수 있는 걸까, 여기 사람과 우리 관습도 모르면서 우리 주에 와서 삶의 방법을 가르치려 들다니?"[47]

"너희들, 그러니까 너희 같은 사람들에게 설명하기가 몹시 어려운 것은 우리가 여기 검둥이를 굉장히 사랑한다는 거야. 우리가 인종분리 사회에서 살기 때문에 너희는 우리가 매정하다고 생각하지. 내가 알려 주고 싶은 건 검둥이가 그걸 더 좋아한다는 거야. 우리랑 똑같이."[48] 실망한 활동가들은 자신의 구역으로 돌아왔다. 어쩌면 더 배운 사람들 가운데에서는 …….

7월 말에 활동가 두 명은 화요일마다 미시시피대학을 방문했다. 제임스 메러디스의 입학을 막기 위해 폭도가 밤새 벽돌을 깨서 던지며 폭동을 벌인 뒤 거의 2년이 흘렀다. 하지만 윌리엄 포크너의 고향은 반역적 저항이 더 심해졌을 뿐이었다. 온건한 교수들은 끊임없이 다른 대학으로 옮겨 갔다. 지역 주민과 학생들은 두 명이 사망하고 옥스퍼드를 세계적으로 악명을 떨치게 한 폭동의 책임을 여전히 연방 보안관에게 돌렸다. 그리고 지금, 메러디스는 서둘러 학위를 마치고 미시시피를 떠났지만, 더 많은 '외부 세력'이 캠퍼스에 와서 인종 통합을 설교하며 문제를 일으키는 것이다. 시 경찰과 캠퍼스 경비가 따라붙어 다닐 때, 두 활동가는 메러디스의 지도교수였고 대학신문사 주간교수인 사람을 만났다. 그는 언론에서 미시시피가 먹칠이 되었다고 불만스러워했다. 그다음 주에 다시 초청을 받은 두 활동가는 사회학 강의에 들어가서 자신들의 활동을 설명하고 질문을 받았다.

"흑인이랑 결혼할 거예요?"[49]

"당신 조직은 공산주의 조직입니까?"

"흑인은 왜 그렇게 부도덕해요?"

의식은 변화된 게 없었지만, 학생들은 귀담아 들으려는 것 같았다. 두 활동가가 식당에 앉아 점심을 먹을 때 "공산주의자! …… 동성애자!"[50] 하는 야유가 식당을 울렸다. 도시를 벗어날 때는 픽업이 뒤쫓아 와서 뒷길로 접어들어 몸을 숨겼다. 빅스버그에서 천주교 사제관에서 대학생들을 만났을 때도 비슷한 언쟁이 벌어졌다. 한 활동가가 보기에 대학생들은 "죄책감을 느끼고 고뇌하며 깊이 두려워했다."[51] 두 번째 회의가 계획되었지만 학생들은 하나도 오지 않았다.

그 여름 오래 이어진 문화 간 접촉은 매주 수요일에도 일어난 일이었다. 7월 7일부터, 매주 화요일 저녁이면 북동부의 흑인과 백인 여성들이 비행기를 타고 잭슨에 도착했다. 자칭 '미시시피 수요모임'이라 일컫는 여성들을 이끄는 사람은 전국흑인여성회의 의장 도로시 하이트, 그리고 전직 TV 진행자이자 두 활동가의 어머니인 폴리 코원이었다. 여성들은 수요일마다 자유학교를 방문하고, 활동가들과 대화하고, 잭슨과 머리디언의 사교계 인물들을 만났다. 올 미스에 정중함과 거부감이 팽배했던 것처럼, 이번에는 차를 마시는 자리에서 그랬다. '미시시피 수요모임' 여성들은 주최자들에게 미리 입력되어 있는 것처럼 보이는 반응에 놀랐다. 투표하고 싶어 하는 흑인은 하나도 없고, 있다면 공산주의자뿐이죠. 흑인 학교는, 흠흠, 수치가 아니에요. 건물이 얼마나 아름다운가예요. 그리고 미시시피 경찰은 '훌륭한 일'[52]을 한 거랍니다. 그러나 한 회의에서 미시시피 할머니가 말을 잘랐다. "여러분, 여러분이 완전히 틀렸다고 얘기할 수밖에 없군요."[53] 연방 민권위원회에서 일하는 할머니는 악폐에 관해 익히 알고 있었다. "불의가 많이 저질러졌어요. 끔찍한 불의가." 다들 고개를 숙이고 치마를 정리했다. 대화가 다시 이어졌을 때 진부한 말들은 거의 등장하지 않았다. '미시시피 수요모임'의 북부와 남부의 여성 몇 명은 가을에도 꾸준히 만나게 된다.

사람들을 초대한 자리에서조차, 중도파는 미시시피에서 이름을 밝히지 않았다. 미시시피를 방문하는 의사와 목사들은 때로 백인들과 비공식으로 만났는데, 그 백인들은 뒤를 힐끔힐끔 보면서 자신들이 인종 통합을 지지한다고 고백했다. 언론인이 만난 지역 주민들은 자신의 주에 도움이 필요하다고 인정했지만, 자기가 한 말이 인용되는 건 거절했다. "내 이름을 지면에 밝히고 그 옆에 내가 당신에게 하는 말을 싣는다면 난 끝장날 겁니다. 일도 친구도 잃고, 이 주에서 도망쳐야 합니다"[54] 하고 한 사람은 《워싱턴 포스트》에 밝혔다. 좀 과장된 두려움처럼 보였지만, 헤프너 일가 이야기를 들으면 실정을 알 수 있다.

미시시피에서 앨버트 헤프너의 아들들보다 성실한 사람은 거의 없다고 해도 과언이 아니다. 그린우드 대농장에서 자라났고, 덩치 크고 쾌활한, 모두가 '레드'라고 부르는 청년은 올 미스에 진학했고, 거기서 아내 맬바를 만났다. 아내도 토박이였다. 부부는 매콤에서 10년을 살았다. 시내에 있는 '레드'의 보험 사무실은 늘 바빴고 맬바와 함께 교회 활동에 매우 열심이었다. 부부의 딸 잰은 미스 미시시피여서, 그 사진을 매콤 외곽의 광고판에서 볼 수 있었다. 그의 도시에서 폭탄 테러가 시작되자, 레드는 주권수호위원회에 편지를 써서 '책임 있는 시민'이 나서 KKK에 맞서자고 제안했다. "나는 인종통합주의자도 인종분리주의자도 보수주의자도 중도파도 진보도 아닙니다. 나는 그저 내 코가 석 자인 보험 판매원일 뿐입니다"[55] 하고 그는 썼다. 그러나 7월 17일, 레드 헤프너는 나중에 매콤 시장이 '에티켓을 위반'[56]한 것이라 일컫는 짓을 저질렀다. "인종을 혼합하려는 자" 두 명을 저녁 식사에 초대한 것이다.

그는 다만 "민권 활동가들에게 미시시피의 목소리를 듣게"[57] 하고 싶었을 뿐이다. 하지만 매콤에서 폭탄 테러가 증가하고 총과 다이너마이트 판매가 급증하던 때, 쾌활한 보험 판매인은 순식간에 그 도시에서 열병처럼 들끓는 불안감의 표적이 되었다. 저녁을 먹자마자 헤프너의 전화가 울렸다. 전화를 건 사람은 활동가 데니스 스위니를 바꿔 달라고 했다. 대화는 짧았지만, 이웃을 자극하고 있던 소문을 확인시켜 주었다.

그리고 또 전화가 걸려 왔다. "당신 집 앞에 서 있는 차는 누구 거요?"[58] 한 시간 뒤 레드가 현관문을 열었을 때, 그의 집 마당에 주차한 자동차 열 대가 비추는 전조등 탓에 눈을 뜰 수 없었다. 활동가들은 천천히 봉쇄를 뚫고 무사히 프로젝트 사무실로 돌아갔다. 하지만 헤프너 집안의 시련은 막 시작되고 있었다. 먼저 전화 협박이 이어졌다. "목숨을 부지하려면 이곳을 떠나라."[59] "네 마누라는 검둥이들이랑 자니까 좋다더냐?" "검둥이와 한통속인 놈. 이빨을 모조리 훑어 주마." 이윽고 레드는 사무실에서 쫓겨났다. 집이 폭파될 거라는 소문이 돌아서 맬바와 잰을 홀리데이인 호텔에서 기거하게 했다. 헤프너 일가는 곧이어 충격적인 비방을 들었다. 잰이 FBI 직원이고, 다른 딸은 뉴욕의 공산주의자 양성 학교에 다니며, 맬바는 매춘부라는 이야기였다. 오랜 친구들도 이젠 그들을 모른 체했다. 아무도 그들을 변호해 주지 않았다. 8월 초에 헤프너 일가는, 여름이 시작할 때는 상상조차 할 수 없었던 일, 미시시피를 떠날까 고민하고 있었다. 그리고 9월, 그때까지 3백 통이 넘는 전화 협박에 시달리고 자동차 타이어에 바람이 빠져 있었으며 키우던 개가 독살당해 현관 앞에서 죽은 채로 발견되었다. 곧 그들은 떠났다. 그들은 다시 미시시피에 살지 않았고, 수십 년이 지난 뒤에도 미시시피에서 추방당하던 이야기를 하며 눈물을 흘렸다.

　관용을 탐색하던 활동가들이 결국 미시시피에서 기댈 수 있었던 유일한 사람은 잃을 것이 거의 없는, 소외된 십대들이었다. 8월 3일, FBI가 네쇼바 카운티에 중장비를 들여오고 있을 때, 피트 시거가 매콤에서 콘서트를 열었다. 땀에 얼룩진 작업복 셔츠를 입고 머리를 뒤로 제친 채 밴조를 맨 채 시거는 〈아비요요〉와 〈얼마나 아름다운 도시인가〉를 노래했다. 자유의 집 뒤에서 열린 야외 콘서트에는 흑인 청소년들이 몰려들었고, 아이어러 랜더스 같은 활동가들이 함께 있었다. 저녁이 끝나갈 무렵, 그 맨해튼의 교사는 백인 소년 두 명이 따로 서 있는 걸 보았다. 그들은 피트 시거 콘서트에 와서도 노래를 부르지 않았지만 위험해 보이지도 않았다. 랜더스가 조심스럽게 다가갔다. 개리와 잭이라는 십대 청소년 두 명은 시거 노래를 듣고 싶어서 왔을 뿐이라고 했다. 하지만 아이들의 말 속에서, 랜더스는 미시시피의 모든 백인 청소년이 닫힌 사회에서 사는 데 만족하지는 않는다는 걸 알았다.

둘 가운데 한 명인 개리 브룩스는 최근에 위험한 버릇이 생겼다. 질문을 하기 시작한 것이다. 백인 언론인이 피부를 검게 칠하고 남부를 돌아다닌 경험담을 쓴 놀라운 베스트셀러 《블랙 라이크 미》를 읽은 뒤, 브룩스는 용감하게 철길을 건너가 보기 시작했다. 자신이 매콤의 흑인 구역을 걸어 다닌다는 이야기를 아무한테도 하지 않았다. 그저 궁금할 뿐이었다. 왜 거기엔 번화가가 없고 깔끔한 집도 없이 그토록 가난한 것일까? 케네디 대통령이 암살당했다고 말해 주었을 때, 왜 내가 다니는 고등학교 학생들은 환호한 것일까? 미시시피에 온 이 '침략자들'은 누구란 말인가? 여름이 시작되었을 때, 브룩스는 매콤에 폭탄이 터지는 걸 보았다. 폭탄이 터질 때마다 도시에 만연한 피포위 심리는 더욱 굳어졌다. 친구들이 이방인처럼 낯설어졌다. 의문은 한낮의 열기처럼 증폭되었다. 누가 KKK 소속일지도 몰랐고, 별 뜻 없이 내뱉은 말로도 표적이 될 수 있었다. 'COFO'에 조금이라도 공감을 보이는 사람은 두 번째 레드 헤프너가 되어 도시에서 쫓겨날 수도 있었다.

피트 시거의 콘서트가 끝났을 때, 개리와 잭은 아이어러 랜더스가 이야기를 더 나누자고 한 제안을 받아들였다. 개리는 곧이어 자유의 집에 전화를 걸어 와서, 친구 몇이 랜더스를 만나고 싶어 한다고 전했다.

그들은 홀리데이인에서 만나기로 했다. 몇 사람은 함정일 거라고 의심했지만, 랜더스는 십대 청소년들을 믿었다. 보안 조치를 점검한 뒤 그는 55번 주간 고속도로 부근, 도시 외곽에 있는 홀리데이인으로 혼자서 갔다. 방을 잡고 기다렸다. 한 시간 뒤 개리와 잭이 나타났다. 친구들이 "꽁무니를 뺐다"[60]고 했다. 맨해튼 교사와 미시시피 청소년들은 몇 시간 동안 이야기를 나누었다. 8월 내내 개리와 잭은 계속 자유의 집을 찾아온다. 아이러니 랜더스는 새로운 미시시피의 전령사인 두 아이를 반가이 맞아 주었다. 주의 나머지는 여전히 충격 요법을 필요로 했다.

시속 160킬로미터는 그 여름 미시시피에서 특별한 속도가 아니었다. 낡은 세단과 픽업이 들판과 헛간을 날듯이 지나쳐 SNCC 차량을 추격하고 있었다. 대개 선두 차량이 후미진 길로 자취를 감추거나 재미를 볼 만큼 본 추격자들이 떨어져 나가는 것으로 추격전이 끝났다. 아무도 다치지 않은 것이 기적이었다. 하지만 8월의 첫날, 언덕에서도 속도를 내는 이들이 있었다.

승용차끼리 언덕 정상에서 충돌했다. 서로 정면으로 충돌하여 앞쪽이 위로 들리고 유리가 부서졌으며 차체가 구겨졌다. 한 차의 운전자는 지역 주민이었고 다른 차는 홀리스프링스의 SNCC 활동가가 운전하고 있었다. 그는 시카고에서 온 흑인 활동가였고 웨인 앤시가 함께 타고 있었다. 앤시는 쾌활한 태도, 어설프게 유혹하는 말, 카우보이모자로 유명했다. 8월 1일 오후 3시 30분, 홀리스프링스 프로젝트 사무실에 전화가 걸려 왔다. "당신들 병원에 가 봐야 할 거요. 거기 애들 둘이 고속도로에서 정면충돌 사고를 당했는데 한 명은 죽었소!"[61] 병원에 도착한 COFO 파견대는 영구차 뒤쪽으로 까만 다리 하나가 나와 있는 걸 보왔다. 발목이 부러져 덜렁거렸다. 뒤쪽 유리를 통해서 모두가 얼굴을 확인할 수 있었다. 순간 과거로 돌아간 듯, 일부는 관 속에 누운 에밋 틸을 떠올렸다. "머리가 앞 유리를 뚫고 튀어 나갔습니다"[62] 하고 누군가가 말했다.

과속은 그 여름 미시시피에서 예삿일이었지만, 그 주가 속도를 늦추고자 했을 때 어떤 일도 신속히 진행되지 않았다. 그 뒤 오후 동안 활동가와 스니크들은 경찰과 언쟁을 벌이고 의사들에게 호소했다. 승용차 운전자가 병원에 있다는 말을 들은, 간호사 활동가가 안으로 들어갔다. 침대에 누운 활동가는 턱이 부러지고 얼굴이 적갈색과 보라색으로 엉망이었다. 의사들이 주사를 놓고 엑스레이를 찍었다. 하지만 간호사 활동가는 그를 멤피스의 병원으로 서둘러 옮겨 달라고 요구했고, 그 결과 밖으로 끌려나왔다. 영구차를 에워싼 경찰들은 누구도 웨인 앤시의 시신을 건드리지 못하게 했다. 그리고 운전자는 멤피스로 이송되지 않았다. 그는 구금 상태였다. 그 자동차가 근처에 있다는 말을 들은 SNCC 실무자 클리블랜드 셀러스가 가서 엉망이 된 차를 확인했다. 앞 유리는 거미줄 두 개가 쳐진 것처럼 유리에 금이 가 있었다. 조향축이 앞좌석에 놓여 있었다. 피가 온통 차내에 튀어 있었다. 셀러스가 차를 가져가겠다고 했을 때, 그는 체포되었다. 두 시간 넘게 실랑이가 이어진 끝에 운전자는 마침내 멤피스로 이송되었고, 거기서 비행기로 시카고로 옮겨져 회복되었다. 활동가들이 웨인 앤시의 시신을 운구하여 테네시에 있는 가족의 품에 안겼다. 프로젝트 사무실 벽에는, 여전히 앤시의 카우보이모자가 걸려 있었다. 여름 의혹의 늪 속에서, 어떤 이들은 앤시가 살해되었다고 확신했다. 일부가 그렇게 생각하더라도 모든 증거는 사고임을 가리켰다. 앤시가 사망하고 이튿째 되던 날 밤, 잭슨에서 트럭에 실려 온 굴착기와 불도저가 네쇼바 카운티 댐 현장에 도착했다. 미시시피의 수수께끼가 풀릴 시간이 다가왔다.

드넓게 펼쳐진 흙더미를 배경으로 꼬물거리는 것처럼 보이는 FBI 수사관들은 열흘 동안 효력이 있는 수색 영장을 갖고 8월 4일 아침 8시에 나타났다. 침낭과 방수 시트, 그리고 수색이 진행될 오랜 시간 동안 버틸 수 있을 만큼 충분한 식량도 갖고 왔다. 8시 15분, 출입금지 표시를 하고 그 소유주에게 수색 영장을 건넸다. 그리고 필요할 경우 댐의 아래쪽까지 파게 될 굴착기를 준비시켰다. 그러나 그 거대한 흙더미를 어디부터 파야 할 것인가? 댐 꼭대기에 선 중장비 기사는 서쪽 끝에서부터 45미터 정도 떨어진 곳에 막대기를 하나 꽂았다. "여기서부터 파기 시작한다고 표시하는 거죠."[63] 그러나 댐 가운데 아래쪽에 시신이 묻혔다는 말을 들은 수사관이 막대를 뽑아서 가운데 쪽으로 열다섯 걸음을 갔다. "여기서 시작할 것이오"[64] 하고 그가 말했다. 굴착 작업은 오전 9시에 시작했다. 사망 현장은 가느다란 소나무와 구름 한 점 없는 하늘로 둘러싸여 있었다. 기온은 이미 32도였다.

굴착기가 댐을 파먹어 들어갈 때 수사관들은 벌레처럼 바삐 움직이면서, 무언가를 휘갈겨 쓰고 사진을 찍고 흙 표본을 채집했다. 곧 따가운 해가 소나무 위로 떠올라 흰 셔츠와 파란 깃을 땀으로 젖게 했다. 현장 바깥의 그 누구도, 대통령과 FBI 고위직 몇을 제외한 그 누구도 굴착에 관해 알지 못했다. 델피아코츠 모텔에서, 설리번 수사관은 무전기로 끊임없이 연락을 주고받았다. 굴착이 이어져 댐 꼭대기가 작게 U자 모양으로 파였다.

오전 11시, 수사관들은 "썩어 가는 물질의 악취가 희미하게"[65] 나는 걸 알아챘다. 그러나 제2차 세계대전에 참전했던 이들은 그 냄새를 알

왔고, 그건 점점 강해졌다. 수사관들은 굴착을 중단시키고 모종삽으로 파기 시작했다. 아무것도 나오지 않았다. 정오 즈음, 굴착기가 더 깊이 파들어 갔다.

　오후 3시, 기온이 38도로 치솟았을 때, 거의 지면까지 내려간 V자 모양의 큰 틈이 벌어져 있었다. 파랗고 연둣빛을 내는 파리 떼가 갈라진 틈에서 붕붕거렸다. 냄새가 하늘까지 피어 올라 독수리들이 맴돌았다. 한 수사관이 업무 일지에 기록하고 있을 때 다른 수사관이 부츠를 발견했다. 검은색 웰링턴 부츠 한 쪽이 흙 밖으로 삐져나와 있었다. 수사관들이 삽과 맨손으로 파기 시작했다. 비지땀을 빼는 열기 속에서 한 수사관이 구덩이에서 비틀거리며 나오더니 구토를 했다. 다른 수사관들은 흰 마스크를 쓰거나 여송연에 불을 붙였다. 여송연의 강한 냄새가 악취를 가져 줄 거라 기대하면서. 이어지는 두 시간 동안 그들은 미시시피의 흙을 긁어 냈다. 랭글러 청바지를 입은 두 다리, 결혼반지를 낀 한 손, 마지막으로 셔츠를 입지 않고 겨드랑이 밑에 총알구멍이 난 몸통이 드러났다. 수사관들은 설리번 지휘관을 호출했다. "백시 하나 보고함. 백시 하나 보고함."[66] 백인 시신 하나. 설리번은 더 불가사의한 암호로 본부의 주의를 환기시켰다. "우리가 '유정' 하나를 찾아냈다."[67]

　오후 5시 7분, 수사관들은 앤드루 굿먼을 발굴했다. 팔을 벌리고 엎드린 채로 미키 슈워너의 시신 아래 깔려 있었다. 굿먼은 왼손에 흙을 한 줌 쥐고 있었다. 얼마나 꽉 쥐고 있는지 손가락 틈으로 꺼낼 수조차 없었다. 나중에 궁금히 여기는 사람들도 있었다. 그 순수한 청년은 돌멩이 하나라도 쥐면 불법 처형을 하려는 폭력배를 물리칠 수 있다고 믿었던 걸까? 그가 쥐고 있던 흙이 그를 덮었던 흙과 같다는 걸 알고, 비록 가슴에 총을 맞았지만 앤드루 굿먼이 산 채로 매장된 것이 아닌가

의문스러워 하는 이들도 있었다. 굿먼의 뒷주머니에서 수사관들은 징집영장이 들어 있는 지갑을 발견했다. 워싱턴에 보고가 들어갔다. 두 번째 '유정'에 관한 말도. 몇 분 뒤 세 번째 '유정'도 발견되었다. 제임스 체이니는 맨발로, 다른 두 사람 옆에 위를 보고 누워 있었다. "미키는 짐에게 의지해서 짐과 함께 지옥을 헤쳐 갈 수 있었다"[68]고 자유의 집 직원이 말한 적이 있다. 이제 미키 슈워너와, 그가 '곰'이라 불렀던 남자, 그리고 그들이 오하이오에서 데리고 온 새 친구는 저 먼 곳에 이른 것이었다. 누군가 카운티 검시관에게 전화를 걸었을 때, 이 소식은 미시시피 전역에, 미국 전역에 물결처럼 번지기 시작했다.

지난해 가을의 암살처럼, 활동가들은 자신이 언제 어디에서 그 소식을 들었는지 영원히 기억하게 된다. 몇몇 활동가는 해티스버그 교회 지하에서 제임스 포먼이 하는 이야기를 듣고 있었다. "미시시피 역사에서 백인이 포함된 최초의 불법 처형"[69]이라며 그가 실종 사건 얘기를 막 꺼냈을 때, 한 남자가 아래층으로 내려와서 포먼에게 귀엣말을 했다. 별안간 포먼의 얼굴이 멍해졌다. 그는 황급히 위로 올라갔고 남겨진 활동가들은 의아했다. 돌아온 그가 소식을 알려 주고 다시 나갔다. 모두 밖으로 나갔다.

머리디언에서는 많은 사람들이 피트 시거를 따라 노래 부르고 있었다. 누군가 무대에 올라 쪽지를 건넸다. 시거가 눈을 내리깔았다가 등을 곧게 펴고는 청중에게 말했다. 흑흑 눈물을 흘린 뒤, 그는 청중과 함께 잊히지 않을 느린 노래를 불렀다.

오 치유의 강이여
강물을 보내 주오

강물을 보내 주오

이 땅에

오 치유의 강이여

강물을 보내 주오

그래서 피를 씻어 주오

우리 땅에서[70]


린든 존슨은 J. 에드거 후버의 보좌관한테서 소식을 전해 들었다. 대통령은 북베트남 통킹 만에서 미군의 어뢰정 두 척이 공격을 받은 일로 그날 하루를 다 보냈다. 이전의 공격(8월 2일의 통킹 만 사건—옮긴이)에 이어 신속한 보복을 약속했지만, 지구 반 바퀴를 돌아 들어오는 이 최근 공격에 관한 보고는 모순적이었다. "교전과 어뢰 발사에 관한 많은 보고는 의심스러워 보인다. 괴상한 기후가 레이더와 어뢰 공격 탐지 병사에게 영향을 미쳐 여러 보고가 이뤄졌을지도 모른다"[71] 그러나 곧이어 바로 그 해군 대령은 보고가 '충실한' 것이었다고 확인해 주었다. 그 오후, 대통령은 의회 지도자들을 만났다. 저녁 7시, 그는 각료들과 함께 있는 자리에서 공습을 승인하고 있었다. 8시 1분, 미시시피에서 전화가 걸려왔다.

"후버 국장이 즉시 전화 드리라고 지시했습니다. FBI가 미시시피 주 필라델피아 남서쪽 10킬로미터 지점에서 시신 세 구를 발견했습니다. 민권 활동가들이 지난 6월 21일 밤 마지막으로 목격된 곳에서 서쪽으로 10킬로미터 떨어진 곳입니다. …… 지금으로서는 그들이 세 실종자라고 감식한 건 아니지만 믿을 만한 근거는 모두 갖고 있습니다."[72]

더욱 근심 어린 목소리로 대통령이 물었다. "언제 발표할 예정인가?"

"10분 안에 발표할 것입니다. 대통령님이 괜찮으시다면요."

"알았네. 15분 정도만 기다려 준다면, 먼저 우리가 가족들에게 통지해야겠네."

"대통령님, 제가 드릴 수 있는 유일한 말씀은 …… 시신을 정확히 확인하기 전에는 그렇게 하지 않는 게 좋겠다는 것입니다."

"우리가 아직 잘 모르지만 그들을 발견했다고 가족들에게 말할 수 있다고 생각하네. 그리고 그렇게 하는 것이 조금이라도 고통을 덜어 줄 것이네."

로버트와 캐럴라인 굿먼은 그 여름 동안 교회에 나가지 않았다. 어느 날 저녁, 제임스 볼드윈의 연극 〈찰리 씨를 위한 블루스〉 출연진이 그들의 아파트에 와서 위로를 해주었다. 그러나 8월 4일 밤은 로버트의 생일 전날이었다. 체코의 무언광대 극단이 링컨센터에서 공연하고 있었다. 커튼이 막 올라가자 한 남자가 통로를 지나 와 부부에게 신호를 보냈다. 로버트 굿먼은 즉시 알아챘다. 네이선과 앤 슈워너는 버몬트에서 휴가를 보내고 있는 중에 그들의 변호사한테서 걸려 온 전화를 받았다. 앤 슈워너는 체이니 부인을 위로해 줄 사람이 있느냐고 물었다. 패니 리 체이니는 머리디언의 집에 있었다. 부모들은 곧 모두 모이게 된다.

댐 현장에 어둠이 내릴 즈음, 세 사람의 얼굴은 다시 미국을 응시했다. ABC는 시트콤 〈특전 네이비〉를 중간에 끊었다. NBC 속보는 고등학교 드라마 〈노박 선생님〉 중간에 보도되었다. CBS는 여행 프로그램 중간에 보도했다. 미시시피 시간으로 저녁 8시 직후, 투광 조명등이 댐 현장을 밝혔을 때 카운티 검시관이 프라이스 대리와 함께 도착했다. FBI 수사관들은 범죄 연루 낌새를 포착하기 위해 프라이스를 관찰했다. 카우보이모자 아래로 돌처럼 표정이 굳어 있는 프라이스는 까만 시신 자루 세 개를 영구차로 함께 날랐다. 레이니 보안관은 빌록시에서 휴가를 보내고 있었기에, 프라이스가 시신과 동승하여 잭슨의 의료센터로 갔다. 시간과 흙에 의해 얼굴이 뭉그러진 굿먼과 슈워너는 치과 기록으로 식별되었다. 체이니는 치과 기록이 없었지만, 미시시피에서 백인들과 함께 매장된 흑인이라는 사실만으로도 모든 의심을 제거하기에 충분했다.

뒤이어 그 여름의 불만은 깊어졌다. 이제 베트남에서 전쟁은 확실해 보였고 맨해튼에서 시위가 점화되었다. 피켓 시위대가 시카고, 로스앤젤레스, 샌프란시스코, 워싱턴 DC의 연방 청사 앞에서 행진하며, 보안관들을 미시시피로 보내라고 요구했다. 최악의 상황을 우려하며 44일을 보낸 끝에 미시시피의 흙에서 최악의 상황이 파헤쳐졌다. 맨해튼 아파트에서, 굿먼 부부는 언론과 인터뷰했다. 마이크에 둘러싸인 로버트 굿먼은 준비한 성명서를 담담하게 읽었고, 아내는 희망이 사라진 멍한 표정으로 옆에 앉아 있었다. 얼마 전 링컨기념관을 방문하여 미국에 대한 신념을 재정비한 굿먼 부부는 이제 링컨을 빌려 말했다. "우리 살아 있는 사람들이 우리 자신을 바쳐 이 세 사람의 죽음이 헛되지 않도록 해야 합니다."[73] 로버트 굿먼은 차분하게 말했다. "이 비극은 개인의 일이 아닙니다. 그것은 이 나라 공공의 양심의 일부입니다." 워싱턴 DC에서, 조용하고 생각이 깊은 듯한 리타 슈워너는 남편이 "매우 신사다운 사람이었고 …… 인류의 선에 모든 걸 바쳤"고 기자들에게 말했다. 기자들의 질문은 사적인 내용으로 속을 들쑤셨다.

"남편을 사랑했습니까?"[74]

"어쩜 그렇게 차분한 모습이죠?"

"남편은 무엇을 위해 죽었습니까?"

"그건 미국 국민에게 달려 있다고 생각합니다. 내 생각으로는, 선량하기만 한 세 남자가 살해된 것입니다. 미국인의 삶에 믿을 수 없을 만큼 이바지할 수 있는 사람들이었죠" 하고 리타가 대답했다. 네이선과 앤 슈워너는 공식적인 발언을 하지 않았다. 제임스 체이니의 어머니는 오로지 "내 아들은 자신이 믿는 것 때문에 순교자로 죽었어요. 아들이 믿는 걸 나도 믿어요. 그리고 그 아이의 동생 벤이 좀 더 자라면, 제임스를 대신하여 민권 활동가가 될 겁니다"[75]라고만 말했다.

전국의 언론은 그다지 절제하지 않았다.

> 닫힌 사회 미시시피는 나라의 오점이다.[76]
> - 《하트포드 커런트》

> 마이클 헨리 슈워너, 앤드루 굿먼, 제임스 얼 체이니의 살해범들은, 폭도가 법을 관리하거나·파괴하려고 하는 곳이라면 어디에서나 일어날 수 있는, 무분별하고 비인도적인 반동의 끔찍한 사례이다.[77]
> - 《뉴욕 타임스》

> 미시시피에서 죽은 이들 누구도 헛되이 죽지 않았다. 강물에 떠오른 시신들, 둑에 묻힌 시신 세 구는 모두 생명에 무관심한 삶의 방식을 처절하게 증언한다. …… 시신 세 구가 발견됨으로써 그 부모들의 오랜 시련은 끝났다. 미시시피의 시련은 이제 시작되었다.[78]
> - 《워싱턴 포스트》

미시시피에서, 여전히 거부감과 맞닥뜨리고 있던 이들은 시련이 전과 달라지길 기대했다. 몇 사람은 유감스러워하는 것 같았다. "우리는 살해범을 추적하여 정의의 심판대에 세워야 한다"[79]고 《빅스버그 포스트》는 썼다. "우리 주의 명예가 위태롭다. 미시시피의 우리는 우리 자신을 오랫동안 엄중히 바라보아야 한다. 그 시작은 지난 10년 동안 우리가 저질러온 인종 간 불의에 대한 부끄러운 행적을 바꿔 나가는 일일 것이다"[80]라고 허딩 카터의 《델타 데모크랫-타임스》는 썼다. 그러나 어떤 이들은 자기네끼리 똘똘 뭉쳐 "미시시피를 모욕하는 새로운 비방질"[81]이 벌어지리라 예측했다. 머리디언의 농부는 과거에서 헤어 나오지 못했다. "그들을 죽인 건 그 인종 통합 단체들이죠. 그게 날조라는 걸 모두가 알게 될까봐 그들이 실종된 뒤 살려 둘 수가 없었던 거죠."[82] 또 다른 사람이 한 말은 누구라도 품위를 지키느라 망자에게 하지 못하는 험담이었다. "그들이 집에 가만히 있었으면 그들에게 일어난 일 같은 건 절대 겪지 않았을 것 아니에요."[83]

시신이 발견된 날, 자유민주당 리플릿을 배포한 죄로 수십 명의 활동가가 체포되었다. 그날 밤 교회 두 곳이 더 화염에 휩싸였다. 그러나 네쇼바 카운티에서 소식이 전해지자 폭력이 중단되었다. 그 뒤로 나흘 동안 미시시피는 집중 조명을 받으며 수치스러워했고, 긴장 속의 고요가 감돌았다. 미시시피는 빠르게 살해 정황을 밝혔다. 세 사람이 폭행당한 증거는 하나도 없다고. 그러자 시신을 둘러싸고 논쟁이 촉발되었다. 미시시피 의사들을 믿지 않는 슈워너 부부는 부검할 의사를 직접 보냈다. 데이비드 스페인 박사는 굿먼의 척추와 슈워너의 왼쪽 폐에서 총알을 하나씩 발견했다. 화약에 의한 화상은 두 사람이 조준 발사된 총탄에 사망했음을 입증했다. 그리고 체이니의 시신을 부검한 의견은 논쟁을 불러일으켰고, 지금껏 의문으로 남아 있다. 처음 발표된 것과는 달리,

체이니는 무차별 폭행을 당했다고 스페인 박사는 발표했다. 세 번 총탄에 맞았고. 뼈가 몇 군데 부러졌으며, 한쪽 어깨는 "곤죽이 되었고"[84] 두개골은 함몰되었다. "병리학자이자 검시관으로서 25년이나 일해 온 경험 속에서, 비행기 사고처럼 엄청난 고속에서 난 사고를 제외하고는 뼈가 이토록 산산이 부서진 경우는 처음 보았다"[85]고 의사는 발표했다. 체이니가 당한 폭행은 흉포함의 증거로서 이후에도 자주 인용되었다. 나중에 나온 증거에 따르면 불도저가 그를 굴려서 매장한 것으로 추정된다. 하지만 2000년에 공개된 부검 사진은 체이니가 총에 맞기 전 끔찍하게 폭행당했음을 드러냈다.

LBJ가 텍사스 목장에서 발표할 때, 네쇼바 살인 사건에서 '실질적인 결과'[86]를 감지한 기자들이 필라델피아로 모여들어 체포 소식을 기다렸다. 도시는 분주하고 활기찼다. 네쇼바 카운티 박람회를 며칠 앞두고 있었고, 시신이 발견된 곳에서 남쪽으로 3킬로미터 떨어져 있는 박람회장은 즐거운 분위기였다. "미시시피가 주최하는 거대한 파티"인 박람회는 수천 명이 오두막집에서 묵으며 이야기 가득한 긴 밤을 보내게 된다. 삐걱거리는 포치와 흔들의자가 있는, 완벽하게 향수에 젖을 수 있는 오두막집이었다. 필라델피아는 그 유명한 박람회를 준비하는 데 여념이 없었고, 다른 어떤 것도, 죽음의 악취조차 영향을 주지 않았다. 시신과 매장에 관해 질문하는 기자들은 '거대한 파티'에 관한 대답을 듣는 데 만족해야 했다. 그러나 닫힌 문 안쪽에서, 필라델피아의 많은 이들은 똑같은 질문을 던지고 있었다. 한 달 반 동안 집중적인 수색을 벌이고도 못 찾았는데, 시신이 어떻게 갑자기 나타난 거야? 5월에 건설되고도 아직 물을 채우지 않은 댐이 의혹을 불러왔다고 말하는 사람도 있었다. 딕 그레고리의 정보원이 보고했지만 FBI가 노골적으로 무시했던 편지 얘기를 꺼내는 사람도 있었다. 연방수사국의 침략에 여전히 분노하는 이들은 수사관들이 댐 아래 시신을 심었다고 주장했다. 보상금 소문이 퍼지자, 사람들은 새 자동차, 바비큐 파티, 엽총을 비롯하여 갑작스레 돈이 생긴 듯한 변화를 보이는 사람을 찾으려 했다. 정보원이 누구든, 그의 이름이 밝혀지더라도, 사람들은 "그의 입장을 이해하고 싶은 생각이 없다"[87]고 했다. 정보원 X씨의 이름이 밝혀진 건 2005년이 되어서였다. 정보원은 조지프 설리번 요원과 친한 머리디언의 고속도로 순찰관이었다. X씨에게 매장 장소를 밝힌 KKK 단원이 누구냐에 관한 의혹은 아직 수그러들지 않았다.

댐 현장에서 주 경찰이 구경꾼들을 차단하는 동안, FBI는 흙을 걸러내고 진입 도로를 문지르며 단서를 찾고 있었다. 아무것도 발견하지 못했다. 부지 소유주인 올런 버리지는 혐의를 부인했다. "이런 일이 생겨서 안타깝다는 걸 사람들이 알아주었으면 합니다. 누가 그들을 죽였는지 나는 알지 못하고, 그런 일을 지지하지 않습니다"[88] 하고 건장한 사업가는 말했다. 프리덤 서머 내내 함께 누워 있던 시신들은 이제 헤어질 시간이 되었다. 리타 슈워너는 남편이 친구들과 함께 묻히길 바랐지만, 미시시피의 장의사 누구도 인종 통합 장례를 맡지 않으려 했다. 제임스 체이니는 머리디언 외곽의 언덕 꼭대기에 묻혔다. 미키 슈워너와 앤드루 굿먼은 비행기에 실려 뉴욕으로 이송되었다.

그 주말에 미시시피의 운동은 변하고 있었다. "용기는 두려움을 몰아내고 사랑은 증오를 변화시킨다." 그 SNCC의 신념이 갑자기 굴욕적으로 보였다. 수많은 사람들이 노래 부르며 맨몸으로 행진하다가 곤봉으로 두들겨 맞고, 검정색 버스에 실려 교도소로 호송되었다. 하지만 학생비폭력실천위원회(SNCC)의 무수한 회원들은 더 이상 비폭력을 말하지 않았다. 비폭력을 말하는 이는 경멸을 당하게 된다. "당신들은 모두 비폭력으로 나가도 돼. 하지만 나는 저들이 나타나서 총을 쏘는데, 맞서 쏠 아무것도 없이 가만히 있지는 않겠어"[89]라고 델타의 누군가는 말했다. 여름 내내 신경이 곤두서 있던 검은 그린우드는 분노를 발산하고 있었다. 흑인들은 자유의 날에 임신한 여성을 끌고 갔던 경관이 소유한 상점을 상대로 불매운동을 펼쳤다. 상점 밖에서 경찰들은 폭동 진압 장비로 완전무장을 하고 순찰을 돌았다. 사일러스 맥기는 러플로어 극장의 인종분리를 철폐하는 운동을 이어 가고 있었다. 폭행이 일어나고 날아오는 병을 맞으면서도, 사일러스는 밤이면 밤마다 극장을 다시 찾았다. 그리고 이제 시신 세 구가······.

8월 4일 밤, 그린우드 궐기대회에 모인 흑인들은 여전히 운동에 참여하지 않으려 하고, "인종의 자부심을!"[90] 지니려고 하지 않은 이웃들에 분노를 터뜨렸다. 스토클리 카마이클은 "이 도시에서 쓸데없는 말만 늘어놓는 모든 사람은 옳게 행동하지 않는 겁니다!"[91] 하고 장담했다. 그리고 "더 말할 게 있습니다. 우리는 이 비폭력을 언제까지나 고수하지는 않을 겁니다. '저들'의 집에 총질하러 가겠다는 게 아닙니다. 그렇게 하는 건 '우리'가 아닙니다"라고 덧붙였다. 그날 밤 늦게 SNCC 본부에서, 카마이클과 활동가들은 사무실에 다시 총을 비치하는 문제를 두고 논쟁을 벌였다. 때가 되었다는 데 동의한 뒤 카마이클은 방을 나가 COFO 본부에 전화를 걸었다. "밥 모지스한테 승인을 얻기"[92] 위해서였다. 모지스가 뭐라고 했는지 아는 사람은 없지만, 카마이클은 누그러져서 돌아왔다. 그리고 "우리가 해야 할 일은 자유 유권자 등록에 더욱 집중하는 일인 것 같습니다"라고 말했다. 그 주 내내, SNCC 베테랑 밥 젤너는 레이니 보안관과 프라이스 대리를 암살하려는 자신의 계획에 관심이 있느냐고 사람들에게 은밀히 물었다. 아무도 관심이 없었다. 하지만 밥 모지스조차 학생비폭력실천위원회라는 이름에서 오래도록 '비폭력'을 유지할 수는 없었다.

8월 7일 금요일, 제임스 체이니는 비폭력과 함께 미시시피에 안장되었다. 체이니의 비공개 장례식을 마친 뒤, 머리디언의 추모 행렬에는 말 없는 추모객들이 줄을 이었다. 땅거미가 질 무렵, 수백 명이 교회 안에 모였다. TV 불빛이 비치는 교회는 외침과 흐느낌으로 가득 찼다. "우리 승리하리라!" 합창 소리가 점점 커질 때, 검은 베일을 쓰고 서 있던 패니 리 체이니는 옷을 말쑥이 갖춰 입은 열두 살짜리 아들을 끌어안았다. 형이자 가장 좋은 친구를 잃은 벤 체이니는 슬픔과 분노 사이에서 혼란스러워했다. 장례식 오는 길에 벤은 사진기자를 노려보며 중얼거렸다. "죽여 버릴 거야! 그자들을 죽여 버릴 거야!"[93] 관이 무덤으로 내려질 때, 벤은 "형을 살려 내!"[94] 하고 외쳤다. 그러나 이제 추모의 목소리가 교회를 채우자, 그는 어머니에게 몸을 기댄 채 눈물이 번진 얼굴을 훔치며 노래했다. "우리 승리……." 그리고 장례식이 끝났다는 걸, 다시는 형을 볼 수 없다는 걸 깨달은 벤은 펑펑 눈물을 흘렸다. 그 모습을 본 COFO 의장 데이브 데니스는 예정된 연설을 하지 않기로 마음먹었다.

프리덤 라이더로 미시시피에 온 뒤로, 데니스는 비폭력 교실을 맡아 왔고, 메드거 에버스의 장례식이 폭력 시위로 분출되려는 걸 진정시켰다. 1964년 초, 데니스는 미키와 리타 슈워너 부부를 만났고 머리디언에서 활동하라고 제안했다. 6월 21일, 그는 굿먼, 슈워너, 체이니와 함께 네쇼바 카운티에 갈 계획이었지만 기관지염 탓에 집에서 쉬어야 했다. 이제 그는 슬픔과 죄책감에 사로잡혀 추모객 앞에 섰다. 패니 리 체이니가 추모 연설을 부탁한 것이다. 차분하고 감동적인 추모 연설을. 하지만 데니스는 문득 비폭력이 '오류'[95]라는 생각이 들었다. 그는 높은 톤의 날카로운 목소리로 입을 열었다. 메모하고 암기한 이야기가 아니라, 인종 전체의 원한과 분노로부터 솟아난 이야기였다.

"죄송합니다만, 내가 여기에 선 건 이런 집회에서 우리 대부분이 하던 관습적인 것들을 하기 위함이 아닙니다. 내가 지금 말하고 싶은 건, 죽은 채로 살아가는 사람들에 관한 것입니다. 그들은 바로 우리 사이에 있고, 미시시피 주만이 아니라 미국 곳곳에 있습니다. 그들은 '아무 관심 없는' 사람들입니다……."[96] 하고 마르고 슬픈 눈의 데니스가 말했다. 한 손을 바들바들 떨고 다른 한 손은 연단을 잡은 채 데니스가 말할 때, 감정이 고조된 추모객들은 "아멘"과 "맞습니다!"를 외쳤다. 데니스는 에밋 틸, 메드거 에버스, 허버트 리, 그리고 미시시피에서 죽임을 당했으나 그 살해범들이 처벌 받지 않은 무수한 흑인들의 이름을 하나하나 입에 올렸다. 그리고 그 순교자들의 긴 명단 속에 제임스 체이니의 이름을 소중히 불렀다. 그가 내뱉는 모든 낱말이 뜻하는 건 '이제 그만' 이었다. 그의 몸이 떨리기 시작했다. 견딜 수 없이 감정이 끓어올랐다. 이제 그만!.

"난 추도식에 가는 게 이제 '지겹습니다.' 장례식에 가는 것도 지쳤어요!"

"맞습니다!"

"오늘 밤 마음속에서 복수심이 끓어오릅니다."

"저도요!"

"그리고 나는 오늘 밤 이 자리에 서서, 여기 있는 그 누구에게도 '분노하지' 말라고 말하지 않겠습니다!"

"맞습니다!"

데니스는 흑인들이 제2차 세계대전에 참전했다가 고향인 미시시피로 돌아와서 "노예처럼 살았다"고 말했다. 그는 "네쇼바 카운티에서 이들을 죽인 자들이 밝혀지면" 재판이 열릴 거라고 했다. 열리겠죠, 그리고 "그들의 사촌, 그들의 이모, 그들의 삼촌으로 이루어진 배심단"이 구성될 것입니다. 그러면 "무죄 평결이 확정되겠죠. 그들이 방아쇠를 당긴 걸 본 사람이 없으니까요. 난 그런 행태가 지긋지긋합니다!"

"맞습니다, 주여, 우리를 도와주소서."

"저도요! 저도 지긋지긋합니다!"

데니스는 "어린 아이들, 여기 있는 어린 벤 체이니와 체이니 같은 다른 아이들"을 대신하여 발언했다. 누군가 박수를 치자 데니스가 나무랐다. "박수로 자신의 분노를 해소하지 마십시오!" 고개를 젖히고 입술을 깨물어 눈물을 가까스로 참으면서 그는 말을 이어 가려 애썼다.

"여기는 '우리' 나라이기도 합니다!" 하고 그가 외쳤다. "그들이 우리를 여기까지 이르게 한 건 우리가 '원해서' 이루어진 일이 아닙니다……"

"아멘, 맞습니다!"

"체이니 씨, 미키 슈워너 씨, 앤드루 굿먼 씨를 위해 우리가 할 수 있는 최상의 일은, 떨쳐 일어나 우리 권리를 요구하는 것입니다!"

"맞습니다!"

"나와 여기 있는 사람들을 바라보다가 돌아가서, 좋은 예배에 다녀왔다고 말하는 데 그치지 마십시오."

"아멘!"

"집에 돌아가서 가만히 앉아 주어진 대로 받아들인다면, 여러분은

'바보 천치'입니다!"

"옳은 말씀입니다!"

"일어서십시오!" 데니스가 외쳤다. 그리고 절실하게 속삭이듯이 가라앉은 목소리로 간청했다. "다시는 고개를 '숙이지' 마십시오. 고개를 드십시오." 눈물이 차오른 모습으로 데니스는 끝을 맺었다. "우리는 자유를 원합니다, 바로 지금! 나는 다시는 추도식에 가고 싶지 않습니다. 장례식에 가는 데 지쳤습니다!" 그는 주먹으로 연단을 내리치고 하늘을 가리켰다. "저것도 지겹습니다! 우리는 떨쳐 일어나야 합니다." 목소리가 떨렸다. 데니스는 무대에서 내려갔다.

이틀 뒤, 맨해튼에서 굿먼과 슈워너를 위한 추도식이 따로따로 열렸다. 추도식에 각각 거의 2천 명의 군중이 참석했다. 어퍼 웨스트사이드의 윤리문화연구소에서 열린 굿먼의 추도식은 폭파 위협으로 중단되었다가, 경찰이 큰 화분 두 개를 치우고 계속되었다. 한 달 전 해티스버그에서 무자비하게 폭행당한 상흔이 아직도 남아 있는 랍비 조지프 렐리벨드도 추모 연설을 한 많은 이들 가운데 한 명이었다. "앤디 굿먼의 비극은 인류의 비극과 동떨어진 것일 수 없습니다. 제임스 체이니와 마이클 슈워너와 함께, 그는 목숨을 바친 투쟁을 이끌고 있는 모든 아름다운 청년들의 영원한 표상이 되었습니다."[97] 추도식이 끝나자, 누군가 관 위에 있던 노란 장미를 집어 들어 캐럴라인 굿먼에게 건넸다. 그녀는 가운데 통로로 나가서 몸을 돌렸다. 미시시피에서 비행기를 타고 도착한 패니 리 체이니의 팔을 먼저 잡고, 앤 슈워너의 팔을 잡았다. 검은 옷을 입은 세 어머니는 고개를 숙이고 모두 눈물을 흘리면서 천천히 예배당을 나섰다.

# 11
# 여름의 끝자락에서

모두 알다시피 투쟁은 일상의 활동이다. 결코 쉬어서는 안 된다.
– 윈슨 허드슨,《미시시피 하모니》

세 가족이 슬픔에 잠겨 있던 그 주 내내, 미시시피는 거부감으로 들 끓었고, 여름내 증폭된 미국의 불만은 깊어졌으며, 밥 모지스는 미래 를 위안 삼아 자신의 슬픔을 삼켰다. 미시시피 여름 프로젝트는 네 사 람의 목숨을 앗아 갔다. 흑인 교회 스무 곳이 잿더미가 되었고, 앞으로 도 어떤 소란이 일어나 점점 더 뜨거워지는 밤에 상처를 남기게 될지 아무도 몰랐다. "성공이냐고요? 고민이 많이 되는 말이군요. 우리가 시 작할 때는 아무도 살해되지 않기를 바랐으니까요"[1] 하고 모지스는 언론 에 답했다. 그러나 굿먼, 슈워너, 체이니가 안장된 바로 그 주, 100명이 넘는 자유학교 학생들이 머리디언에서 열린 침례교 신학교에 모였다. 거기서 모지스가 본 것은 궁지에 몰린 자신의 영혼과 자유학교 자체가 바닥을 치고 다시 상승하게 해 주었다.

학생들은 추모하기 위해서 온 것도, 슬퍼하기 위해 온 것도 아니었다. 학생들은 오랜 흑인 전통에 따라 고백하러 온 것이다. 자유학교에 다니는 즐거움을, 미국인으로서 자신의 권리를, 배움에 대한 갈망을. "자유는 투쟁이다"라고 쓰인 플래카드 아래서, 자유학교 대회는 사흘 동안 이어졌다. 모지스는 짧게 강연했다. 그의 '강연'은 주로 질문으로 이루어졌다. 학생들이 대회를 운영했다. 여덟 개 위원회를 조직한 학생들은 평등한 주거 정책, 빈민가 철거 정책, 남아프리카공화국에 대한 국제적 제재 조치, 인두세 폐지를 요구하는 강령을 입안해 냈다. 그들은 "미시시피의 불공정한 법률로부터"[2] 독립을 선언한, 수정된 독립선언문을 승인했고, 메드거 에버스에 관한 학생 연극에 환호했다. 모지스는 얌전히 이 모둠 저 모둠을 돌아다녔다. 거의 웃음조차 짓지 않았지만 만족한 건 분명했다. "내 평생 밥이 그토록 행복한 모습을 본 적이 없다. 그는 열중했다. …… 이것이 바로 그 여름의 모든 것이라고 생각한 것이다"[3] 라고 누군가 말했다.

8월 9일 대회가 끝나자, 학생들은 자신이 사는 곳으로 돌아가 여름의 가장 견디기 힘든 나날을 마주했다. 7월이 오븐이었다면 8월은 분출하는 용광로였다. 32도가 넘는 기온에 90퍼센트의 습도는 목화밭 위로 두터운 안개를 드리우고 습지와 파이니우즈를 덮었다. 열기는 저주처럼 들러붙어, 조금만 몸을 움직여도 늪 속으로 빨려 들어가는 것 같았다. 하루하루가 끝도 없는 것 같았지만, '아무 일'도 일어나지 않는 일요일이 가장 길었다. 지역 주민들은 정적 속으로 녹아들어, 행복하게 웅크린 채 안식일을 즐겼다. 하지만 활동가들에게 일요일은 내부 엔진이 삐걱대는 날이었다. 교회에 가 앉아서 줄줄 땀을 흘리는 일 말고는 거의 할 일이 없는 활동가들은, 오래된 델타 블루스의 한탄처럼 "몇 분이 몇 시간 같고, 몇 시간이 며칠 같은" 나날을 지냈다. 엉금엉금 도로를 건너가는 거북이를 보는 건 지루한 시간을 깨뜨리는 엄청난 사건이었다. 친구에게 쓰거나 친구가 보내 온 편지는 구호선이었다. 들판 건너편에 있는 사람은 열을 내뿜는 배기구에 달린 리본처럼 펄럭이듯 보였다. 계속 걸어가는데도 일요일이 그렇듯 멈춰선 것처럼 보였다.

하지만 7월과 달리 8월은 놀라움도 주었다. 이제 한 주 동안 비가 내리지 않을지도 모른다. 흙이 나뭇잎에 덕지덕지 달라붙고 땀이 흐르는 살갗에 붙으면 점액처럼 변했다. 그러다가 한밤중에 후득후득 비가 떨어져 양철 지붕을 두드렸다. 그리고 해가 뜨면 미시시피는 창세기 첫날처럼 반짝거리는 녹음이 펼쳐져 있었다. 8월 중반, '한파'가 몰려와 기록적인 기온인 17도까지 떨어졌다. 빅스버그에서 프랜 오브라이언은 그 여름 처음으로 쾌적함을 느꼈지만, 학생들은 몸을 떨며 춥다고 아우성이었다. 하지만 불은 이내 다시 붙어, 자동차, 커피포트, 사람의 손까지 모든 것이 손을 댈 수 없을 만큼 절절 끓었다.

델타 전역에 '시간이 정지'⁴되었다. 목화밭은 김을 다 매 놓았다. 앞으로 몇 주 동안 속이 단단히 찬 초록색 꼬투리가 여물어 솜을 터뜨릴 때까지 소작 농민들은 들에 나오지 않을 것이다. DDT를 양껏 살포했더니 목화 바구미가 줄어들어, 다가오는 수확기에는 풍작이 예상되었다. 미시시피 다른 곳에서도 '시간이 정지'된 건 8월을 뜻했다. 8월에 대낮의 햇볕 아래 밖에 나오는 사람은 바보이거나 양키뿐이다. 활동가들은 이제 하루하루의 일과를 숙지하고 있었지만 여전히 날짜를 셌다.

"지쳤습니다. 얼마나 영화관에 가고 싶은지, 아니 TV라도 보고 싶은지 몰라요. 버클리에서 아무 생각 없이 지내면서 있고 싶습니다. 백미러로 뒤를 살펴보지 않아도 되겠죠. 백인을 보고 싶습니다. 백인의 뻔뻔함에 치떨지 않고, 그 백인도 나를 증오하지 않는다는 걸 알고 싶어요"[5]라고 한 남자는 집에 편지를 보냈다. 코네티컷에서 온 여성은 "요트와 수영, 내 친구들"[6]이 있는 웨스트포트의 안락함을 그리워하면서도, 여전히 그런 생각에 죄책감을 느꼈다. 몇몇 활동가는 가을에도 머물게 해달라고 부모를 설득했다.

여기 온 지 거의 두 달 되었어요. 힘든 것도, 위험하다는 것도, 실망스러운 점도 알고 있어요. 고기 없는 저녁을 먹는 기분, 스무 명이 와야 할 회의에 다섯 명밖에 참석하지 않았을 때 드는 지치는 기분이 어떤 건지 알아요. 하지만 사람들 200명과 함께 교회 지붕이 날아가지 않을까 생각이 들 만큼 목청껏 〈우리 승리하리라〉를 부르는 기분이 어떤 건지도 알지요. …… 길을 가는 나를 보고 어린 여자아이들이 입을 모아 "안녕, 엘런!" 하고 지저귀면서 다함께 나를 끌어안을 때의 기분을 알아요. …… 나는 남은 삶을 백인 자유주의자로 살아가려 합니다. 그 이름 아래 있는 게 무언지 확인할 수 있도록 제게 1년을 허락해 주세요.[7]

부모의 고집을 꺾지 못한 엘런 레이크는 래드클리프로 돌아갔다가 이듬해 여름 다시 남부를 찾았다.

하지만 대부분은 여름의 마지막을 준비하고 있었다. 클락스데일 활동가들은 '침울한 회의'[8]를 열어, 이루어 놓은 것이 거의 없음을 한탄했다. 다른 곳에서 한 여성은 "여기서 더 오래 머물게 되면 나는 견디기 힘들 거예요. 지금 심정이 그래요. …… 내가 볼 때 공평하지 못한 사람들을 참아 주기 어려워요. 이도 저도 아니게 어중간한 자유주의자와 중도파 그리고 '선량한 사람들,' 또 협력하지 않거나 무관심한 흑인들. 그들 모두가 적이 되지요"[9]라고 고백했다. 피로가 심해지자 상냥한 호스트들도 이젠 친구라기보다는 부모처럼 느껴졌다. "아주머니는 늘 똑같은 일만 하고 똑같은 말만 한다. 아주 지겹다"[10]고 한 여성은 자신의 호스트에 대해 썼다.

열기 탓이든 증오뿐인 분위기 탓이든, 이전의 8월들은 무감각해질 만큼 흉포함이 들끓었다. 에밋 틸 살해 사건은 하나의 사례였을 뿐이다. 그리고 이번 8월의 세 번째 주말은 미시시피가 무정부 상태에 버금갈 만큼 피로 얼룩졌다. 하지만 목화가 여물어 갈 때, 정지된 시간은 프리덤 서머에 꽃을 피웠다. 이 '삼복더위'에 미시시피 최초의 순회 극단이 임시 무대에 흑인 역사를 올렸다. 포크 가수들은 '포크 음악회'에서 기타 줄을 퉁기며 노랬다. 할리우드의 유명인 두 명이 그린우드에 왔다. 그리고 미시시피의 마지막 전통, 그러니까 8월에는 빈둥빈둥 지낸다는 전통을 무시하고, 활동가들은 최후의 돌격에 나섰다. 문을 두드리고 서명을 받고, 프리덤 서머를 전국 무대에 올리기 위해 SNCC를 도와 정신없이 준비했다.

그린우드 활동가들이 자주 가는 작은 술집 이름에는 으스스한 아이러니가 숨어 있었다. 출입문 위의 간판은 벌린스 카페였지만 주인은 블러드라는 이름으로 통했다. 그래서 사람들은 그 술집을 블러드라 불렀다. 안으로 들어가면 빨간 네온이 당구 테이블과 핀볼 게임을 비추고 있는 블러드 카페는, 그린우드에서 증폭되고 있는 폭력에 대해 이야기를 나눌 수 있는 공간이었다. 게다가 안전하고 에어컨까지 가동되는 장소였다. SNCC 사무실이 더 많은 충격을 받고 있었다. 더 많은 선거운동원이 공격을 당하고, 자동차로 추격당하고, 자유민주당 입당서가 길에 내팽개쳐졌다. SNCC는 흑인들의 분노를 잠재우려 애썼다. "저들이 우리 사람들을 죽이고 있어요. 우리는 언제 그걸 멈출 겁니까?"[11] 스스로 '평화유지군'이라 일컫는 십대 청소년 모임은 어른들이 더욱 전투적이어야 한다고 목소리를 높이기 시작했다. 여전히 폭행당하고 추격당하고 체포되면서, 러플로어 극장의 인종분리를 폐지하기 위해 투쟁하고 있는 사일러스 맥기가 평화유지군 '사령관'으로 선출되었다. 적극적인 로라 맥기와 그녀의 아들들, 다시 말해 사일러스 식구 모두가 이제 목이 쉴 만큼 부르짖고 통렬한 비판을 쏟아 내는 대중 집회에서 분노에 찬 요구를 이끌어 내고 있었다. 그래서 8월 10일 밤, 7월에 마틴 루터 킹이 연설했던 그 엘크스홀에 색다른 자유의 노래가 울려 퍼진 건 놀라운 일이었다.

해리 벨라폰테는 도와달라는 요청을 수락했다. SNCC는 자유민주당 당원을 애틀랜틱시티의 전당대회에 보낼 돈이 모자랐다. 프리덤 라이드와 워싱턴 시위 자금을 보조했던, 세계적인 그 칼립소 가수는 8월 첫 주 내내 동부 해안 5개 도시에서 50달러짜리 디너 콘서트를 열었다. 시신 발견 소식이 머리기사를 채우자 성금이 쏟아졌다. 벨라폰테가 안전하게 미시시피로 송금할 수 있는 금액을 넘어섰다. 그는 현금 6만 달러를 들고 직접 그린우드에 가기로 결정했다. 안전을 위해 그는 친구와 함께 갔다. "저들이 거구의 흑인 '둘'을 죽이려면 망설여질 것 아닌가"[12] 하고 벨라폰테는 시드니 포이티어에게 농담을 건넸다. 미시시피를 경계하면서도 도움을 주고 싶었던 포이티어가 동의했다. 8월 10일 자정 직후, 그들은 미리 뜻을 전달했다. 〈바나나 보트 송〉을 불러 포크의 기준으로 만든 가수와 지난해 아카데미 남우주연상을 받은 최초의 흑인 배우가 그날 저녁 그린우드에 도착했다. 벨라폰테는 '중요한 인물이'[13] 공항에 마중 나오면 좋겠다고 COFO에 말했다. 되도록이면 밥 모지스가. "부디 언론에는 도착을 알리지 마시오." 두 사람의 방문 소식은 그린우드를 흥분시켰고, 해가 질 무렵 엘크스홀은 우레 같은 함성이 터졌다.

해가 넘어간 직후 황혼이 델타 위에 한 꺼풀 남아 있을 때, 경비행기 파이퍼컵이 제시간에 도착했다. KKK도 도착했다. SNCC 승용차 석 대가 무더운 어둠 속 활주로에 서 있었다. 작은 비행기에서 초특급 스타 둘이 내렸다. 시원하게 활짝 미소 짓는 벨라폰테는 금세 알아볼 수 있었고, 화면에서 늘 평온한 포이티어는 초조해 보였다. 제임스 포먼이 둘을 맞이하여 악수를 나누고 가운데 있는 차로 안내했다. 호위 차량이 출발하여 공항 게이트를 빠져나갔다. 갑자기 멀리서 전조등이 비쳤다. 현금이 가득 든 가방을 안고서, 벨라폰테는 SNCC가 호위해 주니 얼마나 든든한지 모르겠다고 말했다. 하지만 포먼은 전조등 불빛이 KKK의 것이라고 말했다. 그 뒤 20분 동안 석 대의 자동차는 사냥 당하는 토끼들처럼 목화밭을 누비며 지나갔다. KKK는 맨 뒤에서 달리는 차를 여러 번 들이받았고, 받힌 차는 앞뒤로 움직이며 방패 노릇을 해주었다. KKK가 옆에 붙으려고 하면 선두 차량이 속도를 줄여 그들을 막았다. 나중에 이 추격 장면을 되살려 영화 〈밤의 열기 속으로〉를 촬영한 포이티어는, 그 초조했던 순간들을 "발레 같았는데 신경이 끊어질 듯한 발레"**14** 같았다고 기억했다. 호위 차량이 검은 그린우드 외곽에 가까워졌을 때에야 KKK가 방향을 틀었다. 자동차 석 대는 마침내 엘크스홀에 도착했다. 포이티어와 벨라폰테가 홀에 가까워질 때, "자유! 자유! 자아유! 자유자유자유!" 하고 외치는 소리가 점점 커졌다.

제임스 포먼 뒤에서 뛰듯이 걸으며 두 스타는 엘크스홀로 들어갔다. 청중이 환호했다. 한 여성은 발코니에서 상체를 내밀고 두 팔로 벨라폰테를 휘감았다. 자유의 노래가 이어졌고, 벨라폰테의 히트 곡을 개사한 노래도 불렀다.

> 자아유! 자아아아유
> 자유는 온다네, 머지않아서.

뒤이어 벨라폰테는 "데이 오"(Day-O)로 시작하는 〈바나나 보트 송〉을 불렀고, 열광적인 환호 속에 작은 가방을 높이 들었다가 넘겨주었다. 연단에 오른 포이티어는 평소의 차분한 모습과 달랐다. "난 평생 외로운 사람이었습니다"[15] 하고 입을 연 그는 금세 가슴이 벅차 말문이 막혔다. "미시시피 그린우드에 오기 전까지는요. 내가 외로웠던 건 사랑을 찾지 못했기 때문입니다. 하지만 지금 여기는 사랑이 흘러넘치고 있네요." 벨라폰테와 포이티어는 사람들이 엽총을 들고 지키는 집에서 초조한 밤을 보냈다. 마음을 진정시키기 위해 체조를 하고 귀신 얘기를 했다. 이튿날 아침 두 사람은 비행기를 타고 뉴욕으로 갔다.

해리 벨라폰테는 프리덤 서머를 빛내 준 초대형 스타였지만, 그 말고도 힘을 보태 준 유명인은 많았다. '미시시피 음악인 캐러밴'(Mississippi Caravan of Music)은 거의 알려지지 않은 그리니치빌리지의 그룹들부터 뉴포트 포크 페스티벌을 매진시켰던 인기 가수들까지 망라했다. 포크가 인기 절정이었던 시절에 도시의 백인 청년들은 오래된 미시시피 블루스 음악인들을 그제서야 '발견'했다. 머디 워터스와 미시시피 존 허트는 모두 뉴포트에서 공연했다. 이제 포크 가수들이 남부로 와서 음악을 들려준다. 자유학교에서 노래하면서 그들은 흑인 아이들에게 영국의 발라드와 미국의 포크 음악을 소개했다. 가수들은 리드벨리나 심지어 미시시피 태생의 '빅 빌' 브룬지도 들어 보지 못한 아이들을 만나 깜짝 놀랐다. 자유학교에서 때로 음악인들은 지각한 이들과 함께 자정이 훨씬 넘도록 노래를 했다. 활동가들에게 노래는 길고 지루한 나날 속의 기분 전환제였다. 가수들에게 밴조와 기타는 미시시피에 발을 디딘 순간부터 그들을 사로잡은 공포를 잊게 해 주었다.

"검둥이들에게 노래를 불러 주려고 여기 온 겁니까?"[16] 피트 시거가 잭슨 공항에 내렸을 때 한 남자가 물었다.

"여기 내려와서 노래를 불러 달라고 친구들이 부탁했습니다. 내 노래를 듣고 싶은 사람이 있으면 흑인이든 백인이든 와서 들으면 좋겠습니다" 하고 시거가 대답했다.

"아무튼 조심해서 다니시죠. 우리가 비행기를 타고 있었던 게 아니라면, 당신이 하는 이야기를 듣고서 내가 당신을 열나게 두들겨 팼을 거니까요."

자유학교에서 노래를 들려주기 위해 월드 투어를 단축하고 온 시거에게, 미시시피는 익히 보아 온 가난에 찌든 또 한 곳이었다. 하지만 다른 가수들에게 미시시피는 악몽이었다. 주디 콜린스는 2주 투어를 계획하고 왔다가 그린빌과 클락스데일에서 노래를 부른 뒤 이후 콘서트를 취소했다. 에밋 틸과 메드거 에버스를 추모하는 노래 〈너무 많은 순교자들〉을 부른 필 옥스는 무대에 위에서 총격을 당하리라 확신했다. 콘서트마다 옥스는 다른 가수를 시켜 청중을 살펴보게 했고, 마지막 노래를 마치자마자 무대 뒤로 뛰어나갔다. 흑인 포크 가수 줄리어스 레스터는 죽음이 주변을 감도는 걸 느꼈다. "아침마다 눈을 뜨면 드는 생각이, 오늘 죽는다는 것이다"[17]라고 그는 일기에 적었다. 순회공연을 하는 2주 동안 자동차에서 잠을 잔 레스터는 7킬로그램이 빠졌다. 자동차에 역화가 일어나거나 철망 문이 큰 소리로 닫힐 때마다 그는 펄쩍 뛸 만큼 놀랐다. 그럼에도 그리니치빌리지로 돌아간 레스터는 다른 가수들에게 남부로 가라고 설득했다. 더 많은 가수들이 미시시피에 왔지만, 스테이플스 싱어스, 톰 팩스턴, 그리고 피터, 폴 앤드 메리처럼 오겠다고 하고 오지 않은 가수들도 있었다.

백인이 기타를 치며 〈스킵 투 마이 루〉와 〈하바 나길라〉를 부를 때, 정중한 박수 이외에 흑인 아이들이 어떤 반응을 보일지 아무도 정확히 알지 못했다. 하지만 아이들이 난생 처음 보는 라이브 연극에 보일 반응은 누구도 의심하지 않았다.

8월 초의 무더운 밤, 스포트라이트 밑에서 날벌레가 우글대는 가운데 매콤의 자유학교 뒤에 마련된 휑한 무대에서 여섯 명의 배우가 객석을 응시했다. 어른들은 연신 부채질을 하고 있었다. 몸을 비틀던 아이들이 조용해졌다. 드디어 백인 배우가 입을 열었다.

"인종이 혼합되는 것이 하느님의 뜻이라면 하느님이 직접 인종을 혼합하셨겠지. 하지만 하느님은 저마다 다른 색깔을 입히셨잖아."[18]

무대 다른 쪽에 있던 흑인 배우가 대답했다. "미국의 백인에겐 양심이 있어. 그리고 비폭력적인 방법은 그 양심에 호소하지."

"흑인들이 요구하는 건 그렇게 거창한 게 아니야. 간이식당에서 커피 한 잔을 사는 것, 괜찮은 일자리를 구하는 것뿐이야." 백인 여성이 호소했다.

"저들이 마음속에 품은 생각은 절대 변하지 않아. 결국 저들은 너희를 검둥이라고 부른다니까." 흑인 여성이 대답했다.

8월 내내, 자유남부 극단은 매콤에서 홀리스프링스에 이르기까지 비좁은 자유학교와 자유의 집 포치, 별이 반짝이는 하늘 아래에서 공연했다. 호소하고 간청하고 작은 무대를 점잖게 걸어다니면서, 배우들은 서저너 트루스와 프레더릭 더글러스를 비롯한 수많은 전형적인 미국인들의 말을 쏟아 냈다. 〈하얀 미국에서〉(In White America, 미국의 역사학자이자 극작가인 마틴 듀버먼이 1964년에 발표한 희곡—옮긴이)의 공연은 여름 내내 자유학교에서 다룬 주제들의 복습이었다. 중간항로(Middle Passage, 신대륙을 대상으로 아프리카 노예무역이 이루어지던 시대에 노예들이 거쳐 가야 했던 전체 항로 가운데 중간 부분인 대서양 횡단 항로—옮긴이)에서 노예제, 재건시대를 둘러싼 진실, 아칸소 주 리틀록에 있는 센트럴고등학교의 인종 통합 투쟁까지. 하지만 배우들은 선생님들이 결코 건드리지 못한 감정까지 건드렸다. 학생들에게 연극은 교실에서 배운 역사의 재창조였고, 관객 속의 어른들에게는 개인사에서 겪은 고통을 되살렸다.

〈하얀 미국에서〉는 서서 보는 관객까지 끌어들였다. 관객들은 발을 구르고 손뼉 치며 더 보여 달라고 아우성이었다. 교회에 있는 것처럼 사람들은 "맞습니다!"[19]와 "그렇습니다!"를 외쳤다. 마일스톤에서는 커뮤니티센터의 벽 하나를 터서 무대 뒤로 콩밭이 보이게 함으로써 미시시피 자체를 연극 속으로 끌어들였다. 새로운 커뮤니티센터는 남캘리포니아 목수의 선물이었다. 그 목수는 에스파냐 내전 때 에이브러햄링컨여단에서 싸운 퇴역 군인 에이브 오셔로프였다. 그는 프리덤 서머 얘기를 듣고 1만 달러를 모금한 뒤 "억압과 증오의 바다에 희망과 사랑의 등대를"[20] 건설하기 위해 차를 몰고 미시시피로 왔다. 델타에서는 인디어놀라 백인평의회 회원 24명이 〈하얀 미국에서〉를 보러 왔다. 경찰이 밖에서 지키는 가운데, 배우들은 인디어놀라의 새 자유학교를 걸어다니며 입을 다물고 감상하는 백인들 앞에서 과장된 연기를 펼쳤다. 모두 품위를 지켰지만, 연극을 보니 여름 프로젝트가 공산주의에 물들었다는 확신이 생겼다고 나중에 한 사람은 말했다. 지역의 백인 주민들도 룰빌 자유학교의 기우뚱한 포치에서 펼쳐지는 연극을 관람했다. 병아리와 수탉이 무대에서 무수히 돌아다녔다. 하지만 〈오, 자유여〉 노래가 흐르면서 미국 헌법 전문 "우리 국민은……"을 낭독하는 〈하얀 미국에서〉의 마지막 장면에서는 모든 관객이 벌떡 일어나 노래를 불렀다.

나, 노예가 되지 않고 무덤에 묻혀
주님한테 돌아가 자유를 누리리.

8월 14일 금요일, 〈하얀 미국에서〉는 그린빌에서 공연했다. 뮤리얼 틸링허스트는 관객 속에 없었다. 그녀는 자유의 날을 총괄하고 있었다. 8월 첫날부터 뮤리얼의 활동은 아이사케나와 샤키 카운티의 아른아른 빛나는 대농장 속으로 더 깊이 들어갔다. 자녀 열여섯 명을 둔 집을 비롯하여 여러 판잣집 바닥에서 잠을 자면서, 뮤리얼은 미시시피를 속속들이 알아 갔다. 꿍음을 내며 지나가는 픽업을 소리만 듣고도 누구네 차인지 알아채는 소작인들을 보고 놀랐다. "폭탄을 터뜨린다"는 백인 가운데 누가 허풍을 떨고 있으며 누가 "농담하는 게 아닌지" 알았다. "험악한 작은 마을"[21]에 한 번만 들어가도, 그녀는 법원으로 갈 용기가 있는 사람 여섯 명을 찾아냈다. 이제는 미시시피의 어디에 가야 가장 맛있는 음식을 먹을 수 있는지도 알았다. 돼지고기와 쌀, 콩으로 만든 그 맛있는 스튜를 먹을 수 있는 곳은 클락스데일에 있는 에어런 헨리의 약국이었다. 검은 미시시피의 매정한 생체 시계에도 완전히 익숙해져서, 말도 안 되게 이른 시간에 일어나 밭으로 터벅터벅 일하러 가는 소작인들과 이야기를 나누고, 늦게 잠들었다가 일어나서 철길을 건너 백인의 집에 청소와 요리를 하러 가는 가정부들을 만났다.

그린빌 프로젝트를 책임지면서 뮤리얼의 감각은 차서 넘칠 만큼 모두 되살아났다. SNCC 실무자에게 보내는 편지 속에도 그녀의 적극성이 흐른다.

더그에게,

이 편지, 클리브를 통해 전합니다. 당신과 제시, 클리브, 가이요는 머리를 맞대고 무엇을 할 것인가에 관해 정리해야 합니다. 오늘까지 나는 여러분이 무슨 생각을 하는지, 무엇이 제대로 돌아가고 있으며 안 돌아가고 있는 것은 무엇인지 등에 관해서 전혀 들은 바가 없습니다. 나는 진공 상태에서 활동할 수는 없습니다. …… 이 황량한 프로젝트가 종료되지 않고 실무진이 흩어지지 않도록 해야 하는데, 그렇게 가만히만 있을 건가요. 그럴 건가요 안 그럴 건가요. 답장 주세요. 이름만 달랑 써서 보내더라도 좋아요!

그럼 이만,

뮤리얼[22]

무모함을 물려받은 데다 지역 흑인들의 용기까지 보태진 뮤리얼은 자신에게 있는지 알지도 못했던 대담함을 발휘했다. 미시시피에서 운전을 배웠다. 필기시험에 합격한 뮤리얼은 미시시피 주 운전면허증까지 취득했다. 이제는 "내가 운전할게, 내가 운전할 거야!"[23] 하면서 다른 사람들에게 졸랐다. 동승자들에게는 다행스러운 일이었지만, 그녀가 모는 구형 SNCC 자동차는 시속 80킬로미터 이상 속도가 나지 않았다. 하지만 뮤리얼은 일단 운전대를 잡으면 바퀴자국이 패인 도로를 널뛰듯 달렸고, 목화밭을 끼고 방향을 틀 때는 차가 기우뚱했다. 그녀가 다루기 힘든 상대는 수동 차량이었다. 어느 오후 완만한 오르막길에서 차가 멈출 만큼 속도가 줄었다. 공포스럽게도 경찰이 뒤에 와 있었다. 기어를 다시 넣기도 전에 차가 뒤로 굴러 내려 경찰차의 범퍼를 박았다. 경찰은 화를 펄펄 내고 고함을 치고 폭언을 퍼붓고 욕설을 했지만, 뮤리얼이 상냥한 말로 대응한 끝에 경찰은 "아이사케나 카운티에서 당장 꺼지라"[24]는 경고만 하고 뮤리얼을 보내 주었다. 날마다 80여 킬로미터의 속도로 운전하면서 해질녘에는 서둘러 집으로 돌아갔다. 모두가 자유의 날에 대해 알아야 했다.

또 다른 대농장 지대의 첫 번째 자유의 날로부터 들려 온 소식이 뮤리얼의 공포의 잔불을 부채질했다. 8월 4일 탤러해치 카운티에서, 법원에서 나온 흑인들은 백인이 길거리를 메우고 있는 걸 보았다. 일부는 엽총을 과시하고 있었다. 백인 군중은 돌처럼 딱딱하게 굳은 표정으로 소규모 흑인 분견대를 죽일 듯이 노려보았다. 드디어 한 남자가 소리를 질렀다. "이 검둥이들아, 법원에서 사라져! 너희가 여기 무슨 볼 일이 있어!"[25] 곧이어 보안관이 현장에 나타났다. 탤러해치는 퍼놀라 카운티의 유예 명령과 비슷한 법을 적용하여 모든 유권자 등록 시험을 금지하고 있었지만, 보안관은 흑인들에게 당장 떠나서 다시는 오지 말라고 말했다. 그 뒤 매일 밤이면 자동차들이 굉음을 내며 흑인들의 집 앞을 지나갔다. 운전자들은 총을 흔들고 전조등을 깜빡거렸다. 그리고 이제 뮤리얼은 샤키 카운티에서 자유의 날을 계획해 놓은 상태였다. 얼마 전 항공 방제사가 선거운동원들을 DDT로 흠뻑 적셔 주었고, 경찰은 "주민들이 검둥이를 두들겨 팬다"고 자랑한 곳이다.

뮤리얼은 이미 샤키 카운티에서 한 활동가를 구조한 적이 있었다. 지질학 수업을 같이 들었던 걸로 기억하는 하워드대학 동문이었다. 어느 날 오후 늦게, 집집마다 방문하며 선거운동을 하던 그가 공포에 떨며 공중전화를 걸었다. "서둘러요!" 그가 소리를 쳤다. 추격당하고 있다고 했다. 엽총을 든 남자들. 개들까지 데리고. 수화기 속에서 으르렁거리는 소리가 배경음처럼 들렸다. 뮤리얼은 그린빌에서 대농장까지 질주했고, 친구와 함께 시골길을 돌아다닌 끝에 배수로에 숨어 있는 그를 찾아냈다. 그를 그린빌로 데려가 며칠 쉬게 한 뒤 다시 대농장으로 파견했다. 샤키 카운티 자유의 날이 가까워질 때, 활동가 두 명이 리플릿을 배포하다 체포되어 더럽고 작은 감방에서 하룻밤 구금되었다. 하지만 8월 14일, 리플릿은 카운티 전역에 배포되었고, 유권자 등록 교실이 진행되고 있었다. 자유의 날이 밝았다. 하늘은 파랗고 태양은 뜨거웠다. 흑인들은 잠에서 깨어 옷을 입고, 목숨을 걸고 투표하러 갈 준비를 했다. 모두가 최악의 상황을 예상했다. 탤러해치 카운티의 테러 이야기는 널리 알려져 있었지만, 뮤리얼은 "용기가 두려움을 몰아내는"[26] 모습을 여름 내내 보아 온 터였다.

그 금요일 아침부터 오후로 접어들어서까지, 흑인들은 카운티 행정 중심지 롤링포크에 있는 작은 벽돌 건물 법원으로 갔다. 발을 끌며 계단을 올라 등록 담당자에게 온화하게 미소를 지어 보이고 양식을 채운 뒤 줄줄이 나갔다. 아무도 체포되지 않았다. 아무도 위협당하거나 추격당하지 않았다.

등록 유권자는 단 한 명도 만들지 못했지만, 샤키 카운티의 자유의 날은 완전한 성공이었다. 공포를 극복하고 법원에 갔다는 사실만으로도, '새로운' 봉건제도 아래 성장하고, 지역에서 구전되는 불법 처형의 이야기 속에서 허우적대던 흑인들이 더 이상 겁먹지 않는다는 걸, 더 이상 무시당하지 않는다는 걸 보여 준 것이다. 그러나 뮤리얼은 그 여름 더 이상 자유의 날을 계획하지 않았다. 대신 자유민주당 당원들이 애틀랜틱시티로 출발하기 전 남은 한 주도 안 되는 시간 동안, 그들의 도전에 관심을 집중하여 입당서를 받고 시골길을 돌아다니며 델타의 겉흙에 자신이 뿌리를 내리기로 했다. 어느 날 뮤리얼은 셜리 맥클레인을 친구 유니타 블랙웰에게 데리고 갔다. 소작 농민과 영화배우는 들판이 한눈에 보이는 포치에 앉아 맥주를 마시며 흑인과 백인 여성들이 당하는 억압에 관해 얘기를 나누며 몇 시간을 보냈다.

자유의 날이 샤키 카운티에서 진행되는 동안, 160킬로미터 남쪽의 해티스버그에서는 자유학교 교사가 청소년 다섯 명을 도와 백인 전용 도서관에서 카드를 발급받으려 하고 있었다. 샌드라 애디커스와 학생들은 금세 교훈을 하나 더 얻었다. 미시시피에서는 사서조차 비열할 수 있다는 것이다. "입은 다물고 마음을 열어 봐. 똑똑하게 굴어야지. 너희는 사실 도서관을 이용하고 싶은 게 아니잖아"[27] 하고 사서가 아이들에게 매몰차게 말했다. 학생들이 뜻을 굽히지 않자 경찰이 출동하고 도서관이 문을 닫았다. 학생들이 다음 주에 다시 찾아갔을 때, 해티스버그 공립도서관은 무기한 폐관했다.

바로 그 금요일, 네쇼바 카운티 박람회는 폐회가 가까워졌다. 많은 사람들이 실망했다. 기대했던 것처럼 이야기와 노래는 새벽까지 펼쳐졌다. 행상들이 파는 밀주와 솜사탕 향기 위로 등유 냄새가 떠돌았다. 그러나 '미시시피가 초대하는 거대한 파티'는 선거운동을 개시하는 정치 연설의 포문을 여는 행사로 이미 오래전부터 유명했다. 로널드 레이건은

1980년에 바로 여기서부터 대통령 선거운동을 시작하게 된다. 그러나 1964년 여름, 정치인들은 얼씬도 하지 않았다. 세 사람이 매장되었던 곳에서 3킬로미터밖에 떨어지지 않은 곳에서 연설했다는 오명을 얻고 싶지 않았던 것이다. 배리 골드워터 주니어와 조지 월러스는 약속을 취소했고, 군중은 이곳 주지사들을 보는 것으로 만족해야 했다. 전 주지사 로스 바넷은 여름 활동가들에게 '미스터 클린'[28](Mr. Clean, P&G 기업의 세제 브랜드이자 캐릭터—옮긴이)이 필요하다고 농담했다. 폴 존슨은 "법을 준수하는" 네쇼바 카운티 시민을 추켜세우며 프리덤 서머를 신랄하게 비판했다. "우리 주의 유색인종 대다수는 우리 주를 침략한 얼룩덜룩한 패거리를 싫어한다는 걸 미시시피 백인은 알고 있습니다. 우리는 외부인이 우리 주민과 우리 권리를 전복하도록 허용하지 않을 것입니다"[29] 하고 주지사는 말했다. 주중에 KKK는 박람회에 리플릿을 배포했다. 굿먼, 슈워너, 체이니를 "기독교 문명을 침식하고 파괴하는 공작을 적극적으로 펼친 공산주의 혁명가"[30]라고 표현한 브로셔가 경비행기에서 소용돌이를 치며 떨어졌다. 박람회 관람객은 아무 반응이 없었다. 대부분은 박람회장에 어질러진 흰 폐지를 밟고 지나갔다. 하니스 레이스(harness race, 이륜마차를 끄는 경마—옮긴이)와 〈그랜드 올 오프리〉(Grand Ole Opry, 컨트리 음악의 스타들이 출연하는 무대 공연이자 라디오 방송—옮긴이) 쇼가 펼쳐진 금요일이 마무리되고, 박람회는 자정 직후에 폐회했다. 그리고 시신 세 구가 발견된 뒤의 소강상태도 끝났다. 그 주말, 인간의 후폭풍이 미시시피 전역을 휩쓸었다.

COFO의 칠판은 의무적으로 모든 사건을 기록했지만, 날씨가 급격히 바뀌듯이 대혼란도 급격하게 일어났다. 자정에 터진 폭탄이 유리창을 산산조각 내고 매콤의 슈퍼마켓 밖에 큰 구덩이를 파놓은 것을 시작으로, 그 주말은 혼란 속으로 빨려 들어갔다. 엽총 발사음이 잭슨의 빈민가와 캔턴의 낙후된 거리, 그린우드의 가난한 거리를 울렸다. 나체스 자유학교가 목표물이었던 폭탄은 이웃한 술집에 불을 붙였다. 로럴에서는 폭도가 야구 방망이를 들고 돌아다녔다. 그린우드에서 활동가들이 SNCC 사무실 문을 닫고 나갈 때 누군가 소리쳤다. "저들이 사일러스를 쐈어! 사일러스 머리를 쐈어!"[31] 평화유지군 사일러스 맥기는 한 레스토랑 밖에서 자동차에서 잠을 자다 깨자마자 조준된 권총에서 불꽃이 튀는 걸 보았다. 자동차 문을 열자 사일러스가 도로 배수구로 쓰러졌다. 혼비백산한 SNCC 실무자들이 자신의 셔츠를 찢어 피를 닦고 사일러스의 턱에 난 구멍을 손가락으로 틀어막았다. 황급히 병원으로 이송했지만, 들것에 누운 사일러스는 복도에서 '유색인 의사'[32]를 기다려야 했다. 턱이 부서졌지만 수술 뒤 목숨은 건졌다. 라이트 훅으로 경찰을 때려눕힌 뒤로 더욱 전설적인 인물이 되어 있는 로라 맥기는 그 총알을 보관했다.

미시시피 다른 곳에서는 픽업트럭이 SNCC 자동차를 들이받았다. 침략자들이 오기 전에는 모두가 모두를 알고, 모든 게 평화로웠던 작은 마을에서 일어난 일이었다. 그리고 말도 안 되는 이유로 감행한 체포가 여러 건, 무자비한 폭행이 한두 건, 아무것도 맞추지 못한 무차별 난사가 네 건 일어났다. 광기를 마무리하기 위해 토요일 밤 10시 정각, 미시시피 남부와 루이지애나까지 100개의 십자가에 불이 붙었다. 불길은 매캐한 연기를 하늘로 피워 올렸다. 잭슨에서 십자가 여섯 개가 불탔다. 하나는 COFO 사무실에서 한 블록 떨어진 곳에서 불탔기에, 활동가들은 1964년 8월에 타오른 100년 묵은 이 증오의 상징을 눈으로 직접 볼 수 있었다. 대혼란이 끝나기 전, 경관 스물네 명이 매콤 자유학교에

들이닥쳤다. 밀주를 수색한다는 명목으로 들어와서는 서류를 샅샅이 뒤지고 편지를 읽어 스니크들의 분노를 샀다. 스니크는 파이크 카운티 최초의 자유의 날을 계획함으로써 응수했다. 이 주말을 한마디로 잘 요약한 경관이 있었다. 그가 걸프포트의 거리 모퉁이에 서 있을 때 한 사내가 달려왔다. "내가 한 놈 처리했죠."[33] 사내가 말하면서 활동가를 가격한 손 관절을 문질렀다. 그리고 자신이 '법'이냐고 경관에게 물었다. 경관은 "미시시피에는 어떤 법도 없소" 하고 대답했다.

애틀랜틱시티 전당대회가 목전에 다가왔을 무렵, SNCC는 기름칠이 잘 된 기계가 되어 있었다. 입장 표명서, 브로셔, 압력을 넣어야 할 대의원 명단을 술술 생산했다. 그러나 미합중국 대통령은 밤잠을 이루지 못했다. 몇 주 동안 LBJ는 밤을 새며 자유민주당에 관해 골똘히 생각했다. 그들의 도전을 돈키호테처럼 바라보는 이들도 있었다. 하지만 자유민주당이 전당대회에 나타나고, 그들이 미시시피에서 가지고 온 공포스런 여름 이야기에 마음이 움직인 대의원들이 그들에게 의석을 내주고 미시시피의 백인 권력 엘리트를 무시하게 된다면, '견고한 남부'는 보나마나 격노하게 될 것임을 존슨은 알았다. 8월 6일, 존슨과 존슨의 고문들은 대통령 집무실에 모여 "이 똑딱똑딱 가고 있는 시한폭탄"[34]에 관해 논의했다. 한 주 뒤, 그들은 여전히 해결책을 모색하고 있었다. "타협은 없소. 이쪽이든 저쪽이든 한쪽에게 자리를 내줄 수는 있소. 하지만 양쪽에 모두에게 자리를 내줄 수는 없소. 그렇게 되면 나머지 한쪽이 탈퇴할 테니"[35] 하고 대통령이 말했다. 그리고 탈퇴는 미시시피에 국한되지 않을 것을 LBJ는 알고 있었다. "우리가 선출된 사람도 아닌 흑인들과 얽혀서 호텔 방에서 그들을 만나고 …… 미시시피 주지사와 선출

관료를 축출한다면, 그렇게 엉망으로 대처한다면, 우리는 선거운동을 할 필요도 없이 열다섯 주를 잃을 것이오."³⁶ 전당대회를 딱 한 주 남겨 두고, 전국자동차노조(UAW) 위원장 월터 로이더는 존슨의 생각에 동의했다. 자유민주당이 도전을 강행하면, "우리는 선거에서 패배할 것이다. …… 골드워터가 대통령이 될 거라고 생각할 수밖에 없다."³⁷

해리 벨라폰테가 후원한 현금으로, SNCC는 8월 19일 전당대회로 갈 전세버스를 맞추었다. 남은 날이 줄어들수록 선거운동원들은 절체절명의 운동에 더욱 속력을 냈다. 등록하십시오. 여기 서명하십시오. "미시시피를 미국의 일부로 만들어야 합니다."³⁸ 소작인들이 이제는 들판에 나오지 않았으므로 그린우드 활동가들은 흑인 구역에 테이블을 마련했다. 백인들이 차를 타고 지나가며 노려보고 위협했지만 서명은 쌓여 갔다. SNCC가 활동가들에게 가르쳐 준 비법은 정치적인 것을 개인적인 것과 연결시키는 것이었다. 흙길을 걸어 다니는 게 지겨우세요? 자유민주당에 입당하면 언젠가 이 길거리가 포장될 겁니다. 델타 농장주들의 대변인 존 스테니스, 델타 농장주이기도 한 제임스 이스틀런드 같은 상원의원에 넌더리가 난다고요? "충분히 많은 사람이 유권자 등록을 하면 애틀랜틱시티에서 열리는 민주당 전당대회 같은 큰 자리에서 이스틀런드 상원의원의 정당을 무너뜨릴 수 있습니다. …… 그럼요, 잭슨 씨는 서명했어요. 아뇨, 이 양식은 우리 말고 그 누구도 볼 수 없어요. 우리가 이 양식을 잘 보관합니다."³⁹ 등록하십시오. 여기 서명하세요.

자유학교도 제 몫을 했다. 교사들은 주말에 선거운동을 했고, 어떤 교사는 고학년 학생들에게도 가가호호 방문하게 했다. 십대들은 투표에 관심이 없다거나 "시간이 없다"는 어른들을 만나며 놀랐다. "난 마냥 선 채로 왜 아저씨가 '시간이 없다'는 말을 계속하는지 궁금했다. 아저씨가 하는 일은 하염없이 앉아 있기만 할 뿐, 아무것도 안 하는 것이었기 때문이다. …… 돌아오면서 내 마음은 '왜? 왜 그런 건데?' 하고 계속 물었다"[40]고 한 학생은 썼다.

수업으로 돌아가면, 자유학교는 늘 모든 예상을 뛰어넘었다. 천 명을 예상했지만 그 곱절이 자유학교에 다니고 있었다. 일부 학교는 여전히 판잣집 수준이었고, 호기심만이 학교를 빛낼 뿐이었다. 음침한 교회 지하실이나 우거진 멀구슬나무가 드리운 그늘에서 수업하는 학교도 있었다. 그러나 환경이 어떻든, 모든 학교는 미시시피의 사기를 꺾어 놓았다. 아이들은 손을 높이 들고 흔들며 자신을 시켜 달라고 아우성이었다. 뒤뜰에서 하는 게임은 춤추듯 활기찼다. 수업 시간에 교사와 학생은 한데 어우러졌고, 흰 손은 작고 더 짙은 색 손을 따뜻하게 감쌌다. 수업의 토대는 교과서가 아니라 열의였다. 모스포인트 학생들은 '드레드 스콧 판결'(흑인은 미국인이 아니므로 연방법원에 소송을 제기할 수 없다고, 1857년 미국 연방대법원이 내린 판결—옮긴이)을 연극으로 공연했다. 룰빌 학생들은 교실 바닥에 '중간 항로'를 재현했다. 몇몇 학교는 비폭력에 관한 공식 토론 마당을 열었고, 많은 학교에서 역할극을 했다. 학생들은 배리 골드워터, 이스틀런드 상원의원, 자기 지역의 백인평의회 회원 역할을 맡았다. 그리고 거의 모든 자유학교에서 신문을 만들었다. 교사들이 등사지에 타자를 치고 학생들이 펜 그림으로 꾸민 '룰빌 자유의 투사,' '쇼 자유의 불꽃', '머리디언 자유의 별'은 시, 민권운동에 관한 에세이, 자유민주당 운동 소식을 실었다.

하지만 교사들이 여전히 얼마나 활달하든, 학생들도 익히 알고 있는 냉엄한 사실을 숨길 수는 없었다. 여름이 끝나면, 미시시피는 활동가들을 기다리게 될 거라는 사실이었다. 자유의 불꽃이 계속 피어오르게 하기 위해, 학생들은 미시시피에 대해서, 자신의 삶에 대해서 질문하고 질문하고 또 질문하도록 자극되었다.

"해리엇 터브먼은 북부에서 이미 자유인이 되었는데도 왜 남부로 돌아간 걸까요?"[41]

"헤이머 부인은 북부에 도착했는데도 어째서 거기에 머물지 않는 걸까요?"

"여러분은 우리가 하는 운동이 부커 T. 워싱턴과 W. E. B. 듀보이스 가운데 누가 옳다는 걸 증명하고 있다고 생각하나요?"

"여태까지 받은 교육을 통해서 여러분은 부커 T. 워싱턴에 관한 모든 걸 알고 있지만, W. E. B. 듀보이스에 관해서는 대부분이 들어 본 적조차 없다는 사실이 무얼 의미할까요?"

어느 날 오후 하모니 자유학교에서, 열두 살짜리 아이더 루스 그리핀이라는 여학생이 최근에 쓴 시를 낭독했다.

난 미시시피를 먹고 자랐고
미시시피에서 길러진
가난한 흑인 소년.
나는 미시시피의 노예
미시시피의 무덤에 묻히겠지.
가난한 흑인 소년으로.[42]

교실은 곧이어 시끌시끌 논쟁이 벌어졌다.
"우린 흑인 노예가 아니야!"[43]

"우린 노예잖아!"

"너희 아버지는 투표할 수 있어?"

"아버지가 어디든 먹고 싶은 곳에서 먹을 수 있냐구?"

또 다른 학교에서는 교사가 자랑스러운 아프리카 문명에 관해 말하자, 남학생이 선생님 말을 못 믿겠다고 했다. "선생님은 거짓말을 하고 있어요"[44] 하면서 남학생은 울음을 터뜨렸다. 선생님도 함께 울었다.

8월 중순, 학생들은 벌써 코앞에 닥친 자유학교의 마지막을 슬퍼하고 있었다. 캔턴의 교사는 변화를 감지했다. "일부 학생은, 학교 문을 닫고 떠날 얘기를 우리가 하고 있다는 걸 알고, 우리가 구세주가 아니고 영원히 머물지 않으며 어떤 기적도 남겨 두고 가지 않는다는 걸 깨닫고 있다."[45] 그러나 모든 교사가 낙담하고 있는 건 아니었다. 쇼, 룰빌, 해티스버그에서, 교사들은 학생들이 정규 학교로 돌아가면, 더 많은 것을 요구하게 될 거라는 걸 알았다. 매일 아침 학생들이 달려와서 인사할 때, 매일 저녁 반백의 노인이 평생 처음으로 쓴 글을 읽을 때, 대부분의 교사는 그 여름 그 모든 땀과 공포와 가끔은 혼돈을 겪은 가치가 있다고 여겼다.

"우리는 이 아이들이 출발할 수 있게 하고 있습니다. 아이들은 결코 전과 똑같지 않을 겁니다. 이건 여름이 끝났을 때 누군가가 가로막을 수 있는 부분이 아니지요."[46]

손을 잡고 춤추고 함께 먹으면서, 교사와 학생은 인종 간 금기를 깨뜨렸다. 그러나 자유학교 바깥, 북적대는 프로젝트 사무실과 어질러진 커뮤니티센터에서, 인종 간 화합은 6월보다 8월에 훨씬 포착하기 힘들었다. 세 남자가 실종 상태였을 때, 인종은 자유학교에서 또 다른 톱니

바퀴였다. 흑인과 백인이 함께 일하다 함께 실종되었고, 똑같이 체포되고 폭행당하고 살해되었을 가능성이 높았다. 하지만 굿먼, 슈워너, 체이니가 발견되어 '쓰라린 복수'를 다짐하는 추모와 칭송을 받자, 흑인과 백인은 한순간에 다시 그렇게 흑인과 백인이 되었다. 그리고 모든 프로젝트의 모든 활동가는, 몇 주 뒤면 흑인은 미시시피에 머물고 백인은 떠난다는 걸 알았다.

똑같은 경보음을 들으며, 흑인과 백인은 팽팽해지는 긴장을 느꼈다. SNCC에서 인종 통합이 이루어진 건 프리덤 서머 이전이었다. 밥 젤너와 멘디 샘스틴, 샌드라 '케이시' 헤이든과 메리 킹은 소규모 백인 분견대였다. 그러나 프리덤 서머로 인해 SNCC 사무실은 백인으로 넘쳐났고, 8월에 그들의 열의는 수그러들고 있었다. "나는 날마다 배반감을 맛보았죠. 전단지를 만들기 위해 종이가 필요하다고 합시다. 그 지역 사람이 시내로 가서 갖고 올 수도 있는 일이죠. 하지만 활동가가 '아니에요. 내가 빨리 다녀올게요' 하고 냉큼 말합니다. 등사기를 다루면서 자부심을 느끼던 지역 사람들은 이제 '그걸' 빼앗겼습니다. 회의를 하면 언변이 화려한 활동가들 탓에 수많은 사람이 자동으로 입을 다물게 되었죠. 그들이 나서서 이야기하기가 쉽지 않았습니다"[47] 하고 홈스 카운티 프로젝트 책임자 홀리스 왓킨스가 회상했다.

북부에서 들려오는 최근 소식도 인종 사이에 쐐기를 박았다. 프리덤 서머를 다룬 《룩》이나 《새터데이이브닝 포스트》 같은 잡지는 백인에, 특히 백인 여성에 초점을 맞추었다. 흑인들은 자신의 투쟁이 별로 중요하지 않다는 느낌을 받았다. 그리고 폭동이 여러 차례 일어났다. 할렘이 봉기한 이틀날, 실무자와 활동가들은 홀리스프링스 자유학교 바깥 잔디밭에 앉아 이 문제에 관해 토론했다. 거의 예외 없이 백인은 폭동을 비판했지만, 흑인은 "미국이 북부의 인종차별을 똑바로 알게 하기 위해 무언가가 일어날 때가"[48] 되었다고 말했다. 교사 패멀러 파커는 충격을 받았다. 자신은 아무 말도 하지 않았지만, 분명히 "프로젝트가 양극화 되고 있었다. 내가 폭동을 결코 비난하지 않는다는 건 중요하지 않았 다. 중요한 건 내가 폭동을 지지하지 않는 것이었다. '그리고' 나는 백인 이었다."[49]

그러나 무엇보다도 인종 간 화합을 깎아 먹는 건 섹스 문제였다. 지역 에 도착한 첫날부터, 인종 간 섹스에 관해 많은 고민을 해본 적이 없는 활동가들은 미시시피가 그 문제에 사로잡혀 있다는 걸 인식했다. 긴 여 름 내내, 노예 시대에 뿌리를 두고 있는 '잡종화'에 대한 백인의 공포는 활동가와 마주칠 때마다 표면으로 드러났다. 잭슨의 경관은 "깜둥이 들이 백인 아가씨들을 임신시키면 죄다 낙태시키려고"[50] 남부에 온 거 냐고 의대생에게 물었다. 프로젝트 사무실에 방문해 달라는 말을 들은 백인 여성은 "강간당하라고요?"[51] 하고 되물었다. 활동가를 모집하는 스니크들은 흑인에게 성적인 관심을 표출하는 백인을 걸러 내려 했고, 그 반대의 경우도 마찬가지였다. 오하이오에서 밥 모지스는 "여름을 함 께 한 흑인"[52]이나 "내가 사귄 백인 여자애"가 목적이어서는 안 된다고 경고했다. 그러나 여름 내내 흑인과 백인은 함께 일하고 함께 술을 마시 고 함께 위험을 겪으며, 전시 특유의 성적 긴장으로 여름 프로젝트를 가 득 채웠다. 그리고 때는 1964년, 도덕관이 변화하고 있고, 미시시피에서 는 아직 아니더라도 피임약이 유통되고 있으며, 이십대 초반의 청년 수 백 명이 갑자기 부모의 구속에서 벗어나 홀로 지내게 되었으니……

많은 사람이 그 여름의 성 문제를 이리저리 추측했다. "몇몇 예외를 제외하고는 모든 흑인 SNCC 활동가가 총에 눈금을 새겨 백인 여자와 잔 횟수를 기록했는데, 많을수록 좋았다"[53]고 주장한 사람도 있었다. 하지만 다른 사람들은 프리덤 서머가 섹스를 하기엔 너무도 혼란스러운 환경이었다고 기억한다. "흑인 남자에게 강제로 당한 백인 여자는 한 명도 보지 못했다. 우리는 정신없이 바쁘고 북적거렸다. 사람들이 그걸 어디서 할 수 있는지, 어디서 강제로 당할지 생각조차 할 수 없다. 그린우드에 있을 때 내게 가장 큰 문제는 혼자 있는 게 절대적으로 불가능하다는 것이었다"[54]고 활동가 샐리 벨프리지는 회고했다. 프레드 윈이 보낸 편지도 같은 맥락이다. "아빠, 국제형사재판소가 뭐라 뭐라 쓴 우편물을 보내 아빠를 반박할 수는 있겠지만, 아빠가 샌프란시스코 여자애를 보내 줄 수 있는지요?"[55] 그럼에도 불구하고 7월 말 현장을 방문한 의사는 SNCC와 COFO 구성원들에게 확산되고 있는 성병에 대해 경고했다. 닫힌 문 안에서 얼마나 많은 일이 벌어졌는지에 관해서는 확실히 알 수 없겠지만, 활동가들은 집에 있을 때는 몰랐던 성적인 솔직함에 놀랐다.

흑인 남자는 "백인 소녀의 손을 한 번 스치기만 해도 두 시간 뒤 강물에 처박힌다"[56]는 끔찍한 공포 속에 자라났다. 그런데 이제는 눈길이 마주쳐도 피할 필요가 없는 백인 '여자애'들을 만나고 있었다. 그리고 갑자기 갈망과 욕망의 대상이 된 백인 여자들은 혼란스럽고 우쭐하고 황홀해졌다. 야릇하고 유혹적인 구애의 춤판이 벌어지곤 했고, 그 상당 부분은 금기와 충동에 이끌린 것이었다. 여성 활동가들이 화장을 하고 귀고리를 걸고 어깨를 드러내 '쉬운' 여자임을 표시하고 남자들이 공공연히 반바지도 입지 않고 있을 때 춤에 불이 붙었다. 상대가 몇 번이고 다가오고 또 다가오면 일부는 호기심에 굴복하거나 자신이 인종차별주의자가 아님을 증명해야 했다. 그 결과 일부 백인 여성은 "나비처럼 이 사람에게서 저 사람으로 팔랑팔랑 날아다니며 밀회를 즐겼다"[57]고 메리 킹은 회고했다. 그 여름 상당 기간 동안, 흑인 여성들은 그걸 무시하려고 했던 것 같다. 하지만 흑인 남자는 늘 그렇게 하지는 못했다. "흑인 남자는 죄다 백인 활동가하고만 데이트했다. 그리고 흑인 여성 가운데 한 명이 …… 어느 날 밤 백인 남자와 데이트를 했다"[58]고 한 여성은 회고했다. 이튿날 흑인 스니크 남성 네 명이 "그녀의 집을 찾아가 호되게 꾸짖었다."

그러나 인종 간 섹스라는 색다른 경험을 넘어서, 얼마나 많은 사람이 프리덤 서머 동안 사랑에 빠졌을까? "내가 분명히 알고 있는 건, 1964년 그 여름 동안 흑인 남자와 사랑에 빠진 백인 여성이 나뿐이 아니라는 사실"[59]이라고 패멀러 앨런(결혼 전 성은 파커)은 나중에 썼다. 앨런은 손을 잡고 서로 포옹하고 흑인 남자에게 안녕이라고 인사하고 매콤으로 옮겨 가던 '순수한 사랑'을 묘사했다. 어항처럼 모든 게 훤히 보여 남들 앞에서는 함께 있는 모습조차 보여 주기 어려운 작은 마을에서, 얼마나 많은 이들이, 흑인과 백인이, 유혹하고 만지고 감히 이런 저런 선을 넘은 뒤에 변화된 모습으로 집에 돌아갔을까? "흑인 남성과 친밀한 우정을 나눈 백인 여성이 굉장히 많았고, 시대가 달랐다면 다른 무언가로 발전될 수 있었을 가능성은 매우 높다. 하지만 그 시대에는 그렇지 않았다. 하지만 그것은 섹스를 했냐 안 했냐보다 훨씬 깊은 감정이었다. 마음과 마음의 교류는 어떤 이중적 감정 없이 회고할 수 있는 것이다"[60]라고 앨런은 회고했다.

프랜 오브라이언은 그 여름 자신이 느꼈던 '마음의 교류'에 관해 신중하게 말한다. 프랜처럼, 프랜이 반한 흑인 남성도 빅스버그 자유의 집에서 아이들과 함께 일했다. 프랜처럼 그도 북서부 대학생이었다. 프랜은 시간이 될 때마다 그와 함께 걸었고 고요한 시간에 차분히 이야기를 나누었다. 그는 프랜의 교실로 몇 번 와서 프랜이 다루기 힘든 큰 아이들을 지도하기도 했다. 그는 집에 보내는 편지에 자신이 좋아하는 이 여자 얘기를 부모님에게 밝혔다. 이 '백인' 여성이라고. 부모는 그에게 주의를 주었고, 그는 프랜에게 부모가 주의를 주었다고 털어놓았다. 프랜은 집에 편지를 쓰면서 좋아하는 남자 이야기를 썼는데, 그 남자가 흑인이라고 밝히는 게 주저되었다. 여름 내내, 프랜은 둘 사이에 더 많은 일이 벌어지기를 바랐다. 아무 일도 일어나지 않았다. 그리고 더 털어놓을 일도 없었다. 프랜은 여름이 끝난 뒤 그를 다시는 보지는 못했지만 결코 그를 잊지 않았다. 프랜의 기억 속에, 그는 여전히 그 여름에 가장 달콤한 부분, 편안하고 기분 좋게 회상할 수 있는 부분이다. 참혹한 부분은 기억하기가 훨씬 어렵다.

프랜은 빅스버그에서 비교적 조용한 여름을 보냈다. 모든 위협, 폭력의 불길 속에서도, 그녀는 그 여름 다른 지역에 상처를 낸 대혼란을 한 번도 겪지 않았다. 어느 오후, 백인 두 명이 프랜의 교실에 불쑥 나타났다. 학생들이 얼어붙었다. 프랜은 어찌 할 바를 몰랐다. 하지만 두 사내는 그냥 서서 쏘아보다가 나갔다. 전화로 걸려 온 폭파 협박에 능숙하게 대처할 즈음, 프랜은 이미 폭력에 무심해졌다. 몹시도 바쁜 나머지 걱정할 틈이 없었던 것이다. 아이들은 프랜의 수업, 그 중에서도 특히 합창을 좋아했다. 어느 토요일, 아이들은 학교 전체가 울리도록 〈이 작은 나의 빛〉과 〈아름다운 아메리카〉를 불렀다. 프랜은 아름다운 아메리카가 '조금 모순적'이라 느꼈지만, 아이들은 허버트 리와 메드거 에버스를 기리는 가사로 바꾸어 자신들의 노래로 만들었다. 오래 전부터 꿈이 뒤로 미뤄졌던 아이들이 마지막 절 "오 아름다워라, 앞날을 내다본

애국의 꿈"을 노래할 때 프랜은 "우린 모두 몽상가야. 아니면 여기 있지 않았겠지"[61] 하고 생각했다.

저녁마다 개럿 부인과 나누는 대화는 아이들에 관해 대학에서 배운 것보다 더 많은 걸 프랜에게 가르쳤다. 매일 저녁 철회색 머리를 틀어 올리고 통통한 몸매에 넉넉한 실내복을 입은 개럿 부인은 집에 돌아오는 프랜을 맞이했다. 저녁을 먹으면서 그들은 그날 수업에 관해 이야기했다. 간단한 활동이었는데 효과가 좋았던 것. 이제 겨우 나아지기 시작하는 '느린 아이들,' 그리고 무척 기대되거나 몹시 곤란한 여러 일들을. 8월 초, 프랜은 이 대화를 소중히 여기게 되었다. 다른 활동가들은 수업이 끝난 뒤에 술집에 자주 가거나 늦게까지 자유의 집에 머물곤 했다. 하지만 날마다 프랜은 저녁 식사와 토론 시간에 늦지 않도록 차를 타고 집에 갔다. 오리건 캠퍼스에 있을 때 그녀는 민권운동에 참여하는 자신을 머릿속에 그려 보았다. 하지만 평생의 친구를 사귀게 된다는 건 상상하지 못했다.

딱 2주 남겨 두고 프랜이 가장 많이 하고 있는 생각은 어떤 위험에 관한 것보다도 집에 돌아가는 문제였다. 그녀는 8월 17일 월요일에 떠날 계획이었다. 뉴올리언스를 지나면서 관광도 좀 하고 싶었다. "더 오래 머물 수도 있지만 크게 의미가 있는 것 같지는 않아요. 우리가 아이들에게 많은 걸 해준 것이라면 좋겠어요"[62]라고 부모에게 편지를 썼다. 평온히 지낸 데 만족하면서도, 프랜은 7월 초의 그날 아침을 여전히 곱씹었다. 차를 타려고 서둘러 나갔다가 경찰과 맞닥뜨렸던 아침. 그리고 그런 실수를 두 번 다시 되풀이하지 않았다. 매일 아침 개럿 부인과 집 안에서 기다리다가 SNCC 차가 도착하면 나갔다. 매일 저녁 자유의 집의 긴 진입로를 무리 지어 나왔다. SNCC 규칙을 지키면서, 그녀는 예측할 수 없는 위험을 미시시피가 만들어 낼 수 있다고는 생각하지 않았다.

어느 저녁, 프랜과 다섯 명의 활동가가 진입로 끝에 서서 집으로 태워다 줄 차량을 기다리고 있었다. 자동차가 도착했을 때 좌석은 5명만 탈 수 있었다. 프랜은 언제나처럼 순서를 양보하여 다른 사람들이 먼저 타게 했다. 공간이 생기겠지, 하고 생각했다. 하지만 끼어 타도 되겠느냐고 묻자 운전사는 거절했다. 초과 탑승으로 눈길을 끌어 경찰에게 체포될 빌미를 주지 않기 위해서였다. "걱정 말아요. 다른 누가 곧 올 겁니다"[63]라는 말을 들었다.

혼자 서 있자니 덜덜 떨려 왔지만, 프랜은 아기처럼 굴지 말라고 스스로에게 말했다. '또 다른 차가 곧 도착할 거야.' 과연 자동차가 나타났다. 전조등을 켠 자동차가 도로를 달려 속도를 점점 낮추더니 멈춰 섰다. 집에 가고 싶은 간절한 마음에 프랜은 무턱대고 전조등 앞으로 다가섰다. 그리고 뒤로 물러나기도 전에 차에 있는 네 사내를 보았다. 흰 가운을 입고 후드를 쓴 사람들. 상상이 아니었다. 꿈을 꾸고 있는 게 아니었다. 그녀는 미시시피에 있었고, 그녀가 보낸 고요한 여름은 일찍 끝났다.

프랜이 뒤를 돌아 도망가기도 전에 후드를 쓴 한 사내가 뛰어나왔다. 두터운 손으로 프랜의 입을 틀어막고 자동차로 끌고 들어갔다. 차가 출발했다. 상상이 아니었다. 꿈을 꾸고 있는 게 아니었다. 덜컹덜컹 흙길을 달리면서 네 남자는 웃으며 농담을 주고받았다. 그들은 후드에 뚫린 구멍 속의 눈동자조차 거의 보이지 않았다. 자신들이 뭘 생포했는지 보라고 말하는 듯했다. 어여쁘고 어린 '침략자.' 가르침을 주어야 할 '어린 여자애.' 어둠이 미시시피를 삼켰을 즈음 자동차가 멈추었다. 거기가 공터였는지 아니면 빈 들판이었는지 프랜은 확실히 말할 수가 없다. 그 순간부터 공포가 그녀의 기억을 마비시켰기 때문이다. 자동차가 요동을 치며 멈추었다. 느리고 깊은 목소리가 그녀의 귓전에서 으르렁댔다.

"이제 넌 착한 어린 아이고, 우리가 하라는 대로 해야 해. 우리가 널 깨우쳐 주어야 네가 엄마 아빠의 품으로 돌아가서 이후로 네 일이나 신경 쓰며 살겠지."[64]

자동차 밖으로 끌려 나온 프랜은 배운 대로 몸을 둥글게 말려고 시도했다.

"그게 아니야, 어린 아가씨! 저기 보닛 위로 엎드리고 어떤 허튼 짓도 하지 마!"[65]

프랜이 밀쳐져 자동차에 닿았다. 밥 모지스가 오하이오에서 여성 활동가들에게 했던 말이 문득 떠올랐다. 품위보다 중요한 건 목숨이라던 말이. 그녀는 두 손으로 머리를 꼭 감쌌다. 뺨이 따뜻한 보닛에 닿았다. 자동차의 휘발유 냄새와 흙 냄새가 났다.

"아주 착한 아이로군. 계속 얌전히 있어, 그래야 우리가 널 때릴 수 있지."[66] 네 남자가 모두 소리 내어 웃었다. 미시시피에 온 걸 후회하게 해 주겠다고 한 남자가 말했다. 하지만 무릎을 꿇고 용서를 구하면 멈출 수도 있다고 그가 말했다. 프랜이 원하기만 한다면 언제든. 프랜은 먼저 무릎을 꿇고 미시시피 강에 던져져도 괜찮다고 서약했다. 그리고 손 하나가 치맛자락을 걷을 때 프랜은 마음을 단단히 먹고 이를 악물고 두 다리를 스치는 따뜻한 바람을 느꼈다. 이윽고 고무호스가 세차게 감겨 왔다. 숨이 목에 턱 걸렸다. 눈이 매웠다. 어딘가에서 역한 냄새가 났다. 호스가 다시 때렸다. 그리고 또다시. 때릴 때마다 전보다 더 세졌다. 타는 듯한 두 다리는 빨개졌다가 파래졌다가 자줏빛으로 변했다. 남자들이 차례대로 호스를 건네받으며 매질이 이어졌다. 시간이 점점 느려지다가 멈추었다. 세계가 미시시피의 이 공터, 어느 고요한 여름 밤으로 응축되었다. 매질이 이어졌다. 하지만 하느님이 계신다는 걸 프랜은 알고 있었다. 그래서 더 심한 고통을 맛보게 하지는 않을 거라고. 목소리와 웃음이 희미해지고 욱신거림도 줄어들었다. 프랜이 알고 있는 다음 일은, 자유의 집 진입로에 누워 있던 것이다. 이글거리는 열기로 얼굴은 붉어지고 몸뚱이는 그을렸다. 상체를 일으킨 그녀는 여태까지 자신을 지탱해 주었던 위엄을 되찾으려 애썼다. 찬찬히 몸을 살펴보니 멍은 들었지만 피가 난 곳은 없었다. 몇 시간이 지난 게 틀림없다는 데 생각이 미쳐 긴 진입로를 달려갔더니, 몇 사람이 포치에 모여 이야기를 나누며 농담을 주고받고 있었다.

"어, 프랜. 아까 간 줄 알았는데."[67]

프랜은 나오는 대로 이야기를 털어놓기 시작했다. 차를 타려고 하다가 …… 자리가 없어서 …… 곧 다른 차가 온다기에…….

"그럼 바로 돌아왔어야지. 밤에 혼자 돌아다니면 위험하다는 거 몰라? 여긴 미시시피잖아. 온갖 일이 벌어진단 말이야."

이 대목에서 프랜이 울음을 터뜨렸다. 아무 말도 나오지 않았다. 활동가들이 둘러쌌는데도.

"옷이 흙투성이네."

"언덕에서 굴렀나?"

"반시간 전쯤 이 주변에서 돌아다니던 차가 한 대 있었어. 다른 활동가들이 떠난 직후였는데. 뭐였지?"

고개를 숙인 채 프랜은 고개를 끄덕였지만 더 이상 말할 수 없었다. 비밀은 그녀 안에 은밀한 자줏빛 공포로 남았다. 온갖 일이 다 벌어질 수 있는 미시시피였는데도, 아이들을 끔찍이 사랑하는 수줍음 많은 교사에게 방금 일어난 일을 아무도 짐작하지 못했다. 미시시피에 온 첫날 프랜의 친구가 된 아이들의 엄마가 프랜을 다독여 주었다. 프랜에게 다가온 베시는 한 팔로 프랜을 감싸며 "괜찮아요. 괜찮아"[68] 하고 속삭였다.

또 다른 희생자의 위로를 받으니, 아무 말도 하지 않고 아무 것도 느끼지 않고 그저 깊은 숨을 쉬며 자신을 가다듬고 불안을 억누르는 기나긴 밤을 시작해도 괜찮았다. 프랜은 그날 저녁 어떻게 집에 갔는지, 늦게 귀가한 것에 대해서 개럿 부인이 뭐라고 했는지 기억하지 못한다. 미시시피의 나머지 날들은 프랜에게 거의 기억이 남아 있지 않다. 오로지 기억하는 건 아무에게도 말하지 않겠다고 굳게 결심했다는 사실뿐이다. '내 일이 칠판에 사건으로 기록되지 않겠어. 나는 신문에 또 다른 이야깃거리를 제공하지 않을 테야.' 학생들에게서 받았던 온기를 다시 느끼고자 하는 마음으로, 프랜은 자신이 KKK를 만난 이야기를 함구했다. 어느 고요한 여름밤의 공포가 마음속에서 웅크리고 있던 25년 동안. 그녀는 8월 17일에 떠날 예정이었다. 모호한 언어 속에 공포를 숨긴 편지를 써서 마지막으로 집에 보냈다. "뉴올리언스를 거쳐서 돌아가지는 않기로 했어요. …… 최근에 여러 일을 겪어 보니, 혼자 남서부 미시시피를 거쳐서 여행한다는 생각을 버려야겠어요. 올 여름 늘 최악의 지역이었고 개선된 게 없거든요."[69] 8월 17일. 월요일. 프랜과 프랜의 비밀 또한 날짜를 세고 있었다.

머리기사를 장식한 6월, 광기 어린 7월을 보내고 8월의 끝없이 정지된 시간 속에서 프리덤 서머는 갈림길에 이르렀다. 8월 19일 저녁, 버스 석 대가 잭슨의 린치 스트리트에 있는 COFO 사무실 밖에 서 있었다. 100명이 넘는 사람들이 버스 둘레에 서서 이야기하고 노래하고 있었다. 스트림라인 바의 빨간 네온 간판 옆에 있는 버스 유리창에 그들의 얼굴이 비쳤다. 그날 앞서 열렸던 기자회견에서, 밥 모지스는 '성공'이라는 낱말에 고민스러워하면서도 여름 프로젝트가 미시시피를 변화시켰다고 말했다. "지난 100년 동안의 법 시행 방식 전체가 바뀌었습니다. 일부 지역에서 경찰은 보호를 지원해 주고 있는데, 이런 일은 과거에 한 번도 없었죠"[70] 하고 모지스는 말했다. 그리고 프리덤 서머는 끝나지 않았다고 공표했다. 많은 활동가들이 여전히 머물면서 퍼놀라 카운티와 탤러해치 카운티에서 유권자 운동을 강화하고, 커뮤니티센터와 성인 읽고 쓰기 수업, 그리고 시골 지역의 이동 도서관을 운영하고 있었다. 그러나 그 모든 것이 전면적으로 확산되는 건 자유민주당으로 인해 미시시피가 미합중국의 일부가 되면서부터이다.

7월 19일 이후, 선거운동가 군단의 활동으로 애틀랜틱시티는 약속의 땅이 되었다. 그리고 이제 약속의 땅은 버스만 타고 가면 도착한다. 가입 숫자만으로 본다면 자유민주당 운동은 실망스러웠다. 모지스는 40만 명 입당을 기대했다가 20만 명으로 기대치를 낮추고 다시 10만 명으로 조정했다. 끝내 63,000명으로 만족해야 했다. 하지만 대의원들이 버스 옆에서 돌아다닐 때 그들의 희망은 밝게 빛났다. 그 저녁 포크 가수가 퉁기는 밴조 소리에 맞춰 힘차게 불렀던 〈우리 승리하리라〉만큼이나. 자유민주당은 금요일에 애틀랜틱시티의 그 유명한 보드워크에 나타난다. 그들은 명시적으로 민주당 당규를 준수해 왔다. 서류를 구비했다. 테러에 관한 진술과 증언을 공개할 준비를 갖추었다. 폭력의 여름 이후, 미국인은 미시시피가 민주주의의 오점임을 부인할 수 있을 것인가? 민권법에 서명한 존슨 대통령이 그들을 거부할 수 있을 것인가? 자유민주당 당원 한 명 한 명이 버스에 올랐다. 케이시 헤이든은 서류철을 들고 수십 명의 이름을 확인했다. 사람들은 팔을 창밖으로 내밀고 흔들었다. 아내와 함께 버스에 다가가는 밥 모지스는 다른 사람들처럼 낙관적이지 않았지만 웃는 얼굴을 보였다.

밤 10시, 버스가 출발하자 환호성이 터졌고 이내 자유의 노래로 이어졌다. COFO 사무실에는 지침이 떨어졌다. 버스가 안전하게 미시시피를 벗어나면 대의원이 전화를 걸 것이다. 구불구불한 도로를 달려갈 것을 계산하여, 새벽 3시쯤에 전화가 올 거라고 지도자들은 말했다. 3시 15분까지 아무에게도 확인 전화가 오지 않으면 "행동을 개시하라."[71] 노래하고 외치고 자신들이 가고 있는 약속의 땅을 경이로워하면서, 대의원들은 테네시 주 경계선을 향해 북쪽으로 달렸다. 전화는 새벽 3시 2분에 걸려왔다. 자유민주당 당원들은 제대로 가고 있었다.

# 12
# 무엇이 민주주의를 만드는가

정견이 뭐냐고 누가 묻는다면, 나는 인도주의자라고 답할 겁니다.
– 테네시 윌리엄스

 

 

프리덤 서머의 끝 무렵 애틀랜틱시티의 빛바랜 리조트를 찾아든 총 5,200명의 대의원은 민주당 당원이었고, 모두들 축제 분위기였다. 린든 존슨이 11월에 승리할 가능성이 높았기에 당원들은 정치 없는 정치 대회를 기대했다. 토론 대신 파티와 만찬, 그리고 아마도 약간의 여흥이 펼쳐질 것이다. 떠들썩한 한 주 동안 민주주의가 쇼처럼 펼쳐질 것이다. 하지만 버스에서 내리며 아침 햇살에 눈을 깜빡이고 짭짜름한 공기를 들이마시는 예순일곱 명의 미시시피 사람들에게 민주주의는 쇼가 아니었다. 그것은 사느냐 죽느냐의 문제였다.

자유민주당은 노예의 아들 두 명을 포함시켰다. 몇 명은 제1차 세계 대전과 제2차 세계대전에 참전한 퇴역 군인이었고, 모두가 미시시피의 베테랑 활동가였다. 그들 집의 현관문에는 총알구멍이 몇 개씩 나 있고, 한 사람은 목과 어깨에도 총상이 남아 있었다. 모두 '짐 크로'의 상흔을 간직한 이들이었다. 어린 시절 목격한 불법 처형의 기억, 어른이 되어서 받은 수많은 모욕, 끊임없는 겁박으로 유린된 삶을. 그들의 고향 땅이 그렇듯, 열심히 일해도 겨우 먹고 살 정도의 직업을 지닌 이들. 자유민주당 당원은 농민과 소작인, 이발사와 장의사, 가정부와 요리사였다. 몇 사람은 문맹이었지만, 모두는 어떤 교실에서도 가르쳐 줄 수 없는 무르익은 지혜를 지녔다. 거의 모두가 미시시피 주 바깥 여행이 처음이었고, 일부는 자신이 태어난 카운티 바깥에도 나가 본 적이 없는 사람들이었다. 작업복과 실내복이 훨씬 편안한 이들이지만, 모두 일요일에 입는 깔끔한 정장과 타이, 납작한 중절모, 다림질한 치마와 블라우스를 갖춰 입고서 버스에서 두 밤을 보냈다. 그들의 얼굴은 그들을 빚어 낸 흙과 같은 색깔이었다. 델타의 검고 누런 진흙, 갈색의 부식토, 베이지색의 흙. 그들이 '검둥이 정당'이 아니라는 증거로서, 자유민주당 당원 네 명은 멕시코 만의 모래처럼 하얬다. 그 가운데 한 사람은 빌록시 백인 주민 프로젝트에서 입당한 어부였다.

법률적으로 그들은 누구의 대표도 아니었다. 자유민주당은 미시시피에서 합법 정당이 아니었다. 많은 이들은 집으로 돌아갔을 때 체포되거나 더 나쁜 상황을 예상했다. 하지만 도덕적으로 자유민주당은 민주주의라는 개념 자체를 대표했다. 그들이 애틀랜틱시티에 온 것은 가장 신성한 미국적 미사여구에 대한 도전이었다. 미국은 '만인을 위한' 자유와 정의의 국가인가? 투표는 권리인가 특권인가? 민주주의는 일부에게만 적용되는가, 아니면 위부터 아래까지, 저택부터 판잣집까지, 권력자의 집무실부터 권력 없는 이의 부서진 포치까지 고르게 미치는 것인가?

북부로의 여정은 끝도 없는 것처럼 보였다. 자유의 노래가 이미 시들해졌을 때, 버스는 아직 주 경계선에도 이르기 않았다. 미시시피에서 안전하게 벗어났다고 전화를 건 직후, 그들은 테네시에서 거의 매복하듯 몸을 숨겼다. KKK가 도로를 가로막고 있었다. 흰 후드를 걸치고 소총을 든 10명을 보고 승객들은 통로 속으로 몸을 숨겼다. 하지만 몇 명은 준비했다.

"저들이 무슨 짓을 시작해도, 내겐 총이 있어요. 그리고 내 아내도 총이 하나 있습니다. 여보, 총 꺼내요"[1] 하고 하트먼 턴보가 말했다. 포동포동하고 얼굴이 둥근 '스위트' 턴보가 종이가방을 뒤져 권총을 꺼냈다. "우리가, 우리가 몇 명을 쏴 죽일게요" 하고 그녀의 남편이 느릿느릿 말했다. 운전기사가 속도를 줄였다. 하지만 삐삐 마른 여인이 운전기사 뒤로 기어가서 나이프를 펼치더니 그의 목에 갖다 댔다. "액셀을 밟아요"[2] 하고 여인이 말했다. 버스들은 전속력으로 KKK를 흩뜨리고 계속 질주했다. 미시시피 밖으로 나가기 위해, 자유민주당은 KKK보다 훨씬 냉혹한 방해물들을 헤쳐 왔다.

에밋 틸이 살해당한 뒤로 유권자 등록의 열망을 지닌 사람이 많아졌다. 소수만이 성공했다. 나머지는 민주주의와 나란히 난 길을 갔다. 프리덤 서머가 시작되기 닷새 전, 미시시피 '공식' 애틀랜틱시티 대의원을 선출하는 카운티 대회에서 흑인은 거부당했다. 주권수호위원회의 정보원 Y가 "대회를 파괴하기 위해 엄격하게 선발되어 훈련된 흑인들"[3]에 대해 보고하자, 위기감을 느낀 정당 지도자들이 공모하여 흑인을 배제했다. 6월 16일, 미시시피 곳곳에서 흑인들은 방청을 위해 대회 장소에 도착했다. 대회가 취소되었거나 대회가 끝났거나 문이 닫혀 있었다. "우리는 문을 열어 줄 수 없소! 그들이 문을 열지 말라고 지시했소! 여기 선거구 회의는 없소! 우리는 선거구 회의에 관해 아무것도 모르오!"[4]

일부 회의장에서는 문을 '부수고' 들어간 흑인들이, 구석에서 초조하게 몸을 웅크리고 속닥대며 힐끔힐끔 엿보는 백인들을 발견했다. 백합처럼 하얀 대회는 백합처럼 흰 예순여덟 명의 민주당 대의원을 선출했다. 흑인들이 할 일은 자신들이 어떻게 배제되었는지 상술한 진술서에 서명하고, 그걸 애틀랜틱시티로 가져가서, 민주주의 옆에 나란히 난 길을 합치려고 노력하는 것이었다.

그래서 그들은 교회와 커뮤니티센터, 나무 아래에서 따로 대회를 열었다. 규정과 의사진행에 관해 처음에는 어리둥절했던 농민과 소작인, 가정부와 요리사는 시행착오를 거치며 민주주의를 학습해 나갔다. SNCC의 지도에 따라서 그들은 자유민주당 의장, 서기, 대의원을 선출했다. 이 열기는 잭슨에서 열린 주 당대회로 이어졌다. 당대회에서 자유의 노래가 멈추었을 때, 성조기와 카운티 이름이 적힌 팻말을 아래위로 흔들기를 멈추었을 때, 2,500명의 대의원은 미시시피 자유민주당이 애틀랜틱시티에서 의석을 차지할 가능성이 충분하다는 변호사의 설명을 들었다. 여름 동안 막후 활동을 벌인 덕분에 전당대회 현장에서 도전을 펼치기에 충분한 후원금을 모금했고, 거기서 승리하기에 충분한 표를 얻었다고 했다. 린든 존슨이 그들을 막을 수도 있지만, 미국 전체가 지켜보고 있으므로 쉽사리 그럴 수 없다는 것이었다.

이 반가운 소식에 이어, 대의원들은 워싱턴 DC에서 자유민주당을 쉼 없이 알려 온, 기조연설자 엘라 베이커의 말에 귀 기울였다. 송글송글 땀방울이 맺힌 얼굴을 치켜들고 앞에 있는 지친 얼굴들을 향해 손가락을 뻗은, SNCC 창립자는 "이 사람들! 그래요, 눈물의 황야를 거쳐 여기까지 왔습니다. 그래요, 폭행과 괴롭힘, 야만의 세월을 겪어 왔습니다……"[5]라며 치하했다. 이틀 전 시신이 발견된 굿먼, 슈워너, 체이니에 대해 말하고서, 베이커는 "흑인 어머니의 아들들이 살해당한 것이 백인 어머니의 아들들이 살해당한 것만큼 중요해질 때까지 우리는 계속 나아가야 합니다"[6] 하고 덧붙였다. 대회 마지막에 정당 지도자 다섯 명과 대의원 40명, 보궐 대의원 22명을 선출했다. 투표 결과가 발표될 때, 맨해튼에서 온 활동가는 옆에서 그 광경을 지켜보고 있었다. "이렇게 민주주의가 만들어지는 거예요"[7] 하고 리타 코플로위츠는 집으로 편지를 썼다.

주 당대회부터 애틀랜틱시티로 출발하기까지 13일 동안, 자유민주당은 계속 장애물을 넘어 왔다. 라디오 방송국은 그들의 광고를 내보내기를 거부했다. 주 법무장관은 설립 인가를 내 주지 않았고 '민주당'이라는 명칭도 사용하지 못하게 했다. 심지어 주를 떠나는 걸 금지하는 명령을 내렸다. 자유민주당 당원들은 해티스버그에서 소이탄 공격을 받았고, 그린우드에서 체포되었으며, 빅스버그 부근에서 KKK에 폭행당했다. 북부로 가는 긴 여행 끝에 전세 버스에서 내릴 즈음, 그들은 고단한 삶을 살아오는 동안 미시시피가 자신에게 저질렀던 것보다 더 지독하게 민주당이 굴지 않을까 염려했다.

뻣뻣해진 팔다리를 쭉쭉 펴고 서늘한 산들바람 속에서 웃음 지으며, 대의원들은 젬 호텔 로비에서 짐 가방더미 옆에 앉아 체크인하려고 기다렸다. 그 근방이 그렇듯 젬은 한물간 호텔이었다. 버스가 목적지를 코앞에 두고 있을 때 자유민주당 당원들은 멍해진 듯 잠잠해졌다. 그들은 북부 빈민가에서 흑인들이 '우리에 갇혀' 산다는 이야기를 익히 들었지만 이제 직접 눈으로 보았다. 웃통을 벗은 남자들이 바닥이 부서진 거리를 걸어갔다. 벽돌로 지은 연립주택은 소작인의 판잣집보다 더 비참해 보였다. 바람이 불 때마다 애틀랜틱시티의 '북부 흑인 구역'에 쓰레

기가 나뒹굴었다. 불과 몇 블록 거리인데도 천박하고 현란한 보드워크
와 몹시 먼 곳 같았다.

그러나 애틀랜틱시티 전체가 이미 한물간 곳이었다. 1964년에 그곳
은 뉴저지에서 가장 가난한 도시였다. 여름 주말에 수백만 명이 해안을
찾아오던 전성기는 이미 한 세대 전에 지났다. 회전 관람차는 여전히
돌아가고, 레일이 하늘로 불쑥 솟은 롤러코스터와 페리스 대회전 관람
차도 어지러운 풍경 위로 여전히 솟아 있었지만 어쨌거나 전보다는 초
라해 보였다. 방문객은 나날이 줄어들기만 했다. 보드워크만은 그 명성
을 유지했다. 약 10킬로미터 길이에 너비 1.8미터의 보드워크가 흰 모
래를 따라서 부두에서 부두로 이어져 있었다. 골프 카트처럼 지붕이 평
평한 소형 버스는, 게임에 지고 가는 골퍼가 탄 것처럼 기우뚱한 채로
관광객을 지나갔다. 햇볕에 그을린 관광객은 목숨을 부지하고 있는 천
박한 장식물을 한번 걸어 보는 사람들이었다. 스틸 피어(Steel Pier, 300
미터에 이르는 놀이공원이 있는 부두—옮긴이)에서는 여전히 사람들이 말
을 탄 채로 수조를 향해 곤두박이로 다이빙했다. 근처에서는 한 여인이
장대 꼭대기에 앉아 오래 버티기를 하고 있었다. 호객꾼은 따분해진 관
광객을 꾀어 실내에서 스키볼이나 싸구려 포커를 하게 했다.

관광 시즌에 집중 조명되는 건 일반적으로 해마다 애틀랜틱시티에
서 열리는 미스 아메리카 선발대회였으나, 이 해에는 더 큰 행사를 마
련해 놓고 있었다. 보드워크를 정면으로 바라보는, 거대한 터널처럼 생
긴 전당대회장은 오는 8월 30일에 비틀스가 공연하게 된다. 콘서트 한
주 전, 똑같은 홀에서 민주당 전당대회가 개최되는 것이었다. 대통령은
언론이 '대관식'[8]이라고 추켜세우고 있는 행사를 위해 목요일에 도착
할 예정이었다. 뒷발질하는 당나귀(민주당의 마스코트—옮긴이)가 그려

진 포스터들이, 슬프게도 한물간 더빌 호텔, 쉘번 호텔, 시사이드 호텔에 온 민주당 당원들을 맞이했다. 호텔 체크인을 마친 대의원들은 골드워터 관련 농담을 주거니 받거니 하고, 참석 예정인 캐럴 채닝, 밀턴 벌, 그리고 소문에 따르면 재클린 케네디 같은 유명인들에 관해 얘기했다. 그들은 보드워크를 걸어 아케이드를 지나고, 재떨이와 비틀스 인형, 그리고 "언제나 LBJ와 함께"라는 문구가 찍힌 티셔츠를 샀다. 바다에서는 서핑하는 사람들이 파도를 타고 오르락내리락했고, 그 위로 경비행기가 코퍼톤 로션 광고 현수막을 늘어뜨리고 있었다. 큰 웃음소리와 아이들이 꺄꺄 질러대는 소리, 팔짱을 끼고 걷는 커플들 속에서, 자유민주당에 큰 관심을 보이는 사람은 아무도 없었다. 예외가 있다면 대통령뿐이었다.

　지지 선호도 여론조사에 따르면, LBJ는 59 대 31, 또는 67 대 28퍼센트의 큰 격차로 골드워터를 앞섰다. 하지만 전당대회가 시작조차 하지 않은 시점에서 대통령의 악몽은 이미 펼쳐지고 있었다. 그리고 미시시피만이 유일한 문젯거리인 건 아니었다. 민주당에 대한 변함없는 지지를 부탁받은 앨라배마 주 대의원들이 탈퇴하겠다고 위협하고 있었다. 민권법에 화가 난 앨라배마 주지사 조지 월러스는 민주당에 "적합하지 않은 철학"[9]에 관해 목소리를 높여 비판하고 재건시대 유령들에 호소하면서, 남부의 반란, 심지어 11월에 제3당 후보가 출마할 가능성이 있다고 예견하고 있었다. 월러스, 미시시피 주지사, 그리고 남부의 다른 두 주지사는 LBJ가 초대한 백악관 만찬에 응하지 않았다. 그리고 민주당 하원의원 스물다섯 명은 자유민주당 대의원에게 의석을 내주어야 한다고 민주당에 촉구한 참이었다. 언론은 장내 대립을 예견하고 있었고, 텍사스 주지사 존 코널리는 그 결과가 어떻게 될지 대통령에게 보고했다. "대통령님께서 흑인 놈들을 대의원 의석에 앉히면 남부 전체가 탈퇴할 것입니다!"[10] 대통령은 백악관에 앉아, 자신의 '대관식'을 망치는 문제에 관해 골똘히 생각했다.

비좁은 유니언 템플 침례교회에 북적북적 모여 서서 노래를 부를 때, 자유민주당 당원들은 자신들에 맞서는 힘이 커지고 있음을 거의 알지 못했다. 여기서 그들은 방 하나에 다섯 명씩 자면서, 버스 여행을 위해 싸 온 볼로냐 샌드위치를 마저 먹고 있었다. 여전히 자신의 볼을 꼬집으면서 정말로 여기 와 있는 게 맞는지, 미시시피를 벗어나 '전국 규모' 전당대회에 와 있는 게 맞는지 확인하고 있었다. 그 누가 그들을 대통령에 대한 위협으로 생각할 수 있겠는가?

그 금요일 오후. 보드워크가 유혹했지만 막후 활동이 시급했다. 자유민주당 의장 에어런 '덕' 헨리가 언론에 발표했다. "미시시피의 공식 대의원단이 11월에 골드워터를 지지할 것임은 모두가 알고 있습니다. …… 따라서 자유민주당 당원은 미시시피의 유일한 진성 민주당원입니다. 우리 주장이 전격 수용된다면 우리는 의석을 차지할 것입니다."[11] 하지만 그들이 거부된다면, 미국 전역의 흑인은 "선거 당일 낚시를 하러"[12] 떠날 수도 있을 것이다.

의장이 언론에 발표하는 동안, 대의원들은 이튿날 오후 자신들의 이의 제기를 경청할 자격심사위원회에 집중했다. 위원 명단이 나와 있고, 위원이 묵는 호텔과 성향, 이를테면 '명확한 지지자,'[13] '접촉 가능,' '끝까지 우리를 지지하겠다고 함' 같은 설명이 적힌 참고 자료를 검토했다. 그리고 호소를 하기 위해 나섰다. '덕' 헨리는 주 대의원 20명과 회담했다. 뮤리얼 틸링허스트의 빠르게 성장하고 있는 제자인 유니타 블랙웰은 위스콘신과 미네소타에 초점을 맞추었다. 아직도 종이가방에 권총을 넣고 다니는 '스위트' 턴보는 오리건 주 대의원단을 공략했다. 미시시피에서 함께 온 활동가들은 틈이 생길 때마다 자유민주당 당원을 주 대의원단에 소개했다. 그 오후 내내, 미시시피의 비공식 대의원들은 칵테일파티와 커피를 마시며 잡담하는 자리마다 끼어들었다. 그들은 이의 제기의 근거가 되는 판례 스물네 가지를 인용하고, 미시시피 스타일의 민주주의를 소개하는 소책자를 나눠주었다. "누가 당신의 보안관입니까? 미합중국 헌법이 당신에게 보장하고 있는 기본 권리를 행사하려고 할 때 당신을 폭행하고 감옥에 가두는 사람인가요?"[14] 하고 팸플릿은 질문했다. 허버트 리의 살인부터 굿먼, 슈워너, 체이니의 살해에 이르는 범죄를 자세히 설명하면서, 소책자는 자유민주당 당원의 이력을 소개하고, 민주당을 '미시시피 주민의 적'이라 몰아붙인 미시시피 주지사의 말도 인용했다.

한편 SNCC 실무자들은 작업복 바지를 벗고 조끼까지 갖춘 정장으로 갈아입은 뒤, 정치인과 정당의 주요 인물을 만나고 다녔다. 누구보다 겸손한 소작인부터 똑같이 겸손한 밥 모지스까지, 자유민주당 당원은 '11과 8'[15]이라는 두 숫자를 목표로 삼았다. 자격심사위원회 위원은 108명이었다. 10퍼센트인 11명만 자유민주당의 도전을 지지하면 대회장으로 무대를 옮길 수 있다. 거기서 딱 8개 주의 요청만 있으면 호명투표가 전국의 텔레비전에 방영될 것이고, 자유민주당은 자신들이 호명투표에서 승리할 것이라 확신했다. 어찌 되었건 꽤 큰 주마다 흑인 대의원이 몇 명씩 있었고, 조지아, 테네시, 노스캐롤라이나 대의원단에도 흑인이 포함되어 있었다. '11과 8.' 오후 내내 그리고 저녁으로 접어들도록, 북적이는 로비와 시끌시끌한 회의실, 거나하게 취한 대의원 만찬에서, 두 숫자는 사람들 입에 올랐다. 소책자를 건네거나 정중한 미소와 함께 주머니에 넣어 주거나 때로는 펼쳐서 보여 주었다. "그러면 우리는 누구인가?"[16] 하고 소책자마다 질문이 들어 있었다. "우리는 자유민주당이다!"

잔뜩 흐린 토요일 정오 직후, 모두 예순일곱 명의 자유민주당 당원이 젬 호텔을 나와서 도보로 나섰다. 바닷바람을 맞으며 보드워크에 도착하여 오늬무늬 널빤지 길을 따라 이동했다. 티셔츠를 입은 관광객들은 고개를 돌려 양복을 입고 타이를 맨 대의원단을 쳐다보았다. 사람들은 마음을 일렁이게 하는 힘이 있는 자유의 노래를 들으려고 걸음을 멈추었다. 스틸 피어를 지나고, 영화관을 지나고, 오락장을 지나고, 네이선 핫도그 가판대를 지나, 파랗게 펼쳐진 대양을 왼쪽에 두고 나머지 미국을 오른쪽에 둔 채, 자유민주당원은 민주주의와 만나기 위해 행진했다. 이들이 대회장에 도착한 건 오후 1시, 대회 시작 한 시간 전이었다. 그들은 밖에 서서 기다렸다. 일부는 바다에 감탄하고, 일부는 노스미시시피 애버뉴라는 도로 표지판을 가리키면서.

대의원단 앞에 선 사람은 키가 크고 희끗희끗한 금발에 뿔테 안경을 쓰고 아래로 늘어뜨린 나비넥타이를 맨 백인이었다. 조지프 로는 완벽한 워싱턴 통이었다. 하버드대학을 졸업했고 권력 정치에서 훈련된 로는 뉴딜부터 민권법에 이르기까지 법안 마련을 도왔다. 민주행동미국인연맹(Americans for Domocratic Action) 공동 창립자인 로는 매카시즘에 맞서 싸우며, 극작가 릴리언 헬먼과 아서 밀러를 변호했다. 1964년 여름, 그는 전국자동차노조와 미시시피 자유민주당의 수석 변호사였다. 스니크들은 그의 이름만 대면 닫혀 있던 문이 활짝 열리는 걸 보며 쉼 없이 놀랐다. "조지프 로에게 말했습니다"[17] 하고 스토클리 카마이클이 말하면, "뭐라고요, '조지프'에게 말했다고요?" 하는 대답이 돌아왔다. 그리고 갑자기 자유민주당에 또 다른 문이 열렸다. 잭슨에서 열린 주 당대회에서 로는 자유민주당이 '천지를 뒤흔들면'[18] 그들의 도전 무대가 전당대회 장내로 옮겨 갈 가능성이 있다고 전망했다. 그러나 그는 천지 이상의 것을 뒤흔들어야 했다. 바로 린든 존슨을 뒤흔들어야 하는 것이다.

그 토요일 아침 일찍, NBC 사진기자가 로에게 소리쳤다. "저들이 당신을 속였어요, 조!"[19]

"아니, 벌써요?" 하고 그가 대답했다.

당직자들이 자격심사위원회 회의를 방송국 카메라 한 대만이 들어갈 수 있는 방으로 옮긴 것이었다. 로는 백악관 보좌관에게 항의했고 보좌관은 집무실에 전화를 걸었다. 30분 동안의 통화를 마친 뒤, 전당대회 기념 책자의 내용부터 시간 단위 일정까지 지휘하고 있던 대통령은 자유민주당이 터널처럼 생긴 대회장 안에서 이의 제기하게 하겠다고 동의했다. 오후 2시, 대회장 안에 서 있는 로의 옆에는 키 큰 서류 캐비닛 네 개가 있었다. 캐비닛 안에는 포치와 목화밭, 이발소와 미용실에서 서명한 63,000장의 입당서가 들어 있었다. 로의 한쪽 옆에 앉은 이들은 백인뿐인 미시시피 대의원단으로, 로의 다른 쪽에 있는 주로 흑인인 미시시피 대의원단을 쏘아보고 있었다. 깔끔하고 단정하게 옷을 차려 입은 여자들과 짙은 색 정장을 입고 담배를 피우고 꾸벅꾸벅 졸거나 무언가 끼적이는 남자들로 구성된 위원회가 그 사이에 있었다. 방송국 세 군데가 그 이의 제기를 방송했지만, 흥미로운 프로그램이 될지는 알 수 없었다.

토요일 오후에 TV에 바짝 붙어 앉은 미국인들은 안경을 끼고 콧소리를 내는 변호사가 "딱 한 시간만 여러분에게 미시시피의 비극과 테러 이야기를 하겠습니다"[20]라고 말하는 걸 보았다. 이야기를 시작한 에어런 헨리는 미시시피 "공포 정치의 유혈과 책임이 있는 …… 백인 권력 구조"[21]를 비판했다. 다음으로 에드윈 킹 목사는 자신이 겪은 시련을 이렇게 요약했다. "나는 투옥되었습니다. 나는 두들겨 맞았습니다. 거의 죽을 뻔했지요. …… 우리는 피를 흘렸습니다. 우리가 부탁하고자 하는 모든 건 도와 달라는 것입니다."[22] 헨리도 킹도 두드러지게 언변이 유려하지 않았기에 많은 시청자들이 채널을 돌렸을지 모른다. 하지만 로가 세 번째 증인을 호출했을 때, 미시시피에서 대대로 살아온 흑인이 견뎌야 했던 모든 고통, 모든 억압, 모든 지상의 고난은 다리를 끌며 중앙 무대에 섰다.

패니 루 헤이머는 함께 버스를 타고 애틀랜틱시티에 오지 않았다. 그녀와 다른 스니크들은 하루 먼저 비행기를 타고 뉴욕에 가서 한 마을 회의에 참석했다. 거기서 그녀는 지난해 미시시피 위노나에서 당한 폭행을 증언했다. 그러나 그녀의 증언은 회의장 밖으로 퍼져 나가지 못했다. 토요일 오후, 헤이머는 자신이 전국을 향해 말하게 된다는 걸 알았다. 대회장으로 가기 전, 그녀는 젬 호텔에서 유니타 블랙웰과 이야기를 나누었다.

"얘, 넌 내가 증언해야 한다고 생각하니?"[23]

블랙웰이 용기를 주자 헤이머가 말을 이었다. "난 오늘 증언할 거야. 분명히 말할 수 있을 거야." 나중에 그녀는 마치 산꼭대기에서 말하고 있는 것 같았다고 고백했다. 하지만 회의장 앞쪽으로 가서 증언석 테이블에 하얀 핸드백을 올려놓았을 때, 그녀는 자신이 없어 보였다. 목에 마이크를 고정시키는 걸 기다리는 동안 헤이머는 피곤하고 두렵고 걱정스러워 보였다. 그녀는 자리에 앉기도 전에 입을 열었다.

"의장님, 그리고 자격심사위원회 여러분, 내 이름은 패니 루 헤이머입니다……."[24] 눈물이 차오를 것만 같이 걱정스런 표정이 되었지만, 헤이머는 마음을 단단히 먹었다. 누가 들어도 미국 최남단 동부의 악센트로 말을 이었다. "그리고 미시시피 룰빌 이스트라파예트 스트리트 626에 살고 있습니다." 넓적한 얼굴이 번들거리면서 단호했다. 그녀가 대중집회의 분위기를 고양시키던 모습을 보아 온 스니크들, 그리고 오하이오와 교회, 부엌에서 헤이머가 말하는 걸 보아 온 활동가들은 이 순간을 여름 내내 기다려 왔다.

"1962년 8월 31일, 우리 열여덟 명은 40킬로미터를 이동하여 인디어놀라 카운티 법원으로 갔습니다. 유권자 등록을 하여 일등 시민이 되고 싶었으니까요……."

전날 밤 자유민주당 당원이 막후 활동을 벌이는 동안, 미시시피는 자유민주당이 도전해야 할 근거를 보태 주었다. 이타베나에서 누군가 교회에 불을 질렀다. 픽업 몇 대가 벨조니에 있는 흑인 카페 둘레를 맴돌아서 유권자 등록 활동에 나서야 할 활동가들이 오도 가도 못했다. 투펄로에 있는 프로젝트 사무실이 소이탄 공격을 받았다. 하지만 토요일 오후, 미시시피는 '차분'했다. 패니 루 헤이머가 증언을 시작했을 무렵, 주 전역의 흑인 구역은 이 방송이나 저 방송의 TV를 지켜보고 있었다. 베이츠빌에서 흑인들은 대의원 로버트 마일스나 그 착한 백인 소년 크리스 윌리엄스를 잠깐이라도 보게 되길 기대했다. 헤이머의 얼굴이 TV에 비치자 그녀의 고향마을 사람들이 소리쳤다.

"패니 루다!"[25]

"저것 봐!"

"얘들아, 이리 좀 와 봐!"

그리고 필라델피아 독립 구역에서, 새 COFO 사무실에 모인 흑인과 백인은 한쪽 눈은 TV에 고정시키고 다른 눈으로는 거리를 감시했다. COFO가 과감하게 필라델피아에 들어온 뒤 열흘 동안, 에버스 호텔의 사무실은 백인들에게 분노의 표적이었다. 이제 언제든 폭탄이 터질 거라는 소문이 돌았다. 한 남자는 "우리가 오늘밤 처리할 거야"[26] 하고 백인들이 가득 찬 차에 대고 말했다. 시계 장치처럼 5분마다 전화가 걸려 왔다. "너희들, 시간이 얼마 안 남았어!"[27] "너희 시간은 끝났어!" 백 명이 넘는 지역 주민이 법원에 모여 '도시의 모든 검둥이'[28]를 해고하여 COFO를 몰아내는 방법을 의논했다. 레이니 보안관과 프라이스 대리는 언질이나 영장도 없이 불쑥불쑥 사무실에 쳐들어와서 잡동사니를 뒤지고 서류와 사람들 사진을 찍어 갔다. 프라이스 대리는 사이렌을 울리며 에버스 호텔을 질주해 지나가는 걸 재미로 삼았다. 어느 날 아침 자동차 한 대가 호텔의 줄무늬 차양 맞은편에 정차했다. 운전자가 나오더니 쌍대 엽총을 겨누었다. 손가락을 방아쇠에 댄 채 5분 동안 집중 겨냥하고 있다가 차를 타고 떠났다.

매일 밤 실무자들은 호텔 옥상에서 경계를 섰다. 어둠은 벌레들과 함께 고동쳤지만 그것 말고는 고요했다. 어느 아침 활동가들은 자동차가 거리를 지나가는 걸 내려다보았다. 자동차에서 작은 꾸러미를 사무실 문에 던졌다. 위기를 느끼고 한달음에 아래층으로 내려갔다. 《네쇼바 데모크랫》이 계단에 놓여 있었다. 활동가들은 '공포 속의 코미디'[29]에 관해 농담을 주고받을 수 있었지만, 필라델피아 흑인 사회는 공황 상태였다. "당신들이 우리를 떠나면 저들이 우리 모두를 죽일 거예요. 그들은 우리 시신을 차곡차곡 쌓아 놓을 거예요"[30]라고 한 여인은 말했다. 8월

20일, 프라이스와 레이니는 퇴거 통지를 보냈지만, COFO 변호사들은 청문회를 신청했고 다음 목요일로 일정이 잡혔다. 전화로 더 많은 활동가를 요청하자, 곧 몇 명이 더 와서 호텔 옥상의 밤샘 경계에 함께했다. 이들은 미시시피에서 여름 한 철을 보내는 것만으로는 충분치 않다고 마음을 굳힌 많은 활동가들 가운데 일부였다.

8월 22일, 활동가 수백 명이 떠나려고 할 즈음, COFO의 광역전화 서비스는 흡사 대학의 '동승 게시판' 같았다. "보스턴으로 가는 사람이 있습니까?" "덴버는?" "캘리포니아로?" 미시시피 곳곳에서 활동가들은 슬픈 작별인사를 건네고 있었지만, 80명은 떠나지 않을 것이었다. 8월 내내, 그들은 계속 머물 것인가 문제로 갈등하고, 먼저 스스로 확신을 세운 다음 마음 산란한 부모를 설득했다. 한 여성 활동가는 떠나는 날 바로 전 날 밤에 마음을 바꾸었다. 존스홉킨스대학의 지도교수에게 통지한 뒤 집에 편지를 썼다. "나는 더 이상 박사 과정을 밟는 걸 합리화할 수 없을 따름입니다. 플로라의 주민들이 역사와 사회와 인간의 더 큰 삶에 관한 가장 기초적인 자료를 이해하려고 애쓰고 있는 지금, 탐욕스럽게 '고등교육'을 추구하는 게 부끄럽게 느껴져요. …… 지금 여기서 떠난다면 거짓된 삶을 살게 될 것 같아요."[31]

프레드 윈은 남기로 결심한 이유를 진부하게 설명했다. "어느 날 신발을 신지 않고 밖에 나갔을 때 미시시피에 남기로 했어요. 온갖 지저분한 게 묻었지만 발가락 사이로 진흙이 들어왔어요. 그 뒤로 그 느낌을 떨쳐 버릴 수 없어요"[32] 하고 아버지에게 편지를 보냈다. 이 도시 저 도시로 옮겨 다닌 끝에, 프레드는 인디어놀라에서 정말 집처럼 편안함을 느꼈다. 든든한 아이린 매그루더의 집에 기거하고 하루 종일 프로젝트 사무실에서 일하면서 그는 사람들을 알아 갔다. 사무실에 오는 일곱 살짜리 남자아이 스미스는 '스미스' 하고 불러야만 대답을 하고 프레드를 빤히 바라보았다. 어린 시절에 소아마비를 앓은 중년 여성은 무릎을 꿇고 목화를 땄다. 이들을 알아 간 두 달 동안, 순진하고 약간 괴짜인 목수는 자유의 투사가 되어 갔다. 프레드는 더 이상 '스무 살 청년'이 아니었다. 말솜씨는 재치를 더해 갔고 정의감은 나날이 담금질되었다. 흑인과 백인과 여자와 지내는 게 점점 더 편안해졌다.

자유학교에서 성인을 가르치는 고등학교 3학년 몇 명 가운데 한 명이 프레드의 눈을 사로잡았다. 그 흑인 여학생의 모든 면이 좋았지만 무엇보다도 그녀의 열정에 반해 버렸다. 그녀는 자유의 노래를 힘차게 불렀고 헌신적으로 활동했으며, 가끔은 아이린 매그루더의 화이트로즈 카페에서 활동가들과 함께 맥주를 마시고 튀긴 볼로냐 샌드위치를 먹었다. 매일 밤 누군가가 그녀를 집까지 태워다 줄 때, 프레드는 뒷좌석에 그녀와 함께 있었다. 얼마 지나지 않아 훨씬 경험이 많은 고등학교 3학년이 작업을 걸었다. 하지만 오래지 않아 그 여학생은 집으로 가는 길에 프레드의 목을 휘감았다. 그리고 어느 무더운 8월의 밤, 그녀는 그를 데리고 깜깜한 길을 지나 텅 빈 자유학교로 들어왔다. 여학생이 여러 차례 적극적으로 다가오는 데 겁먹었지만, 프레드는 어쨌거나 그 밤에 첫 경험을 했다. 샌프란시스코 목수와 델타의 고등학교 3학년 학생은 불편한 사랑을 나눴다. 몸뚱이는 땀에 흠뻑 젖었고, 고개를 돌려 창밖을 보며 어느 때든 KKK가 나타날까봐 경계했다. 하지만 둘은 멈출 수 없었다. 둘은 몇 번 더 관계를 가졌고 끝내 친구들에게 설득당한 여학생이 위험한 정사를 끝냈다.

프레드에게 섹스를 알려 준 프리덤 서머는 미시시피 경찰에 대처하는 법도 가르쳐 주었다. 인디어놀라 활동가가 체포되었을 때, 프레드가 재빨리 세 통의 전화를 건 덕분에 활동가가 한 시간 만에 보석으로 석 방되었다. "위기 대응 수칙"[33]이라고 그는 아버지에게 편지를 보냈다. 그 리고 그 여름 처음으로, 프레드는 미시시피에서 웃을 수 있었다. 8월의 끝자락을 향해 가던 어느 날, 그는 인디어놀라에서 짓궂은 장난을 쳤 다. 리플릿 배포를 금지하는 주에 맞서고 싶었던 COFO 변호사는 시 당국이 불공정하게 허가를 거부했다는 증거가 필요했다. 대중 집회를 위한 리플릿은 대개 승인되었다. 어떤 행사여야 확실히 거부될까? 손 글씨로 쓴 전단지가 금세 등사기로 인쇄되었다.

하나둘, 모두 오세요
자유의 댄스파티!
인디어놀라 최초의 인종 통합 댄스파티
자유학교에서 열리는 큰 인종 혼합의 장
남부의 사내와 아가씨들 모두 만나요.[34]

리플릿을 손에 들고 프레드는 시의회로 갔다. 분노한 시의원들이 COFO 대변인을 노려보았고 대변인은 한마디도 말할 수 없었다. 마침 내 한 시의원이 꾸짖었다. "이게 도대체 뭐 하자는 것인가?"[35] 프레드가 일어서서 웃음기 없는 얼굴로 설명했다. 인종 통합 댄스파티는 '지역 사 회에 이로울 것이고, 모든 사람이 어울리는 것'이라고. 의원들 얼굴이 시뻘게졌다. "문제를 일으키자는 거지, 문제를 일으키자는 거야" 하고 의원들이 중얼거렸다. 차분한 임원이 간부회의를 소집했고, 거기서 불 허가 결정되었다. 인디어놀라 시는 '인종 통합 자유의 댄스파티'를 개최 하지 않았지만, 리플릿 배포에 관한 법률은 결국 뒤집혔다.

패니 루 헤이머가 애틀랜틱시티에서 증언하던 오후, 프레드와 몇 사람은 매그루더 부인 집 흑백 TV 앞에 모여 있었다. 다른 활동가들과 마찬가지로 프레드는 헤이머가 들려주는 이야기를 들은 적이 있었다. "그녀가 전국에 방영되는 TV에서 증언하면 난리가 날 거라는 걸 우리 모두는 알고 있었습니다."[36] 헤이머가 곧 말하겠다…… 곧 말할려고 해…… 말하고 있어, TV에서! 헤이머는 유권자 등록 접수를 철회하라는 명령을 받은 것, 그리고 "내가 등록을 하려는 건 당신을 위해서가 아니었어요. 내가 등록하려는 건 내 자신을 위해서였어요."[37]라고 소유주에게 말했던 일을 밝혔다. 헤이머의 목소리는 이제 점점 힘이 들어가고 있었다. "나는 그날 밤으로 농장을 떠나야 했습니다." 꽃무늬 드레스 밖으로 굵은 팔뚝이 두드러져 보이는 그녀는 두 손을 포개고 앉았다. 위원회 테이블에서 위원들은 상체를 앞으로 내밀고 그녀에게 눈길을 모았다.

1962년 9월 10일, 로버트 터커 씨 부부의 집 안에 '열여섯' 발의 총알이 날아 들어왔습니다. 나 때문이었죠. 바로 그날 밤 여자아이 두 명이 미시시피 룰빌에서 '총에' 맞았습니다. 또 조 맥도널드 씨 집에도 총탄이 박혔고요. 그리고 1963년 6월 9일, 나는 유권자 등록 워크숍에 참석했다가 미시시피로 돌아오고 있었습니다. 우리 일행 열 명은 컨티넨탈 트레일웨이 버스를 타고 있었지요. 우리가 미시시피 위노나에 도착했을 때……[38]

갑자기 방송이 중단되었다. "곧 여기 애틀랜틱시티 현장으로 다시 돌아오겠습니다. 자 그럼 백악관을 연결해 보겠습니다."[39]

갑자기, 세 방송국 모두에서 소작인이 사라지고 대통령이 등장했다. "아홉 달 전 오늘, 지금과 거의 똑같은 오후 시각에 이 공직의 책임이 저한테 맡겨졌습니다. 우리 미국 역사에서 일어난 한 끔찍한 순간에서 비롯된 일이었습니다"[40] 하고 LBJ가 입을 열었다. 패니 루 헤이머를 방해하기 위해서 10여 분 동안 말해야 한다는 걸 알고 있는 존슨은 토론으로 넘어가고자 했지만 토론할 게 아무것도 없었다. 그는 부통령 후보를 아직 결정하지 않았다고 기자들에게 말했다. 그리고 괴로울 만큼 자세하게 자신의 기준을 설명했다. 그가 말을 마쳤을 즈음 헤이머의 발언도 끝났다. 증언은 이어졌다. 리타 슈워너는 폴 존슨 주지사가 자신의 면전에서 문을 쾅 닫고 들어갔던 일을 밝혔다. CORE의 제임스 파머와 NAACP의 로이 윌킨스가 이 도전을 지지했다. 마틴 루터 킹은 모든 정당이 자랑스럽게 자유민주당에 의석을 주어야 한다고 말했다. "민주주의의 참된 정신은 바로 평범하게 삶을 살아가는 이 성자들 속에서 가장 자랑스럽게 가장 변하지 않는 모습으로 드러나기 때문입니다."[41] 그리고 미시시피의 시간이 되었다. 주 상원의원은 어떠한 인종차별도 없다고 부인하며, 자유민주당을 "권력에 굶주린 투덜이들"[42]이고, 그 "잔당"은 공산주의자 천지이며, KKK만큼이나 비밀스런 집단이라고 폄훼했다. 로는 반론을 펼치고, "그 세 청년의 피살에 책임이 있는 미시시피 권력 구조에 투표하든가 아니면 …… 세 청년이 목숨을 바친 이들에게 투표하든가"[43] 자격심사위원회가 선택하라고 했다. 위원회 구성원들이 일어서서 박수를 쳤다. 회의는 끝났다. 하지만 자유민주당은 "천지를 뒤흔들었는가?" 아니면 미국이라도?

린든 존슨이 계획한 대로, 즉흥적인 기자회견은 패니 루 헤이머의 방송을 중단시켰다. 하지만 대통령조차 그녀의 입을 틀어막을 수는 없었다. 그날 저녁, 세 방송국 모두 오후보다 훨씬 많은 시청자 앞에서 헤이머의 증언을 처음부터 끝까지 재방송했다. 이제 미국인들은 뚱뚱한 여인이 고개를 젓고 그녀의 목소리가 감정에 따라 일렁이는 걸 보았다.

……나는 카운티 교도소로 이송되어 접수처로 들어갔습니다. 그들은 일부를 접수처에 남겨 두고 우리를 감방에 넣기 시작했어요. 나는 이베스타 심슨이라는 아가씨와 함께 감방에 갇혔습니다. 감방에 들어간 뒤 두들겨 패는 소리와 비명 소리가 들리기 시작했습니다. 퍽퍽 치는 소리와 '끔찍한' 비명을 들을 수 있었어요. 누군가가 '네, 선생님 하고 말해 보지 그래, 검둥아?'라고 말하는 소리를 들을 수 있었습니다.[44]

미시시피에서 수많은 사람이 빽빽이 들어찬 교회를 크게 울렸던 바로 그 목소리가 이제는 미국 전역의 거실을 크게 울리고 있었다.

……그리고 그 남자 목소리가 말했어요. '차라리 죽기를 바라게 만들어 주겠다.' 나는 그 감방에서 끌려나와 또 다른 감방으로 끌려갔어요. 흑인 죄수 두 명이 있었습니다. 주 고속도로 순찰관들은 첫 번째 흑인에게 곤봉을 받으라고 명령했어요. 첫 번째 흑인 죄수가 주 고속도로 순찰관의 명령에 따라서 나한테 2단 침대에 엎드리라고 명령했어요. 내가 엎드리자 첫 번째 흑인이 나를 때리기 시작했어요……[45]

충격을 받은 일부 학부모는 틀림없이 채널을 돌렸을 테지만, 다른 사람들은 헤이머가 스스로에게 깊이 침잠하는 걸 보았다.

……나는 첫 번째 흑인이 지쳐 떨어질 때까지 맞았습니다. 그때 나는 왼쪽으로 누운 채, 뒤로 두 손을 꼭 잡고 있었어요. 여섯 살 때 소아마비를 앓았기 때문이지요. 첫 번째 흑인이 힘이 떨어질 때까지 때리고 나자, 주 고속도로 순찰관이 두 번째 흑인에게 곤봉을 받으라고 명령했어요. 두 번째 흑인이 때리기 시작했습니다……[46]

눈물이 고여 가득 차올랐지만 헤이머의 목소리는 가라앉지 않았다. 이제 그녀는 의분을 터뜨리며 비판의 목소리를 나라 전체에 돌렸다.

이 모든 건 우리가 유권자 등록을 해서 일등 시민이 되려고 했기 때문이었습니다. 지금 자유민주당이 의석을 차지하지 못한다면 '나는 미국에 묻겠습니다. 이게 미국인가요?' 이게 자유의 땅이고 용감한 사람들의 나라입니까? 여기서 우리는 날마다 목숨을 위협받고 있어 수화기를 내려놓고 잠들어야 합니다. 미국에서 우리가 '품위 있는' 인간으로 살고자 한다는 이유로 이래도 되는 건가요?[47]

의분을 터뜨리지 않았더라도 헤이머는 자신의 서명 문구를 반복했을지도 모른다. "이게 미국인가요? 이런 곳이 미국입니까? 여기가 진정 미국 맞아요?" 하지만 떨리는 목소리로 "감사합니다" 하고 짧게 인사하고 일어선 그녀는 핸드백을 집어 들고 '산꼭대기'에서 내려왔다.

몇 분 안에 전신이 백악관에 쇄도했다. 그 저녁에 400통이 넘는 전신이 수신되었다. 거의 모두 자유민주당에 의석을 주어야 한다는 내용이었다. 당장! 갑자기 애틀랜틱시티 모든 곳에 자유민주당이 있는 것 같았다. 그들의 도전이 모든 토론의 주제가 되었고, 대의원들의 이야기를 퍼뜨리는 지지자들이 모텔 방에서 전화를 걸고 밤 늦게까지 막후 활동을 벌였다. 일요일 아침, 조지프 로는 '11과 8'보다 큰 수를 셀 수 있었다. 자격심사위원 열일곱 명이 이의 제기를 지지했고, 열 개 주 대의원단이 대의원 표결을 요청하려고 준비했다. 밥 모지스조차 낙관적이었다. 셔츠와 타이 차림으로 보드워크의 군중 앞에 선 그는 "이 문제가 이 대회장 표결에 부쳐진다면 아마 부결되지는 않을 거라 생각합니다"[48]라고 공언했다. 기자들은 소작인과 가정부를 인터뷰했다. 그날 오후에 지지자 2천 명이 보드워크에 운집했다. 오리건의 하원의원 웨인 모스가 자신의 대의원단이 20 대 0 표결로 이의 제기를 대의원 표결에 부치게 했다고 말하자 환호성이 터졌다. 바다갈매기 소리, 프라이팬을 판다고 목청껏 외치는 소리, 비틀스 히트곡이 요란하게 흘러나오는 라디오 소리가 무색하게, 패니 루 헤이머가 〈이 작은 나의 빛〉을 우렁찬 목소리로 불렀다.

자격심사위원회는 그 일요일 오후에 다시 만나 저녁 6시경 결론을 내리기로 했다. 그들에게는 세 가지 선택권이 있었다. 백인 대의원단 대신 자유민주당 전체가 의석을 차지하게 하는 것. 자유민주당은 결국 합법 정당이 아니므로 의석을 전혀 내주지 않는 것. 또는 LBJ를 지지한다는 충성 서약을 하게 함으로써 양쪽 대의원단에게 모두 의석을 내주되, 각 대의원이 반 표를 행사하게 하는 것. 자유민주당 소책자가 밝히고 있듯이, 이 50 대 50 해법은 과거 여러 차례 전당대회의 분쟁을 해결한 방법이었다. 그 가운데 하나가 1944년, 하원의원 린든 존슨이 프랭클린 루스벨트를 지지하는 노선으로 보수적인 텍사스 대의원단이 된 일이었다(당시 텍사스 대의원단 두 그룹이 민주당 전당대회 의석을 서로 차지하려고 했다. 대통령 후보로 지명될 것이 확실했던 루스벨트는 자신에게 불리할 것이 없기에 두 대의원단에 모두 의석을 내주는 대신 각 대의원이 반표를 행사하게 했다—옮긴이).

그러나 남부 전체가 탈퇴할지 모른다는 위기감에, 린든 존슨 대통령은 그 해법을 원하지 않았다. 그의 계획은 자유민주당을 투표권 없는 '귀빈'[49]으로 모시는 것이었다. 자유민주당은 그런 '버스 뒷자리'[50](백인은 앞자리, 흑인은 뒷자리에 앉는 인종분리 방식—옮긴이) 같은 해법에 단호히 반대했다. 50 대 50 해법을 부결시킨 뒤 자격심사위원회는 교착 상태에 빠졌다. 그때 오리건 하원의원이 네 번째 해법을 제시했다. 자유민주당에 '전체 대표'(at-large, 클럽, 도시, 주, 국가 등 한 단위에서 선출되거나 임명되는 대표는 일부 구성원의 대표가 아니라 전체 구성원의 대표가 되는 방식으로, 선거구 선거와 반대된다—옮긴이) 의석 둘을 내주자는 것이었다. 조지프 로의 억장이 무너졌다. '그는 우리 편인데, 싸움이 시작되기도 전에 우리 편이 여기서 그 요구를 둘로 낮추고 있지 않은가.'[51] 2석 해법에는 표결이 이루어지지 않았다. 미네소타 주 법무장관 월터 먼데일이 의장을 맡고 있는 분과위원회는 저녁까지 토론을 이어 갔다. 저녁 8시 45분, SNCC/CORE 사무실에 폭파 협박 전화가 걸려 왔다. 그 저녁 언젠가 백악관으로 걸려온 전화는, 자유민주당이 대의원 표결에서도 충분한 지지를 받을 게 분명하다고 대통령에게 말했다. 대통령은 "로가 이 정부를 갖고 놀 계획이라면, 그 문제를 대의원 표결로 갖고 가지 않는 게 좋을 거라고 전하시오"[52] 하고 대답했다.

미시시피에서 나고 자란 자유민주당 당원들은 민주주의에 관해 거의 환상이 없었다. 권력은 너무도 높은 곳에 있어서 자신처럼 낮은 지위까지 보호해 줄 수 없다는 걸 알고 있었다. 민주주의의 넓이를 시험하고 있긴 하지만, 그들은 그 깊이를 너무도 잘 알았다. 중용, 윤리, 원칙, 이런 건 안정된 시대, 미시시피의 흑인이 '본분을 아는' 때에 해당하는 얘기였다. 하지만 그들은 더 이상 미시시피에 있지 않았다. 그들은 미시시피의 공포를 벗어나 버스를 타고 1,600킬로미터를 달려왔다. 여기 권력의 더 높은 위치에서, 이번만큼은 민주주의가 이름값을 할 수 있을 거라고 거의 모든 자유민주당 당원은 생각했다. 가르침은 빨리 다가왔다.

그 주말, FBI 수사관들이 애틀랜틱 애버뉴의 SNCC/CORE 사무실에 침투했다. 대회장에서 한 블록 떨어진 곳이었다. 수사관들은 방금 마틴 루터 킹의 호텔 전화에 도청 장치를 설치했다. 그리고 몇 분 만에 자유민주당이 사용하는 전화에 도청 장치를 했다. 사찰을 지시한 건 바로 대통령 본인이었다. J. 에드거 후버는 정당 회의를 도청하는 걸 '사회 통념에 어긋나는 일'[53]이라 생각했지만, 그러면서도 스물일곱 명의 수사관과 자신의 특별 보좌관까지 보냈다. 도청으로 얻은 정보는 매시간 대통령 집무실에 보고되었고 곧바로 성과가 나타났다. 일요일 밤, 린든 존슨은 자유민주당 당원들이 어떤 대의원에게 막후 활동을 벌이고 있는지, 마틴 루터 킹이 어떤 주지사에게 장내 투쟁에 앞장서라고 압력을 넣고 있는지 파악했다. 그리고 밥 모지스가 한 흑인 하원의원에게 마지못해 건넨 명단 덕분에, 자격심사위원회의 어느 위원이 이의 제기를 지지하는지 알아냈다. 이제 압력이 조여들었다. 미국 곳곳에 전화가 갔다. 명단에 있는 그들이 자유민주당에 등을 돌리지 않으면, 심사 중인 판사직과 관직, 대출과 승진이 한순간에 없던 일이 될 것이라 으름장을 놓았다. 조지프 로는 수를 세고 있었다. 실망스럽게도 지지자가 딱 열한 명뿐이었다. 그러더니 열 명, 그리고 여덟 명으로 줄었다.

월요일, 전당대회가 개회되는 날, FBI 수사관들은 NBC 기자로 위장했다. 흑인 정보원들이 SNCC/CORE 사무실에 침투했다. 그리고 농민과 소작인, 이발사와 장의사, 가정부와 요리사의 모텔 방에 더 많은 도청장치가 설치되었다. SNCC는 사찰을 전혀 감지하지 못했다. 다른 힘의 정책들은 훨씬 투명하기에.

크리스 윌리엄스는 대의원도 자유민주당 당직자도 아니었지만, 어떻게든 도울 수 있을 거라 해서 애틀랜틱시티에 왔다. 주말 동안 자유민주당 당원들의 운전기사 노릇을 했고, 유니언 템플 침례교회에서 열린 떠들썩한 집회에서 노래를 불렀다. 분출하는 용광로에서 벗어나 안심은 되었지만 바닷물에 뛰어들 시간조차 없었다. 태우고 가야 할 대의원이 늘 기다리고 있었고 참석해야 할 회의가 언제나 있었다. 크리스는 한정된 역할에 좌절을 느꼈지만, 그의 활동적인 에너지는 월요일 아침의 시위에서 탈출구를 발견했다.

8월 24일 새벽이 밝았을 때, 일부는 작업복을 입고 일부는 정장을 입은 150명의 사람들은 대회장 바깥 보드워크에 앉았다. 대부분 말이 없었고 그 가운데 많은 사람이 팻말을 들었다.

자유민주당을 지지하라[54]
지금은 1864년이 아니라 1964년이다[55]
위선을 버리고 민주주의를 시작하라

앉아 있는 사람들 위로 솟은 피켓 세 개는 굿먼, 슈워너, 체이니를 스케치한 그림이었다. 벤 체이니가 사랑하는 형이 그려진 피켓을 들고 서 있었다. 그리고 미술관에서처럼, 사람들 옆에서 미시시피의 민주주의가 전시되었다. 부서지고 검게 탄 1950년대 세단이 트레일러에 실려 있었다. 불에 탄 포드왜건을 형상화하기 위해 미시시피에서 여기까지 트럭에 싣고 온 것이었다. 여러 사진은 소작인들의 가난을 보여 주었다. 시온 산 교회에서 숯처럼 까맣게 탄 종이 '미시시피 테러 트럭'[56]이라는 제목이 붙은 픽업 짐칸에 놓여 있었다. 보드워크 연좌농성은 그 월요일 내내 계속되며 점점 사람이 불어나 수백 명이 되었다. 휴가를 보내는 사람들은 빠른 걸음으로 지나가며 고개를 돌려 쳐다보았다. 몇 사람은 걸음을 멈추고 이야기를 나누었다. 한 커플은 "모르시겠습니까? 노력해야 합니다. 자유민주당이 결성되기까지 많은 사람이 죽었습니다. 우리가 할 수 있는 최소한의 일은 여기서 자유민주당을 지지하는 것입니다"[57]라는 말을 들었다. 대부분의 사람은 지나쳐 갔지만, 몇 사람은 농성하는 이들에게 사과, 핫도그, 바닷물 캐러멜(saltwater taffy, 바다소금이 들어간 캐러멜로 애틀랜틱시티가 원산지인 특산품—옮긴이) 같은 음식을 갖다 주었다.

시위가 계속되는 동안 LBJ의 두려움은 커져만 갔다. "앨라배마는 거의 가망이 없네. 그리고 루이지애나와 아칸소도 그들과 함께할 거라더군. 나는 그런 주가 여덟에서 열이 될까봐 걱정이네"[58] 하고 그는 친구에게 말했다. 월요일 저녁 개회 의사봉을 두들기기 전에 결정을 내리겠다고 자격심사위원회가 약속했기에, 관심은 패전트 호텔로 옮겨 갔다. 대회장 맞은편에, 하얀 건물 앞면의 꼭대기에 미스 아메리카 왕관이 높이 솟은 패전트 호텔은 '애틀랜틱시티의 백악관'[59]이 되었다. 백악관 보좌관들과 대통령의 딸이 호텔 로비에서 목격되었다. 백악관 집무실에서 걸려오는 전화가 전화 교환대에 밀려 들어왔다. 가능성 있는 부통령 후보이자 미네소타 상원의원인 휴버트 험프리가 황급히 엘리베이터에 타고 황급히 내렸다. 머리가 벗겨지고 있고 원기 왕성한 험프리는 부통령으로서 맡을 수 있는 어떤 것보다도 막중한 임무를 맡았다. LBJ가 자유민주당을 맡아 처리하라고 지시한 것이다. 험프리의 눈앞에서 대롱대롱 흔들리는 메달은 부통령직이라는 유혹이었다. "자네가 휴버트 험프리에게 좀 전해야겠네. 이 큰 전쟁이 여기서 시작되어, 남부 전체가 탈퇴하고 우리가 난장판에 빠지게 된다면 이 정당에서 그의 미래는 없다고 내가 자네에게 말했다고 말일세"[60] 하고 존슨은 친구에게 말했던 것이다.

월요일 오후 1시 40분, 험프리는 자신이 묵고 있던 패전트 호텔 스위트룸에서 회의를 열었다. 자유민주당이 2석 타협안을 받아들여야 한다는 자기 주장의 지원군을 얻기 위해, 험프리는 자격심사위원 몇 명과 소수의 중도파 흑인 지도자들, 마틴 루터 킹과 그의 보좌관 앤드루 영, CORE의 제임스 파머, 그리고 에어런 헨리를 초대했다. 그러나 헨리는 초대받지 않은 친구 두 명, 밥 모지스와 패니 루 헤이머를 데리고 왔다. 이어지는 장면은 전형적인 흑백의 대비였다. 검은 얼굴과 흰 얼굴, 까만 타이와 하얀 셔츠, 흑인의 분노와 백인의 합리화까지. 스위트룸 이 구석에서 저 구석에서 지도자들은 세 시간 동안 논쟁을 벌였다. 합의가 언급되자, 모지스는 "흑인이 흑인을 대변하고 흑인이 흑인을 대표할"[61] 때가 되었다고 차분히 말했다. 자유민주당이 "받아들일 수 있는 건 전당대회에서 이루어질 평등한 투표권"이라고 그가 말했다. 휴버트 험프리가 반박했다. 백인이 흑인 또한 대표할 수 없다면 "민주주의는 참된 것이 아니다"[62]라고 그가 말했다. 그리고 민권과 관련하여 자신의 훌륭한 업적을 방에 있는 모든 사람에게 상기시켰다. 1948년 험프리는 미국 역사상 가장 진보적인 민권 강령을 앞장서서 이끌어 낸 바 있다. "미국에서 민주당이 주권(州權)의 그늘에서 벗어나 인권의 밝은 햇살 속으로 똑바로 걸어가야 할 때가 왔다"[63]고 선언한 강령이었다. 뒤이어 험프리는 흑인 보좌관을 점심 때 연방상원의 식당에 초청하고 식당에서 나가기를 거부함으로써 독자적으로 인종 통합으로 나아갔다. 그는 자신의 부통령 지명 여부가 타협안에 달려 있다면서 말을 끝냈다.

스위트룸 한 구석에서 패니 루 헤이머는 말없이 듣고만 있었다. 애틀랜틱시티에 오기 전, 헤이머는 험프리의 민권 활동 업적에 관해 들었고 그를 만나기를 기대하고 있었다. 이제 그는 정치인의 미소 뒤에서 선한 사마리아인의 마음을 보려고 애썼다. "험프리 의원님, 나는 당신을 위해 기도해 왔습니다. 당신은 선량한 사람이에요. 그리고 나는 무엇이 옳은 것인지 알지요. 문제는 당신이 옳다고 알고 있는 일을 하기를 두려워한다는 것입니다. 당신은 이 일을 하고 싶어 하네요. …… 하지만 험프리 씨, 당신이 이 일을 하게 된다면 당신은 아무런 가치가 없는 사람이 될 거예요. 험프리 씨, 다시 당신을 위해 기도하겠습니다"[64] 하고 헤이머가 말했다. 헤이머의 눈에 눈물이 고였다. 험프리도 울었다고 말하는 사람이 있다. 회의는 한 시간이 더 지나서야 끝났다. 그 오후, 자격심사위원회는 결정을 화요일까지 연기했다. 조지프 로는 배신감으로 침울해진 기분을 숨기고 기자들에게 발표했다. "우리는 회의장에서 승리할 수 있고, 끝까지 노력할 것입니다."[65] 그날 밤에 대회가 시작되었을 때 좌석이 줄줄이 비어 있는 곳을 "미시시피"라고 적힌 띠가 둘러싸고 있었다. 월터 먼데일의 분과위원회는 새벽까지 논쟁을 벌였다.

화요일 아침, 린든 존슨은 더욱 절망했다. 보좌관이 전화를 걸어서 월요일 회의에 관한 험프리의 보고를 전달했다. 험프리는 자신이 '호랑이굴'로 들어갔다고 했다. 그리고 "참을성 있게 들어 주고, 열띠게 논쟁하고 …… 내 심금을 다 털어 보았지만 아무런 진전이 없었다"[66]고 했다 전당대회 개회 첫날밤의 소식을 시청하면서, 존슨은 미국에서 가장 시청률이 높은 뉴스 진행자 쳇 헌틀리와 데이비드 브링클리가 장내 대립이나 남부 전체의 탈퇴를 우려하는 소리를 들었다. 백악관으로 쇄도하는 전신은 이제 "흑인들이 나라를 차지했다"[67]고 불만스러워했다. 인종 간 포격전 사이에서 궁지에 몰렸다는 느낌에다가 '자신의' 전당대회를 통제할 수 없었던 존슨은 가장 극단적인 선택권인 사퇴를 고민하기 시작했다. 그는 추진력 있게 민권법안을 법률로 정착시켰지만 도시 빈민가에서 폭동을 일으키는 걸 보아야 했다. 그리고 남부의 인종차별주의를 반대했더니 미시시피 출신의 오합지졸 무리가 자신의 당을 깨뜨리려 하는 것이다. "자유민주당이 전당대회를 쥐락펴락하고 있네"[68] 하고 존슨은 친구에게 말했다. 자유민주당의 도전은 "내가 흑인을 자극했다고 말하려는 구실"[69]일 뿐이었다. 상대하기 힘든 숙적 로버트 케네디가 이 모든 일을 지휘하여 자신을 곤란하게 하고 있다고 믿는 존슨은 자유민주당의 도전을 "바비(로버트 케네디—옮긴이)의 함정"[70]이라 폄훼했다. 기분이 암울해지면서 존슨은 아무런 선택권이 없다고 느꼈다. 그는 임기를 마치고 고향 텍사스로 돌아가야겠다고 생각했다.

정오가 가까워질 무렵, 대통령은 공보관을 불러들였다. 애틀랜틱시티로 타고 갈 헬리콥터를 준비시키라고 지시했다. 방금 초안을 마련한 연설문을 애틀랜틱시티에서 읽을 생각이었다. "아무런 의심을 받지 않으며, 모든 정당, 모든 분야, 모든 인종의 사람이 따를 수 있는 리더십을 시대는 요구합니다. 열심히 노력했지만 내가 그런 목소리나 그런 지도자가 아니라는 걸 깨달았습니다."[71]

LBJ의 공보관은 태연한 척하려 했다. "이 연설문 때문에 나라가 엄청나게 소란해질 것입니다, 대통령님"[72] 하고 조지 리디가 대답했다.

이어 몇 시간 동안, 대통령은 양심과 최악의 두려움 사이에서 망설였다. 그는 자유민주당의 도덕적 주장을 인정했다. "이 사람들이 전당대회에 참여하겠다고 간청했소"[73] 하고 대통령이 말했다. "그들은 인구의 절반인데, 저들은 그 절반이 투표하는 걸 막는다고 말이오. 저들이 그들을 가로막는 거요. …… 하지만 우리는 그걸 무시할 것이오. 미시시피에 이렇게 말할 것이오. '그래, 당신들은 그렇게 했지만 당신들은 틀렸어. 당신들은 57년 민권법을 위반했고, 60년 법을 위반했고, 64년 법을 무시했어. 하지만 우리는 당신들을 의석에 앉힐 거야. 빌어먹을 당신들을. 백합처럼 하얀 당신들, 우리는 당신들을 맞이하겠다'[74]고." 조지아주 상원의원 리처드 러셀은 오랜 친구에게 "진정제를 먹고 두어 시간 자라"[75]고 말했다. 그러나 존 코널리가 전화를 걸어 와서 자유민주당이 의석을 갖게 될 경우 "남부 전체의 탈퇴"[76]를 다시금 예견했다. 그리고 조지아의 주지사는 "우리는 자유민주당을 깜둥이들에게 넘겨주고 있는 것 같습니다. …… 깜둥이는 우리 목을 깊숙이 베어 들어올 것입니다"[77]라며 불만을 표시했다. 책략에 지나지 않았을 수도 있지만, LBJ는 사퇴하겠다고 여전히 고집 부렸다. "맹세하건대, 나는 거기 가서 사퇴할 것이오. 다들 엿 먹으라지!"[78] 아내만이 그를 만류할 수 있었다.

컴컴한 방에서 남편이 골똘히 생각하는 걸 지켜본 버드 존슨은 남편에게 쪽지를 썼다. "여보, 당신은 해리 트루먼이나 FDR이나 링컨만큼 용감하잖아요. …… 지금 사퇴하는 건 당신의 조국에 잘못을 저지르는 일이고, 당신의 미래는 고독한 황무지뿐일 거예요. …… 언제나 낭신을 사랑해요. 버드."[79]

그 화요일 내내, 보드워크에서 진행된 자유민주당의 농성은 계속되었다. 대회장 밖 피켓 물결 아래로 수백 명이 침묵을 지키며 앉아 있었다. 등이 뻐근하고 시간은 미시시피 델타의 속도로 느릿느릿 흘렀다. 의지를 결집시키기 위해 딕 그레고리와 할렘의 하원의원 애덤 클레이턴 파월이 연설했다. 2석 합의안 제안 소식을 들은 시위대는 귀엣말로 서로 서로 전해 주었다. 무슨 일이 진행되고 있는지 확실히 아는 이는 아무도 없었지만, 젬 호텔에서 전화를 담당하고 있는 활동가들은 이미 최악을 예견했다.

"자격심사위원회 회의가 오늘밤인가?"[80]

"우리가 충분한 지지를 받고 있으니까 회의를 연기했잖아. 그들은 우리를 속이는 방법을 알고 있어."

오후 2시 직전, 조지프 로는 자신을 고용한 전국자동차노조 위원장 월터 로이더에게 전화하라는 말을 들었다. LBJ의 재촉으로, 로이더는 야간 비행기로 애틀랜틱시티로 와서, 2석 합의안이 유일하게 가능한 해법임을 험프리에게 설득했다. 로이더는 이제 로와 통화하며 똑같은 말을 했다. 전체 대표 2석, 합법적인 지위를 갖지 못한 정당에 주어지는 그 의석은 '엄청난 승리'[81]라고 로이더는 말했다. 로는 주저했다. 2석을 절대 받아들이지 않겠다고 자유민주당이 말한 걸 분명히 들었지만, 지금 그는 자유민주당이 수용할 수도 있다고 대답했다. 에어런 헨리와 의논해 보겠다고 했다. 로이더는 자동차 도시 디트로이트 스타일로 밀어붙였다. 로가 곧바로 자격심사위원회로 가서 합의를 수용하겠다고 하지 않으면, 더 이상 전국자동차노조 일은 못하게 될 것이라고 으름장을 놓았다. 강한 압력을 느낀 로는 위원회실로 가면서, 다른 고용주들과 의논하기 전까지 필리버스터를 할 수 있기를 바랐다. 하지만 자유민주당 지도자들은 바빴다.

오후 3시 즈음, 자유민주당의 도전은 노스미시시피 애버뉴 양쪽에서 파탄 나고 있었다. 대회장 위층의 위원회실에서, 로는 자격심사위원회 앞에 섰다. 휴회를 절박하게 호소하면서 "투표! 투표!"라는 외침에 목소리가 묻히지 않게 하려고 노력했다. 길 맞은편에서, 휴버트 험프리는 패전트 호텔에서 또 다른 회의를 소집하고 있었다. 이번에는 눈물도 회유도 흑백의 대비도 전혀 없었다. 오로지 분노의 격발과 압력 정치, 속임수만 있었다. 회의 처음부터 흑인들은 한층 조여 드는 협공 작전을 감지했다. 마틴 루터 킹이 타협안에 주저하자, 월터 로이더는 UAW가 버밍햄에서 킹의 운동자금을 댔다는 걸 상기시켰다. "당신의 자금줄이 위태로워집니다"[82] 하고 로이더가 말했다. 킹은 곧 정신이 들었다. 에어런 헨리와 함께 전체 대표의 한 명으로 추천된 에드윈 킹 목사가 패니 루 헤이머에게 의석을 양보하겠다고 하자, 험프리가 거절했다. "대통령은 그 무식한 여자가 민주당 전당대회장에서 발언하는 걸 허락하지 않겠다고 말씀하셨소."[83] 그리고 오후 3시 30분이 가까워질 때 TV 한 대가 옮겨져 왔다. TV에서는 미시시피의 이의 신청이 해결되었다고, 자격심사위원회가 방금 합의안을 수용했다고 발표하고 있었다. 밥 모지스는 평정심을 잃었고, 이는 전설적인 이야기로 남았다.

세 해 전 그 주, 모지스는 미시시피 주 리버티의 법원 밖에서 칼자루로 폭행당했다. 한 친구가 모지스의 티셔츠를 벗겨 "피를 짜냈다."[84] 한 주 뒤, 모지스는 더 많은 흑인을 데리고 법원으로 갔다. 모지스가 매콤, 그린우드, 잭슨에서 사력을 다할 때, 주 전체의 야만성은 미국의 민주주의가 미시시피에서도 작동할 수 있다는 모지스의 신념을 꺾지 못했다. SNCC는 모든 폭행을 자세히 정리한 진술서를 무더기로 갖고 왔다. SNCC와 모지스는 카운티 등록 담당자와 연방정부를 고소했다. 모지스와 동료 활동가, 그리고 그 여름의 사도들은 수많은 판잣집을 찾아다니며 민주주의를 설명했다. 민주주의의 이름으로 여름 내내 피를 흘렸다. 세 남자가 살해당해 댐 아래 매장되었다. 상체만 있는 시신들이 강물에서 발견되었다. 여러 교회는 잿더미가 되었다. 애틀랜틱시티로 오면서, 모지스는 행복감에 휩쓸리지 않으려고 스스로 경계했다. 하지만 헤이머의 증언과 보드워크 농성 뒤, 그의 경계심도 풀어졌다. "무엇이 위기에 처해 있는지 진실로 이해한다면, 민주당은 자유민주당을 거부하지 않을 것이다"[85]라고 그는 말했다. 이제 미국이 밥 모지스의 뺨을 갈긴 것이었다. 이제야 그는 어쩌면 자신이 늘 의심해 왔던 것, 다시 말해 노골적인 강요, 압력, 그리고 비열한 뒷방의 거래 또한 '민주주의를 만드는 것'임을 새삼 깨달았다.

휴버트 험프리가 자유민주당 당원을 스위트룸으로 불러 정작 주장을 펼쳐야 할 곳에서 주장하지 못하게 막았다고 확신한 모지스는 "이 사기꾼!"[86] 하고 고함을 쳤다. 그리고 벌떡 일어나 많은 사람들이 모인 스위트룸을 나가 문을 쾅 닫았다.

그것은 스니크가 미국의 정치과정에 등을 돌리고 문 닫고 나가는 소리였다. 곧이어 모지스는 앞으로 다시는 정치를 믿지 않겠다고 선언했다. 다른 스니크들도 동의했다. "애틀랜틱시티는 크나큰 교훈을 주었다. …… 여전히 희망을 품고 있는 이들에게 더 이상 어떤 희망도 없다는 것, 연방정부는 미국 최남단 동부의 상황을 변화시키지 않는다는 것이다"[87]라고 제임스 포먼은 말했다. 엘라 베이커는 "애들은 기성의 방식대로 노력했다. 그들은 목숨을 걸고서 분투했다. …… 하지만 그들은 가만히 앉아 기다리지 않으려 했기에 비싼 대가를 치렀다. 그래서 다른 해답을 찾기 시작했다"[88]고 말했다.

"스토클리, 이게 자네들 모두가 민주주의라고 부르는 건가?"[89] 하고 하트먼 턴보가 물었다.

"아뇨, 턴보 씨. 이건 정치예요. 늘 그렇죠." 카마이클이 대답했다.

"그럼 그게 똑같은 게 아니구먼, 그렇지?"

"그럼요, 절대요."

오후 4시, 보드워크에 앉은 시위대는 2석 합의안이 승인되었다는 말을 듣고 침묵 속에 일어섰다. 그린우드의 SNCC 본부에 막 전화 한 통이 갔던 참이었다. "자유민주당의 호소에 이용할 수 있도록"[90] 최신의 폭력 사례를 알려달라고 자유민주당 당원들이 요청했던 것이다. 하지만 당원 이름이 적힌 서류 캐비닛 네 개, 산더미 같은 진술서, 가슴을 파고드는 증언을 비롯하여 그 어떤 증거도 아무런 소용이 없다는 게 갑자기 명백해졌다. 대서양에서 불어오는 산들바람을 맞으며 그들이 서 있는 곳은 목화밭이나 파이니우즈와는 아주 먼 곳이었다. 하지만 활동가들과 SNCC 실무자들은 미시시피에서 날마다 느끼는, 창자를 뒤트는 바로 그 분노를 느꼈다. 관광객들이 지나쳤다. 파도가 해안에서 부서졌다. 갈매기가 머리 위에서 원을 그렸다. 8월 25일이다. 한 주 뒤면 시작되는 대학교 강의는 활동가들을 빨아들일 것이다. 하지만 오하이오 캠퍼스에서 순수함 속에 시작되어 신문 1면을 뒤덮은 뒤 공포와 자유의 노래 속을 힘겹게 지나와서 마침내 미국 전역의 시청자들 앞에 그 이상주의를 보여 주었던 여름은, 끝났다.

그 저녁 내회장에서 합의안이 설명되고 1분도 안 되어 채택되었나. 자유민주당 당원은 회의를 열어 합의안을 공식적으로 거부했다. 회의장에서 나온 조지프 로는 눈에 눈물이 고인 채로 연단으로 가서 "전체 대표"라고 표시되어 있는 배지 두 개를 반납했다. 하지만 합의안에는 2

석을 넘어선 것이 포함되었다. 앞으로 민주당 전당대회는 두 번 다시 백인만으로 구성된 대의원단에 의석을 주지 않는다고 약속했다. 그리고 그 약속은 지켜졌다. 또한 미시시피 공식 대의원단은 민주당 후보에 대한 충성 서약을 해야 했다. 미시시피 대의원들은 분노했다. 그들의 주는 "가죽채찍으로 호되게 맞고,[91] 값싸고 천박한 모욕을"[92] 당한 것이다. 어떻게 감히 우리에게 진성 민주당원임을 입증하라고 요구한단 말인가! 주지사 존슨이 전화로 지시를 내리자마자 대의원들은 짐을 싸기 시작했다. 재건시대 이후 미시시피는 민주당에 큰 빚을 지고 있었다고 주지사는 말했다. 이제 "그 빚은 다 갚았다."[93] 진성 미시시피 대의원 네 명만 남은 채 대회가 이어졌다. 좌석이 줄줄이 빈 가운데 달랑 그들뿐이었다. 하지만 곧 동료가 생겼다.

통상적인 연설로 화요일 밤의 프로그램이 진행되고 있을 때, 기자들이 소동을 목격했다. NBC의 존 챈슬러는 자유민주당 당원이 대회장을 향해 행진하고 있다고 외쳤다. 가까이 달려간 챈슬러가 사람들을 따라 뉴저지 주 경찰을 지나쳐 장내로 들어갔다. 일부 당원이 입장할 때 퇴장하는 사람들이 있었다. 동조자들에게서 빌린 대의원 배지를 단 사람들이 입장하고, 밖의 대의원들에게 배지를 건네주는 이들이 퇴장하는 것이었다. "마타 하리와 프랑스 레지스탕스, 지하철도(Underground Railroad, 19세기 초반에 조직되어 19세기 중반에 절정을 이룬 인종차별 철폐론자들의 비밀조직으로 도망노예를 북부나 캐나다 등지로 탈출시켰다—옮긴이) 역할을 한 번에 다해 본"[94] 느낌이었던 활동가는 몇 번을 들락거렸다. 대회장 안에서는 처음에는 자유민주당 당원 10명이, 그다음에는 20여 명이 자신들에게 허락되지 않은 자리에 앉았다. 거기 있는 것만으로도 일등 시민임을 입증하는 양, 모두 자랑스럽게 앉아 있었다. 백악관에서 LBJ는 자유민주당 당원을 퇴장시키라고 지시했지만, 보좌관은 경찰이 대회장에서 흑인과 실랑이를 벌인다면 격렬한 항의가 빗발칠 것임을 알고 있었다. 대의원 한 명이 나갔지만 나머지는 대회장에 머물렀다. "우리가 바라는 모든 것은 미국의 일부가 되는 기회입니다"[95]라고 패니 루 헤이머는 기자에게 밝혔다.

이튿날 아침, 자유민주당은 다시 모여 전체 대표 2석에 대해 거듭 고민했다. 전날 저녁, 유니언 템플 침례교회에서는 반감이 들끓었다. 중도파 흑인 지도자들은 2석도 승리나 마찬가지이고, 더 많은 진보가 이루어질 것이라고 대의원단에 말했다. 하지만 SNCC 지도자들은 격렬히 반대했다. "우리는 너무도 많은 피를 흘렸습니다. 지금 뒤로 물러나기엔 너무도 멀리 왔어요"[96] 하고 존 루이스가 말했다. 헤이머는 "우리가 여기까지 온 건 두 자리 얻자는 게 아니었지요. 우린 모두 지쳤어요"[97] 하고 더 잘 '정리'했다. 하지만 수요일 아침 전당대회에서 공식적으로 타협안을 채택하자, 중도파는 마지막으로 한 번 더 단결을 호소했다. LBJ는 전폭적인 지지를 필요로 한다. 골드워터가 대통령이 되면 민권 활동에는 재앙이다. 로이 윌킨스는 헤이머에게 "당신은 당신의 주장을 펼쳤어요. 하지만 당신은 아무것도 모르고 미시시피로 돌아가야 하잖아요"[98]라고 말했다. 대화는 논쟁으로, 논쟁은 분노로 발전했다. 자유민주당은 계급에 따라 둘로 갈라졌다. 에어런 헨리와 소수의 다른 화이트칼라 대의원들은 타협안을 지지했다. 패니 루 헤이머와 나머지는 완강했다. 마틴 루터 킹은 동요했다. "흑인 지도자로서 나는 당신들이 타협안을 받아들이길 바랍니다만, 내가 미시시피 흑인이라면 그것을 거부하겠습니다"[99] 하고 그는 솔직히 말했다. 그때 밥 모지스가 일어섰다. 그 회의의 상당한 시간을 그는 현재의 정치 문제를 넘어선 다른 어떤 곳에 가 있는 사람처럼 바닥만 보고 있었다. 연단으로 가는 그의 모습이 "소크라테스나 아리스토텔레스"[100] 같았다고 어떤 사람은 말했다. 연단에 선 모지스는 소모적이었던 한 주를 단 한 문장으로 요약했다. "우리가 여기 온 건 우리의 도덕성에 정치를 입히려는 게 아니라 우리 정치에 도덕성을 입히기 위해서였습니다."[101]

모지스는 타협안에 관해 가타부타 말하지 않았다. 그것은 미시시피 비공식 대의원단이 결정해야 할 문제였다. 정오가 가까워질 때 대의원만 남아 표결에 부쳤다. 이제 그들의 이름이 내포하고 있는 모든 것, 프리덤 서머가 상징하고 있는 모든 것이 위기에 처했다. 민주당원으로서 그들은 자신의 정당과 그 타협안을 지지할 수밖에 없다. 하지만 '자유' 민주당 당원으로서 그들에게는 지켜야 할 분명한 원칙이 있었다. 여든 살의 소작인이 타협안을 옹호하는 발언을 하자, 헤이머와 다른 당원들이 강력히 항의했다. "사람들이 시끄럽게 말하고 고함을 지르고 야유하고, 내가 그렇게 하는 게 부끄러운 짓이라고 말해서, 난 바로 거기서 마음을 바꾸었습니다"[102] 하고 헨리 사이어스는 말했다. 드디어 표결이 이루어졌다. 민주주의에 눈뜨며 단련된 소작인과 가정부, 이발사와 요리사는 합의안을 다시 부결시켰다.

수요일 저녁, "미시시피"라고 표시된 모든 좌석이 대회장에서 치워졌다. 하지만 자유민주당 당원 몇 명은 입석을 허락받았다. 그리고 오랫동안 JFK를 기린 목요일 밤 내내, 밥 모지스를 비롯한 사람들은 손에 손을 잡고 원을 그린 채 침묵 속에 서 있었다. 대회장 안에 있는 그 누구도 관심을 갖지 않는 것 같았다. 미시시피의 도전은 이제 강단 위에 크게 걸려 있는 FDR과 해리 트루먼의 거대한 사진만큼이나 구식으로 보였다. 그 밤, 활력 넘치는 린든 존슨이 애틀랜틱시티에 와서 당의 후보

지명을 수락했다. 그와 휴버트 험프리가 의기양양하게 손을 잡고 들어올렸다. 보드워크 위로 불꽃놀이가 세상을 밝혔다. LBJ의 얼굴 모양까지 만들어 낸 불꽃도 있었다. 이 모든 소음 속에서, 패니 루 헤이머는 낙담한 자유민주당 당원과 지지자들 앞에 서서, 소음보다 크게 들리도록 마이크에 대고 마지막 합창 〈산에 올라가 알려라〉(Go Tell It on the Mountain)를 불렀다. 언제나처럼 헤이머의 두 눈을 하늘을 바라보았고, 넋이 빠질 만큼 피로해 보였지만 노래와 열정에 취해 있었다.

이튿날 아침, 예순일곱 명의 자유민주당 당원이 버스에 올라탔다. 아마도 몇 명은 해안선 위로 펼쳐진 하늘색과, 호텔 주변의 빈민가와, 멀리서 천천히 돌아가고 있는 페리스 대회전 관람차를 마지막으로 힐끗 쳐다보았을 것이다. 그리고 버스가 출발했다. 미국 전역에서, 타협안은 언론의 갈채를 받고 있었다. 《로스엔젤레스 타임스》는 "도덕적이고 정치적인 중요한 승리,"[103] 《뉴욕 타임스》는 "도덕적 세력의 승리,"[104] 《워싱턴 포스트》는 "영웅적이라 할 수 있는"[105]이라고 보도했다. 그러나 자유민주당은 승리감을 느끼지 않았다. 그들은 미시시피로 가고 있었다. 소작인들이 곧 밭으로 돌아가고 활동가들이 떠나야 하는 곳, 활동가들과 함께 미국의 관심도 떠나갈 곳으로. "그들이 우리한테 어떤 짓을 할지 너희는 몰라! 너희가 떠나면 지옥이 펼쳐질 거라고!"[106] 하고 그린우드에서 한 흑인이 말했다. 자유민주당 당원들은 길고 슬픈 귀향을 하고 있었다. 서쪽으로 펜실베이니아와 오하이오를 지나고 남쪽으로 켄터키와 테네시를 지나 고향집으로.

마지막으로 떠나는 활동가들 또한 그 주에 집으로 돌아갔다. 연대의 여름, 손을 꼭 잡고 고개를 흔들며 불렀던 노래의 여름은 학대당하고 지친 청년 남성과 여성이 하나둘 미시시피를 빠져 나가면서 끝났다. 대부분은 떠날 때 주목 받지 않았지만, 한 활동가는 클락스데일을 떠나는 버스에서 주민의 눈에 띄었다. 옆에 앉았던 여인이 여성 활동가의 중서부 악센트를 듣고 여름 프로젝트에 참가한 사람이냐고 물었다. 활동가가 고개를 끄덕이자 미시시피 토박이인 여인이 진지해졌다. 그리고 "내가 말해 주고 싶은 게 있어요. 우리 가운데 일부는 정말로 최선을 다했다는 거예요. 그리고 우리는 우리를 위해 일하고 우리와 함께 살아가는 사람들을 교육해 왔어요. 우리는 그들에게 관심이 많아요"[107] 하고 말했다. 그리고 버스는 주 경계선을 넘었다.

프리덤 서머의 마지막 주 언젠가, 주권수호위원회 조사관이 베이츠빌에 가서 퍼놀라 카운티의 유권자 등록 상황을 확인했다. 법원 뒤에 주차한 남자는 흑인 여성 몇 명이 젊은 백인 남자 옆에 있는 걸 보았다. 그들은 유권자 등록 방법을 얘기하는 중이었다.

법원으로 들어간 조사관은 등록 사무실로 가서 선거 운동이 어떻게 진행되고 있느냐고 물었다.

"잘 되어 갑니다"[108] 하고 등록 담당자가 대답했다.

여름에 유권자로 등록한 흑인이 몇 명이나 됩니까?

"700명이 넘습니다."

조사관은 충격을 받았다. "뭐라고요! 어떻게 이 나라에서 불과 60일 동안 그 많은 흑인에게 투표할 자격을 줄 수가 있는 겁니까?"

"아시다시피 중지 명령이 내려졌으니까요."

"그래요, 알고 있지요. 그래도 어떻게 그 많은 흑인이 그 짧은 기간에 자격을 갖출 수 있는지 모르겠다는 겁니다."

등록 담당자가 장황하게 설명했다. 일부 직원은 연방의 중지 명령을 매우 진지하게 받아들인 것 같았다. 그들은 흑인이 서류 빈칸을 채우는 걸 사실상 '돕고' 있었다. 잘못을 지적해 주고 고칠 수 있게 해 주었다. 조사관은 가까스로 화를 참았다. "이건 중지 명령이 의도한 바가 아니잖소" 하고 그가 말했지만, 등록 담당자는 주장을 꺾지 않았다. 그는 다시 소환되고 싶지 않다고 했다. 연방법원에 다시 소환되면 더욱 혹독한 판결이 내려질 수도 있다고 했다.

조사관은 고개를 가로저으며 복도를 걸어갔다. 지방 검사의 사무실에서 그는 더 나쁜 소식을 들었다. COFO 운동이 '눈덩이처럼'[109] 커졌다고 지방 검사가 말했다. 말하자면 '완전히 통제 불능'이라는 것이다. 모든 카운티에서 흑인들이 유권자 등록을 하러 오고 있었다. 그들을 막을 수 있는 건 아무것도 없어 보였다. 흑인들은 매주 수십 명씩 서류 빈칸을 채우고 있었고, 모두 시험 없이 합격했으며 모두 유권자로 승인되었다. 이는 델타 전체로 확산될 수밖에 없다. 탤러해치는 이미 중단 명령이 내려졌으니 분명 더 많은 흑인이 올 것이다. 무엇을 할 수 있을 것인가? 조사관은 주 법무장관과 그 문제를 의논해 보겠다고 말했다. 그리고 금요일에 다시 오겠다고 했다. 나가는 길에 그는 더 많은 흑인이 당도하여 계단을 올라오는 것을 보았다. 흑인들은 열기를 벗어나 서늘한 법원으로 들어가고 있었다.

# 13
## 미시시피에 들려주는 노래

황금빛 잎사귀가 얼마나 아름답든,
그것들은 썩어서 문명의 미래를 살찌우는 거름이 되어야 한다.
하지만 참으로 중요한 것은 씨앗이 되는 사람들이다.
우리가 찾아내야 하는 게 바로 그들이다.
- 빅토리아 그레이 애덤스

남은 20세기 동안, 미시시피는 과거를 지워 버리려 애썼다. 가르침은 쓰디썼고 가르침을 받아들이려 하지 않는 이들도 있었다. 프리덤 서머 이후는 원한과 증오가 통치하는 세월이었다. 비폭력과 점증하는 투쟁성 사이에서 갈등을 빚은 흑인들은 여러 분파로 갈라져 모든 일에 관해, 심지어 보육에 대한 재정 지원을 놓고도 대립했다. 시위는 계속되었고 경찰은 시위대를 여전히 거칠게 다루었다. KKK는 공개적으로 결집하고 비밀리에 음모를 꾸몄으며, 백인의 패권이라는, 이미 사라진 대의인 데다가 비웃음거리밖에 안 되는 목표를 위해 최후의 일격을 벌였다. 그러나 남북전쟁의 망령에 사로잡혔던 미시시피는, 시간이 흐르면서 피할 수 없는 미래에 굴복했다. 옛 관습은 노인들과 함께 사멸했고, 새 세대는 '짐 크로'를 떠받치는 데 필요한 에너지도 증오도 갖고 있지 않았다. "과거는 결코 죽지 않는다"고 윌리엄 포크너는 경계했지만, 그 말이 무색할 만큼 과거는 과거로 남았다. 성미 고약한 할아버지처럼, 전쟁과 재건시대가 남긴 미시시피의 잔인한 유산, 인종분리와 불법 처형, 밤의 라이더와 엽총의 정의는 이제 부엌 식탁에서 뒤쪽 포치로 물러났다. 폭력은 말할 것도 없고, 더는 불침번을 설 필요가 없었다.

미시시피가 케케묵은 방식을 버리고 있는데도 삶은 여전히 힘들었다. 에어컨이 혹서를 길들이는 동안, 땅에서 일하던 수많은 사람들을 공업이 흡수했다. 아스팔트가 깔리고 전기가 설치된 새 고속도로는 외딴 시골 마을을 연결하고 새로운 얼굴과 관념이 흘러들게 해주었지만, 미시시피는 여전히 미국에서 가장 가난한 주였다. 1967년 델타를 여행하던 로버트 케네디는 소작인의 판잣집을 방문하고는 굶주린 아이들을 쓰다듬고 얼이 빠져 돌아갔다. "세상에, 이런 일이 있는 줄 몰랐다. 어떻게 나라가 이런 일을 방치할 수 있는가?"[1] 하고 그는 말했다. 더 많은 채면기가 목화를 따고 더 많은 일손이 빠져나가면서 들판에는 아무도 살지 않는 판잣집이 점점이 남았다. 허리케인 카미유가 멕시코 만을 강타했다. 강물이 불었다 줄어들었지만 목화 값은 결코 예전 수준으로 돌아가지 않았다. 이 모든 일을 겪으면서 10년이 흐르고 또 10년이 흘렀다. 그동안 더듬더듬 진보를 축적해 온 미시시피는 새 세기에 접어들었을 때 어떤 주나 나라도 거의 이루지 못한 인종 간 화해를 이룬 상태였다. 하지만 그 첫걸음이 시작된 곳은 거의 지뢰밭이라 해도 좋았다.

1964년 9월 중순, '정지된 시간'은 물러난 뒤였다. 8월의 옅은 안개가 걷히고 담황색 풍경이 펼쳐졌다. 보송보송한 대기는 말라 가는 나뭇잎 냄새를 풍겼다. 습지조차 금빛과 초록빛으로 물들어 아름다워 보였다. 델타의 흑인 학교는 학생들이 부모와 함께 들판에 나가 일하도록 휴교

했다. 백인에게, 납작모자를 쓰고 작업복 바지를 입은 일꾼은 도로 옆에 꽃을 피운 미역취처럼 언제까지나 마르지 않을 것 같았다. 물론 한 세기도 넘게 그래 왔지만, 앞으로도 오랫동안 그렇지는 않을 것이었다.

가을은 여름의 상처를 달래 주었지만, 두 달 반 동안의 긴장으로 곤두섰던 신경은 혹처럼 뭉쳐졌다. 많은 활동가들이 스트레스에 익숙해졌다고 생각했지만, 집으로 돌아갔을 때 그들은 결코 완전히 집으로 돌아오지 못했다는 걸 알았다. 남은 삶은 전처럼 편안하지 않았다.

SNCC 실무진은, 애틀랜틱시티에서 느꼈던 배반감과 안도감이 뒤섞였다. 클리블랜드 셀러스는 "내가 꾸었던 가장 긴 악몽"[2]이 끝났다고 프리덤 서머를 회고했다. 80명 정도의 활동가가 여전히 머물고 있었지만, 대다수 활동가가 돌아가니 스니크들은 예전처럼 지역 주민들을 도와 주민들 스스로 빛을 내도록 할 수 있을 것이다. 과연 그랬을까? "여름의 끝에, 나는 내가 프로젝트를 반대했던 것이 옳았음을 알았습니다. 사람들을 다시 움직이게 하고 의욕을 갖게 하는 일이 훨씬 더 어려워졌기 때문이지요"[3]라고 홀리스 왓킨스는 회고했다. 기운이 빠진 흑인과 함께, 프리덤 서머는 하얀 미시시피에 충격과 수치, 분노를 남겼다.

9월에 교회 여섯 군데가 더 화염에 휩싸였다. 흑인 시신이 또 강에서 인양되었다. 잭슨의 남쪽에서 KKK는 여전히 날뛰었다. 나체스 시장의 집과 프랜 오브라이언이 가르쳤던 빅스버그 자유의 집에 폭탄을 터뜨렸다. 그러면 매콤에서는?

9월 9일, 매콤의 COFO 국장 제시 해리스는 법무부에 서한을 보냈다. "현재 증가하고 있는 폭력 사태가 중단되지 않으면, 앞으로 몇 주 안에 파이크 카운티에서 민권 활동가가 살해될 것이 거의 확실합니다."[4] 하지만 어떤 보호 조치도 내려지지 않았다. COFO가 FBI에 전화를 걸어 경찰의 폭력에 항의할 때마다 돌아온 얘기는, 매콤 경찰은 "매우 좋은 사람들이니 그들을 비난해서는 안 된다"[5]는 것이었다. KKK는 제 멋대로 폭력을 저지르면서 도시를 공포에 떨게 했다. 또 다른 교회와 목사의 집에 폭탄이 터졌다. 백주대낮에 폭력배들이 활동가들을 폭행했다. 밤마다 픽업이 자유의 집을 맴돌았다. 경찰은 바리케이드를 치고 '형사 신디칼리즘'(criminal syndicalism, 정치, 경제적 변혁을 위해 폭력, 테러 등에 의존하는 범죄―옮긴이)이라는 혐의로 흑인 수십 명을 체포했다. 그리고 폭탄 테러가 이어졌다. 한밤중에 폭탄이 터져 집을 박살내고 공포를 확산시켰지만 흑인 사회는 더욱 단단해졌다.

매콤의 활동이 포위 공격을 당하고 있을 때, 프리덤 서머에 감화된 미국인들이 미시시피에 빛을 비추었다. 활동가의 부모들은 꾸준히 사람들을 만나 기금을 모아서 남부로 보냈다. 제약회사들이 비타민과 구급상자를 지원했다. 미국 곳곳의 공립학교가 자유학교를 채택했고 책과 학용품을 보내왔다. 거의 서른여섯 교회가 파괴되었기에 신도들은 '지원위원회'의 호소에 응하기로 했다. 미시시피의 흑인과 백인 목사들로 구성된 위원회의 운동은 첫 주에 1만 달러를 모금했다. 교회를 짓기에 충분한 돈이었다. 위원회 운동의 구호 "재 대신 화관을"은 성경 이사야에서 따온 것이었다. "주께서 나에게 기름을 부어 억눌린 자들에게 복음을 전하게 하시고 …… 그들에게 재 대신 화관을 씌워……."(이사야 61:1-3―옮긴이) 크리스마스 즈음 대학생들은 방학을 포기하고 미시시피에서 교회를 짓고 있었다.

프리덤 서머의 상처는 미시시피만의 것이 아니었다. 오리건대학에 돌아간 프랜 오브라이언은 불안해하고 화를 잘 냈다. 얌전한 교사였던 그녀가 이제는 편협해진 것처럼 보이는 옛 친구들과 말다툼을 했다. 프랜이 겪은 일을 아무도 이해하지 못했지만, 그녀가 성질을 부리는 건 누구나 다 알았다. "그때는 '내가' 다른 사람이 되었기 때문이란 걸 깨닫지 못했어요. 그래서 마지막 학년 내내 혼란스러웠지요"[6] 하고 그녀는 회고했다. 프랜은 미시시피 아이들에 관해서 얘기했지만 KKK에 폭행당한 일은 아무에게도 털어놓지 않았다. 자기 스스로도 다시 떠올리지 않았다. 그렇게 공포가 응어리진 그녀는 모든 것에서부터 멀어지고 낯설어져 외톨이가 되었고, 돌아오는 여름에 미시시피로 돌아갈 꿈을 꾸었다. 이런 소외는 미국 곳곳의 대학에서 비슷하게 일어나고 있었다.

하원의원 아들인 렌 에드워즈는 시카고대학 로스쿨로 돌아왔다. 어느 날 저녁 술집에서 친구들이 풋내기 남자들과 '여자들', 존슨과 골드워터의 경선에 관해 떠들다가, "그런데 거기 미시시피에서는 무슨 일이 있었던 거야?"[7] 하고 누군가 물었다. 에드워즈는 겨우 두 마디 하고는 "울기 시작했습니다. 그만 울음이 터져 나온 거죠." 매사추세츠 주 노스해노버에서, 린다 웨트모어는 "모든 것이 끔찍했다."[8] 웨트모어가 그린우드 자유의 날 체포되었을 때 《보스턴 글로브》 1면에 보도되었다. 집에 돌아와 보니 웨트모어는 이미 노스해노버에서 악명이 자자했다. 교회에서 어떤 사람은 "넌 검둥이랑 이웃이 되고 싶다는 거니?"[9] 하고 물었다. 남자친구는 다가와서 말했다. "난 흑인이랑 키스한 여자와는 키스할 수 없어."[10] 흑인과 키스한 적이 없었지만, 웨트모어는 "그럼 우리는 여기서 끝이겠네" 하고 대답했다.

집으로 돌아온 활동가들을 관찰하면서, 정신과 의사 로버트 콜스는 "전쟁 신경증 …… 탈진, 피로, 절망, 좌절, 분노"[11]의 징후를 보았다. 여러 활동가는 미시시피에 관해 말하고 싶어 했다. 하지만 그들이 소작인의 판잣집을 어떻게 설명할 수 있을 것인가? 미시시피 교도소는? 픽업과 엽총과 불타는 십자가로 얼룩진 광란의 여름밤들은? 친목 봉사단체에서 털어놓은 활동가들도 있었지만, 대개는 누구에게도 털어놓으려 하지 않았다. 처음엔 고향에서, 다음엔 캠퍼스에서, 자신이 놓인 하얀 세계는 매우 고립되고 몹시 부적절해 보였다. 여름은 그들을 운동에 몰입시켜 사람들과 함께하게 했고, 그들에게 열정을 입혀 타인을 위해 투쟁하게 했다. 그런데 지금 그들은 공부를 계속 하라거나, 파티에 가자거나 경력을 쌓으라거나 하는 말을 듣고 있다. 친구와 부모에게 이 간극을 설명할 길이 없었다. 한 어머니는 "매우 정상적이고 밝던 우리 아이가 바뀌었다"[12]고 한탄했다.

자신의 방에서 오랜 시간을 보내는 이들이 많았다. "내가 만난 이들 가운데 가장 좋은 사람들"[13]인 미시시피 흑인을 떠나 왔다는 죄책감에 휩싸였다. 밖에 나서면 백인을 피하고, 지나가는 흑인 얼굴을 바라보는 자신을 발견했다. 평등을 논하는 것이 터무니없어 보이는 미국이란 먼 나라에서, 정치란 웅웅거리는 소음일 뿐이었다. "나는 온건한 평화 봉사단 스타일의 민주당 당원에서 맹렬하고 전투적인 좌파가 되었다"[14]고 한 활동가는 회고했다. 수십 년이 지난 뒤, 사회학자 더그 맥애덤은 약 250명의 활동가를 조사했다. 그 결과 프리덤 서머를 계기로 3분의 2가 왼쪽으로 기울고, 권위에 대한 존중이 손상되었다는 사실을 발견했다. 두 달 반 동안, 42퍼센트는 대통령에 대한 존경심이 낮아졌고, 40퍼센트는 의회에 대한 호감을, 절반은 법무부에 관한 호감을, 그리고 거의 4분이 3이 FBI에 대한 호감을 잃어버렸다. 1964년 가을, 이 상전벽해 같은 변화는 미국에 대한 한 세대의 도전의 서곡이었고 그 도전이 시작된 건 한 캠퍼스였다.

10월 1일, 캘리포니아대학 버클리 캠퍼스에서 학생들이 경찰차를 에 위쌌다. CORE 리플릿을 배포한 죄로 체포된 학생이 타고 있는 경찰차였다. 32시간 동안 그 경찰차는 학생들에게 에워싸여 꼼짝하지 못했다. 학생들이 자유의 노래를 불렀고, 한 사람씩 경찰차 지붕에 올라가 자유 발언을 했다. 가장 설득력이 높은 발언자는 매콤에서 얼마 전 돌아온 활동가 마리오 사비오였다. 그는 미시시피와 버클리 사이의 연관성에 관해 그 가을 내내 연설하게 된다. 여름 전에 마리오는 SNCC 면접관에게 "그다지 독창적이지 않으며 …… 리더 역할이 적합해 보이지 않는"[15] 사람이라는 인상을 남겼다. 하지만 버클리로 돌아온 뒤에도 사비오는 여름의 기억으로 불타고 있었다. 오하이오에서 굿먼, 슈워너, 체이니에 관해 밤늦게까지 이야기하던 일을 기억했다. 잭슨에서 성난 백인들에게 쫓기던 일, 매콤에서 폭탄이 터지는 소리를 들은 일, 소작인의 판잣집에서 대화하던 일이 떠올랐다. "지금 내가 미시시피를 잊을 수 있을 것인가? 다시 말해 그것은 여름철 일거리에 지나지 않았던가?"[16] 그는 의문이 들었다.

사비오가 시위를 이끈 버클리 자유언론운동은, 12월까지 학생 시위가 이어지고 대학 본부 점거로 절정을 이루었다. 자유언론에 대한 버클리의 요구에 자극받아, 전쟁과 징집, 가부장제를 반대하는 학생 시위가 곧이어 미국 곳곳에서 일어났다. 그리고 그 시위의 선두에 프리덤 서머의 베테랑들이 있었다. 민주주의가 거부되는 것을 보았고, '법률'이 국민 전체를 예속시키는 걸 지켜보았으며, 분노를 품고 미몽에서 깨어난 채로 집으로 돌아온 이들이었다. 남은 1960년대 내내 미시시피는 여전히 불의의 기준, 한 세대의 아메리칸드림이 스러진 곳이 된다. 마리오 사비오뿐 아니라 톰 헤이든, 애비 호프먼, 윌리엄 컨스틀러를 비롯하여, 1960년대 대변인들은 미국에 대해 질문하는 법을 배운 학교가 바로 미시시피였다고 여러 차례 말한다. 저항의 목소리가 나날이 신랄해 지자, 당황한 부모들은 자신의 아이가 조국에 대해 왜 그토록 냉소적으로 바뀌었지 질문하게 된다. 대답은 간단했다. 미시시피에 다녀왔기 때문이다.

활동가들이 참을 수 없이 하얀 미국을 상대로 투쟁할 때, 스니크 몇 사람은 몇 주 동안만 미시시피를 떠나기로 결정했다. 인종 간 긴장이 높아지고 있었다. 실무자들은 급여도 못 받고 일하고 있었다. SNCC 차량 지원단의 자동차들은 여름 내내 활동가들과 실무자들을 태우고 미시시피를 질주한 끝에 이제 분실되고 망가지고 뿔뿔이 흩어졌다. 한 해 전이라면 SNCC 지도자들은 이런 문제를 능히 극복했을 테지만, 프리덤 서머는 활동가들보다 그들을 훨씬 더 지치게 했던 것이다.

8월에 그린우드에 갔을 때, 해리 벨라폰테는 감정의 상처를 보았다. 6만 달러를 건네면서 그 가수는 제안을 했다. 경비가 전액 지원되는 아프리카 여행에 지도자들이 동의하면 SNCC에 추가로 1만 달러를 주겠다는 제안이었다. 9월 11일, 벨라폰테, 밥과 도나 모지스 부부, 패니 루 헤이머, 존 루이스, 제임스 포먼이 포함된 스니크 11명이 뉴욕에서 비행기를 타고 기니라는 신생국으로 갔다. 야자나무가 그늘을 드리우고 흰색 건물이 늘어선 수도 코나크리에 도착한 직후, 세이쿠 투레 대통령이 그들을 대통령궁으로 불러들였다. 초대 소식이 도착했을 때 패니 루 헤이머는 목욕을 하고 있었다. "대통령 만날 준비가 전혀 안 되었어요"[17] 하고 대답했다. 그러나 한 시간 뒤 그녀는 경외를 느끼며 호화로운 궁에 서 있었다. 델타의 소작인, 얼마 전 LBJ에 의해 증언 화면이 중단되었던 여인에게 이제 또 다른 대통령이 두 볼에 입을 맞추었다. 하얀 예복으로 몸을 덮은 대통령이 유창한 프랑스어로 그녀를 칭찬했다.

지쳐 있던 미시시피 베테랑들은 흑인이 모든 것을 운영하는 나라의 엘리트 같은 분위기에 열흘 동안 흠뻑 젖었다. 여행은 "내 평생의 가장 뿌듯한 순간이었다. 나는 흑인이 비행기를 조종하고, 버스를 운전하고, 은행의 큰 책상에 앉아 있는 걸 보았다. 늘 백인이 하는 걸 보아 왔던 모든 업무를 그들이 하고 있었다"[18]고 헤이머는 나중에 말했다. 특히 아프리카 여인들이 눈을 사로잡았다. "너무도 우아하고 침착한 여인들을 보고서 나는 어머니와 할머니를 떠올렸다." 스니크 두 명은 기니에서 케냐로 가서 맬컴 X를 만났고, 나머지는 프리덤 서머의 유산을 정리하기 위해 돌아왔다.

SNCC의 '아름다운 공동체'는 금이 가고 있었다. 가장 용감하고 대담한 작은 집단이던 SNCC는 하루아침에 실무자 400명, 그 가운데 20퍼센트가 백인인 단체가 되었다. 밥 모지스는 인종 간 적의가 "독소처럼 분출하는 걸"[19] 보았다. 너무도 많은 흑인이 백인을 '잘난 척한다, 우월한 척한다, 거들먹거린다'고 느꼈다. 너무도 많은 백인은 흑인을 '느리고 게으르다'고 보았다. 남아 있는 다수가 백인 여성이었기에 성적인 긴장도 팽팽했다. "백인 여성이 관심을 받자 흑인 여성은 무시당한다고 느꼈다."[20] 한 백인 여성은 함께 활동하고 있는 흑인 여성들이 "나를 미워하는 것 같다"[21]고 썼다. SNCC를 또한 고통스럽게 하는 건 조직의 앞날이었다. 체계를 갖춘 CORE 같은 조직이 되어야 하는가? 아니면 구성원들이 "하고 싶은 대로 하는"[22] 자유로운 운동 형태로 남아야 하는가? 도시 폭동에 대한 SNCC의 입장은 어떤 것이어야 하는가? 베트남 문제는? 제3세계 운동은? 65년 여름을 기획할 에너지가 있는 사람은 누구인가?

11월 5일, SNCC 실무자 160명은 미시시피의 해안도시 웨이블랜드의 교회에 모였다. 제임스 포먼이 스니크를 '형제들'이라 일컬으면서 회의가 시작되었다. "이 단체가 깨지지 않으려면, 우리는 결정해야 합니다. 우리가 변함없이 형제들이고 신뢰의 결집체라면, 우리는 승리할 것입니다!"[23] 하고 그는 발언을 마쳤다. 하지만 자유의 노래는 거의 흘러나오지 않았다. 접이의자에 깊숙이 앉은 흑인과 백인은 어느 때보다도 불화를 겪는 것처럼 보였다. 팔을 늘어뜨리고 인상을 찌푸린 채, 지친 듯 한숨을 쉬고 눈만 껌뻑거리다가 초조해했다. 스니크들은 "다양한 생각, 하나의 마음"을 자랑하곤 했다. 하지만 지금은 마음조차 맞지 않는 것 같았다. 아주 사소한 문제들을 두고 논쟁이 벌어졌다. 어느 날 아침 스니크들은 야구방망이와 당구 큐를 네모나게 잘라냈다. 결과는? 구내식당 식권을 만든 것이었다. 포먼은 "너무도 많은 사람들이 자유에 취해 비상식적으로 자기가 하고 싶은 대로 하는 게"[24] SNCC의 문제라고 지적했다.

일과를 마친 뒤, 멕시코 만이 펼쳐져 보이는 방갈로에서도 갈등은 이어졌다. 계급은 여전히 만만찮은 문제였고, 인종은 앞에 놓인 길에 깊이 갈라진 틈이었다. 그리고 새로운 장애물이 등장했으니 그것은 '젠더'(gender)였다. 제출된 많은 토의 자료 가운데 하나가 '운동 속의 여성'이었다. 이 문서는 SNCC의 남성들이 최고 의사결정 과정에서 여성을 배제하고 타이핑과 등사 업무만 떠넘겼으며, 심지어 여성 실무자를 그냥 '여자'로만 대했다고 밝혔다. "평균적인 백인은 자신이 우월하다고 가정하고 있는 걸 인식하지 못하는"[25] 것처럼, "평균적인 SNCC 활동가가 여성 문제를 토론하기 어려운 이유는 남성의 우월성 인식에서 비롯된다. …… 백인 문제만큼이나 남성 문제가 굉장히 심각하다"고 제안자들은 썼다.

제안자들이 익히 예상했듯이, 문건은 "조그만 파문조차 일으키지 못했다."²⁶ 하지만 SNCC 베테랑 케이시 헤이든과 메리 킹이 함께 작성한 〈운동 속의 여성〉은 미시시피 해안도시를 훌쩍 넘어서 파장을 일으키게 된다. 수정하고 확충한 그 SNCC 문건은 움트고 있는 여성운동의 기초 교리가 되었다. 이는 뒤에 민주사회학생연합(Students for a Democratic Society) 회의에서 낭독되고, 여성들은 퇴장하여 독자적인 회의를 열었다. 친구들 사이에서 읽힌 킹과 헤이든의 성명이 나온 이후 여성들의 의식을 고양하는 단체가 구성되었다. 그런 여러 단체를 이끌어 나간 이들이 프리덤 서머 베테랑들이었다.

그러나 웨이블랜드의 회의는 마치 아무 일도 없었다는 듯이 진행되었다. 며칠 뒤 "심각하게 공격적인 적대감"²⁷에 넌더리가 난 몇 명이 떠났다. 다른 활동가들은 계속 언쟁을 벌였다. 프로젝트로 돌아온 실무자들은 훨씬 혼란스러웠다. '쿠데타'²⁸가 임박했다는 소문이 SNCC에 파다했다. 활동가들은 타자기를 탁탁 두드리며 불평불만을 길게 뽑아냈다. 백인은 '재수 없는 흑인'²⁹을 후려칠 기세였다. 흑인은 "백인에게 명령을 듣지"³⁰ 않겠다고 버텼다. 프로젝트 책임자들은 활동가들이 사무실 안팎에서 배회하는 걸 보았다. "전형적인 일과: 정오 기상, 식사, 우편물 확인, 드라이브, 식사, 카드놀이, TV 시청, 일을 마치고 밤에는 동네 카페에서 술 마시기."³¹ 잭슨으로 옮겨 와서 COFO 사무실을 책임지고 있던 뮤리얼 틸링허스트가 보기에 SNCC는 "다른 종류의 조직으로 변모하고 있었다. 하지만 우리는 어디로 가고 있는지 몰랐다. 여러 원조 스니크들은 변화를 받아들지 않았다. 그들은 우리가 결코 전과 같지 않을 거라고 생각했고 그건 사실이었다."³²

여섯 달 안에 밥 모지스는 SNCC에서 사임하고 미시시피를 떠났다. 한 해 안에 많은 스니크들은 더 이상 말도 나누지 않는 사이가 된다.

두 해 안에 SNCC 새 의장 스토클리 카마이클이 그린우드에서 다시 체포되고, 군중은 그를 따라 최면에 걸린 듯 "블랙-파워! 블랙-파워!"를 외치게 된다. 패니 루 헤이머는 새로운 투쟁성에 당황한 많은 이들 가운데 한 사람이었다. SNCC 정찬에서 연설한 헤이머는 옛 동료들이 '냉담'[33]해졌다고 한탄했다. 냉담을 넘어서, 총을 갖고 다니는 이들이 많았고 심지어 회의 자리에서도 소지했다. 얼마 지나지 않아 북부 뉴욕에서 모인 스니크들은 새벽 2시까지 논쟁을 벌인 뒤, 카마이클의 바람과는 반대로 근소한 표차로 백인을 모조리 축출하게 된다. 헤이머가 그런 인종분리 반대를 호소할 때, 한 사람은 "미세스 헤이머는 더 이상 관계가 없잖아"[34] 하고 말했다.

모지스를 비롯한 온건한 투사들이 떠나자, SNCC는 분노와 적의에 몸을 맡겼다. 주요 활동은 도시 빈민가로 옮겨 갔다. 거기서 적은 지역의 보안관이 아니라 경찰의 진압과 FBI의 사찰이었고, 체포되는 이유는 리플릿 배포가 아니라 폭동 선동이었다. 팔레스타인해방기구를 비롯한 제3세계 운동을 지지하는 SNCC에 백인 자유주의자들의 후원금 상당 부분이 끊겼다. 마틴 루터 킹이 "불행한 단어 선택"[35]이라고 인식한 '블랙 파워' 탓에 SNCC는 피뢰침처럼 백인의 거센 반동을 맞았다. 그 와중에 '스토클리 카마이클'은 SNCC를 행동만큼이나 말이 많은 곳으로 만들었다. 넘치는 말의 대부분을 차지한 건 "나날이 늘어나는 증오였다"[36]고 줄리어스 레스터는 회고했다. SNCC의 누구라도 동의할 수 있는 유일한 한 가지는, 프리덤 서머가 미시시피를 갈라놓았을 뿐 아니라 신뢰의 결집체도 무너뜨렸다는 것이었다.

SNCC가 파탄 나는 동안 FBI는 마침내 미시시피 KKK를 균열시켰다. 프리덤 서머가 끝나고 두 주 뒤에 첫 번째 금이 갔다. KKK 단원 한 사람이 침묵 서약을 깬 것이다. 월러스 밀러가 KKK에 가입한 건 인종 통합에 맞서 싸우기 위해서라기보다는 어울리기 위해서였다. "KKK가 아닌 사람은 아무것도 아니라는 느낌이 들었습니다"[37] 하고 그는 FBI에 털어놓았다. 하지만 바비큐 솜씨가 뛰어난 걸로 유명한 뚱뚱한 경관은 살인 은닉을 묵과하지 않았다. 레스토랑에서 수사관들을 만난 밀러는 5월의 KKK 회합 이야기를 털어놓았다. 거기서 '한 청년'이 "우리는 염소수염을 잡아야 한다"[38]고 발표했다. 곧이어 KKK 대마왕으로부터 미키 슈워너에 대한 '몰살' 명령이 내려졌다. 경관은 시온 산 교회를 방화한 건 '염소수염'을 네쇼바 카운티로 꾀어 들이기 위해서 한 일이었다고 말했다. 그리고 그는 6월 21일 밤에 실제로 있었던 일을 내부자 최초로 드러냈다.

굿먼, 슈워너, 체이니가 밤 10시 30분에 석방되었다고 세실 프라이스 보안관 대리가 말한 건 사실이었다. 하지만 프라이스가 그들의 미등이 사라지는 걸 본 건 아니었다. 추격에 앞장선 사람이었기 때문이다. 자동차 석 대에 추격당한 스테이션왜건은 결국 19번 도로에 멈춰 섰다. 세 명은 흙길로 끌려가 냉혹하게 살해당한 뒤 댐 아래 묻혔다. KKK 두 명이 스테이션왜건을 앨라배마로 갖고 가 불태우기로 했지만, 어떤 이유에선지 그렇게 하지 않았다. 밀러 경관은 굿먼과 슈워너를 쏜 사람의 이름도 FBI에게 알려 주었다. 하지만 추궁이 이어지자 더 이상 말하지 않았다. 자신이 말할 수 있는 모든 걸 밝혔다고 했다. 누군가에게 유죄 판결을 받게 하기에는 충분하지 않을 수도 있지만, 기소하는 건 가능하지 않을까?

FBI는 미시시피 당국이 살인죄로 밀어붙이기를 바랐지만, 더 많은 증거를 확보해 갔는데도 폴 존슨은 거부했다. 주 법무장관은 네쇼바 카운티 재판의 중요성을 무시했고, 재판장과 몇몇 배심원은 아마도 KKK였으리라 추정된다. 폴 존슨은 "마틴 루터 킹이 지휘하고 있다"[39]고 선거구민들이 생각할까봐 주저했다. 가을의 첫날, 로스 바넷 미시시피 전 주지사의 사촌인 O. H. 바넷 판사는 빌록시에서 연방 대배심을 소집했다. "이제 정부가 발표를 하든가 입을 다물든가 할 때입니다"[40] 하고 재판관이 발표했다. 연방 소유지에서 저질러진 것이 아닌 살인 사건은 연방 범죄가 아니기 때문에, 대배심은 오직 민권법 위반에 관해서만 기소를 판단할 수 있었다. 미시시피에서는 여전히 거부감이 들끓었기에 기소 결정은 획기적인 사건이 될 터였다. 그러나 대배심이 FBI 수사관들을 소환했을 때, 미래의 밀고자들이 지레 무서워 달아날까 걱정스러웠던 J. 에드거 후버는 부하 직원들이 증언하는 걸 허락하지 않았다. 대배심은 FBI에 의해 "우리 조사가 중단되고 사실상 방해받았다"[41]고 비판하면서, 네쇼바 살인 사건의 기소장을 제출하지 않았다. 소송은 질질 끌었다. FBI는 밀고자를 더 찾아보고 있었고, J. 에드거 후버는 그 밀고자들이 "KKK에게 하느님에 대한 두려움을 심어 줄"[42] 것이라고 자랑했다.

제임스 조던은 머리가 벗겨지고 있는 중년의 건설 노동자로, 수사관들 사이에서는 "뜨내기 노동자," "사기꾼"[43]으로 통했다. 조던은 일자리를 구하기 위해 걸프포트로 옮겨 갔는데, FBI가 10월 중순에 그곳에서 그를 찾아냈다. 살인 사건에서 자신이 한 일을 수사관들이 다 알고 있다는 걸 그는 곧 알게 되었다. 동료 KKK가 밀고한 것이다. 조던은 처음에 아무 말도 하지 않았지만, 다섯 번 연속 던져진 질문은 갈수록 조여들었다. "당신은 교도소에 갇힐 거요"[44]라고 수사관이 조던에게 말했다. 3,500달러와 연방의 보호를 약속 받고서 조던은 결국 자신이 알고 있는 모든 걸 털어놓았다. 그리고 FBI는 80만 달러가 넘는 돈을 들이고, 1,000명의 지역 주민과 거의 500명의 KKK를 탐문 수사한 끝에, 결국 프리덤 서머의 첫날밤 깜깜한 어둠 속에 가려져 있던 실상을 자세히 알게 되었다.

해가 지고 있었지만 6월의 저녁은 여전히 뜨겁고 습했다. 그때 '염소수염'이 구금되었다는 말이 네쇼바 카운티 교도소에서 흘러나왔다. KKK인 에드거 레이 킬런이 황급히 머리디언 끝자락에 있는 롱혼 드라이브인 레스토랑에 가서 불법 처형에 가담할 폭력단을 모았다. "필라델피아에 있는 교도소에 민권 활동가 세 명을 잡아 놓았으니, 가서 '짓이겨 놓자'고 킬런이 말했습니다"[45] 하고 조던이 FBI에 말했다. 세 사람은 경미한 죄로 억류된 것이어서 곧 석방될 것이기 때문에 일을 서둘러 진행해야 했다. 한 사람이 서둘러 공중전화로 갔다. 다른 사람들은 자동차에 뛰어올라 전화가 없는 KKK를 모으러 갔다. 때로 지역 주민 앞에서 강론하기 때문에 '설교자'라 불리는, 키가 작고 마른 킬런은 장갑이 필요할 거라고 말했다. 그들은 KKK 단원의 잡화점에서 갈색 면장갑 여섯 켤레를 샀다. KKK 단원의 트레일러 주차장을 결집 장소로 정했다. 그들은 그곳에서 만난 뒤 교도소로 향했다. 모두가 총을 들고 있었다.

KKK 지부가 몰살 명령을 집행하는 일이, 그리고 활동가들이 미시시피에 온 첫날밤으로 열두 명도 넘는 KKK 단원이 필라델피아의 고요한 거리에 결집한 일이, 날마다 있는 일은 아니었다. 살인범들은 설교자, 선별된 트럭 운전사와 중장비 기사, 네쇼바 카운티 전직 보안관, 젊은 경찰과 늙은 경찰로, 돌발적으로 결성된 무리였다. 하지만 모두는 '염소수염'을 잡아 "검둥이와 공산주의자들의 미시시피 침략"[46]을 물리친다는,

대마왕의 광적인 결의를 공유했다.

저녁 8시, 승용차 석 대와 픽업 한 대가 법원 밖에 정차했다. 한 사람이 교도소에 들어갔다 나와서는 소식을 전했다. '염소수염,' 어떤 다른 백인 남자, 그리고 검둥이가 철문 안에 갇혀 있다고 했다. 킬런은 사람들을 이끌고 교도소가 보이는 어두운 거리로 나갔다. 그리고 그들은 알리바이를 만들기 위해 킬런을 장례식장에 내려 주었다. 그들은 시내로 다시 돌아와 기다렸고, 뚱뚱한 늙은 경찰이 나왔다. 경찰은 세 사람이 19번 도로를 타고 남쪽으로 갔다고 말했다. 승용차 석 대가 추격에 나섰다. 그들은 곧 순찰차를 타고 있는 세실 프라이스 대리와 합류하여, 롤러코스터 같은 언덕길을 따라 도망치고 있는 스테이션왜건을 점점 더 빠르게 뒤쫓았다. 승용차는 모두 시속 160킬로미터의 속도로 질주했고, 제임스 체이니는 결국 19번 도로에 차를 멈추기로 결심했다. 그 이유를 아는 사람은 아무도 없다.

프라이스는 세 사람에게 차에서 나와 자신의 순찰차에 타라고 명령했다. 순찰차 경광등의 붉은 빛을 받으며, 굿먼, 슈워너, 체이니는 뒷좌석에 올라탔다. 눈을 뜨기 힘들 만큼 뒤에서 쏘는 전조등 불빛이 말해 주는 건, 세 사람이 이번에는 속도위반 딱지를 끊고 내리게 되지 않을 거라는 것이었다. KKK 한 명이 스테이션왜건을 몰며, 프라이스와 다른 승용차를 따라 다시 필라델피아로 돌아왔다.

네쇼바 카운티의 도로는 합쳐지지 않는다. 고속도로와 연결되지 않고 숲과 잡목림 속으로 뻗어 있다. 프라이스는 갑자기 방향을 틀어 록컷 로드라는, 자갈이 깔린 좁은 길로 접어들었다. 집 두 채를 지나친 자동차들은 숲으로 둘러싸인 가파른 둑길로 들어갔다. 조던은 고속도로에서 기다리다가 록컷 로드로 왔다. 현장에 다가가면서 그는 여럿이 웅얼

거리는 소리를 들었다. 엔진 소리가 멈추었다. 자동차 문이 쾅 하고 닫혔다. 그리고 '연발 사격'[47] 소리가 났다.

시신은 스테이션왜건에 던져졌다. "모두 나를 따르라. 우리는 뒷길로 간다"[48] 하고 한 사람이 말했다. 호위 차량들이 댐으로 향했고, 댐에 도착한 남자들이 차에서 내려 따뜻한 어둠 속에 서서 이야기를 나눴다. "누가 가서 기사를 데려와"[49] 하고 누군가가 말했다. 20분 뒤 살인자 무리는 불도저 소리를 들었다. "그들을 6미터 아래 묻으면 모든 게 끝난다"[50] 하고 한 남자가 말했다. 스테이션왜건은 어떻게 하냐고 누군가 물었다. 불도저가 잠잠해졌을 때, 몇 사람이 19번 도로에 있는 주유소로 갔다. 주유소에서 댐 부지 소유주는 자동차를 불태울 수 있을 만큼 충분한 휘발유를 유리병에 채워 주었다. 누구에게도 발설하지 않기로 맹세한 뒤 사람들은 집으로 갔다. 미시시피는 다시 탈환되었다. '염소수염'과 그의 친구들은 결코 발견되지 않을 것이다. 모든 사람이 곧 그들을 잊을 것이다.

증거를 찾는 과정에, FBI 수사관들은 부모나 아내라면 물어보았을 질문을 제임스 조던에게 하지 않았다. 굿먼, 슈워너, 체이니가 살인자들의 수중에 들어갔다는 걸 깨달은 때는 언제인가? 추격대가 맹렬히 질주해 올 때, 굿먼은 자신이 친구에게 "두렵지만 갈 거야" 하고 했던 말을 떠올렸는가? 슈워너는 "그 유대인은 죽었어!"라고 수없이 협박을 받았던 걸 떠올렸는가? 체이니는 어머니가 "무섭지는 않구?" 하고 되묻던 일을 기억해 냈는가? 경찰차 뒷좌석에 실려 갈 때 세 사람은 서로에게 무슨 말을 했는가? 차가 요동을 치며 고속도로를 벗어나 자갈길로 접어들었을 때 그들은 무슨 생각을 했는가?

제임스 조던이 진술서에 서명을 하고 몇 주 뒤, 또 다른 정보원이 마지막 순간을 자세히 알려 주었다. 자동차 부품 판매 사원 호러스 도일 바넷은 설교자 킬런이 "우리에겐 그들을 매장할 곳이 있어. 그리고 시신을 덮을 불도저 기사도 있고"[51]라고 말한 걸 기억했다. 그는 세실 프라이스가 곤봉으로 제임스 체이니를 가격한 일을 자세히 진술하고, 소름끼치는 살해 장면을 마지막으로 오갔던 말들과 함께 알려 주었다. 제임스 조던은 멀리서 총 소리를 듣지 못한 것 같았다. 바넷은 세 활동가가 뒷좌석에 타고 있던 프라이스 대리의 순찰차 '조수석'에 탔다. 그 차는 록컷 로드를 따라 미끄러지듯 멈추었다. 한달음에 달려와 뒷문을 연 웨인 로버츠가 슈워너를 끌어내 한 바퀴 돌려 세웠다. 로버츠는 고약한 성질로 해병대에서 불명예 제대한 사람이었다.

"네가 검둥이와 한통속인 놈이냐?"[52] 로버츠가 고함을 질렀다.

"선생님 기분이 어떨지 압니다" 하고 슈워너가 대답했다.

왼손으로 슈워너의 어깨를 잡은 채, 로버츠는 그의 가슴에 총을 쏘았다. 슈워너가 수로에 고꾸라졌다. 곧바로 로버츠는 굿먼을 끌어내 말 한마디 없이 총 한 발로 그를 살해했다. 바로 그때 조던이 차에서 내리며 "한 놈은 나한테 넘겨줘!"[53] 하고 말했다. 조던이 제임스 체이니를 끌고 나왔다. 체이니는 허둥대며 도망가려 했다. 총탄 세 발이 체이니를 쓰러뜨렸다. "당신들 나한테 고작 검둥이만 남겨주었군. 하지만 적어도 난 검둥이를 죽였지" 하고 조던이 말했다. 필라델피아로 돌아온 살인범들은 레이니 보안관을 만났다. "누구든 발설하면 죽여 버리겠소. 그게 내 형이라도"[54]라고 레이니가 살인범들에게 말했다.

1964년 12월 4일, 크리스마스 장식이 필라델피아 거리를 꾸며 놓았을 때, 어두운 하늘 아래에서 FBI 수사관 60명이 체포영장을 들고 네쇼바 카운티 곳곳으로 흩어졌다. 트럭 운전사, 농부, 경관, 매장지 소유주가 포함된 피고인들이 카페, 농가, 트레일러에서 붙잡혀 왔다. 레이니 보안관과 프라이스 대리가 밀줏집을 급습했다가 부츠에 붉은 점토를 잔뜩 묻힌 채로 돌아와 보니 또 수사관들이 법원에서 기다리고 있는 것이었다. 레이니는 영장을 보자고 했다. 두 사람은 총과 배지를 건넸다. 그날 아침 체포된 다른 사람들과 마찬가지로, 둘은 놀랄 만큼 많은 현금을 갖고 있었다. 프라이스는 403달러, 레이니는 1,100달러도 넘었다. 오후에 남자 열아홉 명이 머리디언 법원에 앉아 다정하게 이야기하고 있었다. 앞에 앉은 레이니 보안관은 다리를 꼬고, 엄청나게 큰 담배를 씹느라 뺨이 불룩한 채로 '레드 맨'이라 쓰인 파우치에서 담배를 꺼냈다. 누군가 농담을 던졌다. 프라이스가 웃음 지었고, 레이니는 껄껄 웃었다. 《라이프》 사진기자가 촬영한 이 장면을 뒤에 남부 레드네크를 상징하는 유명한 사진이 되었다. 살인죄를 짓고도, 아니 현실적으로 말하자면 '민권법 위반'을 하고도 능글거리며 웃는 자들. 엿새 뒤 레이니의 오만함은 보상을 받았다.

12월 10일 예비 청문회가 열렸다. 머리디언의 연방 배심원인 까다로운 여성은, KKK의 최근 자백이 '이단적 주장'이라고 판결하고 모든 혐의를 기각했다. 악수를 나누고 서로 등을 두드리면서 열아홉 명의 남자는 자유의 몸이 되었다. "우리 레이니는 이제 주지사로 선출될 수도 있어"[55] 하고 법원 밖에서 한 사람이 말했다. 연방 법무부는 새해 첫날에 새로운 죄목으로 고소했다.

1965년 내내 미시시피는 법과 관습, 과거와 현재 사이에서 분열되었다. 네쇼바 카운티에서 레이니 보안관과 살집 좋은 보안관 대리는 어느 때보다도 인기를 누렸다. 세실 프라이스는 상관의 임기가 만료되면 보안관에 출마하겠다는 얘기를 하고 있었다. 지역 주민들은 두 보안관 또는 다른 누구든 언젠가 유죄 판결을 받지 않을까 추측했다. KKK 공개집회에 수백 명이 모여들었다. 밤에는 십자가는 여전히 불탔다. 로럴의 COFO 사무실은 잿더미가 되었고, 다른 곳에 있는 사무실도 전기가 끊기거나 유리창이 총탄에 박살났다. 하지만 수치감은 드디어 온건한 사람들을 표면으로 끌어 내고 있었다.

세월이 흐른 뒤, 작가 윌리 모리스는 "1964년 이 세 사람의 살인 사건으로 우리는 바닥을 쳤다는 느낌"[56]이었다고 회고했다. 프리덤 서머 이후 미시시피에 대한 투자가 수직 급강하했다. 멕시코 만 관광객도 절반으로 줄었다. 네쇼바 기소가 기각된 뒤 "나는 미시시피 주에 원자폭탄을 떨어뜨린다고 해도 찬성할 것이다. 미국에 그런 야만적인 주가 존재한다는 게 수치스럽다"[57]고 오하이오의 남자는 시사주간지 《타임》에 썼다. 미국인들의 혐오감은 필 옥스의 발라드에 잘 요약되어 있다. 그는 미시시피에서 한 주를 보내고 돌아와 이 노래를 작곡했고, 그리니치빌리지의 나이트클럽에서 발표하여 청중을 열광시켰던 곡이었다.

> 미시시피 주에 들려주는 노래야.
> 주 경계선은 그어져 있지만 마왕은 어떤 경계선도 긋지 않기에
> 미시시피의 탁한 강물 바닥을 긁으면 이름 모를 시신들이 걸려 나오지.
> 숲의 우람한 나무들은 수많은 범죄를 숨겨 왔고
> 달력은 오늘 날짜를 알려 주지만 그건 거짓말이야.
> 오, 그 오지에서 황급히 빠져나와야 하는 땅,
> 또 다른 나라에 와 있는 것 같은 땅, 미시시피에 들려주는 노래.[58]
> - 〈미시시피 주에 들려주는 노래〉(Here's to the state of Mississippi)

전국적 비난과 경제적 보복 앞에서, 미시시피에 사는 비판적인 대중은, 잭슨의 한 변호사가 "절대 넘어설 수 없는 벽"[59]이라 일컬었던 것을 무너뜨리는 수밖에 없다는 걸 깨달았다.

열두어 차례 폭탄 테러가 더 벌어진 뒤, 매콤은 마침내 KKK에 대한 반격에 나섰다. 1964년 11월, 지역 공동체의 생명에 위기에 처했다는 걸 인식한 시민들은 싸울 태세를 갖추고 5천 달러를 조성하여 폭탄 테러 정보를 알려 주면 보상금을 지불하겠다고 했다. 재계과 시민사회 지도자들이 진보시민연합(Citizens for Progress)를 결성하고, "인종이나 종교, 지위, 빈부에 상관없이 모든 시민을 법 아래 평등하게 대우할 것"[60]을 요구했다. 그리고 11월 18일, FBI 수사관과 고속도로 순찰대가 지켜보는 가운데 흑인 남성이 메인 스트리트에 있는 레스토랑에서 검보 스튜를 주문했다. "여종업원이 웃는 얼굴로 '감사합니다' 하고 말했다. 또 오라고도 했다"[61]고 C. C. 브라이언트는 말했다. 그는 1961년에 밥 모지스를 반가이 맞아준 사람이다. 몇 시간 뒤, 흑인들은 매콤의 홀리데이인 호텔, 울워스 마트, 팰리스 극장, 버스 정류장, 콘티넨탈 모텔에서 인종분리의 벽을 무너뜨렸다.

프리덤 서머 이듬해, 이처럼 획기적인 변화를 이끈 선구자들이 미시시피 주 곳곳에서 등장했다. 연방의 소송에 의해, 잭슨과 빌록시, 클락스데일, 리크 카운티의 학교 1학년 교실에서 인종 통합이 시행되었다. 이에 대한 응답으로, 인종 통합이 임박한 것으로 보이는 모든 곳에 '인종분리 아카데미'라고 불리는 백인 전용 사립학교가 문을 열기 시작했다. 학교마다 입학 대기자가 줄을 이었다. 흑인 두 명이 '올 미스'에 입학했지만 아무도 폭동을 일으키지 않았다. 1965년 초, 미시시피경제협의회는 민권법의 철저한 준수를 요구했고, 폴 존슨 주지사는 이런 입장 표명을 칭송했다. 그러나 잭슨에서 발표되는 훌륭한 요구가 훨씬 의미 있게 다가간 곳은 파이니우즈 또는 델타였다. 완전한 민주주의가 미시시피에 정착할 수 있는 길은 오직 연방 법 또는 연방의 개입 위협일 것이다. 길고 뜨거운 여름이 또다시 가까이 왔다. 곧 있으면 연방의회가 LBJ의 흑인투표권법을 통과시키게 되는 때, 존슨 주지사는 흑인 유권자 등록의 장벽을 제거하여 흑인 투표의 필연성을 인정하라고 주의회에 촉구했다. 논쟁이 벌어지는 동안 경찰은 천 명이 넘는 시위 참가자를 체포하여 주 박람회장의 우리 안에 몰아넣었다. 하지만 결국에는 주의회가 요구를 받아들인다. '짐 크로 법'의 유물인 인두세와 교양 시험이 마침내 폐지되었다. 그리고 주 차원의 국민투표에서 유권자들이 이를 승인한 건 놀랄 만한 변화였다.

1965년 7월, 밥 모지스가 미시시피 주 리버티에 온 뒤로 네 번의 여름이 지났을 때, 그 도시에서는 처음으로 자유의 날이 열렸다. SNCC 실무진이 몇 달에 걸쳐 준비했다. 오전 9시, 유권자 등록을 하려는 사람들의 줄이 법원에서 인도까지 길게 나와 있었다. 그 법원은 예전에 모지스가 폭행당했던 곳이다. 보안관이 다가왔다. "좋습니다, 누가 먼저 하실래요?"[62] 하고 물었다. 쭈글쭈글 주름진 농부가 나서며 차분히 말했다. "저요." 그날 리버티에서 스물두 명이 유권자 등록 서류를 작성했다. 스물두 명 모두 시험에 통과했다. 한 달도 되지 않아 200명이 넘는 이들이 유권자 등록을 마쳤다. 세상을 떠난 허버트 리의 부인과 큰아들도 거기 포함되었다.

다음 달, 미시시피 구질서에 대한 더욱 심층적인 도전은 연방의회에서 절호의 기회를 맞았다. 1964년 선거에서 미시시피 주는 총투표의 87퍼센트를 배리 골드워터에게 주었다. 그 선거에서 배제되었던 자유민주당은 곧바로 연방의회에 공식적으로 이의를 제기했다. 흑인의 공민권을 조직적으로 박탈하고서 선거가 치러지기 때문에, 백인으로만 구성된 미시시피 의원들은 정당하게 선출된 대표가 아니라고 주장했다. 의사당에서 토론에 부쳐진 이의 제기를 하원의원 149명이 지지했다. 가결시키기에 충분한 수는 아니었지만 미시시피의 과신을 뒤흔들기에는 충분했다. 그리고 연방의회는 자유민주당에 유권자 차별을 입증하는 진술서를 갖출 시간을 주었다. 윌리엄 컨스틀러는 전국의 변호사에게 전화를 걸었고, 백 명이 넘는 변호사가 잭슨으로 모여들었다. 유권자에 대한 기만과 폭행, 피격을 자세히 담은 진술서가 미시시피 전역에서 취합되었다. 리타 슈워너도 돌아와서 미시시피를 돌아다니며 진술서에 공증을 받았다. 잭슨에서 연방 청문회가 열렸을 때, 흑인들은 유권자 등록을 하려 한다는 이유만으로 당한 테러를 하나하나 진술했고 이를 듣는 위원들은 아연실색했다.

여름의 끝에, 컨스틀러 팀은 1만 페이지가 넘는 증언을 쌓아 둔 상태였다. 증거 제출을 준비하면서, 컨스틀러는 "한 변호사의 몽상가 같은 문제 제기"라고 생각했다. "미시시피에서는 흑인이 투표할 수 없다는 걸 거의 모든 미국인이 용인하고 있기"[63] 때문이었다. 1965년 9월 17일, 마침내 이의 제기가 발표되는 의사당 방청석에 자유민주당 당원들이 앉았다. 거의 500명이 워싱턴 D.C.까지 와서, 의사당 밖에서 밤샘 침묵 시위를 벌였다. 토론이 진행되는 날 아침, 자유의 노래가 울려 퍼졌다. 소작인과 가정부, 이발사와 요리사 수십 명이 줄줄이 회의실로 들어갔다. MFDP 후보 세 명, 패니 루 헤이머, 빅토리아 그레이, 애니 디바인이 방청석 아래 회의장에 앉아 있었다. 이 세 사람은 의사당 회의실 안까지 들어온 최초의 흑인 여성이었다. 드디어 이의 제기가 발표되자, 남부 의원들은 미시시피를 대표하는 연방의원 자리를 내놓아야 한다면 "포토맥에서 엘패소에 이르기까지 모든 의원이 똑같은 처지에 놓여야 할 것"[64]이라고 주장했다. 두 시간의 토론 끝에 마침내 표결이 이루어졌다. 하원의원 143명이 이의 신청을 지지했고, 228명이 반대했다. 의사당 밖에 모여 있는 이들에게 알리면서, 패니 루 헤이머는 눈물을 흘리며 말했다. "내가 우는 건 나를 위해서가 아닙니다. 내가 우는 건 미국을 위해서입니다."[65]

# 14
## 프리덤 서머가 남긴 것

그래요, '과거의' 미시시피가 있었지만 '현재의' 미시시피도 있습니다.
그런데 우리는 지금처럼 변화해 온 것이 자랑스럽습니다.
– 미를리 에버스 윌리엄스

1967년 10월의 화창한 아침, 로런스 레이니 보안관과 세실 프라이스 대리는 지지자들에게 손을 흔들며 머리디언의 법원인 화강암 건물을 향해 걸어갔다. 카우보이모자와 경찰 제복 대신에 정장을 입고 중절모를 쓴 두 사람은 '보안관'보다는 판매사원 같았다. 레이니는 여전히 뺨이 불룩하게 씹는담배를 물고 있었지만, 뿔테안경을 쓴 그는 남부 보안관다운 인상을 풍기지 않았다. 얼마 전 레이니 후계자로 출마했다가 낙선한 프라이스는 찰칵대는 카메라들 앞에서 얌전히 미소 지었다. 같이 재판을 받게 될 열여섯 명을 옆에 둔 두 사람은 의기양양해 보였고, 자신의 동료인 배심원 누구도 유죄 판결을 내리지 않으리라 확신하는 듯했다. 네쇼바 카운티 살인 사건이 재판까지 오는 데 서른세 달이 걸렸다. 그동안 프라이스와 레이니는 남부를 순회했다. 환호하는 KKK 단원 앞에 선 두 보안관은 남북전쟁의 보복주의의 상징이었다. 보복주의는 시들어 가고 있었지만 KKK는 여전히 그것을 살려 내려 하고 있었다. 이제 그들이 법원 문 앞에 이르자, 거리 건너편에서 환호성이 터졌다. 남부연합기가 게양되었다.

지난 세월 미시시피의 폭력은 극렬해졌다가 시들해졌다. 하지만 백인의 분노가 폭발할 때마다 그것은 미시시피의 운동을 강화하고 미래를 재촉했다. 1966년 1월의 어느 캄캄한 밤, 온화한 해티스버그 농부 버넌 다머가 끔찍하게 살해되었다. 그는 활동가들이 프리덤 서머의 '7월 4일 피크닉'으로 기억하는 사람이었다. KKK가 휘발유가 든 병에 불을 붙여 다머의 집에 던졌다. 해티스버그 지역의 영웅은 화염 속에 선 채로 가해자들에 맞서 총을 쏘면서 아내와 자식들이 탈출할 수 있게 했다. 불에 타고 총에 맞은 다머는 이튿날 숨을 거두었다. 그러나 상황이 변하고, 미시시피 스타일이 변화하고 있다는 신호로서, 존슨 주지사는 "이 악랄하고 도덕적 파산 지경의 범죄자들"[1]을 비난했고, 몇 달 안에 FBI는 다머를 살해한 열다섯 명을 기소했다. 피고인 가운데는, 부드러운 말투의 사업가이고 '염소수염'을 잡으라는 명령을 내린 KKK 대마왕 샘 바워스도 있었다.

그리고 6월에 제임스 메러디스가 미시시피로 돌아와, 멤피스에서 잭슨까지 행진하며 유권자 등록을 고취시키겠다고 선포했다. 메러디스는 미시시피 주 경계선 바로 안쪽에서 "공포에 맞선 행진"을 홀로 시작하자마자 매복해 있던 자의 엽총에 맞았다. 그가 입은 부상은 가벼운 것이었지만 분노한 민권운동 지도자들이 미국 전역에서 모여들었다. 마틴 루터 킹, 스토클리 카마이클, 그리고 여러 사람이 미시시피에 와서 메러디스의 행진을 이어 갔다. 그것은 델타의 오지까지 들어갔고, 수천 명을 끌어들여 함께 걷고 노래하고 유권자 등록으로 연결했다.

1966년 10월, 연방 대법원은 만장일치로 네쇼바 살인 사건을 원 상태로 복귀시켰다. 피고 측은 또 다른 변수에 맞닥뜨렸다. 대배심은 모두 백인으로 구성된 것 같았다. 새로운 대배심이 추가 기소를 할 수 있을 때까지 재판은 다시 연기되었다. 이번에 그 대상에는 신사답고 살인을 일삼는 KKK 대마왕도 포함되었다. 그즈음 미시시피는 주를 전국적으로 수치스럽게 만든 그 사건을 두고 심각하게 양분되었다. 주는 여전히 살인죄 기소에 압력을 넣기를 거부했지만, 많은 이들은 연방법원에서 정의가 이루어지기를 기대했다. 그러나 또한 그만큼 많은 사람들은 피고인들이 싸움을 벌이고 있는 자신의 주의 주권을 위해 싸우는 영웅이라고 여전히 생각했다. FBI가 더 많은 스파이를 KKK에 침투시켰을 때에도, 레이니 보안관과 프라이스 대리는 '짐 크로'를 필사적으로 지키려는 수백 명이 모인, 기금 모금 만찬에 참석했다. 그들의 '민권법 위반'에 관한 재판이 마침내 시작되었을 때는, 준비, 항소, 기각으로 3년이 흐른 뒤여서 재판이 무척 짧게 느껴졌다.

법정에서 해럴드 콕스 재판장은 목화를 따는 노예가 그려진, 미시시피 역사를 묘사한 거대한 벽화 앞에 앉았다. 그는 "유권자 운동을 벌이는 검둥이들"²을 꾸짖었던, 악명 높은 인종차별주의자였다. 검사 존 도어가 밀고자들에게 진술하게 할 때 콕스는 아무 말이 없었다. 밀고자들은 FBI에게 했던 이야기를 되풀이했다. '몰살' 명령을 받고 무장한 KKK 단원들, '설교자' 킬런이 불법 처형 폭력단을 모집한 일, 자동차들이 '염소수염'을 추격한 일, 세 명이 탄 차가 멈춰서고 그들을 록컷 로드로 데려간 일을. 그러나 곧이어 재판장은 상황이 변하고 있다는 징후를 몸소 보여 주었다 재판 앞부분에서 피고 측 변호인은 흑인 목사에게 질문했다. 마이클 슈워너는 '징집영장 소각'[3]을 지지하지 않았습니까? 그는 무신론자가 아니었습니까? 그는 "1964년 그 뜨거운 여름 미시시피에서 한 주에 백인 여성 한 명씩 강간하겠다는 결의서에 흑인 남성 청년들의 서명을 받지" 않았습니까?[4] 듣고 있던 콕스 재판장이 참지 못했다. "그 질문은 누구 머리에서 나온 겁니까?"[5] 재판장이 끼어들었다. 변호인단에 그 질문을 넘겨준 설교자 킬런이 순순히 손을 들었다.

"나는 이 재판에 웃음거리가 끼어드는 걸 허락하지 않을 것입니다"[6] 하고 콕스가 말했다. 피고인들의 얼굴이 굳어졌지만, 그들은 휴회 시간 동안 여전히 농담하고 뻐기는 웃음을 지었다. 그러나 대마왕이 가장 신뢰하는 측근이 증인석에 들어와 원고 측에서 증언할 때는 모두 아연실색했다.

델마 데니스는 키가 크고 건장한 감리교 목사인데 "주권(州權), 인종분리, 그리고 백인 문명의 보전에 전력투구하는 전투적인 기독교 백인 조직"[7]이라는 판단으로 KKK에 합류했다. 가입 선서를 하는 그에게 설교자 킬런은 "당신은 보이스카웃 같은 단체에 들어온 게 아니오"[8]라고 경고한 바 있다. 하지만 살인은 목사의 양심과 잘 맞지 않았다. 1964년 10월, 데니스는 무려 40페이지나 되는 내부 정보를 FBI에 넘겼다. 이제 그는 주먹을 꼭 쥐고 앉아 KKK 단원 한 사람 한 사람이 한 말을 알려 주었다. 대마왕 샘 바워스는 세 사람을 살해하고 "기독교도가 유대인의 처형을 계획하고 실행한 최초의 일이었지"[9] 하고 말했다고 했다. 설교자 킬런은 "그들은 두들겨 맞고 가끔은 그 자리에서 몰살당할 필요가 있다고 …… 그가 말했네"라고 했다는 것이다.

"그가 말한 몰살이 무얼 의미하는 겁니까?"[10]

"사람을 죽이는 것이었습니다."

변호사 여덟 명은 즉각 피고인들과 그들이 대신하고 있는 미시시피를 변호하고 나섰다. 델마 데니스는 "은 30냥 대신 …… 15,000달러를!" 받은 "배반자 유다 같은 증인"[11]이라는 것이었다. FBI의 전술은 "이웃이 이웃을 밀고하는" 소비에트 방식을 닮았다고 했다. 그 '아버지의 날' 늦게 피고인들을 보았다고 증언한 증인이 백 명이 넘는다. 설교자 킬런은 장례식장에 들렀다. 총을 쏜 웨인 로버츠는 고모와 함께 카드놀이를 하고 있었다. 피고인들은 "지상의 소금 같은 사람들로, …… 눈처럼 순수하고 순결"[12]하다. 대마왕 샘 바워스는 "문이 열려 있으면 늘 교회에"[13] 있다. 하지만 굿먼, 슈워너, 체이니는 "하층계급 쓰레기로 …… 다른 주에서 증오를 품고 온 덥수룩한 비트족이 우리 주 사람들에게 싸움을 거는데, 미시시피 주민들이 그들에게 적대감을 품는 건 당연하다"[14]고 했다. 살인에 관해서는 "이 청년들은 널리 알려지길 원했거나 아니면 다른 이유로 희생을 자초했다 해도 무리가 아니다"[15]라고.

존 도어는 '침략'에 관해 여전히 감도는 적의를 가라앉히기 위해 "연방정부는 미시시피 주 필라델피아나 네쇼바 카운티를 침략하고 있는 게 아닙니다. …… 이 피고인들은 연방법에 따라 미시시피의 도시에서, 미시시피의 연방 재판장 앞에서, 미시시피 법정에서, 범죄에 대한 재판을 받고 있습니다"[16]라고 요약해서 말했다. 그러나 피고 측은 남부연합 문화만큼이나 케케묵은 적대감을 쏟아 냈다. "강압적인 연방정부"[17]가 미시시피에 온 것은 "여기 미시시피에 그 증오를 가득 품고 있어서 …… 외부인을 제거하고 살해할 음모를 함께 꾸밀 수 있는 자들이 여기 미시시피에 있다"는 걸 입증한 것이라고 했다. 그 케케묵은 적의가 여전히 효과가 있을 것인가? 혐의가 고작 '민권법 위반'이라고 해도, 미시시피 배심단이 '외부인' 두 명과 '검둥이'를 죽인 '씩씩한 남부 사내들'

에게 유죄 판결을 내릴 수 있을 것인가?

배심단이 심의하는 동안 피고인들은 복도에서 농담을 주고받았다. 샘 바워스만이 걱정스러운 듯, 담배를 피우며 골똘히 생각하고 있었다. 배심단이 어떤 결론도 내리지 못하자, 재판장은 다시 심의하라고 명령했다. 마침내 평결이 도착했다. 법정에서 평결이 낭독될 때, KKK 단원들은 분명 충격을 받은 모습이었다. 바워스, 로버츠, 프라이스와 다른 네 명을 포함한 일곱 명이 유죄였다. 레이니 보안관을 포함한 일곱 명은 무죄로 석방되었다. 에드거 레이 킬런을 포함한 네 명에 관해서는 불일치 배심으로 평결이 내려지지 않았다. "설교자를 결코 유죄 판결할 수 없다"[18]고 주장한 머리디언의 한 여성 비서는 불법 처형 폭력단을 조직한 자를 옹호한 유일한 배심원이었다. 그 뒤 두 달 동안 배심원들의 집은 보호를 받았다. 많은 배심원이 살해 협박을 받았다. 그들의 마을에서 십자가가 불탔다. 하지만 1967년 12월 말, 콕스 재판장은 레이 로버츠와 샘 바워스에게 징역 10년을 선고했고, 나머지는 3년에서 6년형을 선고했다. "그들은 검둥이 한 명, 유대인 한 명, 백인 한 명을 살해했다. 나는 그들이 마땅히 받아야 하는 모든 죄과를 주었다"[19]고 재판장은 선언했다.

법정 밖에서 지켜보던 한 사람은 "미시시피의 정의에 일어난 최상의 일"[20]이라고 그 평결을 평가했다. 맨해튼에서 캐럴라인 굿먼은 '획기적인 판결'[21]을 환영했다. 네이선 슈워너는 미시시피가 곧 살인죄도 채택하기를 희망했다. 패니 리 체이니는 "그들은 내가 짐작했던 것보다 좋은 결론을 내렸어요"[22]라고 말했다. 2년의 항소 끝에 죄수들은 1970년에 연방 교도소에 수감되었다. 이 사건은 재건시대 이후 미시시피에서 민권법 위반으로 백인이 유죄 판결을 받은 최초의 사례로 기록되었지만, 미시시피 주는 아직도 한 세대를 더 지나야 비로소 정의라는 긴 길을 가게 된다.

프리덤 서머 동안 민권법을 통과시킨 직후, 린든 존슨 대통령은 니콜러스 캐천버크를 집무실로 호출했다. "자네가 만들어 낼 수 있는 최상의, 진짜 끝내주는 흑인투표권법을 만들어 오게"[23] 하고 대통령이 말했다. 1965년 봄과 여름 내내 연방의회는 그 법안에 관해 토론했다. 하원의원 몇 명은 굿먼, 슈워너, 체이니의 이름에 호소하면서, "그들의 죽음이 헛되지 않게"[24] 법안의 통과를 촉구했다. 그 8월, 법률로 가결된 흑인투표권법은 교양 시험을 폐지하고, 남부 일곱 주의 선거를 감독할 권한을 연방에 주었으며, 그 일곱 개 주가 조금이라도 투표법을 개정하려면 연방의 승인을 얻도록 했다. 1965년 말, 미시시피 흑인의 60퍼센트가 등록 유권자였다. 그러나 흑인 지도자들이 공직에 오르는 건 또 다른 문제였다.

'짐 크로'는 늘 증오만큼이나 특권과 권력에 기초하고 있었다. 미시시피는 법의 흐름을 되돌릴 수는 없었지만, 법률적 사술(邪術)을 제정하는 새로운 국면으로 접어들 수는 있었다. 흑인투표권법에 대응하기 위해, 주 의회는 흑인 정치권력에 재갈을 물릴 법안 10여 건을 가결시켰다. 시와 카운티 선거가 갑자기 '전체 대표'로 바뀌어 백인 투표가 흑인 투표를 희석시키게 했다. 학교 관리자들은 임명직으로 바뀌었다. 입후보하려면 전보다 열 배나 많은 이들의 서명을 받아야 하므로 훨씬 어려워졌다. 델타의 '흑인 지대'는 사람들이 기억할 수 있는 세월 내내 단일한 하원의원 선거구였는데, 여물통 앞에 나란히 머리를 박고 있는 돼지들처럼 세 구역으로 나뉘었다.

1967년, 흑인 108명이 미시시피에서 공직에 출마했다. 스물두 명만 선출되었고 그것도 대부분이 카운티 수준의 낮은 직급이었다. 백인뿐인 주 의회에 유일하게 흑인 한 명이 진출했다. 그 뒤 몇 해 동안, 미시시피 자유민주당은 모든 새 투표법에 이의를 제기했고, 1969년 자유민주당의 이의 제기와, 이와 비슷한 다른 이의 제기가 대법원까지 올랐다. 7 대 2의 표차로 대법원은 흑인 투표를 희석시키려는 모든 시도를 무효화했다. 흑인투표권법은 "가능한 최대의 범위를 아울러야 한다"[25]고 대법원장 얼 워런은 썼다. 그러나 '브라운 판결'에서처럼, 그 법의 준수까지는 10년이 넘는 시간이 걸린다. 1972년에는 미시시피 모든 흑인 가운데 3분의 2가 투표할 수 있었지만 아직도 주 공직자 가운데 흑인은 2.7퍼센트밖에 되지 않았다.

1970년대 내내 미시시피 정치인들은 그 "절대 넘어설 수 없는 벽"에 갈라져 가는 금을 땜질했지만, 보통 사람들은 주를 바꾸어 놓았다. 더 이상 엽총을 들고 경계하지 않는 흑인과 백인은 어떤 명령에 의해서가 아니라 서서히 어울리고 있었다. 미시시피라는 독특한 지역 출신이라는 점에서, 그들에게는 공통적인 무언가가 있다는 걸 대부분이 알게 되었다. 1964년에 십대 청소년이었던 베이츠빌의 출판인 존 하월은 "프리덤 서머 이후 우리는 흑인을 만났다. 뻔뻔하게도 투표를 하거나 좋은 학교를 다니려 한다는 이유로 그들에게 품었던 악감정을 극복했을 때였다. 그들은 거의 예외 없이 너무도 착하고 너그러운 사람들이었다"[26]고 말했다. 편협함은 사라지지 않았지만, 친절한 행동 하나하나, 평범한 관심 하나하나는 남부의 따뜻함으로 하여금 케케묵은 적대감을 녹일 수 있게 했다. 언제 어느 때라고 콕 집어서 말할 수는 없지만, 어느 때부턴가 "애" 하는 말로 흑인을 부르지 않았다. 백인'과' 흑인 모두에게 존칭이 사용되었다. 그리고 전보다 더 넓어지지 않았는데도 인도에는 흑인과 백인이 같이 걸을, 때로는 나란히 걸을 공간이 생겼다.

퍼놀라 카운티 운동의 선구자 로버트 마일스는 카운티 집행관에 출마했다가 결선에서 낙선했지만, 어떤 백인이 50달러를 건네며 흑인들에게 투표를 독려하는 데 쓰라고 하자 깜짝 놀랐다. "내가 살아서 이런 날을 보게 될 줄은 꿈도 꾸지 않았다"[27]고 마일스가 말했다. 메드거 에버스의 형은 미시시피 주 파예트 시장으로 선출되었는데, 재건시대 이후 최초의 미시시피 흑인 시장이었다. "목화를 따던 손으로 이제 시장을 뽑을 수 있다"[28]고 찰스 에버스는 말했다. 임기가 몇 해 지났을 때, 에버스는 이전 KKK 지도자의 지지를 받았다. "나는 이제 에버스 시장을 친구로 생각하고, 그를 대단히 존경한다. 대립 관계는 흑인과 백인이 아니라 일반 대중과 권력자들이라는 걸 우리는 깨달았다"[29]고 E, L. 맥대니얼은 말했다. 올 미스 폭동이 있고 10년 뒤, 학생들은 흑인 미식축구 선수를 대학 최고 스포츠 선수의 영예인 '커널 레벌'(Colonel Rebel, 미시시피대학 스포츠 팀의 마스코트 이름—옮긴이)로 뽑았다. 최초의 기록이 또 생겨난 건 1977년, 뮤리얼 틸링허스트의 제자 유니타 블랙웰이 미시시피 최초의 흑인 여성 시장이 되었을 때였다. 블랙웰은 1997년까지 시장으로 직무를 수행했고, 맥아서 천재상(MacArthur genius grant, 다양한 분야에서 탁월한 업적과 독창적인 활동을 보여 준 사람에게 존과 캐서린 맥아서 부부 재단에서 주는 상—옮긴이)을 수상했으며, 1984년 민주당 전당대회에서 연설했다.

강제 버스 통학으로 보스턴과 다른 도시들이 분열을 겪을 때(1965년 매사추세츠 주에서 공립학교의 인종 통합을 명령한 법이 통과된 뒤, 과거 백인 구역 학생들을 과거 흑인 구역에 있던 학교로 통학하도록 스쿨버스 운행을 강제했다. 이 조치는 1980년대까지도 백인들의 만만치 않은 저항에 부닥쳤다―옮긴이), 미시시피 주의 학교는 인종 통합의 춤을 추었다. '인종분리 아카데미'[30]가 우후죽순처럼 생겨났지만, 입학 허가를 받지 못한 백인과 '인종 혼합'을 두려워하지 않는 아이들은 공립학교에서 흑인 옆에 앉아 공부했다. 구내식당은 여전히 자체적으로 인종에 따라 분리되었지만 탈의실과 복도, 응원 대회에서 흑인과 백인은 서로 이야기하고 때로는 다투면서 서로 어울릴 수 있다는 걸 깨우쳤다. 린든 존슨은 프리덤 서머 동안 그만큼은 예측했다. "나는 사람들이 인종 통합을 이루도록 만들 수는 없지만, 아마도 인종 통합을 안 하면 죄책감을 느끼게끔 할 수는 있을 것이오. 그리고 일단 인종 통합이 시작되면, 사람들은 지옥의 문이 열려서 불덩이와 유황이 덮쳐 오는 일이 일어나지 않는다는 걸 알게 될 것이오. 어쩌면 자신들이 속아 왔다는 걸 알게 될 수도 있소"[31] 하고 보좌관에게 말했다.

1979년 말에 미시시피 주의회는 마침내 연방 대법원에 굴복했다. 델타는 다시 하나의 하원 선거구가 되었다. 흑인 수백 명이 시장, 시의원, 주의원으로 선출되었다. 1986년, 마이크 에스피는 재건시대 이후 미시시피 최초의 흑인 하원의원이 되었고, 이듬해에는 놀랍게도 흑인 여성이 미스 미시시피 왕관을 썼다. 1990년대 내내 흑인 정치권력이 꾸준히 힘을 키운 결과, 미시시피는 흑인 선출 공직자가 다른 어떤 주보다도 많았다. 흑인이 시장직을 수행하는 도시 명단은 마치 프리덤 서머 활동 지역을 돌아보는 듯했다. 매콤, 잭슨, 해티스버그, 이타베나, 그린빌, 그린우드, 홀리스프링스, 룰빌, 드루에 이르기까지. 2009년에는 미시시피 주 필라델피아에서도 흑인 시장이 선출되었다. 오늘날 델타는 여전히 미국에서 가장 가난한 지역이다. 흑인 소득은 백인의 절반이 조금 넘는 수준이고, 그린우드나 그린빌은 미시시피 전역의 도시가 그렇듯이 철도 선로를 사이에 두고 주거, 교육, 생활수준이 극명하게 엇갈린다. 그러나 빌록시부터 북쪽으로 테네시 주 경계선에 이르기까지 어떤 도시에서든, 카페에 들어간 사람은 훨씬 북부에서는 거의 볼 수 없는 모습으로 백인과 흑인이 정담을 나누는 모습을 볼 수 있다. 구금되는 어떤 이도 보안관과 보안관 대리를, 또는 한밤이 선사하곤 했던 공포를 두려워할 필요가 없어졌다. 하지만 과연 미시시피의 인종 화해는 표면에 드러난 것보다 훨씬 깊은 것인가?

"약속의 땅은 아직도 멀리 있습니다. 일자리와 평등 교육, 주거 같은 문제에서 흑인은 여전히 바깥에서 안을 들여다보고 있지요. 슬프게도 이런 점에서 미시시피와 나머지 미국은 큰 차이가 없습니다. 지난날 미시시피를 다른 곳과 구별했던 것, 다시 말해 권력과 억압에서 비롯된 인종차별의 유혈 사태는 더 이상 존재하지 않습니다. 오늘날 개인은 자신이 공적 생활에서 지켜야 한다고 알고 있는 것과 다른 속마음을 품고 있습니다. 우리는 근본적인 변화에 관해 이야기하려는 것입니다. 그것은 미시시피 주가 아직 오르지 못한 저 먼 산꼭대기이지만, 우리는 얼마 동안 꾸준히 올라왔죠. 때로 샛길로 빠질 수는 있으나 돌아 내려가서는 안 됩니다"[32]라고 허딩 카터 3세는 썼다.

시인 마거릿 워커 앨릭샌더도 비슷한 생각이다. "미시시피는 지난날 끔찍한 인종차별주의 이미지를 지니고 있었고, 오랜 세월 정치적 선동을 일삼아 온 것으로 유명하다. 인종차별의 폭력과 특히 불법 처형으로 악명이 높고, 최하위를 기록하는 온갖 수치를 보유하고 있다. 하지만 미시시피, 특히 미시시피 도시 지역은 내가 살아 봤거나 가 본 다른 어떤 주보다도 거의 모든 흑인에게 더 나은 삶을 제공하고 있다."[33]

딱 한 세대 동안, 미시시피는 어린 아이들이 부모의 어렸을 적 이야기를 들을 때 충격을 받을 정도로 성큼 진보했다. 흑인과 백인이 함께 탔던 승용차에서 몸을 접고 숨어 있어야 했던 이야기를 왕년의 활동가가 1984년에 들려주었을 때, 어린 아이들은 숨을 멈추었다. "미시시피에서 그럴 리가요!"[34] 하고 몇몇 아이들이 말했다. 한편 미시시피가 과거를 떨쳐 버리고 있을 때, 프리덤 서머의 공포를 떨쳐 버린 이는 과연 누구인가?

야만의 계절이 끝나고 활동가들은 저마다 다른 길로 갔다. 삐딱하게 1960년대를 보낸 뒤 삶에 안착해 갔다. 프리덤 서머 10주년과 20주년이 지나갔지만, 깨져 버린 신뢰의 결집체를 손볼 에너지를 갖고 있는 이는 아무도 없었다. 그러나 1989년 의사를 타진한 뒤 활동가 수십 명이 최초로 다시 모이게 되었다. 필라델피아에서 만난 그들은 재건된 시온 산 교회를 방문하고 미시시피 주 법무장관이 굿먼, 슈워너, 체이니의 가족들에게 공식 사과하는 말을 들었다. 다시 만난 시간은 짧았지만 치유가 시작되었다. 다섯 해 뒤, 거의 400명의 활동가가 미시시피에 내려왔고 그때는 침략을 거론하는 주민이 아무도 없었다.

잭슨의 공항에는 "돌아온 것을 환영합니다 1964~1994"라고 쓰인 현수막이 내걸렸다. 이 30주년에는 거의 모든 활동가가 처음으로 미시시피에 돌아왔다. 살아온 얘기를 듣고, 자녀와 손자 사진을 서로 보여주고, 손을 교차하여 잡은 채 그렁그렁한 눈으로 자유의 노래를 부른 활동가들이 버스에 올랐다. 오래 전 활동 지역에 돌아간 이들은 여기가 정말로 미시시피라는 걸 거의 믿지 못했다. 그들은 흑인 경찰이 있는 걸 보고 놀랐다. 홀리스프링스의 흑인 시장은 활동가들에게 기념품인 시 열쇠를 주었다. 자유학교 교사들은 지난날 가르친 학생들을 만나, 그들이 대학을 졸업하고 공직에 종사한다는 걸 알게 되었다. 그러나 표면 아래에는 여전히 인종 간 적의가 일렁이고 있었다. 활동가들이 찾아간 제임스 체이니의 묘지는 손상되어 있었다. 민권운동가인 벤 체이니는 "미시시피에서 의미 있는 변화는 이루어지지 않았습니다"[35] 하고 말해 주었다. 많은 이들의 생각도 이와 같았다. 한때 자신이 살았던 마을도 여전하다고 생각하는 이들도 있었다. 가난은 여전히 고통스런 현실이었지만, 어느덧 백발이 성성한 호스트와 다시 만나니 마음이 누그러졌다. 하지만 미시시피가 얼마 전 메드거 에버스의 암살자에게 유죄 선고를 내렸다 해도 많은 '미시시피의 유령'은 여전히 떠돌고 있었다.

프랜 오브라이언이 한 여름날의 악령을 쫓아내기까지는 25년이 걸렸다. 1965년 6월, KKK에게 폭행당한 기억을 여전히 억누르느라 애쓰면서 미시시피에 대한 '장밋빛'[36] 기억만 간직하려 했던 프랜은 빅스버그로 돌아왔다. 돌아와 보니 한 해 전의 커뮤니티센터는 무너져 내렸고, 프랜이 운영했던 프로젝트는 자금 부족으로 가까스로 이어지고 있었다. 프랜은 지난해 가르치던 학생들을 가르치고자 했지만 '대혼란에'[37] 휘말렸다. 보육을 둘러싼 주 차원의 권력투쟁으로 그녀는 COFO에서 헤드 스타트(Head Start, 빈곤층 자녀의 교육을 원조하는 미국 정부의 교육 사업—옮긴이)로 갔다가 다시 돌아왔다. 한 달 뒤에 남캘리포니아의 집으로 돌아갔다. 그 가을, 그녀는 대학원에 들어갔고, 1967년에 캘리포니아 센트럴밸리에서 학생들을 가르치기 시작했다.

교실에서 맞은 첫 번째 봄에 마틴 루터 킹이 피살되었다. "그 공산주의자가 죽었으니 잘됐지"[38] 하고 아이들이 말하는 걸 우연히 듣고, 프랜은 아이들에게 밝혀야겠다고 마음먹었다. "나는 마틴 루터 킹이 공산주의자가 아니라고 아이들에게 말했어요. 내가 그를 만나 봤기 때문에 잘 알고 있다고 말이죠." 그녀는 베테랑으로서 민권운동에 관해 말했다. 평생토록 말을 끝내지 않을 것처럼 아이들에게 말했다. 하지만 그 여름 일어난 일을 '모조리' 털어놓은 건 그리고 수십 년이 흐른 뒤였다.

공포는 더 깊은 곳에 숨어 있었기에, 민권운동에 관해 보고 들을 때 마다 프랜은 악몽 같았다. TV 미니시리즈 〈뿌리〉에서 노예들이 채찍질 당하는 장면을 본 프랜은 잠을 자다 비명을 지르며 깼다. 그러나 1989년 프리덤 서머 최초의 재회에 참여한 뒤, 그녀는 앉아서 글을 쓰기 시작했고 공포의 기억이 흘러나왔다. "빅스버그의 여름은 비교적 고요했다……."[39] 폭행당한 일을 써 내려가니 공포와 굴욕감이 수그러들었지만, 공감의 한평생을 보낸 프랜은 KKK를 비난하지 않았다. "분비물을 분사하는 스컹크나 공격하는 방울뱀을 도덕적으로 비난하는 것과 다를 바 없다"[40]고 그녀는 썼다. 프랜의 글 〈빛으로의 여행〉은 나중에 프리덤 서머에 관한 글 모음집에 실렸다.

평생 아이들을 가르치며 살았지만, 프랜은 "정말로 시간이 없었다"[41]는 이유로 결혼하지 않았고 자식을 낳아 기르지도 않았다. 은퇴하기까지 34년 동안 교사로 일한 그녀는 주로 신체장애나 정신장애가 있는 아이들 수업을 맡았다. 사회에서 받아들여지기 위해 노력하는 아이들을 보면서, 민권운동과 비슷한 점을 발견했다. 그녀는 오랜 세월 동안 독실한 기독교 신앙을 길러 왔고 그것 없는 삶을 상상할 수 없었다. 이 차분하고 온화한 여인은 캘리포니아 베이커스필드 근처의 언덕에 있는 작은 집에 혼자 산다. 이웃 가운데 그 누구도 그녀가 인종과 자유에 관한 그들 자신의 태도마저 변화시켰던 여름의 일부였다는 사실을 짐작하지 못한다.

인디어놀라에서 마지막 아홉 달을 보내는 동안 프레드 윈은 겨울에서 봄으로 이어지도록 더 심해진 폭력의 분출과 마주했다. 다섯 번 체포되고 징집위원회의 추적을 당하고 지역 백인의 표적이었던 프레드는 결과적으로 살아남았지만, 걷잡을 수 없는 압박은 급격한 변화를 낳았다. 1965년 2월, 갑자기 1-A(군복무 적격자―옮긴이)로 분류되었지만 눈앞에서 인종차별이 저질러지는 조국을 위해 싸우고 싶은 마음이 없던 그는 여성 동료 활동가를 그린빌로 데리고 가서 결혼했다. 교회 바깥 풀밭에서 뽑아온 '꽃들'과 차가운 입맞춤이 있던 그 결혼은 장난이었다. "네, 신중하지 않아 보일 거라는 거 알아요. 하지만 벗어나기 위해 내가 할 수 있는 유일한 방법이었습니다"[42]라고 프레드는 아버지에게 편지를 썼다. 나중에 결혼은 무효가 되었지만, 결혼과 프레드의 체포 전력으로 징병은 한 발짝만큼 물러났다. 하지만 인디어놀라에서 점증하는 폭력을 억누를 수 있는 건 없었다.

1965년 3월, 화염병이 자유학교를 불태워 잿더미로 만들었다. 학교에 살고 있는 몇 명이 아이린 매그루더의 집에 옮겨 와 복작복작 살게 되어, 프레드는 거실에서 잠을 자야 했다. 모두 새로운 유권자 운동을 이어 가고 있는 활동가였다. 4월이 되자 운동은 급진전되었다. 선플라워 카운티가 연방의 중지 명령을 받은 덕분에 흑인 300명이 유권자로 등록했다. 수많은 사람들이 법원 밖에 서서 얼싸안고 울었다. "얼마나 기쁜지 '자유' 하고 외치고 싶다우"[43] 하고 한 할머니가 말했다. 보복은 빨리 찾아왔다.

5월 1일, 프레드는 아이린 매그루더의 소파에서 잠이 들었다. 새벽 2시 30분, 여성 활동가가 부엌에서 나오면서 "불이야!" 하고 소리쳤다. 연기와 공포 속에서 프레드가 소화기를 들었지만 화염에 물총을 쏘는 격이었다. 휘청거리는 매그루더 부인을 부축하여 불타는 집에서 빠져나왔다. 그때 집안에 남겨 둔 것이 떠올랐다. 불꽃이 삼키고 있는 집으로 뛰어든 그는 프로젝트 회계장부와 아버지의 성경책을 집어 들었다. 다시 잔디밭으로 나왔을 때 집은 화염이 삼킨 상태였다. 소방관들은 서서 지켜만 보았다. 거리에서도 소식이 전해졌다. "가일스도 당했어!"[44] 활동가들이 자주 들르는 가게인 가일스 페니 세이버도 불타고 있다는 것이었다. 프레드가 자전거에 올라타 달려가니 오스카 가일스가 호스로 물을 뿌리며 불을 끄고 있었다. 저 멀리서 주황색 불길이 보이고, 또 다른 곳에서도 불길이 보였다. 프레드는 자전거를 타고 불길이 보이는 곳마다 가 보았다. 그는 자유의 집에 돌아와 패니 루 헤이머에게 조심하라고 알렸다.

호스트 가정과 학교가 잿더미가 되었으니 프레드는 더 이상 발가락 사이를 비집고 들어오는 미시시피 진흙에 관해 농담할 기분이 아니었다. SNCC 사무실에서도 불꽃이 튀고 있었다. 프레드가 또 다른 흑인 소녀에게 반해 불을 일으킨 것이다. 자넬은 열일곱 살이었지만 프레드에게 열여덟이라고 말했다. 불길이 일어나고 며칠 뒤, 안경을 끼고 콧수염을 기른 목수와 그의 여자친구는 떠나는 문제에 관해 의논하고 있었다. 샌프란시스코에 아파트를 얻을 수 있어. 일자리를 구하고, 학교를 다니고, 손을 잡고 거리를 걸을 수 있다구. 아무도 신경 쓰지 않아. "자넬과 함께 돌아갈 겁니다. 그래요, 우리는 7월까지 머물 계획이었지요. 하지만 난 지쳤습니다. 아버지도 전쟁을 겪었으니 전쟁 신경증이 어떤 건지 아실 거예요."[45]라고 아버지에게 편지를 보냈다. 한 주 뒤, 두 사람은 버스를 타고 멤피스로 간 뒤 기차를 타고 샌프란시스코로 갔다.

프레드와 자넬은 민권운동을 계속 하고 싶었다. 하지만 둘이 샌프란시스코의 한 단체에 지원했을 때, 흑인 다섯 명은 프레드의 프리덤 서머 이야기를 신중히 듣고 나서는 "우리는 당신이 필요하지 않습니다"[46]

라고 말했다. 프레드는 당황했다. 인디어놀라의 흑인 사회에 단단히 발붙였던 그는 이제 자신의 도시에서 침략자가 되어, 부상하고 있는 흑인 분리주의에 의해 외톨이가 된 것이었다. 오래 지나지 않아 거리의 흑인들은 자넬에게 말을 걸었지만 자신에게는 말을 붙이지 않았다. 변화의 분위기를 느끼면서 그는 항만노동자로 일했다. 자넬은 경제기회위원회(Economic Opportunity Commission, 취약계층이 가난에서 벗어나도록 지원하는 단체—옮긴이)를 통해 일자리를 구했다. 둘은 헤이트애시베리로 이사했지만, 성장 배경과 피부색으로 인해 결별했다. 자넬은 "또 다른 무리와 친해졌다."[47] 한 여자에게만이 아니라 자신이 친구로 삼은 인종에게 거부당한 기분이 든 프레드는 망가졌다. "내가 마약에 빠지고 히피가 된 사실은 놀라운 게 아니었습니다"[48] 하고 그는 회고했다.

샌프란시스코 주에서 교육학을 전공한 프레드는 교사 자리가 드물다는 걸 알고 "얼마간 빈둥거렸다."[49] 그는 히피 문화와 마리화나 연기를 따라다녔고, 유럽과 모로코, 콜롬비아와 에콰도르를 돌아다녔다. 마침내 샌프란시스코로 돌아왔을 때, 그는 미시시피에서 했던 일인 배관 설비를 시작했다. 그는 '프레드'라는 이름을 버리고 가운데 이름인 '브라이트'를 쓰기 시작했다. 견습 생활을 마친 브라이트 윈은 개인 사업을 시작했고 그 뒤로 매우 정확하게 일하는 배관 기술자가 되었다. 두 번 결혼하고 두 번 이혼한, 두 아이의 아버지인 그는 자신의 가정을 쪼개놓고 자신을 미시시피로 보낸 출생의 주인공인 이복 여동생과 지금도 정기적으로 연락하고 지낸다. 프리덤 서머의 활동 덕분에 1964년 이전에는 거의 알지 못하는 사람이었던 아버지와의 관계도 돈독해졌다. 그리고 "우리 승리하리라!"라고 편지지 끝에 서명하기 시작한 뒤 40여 년이 흐른 지금도 브라이트 윈은 여전히 민권의 가치를 간직하고 있다.

"여전히 민권운동을 하고 있냐고 누가 물은 적이 있습니다. '나는 유색인을 고용합니다. 인종 통합에 관해서 군건한 믿음을 지닌 아이들로 길러 냈고요. 나는 운동하는 삶을 살고 있어요'라고 대답했습니다"[50] 하고 그는 회고했다.

뮤리얼 틸링허스트는 1965년 미시시피를 떠났지만 애틀랜타에서 SNCC 활동을 이어 갔다. 1967년 가을, 그녀는 하워드대학으로 돌아가 멕시코와 중국 역사 전공으로 석사과정을 밟았다. 하지만 미시시피 이후 그녀는 하워드가 "지나치게 답답하다"[51]고 생각하게 되었다. 맨해튼으로 옮겨 가서 SNCC와 다양한 사회 프로그램에서 활동을 벌였다. 오랜 세월 애팔래치아에서 조직 활동을 벌인 공로로, 지미 카터 대통령에게 발탁되어 그 지역에서 공직 생활을 했다. 맨해튼으로 돌아온 뒤에는 미시시피에서 배웠던 것을 평생토록 적용하며 살았다. "나는 투사의 본성을 갖고 태어난 것 같아요. 내가 투사가 되지 않으려 할 때에도 투지가 솟아나요. 난 최대한 성실하고 정직하려고 합니다. 나는 교도소, 헤드 스타트에서 활동했고, 이민자와 건강권을 비롯하여 정말 다양한 분야에서 일해 왔어요."[52] 1996년, 뮤리얼은 정치로 눈을 돌려 뉴욕 녹색당 랠프 네이더와 러닝메이트로 부통령 후보로 출마했다. 2004년에는 자신의 종교적 뿌리를 찾아, 브루클린에서 베들레헴 루터교회의 사무장이 되었다. 현재 고양이 두 마리, 개 한 마리, 거북이 한 마리와 함께 브루클린에서 산다. 두 딸을 기르면서 틈이 날 때마다 미시시피 얘기를 들려주었다. "전쟁터로 간 것 같았어요. 많은 베테랑들이 전쟁 이야기는 하지 말라고 얘기하죠. 하지만 때로 전쟁 얘기를 해야 해요. 아이들에게 알려 주어야죠. '그래서 우리 가족은, 이런 짓은 하지 않는 거란다'라고요. 그런 일은 지난날 미시시피에서 했던 짓이라고요"[53]라고 그녀는 회상했다.

크리스 윌리엄스가 미시시피에 머물던 마지막 여러 달 동안, 여름 내내 그를 따라다니던 행운은 사라졌다. 11월에 퍼놀라 카운티 대농장에서 선거운동을 하다가 분노한 백인들에게 포위되었고, 그들은 탤러해치강에 크리스를 던져 버리겠다고 협박했다. 그들은 크리스가 체포되게 하는 데 만족했다. 이틀 동안 구금되었다가 풀려난 뒤 곧장 활동으로 복귀했다. 그 가을과 겨울 내내, 크리스는 진흙길을 운전하고 교회에서 연설하고 유권자 등록 회의를 소집했다. 그리고 농부들이 목화 값을 더 잘 받을 수 있게끔 협동조합 설립을 도왔다. 그리고 남는 시간에는 사랑에 빠졌다.

크리스보다 두 살 많은 페니 패치는 스워스모어대학을 그만두고 조지아에서 활동했다. 미국 최남단 동부에서 활동한 최초의 백인 여성 스니크였다. 1964년 1월에 미시시피에 와서 COFO의 도서보급 운동을 담당했다. 9월에 베이츠빌로 옮겨 와서 농민 협동조합 활동을 시작했고, 줄줄이 아기를 낳고 싶어 하지 않는 흑인 여성들과 피임을 논의했다. 크리스는 자그마하고 갈색 커트머리의 백인 여성에게 단박에 반했다. 그와 페니는 서로 피하면서 가을을 보냈지만, 12월 즈음 서로 관심을 갖고 있다는 걸 서로 눈치 챘고 새해에는 뗄 수 없는 사이가 되었다. 호스트 가정까지 함께 걸어가고, 아침이면 다시 일터에서 만나는 둘을 지역 주민들은 곧 '크리스와 페니'[54]라고 불렀다. 머지않아 둘은 미시피를 떠나는 문제를 이야기한다. …… 언젠가 …… 함께. 하지만 둘 다 매사추세츠나 뉴저지의 집으로 돌아가고 싶지 않았다. 어디로 갈까? 언제 갈까? 미시시피는 둘에게 두 번째 질문에 대한 답을 주었다.

3월 어느 날, 크리스와 페니는 베이츠빌 법원 밖에서 자동차 안에 앉아 있었다. 베이즈빌 최초의 연좌농성으로 백인들은 흥분해 있었다. 픽업들이 시 광장을 맴돌았고, 운전자들은 총과 도끼자루, 야구방망이를 흔들었다. 문득 몇 명이 말쑥한 백인 커플을 보았다. 그들이 자동차로 몰려오자, 페니는 겁에 질려 문을 잠갔다. 난폭한 무리는 고함을 치고 악을 쓰며 낡은 폰티액을 흔들기 시작했다. 이건 모의 훈련이 아니군, 하고 크리스는 깨달았다. 이들은 자동차를 뒤집어서 우리를 끌어내고 싶은 거야. 그는 가속페달을 힘껏 밟았지만 픽업 사이에 끼어 꼼짝할 수 없었다. 차는 계속 흔들렸고 후드가 점점 열렸다. 마침내 앞에 있던 픽업이 비켜나자 크리스가 페달을 밟았다.

며칠 뒤 크리스가 시내에 앉아 있을 때, 남자 넷이 갑자기 픽업에서 튀어나왔다. 몸을 둥글게 말 새도 없이 발길질을 시작했다. 로버트 마일스가 강펀치를 날려 한 사람을 쓰러뜨리자 모두 달아났다. 크리스는 이마가 8센티미터 가까이 찢어졌다. 이튿날 저녁, 크리스와 페니는 마일스 씨 집 거실에서 TV를 보며 숨을 돌리고 있었다. 갑자기 앞 유리창이 박살났다. 크리스가 페니를 밀치며 바닥에 납작 엎드리자 납 총알이 벽에 박혔다. 크리스는 곧 마일스 씨 집의 밤샘 경계 차례가 되어 소총을 들고 나갔다.

폭력배, 폭행, 피격은 크리스에게 아픔보다 두려움을 남겼고, 미시시피는 더 이상 '모험'이 아니었다. "최선을 다했다고 느꼈습니다. 나는 이래저래 많은 부분에 관련되어 있었습니다. 특별한 사람들을 만났고요. 거기까지 온 걸로 됐다고 생각했습니다."[55] 그 여름 말에 크리스와 페니는 폭스바겐 버스를 타고 미시시피를 벗어났지만 북부로 가지는 않았다. 여기는 다른 미국, 다른 시대 같았고, 그들은 그 한가운데에 있고자 했다. 1965년 가을, 둘은 캘리포니아 북부 버클리에 살고 있었다. "지치고 패패"⁵⁶했다고 느끼는 페니는 민권운동에 바친 세월이 가치 없다고 확신했다. 페니가 수업을 듣는 동안 크리스는 목수로 일했다. 나중에는 캘리포니아대학 데이비스 캠퍼스에서 농업을 공부하고, 세자르 차베스 (César Cháves, 1927-1993, 미국 농업노동자이자 노동운동과 민권운동 지도자—옮긴이)와 미국농업노동자연합에서 함께 활동했다. 하지만 공부를 마치기도 전에 크리스와 페니는 60년대가 또다시 부르는 소리를 들었다.

1967년 봄, 커플은 '귀농운동'을 시작했다. 버몬트의 노스이스트 킹덤 (Northeast Kingdom, 에식스, 올리언스, 캘러도니아 카운티로 이루어진, 버몬트 주 북동쪽 지역—옮긴이)에 100에이커의 땅을 구입했다. 크리스, 페니, 그리고 다른 베테랑 민권 활동가들은 집을 짓고 텃밭을 가꾸면서, 자신이 포기한 미국에서 아주 멀리 떨어져 살았다. 하지만 천지가 하얗게 변해 사물을 분간하기 어려워지는 겨울날들은 비좁은 집을 더욱 좁아 보이게 했다. 크리스와 페니는 결혼하여 아들을 하나 두었지만 미시시피에서 둘을 하나되게 해 주었던 사랑은 언제까지나 둘을 묶어 놓지 못했다. 그들은 1970년에 갈라섰고 크리스는 다시 표류했다. 자메이카로. 맨해튼으로. 절망의 언저리로. 어디를 가든 그는 늘 설계하고 건축했다. 그리고 1974년, 그는 브루클린의 프랫대학에서 건축을 공부하기 시작했다.

재혼하고 두 아이를 둔 크리스는 1980년대에 맨해튼에서 건축가로 일했다. 그리고 1989년 그는 매사추세츠 주 서쪽 윌리엄스대학의 건축서비스학과 학과장이 되었다. 히치하이킹을 하며 남부로 갔을 때부터 스물다섯 해가 지나서야 집으로 돌아온 것이었다. 그리고 지금도 거기에 산다. 은퇴를 앞둔 지금, 이따금 퍼놀라 카운티의 집을 인터넷에서 알아보곤 한다. 단 몇 해만이라도 "공포가 없는 미시시피"[57] 그곳에 살아보면 어떨까 생각한다. 미시시피는 여러 면에서 크리스의 일부인데, 그건 그가 고등학교를 그만두고 거기서 여름을 보내려 마음먹었을 당시에는 전혀 예상할 수 없었던 것이다. "다른 사람들은 베트남에 갔고, 그 경험이 그들의 삶에 영향을 미쳤죠. 하지만 내 삶에서 평생토록 공명해 온 것은 미시시피였습니다. 대부분 거기에서 만들어진 사람, 그게 나라는 걸 분명히 알고 있습니다. 내가 그 일부였다는 것에 날마다 고마움을 느낍니다"[58] 하고 그는 말했다.

저마다 독특한 카메오처럼 다채롭지만, 한 집단으로 볼 때 프리덤 서머 활동가들은 오하이오에 도착했을 때 그랬던 것처럼 미국적 이상주의의 집단적 초상인 것 같다. 거의 예외 없이, 미시시피 여름 이후에 그들이 살아온 삶은 그 여름처럼 도덕적 관념에 바탕을 둔 것이었다. 그들이 60년대를 이끌었든 60년대가 그들을 이끌었든, 대다수는 여전히 사회적 대의에 관여했다. 자유학교 교사들은 계속 가르치고 있었는데, 많은 이들이 대학에서 가르쳤다. '짐 크로 법'의 불의를 목격한 활동가 수십 명이 변호사가 되어 빈민을 위해 싸웠다. 또 어떤 이들은 직업 활동가가 되어 비영리단체를 운영했다. 페미니스트 수전 브라운밀러, 잡지 《마더 존스》 공동 창립자 애덤 호크실드, 회고록 집필자 샐리 벨프리지, 《빌리지 보이스》 기자 폴 코원과 그의 동생 조프를 비롯하여, 몇 사람은 작가가 되었다.

어느 집단이든 그늘이 지는 부분이 있게 마련이고 일부는 위험하다. 매콤에서 뇌진탕과 잦은 체포로 고초를 겪은 데니스 스위니는 편집성 정신분열증을 앓게 되었다. 그는 머릿속에서 울리는 목소리를 듣고 자신의 치아를 파냈다. 하지만 목소리는 그치지 않았다. 1980년 3월, 스위니는 총을 들고 앨러드 로웬스틴의 맨해튼 사무실에 들어갔다. 로웬스틴은 스위니와 다른 활동가들을 1963년 자유선거에 참여시킨 '피리 부는 남자'였다. 스위니는 총을 쏘아 지난날의 멘토를 살해했다. 정신이상을 이유로 무죄 선고를 받은 스위니는 정신병원에 감금되었다. 살인을 저지르고 스무 해 뒤, 정신과 의사들은 그가 회복되었음을 확인하고 퇴원시켰다.

레이건 시대에, 사회학자 더그 맥애덤은 이전 활동가들이 나날이 불안해지고 있음을 확인했다. 많은 이들이 여전히 탐색자로서 이 일 저 일을 떠돌거나 이 관계에서 저 관계로 떠돌며, 누군가 "궁극적 미시시피"[59]라고 일컬었던 것을 찾고 있었다. 또 활동가들은 전국 평균과 비교할 때 외톨이, 미혼 또는 이혼 비율이 더 높았다. 민주주의가 무엇으로 만들어지는가를 알게 된 몇몇은 정치에 입문했다. FDR의 브레인트러스트(Brain Trust, 1932년 루스벨트의 첫 선거운동 때 활약한 선거 고문단—옮긴이) 구성원의 아들인 해럴드 이키스는 프리덤 서머가 끝나고 로스쿨에 진학한 뒤 민주당 정치인이 되었다. 이키스는 나중에 빌 클린턴 대통령의 백악관 비서실 차장이 되었고, 힐러리 클린턴이 상원의원과 대통령에 도전할 때 선거운동을 지휘했다. 바니 프랭크는 1980년 이후로 매사추세츠 하원의원이다. 그가 프리덤 서머에 관해 "나는 거기에 있었다는 사실이 평생의 다른 어떤 일보다도 자랑스럽다"[60]고 한 말은 많은 활동가도 동의할 것이다.

그들이 선발한 이들과 마찬가지로, 프리덤 서머 지도자들도 그 여름의 희망과 폭력에 의해 변화되었다. 여름이 끝나고 몇 달 뒤, 밥 모지스는 미시시피에서 고통스럽게 철수했다. 제임스 포먼이 "그와 그의 이름이 획득한 거의 예수와 같은 아우라"[61]라고 일컬었던 것을 수치스럽게 여긴 그는 1964년 말에 성을 '패리스'로 바꾸었다. 패리스는 어머니의 미혼 시절 이름이었다. 이듬해 봄, 그와 도나는 앨라배마 주 버밍햄으로 이사하여 흑인 학생들을 대상으로 활동했다. 모지스는 얼마 지나지 않아 워싱턴 DC에 돌아와서 베트남전쟁에 반대하는 목소리를 냈다. 1965년 가을에 잠깐 아프리카에 다시 갔다가, 미국 흑인의 진보에 관해 미국이 과대 포장하는 데 질려 버린 그는 백인과의 모든 접촉을 끊었다. 미시시피로 돌아온 그는 델타에서 앰지 무어와 다시 살았다. 하지만 무어는 아들 같은 청년이 신랄해지고 세상과 등진 걸 알아보았다.

양심적 병역 거부자로서 소송을 제기하고 양심적 병역 거부자임을 입증했으나, 모지스는 1966년 입영 통지서를 받았다. 아내와 결별하고 희망도 산산이 부서진 모지스는 몬트리올로 도망가서 건물 관리인, 야간 경비, 기내 요리사로 일했다. 또 SNCC 지역 연락책으로 일했던 여성과 결혼했다. 1968년 밥과 재닛 모지스는 탄자니아로 가서 시골 학교에서 가르치고 네 아이를 길렀다. 8년을 머물다가 지미 카터 대통령이 병역기피자들을 사면했을 때에야 미국으로 돌아왔다. 모지스는 하버드 대학으로 돌아가 지난날 중단할 수밖에 없었던 박사과정을 마쳤다. 그리고 어느 날, 딸의 대수(代數) 수업을 참관했다. 도심 학생들이 수학에 뒤처지는 것이 걱정스러웠던 그는 자신이 가장 좋아하는 과목에 아이들이 흥미를 갖게 할 방법을 연구하기 시작했다. 맥아서 천재상의 지원으로, 모지스의 수업은 대수 프로젝트로 성장했다.

그 뒤 모지스는 대수 프로젝트를 평생의 과제로 이어 갔다. 지하철 여행으로 정수의 수직선을 이해시키고, 레모네이드 조리법으로 비율을 가르치는 독창적인 교과과정을 만들었다. 1990년, 그는 미국 곳곳을 여행하고 있었고, 미시시피에 가서 교사와 함께 고민하고 너무 자주 수학을 무시하는 학부모를 조직했다. "선거권을 요구하는 소작인과 협력하여 활동하는 것처럼, 우리는 학생들이 공립학교 대수 교육에서 평등을 요구하도록 노력하고 있는 것입니다"[62] 하고 그는 말한다. 몇 해 동안 매사추세츠에서 미시시피를 오가며 일한 뒤, 모지스는 오늘날 마이애미 플로리다국제대학(FIC)의 탁월한 학자(Eminent Scholar)이다. 지금 70대의 나이에 턱수염을 기르고 머리가 허옇게 센 모지스는 여전히 미국 곳곳의 수학 학회와 민권 회의에서 강연한다. 모지스는 그를 알고 있는 모두에게 변함없이 잊을 수 없는 존재이다. 생존해 있는 사람 가운데 미국을 완전한 민주주의 국가로 만들기 위해 모지스보다 더 많은 것을 감수했거나 더 많은 일을 한 사람은 아무도 없다.

어디서 강연을 하든 모지스는 패니 루 헤이머를 권력 이양의 상징으로 빼놓지 않고 말한다. 하지만 모두가 미세스 헤이머라 부르는 여인은 자신의 도움으로 미시시피 흑인이 이룬 성과에서 자기 몫을 차지하지 않았다. 꾸준히 공직에 출마하고 발언했으며 1968년 민주당 전당대회에서 연설까지 했지만, 곧 젊은 활동가들이 헤이머를 제치고 앞장섰다. 그녀는 가족과 건강도 잃었다. 1967년 자기 딸이 자동차 사고로 부상을 입었는데, 델타에서 치료가 거부되어 멤피스 병원으로 이송되는 길에 숨을 거두었다. 슬픔이 채 가시지도 않았을 때 헤이머는 아동 발달 프로그램에 전념했고, 그 적대적인 정치학에 순식간에 휘말렸다. 그녀는 마틴 루터 킹의 빈민운동에 참여했고, 나중에는 소작인들을 돕기 위해 직접 돼지 농장을 설립했다. 하지만 미시시피 위노나에서 곤봉으로 폭행당한 데다가, 평생 영양결핍과 스트레스에 시달린 것이 결국 피해를 입혔다. 점점 집안에 틀어박히게 된 헤이머는 마지막 남은 푼돈을 나눠주고 1977년에 무일푼으로 숨을 거두었다. 하지만 그즈음 그녀는 인간이라기보다는 성자에 가까웠다. 그녀의 장례식에는 지미 카터 행정부의 고위 관료를 포함하여 천 명이 참석했다. 추모객은 〈이 작은 나의 빛〉을 불렀다. 여전히 백인이 다수인 미시시피 주 의회는 헤이머를 기리는 결의안을 만장일치로 통과시켰다. 오늘날 차를 타고 룰빌에 진입하는 사람이라면, "패니 루 헤이머의 고향"이라고 적힌 어여쁜 표지판을 보게 된다. 하지만 그녀의 힘을 가장 잘 드러내는 건 묘석일 것이다. 1917~1977이라는, 안타까울 만치 짧은 생애 아래 그녀의 좌우명이 적혀 있기 때문이다. "넌더리를 내는 게 넌더리 난다."

프리덤 서머가 미시시피를 변화시키고 한참 뒤에도, 나머지 미국은 그것을 인정하려 하지 않았다. 영화와 TV는 뚱뚱한 보안관, 탐색견과 사슬에 묶인 죄수들, 밧줄과 엽총 같은, 진부하고 정형화된 모습만을 내보냈다. 그래서 프리덤 서머 살인자들과 그 수사를 극화한 할리우드 영화 〈미시시피 버닝〉(1988년)이 상영되었을 때, 그 영화는 모든 사람을 불쾌하게 만들었다. 이전 활동가와 스니크는, FBI 수사관이 방관자가 아니라 영웅으로 그려진 데 분개했다. FBI는 LBJ가 습지로 가 보라고 명령을 내리기 전까지 방관자였음을 알고 있기 때문이다. 흑인은 무력하게 그려졌다. 백인은 영화가 백인의 최악을 보여 준다고 불만스러워했다. 미국은 언제가 되어야 미시시피의 정형화에서 벗어날 것인가? 그런 날이 오는 때는 미시시피가 그 이름에 묻은 가장 진한 얼룩을 지우는 때일 것이다.

네쇼바 살인 사건 20주년 기념일에, 필라델피아 시장은 "내게 그것은 비행기 사고와 비슷한 것이었습니다. 그 역사적인 사건은 필라델피아 근처에서 일어났고, 그 일을 지우기 위해서 우리가 할 수 있는 일은 아무것도 없습니다"[63]라고 말했다. 하지만 필라델피아가 할 수 있는 일은 있었다. 정의의 수레바퀴가 굴러가려 하지 않았을 뿐이다. 마지막 속죄가 시작된 건 1998년이었다. 네 번의 무평결 심리 이후, 버넌 다머의 살해로 결국 유죄 판결을 받은 KKK 대마왕이 그의 가장 유명한 '몰살'에 관해서 한 말이 퍼져 나갔다. "내가 유죄 판결을 받음으로써, 전체 사건의 주요 교사자가 자유로운 몸으로 법정을 나가게 되어 매우 기쁘네"[64]라고 샘 바워스가 말했다는 것이다. '주요 교사자'는 '설교자' 킬런이었고, 바워스가 떠벌이는 말을 들은 굿먼, 슈워너, 체이니의 가족은 재판을 다시 열어 달라고 요청했다. 1999년 초, 미시시피 주 법무장관이 수사를 시작했다.

수사는 5년을 질질 끌었다. 《잭슨 클래리언-레저》 기자 제리 미첼은 킬런의 살해 모의를 들었다는 새 증인들을 찾아냈다. 변호사들은 44,000쪽에 이르는 FBI 수사 기록과 1967년 재판 기록을 샅샅이 뒤졌다. 그동안 핵심 증인들이 사망했다. 기소에 협력하고 있다고 알려진 세실 프라이스는 이동식 크레인에서 추락했다. 1967년 무죄 방면된 뒤로 다시는 법 집행자로 일하지 않은 로런스 레이니는 식도암에 걸려 사망했다. 피고 가운데 다른 두 사람도 죽어 여덟 명만이 생존해 있다. 가장 눈에 띄는 건 '설교자'였다. 수사관들에게는 다행스럽게도 그는 말이 많았다.

"내가 저질렀다 해도 나는 결코 후회가 없습니다"[65] 하고 킬런은 네 쇼바 살인 사건에 관해 말했다. 여러 언론에서 KKK의 가장 악명 높은 살인 사건의 정당성에 관해 '설교자'가 설교했다는 내용을 보도했다. "나는 그 일이 그릇된 것이라 말하지 않을 겁니다. 나는 정당방위라 생각하니까요"[66] 하고 킬런은 2004년에 말했다. 추가 기소 압력을 넣기 위해 결성된 흑인과 백인 연합 단체인 필라델피아연합은 그해 9월에, 캐럴라인 굿먼, 마이클 슈워너, 제임스 체이니의 형제들을 초대하여 주민들과 간담회를 열었다. 정서적 교감 속에서, 목사와 고등학생, 사업가들은 1964년의 오명 속에서 자라났다는 말을 하며, 미시시피의 새 법무장관에게 살인죄로 기소하라고 촉구했다. 이듬해 1월, 경찰은 킬런을 자택에서 체포했다.

2005년 6월 12일, 미시시피 주 필라델피아의 아침이 밝았을 때 수십 대의 케이블 뉴스 트럭이 법원을 에워싸고 있었다. 주민들은 임박한 재판을 놓고 둘로 갈렸다. "오랜 세월 이곳에서 내가 바라 왔고, 간절히 기도했던 일입니다"[67] 하고 필라델피아연합 회원인 데보라 레이 포지가 말했다. 하지만 어떤 주민은 불만을 터뜨렸다. "미디어는 네쇼바 카운티와 미시시피를 욕보이면서 40년 동안 이익을 취해 왔어요. '언제가 되어야 그만 하면 됐다고 할 건지?'라고 묻고 싶군요."[68] 재판은 우려를 불식시켰고, 미시시피가 이미 오래 전부터 닫힌 사회가 아니었다는 소문이 퍼졌다. 민권운동의 역사적인 기념비는 지난날 때로 훼손당했고 지금도 여전히 손상을 입는다. 일부 노년층 백인은 "공산주의자가 미시시피 주를 침략한"[69] 때가 바로 프리덤 서머라고 말했다. 하지만 기자들은 흑인과 백인이 서로 농담을 주고받고 함께 일하며, 때로는 혼인까지 한다고 보도했다. 재판이 시작되었을 때 필라델피아는 다시 미국과 유럽 신문 1면에 보도되었지만, 그 작은 도시는 더 이상 숨길 것이 없었다.

오전 9시가 되자, 에드거 레이 킬런이 휠체어를 탄 채 법정에 다가갔다. 머리가 벗겨지고 안경을 꼈으며 얼마 전의 벌목 사고로 장애를 입은 그는 산소 호흡기로 숨을 쉬었다. 재판 이틀째가 시작되기 전, 그는 호흡 곤란으로 입원 치료를 받았지만, 그는 "여태까지 그랬듯이 인종분리를 강력히 지지"[70]한다고 했다. 속으로는 역정이 끓어오르면서도, 가증스러운 노인은 휠체어로 증인석에 가면서도 아무런 감정을 드러내지 않았다. 그의 뒤 방청석에는 리타 슈워너 벤더(벤더는 재혼으로 얻은 성—옮긴이), 캐럴라인 굿먼, 그리고 벤과 패니 리 체이니가 앉아 있었다. 그들은 41년을 기다려 왔다.

미키 슈워너의 아내는 재혼하여 가족이 생겼다. 시애틀에서 변호사 일을 하면서 '회복적 정의'(Restorative Justice)를 전문적으로 다루었다. 회복적 정의란 피해자와 가해자의 감정을 일치시켜 인간적 화해를 촉진하는 운동이다. 어느덧 아흔이 된 앤드루 굿먼의 어머니는 여전히 어퍼 웨스트사이드의 아파트에 살고 있고, 집은 잃어버린 아들의 사진으로 장식되어 있다. 심리학 박사를 취득한 캐럴라인 굿먼은 정신적 위기를 겪는 가정을 위한 프로그램을 개발해 왔다. 어느 날 그녀가 아파트 문을 여니 한 남자가 서 있었다. 남부 억양으로 말하는 그는 캐럴라인의 아들을 죽이는 데 자신이 한 역할을 털어놓고 용서를 구했다 "내 용서를 바란다면 당신이 사는 곳으로 돌아가서 활동하고 다른 사람을 도우세요. 용서는 거기 있어요"[71]라고 캐럴라인 굿먼은 말해 주었다. 남자는 말없이 돌아갔다.

캐럴라인 굿먼 옆에 'J E'의 어린 동생이 앉아 있었다. 벤 체이니는 지칠 줄 모르는 민권운동가로 성장했지만, 그 전에 형이 피살된 것에 대한 분노에 굴복하고 말았다. 미시시피에서 협박이 끊이지 않자, 체이니 모자는 1965년에 뉴욕으로 이사하여 굿먼과 슈워너 가족의 도움으로 정착했다. 벤은 사립학교에서 잘 지내는 듯했다. 하지만 열여덟 살 생일 직전에 친구들과 함께 모종의 계획을 품고 남부로 향했다. 체이니는 백인 네 명을 살해한 플로리다 총격전에 가담하지 않았는데도 종신형이 선고되었다. 13년을 복역한 뒤 그는 전직 연방 검찰총장 램지 클라크의 도움으로 가석방되었고, 클라크는 법률 서기로 그를 고용했다. 체이니는 그 뒤로 직업을 유지하는 한편으로 민권운동을 했다. '제임스 얼 체이니 재단' 대표로서, 벤은 정의를 위한 프리덤 서머 '2004 라이드'를 기획했다. 민권운동이 펼쳐졌던 장소를 방문하고 유권자를 등록시키고, 형의 살해범들을 기소하라고 미시시피에 압력을 넣는 버스 투어였다. 패니 리 체이니는 요양원에서 가정부로 일하다가 은퇴했다. 재판이 임박했음을 알고, 여든두 살의 할머니는 "너무도 지난한 세월이었어"[72]라고만 말했다. 이제 때가 되었다.

과거가 법정에 스며들었다. 킬런의 변호사 가운데 한 명은 1967년 레이니 보안관을 변호한 사람이었다. 재판장은 어린 나이에 부모님 장례식에서 상주 노릇을 할 때 킬런을 처음 만난 사이였다. 하지만 현재의 위치도 탄탄했다. 많은 방청객이 1964년에는 태어나지도 않은 이들이었다. 그해가 필라델피아 근무 첫해였던 지방 검사는 그 격변을 희미하게 기억할 뿐이었다. 그는 살아 있는 네쇼바 KKK 단원 피고인 모두를 기소하고자 했으나 대배심은 킬런만 기소했다. 이제 백인 아홉 명과 흑인 세 명으로 구성된 배심단이 지켜보는 가운데, 그는 첫 번째 증인인 리타를 불렀다.

기자들이 노트북 컴퓨터 자판을 두드리는 동안, 기미가 있고 짧게 깎은 백발 여인이 1964년에 남편과 함께 미시시피에 온 얘기를 했다. 리타는 오하이오에서 미키에게 작별 인사를 하고 두 번 다시 보지 못했다고 했다. 파란색 스테이션왜건이 부서지고 불에 탄 채로 발견되었다는 소식을 처음 들었던 때를 말하면서도 그녀는 침착한 태도를 잃지 않았다. "처음으로 그들이 정말 죽었다는 생각이 들었습니다."[73] 패니

루 헤이머가 함께 있었다고 했다. "헤이머가 나를 얼싸안았고, 우리 둘
은 얼굴을 맞댄 채 누구의 눈물인지도 모를 정도로 범벅이 되어 함께
울었습니다."[74] 방청석의 몇 사람도 눈물을 흘렸다. 눈물이 그렁그렁한
캐럴라인 굿먼은 머리디언에서 보내 온 아들의 엽서를 법정에서 읽었
다. "아름다운 도시예요. 날도 화창하고요. 두 분도 여기 있으면 좋으련
만⋯⋯."

슬퍼하는 여인들 사이에서 가장 명백한 증언은 죽은 이로부터 나왔
다. 오래 전에 죽은 증인의 증언이 낭독되었다. 1967년 재판 기록에서,
배심원들은 킬런이 KKK 단원들에게 '몰살'을 이야기한 일을 들었다.
KKK를 모은 킬런은 먹잇감을 공격하도록 단원들을 부추겼다. 살아 있
는 증인들이 더욱 자세한 이야기를 보탰다. 전직 머리디언 경관은 킬런
이 살인 사건에 관해 들려주었던 모든 얘기를 털어놓았다. 죄수복을 입
은 기결수는 자신의 할아버지가 킬런에게 "이 세 청년의 피살에 자네
가 관련되었느냐고 묻자 킬런이 '그럼' 하고 대답하고 그 사실을 자랑
스러워했다"[75]고 회고했다. 사흘 뒤, 지팡이를 짚고 증인석에 오른 패니
리 체이니로 원고 측 주장은 마무리되었다. 체이니는 그 일요일 세 사
람에게 아침밥을 해 주었다고 회고했다. 형이 출발하려고 하자 어린 벤
이 울음을 터뜨렸다. 큰형은 돌아와서 데리고 나가겠다고 동생에게 약
속했지만 "J E는 다시 돌아오지 않아요."[76]

피고 측 변호인단은 킬런이 1967년 써 먹었던 알리바이에 호소했다.
그날 밤 장례식장에서 '알렉스 리치 삼촌' 문상을 했다는 것이다. 그러
나 리치 가족은 고인과 킬런이 무관하다고 주장했고, 또 다른 증인은
킬런이 장례식장에 들어와 둘러보기만 했다고 말했다. "그는 리치 일가
와 그다지 가깝지 않았기 때문에 그가 문상 온 게 특별하다고 생각했

습니다."[77] 최후 변론에서 피고 측은 재판이 "묵은 증오를 휘저어 이득을 보려는 것에 지나지 않는다"[78]고 했다. 하지만 미시시피 주 법무장관은 KKK를 이라크 테러리스트에 비유하고는 "여러분의 의무를 다하십시오. 미시시피를 명예롭게 하십시오. 네쇼바 카운티를 명예롭게 하십시오"[79]라고 배심단에 촉구했다.

배심단은 오후 내내 심사숙고한 뒤 재판장에게 의견이 반으로 갈렸다고 말했다. 재판장은 이튿날 다시 의논하라고 명령했다. 이튿날인 6월 21일 오전 11시 30분, 배심원이 줄줄이 법정으로 들어왔다. 편안한 재킷 차림으로 앉은 킬런은 고개를 살짝 흔들면서 평결이 낭독되는 걸 들었다. 배심단은 세 가지 기소 조항 각각에 대해 고살죄(故殺罪, 사전 모의 없이 저지른 살인죄—옮긴이)로 유죄 평결을 내렸다. 가족들은 얼싸안으며 눈물을 삼켰다. 벤 체이니는 "어머니는 아들의 삶이 가치가 있다고 믿습니다"[80]라고 어머니를 대신해서 말했다. 리타 슈워너 벤더는 죄목이 고살로 낮춰진 것을 받아들이기 힘들었지만 "엄청나게 중요한 날"[81]을 만들어 준 네쇼바 카운티 주민들에게 고마움을 전했다. 킬런은 60년형을 선고 받았다. 별도의 항소심에서 건강 악화를 호소하여 석방된 그가 얼마 지나지 않아 네쇼바 카운티에서 운전하고 돌아다니며 자유를 과시하는 모습이 목격되었다. 8월에, 성난 재판장은 그를 재수감하라고 명령했고 그는 지금 이 시간에도 수감 중이다.

1965년부터, 프리덤 서머 기념일인 6월 21일이 되면 수십 명씩 네쇼바 카운티에 와서 지난 시간을 기억했다. 순례단처럼 이동하며 제임스 체이니의 무덤을 찾는다. 이제 체이니의 무덤은 훼손을 방지하기 위해 단단한 판석이 묘석을 받치고 있다. 그리고 사람들은 얼마 전 '체이니·굿먼·슈워너 기념 고속도로'라고 개명된 19번 도로를 따라 달리다가 록컷 로드로 접어들어, 그 오싹하고 귀신 나올 것 같은 숲으로 들어 간다. 세 사람이 살해된 바로 그 장소에서 돌탑에 돌을 올린다. 그리고 "왜 킬런만?"이냐고 묻는다. 1967년 민권법 위반으로 유죄 선고된 다섯 명은 아직도 잘 살고 있다. 1969년에 연방 항소심은 이들이 "세 사람을 살해한다는 계획적이고 냉혹하며 무자비한 음모"[82]의 공범자라고 판결 했는데, 왜 그들은 살인죄로 재판하지 않는가? 그러나 추가 기소는 여 전히 이루어지지 않는다. 2008년, 연방의 에밋 틸 미제민권범죄법이 가 결되어 '미제 사건' 수사에 자금을 지원하게 되었다. 그러나 제리 미첼 은 돈 이상의 무언가가 필요하다고 생각한다. 그 《클래리언-레저》 기자 는 '미시시피 버닝' 추가 재판을 위한 증거는 충분하지만 주 당국에 의 지가 있는 것인지 의문을 품는다. "다른 미제 사건들은 이만큼까지 이 루어지기 힘들지요. 하지만 이 사건은 40,000쪽에 이르는 수사 기록과 생존해 있는 증인, 재판 기록을 비롯하여 재판의 실질적 기초가 마련되 어 있습니다. 이 사건은 다시 수사해야 합니다. 어째서 여태껏 재수사하 지 않는지 이유를 모르겠어요"[83]라고 그는 말했다.

프리덤 서머의 유산은 여전히 논쟁의 대상이다. 그것은 변화의 촉매 였던가 아니면 죽어 가는 문화에 새로운 독극물을 주입한 불필요한 도 발이었던가? 1980년대 중반에 인터뷰한 '백인평의회' 의장 윌리엄 시 먼스는 날짜를 3년이나 차이 나게 기억하면서 "히피들이 몰려든 시대 였습니다. 많은 이들이 하나같이 히피처럼 차려입고 히피처럼 행동했 어요. …… 그들이 생각하는 방식으로 주 전체를 개혁하려고 하면서 오만함을 드러냈기 때문에 적개심을 불러일으켰습니다"[84]라고 말했다. SNCC 실무자 찰리 코브는 그 여름이 "미시시피를 영원히 바꾸어 놓았다"[85]고 인정하지만, 그 변화는 불가피한 것이었다고 믿는다. "64년 민권법, 65년 흑인투표권법 같은 연방법이 생겨나지요. 그리고 결국 폭력은 점점 약화되었으니까요." 지역 주민들의 동력이 상실된 것 아니냐는 문제에 대해 코브는 "다른 길이 있었다면 더 좋았을 겁니다" 하고 결론지었다.

하지만 다른 많은 이들은 더 좋은 말을 찾지 못할 만큼 프리덤 서머를 높이 평가한다. 에어런 헨리는 "미국이 했던 가장 위대한 사회학적 실험"[86]이었다고 평가했다. 그 여름은 미시시피를 바꾸어 놓았고 "흑인들의 생각도 변화시켜 …… 스스로를 중요한 사람으로 바라보기 시작했다." 패니 루 헤이머는 "예수 같은"[87] 활동가들을 칭송하다시피 했다. "그들은 우리가 만난 가장 좋은 친구들이었다. …… 살아오면서 우리를 짐승이 아닌 인간으로 바라봐 줄 사람이 누가 있을까 늘 궁금했다"[88]고 말했다. 그리고 조지아 주 하원의원 존 루이스를 2008년 대통령 선거운동 기간에 인터뷰했을 때, 그는 더 오래 이어 온 유산을 가리켰다. "프리덤 서머는 미시시피와 미국의 생명인 혈관에 새 정신을 불어넣었습니다. 말 그대로 미국이 미시시피에 눈을 돌린 거죠. 사람들은 노골적인 인종차별의 공포와 사악함을 똑똑히 볼 수 있었습니다. 프리덤 서머 베테랑 활동가들이 아니었다면, 버락 오바마는 나올 수 없었겠죠"[89]라고 지난날 SNCC 의장은 말했다.

에필로그

2009년 1월 20일 화요일, 미시시피는 맑고 쌀쌀했다. 옥스퍼드에는 약한 눈발이 날렸다. 멕시코 만에도 영하의 기온이 찾아들었다. 아침 대부분의 시간 동안 미시시피 사람들은 자신의 일을 보았다. 법원 광장 근처의 작은 식당에서 여종업원은 그레이비 소스를 뿌린 비스킷이나 달걀을 얹은 옥수수 죽을 내왔다. 캔턴 외곽의 닛산자동차 공장 조립라인에서는 미니트럭이 완성되어 나왔다. 북쪽으로는 멤피스로 이어지고 남쪽으로는 루이지애나 주 경계선으로 이어지는 55번 주간 고속도로를 따라 자동차들이 힘차게 달렸다. 그러나 오전 11시가 가까워질 때, 시간은 정지한 듯했고 미시시피는 프리덤 서머의 마지막 열매를 목격했다.

버락 오바마는 미시시피 주 민주당 예비선거에서는 손쉽게 이겼지만, 11월이 되자 1964년 이후 지미 카터 때 한 번을 제외하고는 모두 공화당을 지지한 주의 표를 얻지 못했다. 그러나 2008년 선거운동 내내 미시시피의 화해가 펼쳐졌다. 《잭슨 클래리언-레저》와 다른 신문사가 오바마를 지지했다. 선거일, 퍼놀라 카운티의 대농장 소유주인 백인은 오바마 지지자가 아닌데도 흑인들을 자신의 픽업에 태우고 투표소로 데려다 주었다. 유권자 투표율은 최고치를 기록했다. 나머지 미국과 마찬가지로, 흑인 대통령 후보를 당선시킨 선거는 눈물과 환호로 이어졌다. 하지만 득표수를 합계하는 동안, 일부는 백악관에 흑인 가족이 들어간다는 생각에 익숙해지기 위해 힘든 시간을 보냈다.

선거 이튿날, 미시시피 콜럼버스의 고등학교에서 인종 간 갈등이 재발했다. 오바마를 둘러싼 언쟁이 불이 붙자, 겁이 난 일부 청소년이 부모에게 휴대전화 문자 메시지를 보냈고 부모가 와서 아이들을 집에 데려갔다. 미시시피 다른 곳에서도 일부 백인은 '최초의 흑인 대통령'이란 말을 듣는 데 지쳤다. "그가 차기 대통령일 수는 없는 건가요? 그가 미국을 원래 있어야 할 곳으로 되돌려 놓을 수 있다면 피부색은 중요하지 않잖아요"[1] 하고 한 여성은 질문했다. 잭슨 근처에서 스쿨버스 운전기사는 두 남학생에게 오바마 얘기 좀 그만하라고 했다. 아이들은 말을 듣지 않았다. "이건 역사라고요, 아주머니!"[2]라고 한 학생이 대꾸하자, 운전기사는 두 아이를 버스에서 내리게 했다. 관할 공무원은 운전기사를 징계하겠다고 약속했다. 하지만 취임식 날, 미시시피는 변화가 걱정스럽기보다는 경탄하는 것 같았다. "나는 오바마에 투표했습니다. 흑인에게 투표하게 되어 무척 자랑스럽습니다"[3] 하고 78세의 나이에 여전히 퍼놀라 카운티의 목화밭에서 일하고 있는 제임스 '리틀 맨' 프레슬리가 말했다.

새 대통령이 저 옛날 링컨이 취임 선서를 할 때 사용했던 성경책에 손을 올렸을 때 미시시피는 숨을 멈추었다. 흑인 선조들을 배제했던 교실과, 유권자 등록이 어리석은 짓임을 잔인하게 알려 주었던 법원과, 감히 들어가지도 못했던 카페에서, 흑인은 백인과 함께 지켜보았다. 오바마 대통령이 선서를 마쳤을 때 환호성이 터져 나왔다. 해티스버그에서 버넌 다머의 미망인은 눈물을 흘렸다. "오, 그이가 이걸 볼 수 있었다면, 주여! 그가 이날을 보면 얼마나 좋을까요"[4] 하고 엘리 다머는 말했다. 예비선거운동 기간에 오바마가 왔다 간 그린빌의 카페에서 늙은 주인은 환한 표정이었다. "내 평생 가장 멋진 날이에요"[5] 하고 디미트리어스 벅은 말했다. 그리고 룰빌에서, 패니 루 헤이머가 1964년에 던진 탐색하는 듯한 질문은 수십 년을 거쳐 온 뒤에야 그 메아리가 울리는 듯했다. '드디어' 이것이 미국인가?

미국의 수도에서 열린 여러 축하 자리 가운데에서, 한 모임은 특히 가슴 절절한 재회를 했다. 스물네 명의 SNCC 베테랑이 워싱턴 DC에 모여 옛 시절과 그 전투를 이야기했다. 그러나 프리덤 서머 활동가 대다수는 취임식을 밝힌 조명 근처 어디에도 없었다. 밥 모지스는 케이블 프로그램 〈데모크라시 나우〉에서, 1964년 자유민주당의 도전이 "오늘을 가능하게 한 무대를 마련했다"[6]고 말했다. 하지만 주류 언론은 여전히 로자 파크스와 마틴 루터 킹에게 초점을 맞추었다. 하지만 매사추세츠 뉴베드포드에서, 캘리포니아 멘도치노에서, 뉴저지 잉글우드에서, 몬태나 루이스타운에서, 그리고 오마하와 멤피스, 인디애나폴리스와 애틀랜타에서, 700여 명의 이름 없는 미국인은 자신을 미시시피로 보냈던 희망의 살아 있는 화신이 연단으로 다가가는 모습을 지켜보았다.

국민 여러분,

나는 오늘 우리 앞에 놓인 과제를 겸손하게 받아들이고, 여러분이 주신 믿음에 감사드리며, 우리 선조가 치른 희생을 마음에 새기며 이 자리에 섰습니다……[7]

대통령 취임식 한 시간 전, 크리스 윌리엄스는 윌리엄스대학의 동료들에게 연설했다. 그 사교적인 건축가가 지난날 민권 활동가였을 줄은 누구도 몰랐다. 크리스는 미시시피에 간 십대 소년으로서 퇴임의 소회를 밝히며, 자신이 거기 간 첫날 세 사람이 살해되었던 일과, 애틀랜틱 시티에 갔던 일, 그리고 그 뒤 미국이 어떻게 바뀌었는지를 들려주었다. 그리고 그는 취임식을 지켜보았다.

……그들은 미국이 우리 개인의 열망의 총합보다 크고, 출생과 경제력과 당파의 모든 차이보다 크다는 걸 알았습니다……[8]

프랜 오브라이언에게 취임식 날은 "지상에서 합리적으로 기대할 수 있는 완벽한 날에 가장 가까웠다."[9] TV가 없는 그녀는 집에서 혼자 라디오로 취임식을 청취했다. 취임식 방송이 끝난 뒤, 그녀는 식당에 가서 TV로 중계 영상을 보았다. 그녀는 프리덤 서머에 관해 아무에게도 얘기할 계획이 없었지만, 흑인 여종업원은 백발의 할머니가 눈물짓는 걸 알아챘다. 그래서 프랜은 빅스버그에서 가르친 이야기, 개럿 부인과 친구가 된 이야기, 아이들과 즐겁게 지냈던 이야기를 흑인 여성에게 털어놓았다. 그녀는 두려움과 희망을 이야기했지만, 자신이 겪은 공포스런 이야기는 하지 않았다. 여종업원은 갖가지 질문을 던졌고 프랜은 참을성 있게 대답해 주었다. 그리고 나서 미술관에 갔지만, 프랜은 눈물이 앞을 가려서 많은 그림을 보지 못했다.

……냉소적인 사람들이 이해하지 못하는 것은 그들이 서 있는 토대가 바뀌었다는 사실입니다. 너무도 오랫동안 우리를 소모시켜 온 진부

한 정치 논쟁이 더 이상 적합하지 않다는 사실입니다…….[10]

브라이트 윈은 배관 설비 시간을 비워 샌프란시스코의 집에서 취임식을 시청했다. 워싱턴 몰에 간다던 아들이 나올까 군중의 얼굴을 살펴보았지만 헛수고였다. 그때 아들한테서 전화가 걸려 왔고 수화기 속에서 배경음처럼 환호성이 울렸다.

뮤리얼 틸링허스트는 오바마 당선을 위해 사력을 다해 활동했지만, 워싱턴 DC의 축하 자리는 거절했다. 자신이 자라난 곳인 워싱턴의 사람들을 경계하는 그녀는 브루클린 교회에서 고양이, 거북이와 함께 취임식을 시청했다.

……그래서 60년도 안 되는 세월 전에 아버지는 지역의 레스토랑에서 음식을 주문할 수도 없었겠지만, 그 아들은 이제 여러분 앞에 서서 가장 성스러운 선서를 할 수 있습니다. 그러니 우리가 누구인지, 그리고 우리가 얼마나 멀리까지 왔는지 기억함으로써 오늘을 기념하도록 합시다…….[11]

취임 연설 동안, 미시시피에 있는 많은 사람들은 순교자를 떠올렸다. 굿먼, 슈워너, 체이니뿐이던가. 허버트 리, 에밋 틸, 메드거 에버스, 그리고 민권이라는 대의 아래 미시시피에서 살해당한 열 명이 훨씬 넘는 다른 이들을. 그리고 그날 오후 늦게 일부 프리덤 서머 베테랑들은 10년 만에 처음으로 서로 전화를 걸었다. "45년이 걸렸지만, 우리가 오늘을 만드는 데 한몫했지?"[12] 하고 말했다. 지난날을 돌이켜보며 그들은 아주 오래 전 그 여름을 평가했다. 자신은 영웅이 아니라면서, 그 명예는 변함없이 지역 주민들에게 돌렸다. 자신보다 앞서 원정을 떠난 이들이 많았으므로 자신은 십자군도 아니라고 했다. 활동가들은 그저 미시시피에 갔던 것인데, 그때는 감히 그러려는 사람이 거의 없었을 뿐이다. 증인으로서, 집중 조명을 받는 사람으로서, 짓밟히고 무시당한 이들의 투쟁에 젊음의 에너지를 빌려주었을 뿐이다. 판잣집에서 지내면서, 대중 집회에서 노래 부르면서, 몸이 끈끈해지는 여름밤과 느릿느릿 흘러가는 오후를 견디면서, 그들은 미시시피의 고난을 살아 냈다. 그러나 프리덤 서머의 남성과 여성은 살아 낸 것 이상의 일을 했다. 윌리엄 포크너의 유명한 말을 빌려 표현하자면, 그들은 우세해진 것이다. 그들은 증오를 뛰어넘고 희망을 퍼뜨리고 민주주의라는 짓밟힌 꿈을 일으켜 되살려 냈다. 프리덤 서머 45년 뒤, 흑인 대통령의 역사적 취임을 통해 스며 나온 활동가 저마다의 과거가 '자유의 취기'로 합쳐져 며칠 동안 이어졌다. 곧이어 다시 몸을 일으킬 시간이 되었다. 거의 모든 사람이 살아서 보게 되리라고 감히 상상하지 못했던 미국을 향해 행진해야 할 차례였다.

"그 모든 것이 끝났을 때, 나를 정말 놀라게 한 건 오바마에 표를 준 동료 시민들이 정말 많았다는 사실이라고 생각합니다. 오바마에게 완전한 승리를 준 것이죠. 우리가 벌써 거기까지 이른 줄은 생각도 못했습니다. 그러니 우리가 어찌 낙관하지 않을 수 있겠습니까?"[13] 크리스 윌리엄스의 말이다.

## 감사의 말

프리덤 서머에 관련된 사람은 천 명이 넘고 저마다 풀어 놓을 얘기가 있을 것이다. 나는 직접 이야기를 들려주었거나 아니면 편지, 일지, 일기, 그밖에 개인 자료를 내준 이들에게 큰 신세를 졌다. 인터뷰한 52명 가운데 일부는 평생 처음 털어놓는 얘기도 들려주었다. 그들의 용기와 솔직함에 고마움을 전한다. 밥 모지스, 홀리스 왓킨스, 그리고 여러 SNCC 베테랑들이 바쁜 활동 중에도 따로 넉넉히 시간을 내서, 이미 몇 번이나 했을 그 유례없는 여름 이야기를 다시금 들려주었다.

그 많은 이름 가운데 특히 네 사람의 이름이 가장 먼저 떠오른다. 크리스 윌리엄스, 뮤리얼 틸링허스트, 프랜 오브라이언, 프레드 브라이트 윈에게 무한한 감사를 전한다. 네 사람 모두 두 차례 긴 인터뷰를 허락했고, 그 뒤에도 장문의 이메일을 보내 주었다. 게다가 그걸 보고 불쑥불쑥 일어나는 궁금증에 시시콜콜한 질문을 수없이 던져도 성실하게 답변해 주었다. 또한 그 답변은 내가 기대했던 것보다 더 많은 생각과 더 자세한 내용을 담고 있었다. 나는 미시시피에 갔던 그들의 용기에 탄복해 마지않거니와, 그 오랜 세월을 되돌아보며 행복한 기억과 고통스러운 기억을 모두 그러모아 준 데 감사한다.

우리 어머니의 가장 친한 친구이자 헌신적인 교사 조지 쿠퍼는 자신의 고향인 미시시피 태생 저자들이 쓴 책을 하나하나 알려 주었다. 그녀의 추천 도서로부터 이 작업을 시작할 수 있었으니 진심으로 감사한 마음이다. 슬프게도 조지 쿠퍼는 그녀가 가르쳐 준 모든 것을 바탕으로 내가 완성하여 내놓기도 전에 세상을 떴다. 그녀의 열정, 그녀의 악센트, 또 삶과 문학을 향한 그녀의 애착을 나는 결코 잊지 못할 것이다.

프리덤 서머 활동가로서, 1964년부터 미시시피에서 살아온 잔 힐러거스에게도 고마움을 전한다. 잔이 방대한 규모의 COFO 문서 기록과, 무엇보다도 광역전화 서비스망 보고를 완전히 공개해 준 덕분에 나는 그 여름 동안 일어난 사건을 시간별로 파악할 수 있었다. COFO 기록을 보존하려는 잔의 활동은 지금도 계속되고 있다. 오랫동안 버려져 있던 린치 스트리트의 COFO 본부를 되살리는 일도 하고 있는데, 곧 있으면 교육센터로 문을 열 예정이다.

한 번도 직접 만난 적은 없지만, 프리덤 서머가 끝나자마자 활동가들의 편지를 갈무리하기 시작한 엘리자베스 마티네스에게 특별한 감사를 보낸다. 그녀의 책《미시시피에서 부친 편지》(Letters from Mississippi)는 이루 말할 수 없는 큰 도움이 되었다. 분야를 막론하고 내가 읽은 역사적인 편지글 가운데 가장 감동적인 편지글 모음이기도 했다. 활동가였던 짐 케이츠에게도 감사를 전한다.《미시시피에서 부친 편지》를 출간한 제퍼 프레스의 창립자인 그는 이 작업 초반에 귀한 도움말을 주었다.

내 감수성을 입혀 미국의 이야기를 또 한 편 만들어 낼 수 있도록 허락한, 바이킹 출판사의 끈기 있고 현명한 편집자 웬디 울프에게 고맙다. 두툼한 원고가 계약되도록 한결 같은 도움을 준 에이전트 제프 클린먼에게도 고맙다는 말을 하고 싶다. 친구이자 지난날 민권활동가였던 두 사람, 밥 원스턴과 수 스레셔는 내내 이 작업을 격려해 주었다. 밥은 초고를 보고 친절한 의견을 보태기도 했다. 그리고 늘 그랬듯이, 나는 말로 다 표현하지 못할 만큼의 것을 아내 줄리와 두 아이에게 빚지고 있다. 식구들은 내가 한 해에 세 차례나 남부로 떠나도 이해해 주었고, 남부에서 가지고 온 옥수수 죽을 맛있게 먹어 주었다.

마지막으로, 미시시피에 갔을 때 나와 스스럼없이 이야기를 나눈 미시시피 사람들에게 감사 이상의 것을 전하고 싶다. 프리덤 서머는 그들이 사랑하는 주의 가장 좋은 시절이 아니었는데도, 미시시피 사람들은 남다른 솔직함으로 그 시절을 이야기한다. 그들의 정직함과 이해심 덕분에 미시시피 여행은 언제나 정말로 즐거웠다. 특히 스테이시 화이트 박사에게 고맙다. 그녀는 고모할머니인 아이린 매그루더 얘기를 들려주었고, 인디어놀라의 프리덤 서머 활동 근거지를 안내해 주었으며, 선플라워 카운티 민권 활동가 재회 모임에 나를 초대해 주었다. 용감한 아버지가 살았던 베이츠빌 집을 둘러볼 수 있게 해준 로베트 마일스 주니어, 옥스퍼드에서 함께 커피를 마시며 통찰력과 따뜻함을 보여 준 닐 화이트에게 감사한 마음이다. 전직 보안관이자 오랫동안 주의원으로 일하다 퇴직한 찰스 W. 캡스 주니어는 어쩌면 그가 잊고 싶어 할지도 모를 시대에 관해서 한 시간만 인터뷰하기로 동의함으로써 미시시피의 진정한 환대를 보여 주었다. 그리고 자신의 고향 매콤을 안내해 주려고 뉴올리언스에서부터 먼 길을 와 준 개리 브룩스에게도 감사를 전한다.

'짐 크로' 체제의 상흔이 아닌 이런 기억이 내가 아는 미시시피이다. 그래서 나는 더 많은 미국인이 매그놀리아 주에 가야 한다고 믿는다. 미시시피는 멋진 곳이고, 가고 또 가고 싶은 곳이다.

## 옮긴이 후기

2008년 11월, 버락 오바마는 역사상 최초의 아프리카계 미국인 대통령으로 당선되었다. 결코 쉽게 이루어진 일이 아니었다. 하와이와 인도네시아에서 자라난 그를 진짜 아프리카계 '흑인'이 아니라고 생각하는 사람도 있었고, 심지어 '오바마'라는 이름이 대통령 이름으로는 어색하다고 생각하는 사람도 있었다. 그러나 그는 지난날 남부연합의 본고장인 버지니아 주의 표까지 획득함으로써 선거에서 압승했다. 특히 그 장면을 지켜보던 흑인들은 환호하며 눈물을 흘렸다. 그러나 오바마의 당선은 단지 흑인에게만 의미 있는 것은 아니었다. 그동안 정치 시스템에서 배제되었던 아시아계, 라틴계를 비롯한 소수 인종에게도 오바마의 당선은 희망의 빛을 던져 주었다.("What Obama's Election Really Means to Black America," *Time*, 2008. 11. 6.)

링컨이 노예해방령을 공표하고도 145년이 지나서 이루어진 일이었다. 그 오랜 세월에 비로소 균열을 일으킨 것은 무엇이었을까? 이 책의 지은이 브루스 왓슨은 그 시점을 다시 1964년의 여름으로 거슬러 올라간다. '프리덤 서머'라고 알려져 있고, '미시시피 버닝'이라는 영화의 제목이기도 한 또 다른 1964년의 여름은, 오랜 민권운동 역사에서 기념비적인 사건이자 결정적인 전환점이었다.

남북전쟁이 끝난 뒤 1865년의 미국 수정헌법 13조는 노예제를 종식시켰고, 1868년의 수정헌법 14조는 아프리카계 미국인에게 공민권을 부여했으며, 1870년의 수정헌법 15조는 아프리카계 미국인 남성에게 투표권을 주었다. 1865년부터 1877년까지, 이른바 미국의 '재건시대'는 남부 해방노예에게 공민권을 부여했고 이는 백인의 저항에 맞닥뜨렸다. 그리고 1876년 대통령 선거로 재건시대는 막을 내리고 연방군은 미국 남부에서 철수했다. 남부의 백인들은 다시 통치권과 주의회를 장악하여 재건시대가 흑인에게 부여한 모든 것을 폭력적으로 탈환하고 테러를 저질렀다. 1960년대 중반에 민권법이 제정되어 헌법이 보장하는 투표권 행사를 연방이 강제할 수 있게 되기까지, 흑인은 그 오랜 세월을 다시 노예처럼 살았다. 그들은 연방의회와 주의회 의원 누구도 선출하지 못했고, 그들이 뽑지 않은 그 누구도 그들을 대변해 주지 않았다. 공직을 맡을 수 없었고 배심원이 될 수도 없었기에 법은 그들은 보호하기는커녕 그들에게 테러를 저지르는 세력을 편들었다.(위키피디아 http://en.wikipedia.org "African-American Civil Rights Movement" 항목)

민권법이 시행되었다고 해서 흑인의 삶에 곧바로 볕이 든 건 아니었다. 법이 제대로 시행되기까지는 10년이 넘는 세월이 걸렸고, 흑인은 민권법이 제정된 뒤에도 여전히 테러 속에서 목숨을 걸고 싸웠다. 특히 수정헌법과 재건시대 이후 평등한 미국 시민이 되기 위해 모든 것을 걸고 싸운 흑인의 투쟁은 1954년부터 1968년까지 민권운동으로 전면화되어 미국의 한 시대를 수놓았다. 이런 맥락에서 일어난 1964년의 프리덤 서머는, 적어도 그 이전 10년 동안의 민권운동에서 직접적인 동력을 얻었음이 분명하다.

1954년 '브라운 대 캔자스 주 토피카 교육위원회' 판결은 공립학교의 인종분리가 위헌이라고 결정했다. 1955년 말, 앨라배마 주 몽고메리에서 로자 파크스는 버스에서 자신이 선택한 좌석을 포기하지 않았다. 이후 몽고메리 흑인의 90퍼센트가 버스 보이콧 운동에 참여하여 공공버스의 인종분리와 차별에 항의했고, 1956년에 연방 법원은 몽고메리 공공버스의 인종분리가 위헌이라고 판결했다. 1957년, 아칸소 주 리틀록의 센트럴고등학교에 흑인 학생 아홉 명이 등록할 수 있게 되었다. 백인이 거세게 반발하며 흑인 학생들을 위협하자 연방군이 투입되어 학생들을 보호했고, 이들은 끝내 센트럴고등학교 최초의 흑인 졸업생이 된다.

낙하산 부대에 소속되어 한국전쟁에도 참전했던 클라이드 케너드는 당시 미시시피서던대학에 최초의 흑인 학생으로 등록하기 위해 1956년과 1957년, 1859년 세 번에 걸쳐 문을 두드렸다. 그 결과 날조된 혐의를 뒤집어쓰고 미시시피 교도소에 수감되었다가 말기 암으로 사망 직전에야 풀려났다.

1958년부터 1960년까지 좌석 점거, 또는 '앉아 있기 운동'이 들불처럼 번졌다. NAACP 청년위원회의 기획으로 캔자스 주 위치토의 인종분리 간이식당에 '앉아 있기'를 한 끝에 이 상점의 인종분리 정책이 폐지되었다. 성공에 힘입어 이 운동은 오클라호마 주 오클라호마시티, 노스캐롤라이나 주 그린스보로, 버지니아 주 리치몬드, 테네시 주 내슈빌, 조지아 주 애틀랜타를 비롯하여 여러 곳으로 확산되었다. 주로 대학생들이 많게는 수백 명이 조직적으로 참여하여 남부 곳곳의 상점에서 조용히 자리를 차지하고 앉아 있었던 이 운동은 끝내 인종분리 정책을 폐지시켰다.

공공버스의 인종분리가 위헌이라는 판결은 진작에 내려졌지만 실질적인 인종 통합은 아직 요원했다. 그래서 1961년 5월, 흑인 일곱 명과 백인 여섯 명으로 이루어진 '프리덤 라이더' 열세 명이 버스를 타고 남부로 갔다. 주간(州間) 교통수단의 인종차별을 철폐한 법을 시행하라고 연방정부에 촉구하기 위해서였다. 이 프리덤 라이드 운동은 체포, 무자비한 폭행, 소이탄 공격을 헤쳐 나가야 했다. 프리덤 라이드 운동 이후, 미시시피의 민권운동 지도자들은 정치권력의 중요성을 깨닫고 흑인 유권자등록 운동을 적극 펼치기로 한다. 1961년부터 밥 모지스는 미시시피 주 매콤을 비롯한 몇몇 카운티에서 유권자등록 운동을 벌이고 있었다. 백인은 무자비한 테러와 체포로 대응했고, SNCC, CORE, NAACP, SCLC는 연합 조직 COFO를 결성하여 조직적으로 유권자등록 운동을 펼치려 했다. 1962년에 이 운동은 미시시피 델타 지역으로 확산되었고, 루이지애나, 앨라배마, 사우스캐롤라이나, 조지아 주에서도 유권자등록 운동이 전개되었다.

1961~1962년, 조지아 주 올버니에서도 민권운동이 활발해졌다. 수천 명의 흑인이 참여하여 인종분리와 차별 철폐를 위해 노력했다. 1962년, 제임스 메러디스는 미시시피대학에 등록 허가를 받았다. 연방 보안관의 보호 속에 캠퍼스에 도착한 날 밤, 미시시피 대학생과 백인이 폭동을 일으켜 2명이 사망하고 연방보안관 28명이 총상을 입었으며 160명이 부상을 입었다. 이후 미시시피대학에 정규군이 주둔하여 폭동을 억제한 덕분에 제임스 메러디스는 처절한 고독과 괴롭힘 속에서나마 학교를 졸업할 수 있었다.

1963년 8월 28일, 워싱턴 DC 한가운데 20만 명이 넘는 군중이 모였다. 주요 민권운동 단체와 노동운동, 그 밖에 진보적인 시민운동의 주도로 이루어진 집회에서 마틴 루터 킹은 그 유명한 '나에게는 꿈이 있습니다'라는 연설을 했다. 이날 집회의 요구는 의미 있는 민권법, 대규모 연방 고용 프로그램, 완전하고도 공정한 고용, 주거 안정, 투표권, 올바른 인종 통합 교육으로 모아졌다.

그리고 오랜 고민과 준비를 거친 끝에 드디어 1964년 미시시피 여름 프로젝트가 가동되었다. 이 책의 제목인 '프리덤 서머'이다. 미국 전역에서 자원한 대학생 700여 명이 미시시피에서 활동하는 흑인 민권운동가들과 결합했다. 그리고 '역사의 시간'이 멈춘 머나먼 남부, 미시시피로 가는 버스에 오른다. 6월부터 8월까지 미시시피 곳곳에서 유권자등록 운동을 펼치고 자유학교를 열어 아동부터 성인을 대상으로 교육활동을 벌인다. 이제 그 자세한 이야기, 그 빛과 어둠의 면면을 알기 위해서는 탁월한 이야기꾼인 브루스 왓슨의 안내를 따라 이 책 속으로 들어가야 한다.

브루스 왓슨은 매사추세츠대학에서 미국 역사를 전공하여 석사학위를 받았다. 미국 역사를 다룬 책으로는 《빵과 장미》(Bread and Roses)(Viking, 2005), 《사코와 반제티》(삼천리, 2009), 《프리덤 서머》(삼천리, 2014) 세 권이 있다. 《빵과 장미》는 1912년 매사추세츠 섬유 노동자 파업을 중심으로 미국 섬유 산업의 변화와 함께 노동자들의 열악한 생활조건, 적정한 임금과 품위를 지킬 수 있는 생활수준에 대한 열망을 드러냈다. 《사코와 반제티》는 볼셰비키혁명의 성공으로 공산주의에 과민해진 미국 사회에서, 아나키스트인 두 이민 노동자가 살인죄를 뒤집어쓰고 결국 사형당하는 사건을 중심으로 펼쳐진다. 소수 인종 문제와 사상의 자유, 그리고 무엇보다도 사법적 정의에 관해 근본적인 질문을 던지는 문제작이다. 그리고 이 책《프리덤 서머》는 20세기 중반에 들불처럼 번진 민권운동 속에서도 도드라진 1964년 미시시피 여름 프로젝트를 정면으로 파고 든다.

이렇게만 보아도, 브루스 왓슨은 정의와 민주주의를 잣대로 미국 역사를 펼쳐 놓고 진자하게 관찰하고 있음을 알 수 있다. 민주주의의 대명사처럼 행세하는 미국의 역사에 감춰진 불의와 불평등을 폭로하면서, 그는 모든 계급과 인종을 아우르는 진정으로 '만인을 위한' 정의와 민주주의를 역설하고 있다. 세 권 모두 '아메리칸 드림'이 어떻게 스러져 갔는지를 비극적으로 묘사하지만, 한편으로는 그가 여전히 진심으로 아메리칸 드림을 꿈꾸고 있다는 반증일 것이다.

브루스 왓슨은 이야기를 펼쳐 나가는 재주가 뛰어난 작가이다. 수십 년 전 어느 날의 날씨와 주변 환경까지 세밀히 묘사하면서 등장인물의 시각으로 그들이 겪은 일을 들려주고 내밀한 감정까지 포착해 낸다. 당시의 유행, 음악, 여러 사건, 사람들의 다양한 시각을 입체적으로 배치함으로써, 독자는 작가의 이야기를 듣는 사람이 아니라 아예 그 시대 속에 들어가 직접 그 사건을 관찰하는 입장이 되어 버린다. 긴장감 넘치게 전개되는《사코와 반제티》가 미국 미스테리작가협회가 추천한 에드거 상 후보작이었다는 사실은 브루스 왓슨의 작가적 역량을 충분히 짐작하게 한다. 《프리덤 서머》에서는 전작을 거치며 연마된 역량이 몇 곱절 빛을 발한다. 단언컨대 독자들은 순식간에 미국의 1960년대로 들어가 등장인물의 분노, 공포, 좌절, 기쁨, 사랑, 의욕을 함께 느끼고 있을 것이다. 그러나 브루스 왓슨이 탁월한 역사학자임을 결코 잊어서는 안 된다. 풍부한 자료를 바탕으로 치밀하게 추적하는 그의 책을 읽으면 그 어떤 역사책보다도 미국의 역사와 시대 상황을 생생히 파악할 수 있기 때문이다.

프리덤 서머가 주목받은 이유 가운데 하나는, 이전의 민권운동이 주로 흑인 중심으로 펼쳐진 반면 이는 백인이 전면적으로 결합한 운동이었기 때문이다. 그 여름 SNCC나 COFO의 흑인 활동가를 제외하고, 미시시피에서 활동한 활동가 700여 명은 거의 백인이었고, 이른바 명문대학 재학생이었고, 거의가 백인 중산층과 상류층 부모의 자녀였다. 당시 미시시피는 인종차별이 심한 남부에서도 가장 심했다. 다른 주의 흑인 투표율은 50퍼센트가 넘었지만 유독 미시시피만은 7퍼센트도 안 되었다. 흑인을 정치권력에서 배제하기 위해 미시시피 백인이 얼마나 극악무도하게 날뛰었는지 짐작케 하는 대목이다. 1964년 여름, 그야말로 모든 것을 걸고, 목숨까지 걸고 수많은 백인 청년학생들이 미시시피 흑인을 도우러 갔다. 그리고 이듬해인 1965년, 흑인투표권법이 통과되었다. 여섯 달 안에 미시시피 흑인의 60퍼센트가 투표할 수 있었다.

《프리덤 서머》의 이야기는 크게 두 줄기로 흘러간다. 여름 프로젝트 첫날 일어난 세 활동가의 실종과 이후 밝혀지는 사건의 전말, 그리고 유권자등록 운동과 자유학교 활동. 두 번째 줄기에서도 특히 유권자등록 운동은 프로젝트 후반부로 에너지가 집중되고 애틀랜틱시티 민주당 전당대회로 무대가 확장됨으로써 이야기의 중요한 중심축을 이룬다. 모든 것에는 양면이 있듯이 프로젝트의 빛과 어둠을 고스란히 보여 주는 건 수많은 활동가들의 에피소드와 편지글, 인터뷰이다. 이 모든 것이 《프리덤 서머》를 빼어난 이야기이자 역사책으로 완성하고 있다.

올해 2014년은 프리덤 서머 50주년이다. 미국 PBS에서는 다큐멘터리 시리즈 '미국의 경험'(American Experience) 프리덤 서머 편을 6월 24일에 방영했다. 미시시피 주 곳곳에서 컨퍼런스와 전시회, 심포지엄이 열렸다. 순회 전시회 '모든 걸 감수하다'(Risking Everything)가 미국 곳곳의 전시관에서 그 여름의 사진과 기념물을 보여 주며, 살해된 세 사람을 기리고 있다.(http://brucewatsonwriter.com/)

버락 오바마가 당선되기까지는 반세기 전의 프리덤 서머, 그 배경이 었던 민권운동, 그리고 그보다 훨씬 오랜 세월 흑인의 투쟁과 희생이 있 었던 것이다. 오바마는 그를 분명히 인식하고 있기에, 1957년 리틀록의 센트럴고등학교 흑인 학생 아홉 명과 프리덤 서머 당시 SNCC 의장이 었던 존 루이스 등을 자신의 취임식에 초대했으리라. 그러나 민권운동 의 열매를 따 먹은 게 단지 오바마만은 아닐 것이다. 오바마의 당선이 아시아계, 라틴계를 비롯한 소수 인종에게도 희망을 던져 준 이유는 민 주주의와 정의의 영역이 넓어지면서 모두가 그 열매를 먹을 수 있음을 알기 때문이다. 거기엔 바로 지금 여기 나 자신까지 포함된다. 이 책을 덮으며 진심으로 감사한 마음이 드는 까닭이 여기에 있다.

이 책에서 브루스 왓슨이 몇 번 불평하듯이, 민권운동 하면 어디서 나 로자 파크스와 마틴 루터 킹, 마틴 루터 킹과 로자 파크스라는 이름 만이 되풀이된다. 이 책에 나오는 수백 명의 이름을 모두 기억할 수는 없더라도, 이제 우리는 패니 루 헤이머와 밥 모지스의 이름을 부를 수 있다.

가난과 노동에 지친 삶을 살다가 유권자로서 일등시민이 되려 했던 미시시피 소작인 여성, 자신을 무너뜨리려는 백인의 두려움마저 깊이 이해한 여성, 항상 최전선에 있었으나 운동에서 어떤 지분도 요구하지 도 받지도 않았던 여성, 인간의 육신을 지녔으나 성자의 영혼으로 숨을 거둔 여성 패니 루 헤이머. 그리고 하버드대학 석박사로 평온한 삶이 보 장되어 있었으나 가장 가난하고 가장 핍박받는 흑인의 삶 속으로 스스로 들어온 지식인, 민권운동의 소크라테스이자 아리스토텔레스였고 더 나아가 모세이고 예수였던 사람, 흑인과 백인이 함께하지 않으면 어떤 활동도 의미가 없다고 생각하고 아무도 생각하지 못한 창조적인 프로젝트를 기획한 사람이다. 브루스 왓슨의 표현을 빌리자면, 생존해 있는 사람 가운데 미국을 완전한 민주주의 국가로 만들기 위해 가장 많은 것을 감수했고 가장 많은 일을 한 밥 모지스. 고맙다는 말이 너무도 부족하게 느껴질 만큼 고마운 이름이다.

패니 루 헤이머는 "넌더리를 내는 게 넌더리 난다"는 말을 좌우명으로 삼고 살았다. 철벽 같은 현실에 부딪혀 쓰러지고 또 쓰러지면서도, 결코 지겨워하지 않겠다, 결코 지치지 않겠다, 다시금 희망을 품고 일어서겠다는 결연한 의지를 읽을 수 있다. 민주당 전당대회에서 미시시피 전체 대표 2석이라는 타협안을 놓고 자유민주당이 고민할 때, 밥 모지스는 "우리가 여기 온 건 우리의 도덕성에 정치를 입히려는 게 아니라 우리 정치에 도덕성을 입히기 위해서입니다"라는 한 마디로 사람들을 일깨웠다. 백인 대학생이 죽음을 불사하고 미시시피로 가려고 했던 건 "흑인에 대한 불의는 내 권리에 대한 침해"라는 자각에서 비롯된 것이었다. 미시시피 흑인이 생존권과 목숨에 대한 위협 앞에서도 분연히 떨쳐 일어선 건, 내 자식만이라도 제대로 된 세상에서 제대로 된 삶을 살게 해야 한다는 절박함 때문이었다. 이것이 바로 지금 우리 주변에서 일어나고 있는, 바로 우리의 이야기라는 말을 보태는 건 사족일 뿐이다.

2014년 8월 6일
이수영

# 주석

프롤로그

1. Eric Burner, *And Gently He Shall Lead Them: Robert Parris Moses and Civil Rights in Mississippi* (New York: New York University Press, 1994), p. 118.

2. Charles Payne, *I've Got the Light of Freedom: The Organizing Tradition and the Mississippi Freedom Struggle* (Berkeley and Los Angeles: University of California Press, 1995), p. 122.

3. Taylor Branch, *Parting the Waters: America in the King Years, 1954-1963* (New York: Simon and Schuster, 1988), p. 511.


## 1부 우린 절대 물러서지 않는다

1 목화밭을 휘감고 흐르는 미시시피 강

1. *New York Times*, July 5, 1964.

2. "Mississippi: Battle of the Kennedys," *Newsweek*, August 19, 1963, p. 24.

3. John Dittmer, *Local People: The Struggle for Civil Rights in Mississippi* (Urbana: University of Illinois Press, 1994), p. 205.

4. Ivanhoe Donaldson, "Southern Diaries," in *Mississippi Freedom Summer*, ed. John F. McClymer (Belmont, Calif.: Wadsworth/Thomson Learning, 2004), p. 90.

5. *Jackson Clarion-Ledger*, June 12, 2005.

6. Port Gibson Heritage Trust Web site, http://www.portgibsonheritagetrust. org/port_gibson.

7. Dittmer, *Local People*, p. 112.

8. "How Whites Feel About a Painful America," *Newsweek*, October 21, 1963, pp. 44-51.

9. Ibid., p. 50.

10. Henry Hampton, dir., "Mississippi—Is This America?" episode 5 of *Eyes on*

the Prize: America's Civil Rights Movement (Boston: Blackside, 1987).

11. Walker Percy, *Signposts in a Strange Land* (New York: Farrar, Straus and Giroux, 1991), p. 42.

12. "Mississippi Goddam," *The Nina Simone Web*, http://boscarol.com/nina/html/where/mississipigoddamn.html.

13. "Mississippi Airlift," *Newsweek*, March 11, 1963, p. 30.

14. Roy Torkington Papers, Civil Rights Collection, McCain Library and Archives, University of Southern Mississippi (hereafter, USM).

15. Dittmer, *Local People*, p. 129.

16. Cardcow.com, Vintage Postcards and Collectibles, http://www.cardcow.com/48738/grand-boulevard-greenwood-us-state-town-views-mississippi-greenwood/.

17. Student Nonviolent Coordinating Committee Papers, Harvard University (hereafter, SNCC Papers), reel 40.

18. Dittmer, *Local People*, p. 206.

19. "Mississippi Allen's Army," *Newsweek*, February 24, 1964, p. 30.

20. Richard Woodley, "A Recollection of Michael Schwerner," *Reporter*, July 16, 1964, p. 23.

21. Marilyn Mulford and Connie Field, dirs., *Freedom on My Mind* (Berkeley, Calif.: Clarity Film Productions, 1994).

22. "Mississippi: Allen's Army."

23. Seth Cagin and Philip Dray, *We Are Not Afraid: The Story of Goodman, Schwerner, and Chaney, and the Civil Rights Campaign for Mississippi* (New York: Nation Books, 2006), p. 193.

24. Council of Federated Organizations (COFO), WATS line report (hereafter, WATS line), August 12, 1964, COFO documents, Hillegas Collection, Jackson, Miss.

25. Howard Ball, *Murder in Mississippi:* United States v. Price *and the Struggle for Civil Rights* (Lawrence: University Press of Kansas, 2004), p. 55.

26. *Famous Trials:* U.S. vs. Cecil Price et al. ("*Mississippi Burning Trial*") Web site, http://www.law.umkc.edu/faculty/projects/ftrials/price&bowers/Klan.html.

27. Cagin and Dray, *We Are Not Afraid*, p. 265.

28. Howell Raines, *My Soul Is Rested: Movement Days in the Deep South*

*Remembered* (New York: Penguin, 1977), p. 233.

29. Gloria Clark, personal interview, October 3, 2007.


2 여름 프로젝트

1. Elizabeth Martinez, ed., *Letters from Mississippi* (Brookline, Mass.: Zephyr Press, 2006), p. 186.

2. *New York Times*, June 17, 1964.

3. John Lewis, *Walking with the Wind: A Memoir of the Movement* (New York: Simon & Schuster, 1998), p. 249.

4. *New York Times*, June 21, 1964.

5. John F. Kennedy, "Radio and Television Report to the American People on Civil Rights," June 11, 1963, http://www.jfklibrary.org/Histor ical+Resources /Archives/Reference+Desk/Speeches/JFK/003POF03CivilRights06111963. htm.

6. Bob Cohen, "Sorrow Songs, Faith Songs, Freedom Songs: The Mississippi Caravan of Music in the Summer of 1964," in *Freedom Is a Constant Struggle: An Anthology of the Mississippi Civil Rights Movement*, ed. Susie Erenrich (Montgomery, Ala.: Black Belt Press, 1999), p. 178.

7. Doug McAdam, *Freedom Summer* (New York: Oxford University Press, 1988), p. 48.

8. Ibid., p. 30.

9. SNCC Papers, reel 39.

10. John Fischer, "A Small Band of Practical Heroes," *Harper's*, October 1963, p. 28.

11. SNCC Papers, reel 39.

12. *New York Times*, June 17, 1964, p. 18.

13. *New York Times*, July 11, 1964, p. 22.

14. Alice Lake, "Last Summer in Mississippi," *Redbook*, November 1964; reprinted in Library of America, *Reporting Civil Rights: American Journalism, 1963-1973* (New York: Library of America, 2003), p. 234.

15. McAdam, *Freedom Summer*, p. 56.

16. Ibid., p. 46.

17. Chris Williams, personal interview, October 9, 2007.

18. Ibid.

19. Williams, interview, November 23, 2007.

20. *Greenfi eld Recorder-Gazette*, June 26, 1964.

21. Chris Williams, journal, Summer 1964, p. 7.

22. Ibid.

23. Ibid.

24. Williams, interview, October 9, 2007.

25. Ibid.

26. Williams, journal, pp. 8–9.

27. Cagin and Dray, *We Are Not Afraid*, p. 22.

28. Ibid., pp. 24–25.

29. Williams, journal, pp. 8–9.

30. Martinez, *Letters from Mississippi*, p. 11.

31. Williams, journal, p. 9.

32. Martinez, *Letters from Mississippi*, p. 5.

33. Cheryl Lynn Greenburg, ed., *A Circle of Trust: Remembering SNCC* (New Brunswick, N.J.: Rutgers University Press, 1998), p. 143.

34. Ibid.

35. James Atwater, "If We Can Crack Mississippi ⋯⋯ ," *Saturday Evening Post*, July 25, 1964, p. 16; Calvin Trillin, "Letter from Jackson," *New Yorker*, August 29, 1964, p. 105; Dittmer, *Local People*, p. 198.

36. Howard Zinn, *SNCC: The New Abolitionists* (Boston: Beacon Press, 1964), pp. 1–2.

37. Sara Evans, *Personal Politics* (New York: Vintage, 1980), p. 70.

38. Daniel Perlstein, "Teaching Freedom: SNCC and the Creation of the Mississippi Freedom Schools," *History of Education Quarterly* 30, no. 3 (Fall 1990): 298.

39. Martinez, *Letters from Mississippi*, p. 19.

40. Atwater, "If We Can Crack," p. 16.

41. Burner, *And Gently He Shall Lead Them*, p. 17.

42. Albert Camus, "Neither Victims nor Executioners," in *The Power of Nonviolence: Writings by Advocates of Peace*, ed. Howard Zinn (Boston: Beacon Press, 2002), p. 73.

43. Payne, *I've Got the Light*, p. 105.

44. Raines, *My Soul Is Rested*, p. 235.

45. Burner, *And Gently He Shall Lead Them*, p. 28.

46. Ibid., p. 41.

47. Robert P. Moses and Charles E. Cobb Jr., *Radical Equations: Math Literacy and Civil Rights* (Boston: Beacon Press, 2001), p. 24.

48. Ibid., p. 48.

49. Burner, *And Gently He Shall Lead Them*, p. 49.

50. Hollis Watkins, personal interview, June 14, 2008.

51. *New York Times*, June 21, 1964; Cagin and Dray, *We Are Not Afraid*, p. 30.

52. Tracy Sugarman, *Stranger at the Gates: A Summer in Mississippi* (New York: Hill and Wang, 1966), p. 8.

53. SNCC Papers, reel 39.

54. *Newsweek*, June 29, 1964, p. 25.

55. Dittmer, *Local People*, p. 243.

55. Mulford and Field, *Freedom on My Mind*.

56. "Mississippi—Summer of 1964: Troubled State, Troubled Time," *Newsweek*, July 13, 1964, p. 20.

57. William Hodes Papers, State Historical Society of Wisconsin (hereafter, SHSW).

58. Nicholas Von Hoffman, *Mississippi Notebook* (New York: David White, 1964), p. 31.

59. Sugarman, *Stranger at the Gates*, p. 28.

60. Cagin and Dray, *We Are Not Afraid*, p. 33.

61. Muriel Tillinghast, personal interview, November 28, 2007.

62. SNCC Papers, reel 38.

63. Tillinghast, interview, November 28, 2007.

64. Stokely Carmichael, *Ready for Revolution: The Life and Struggles of Stokely Carmichael (Kwame Ture)*, with Ekwueme Michael Thelwell (New York: Scribner, 2003), pp. 337–48.

65. Tillinghast, interview, November 28, 2007.

66. Ibid.

67. Ibid.

68. Ibid.

69. Ibid.

70. Ibid.

71. Tillinghast, interview, October 31, 2007.

72. Ibid.

73. Dittmer, *Local People*, p. 239.

74. Atwater, "If We Can Crack," p. 18.

75. *Los Angeles Times*, June 20, 1964.

76. "Mississippi Girds for Its Summer of Discontent," *U.S. News & World Report*, June 15, 1964, p. 46.

77. Joseph Alsop, "The Gathering Storm," *Hartford Courant*, June 17, 1964.

78. Williams, journal, pp. 10–11.

79. Martinez, *Letters from Mississippi*, p. 22.

80. Cagin and Dray, *We Are Not Afraid*, p. 31.

81. *New York Times*, June 20, 1964.

82. Len Holt, *The Summer That Didn't End* (New York: William Morrow, 1965), p. 50.

83. *National Observer*, n.d., Hillegas Collection.

84. Carmichael, *Ready for Revolution*, p. 370.

85. Martinez, *Letters from Mississippi*, p. 10.

86. *New York Times*, June 21, 1964.

87. Tillinghast, interview, November 28, 2007.

3 남북전쟁의 망령

1. Justin Kaplan, ed., *Familiar Quotations*, 16th ed. (Boston: Little, Brown, 1992), p. 499n.

2. William Faulkner, *Requiem for a Nun* (New York: Penguin Books, 1953), p. 81.

3. Geoffrey C. Ward, Ric Burns, and Ken Burns, *The Civil War: An Illustrated History* (New York: Alfred A. Knopf, 1990), p. 212.

4. Shelby Foote, *The Civil War: A Narrative—Fredericksburg to Meridian* (New York: Random House, 1963), p. 926.

5. John Ray Skates, *Mississippi: A Bicentennial History* (New York: W. W. Norton, 1979), p. 108.

6. Eric Foner, *A Short History of Reconstruction, 1863-1877* (New York: Harper & Row, 1990), p. 86.

7. William C. Harris, *The Day of the Carpetbagger: Republican Reconstruction*

*in Mississippi* (Baton Rouge: Louisiana State University Press, 1979), p. 668.

8. *Atlanta Constitution*, November 3, 1875.

9. Foner, *Short History*, pp. 235–36.

10. Aaron Henry, *Aaron Henry: The Fire Ever Burning*, with Constance Curry (Jackson: University of Mississippi Press, 2000), p. 91.

11. Richard Wright, *Uncle Tom's Children* (New York: HarperCollins, 1993), p. 157.

12. Sally Belfrage, *Freedom Summer* (New York: Viking, 1965), p. 46.

13. C. Vann Woodward, *The Strange Career of Jim Crow*, 3d ed. (New York: Oxford University Press, 1974), p. 73.

14. Claude G. Bowers, *The Tragic Era: The Revolution after Lincoln* (Boston: Houghton-Miffl in, 1929), pp. 414, 448.

15. Ibid., p. 308.

16. Ibid., p. 309.

17. Gunnar Myrdal, *An American Dilemma: The Negro Problem and Modern Democracy* (New York: Harper & Row, 1962), p. 448.

18. W. E. B. DuBois, *The Souls of Black Folk* (New York: Vintage, 1990), p. 16.

19. John Beecher, "McComb, Mississippi: May 1965," *Ramparts*, May 1965; reprinted in Library of America, *Reporting Civil Rights*, p. 398.

20. David M. Oshinsky, *"Worse Than Slavery": Parchman Farm and the Ordeal of Jim Crow Justice* (New York: Simon and Schuster, 1997), flyleaf epigram.

21. David W. Blight, *Beyond the Battlefield: Race, Memory, and the American Civil War* (Amherst: University of Massachusetts Press, 2002), p. 260.

22. Hodding Carter III, *The South Strikes Back* (Garden City, N.Y.: Doubleday, 1959), p. 30.

23. Kim Lacy Rogers, *Life and Death in the Delta: African American Narratives of Violence, Resilience, and Social Change* (New York: Palgrave Macmillan, 2006), p. 37.

24. Adam Gussow, *Seems Like Murder Here: Southern Violence and the Blues Tradition* (Chicago: University of Chicago Press, 2002), p. 70.

25. W. J. Cash, *The Mind of the South* (New York: Random House, 1941), p. 93.

26. Jason Sokol, *There Goes My Everything: White Southerners in the Age of Civil Rights, 1945-1975* (New York: Alfred A. Knopf, 2006), p. 63.

27. Curtis Wilkie, Dixie: *A Personal Odyssey Through Events That Shaped the*

*Modern South* (New York: Simon & Schuster, 2003), p. 57.

28. Skates, *Mississippi*, p. 155.

29. Carter, *South Strikes Back*, p. 13.

30. Neil R. McMillen, *The Citizens' Council: Organized Resistance to the Second Reconstruction, 1954-1964* (Urbana: University of Illinois Press, 1971), p. 15.

31. Dittmer, *Local People*, p. 37.

32. Diane Ravitch, ed., *The American Reader: Words That Moved a Nation* (New York: Harper Perennial, 1991), p. 306.

33. Carter, *South Strikes Back*, p. 43.

34. Hodding Carter quoted in James W. Silver, *Mississippi: The Closed Society*, rev. ed. (New York: Harcourt, Brace & World, 1966), p. 36.

35. McMillen, *Citizens' Council*, p. 242.

36. Carter, *South Strikes Back*, p. 34.

37. *New York Times*, November 7, 1987.

38. Endesha Ida Mae Holland, *From the Mississippi Delta: A Memoir* (New York: Simon & Schuster, 1997), p. 65.

39. Willie Morris, *North Toward Home* (Boston: Houghton Mifflin, 1967), pp. 21-22.

40. Dittmer, *Local People*, pp. 53-54.

41. Juan Williams, *Eyes on the Prize: America's Civil Rights Years, 1954-1965* (New York: Penguin, 2002), p. 44.

42. Paul Hendrickson, *Sons of Mississippi: A Story of Race and Its Legacy* (New York: Alfred A. Knopf, 2003), pp. 9-10.

43. Dittmer, *Local People*, 57.

44. Ibid., p. 58.

45. Raines, *My Soul Is Rested*, p. 235.

46. Youth of the Rural Organizing and Cultural Center, *Minds Stayed on Freedom: The Civil Rights Struggle in the Rural South, an Oral History* (Boulder, Colo.: Westview Press, 1991), p. 59.

47. Winson Hudson and Constance Curry, *Mississippi Harmony: Memoirs of a Freedom Fighter* (New York: Palgrave Macmillan, 2002), p. 37.

48. Dittmer, *Local People*, pp. 59-60.

49. Sokol, *There Goes My Everything*, p. 88.

50. Dittmer, *Local People*, pp. 65−66.

51. Belfrage, *Freedom Summer*, 109.

52. Dan Classen, *Watching Jim Crow: The Struggles over Mississippi TV, 1955−1969* (Durham, N.C.: Duke University Press, 2004), pp. 101−3.

53. Mark Harris, *Pictures at a Revolution: Five Movies and the Birth of the New Hollywood* (New York: Penguin Press, 2008), p. 57.

54. *New York Times*, June 18, 1964.

55. Belfrage, *Freedom Summer*, p. 56.

56. Lynne Olson, *Freedom's Daughters: The Unsung Heroines of the Civil Rights Movement from 1830 to 1970* (New York: Scribner, 2001), p. 327.

57. Silver, *Mississippi*, p. 39.

58. John Howard Griffin, *Black Like Me*, 2nd ed. (Boston: Houghton Mifflin, 1961), p. 82.

59. "Join the Glorious Citizens Clan": McMillen, *Citizens' Council*, p. 257.

60. Ira B. Harkey Jr., *The Smell of Burning Crosses: An Autobiography of a Mississippi Newspaperman* (Jacksonville, Fla.: Delphi Press, 1967), p. 126.

61. Silver, *Mississippi*, p. 46.

62. COFO letter to Mississippi sheriffs, May 21, 1964, Hillegas Collection.

63. Yasuhiro Katagiri, *The Mississippi State Sovereignty Commission: Civil Rights and States' Rights* (Jackson: University Press of Mississippi, 2001), p. 159.

64. Mississippi State Sovereignty Commission Files, Mississippi Department of Archives and History, Jackson, Miss. (hereafter, MDAH※으로 줄임) SCR ID# 9-31-1-43-1-1-1.

65. James L. Dickerson, *Dixie's Dirty Secret* (Armonk, N.Y.: M. E. Sharpe, 1998), p. 91.

66. MDAH SCR ID# 9-32-0-1-2-1-1.

67. Carter, *South Strikes Back*, pp. 143, 191.

68. Von Hoffman, *Mississippi Notebook*, p. 3.

69. *Jackson Clarion-Ledger*, June 16, 1964.

70. *Los Angeles Times*, June 18, 1964.

71. *Tupelo Journal*, June 19, 1964.

72. *Chicago Tribune*, June 9, 1964.

73. Atwater, "If We Can Crack," p. 18.

74. Hodding Carter, *So the Heffners Left McComb* (Garden City, N.Y.:

Doubleday, 1965), pp. 69–71.

75. Don Whitehead, *Attack on Terror: The FBI Against the Ku Klux Klan in Mississippi* (New York: Funk & Wagnalls, 1970), pp. 6–8.

76. Suzanne Marrs, *Eudora Welty: A Biography* (Orlando, Fla.: Harcourt, 2005), p. 309.

77. Simon Wendt, *The Spirit and the Shotgun: Armed Resistance and the Struggle for Civil Rights* (Gainesville: University Press of Florida, 2007), p. 116.

## 4 미국은 어디에 있는가

1. Chris Williams, correspondence, June 21, 1964.

2. Frederick M. Wirt, *Politics of Southern Equality: Law and Social Change in a Mississippi County* (Chicago: Aldine, 1970), p. 136.

3. Karl Fleming, *Son of the Rough South: An Uncivil Memoir* (New York: Public Affairs, 2005, p. 361).

4. Williams, correspondence, June 21, 1964.

5. *New York Times*, June 21, 1964, p. 64.

6. Mulford and Field, *Freedom on My Mind*.

7. Williams, correspondence, June 21, 1964.

8. Robert Miles memorial service, program.

9. *Congressional Record* 111, pt. 10 (June 22, 1965): H 13929.

10. Williams, correspondence, June 30, 1964.

11. Williams, personal interview, February 1, 2008.

12. Martinez, *Letters from Mississippi*, p. 51.

13. Ibid.

14. Sugarman, *Stranger at the Gates*, p. 53.

15. Ibid., p. 50.

16. Martinez, *Letters from Mississippi*, p. 51.

17. Ibid., p. 61.

18. Ibid., p. 64.

19. McAdam, Freedom Summer, p. 87.

20. Martinez, *Letters from Mississippi*, pp. 47–48.

21. Mulford and Field, *Freedom on My Mind*.

22. Williams, correspondence, June 21, 1964.

23. Ibid.

24. Raines, *My Soul Is Rested*, p. 287.

25. Carmichael, *Ready for Revolution*, p. 350.

26. Watkins, interview, June 16, 2008.

27. Carmichael, *Ready for Revolution*, p. 350.

28. Dittmer, *Local People*, p. 208.

29. Ibid., p. 209.

30. Zinn, *SNCC*, p. 188.

31. Nicolaus Mills, *Like a Holy Crusade: Mississippi 1964—The Turning of the Civil Rights Movement in America* (New York: Knopf, 1992), p. 58.

32. Burner, *And Gently He Shall Lead Them*, p. 129.

33. Raines, *My Soul Is Rested*, p. 287.

34. Burner, *And Gently He Shall Lead Them*, p. 129.

35. Dittmer, *Local People*, p. 208.

36. SNCC Papers, reel 38.

37. Branch, *Parting the Waters*, p. 510.

38. Council of Federated Organizations (COFO), *Mississippi Black Paper: Fifty-seven Negro and White Citizens' Testimony of Police Brutality* (New York: Random House, 1965), p. 37.

39. Moses and Cobb, *Radical Equations*, p. 76.

40. Bob Moses, personal interview, December 10, 2008.

41. Moses and Cobb, *Radical Equations*, p. 76.

42. SNCC Papers, reels 39, 40, 64.

43. SNCC Papers, reel 38.

44. SNCC Papers, reel 64.

45. "Ibid.

46. Fischer, "Small Band," p. 26.

47. SNCC Papers, reel 64.

48. Constance Curry, Joan C. Browning, Dorothy Dawson Burlage, Penny Patch, Theresa Del Pozzo, Sue Thrasher, Elaine DeLott Baker, Emmie Schrader Adams, and Casey Hayden, *Deep in Our Hearts: Nine White Women in the Freedom Movement* (Athens: University of Georgia Press, 2000), p. 346.

49. SNCC Papers, reel 38.

50. Ibid.

51. Ibid., reel 40.

52. *Congressional Record* 111, pt. 10 (June 22, 1965): H 14002.

53. Ibid., H 14003.

54. Ibid., H 14008.

55. SNCC Papers, reel 38.

56. Dittmer, *Local People*, p. 239.

57. Lewis, *Walking with the Wind*, p. 259.

58. Ibid., p. 249.

59. SNCC Papers, reel 38.

60. Mary King, *Freedom Song: A Personal Story of the 1960s Civil Rights Movement* (New York: Quill/William Morrow & Co., 1987), pp. 226, 312.

61. Ibid., p. 313.

62. SNCC Papers, reel 38.

63. King, *Freedom Song*, p. 318.

64. SNCC Papers, reel 38.

65. Ibid.

66. King, *Freedom Song*, p. 319.

67. Tillinghast, interview, November 28, 2007.

68. Ibid.

69. Sugarman, *Stranger at the Gates*, p. 167.

70. Tillinghast, interview, November 28, 2007.

71. Ibid.

72. SNCC Papers, reel 39.

73. Ibid.

5세 청년

1. William Bradford Huie, *Three Lives for Mississippi* (New York: WCC Books, 1964, 1965), p. 132.

2. Florence Mars, *Witness in Philadelphia* (Baton Rouge: Louisiana State University Press, 1977), p. 18.

3. Huie, *Three Lives*, p. 130.

4. Ibid., p. 140.

5. Raines, *My Soul Is Rested*, p. 260.

6. William M. Kunstler, *My Life as a Radical Lawyer*, with Sheila Isenberg (New

York: Birch Lane Press, 1994), p. 140.

7. Cagin and Dray, *We Are Not Afraid*, p. 18.

8. Williams, journal.

9. Belfrage, *Freedom Summer*, p. 10.

10. Ibid., p. 11.

11. Ibid.

12. Taylor Branch, *Pillar of Fire: America in the King Years, 1963-65* (New York: Simon & Schuster, 1998), p. 363.

13. Cagin and Dray, *We Are Not Afraid*, p. 274.

14. Huie, *Three Lives*, pp. 46, 54.

15. Ibid., p. 114.

16. Cagin and Dray, *We Are Not Afraid*, p. 259.

17. *New York Times*, June 25, 1964, p. 18.

18. Cagin and Dray, *We Are Not Afraid*, p. 261.

19. Woodley, "Recollection of Michael Schwerner," p. 23.

20. "Interview with Civil Rights Activist Rita Bender," in *Microsoft Encarta Premium 2007* (Redmond, Wash.: Microsoft, 2006).

21. Cagin and Dray, *We Are Not Afraid*, p. 274.

22. Ball, *Murder in Mississippi*, p. 32.

23. Huie, *Three Lives*, p. 81.

24. Ibid., p. 117.

25. Ibid., p. 95.

26. "Mississippi—'Everybody's Scared," *Newsweek*, July 6, 1964, p. 15.

27. Carolyn Goodman, "Andrew Goodman—1943-1964," in Erenrich, *Freedom Is a Constant Struggle*, p. 321.

28. *New York Times*, June 25, 1964.

29. Carolyn Goodman, "My Son Didn't Die in Vain!" with Bernard Asbell, *Good Housekeeping*, May 1965, p. 158.

30. *New York Times*, June 25, 1964.

31. Carolyn Goodman Papers, SHSW.

32. Mills, *Like a Holy Crusade*, p. 103.

33. Federal Bureau of Investigation, Mississippi Burning Case, File 44-25706 (hereafter, MIBURN), part 3, p. 53.

34. Association of Tenth Amendment Conservatives brochure, MDAH SCR ID#

2-61-1-95-2-1-1.

35. COFO, *Mississippi Black Paper*, pp. 67–68.

36. Branch, *Pillar of Fire*, p. 143.

37. Zinn, *SNCC*, p. 204.

38. http://sunsite.berkeley.edu/meiklejohn/meik-8_2/meik-8_2-4.html.

39. Payne, *I've Got the Light*, p. 108.

40. Nick Kotz, *Judgment Days: Lyndon Baines Johnson, Martin Luther King Jr., and the Laws That Changed America* (Boston: Houghton Mifflin, 2005), p. 103.

41. Ball, *Murder in Mississippi*, p. 57.

42. Zinn, *SNCC*, p. 215.

43. Martinez, *Letters from Mississippi*, p. 192.

44. Walter Cronkite, "History Lessons: Mississippi 1964—Civil Rights and Unrest," June 16, 2005, http://www.npr.org/templates/player/mediaPlayer. html?action=1&t=1&islist=false&id=4706688&m=4706689.

45. *New York Times*, June 29, 1964.

46. Ibid.

47. Michael R. Beschloss, ed., *Taking Charge: The Johnson White House Tapes, 1963-1964* (New York: Simon & Schuster, 1997), p. 313.

48. Ibid., pp. 425–26.

49. Ibid., p. 431.

50. Ibid., pp. 431–32.

51. Ibid., p. 434.

52. Goodman, "My Son Didn't Die," p. 164.

53. Ibid.

54. *Washington Post*, June 24, 1964.

55. *Los Angeles Times*, June 24, 1964.

56. *New York Times*, June 24, 1964.

57. Mars, *Witness in Philadelphia*, pp. 87–88.

58. James Farmer, *Lay Bare the Heart: An Autobiography of the Civil Rights Movement* (New York: New American Library, 1985), p. 273.

59. Cagin and Dray, *We Are Not Afraid*, p. 343.

60. *New York Times*, June 23, 1964.

61. Lewis, *Walking with the Wind*, p. 257.

62. Ibid.

63. Farmer, *Lay Bare the Heart*, p. 276.

64. Lewis, *Walking with the Wind*, p. 258.

65. Beschloss, *Taking Charge*, p. 440.

66. *New York Times*, June 24, 1964.

67.Belfrage, *Freedom Summer*, p. 15.

68. Carmichael, *Ready for Revolution*, p. 377.

69. Ibid.

70. Ibid., p. 378.

71. Cleveland Sellers and Robert Terrell, *The River of No Return: The Autobiography of a Black Militant and the Life and Death of SNCC* (New York: William Morrow, 1973), p. 88.

72. Charles Cobb Jr., personal interview, July 16, 2008.

73. "Mississippi—Summer of 1964: Troubled State, Troubled Time," *Newsweek*, July 13, 1964, p. 20.

74. *New York Times*, June 25, 1964, p. 20.

75. Kotz, *Judgment Days*, p. 171.

76. Ibid.

77. *Washington Post*, June 25, 1964.

78. *New York Times*, June 26, 1964.

79. *Tupelo Journal*, June 25, 1964; and *Washington Post*, June 25, 1964.

80. Randall B. Woods, *LBJ: Architect of American Ambition* (New York: Free Press, 2006), p. 479.

81. "The Limpid Shambles of Violence," *Life*, July 3, 1964, p. 35.

82. Huie, *Three Lives*, p. 39.

83. Mars, *Witness in Philadelphia*, p. 98.

84. Ibid.

85. Huie, *Three Lives*, p. 195.

86. Ball, *Murder in Mississippi*, p. 64.

87. Mulford and Field, *Freedom on My Mind*.

88. *New York Times*, June 26, 1964.

89. Cagin and Dray, *We Are Not Afraid*, p. 366.

90. *New York Times*, June 25, 1964.

91. Cagin and Dray, *We Are Not Afraid*, p. 366.

92. *New York Times*, June 25, 1964.

93. Marco Williams, dir., *Ten Days That Unexpectedly Changed America—Freedom Summer* (New York: History Channel, 2006).

94. Cagin and Dray, *We Are Not Afraid*, p. 354.

95. Huie, *Three Lives*, p. 203.

96. Robert Zellner, "Notes on Meeting Gov. Johnson," June 25, 1964, COFO documents, Hillegas Collection.

97. Robert Zellner, *The Wrong Side of Murder Creek: A White Southerner in the Freedom Movement*, with Constance Curry (Montgomery, Ala.: NewSouth Books, 2008), p. 250.

98. *Los Angeles Times*, June 26, 1964.

99. Cagin and Dray, *We Are Not Afraid*, p. 360.

100. Ibid.

101. Silver, *Mississippi*, p. 151.

102. SNCC Papers, reel 38.

103. *Chicago Tribune*, June 27, 1964.

104. *Jackson Clarion-Ledger*, July 7, 1964.

105. Turner Catledge, "My Life and 'The Times,'" in *Mississippi Writers—Reflections of Childhood and Youth*, vol. 2, *Non-fiction*, ed. Dorothy Abbott (Jackson: University Press of Mississippi, 1986), p. 85.

106. Gene Roberts and Hank Klibanoff, *The Race Beat: The Press, the Civil Rights Struggle, and the Awakening of a Nation* (New York: Random House, 2007), p. 360.

107. Mississippi Summer Project, running summary of incidents, transcript, USM (hereafter, COFO incidents).

108. *New York Times*, June 27, 1964.

109. Hodes Papers, SHSW.

110. Martinez, *Letters from Mississippi*, p. 33.

111. Robert Coles, *Farewell to the South* (Boston: Little, Brown, 1972), pp. 246–47.

112. Ibid., p. 269.

113. McAdam, *Freedom Summer*, p. 71.

114. Martinez, *Letters from Mississippi*, p. 26.

115. Ibid., p. 27.

116. Belfrage, *Freedom Summer*, pp. 25–27.

117. Ibid.

118.Mulford and Field, *Freedom on My Mind*.

119.Paul Cowan, *The Making of an Un-American: A Dialogue with Experience* (New York: Viking, 1970), p. 29.

120. Heather Tobis Booth, personal interview, October 8, 2007.

121. *New York Times*, June 29, 1964.

122. *New York Times*, June 28, 1964.

123. Belfrage, *Freedom Summer*, p. 29.


6 뭔가 변하고 있는 거야

1. Sugarman, *Stranger at the Gates*, p. 108.

2. Ibid., pp. 107–12.

3. *Jackson Clarion-Ledger*, July 1, 1964.

4. *Meridian Star*, June 30, 1964.

5. Beschloss, *Taking Charge*, p. 438.

6. MIBURN 3-96.

7. MIBURN 3-93.

8. MIBURN, 8-75.

9. *New York Times*, June 28, 1964.

10. Moses and Cobb, *Radical Equations*, p. 59.

11. *Jackson Clarion-Ledger*, June 23, 1964.

12. *Christian Science Monitor*, June 30, 1964.

13. John Hersey, "A Life for a Vote," *Saturday Evening Post*, September 26, 1964; reprinted in Library of America, *Reporting Civil Rights*, p. 223.

14. Coles, *Farewell to the South*, pp. 250–51.

15. Fred Bright Winn, personal interview, November 13, 2007.

16. Fred Bright Winn, correspondence, June 15, 1964.

17. Ibid.

18. Winn, interview, November 13, 2007.

19. Ibid.

20. Ibid.

21. Ibid.

22. Ibid.

23. Ibid.

24. Winn, correspondence, June 1964.

25. Greenburg, *Circle of Trust*, p. 191.

26. WATS Line, June 30, 1964.

27. Belfrage, *Freedom Summer*, p. 52.

28. Martinez, *Letters from Mississippi*, p. 168.

29. Rims Barber, Oral History, USM.

30. Lake, "Last Summer in Mississippi," p. 243; and Ellen Lake Papers, SHSW.

31. Wesley C. Hogan, *Many Minds, One Heart: SNCC's Dream for a New America* (Chapel Hill: University of North Carolina Press, 2007), p. 164.

32. Hodding Carter III, e-mail interview, September 26, 2008.

33. Ibid.

34. *Greenwood Commonwealth*, June 30, 1964.

35. *Jackson Clarion-Ledger*, June 29, 1964.

36. *Carthage Carthaginian*, July 2, 1964.

37. David R. Davies, ed., *The Press and Race: Mississippi Journalists Confront the Movement* (Jackson: University of Mississippi Press, 2001), p. 45; and Katagiri, *Mississippi State Sovereignty Commission*, p. 163.

38. *Lexington Advertiser*, July 2, 1964.

39. *Jackson Clarion-Ledger*, July 1, 1964.

40. Martinez, *Letters from Mississippi*, p. 147.

41. *New York Times Sunday Magazine*, July 5, 1964, p. 6.

42. SNCC Papers, reel 40.

43. Raines, *My Soul Is Rested*, pp. 239–40.

44. Martinez, *Letters from Mississippi*, p. 55.

45. "Mississippi—Summer of 1964: Troubled State, Troubled Time," *Newsweek*, July 13, 1964, p. 18.

46. Belfrage, *Freedom Summer*, p. 50.

47. Martinez, *Letters from Mississippi*, p. 69.

48. Jay Shetterly and Geoff Cowan, personal interview, January 15, 2008; and "Mississippi—Summer of 1964," 19.

49. Williams, journal.

50. Claire O'Connor, personal interview, January 5, 2008.

51. Ibid.

52. Williams, journal.

53. Ibid.

54. Williams, correspondence.

55. Ibid.

56. Mars, *Witness in Philadelphia*, p. 76.

57.Cagin and Dray, *We Are Not Afraid*, p. 255.

58. bid., p. 340.

59. MDAH SCR ID# 1-8-0-18-2-1-1.

60. *Jackson Clarion-Ledger*, December 3, 2007, p. 4A.

61. ames Baldwin, "A Talk to Teachers," in *Critical Issues in Education*, ed. Eugene F. Provenzo (Thousand Oaks, Calif.: Sage, 2006), p. 203.

62. SNCC Papers, reel 39.

63. *New York Times*, July 3, 1964.

64. *Los Angeles Times*, July 5, 1964.

65. Beschloss, *Taking Charge*, p. 450.

66. *Jackson Clarion-Ledger*, July 2, 1964, SNCC Papers, reel 39.

67. *New York Times*, June 22, 1964.

68. Martinez, *Letters from Mississippi*, p. 70.

69. Ibid., pp. 71–72.

70. Huie, *Three Lives*, p. 69.

71. Winn, interview, November 13, 2007.

72. Holland, *From the Mississippi Delta*, p. 203.

73. Raines, *My Soul Is Rested*, p. 234.

74. Sugarman, *Stranger at the Gates*, p. 75.

75. Sandra E. Adickes, *Legacy of a Freedom School* (New York: Palgrave Macmillan, 2005), p. 15.

76. *New York Times*, August 24, 1964.

77. Kay Mills, *This Little Light of Mine: The Life of Fannie Lou Hamer* (New York: Penguin Books, 1993), p. 21.

78. Fannie Lou Hamer, "To Praise Our Bridges," in Abbott, *Mississippi Writers*, p. 324.

79. Mills, *This Little Light*, p. 37.

80. Charles Marsh, *God's Long Summer: Stories of Faith and Civil Rights* (Princeton, N.J.: Princeton University Press, 1997), p. 15.

81. Raines, *My Soul Is Rested*, p. 251.

82. Unita Blackwell, *Barefootin': Life Lessons from the Road to Freedom*, with JoAnne Prichard Moore (New York: Crown, 2006), p. 83.

83. James Forman, *The Making of Black Revolutionaries* (Washington, D.C.: Open Hand, 1985), p. 385.

84. Hamer, "To Praise Our Bridges," p. 324.

85. Silver, *Mississippi*, pp. 341–42.

86. Sugarman, *Stranger at the Gates*, p. 116.

87.Martinez, *Letters from Mississippi*, p. 72.

88. Ibid.

89. Belfrage, *Freedom Summer*, p. 64.

90. WATS Line, July 5, 1964.

91. *Delta Democrat-Times*, June 24, 1964.

92. Ibid.

93. Tillinghast, interview, November 28, 2007.

94. Ibid.

95. *New York Times*, July 6, 1964.

96. Ibid.

7 착한 검둥이가 되는 법

1. Martinez, *Letters from Mississippi*, p. 137.

2. Ibid., p. 138.

3. Ibid., p. 137.

4. "Civil Rights: And the Walls Came Tumbling Down," *Time*, July 17, 1974, p. 25.

5. *Los Angeles Times*, July 16, 1964.

6. *New York Times*, July 5, 1964.

7. Fran O'Brien, personal interview, November 12, 2007.

8. Fran O'Brien, correspondence, May 27, 1964.

9. Ibid.

10. O'Brien, correspondence, May 27, 1964.

11. O'Brien, interview, November 12, 2007.

12. Ibid.

13. Ibid.

14. O'Brien, correspondence, July 6, 1964.

15. Goodman Papers, SHSW.

16. Ibid.

17. Goodman, "My Son Didn't Die," p. 158.

18. MIBURN 6-78.

19. *New York Times*, July 6, 1964.

20. WATS Line, July 7, 1964.

21. Curtis (Hayes) Muhammad, personal interview, August 29, 2008.

22. WATS Line, July 8, 1964.

23. Dittmer, *Local People*, p. 113.

24. Charlie Cobb, "Organizing Freedom Schools," in Erenrich, *Freedom Is a Constant Struggle*, p. 136.

25. "A Note to the Teacher, undated," Michael J. Miller Civil Rights Collection, Historical Manuscripts and Photographs, USM.

26. Adickes, *Legacy of a Freedom School*, p. 112.

27. Martinez, *Letters from Mississippi*, p. 111.

28. Ibid., p. 113.

29. SNCC Papers, reel 39.

30. Martinez, *Letters from Mississippi*, p. 108.

31. Ibid., p. 106.

32. Branch, *Pillar of Fire*, p. 393.

33. Martinez, *Letters from Mississippi*, p. 106.

34. Ibid., p. 119.

35. Mulford and Field, *Freedom on My Mind*.

36. Adickes, *Legacy of a Freedom School*, p. 4.

37. Von Hoffman, *Mississippi Notebook*, p. 35.

38. *Los Angeles Times*, July 5, 1964.

39. Cagin and Dray, *We Are Not Afraid*, p. 246.

40. Belfrage, *Freedom Summer*, pp. 104-5.

41. Mars, *Witness in Philadelphia*, p. 101.

42. Huie, *Three Lives*, pp. 105-6.

43. Dittmer, *Local People*, p. 217.

44. Wyn Craig Wade, *The Fiery Cross: The Ku Klux Klan in America* (New York: Oxford University Press USA, 1998), p. 334.

45. Cagin and Dray, *We Are Not Afraid*, p. 246.

46. Mars, *Witness in Philadelphia*, p. xvii.

47. Belfrage, *Freedom Summer*, p. 104.

48. Dittmer, *Local People*, p. 238.

49. Beschloss, *Taking Charge*, p. 450.

50. Whitehead, *Attack on Terror*, p. 91.

51. *Meridian Star*, July 10, 1964.

52. *Jackson Clarion-Ledger*, June 12, 2005.

53. *New York Times*, July 11, 1964.

55. "Mississippi—Summer of 1964: Troubled State, Troubled Time," *Newsweek*, July 13, 1964, p. 20.

56. Branch, *Pillar of Fire*, p. 398.

57. Ibid., p. 393.

58. Beschloss, *Taking Charge*, p. 444.

59. Whitehead, *Attack on Terror*, p. 96.

60. *New York Times*, July 11, 1964.

61. *Los Angeles Times*, July 11, 1964.

62. Martinez, *Letters from Mississippi*, pp. 140–42.

63. WATS Line, July 10, 1964.

64. *Los Angeles Times*, July 12, 1964.

65. WATS Line, July 12, 1964.

66. McAdam, *Freedom Summer*, p. 97.

67. *New York Times*, July 11, 1964.

68. SNCC Papers, reel 39.

69. Hodes Papers, SHSW.

70. *Boston Globe*, July 4, 1964.

71. *Los Angeles Times*, July 19, 1964.

72. *Los Angeles Times*, July 13, 1964.

73. *Los Angeles Times*, July 19, 1964.

74. Martinez, *Letters from Mississippi*, p. 165.

75. Ibid., p. 288–89.

76. Winn, correspondence, mid-July 1964.

77. Winn, correspondence, July 14, 1964.

78. *New York Times*, July 17, 1964.

79. Charlie Capps Jr., personal interview, September 11, 2008.

80. Ibid.

81. Fred Bright Winn, e-mail, May 26, 2008.

82. Winn, correspondence, July 14, 1964.


8 유권자 등록

1. *New York Times*, July 17, 1964.

2. Worse Than Mississippi?" *Time*, July 24, 1964.

3. Belfrage, *Freedom Summer*, p. 103.

4. *Greenwood Commonwealth*, July 15, 1964.

5. Holland, *From the Mississippi Delta*, p. 243.

6. Ibid., p. 218.

7. SNCC Papers, reel 39.

8. Belfrage, *Freedom Summer*, p. 136.

9. Ibid.

10. *Greenwood Commonwealth*, July 17, 1964.

11. Sugarman, *Stranger at the Gates*, p. 160.

12. Rick Perlstein, *Before the Storm: Barry Goldwater and the Unmaking of the American Consensus* (New York: Hill and Wang, 2001), p. 385.

13. *New York Times*, July 17, 1964.

14. *New York Times*, August 3, 1964.

15. *New York Times*, July 16, 1964.

16. Internet Movie Data Base, http://www.imdb.com/title/tt0057864/.

17. Tom Wolfe, *The Electric Kool-Aid Acid Test* (New York: Bantam, 1968), p. 63.

18. Kevin Kerrane and Ben Yagoda, *The Art of the Fact: A Historical Anthology of Literary Journalism* (New York: Simon and Schuster, 1998), p. 176.

19. Wolfe, *Electric Kool-Aid Acid Test*, p. 63.

20. Louis Harris, "The Backlash Issue," *Newsweek*, July 13, 1964, p. 24.

21. *Chicago Tribune*, June 25, 1964.

22. Huie, *Three Lives*, p. 150.

23. *Wall Street Journal*, June 30, 1964.

24. *Washington Post*, June 29, 1964.

25. *Boston Globe*, July 4, 1964.

26. Letters, *Newsweek*, July 17, 1964.

27. *New York Times*, July 10, 1964.

28. Letters, *Life*, July 24, 1964.

29. Letters, *Newsweek*, July 27, 1964, p. 2.

30. *Hartford Courant*, July 7, 1964.

31. *Greenwood Commonwealth*, July 17, 1964.

32. Linda Wetmore, personal interview, March 27, 2008.

33. Belfrage, *Freedom Summer*, p. 126.

34. Ibid., p. 139.

35. *Delta Democrat-Times*, July 17, 1964.

36. *New York Times*, July 16, 1964.

37. *Christian Science Monitor*, July 17, 1964.

38. Perlstein, *Before the Storm*, p. 374.

39. Richard Beymer, personal interview, July 6, 2008.

40. Congressman Barney Frank, personal interview, June 18, 2008.

41. WATS Line, July 16, 1964.

42. Belfrage, *Freedom Summer*, p. 144.

43. Ibid., p. 145.

## 2부 우리 승리하리라

9 미시시피 자유민주당

1. Ira Landess, personal interview, November 28, 2007.

2. Ibid.

3. Martinez, *Letters from Mississippi*, p. 18.

4. Mount Zion Hill Baptist Church: COFO Incidents.

5. Jinny Glass Diary, USM.

6. Len Edwards, correspondence, August 5, 1964.

7. Hodes Papers, SHSW.

8. 광역전화 서비스 line, July 20, 1964.

9. *COFO v. Rainey, et al.*, Meikeljohn Civil Liberties Institute Archives, Bancroft Library, University of California, Berkeley, http://sunsite.berkeley.edu/meiklejohn/meik-10_1/meik-10_1-6.html#580.7.

10. Dittmer, *Local People*, p. 257.

11. Carmichael, *Ready for Revolution*, p. 399.

12. Hudson and Curry, *Mississippi Harmony*, p. 82.

13. James Kates Papers, SHSW.

14. Sugarman, *Stranger at the Gates*, p. 114.

15. Williams, interview, November 24, 2007.

16. Fred R. Winn, correspondence, July 29, 1964.

17. SNCC Papers, Reel 38.

18. SNCC Papers, reel 40.

19. Ibid.

20. Ibid.

21. Mississippi Freedom Democratic Party brochure, Chris Williams private papers.

22. Belfrage, *Freedom Summer*, p. 187.

23. *Washington Post*, July 23, 1964.

24. *Los Angeles Times*, July 26, 1964.

25. Dittmer, *Local People*, p. 262.

26. Chude Pamela Allen, "Watching the Iris," in Erenrich, *Freedom Is a Constant Struggle*, p. 418.

27. Sellers and Terrell, *River of No Return*, p. 96.

28. Ibid., p. 98.

29. Barbara Ransby, *Ella Baker and the Black Freedom Movement: A Radical Democratic Vision* (Chapel Hill: University of North Carolina Press, 2003), p. 314.

30. Martinez, *Letters from Mississippi*, p. 207.

31. Watkins, interview, June 16, 2008.

32. Charlie Cobb, personal interview, July 16, 2008.

33. Ibid.

34. Blackwell, *Barefootin'*, p. 70.

35. Ibid., p. 78.

36. Ibid., p. 79.

37. Ibid., p. 80.

38. Ibid.

39. Ibid., p. 81.

40. WATS Line, July 13, 1964.

41. Tillinghast, interview, December 16, 2008.

42. COFO, *Mississippi Black Paper*, pp. 88–89.

43. Beschloss, *Taking Charge*, p. 460.

44. Ibid., p. 461.

45. Ibid.

46. Payne, *I've Got the Light*, p. 103.

47. Hampton, "Mississippi—Is This America?"

48. Blackwell, *Barefootin'*, p. 68.

49. Davies, *Press and Race*, p. 41.

50. Kotz, *Judgment Days*, p. 176.

51. Ibid., p. 177.

52. King, *Freedom Song*, pp. 307–8.

53. Branch, *Pillar of Fire*, p. 410.

54. *New York Times*, July 22, 1964.

55. Ibid.

56. *Washington Post*, July 23, 1964.

57. Ibid.

58. *Delta Democrat-Times*, July 22, 1964.

59. Forman, *Making of Black Revolutionaries*, p. 384.

60. Belfrage, *Freedom Summer*, p. 164.

61. *Jackson Clarion-Ledger*, July 22, 1964.

62. *Hattiesburg American*, July 21, 1964.

63. Shirley Tucker, *Mississippi from Within* (New York: Arco, 1965), p. 130.

64. *Jackson Clarion-Ledger*, July 22, 1964.

65. *Panolian*, July 30, 1964.

66. *New York Times*, April 22, 1964.

67. Carmichael, *Ready for Revolution*, p. 304.

68. *Panolian*, July 4, 1964.

69. *Congressional Record* 110 (July 22, 1964): S 16036–37.

70. *Jackson Clarion-Ledger*, July 23, 1964.

71. *Congressional Record* 110 (July 22, 1964): S 16040.

72. MDAH SCR ID# 2-20-2-2-2-1-1.

73. Blackwell, *Barefootin'*, p. 118.

74. O'Brien, interview, November 12, 2007.

75. O'Brien, correspondence, July 18, 1964.

76. Ibid.

77. O'Brien, correspondence, July 10, 1964.

78. Ibid., July 13, 1964.

79. Ibid., July 28, 1964.

80. O'Brien, interview, November 12, 2007.

81. Ibid.

82. Ibid.

83. O'Brien, correspondence, July 18, 1964.

84. *Los Angeles Times*, July 24, 1964, p. 21.

85. O'Brien, interview, November 12, 2007.

86. *New York Times*, July 25, 1964.

87. Ibid.

88. Ibid.

89. Belfrage, *Freedom Summer*, p. 169.

90. SNCC Papers, reel 39.

91. Ibid.

92. WATS Line, July 20, 1964.

93. O'Brien, correspondence, July 28, 1964.

10 우리 땅에서 피를 씻어 주오

1. Martinez, *Letters from Mississippi*, p. 216.

2. Mars, *Witness in Philadelphia*, p. 105.

3. Ibid.

4. *Jackson Clarion-Ledger*, August 4, 1964.

5. Tucker, *Mississippi from Within*, p. 43.

6. *Delta Democrat-Times*, August 6, 1964.

7. Cagin and Dray, *We Are Not Afraid*, p. 374.

8. Whitehead, *Attack on Terror*, p. 114.

9. *Meridian Star*, August 6, 1964.

10. *New York Times*, August 7, 1964.

11. Cartha "Deke" DeLoach, *Hoover's FBI: The Inside Story by Hoover's Trusted Lieutenant* (Washington, D.C.: Regnery, 1995), p. 185.

12. *New York Times*, August 9, 1964.

13. Ibid.

14. Blackwell, *Barefootin'*, p. 19.

15. Dr. Stacy White, e-mail correspondence, May 20, 2008.

16. Sugarman, *Stranger at the Gates*, p. 173.

17. Winn, interview, November 13, 2007.

18. Winn, correspondence, n.d.

19. Winn, correspondence, August 18, 1964.

20. Winn, correspondence, August 13, 1964.

21. Williams, correspondence, July 13, 1964.

22. Ibid.

23. Ibid.

24. Ibid., July 28, 1964.

25. Ibid.

26. Ibid.

27. Ibid.

28. Ibid., July 20, 1964.

29. Branch, *Pillar of Fire*, p. 430.

30. *Meridian Star*, August 3, 1964.

31. MDAH SCR ID# 2-112-1-49-1-1-1.

32. Ibid.

33. Ibid.

34. *Meridian Star*, August 9, 1964.

35. Ball, *Murder in Mississippi*, p. 75.

36. Kenneth O'Reilly, *"Racial Matters": The FBI's Secret File on Black America, 1960-1972* (New York: Free Press, 1989), p. 174.

37. Whitehead, *Attack on Terror*, p. 128.

38. Ibid., p. 129.

39. *New York Times*, July 29, 1964.

40. Huie, *Three Lives*, p. 214.

41. COFO brochure, White Folks Project Collection, USM.

42. Ed Hamlett Papers, White Folks Project Collection, USM.

43. Ibid.

44. William and Kathleen Henderson Papers, SHSW.

45. Martinez, *Letters from Mississippi*, p. 181.
46. Ibid., p. 186.
47. Sugarman, *Stranger at the Gates*, pp. 138-39.
48. Ibid., p. 145.
49. Martinez, *Letters from Mississippi*, p. 179.
50. Ibid.
51. Adam Hochschild, *Finding the Trapdoor: Essay, Portraits, Travels* (Syracuse, N.Y.: Syracuse University Press, 1997), p. 147.
52. Virginia Center for Digital History, "Wednesdays in Mississippi: Civil Rights as Women's Work," The Effects: Southern Women, p. 20, http://www.vcdh.virginia.edu/WIMS/.
53. Ibid.
54. *Washington Post*, August 16, 1964.
55. MDAH SCR ID# 99-38-0-493-2-1-1.
56. Carter, *So the Heffners Left McComb*, p. 125.
57. Ibid., p. 80.
58. Ibid., p. 49.
59. Ibid., p. 79.
60. Ira Landess, personal interview, November 28, 2007.
61. Sellers and Terrell, *River of No Return*, p. 103.
62. Ibid., p. 104.
63. Whitehead, *Attack on Terror*, p. 133.
64. Cagin and Dray, *We Are Not Afraid*, p. 397.
65. Ibid., p. 398.
66. Whitehead, *Attack on Terror*, p. 134.
67. Ibid.
68. Huie, *Three Lives*, p. 95.
69. Umoja Kwanguvu Papers, USM.
70. David King Dunaway, *How Can I Keep from Singing* (New York: McGraw Hill, 1981), p. 235.
71. Branch, *Pillar of Fire*, p. 434.
72. Beschloss, *Taking Charge*, pp. 501-2.
73. *New York Times*, August 6, 1964.
74. *Washington Post*, August 6, 1964.

75. *McComb Enterprise-Journal,* August 6, 1964.

76. *Hartford Courant*, August 6, 1964.

77. *New York Times*, August 6, 1964.

78. *Washington Post*, August 6, 1964.

79. *Vicksburg Post*, August 6, 1964.

80. *Delta Democrat-Times*, August 9, 1964.

81. *Meridian Star*, August 6, 1964.

82. *Delta Democrat-Times*, August 6, 1964.

83. *Hattiesburg American*, August 5, 1964, cited in Tucker, *Mississippi from Within*, p. 136.

84. Cagin and Dray, *We Are Not Afraid*, p. 407.

85. Ibid.

86. *New York Times*, August 9, 1964.

87. MDAH SCR ID# 2-112-1-49-1-1-1.

88. *New York Times*, August 6, 1964.

89. Blackwell, *Barefootin'*, p. 98.

90. Belfrage, *Freedom Summer*, p. 182.

91. Ibid., pp. 182–83.

92. Ibid., p. 183.

93. Hank Klibanoff, "Moment of Reckoning," *Smithsonian*, December 2008, p. 12.

94. Cagin and Dray, *We Are Not Afraid*, p. 409.

95. Wendt, *Spirit and the Shotgun*, p. 118.

96. Bradley G. Bond, *Mississippi: A Documentary History* (Jackson: University of Mississippi Press, 2003), pp. 254–59.

97. *New York Times*, August 10, 1964.

11 여름의 끝자락에서

1. *Newsweek*, August 24, 1964, p. 30.

2. SNCC Papers, reel 39.

3. Dittmer, *Local People*, p. 260.

4. Blackwell, *Barefootin'*, p. 17.

5. Martinez, *Letters from Mississippi*, p. 225.

6. Ibid., p. 221.

7. Ellen Lake Papers, USM.

8. Wilkie, *Dixie*, p. 144.

9. Coles, *Farewell to the South*, pp. 252–53.

10. Margaret Hazelton Papers, USM.

11. Belfrage, *Freedom Summer*, p. 225.

12. Branch, *Pillar of Fire*, p. 450.

13. WATS Line, August 10, 1964.

14. Sidney Poitier, *Life Beyond Measure: Letters to My Great-Granddaughter* (New York: HarperCollins, 2008), p. 174.

15. Adam Goudsouzian, *Sidney Poitier: Man, Actor, Icon* (Chapel Hill: University of North Carolina Press, 2004), p. 224.

16. Dunaway, *How Can I Keep*, p. 234.

17. Julius Lester, *All Is Well* (New York: William Morrow, 1976), p. 112.

18. Martin Duberman, *In White America* (London: Faber and Faber, 1964), p. 4.

19. Elizabeth Martinez, "Theater of the Meaningful," *Nation*, October 19, 1964, p. 255.

20. "Dream in a Bean Field," *Nation*, December 28, 1964, p. 514.

21. Tillinghast, interview, December 16, 2008.

22. SNCC Papers, reel 40.

23. Tillinghast, interview, December 16, 2008.

24. Ibid.

25. United States Commission on Civil Rights, *Hearings Before the United States Commission on Civil Rights*, vol. 1, *Voting: Hearings Held in Jackson, Miss. February 16–20, 1965* (Washington, D.C.: U.S. Government Printing Offi ce, 1965), p. 132.

26. Tillinghast, interview, November 28, 2007.

27. "Freedom Summer Journal of Sandra Adickes," USM, http://anna.lib.usm. edu/~spcol/crda/adickes/ad001.htm.

28. Huie, *Three Lives*, p. 226.

29. Ibid.

30. Mars, *Witness in Philadelphia*, p. 108.

31. Belfrage, *Freedom Summer*, p. 222.

32. Zellner, *The Wrong Side*, p. 261.

33. WATS Line, August 17, 1964.

34. Kotz, *Judgment Days*, p. 190.

35. Beschloss, *Taking Charge*, p. 515.

36. Ibid., p. 516.

37. Dittmer, *Local People*, p. 291.

38. Herbert Randall and Bob Tusa, *Faces of Freedom Summer* (Tuscaloosa: University of Alabama Press, 2001), n.p.

39. Charles Miller Papers, SHSW.

40. SNCC Papers, reel 67.

41. Liz Fusco, "Deeper Than Politics," *Liberation* 9 (November 1964): 18.

42. Martinez, *Letters from Mississippi*, p. 279.

43. *Washington Post*, July 20, 1964.

44. Adickes, *Legacy of a Freedom School*, p. 68.

45. Ibid., p. 264.

46. *Washington Post*, July 20, 1964.

47. Watkins, interview, June 16, 2008.

48. Chude Pamela Allen, "Watching the Iris," in Erenrich, pp. 419–420.

49. Ibid.

50. Carmichael, *Ready for Revolution*, p. 389.

51. Martinez, *Letters from Mississippi*, p. 185.

52. Rothschild, *Case of Black and White*, p. 56.

53. Evans, *Personal Politics*, p. 80.

54. Dittmer, *Local People*, p. 263.

55. Winn, correspondence, mid-July 1964.

56. Belfrage, *Freedom Summer*, p. 45.

57. King, *Freedom Song*, p. 44.

58. McAdam, *Freedom Summer*, p. 106.

59. Chude Pamela Allen, "Thank You," in Erenrich, *Freedom Is a Constant Struggle*, p. 502.

60. Chude Pamela Allen, personal interview, November 12, 2007.

61. O'Brien, correspondence, July 28, 1964.

62. Ibid.

63. Fran O'Brien, "Journey into Light," in Erenrich, *Freedom Is a Constant Struggle*, p. 285.

64. Ibid., p. 286.

65. Ibid.

66. Ibid.

67. Ibid.

68. bid., p. 287.

69. O'Brien, correspondence, August 4, 1964.

70. "The Evangelists," *Newsweek*, August 24, 1964, p. 30.

71. 광역전화 서비스 line, August 19, 1964.


12 무엇이 민주주의를 만드는가

1. Blackwell, *Barefootin'*, p. 108.

2 Ibid.

3. MDAH SCR ID # 9-32-0-6-2-1-1.

4. Mississippi Freedom Democratic Party Papers (hereafter MFDP Papers), SHSW.

5. Mulford and Field, *Freedom on My Mind*.

6. Cagin and Dray, *We Are Not Afraid*, p. 391.

7. Martinez, *Letters from Mississippi*, pp. 250-51.

8. *New York Times*, August 25, 1964.

9. *New York Times*, August 22, 1964.

10. Dittmer, *Local People*, p. 290.

11. SNCC Papers, Reel 41.

12. *Washington Post*, August 22, 1964.

13. MFDP Papers, SHSW.

14. Ibid.

15. Lewis, *Walking with the Wind*, p. 279.

16. MFDP Papers, SHSW.

17. Carmichael, *Ready for Revolution*, p. 403.

18. *Los Angeles Times*, August 7, 1964.

19. Branch, *Pillar of Fire*, p. 457.

20. Cagin and Dray, *We Are Not Afraid*, p. 389.

21. *Washington Post*, August 23, 1964.

22. Ibid.; and Cagin and Dray, *We Are Not Afraid*, p. 415.

23. Blackwell, *Barefootin'*, p. 111.

24. Fannie Lou Hamer, testimony before the Democratic National Convention,

American Radio Works Web site, http://americanradioworks.publicradio.
org/features/sayitplain/flhamer.html.

25. Len Edwards, personal interview, October 29, 2008.

26. WATS Line, August 20, 1964.

27. Ibid.

28. Whitehead, *Attack on Terror*, p. 163.

29. Cagin and Dray, *We Are Not Afraid*, p. 383.

30. WATS Line, August 20, 1964.

31. Martinez, *Letters from Mississippi*, p. 265.

32. Winn, correspondence, September 1, 1964.

33. Ibid., August 14, 1964.

34. Jerry Tecklin Papers, SHSW.

35. Winn, interview, November 13, 2007.

36. Ibid.

37. Hamer, testimony.

38. Ibid.

39. Hampton, "Mississippi—Is This America?"

40. Branch, *Pillar of Fire*, p. 460.

41. Ibid.

42 Murray Kempton, "Conscience of a Convention," *New Republic*, September
   5, 1964, p. 6.

43. Erenrich, *Freedom Is a Constant Struggle*, p. 312.

44. Hamer, testimony.

45. Ibid.

46. Ibid.

47. Ibid.

48. Mulford and Field, *Freedom on My Mind*.

49. Kotz, *Judgment Days*, p. 201.

50. *Los Angeles Times*, August 24, 1964.

51. Dittmer, *Local People*, p. 289.

52. Kotz, *Judgment Days*, p. 208.

53. Branch, *Pillar of Fire*, p. 461.

54. *Christian Science Monitor*, August 26, 1964.

55. *Los Angeles Times*, August 26, 1964.

56. Mulford and Field, *Freedom on My Mind.*

57. *Los Angeles Times*, August 26, 1964.

58. Beschloss, *Taking Charge*, p. 523.

59. *Washington Post*, August 25, 1964.

60. Kotz, *Judgment Days*, p. 200.

61. Ibid., p. 211.

62. Kotz, *Judgment Days*, p. 211.

63. Joshua Zeitz, "Democratic Debacle," *American Heritage*, June/July 2004, online edition.

64. Chana Kai Lee, *For Freedom's Sake: The Life of Fannie Lou Hamer* (Urbana: University of Illinois Press, 1999), p. 93; and Olson, *Freedom's Daughters*, p. 320.

65. *New York Times*, August 25, p. 23.

66. Kotz, *Judgment Days*, p. 211.

67. Beschloss, *Taking Charge*, p. 527.

68. Kotz, *Judgment Days*, p. 213.

69. Beschloss, *Taking Charge*, p. 525.

70. Ibid., p. 525.

71. Branch, *Pillar of Fire*, p. 468n.

72. Ibid., p. 468.

73. Ibid., p. 471.

74. Robert David Johnson, *All the Way with LBJ: The 1964 Presidential Election* (New York: Cambridge University Press, 2009), p. 186.

75. Kotz, *Judgment Days*, pp. 212–13.

76. Branch, *Pillar of Fire*, p. 471.

77. Ibid.

78. Branch, *Pillar of Fire*, p. 473.

79. Lady Bird Johnson, *A White House Diary* (New York: Holt, Rinehart, and Winston, 1970), p. 192.

80. Belfrage, *Freedom Summer*, p. 239.

81. Kotz, *Judgment Days*, p. 215.

82. Ibid.

83. Ibid., p. 216.

84. Jack Newfield, *A Prophetic Minority* (New York: New American Library,

1966), p. 76.

85. Mulford and Field, *Freedom on My Mind*.

86. Kotz, *Judgment Days*, p. 216.

87. Forman, *Making of Black Revolutionaries*, pp. 395–96.

88. Olson, *Freedom's Daughters*, p. 325.

89. Carmichael, *Ready for Revolution*, p. 408.

90. WATS Line, August 25, 1964.

91. *New York Times*, August 27, 1964.

92. *Jackson Clarion-Ledger*, August 27, 1964.

93. *Chicago Tribune*, August 26, 1964.

94. Martinez, *Letters from Mississippi*, p. 256.

95. Mulford and Field, *Freedom on My Mind*.

96. Lewis, *Walking with the Wind*, p. 281.

97. Blackwell, *Barefootin'*, p. 115.

98. Kotz, *Judgment Days*, p. 221.

99. Ibid.

100. Burner, *And Gently He Shall Lead Them*, p. 187.

101. Ibid.

102. Dittmer, *Local People*, p. 301.

103. *Los Angeles Times*, August 27, 1964.

104. *New York Times*, August 27, 1964.

105. *Washington Post*, August 26, 1964.

106. Belfrage, *Freedom Summer*, p. 197.

107. Zoya Zeman, Oral History Collection, USM.

108. MDAH SCR ID# 2-61-1-101-5-1-1.

109. Ibid.

13 미시시피에 들려주는 노래

1. Anthony Walton, *Mississippi: An American Journey* (New York: Alfred A. Knopf, 1996), p. 254.

2. Sellers and Terrell, *River of No Return*, p. 94.

3. Watkins, interview, June 16, 2008.

4. SNCC Papers, reel 38.

5. Mendy Samstein Papers, SHSW.

6. O'Brien, interview, November 12, 2007.

7. McAdam, *Freedom Summer*, p. 134.

8. Linda Wetmore, personal interview, March 27, 2008.

9. Ibid.

10. Ibid.

11. Lewis, *Walking with the Wind*, p. 273.

12. McAdam, *Freedom Summer*, p. 136.

13. Martinez, *Letters from Mississippi*, p. 259.

14. McAdam, *Freedom Summer*, p. 127.

15. Ibid., p. 165.

16. "The Reminiscences of Mario Savio," Oral History Research Office Collection, Columbia University, p. 40.

17. Mills, *This Little Light*, p. 135.

18. Abbott, *Mississippi Writers*, p. 329.

19. Ibid.

20. Olson, *Freedom's Daughters*, p. 309.

21. McAdam, *Freedom Summer*, p. 124.

22. Lewis, *Walking with the Wind*, p. 294.

23. Clayborne Carson, *In Struggle: SNCC and the Black Awakening of the 1960s* (Cambridge, Mass.: Harvard University Press, 1981), p. 146.

24. Casey Hayden, in Curry et al., *Deep in Our Hearts*, p. 364.

25. Casey Hayden and Mary King, "Women in the Movement," Student Nonviolent Coordinating Committee position paper, The Sixties Project Web site, http://www2.iath.virginia.edu/sixties/HTML_docs/Resources/Primary/Manifestos/SNCC_women.html.

26. Hayden, in Curry et al., *Deep in Our Hearts*, p. 365.

27. King, *Freedom Song*, p. 450.

28. Lewis, *Walking with the Wind*, p. 300.

29. Adickes, *Legacy of a Freedom School*, p. 135.

30. Ibid.

31. Samuel Walker Papers, SHSW.

32. Tillinghast, interview, December 16, 2008.

33. Andrew Kopkind, "The Future of 'Black Power': A Movement in Search of a Program," *New Republic*, January 7, 1967, p. 17.

34. Payne, *I've Got the Light*, pp. 365, 372.

35. Carson, *In Struggle*, p. 210.

36. Ibid., p. 238.

37. Whitehead, *Attack on Terror*, p. 161.

38. Ibid.

39. Branch, *Pillar of Fire*, p. 535.

40. Whitehead, *Attack on Terror*, p. 172.

41. Mars, *Witness in Philadelphia*, p. 130.

42. Branch, *Pillar of Fire*, p. 535.

43. Cagin and Dray, *We Are Not Afraid*, p. 432.

44. Branch, *Pillar of Fire*, p. 498.

45. MIBURN, 4-81.

46. Ball, *Murder in Mississippi*, p. 55.

47. MIBURN, 4-77.

48. MIBURN, 4-75, and *Jackson Clarion-Ledger*, December 2, 1967, p. 1A.

49. MIBURN, 4-73.

50. Ibid., 4-74.

51. Ibid., 4-46, and Erenrich, *Freedom Is a Constant Struggle*, p. 348.

52. MIBURN, 4-47.

53. Ibid., 4-45-48.

54. Ibid., 4-50; *Jackson Clarion-Ledger*, July 12, 2005.

55. *Los Angeles Times*, December 11, 1964.

56. Jack Bales, ed., *Conversations with Willie Morris* (Jackson: University Press of Mississippi, 2000), p. 103.

57. Letters, *Time*, December 25, 1964, p. 10.

58. Phil Ochs, "Here's to the State of Mississippi," *I Ain't Marching Anymore*, Elektra Records, 1965.

59. Trillin, "Letter from Jackson," p. 85.

60. *McComb Enterprise-Journal*, November 17, 1964.

61. Paul Good, "A Bowl of Gumbo for Curtis Bryant," *Reporter*, December 31, 1964, p. 19.

62. Newfield, *Prophetic Minority*, p. 95.

63. Kunstler, in Curry et al., *Deep in My Heart*, p. 345.

64. Ibid., p. 349.

65. *New York Times*, September 18, 1965.

14 프리덤 서머가 남긴 것

1. Ibid., p. 237.
2. Zinn, *SNCC*, p. 204.
3. Testimony of Charles Johnson, *U.S. v. Price et al.* ("Mississippi Burning" trial), http://www.law.umkc.edu/faculty/projects/ftrials/price&bowers/ Johnson.html.
4. Whitehead, *Attack on Terror*, p. 237.
5. *Los Angeles Times*, October 9, 1967, p. 7.
6. Cagin and Dray, *We Are Not Afraid*, p. 446.
7. Whitehead, *Attack on Terror*, p. 187.
8. *Washington Post*, October 10, 1967.
9. Testimony of Delmar Dennis, *Famous Trials* Web site, http://www.law. umkc.edu/faculty/projects/ftrials/price&bowers/Dennis.html.
10. Ibid.
11. *Los Angeles Times*, October 19, 1967; Ball, *Murder in Mississippi*, p. 127.
12. Ibid., pp. 128, 130.
13. Ibid., p. 128.
14. Whitehead, *Attack on Terror*, p. 280.
15. Ibid.
16. John Doar, Summary for the Prosecution, on *Famous Trials* Web site, http://www.law.umkc.edu/faculty/projects/ftrials/price&bowers/doarclose. htm.
17. H. C. Watkins, Summary for the Defense, on *Famous Trials* Web site, http:// www.law.umkc.edu/faculty/projects/ftrials/price&bowers/watkinsclos. html.
18. Ball, *Murder in Mississippi*, p. 133.
19. O'Reilly, *"Racial Matters,"* pp. 175-76.
20. *Washington Post*, October 21, 1967.
21. *New York Times*, October 21, 1967.
22. Ibid.
23. Woods, *LBJ*, p. 480.
24. *Congressional Record* 111, pt. 10 (June 22, 1965): S 13931.

25. Chandler Davidson and Bernard Grofman, eds., *Quiet Revolution in the South: The Impact of the Voting Rights Act, 1965-1990* (Princeton, N.J.: Princeton University Press, 1994), p. 138.

26. John Howell, personal interview, March 11, 2008.

27. Wirt, *Politics of Southern Equality*, p. 160.

28. *Cambridge Encyclopedia*, vol. 1, s.v. "Charles (James) Evers," http://encyclopedia.stateuniversity.com/pages/185/-James-Charles-Evers.html.

29. Skates, *Mississippi*, pp. 168-69.

30. Wilkie, *Dixie*, p. 35.

31. Woods, *LBJ*, pp. 479-80.

32. Hodding Carter III, e-mail interview, September 26, 2008.

33. Margaret Walker, "Mississippi and the Nation in the 1980s," in Abbott, *Mississippi Writers*, p. 612.

34. Erenrich, *Freedom Is a Constant Struggle*, p. 409.

35. Adickes, *Legacy of a Freedom School*, p. 163.

36. O'Brien, interview, November 12, 2007.

37. Ibid.

38. Ibid.

39. O'Brien, "Journey into Light," p. 285.

40. Ibid., p. 288.

41. Fran O'Brien, e-mail correspondence, October 17, 2008.

42. Winn, correspondence, no date.

43. Winn, correspondence, September 15, 1964.

44. Winn, interview, November 13, 2007.

45. Winn, correspondence, no date.

46. Winn, interview, November 13, 2007.

47. Ibid.

48. Ibid.

49. Ibid.

50. Ibid.

51. Tillinghast, interview, December 16, 2008.

52. Ibid.

53. Ibid.

54. Chris Williams, e-mail correspondence, October 17, 2008.

55. Ibid.

56. Penny Patch, in Curry et al., *Deep in Our Hearts*, p. 165.

57. Williams, interview, September 21, 2008.

58. Ibid.

59. McAdam, *Freedom Summer*, p. 229.

60. Adickes, *Legacy of a Freedom School*, p. 159.

61. Burner, *And Gently He Shall Lead Them*, p. 200.

62. Bob Moses, personal interview, December 10, 2008.

63. Cagin and Dray, *We Are Not Afraid*, p. 454.

64. Ibid., p. xv.

65. *Chicago Tribune*, November 13, 1978.

66. *New York Times*, January 7, 2005.

67. *New York Times*, June 12, 2005.

68. Ibid.

69. *Jackson Clarion-Ledger*, June 18, 2005.

70. *Jackson Clarion-Ledger*, June 12, 2005.

71. *New York Times*, August 21, 2007.

72. *New York Times*, January 7, 1905.

73. Williams, dir., *Ten Days*.

74. Ibid.

75. *New York Times*, June 18, 2005.

76. *Jackson Clarion-Ledger*, June 19, 2005.

77. *Jackson Clarion-Ledger*, June 20, 2005.

78. Ibid.

79. Ibid.

80. *New York Times*, June 22, 2005.

81. *Jackson Clarion-Ledger*, June 22, 2005.

82. Arkansas Delta Truth and Justice Center, "Neshoba Murders Case—A Chronology," Civil Rights Movement Veterans Web site, http://www.crmvet.org.

83. Jerry Mitchell, personal interview, October 9, 2008.

84. Hampton, "Mississippi—Is This America?"

85. Charlie Cobb, Oral History Collection, USM.

86. Burner, *And Gently He Shall Lead Them*, p. 166.

87. Marsh, *God's Long Summer*, p. 45.

88. Ibid.

89. John Lewis, personal interview, September 12, 2008.


에필로그

1. *Jackson Clarion-Ledger*, November 6, 2008, p. 1.

2. "Students Asked Not to Say Obama's Name," WAPT, Channel 16, Jackson, Miss., http://www.wapt.com/video/17928161/index.html.

3. Wayne Drash, "Crossing the Railroad Tracks amid a New Time in History," CNN, January 16, 2009, http://www.cnn.com/2009/US/01/12/crossing.railroad.tracks/.

4. *Jackson Clarion-Ledger*, January 21, 2009.

5. *Delta Democrat-Times*, January 21, 2009.

6. "Pulitzer Prize–Winning Writer Alice Walker and Civil Rights Leader Bob Moses Reflect on an Obama Presidency and the Struggle for African Americans to Vote," *Democracy Now!* January 20, 2009, http://www.democracynow.org/2009/1/20/pulitzer_prize_winning_writer_alice_walker.

7. *New York Times*, January 21, 2009.

8. Ibid.

9. Fran O'Brien, e-mail correspondence, January 21, 2009.

10. *New York Times*, January 21, 2009.

11. Ibid.

12. Linda Wetmore Halpern, e-mail correspondence, January 21, 2009.

13. Williams, e-mail correspondence, January 21, 2009.

참고문헌

**기록물**

Barber, Rims. Oral History Collection. McCain Library and Archives, University of Southern Mississippi.

Cobb, Charles. Oral History Collection. McCain Library and Archives, University of Southern Mississippi.

Dahl, Kathleen. Papers. McCain Library and Archives, University of Southern Mississippi.

Federal Bureau of Investigation. Mississippi Burning Case, File 44-25706.

Glass, Jinny. Papers. McCain Library and Archives, University of Southern Mississippi.

Goodman, Carolyn. Papers. State Historical Society of Wisconsin.

Guyot, Lawrence. Oral History Collection. McCain Library and Archives, University of Southern Mississippi.

Hamer, Fannie Lou. Papers. State Historical Society of Wisconsin.

Hamlett, Ed. Papers. White Folks Project Collection, McCain Library and Archives, University of Southern Mississippi.

Hazelton, Margaret. Papers. McCain Library and Archives, University of Southern Mississippi.

Henderson, William and Kathleen. Papers. State Historical Society of Wisconsin.

Hillegas Collection. Private collection of Jan Hillegas, Jackson, MS.

Hodes, William. Papers. State Historical Society of Wisconsin.

Hudson, Winson. Oral History Collection. McCain Library and Archives, University of Southern Mississippi.

Hunn, Eugene. Papers. State Historical Society of Wisconsin.

Johnson, Paul B. Papers. McCain Library and Archives, University of Southern Mississippi.

Kates, James. Papers. State Historical Society of Wisconsin.

Kwanguvu, Umoja. Papers. McCain Library and Archives, University of Southern Mississippi.

Lake, Ellen. Papers. McCain Library and Archives, University of Southern Mississippi.

———. Papers. State Historical Society of Wisconsin.

Miller, Charles. Papers. State Historical Society of Wisconsin.

Mississippi Freedom Democratic Party. Papers. State Historical Society of Wisconsin.

North Mississippi Oral History and Archives Project. McCain Library and Archives, University of Southern Mississippi.

Orris, Peter. Oral History Collection. McCain Library and Archives, University of Southern Mississippi.

Owen, David. Papers. McCain Library and Archives, University of Southern Mississippi.

Samstein, Mendy. Papers. State Historical Society of Wisconsin.

Savio, Mario. "The Reminiscences of Mario Savio." Oral History Research Office Collection, Columbia University.

Student Nonviolent Coordinating Committee. Papers. Harvard University.

Tecklin, Jerry. Papers. State Historical Society of Wisconsin.

Torkington, Roy. Papers. Civil Rights Collection, McCain Library and Archives, University of Southern Mississippi.

Vogel, Lisa. Papers. State Historical Society of Wisconsin.

Walker, Samuel. Papers. State Historical Society of Wisconsin.

Zeman, Zoya. Oral History Collection. McCain Library and Archives, University of Southern Mississippi.

## 잡지와 저널

Atwater, James. "If We Can Crack Mississippi ……" *Saturday Evening Post*, July 25, 1964, pp. 15–19.

Beecher, John. "All You Have to Do Is Lie." *New Republic*, October 24, 1964, pp. 9–10.

"Civil Rights: And the Walls Came Tumbling Down." *Time*, July 17, 1974, pp. 25–26.

Coles, Robert. "Social Struggle and Weariness." *Psychiatry* 27, no. 4 (November 1964): 305–15.

Cowan, Geoff, and Paul Cowan. "And Three Letters Home from Mississippi." *Esquire*, September 1964, pp. 104–5, 190.

"Crusade in Mississippi." *Ebony*, September 1964, pp. 24-29.

DeMuth, Jerry. "Summer in Mississippi: Freedom Moves In to Stay." *Nation*, September 14, 1964, pp. 104, 108-10.

"Do Not Despair." *Time*, November 27, 1964, p. 35.

"Dream in a Bean Field." *Nation*, December 28, 1964, p. 514.

"The Evangelists." *Newsweek*, August 24, 1964, pp. 30-31.

Fischer, John. "A Small Band of Practical Heroes." *Harper's*, October 1963.

Fusco, Liz. "Deeper Than Politics." *Liberation* 9 (November 1964): 17-19.

Good, Paul. "A Bowl of Gumbo for Curtis Bryant." *Reporter*, December 31, 1964, pp. 19-22.

Goodman, Carolyn. "My Son Didn't Die in Vain!" With Bernard Asbell. *Good Housekeeping*, May 1965, pp. 98, 158-64.

Harris, Louis. "The Backlash Issue." *Newsweek*, July 13, 1964, pp. 24-27.

"How Whites Feel About a Painful America." *Newsweek*, October 21, 1963, pp. 44-51.

"The Invaders." *Newsweek*, June 29, 1964, pp. 25-26.

Jencks, Christopher. "Mississippi: When Law Collides with Custom." *New Republic*, July 25, 1964, pp. 15-19.

Kempton, Murray. "Conscience of a Convention." *New Republic*, September 5, 1964, pp. 5-7.

Klibanoff, Hank. "Moment of Reckoning." *Smithsonian*, December 2008, pp. 12-14.

Kopkind, Andrew. "The Future of 'Black Power': A Movement in Search of a Program." *New Republic*, January 7, 1967, pp. 16-18.

"The Limpid Shambles of Violence." *Life*, July 3, 1964, pp. 32-35.

Lynd, Staughton. "The Freedom Schools: Concept and Organization." *Freedomways*, Second Quarter 1965, pp. 303-9.

McMillen, Neil R. "Black Enfranchisement in Mississippi: Federal Enforcement and Black Protest in the 1960s." *Journal of Southern History*, August 1977, pp. 351-72.

Mannes, Marya. "The G.O.P. and the Gap." *Reporter*, August 13, 1964, pp. 28-30.

Martinez, Elizabeth. "Theater of the Meaningful." *Nation*, October 19, 1964, pp. 254-56.

"Mississippi Airlift." *Newsweek*. March 11, 1963, pp. 30-32.

"Mississippi: Allen's Army." *Newsweek*, February 24, 1964, p. 30.

"Mississippi: Battle of the Kennedys." *Newsweek*, August 19, 1963, p. 24.

"Mississippi—'Everybody's Scared.'" *Newsweek*, July 6, 1964, pp. 15–16.

"Mississippi: Storm Signals." *U.S. News & World Report*, July 6, 1964, p. 37.

"Mississippi—Summer of 1964: Troubled State, Troubled Time." *Newsweek*, July 13, 1964, pp. 18–20.

Morton, Eric. "Tremor in the Iceberg." *Freedomways*, Second Quarter 1965, pp. 321–22. "Out of the Ashes." *Newsweek*, October 12, 1964, p. 72.

Perlstein, Daniel. "Teaching Freedom: SNCC and the Creation of the Mississippi Freedom Schools." *History of Education Quarterly* 30, no. 3 (Fall 1990): 297–324.

Pouissant, Alvin F., M.D. "The Stresses of the White Female Worker in the Civil Rights Movement in the South." *American Journal of Psychiatry* 123, no. 4 (October 1966): 401–7.

Ross, Lillian. "Meeting." *New Yorker*, April 11, 1964, p. 33.

"The Terrible Silence of the Decent." *Life*, July 10, 1964, p. 4.

Trillin, Calvin. "Letter from Jackson." *New Yorker*, August 29, 1964, pp. 80–105.

———. "State Secrets." *New Yorker*, May 29, 1995, pp. 54–64.

Watson, Bruce. "A Freedom Summer Activist Becomes a Math Revolutionary." *Smithsonian*, February 1996, pp. 115–25.

Wechsler, James A. "The FBI's Failure in the South." *Progressive*, December 1963, pp. 20–23.

Woodley, Richard. "A Recollection of Michael Schwerner." *Reporter*, July 16, 1964, pp. 23–24.

———. "It Will Be a Hot Summer in Mississippi." *Reporter*, May 21, 1964, pp. 21–24.

"Worse Than Mississippi?" *Time*, July 24, 1964, pp. 29–30.

Zeitz, Joshua. "Democratic Debacle." *American Heritage*, June/July 2004, http://www.americanheritage.com/articles/magazine/ah/2004/3/2004_3_59.shtml.

### 단행본

Abbott, Dorothy, ed. *Mississippi Writers: Reflections of Childhood and Youth.* Vol. 2, *Nonfiction* vol. 3, *Poetry.* Jackson: University Press of Mississippi, 1986.

Adickes, Sandra E. *Legacy of a Freedom School.* New York: Palgrave Macmillan, 2005.

Bales, Jack, ed. *Conversations with Willie Morris.* Jackson: University Press of

Mississippi, 2000.

Ball, Howard. *Murder in Mississippi: United States v. Price and the Struggle for Civil Rights.* Lawrence: University of Kansas Press, 2004.

Belfrage, Sally. *Freedom Summer.* New York: Viking, 1965.

Beschloss, Michael R., ed. *Taking Charge: The Johnson White House Tapes, 1963–1964.* New York: Simon & Schuster, 1997.

Blackwell, Unita. *Barefootin': Life Lessons from the Road to Freedom.* With JoAnne Prichard Moore. New York: Crown, 2006.

Blight, David W. *Beyond the Battlefield: Race, Memory, and the American Civil War.* Amherst: University of Massachusetts Press, 2002.

Bond, Bradley G. Mississippi: *A Documentary History.* Jackson: University of Mississippi Press, 2003.

Bowers, Claude G. *The Tragic Era: The Revolution After Lincoln.* Boston: Houghton Mifflin, 1929.

Branch, Taylor. *Parting the Waters: America in the King Years, 1954–63.* New York: Simon & Schuster, 1988.

———, *Pillar of Fire: America in the King Years, 1963–65.* New York: Simon & Schuster, 1998.

Brownmiller, Susan. *In Our Time: Memoir of a Revolution.* New York: Dial Press, 1999.

Burner, Eric R. *And Gently He Shall Lead Them: Robert Parris Moses and Civil Rights in Mississippi.* New York: New York University Press, 1994.

Cagin, Seth, and Philip Dray. *We Are Not Afraid: The Story of Goodman, Schwerner, and Chaney, and the Civil Rights Campaign for Mississippi.* New York: Nation Books, 2006.

Carmichael, Stokely, and Ekwueme Michael Thelwell. *Ready for Revolution: The Life and Struggles of Stokely Carmichael (Kwame Ture).* New York: Scribners, 2003.

Carson, Clayborne. *In Struggle: SNCC and the Black Awakening of the 1960s.* Cambridge, Mass.: Harvard University Press, 1981.

Carter, Hodding III. *The South Strikes Back.* Garden City, N.Y.: Doubleday & Co., 1959.

———. *So the Heffners Left McComb.* Garden City, N.Y.: Doubleday, 1965.

Cash, W. J. *The Mind of the South.* New York: Random House, 1941.

Chalmers, David. *Backfire: How the Ku Klux Klan Helped the Civil Rights*

*Movement.* Lanham, Md.: Rowman & Littlefield, 2003.

Classen, Dan. *Watching Jim Crow: The Struggles over Mississippi TV, 1955-1969.* Durham, N.C.: Duke University Press, 2004.

Coles, Robert. *Farewell to the South.* Boston: Little, Brown, 1972.

Council of Federated Organizations (COFO). *Mississippi Black Paper.* New York: Random House, 1965.

Cowan, Paul. *The Making of an Un-American: A Dialogue with Experience.* New York: Viking, 1970.

Cummings, Richard. *The Pied Piper: Allard K. Lowenstein and the Liberal Dream.* New York: Grove Press, 1985.

Curry, Constance, Joan C. Browning, Dorothy Dawson Burlage, Penny Patch, Theresa Del Pozzo, Sue Thrasher, Elaine DeLott Baker, Emmie Schrader Adams, and Casey Hayden. *Deep in Our Hearts: Nine White Women in the Freedom Movement.* Athens: University of Georgia Press, 2000.

Davidson, Chandler, and Bernard Grofman, eds. *Quiet Revolution in the South: The Impact of the Voting Rights Act, 1965-1990.* Princeton, N.J.: Princeton University Press, 1994.

Davies, David R., ed. *The Press and Race: Mississippi Journalists Confront the Movement.* Jackson: University of Mississippi Press, 2001.

DeLoach, Cartha "Deke." *Hoover's FBI: The Inside Story by Hoover's Trusted Lieutenant.* Washington, D.C.: Regnery, 1995.

Dent, Thomas C., Richard Schechner, and Gilbert Moses. *The Free Southern Theater by the Free Southern Theater.* Indianapolis: Bobbs-Merrill, 1969.

Dickerson, James L. *Dixie's Dirty Secret.* Armonk, N.Y.: M. E. Sharpe, 1998.

Dittmer, John. *Local People: The Struggle for Civil Rights in Mississippi.* Urbana: University of Illinois Press, 1994.

Duberman, Martin. *In White America.* London: Faber and Faber, 1964.

Du Bois, W. E. B. *The Souls of Black Folk.* New York: Vintage, 1990.

Dunaway, David King. *How Can I Keep from Singing.* New York: McGraw-Hill, 1981.

Eliot, Marc. *Death of a Rebel, Starring Phil Ochs and a Small Circle of Friends.* New York: Anchor Books, 1979.

Erenrich, Susie. *Freedom Is a Constant Struggle: An Anthology of the Mississippi Civil Rights Movement.* Montgomery, Ala.: Black Belt Press, 1999.

Evans, Sara. *Personal Politics.* New York: Vintage, 1980.

Farmer, James. *Lay Bare the Heart: An Autobiography of the Civil Rights Movement*. New York: New American Library, 1985.

Fleming, Karl. *Son of the Rough South: An Uncivil Memoir*. New York: Public Affairs, 2005.

Foner, Eric. *A Short History of Reconstruction, 1863–1877*. New York: Harper & Row, 1990.

Foote, Shelby. *The Civil War: A Narrative—Fredericksburg to Meridia*n. New York: Random House, 1963.

Forman, James. *The Making of Black Revolutionaries*. Washington, D.C.: Open Hand, 1985.

Goudsouzian, Adam. *Sidney Poitier: Man, Actor, Icon*. Chapel Hill: University of North Carolina Press, 2004.

Greenberg, Cheryl Lynn, ed. *A Circle of Trust: Remembering SNCC*. New Brunswick, N.J.: Rutgers University Press, 1998.

Griffin, John Howard. *Black Like Me*, 2d ed. Boston: Houghton Miffl in, 1961.

Gussow, Adam. *Seems Like Murder Here: Southern Violence and the Blues Tradition*. Chicago: University of Chicago Press, 2002.

Hack, Richard. *Puppetmaster: The Secret Life of J. Edgar Hoover*. Beverly Hills, Calif.: New Millennium Press, 2004.

Harkey, Ira B. Jr. *The Smell of Burning Crosses: An Autobiography of a Mississippi Newspaperman*. Jacksonville, Fla.: Delphi Press, 1967.

Harris, Mark. *Pictures at a Revolution: Five Movies and the Birth of the New Hollywood*. New York: Penguin Press, 2008.

Harris, William C. *The Day of the Carpetbagger: Republican Reconstruction in Mississippi*. Baton Rouge: Louisiana State University Press, 1979.

*Hearings Before the United States Commission on Civil Rights, Jackson, MS, February 16–20*, 1965, U.S. Government Printing Office, Washington, D.C., 1965.

Henry, Aaron. *Aaron Henry: The Fire Ever Burning*. With Constance Curry. Jackson: University of Mississippi Press, 2000.

Hochschild, Adam. *Finding the Trapdoor: Essays, Portraits, Travels*. Syracuse, N.Y.: Syracuse University Press, 1997.

Hogan, Wesley C. *Many Minds, One Heart: SNCC's Dream for a New America*. Chapel Hill: University of North Carolina Press, 2007.

Holland, Endesha Ida Mae. *From the Mississippi Delta: A Memoir*. New York:

Simon & Schuster, 1997.

Holt, Len. *The Summer That Didn't End.* New York: William Morrow, 1965.

Howe, Florence. *Myths of Co-education: Selected Essays, 1964-1983.* Bloomington: Indiana University Press, 1984.

Hudson, Winson, and Constance Curry. *Mississippi Harmony: Memoirs of a Freedom Fighter.* New York: Palgrave Macmillan, 2002.

Johnson, Lady Bird. *A White House Diary.* New York: Holt, Rinehart, and Winston, 1970.

Johnson, Robert David. *All the Way with LBJ: The 1964 Presidential Election.* New York: Cambridge University Press, 2009.

Katagiri, Yasuhiro. *The Mississippi State Sovereignty Commission: Civil Rights and States' Rights.* Jackson: University Press of Mississippi, 2001.

King, Mary. *Freedom Song: A Personal Story of the 1960s Civil Rights Movement.* New York: Quill/William Morrow, 1987.

Kotz, Nick. *Judgment Days: Lyndon Baines Johnson, Martin Luther King Jr., and the Laws That Changed America.* Boston: Houghton Mifflin, 2005.

Kunstler, William M. *Deep in My Heart.* New York: William Morrow, 1966.

———. *My Life as a Radical Lawyer.* With Sheila Isenberg. New York: Birch Lane Press, 1994.

Lasky, Victor. *It Didn't Start with Watergate.* New York: Dial Press, 1977.

Lee, Chana Kai. *For Freedom's Sake: The Life of Fannie Lou Hamer.* Urbana: University of Illinois Press, 1999.

Lemann, Nicholas. *Redemption: The Last Battle of the Civil War.* New York: Farrar, Straus and Giroux, 2005.

Lester, Julius. *All Is Well.* New York: William Morrow, 1976.

Lewis, John. *Walking with the Wind: A Memoir of the Movement.* New York: Simon & Schuster, 1998.

Library of America. *Reporting Civil Rights: American Journalism, 1963-1973.* New York: Library of America, 2003.

McAdam, Doug. *Freedom Summer.* New York: Oxford University Press, 1988.

McCord, William. *Mississippi: The Long Hot Summer.* New York: W. W. Norton, 1965.

McIlhany, William H. II. *Klandestine: The Untold Story of Delmar Dennis and His Role in the FBI's War Against the Ku Klux Klan.* New Rochelle, N.Y.: Arlington House, 1975.

McMillen, Neil. *The Citizens' Council: Organized Resistance to the Second Reconstruction, 1954-1964.* Urbana: University of Illinois Press, 1971.

Marrs, Suzanne. *Eudora Welty: A Biography.* Orlando, Fla.: Harcourt, 2005.

Mars, Florence. *Witness in Philadelphia.* Baton Rouge: Louisiana State University Press, 1977.

Marsh, Charles. *God's Long Summer: Stories of Faith and Civil Rights.* Princeton, N.J.: Princeton University Press, 1997.

Martinez, Elizabeth, ed. *Letters from Mississippi.* Brookline, Mass.: Zephyr Press, 2007.

Mills, Kay. *This Little Light of Mine: The Life of Fannie Lou Hamer.* New York: Penguin Books, 1993.

Mills, Nicolaus. *Like a Holy Crusade: Mississippi 1964—The Turning of the Civil Rights Movement in America.* New York: Alfred A. Knopf, 1992.

Morris, Willie. *My Mississippi.* Jackson: University of Mississippi Press, 2000.

———. *North Toward Home.* Boston: Houghton Mifflin, 1967.

Moses, Robert P., and Charles E. Cobb Jr. *Radical Equations: Math Literacy and Civil Rights.* Boston: Beacon Press, 2001.

Myrdal, Gunnar. *An American Dilemma: The Negro Problem and Modern Democracy.* New York: Harper & Row, 1962.

Newfield, Jack. *A Prophetic Minority.* New York: New American Library, 1966.

Novick, Peter. *That Noble Dream: The "Objectivity Question" and the American Historical Profession.* Cambridge, England: Cambridge University Press, 1988.

Olson, Lynne. *Freedom's Daughters: The Unsung Heroines of the Civil Rights Movement from 1830 to 1970.* New York: Scribners, 2001.

O'Reilly, Kenneth. *"Racial Matters": The FBI's Secret File on Black America, 1960-1972.* New York: Free Press, 1989.

Oshinsky, David M. *"Worse Than Slavery": Parchman Farm and the Ordeal of Jim Crow Justice.* New York: Simon & Schuster, 1997.

Parker, Frank R. *Black Votes Count: Political Empowerment in Mississippi After 1965.* Chapel Hill: University of North Carolina Press, 1990.

Payne, Charles. *I've Got the Light of Freedom: The Organizing Tradition and the Mississippi Freedom Struggle.* Berkeley and Los Angeles: University of California Press, 1995.

Percy, William Alexander. *Lanterns on the Levee: Recollections of a Planter's Son.* New York: Alfred A. Knopf, 1941.

Perlstein, Rick. *Before the Storm: Barry Goldwater and the Unmaking of the American Consensus.* New York: Hill and Wang, 2001.

Poitier, Sidney. *Life Beyond Measure: Letters to My Great-Granddaughter.* New York: HarperCollins, 2008.

Provenzo, Eugene F., ed. *Critical Issues in Education.* Thousand Oaks, Calif.: Sage, 2006.

Raines, Howell. *My Soul Is Rested: Movement Days in the Deep South Remembered.* New York: Penguin, 1977.

Randall, Herbert, and Bob Tusa. *Faces of Freedom Summer.* Tuscaloosa: University of Alabama Press, 2001.

Ransby, Barbara. *Ella Baker and the Black Freedom Movement: A Radical Democratic Vision.* Chapel Hill: University of North Carolina Press, 2003.

Ravitch, Diane, ed. *The American Reader: Words That Moved a Nation.* New York: Harper Perennial, 1991.

Roberts, Gene, and Hank Klibanoff. *The Race Beat: The Press, the Civil Rights Struggle, and the Awakening of a Nation.* New York: Random House, 2007.

Rogers, Kim Lacy. *Life and Death in the Delta: African American Narratives of Violence, Resilience, and Social Change.* New York: Palgrave Macmillan, 2006.

Rothschild, Mary Aickin. *A Case of Black and White: Northern Volunteers and the Southern Freedom Summers, 1964-1965.* Westport, Conn.: Greenwood Press, 1982.

Schumacher, Michael. *There But for Fortune: The Life of Phil Ochs.* New York: Hyperion, 1996.

Sellers, Cleveland, and Robert Terrell. *The River of No Return: The Autobiography of a Black Militant and the Life and Death of SNCC.* New York: William Morrow, 1973.

Silver, James W. *Mississippi: The Closed Society.* Rev. ed. New York: Harcourt, Brace & World, 1966.

Sitkoff, Harvard. *The Struggle for Black Equality, 1954-1992.* New York: Hill and Wang, 1993.

Skates, John Ray. *Mississippi: A Bicentennial History.* New York: W. W. Norton, 1979.

Sokol, Jason. *There Goes My Everything: White Southerners in the Age of Civil Rights, 1945-1975.* New York: Alfred A. Knopf, 2006.

Sugarman, Tracy. *Stranger at the Gates: A Summer in Mississippi.* New York: Hill and Wang, 1966.

Tucker, Shirley. *Mississippi from Within*. New York: Arco, 1965.

Von Hoffman, Nicholas. *Mississippi Notebook*. New York: David White, 1964.

Wade, Wyn Craig. *The Fiery Cross: The Ku Klux Klan in America*. New York: Oxford University Press USA, 1998.

Walton, Anthony. *Mississippi: An American Journey*. New York: Alfred A. Knopf, 1996.

Ward, Geoffrey C., Ric Burns, and Ken Burns. *The Civil War: An Illustrated History*. New York: Alfred A. Knopf, 1990.

Wendt, Simon. *The Spirit and the Shotgun: Armed Resistance and the Struggle for Civil Rights*. Gainesville: University Press of Florida, 2007.

Whalen, John. *Maverick Among the Magnolias: The Hazel Brannon Smith Story*. Bloomington, Ind.: Xlibris, 2000.

White, Theodore. *The Making of the President, 1964*. New York: Atheneum, 1965.

Whitehead, Don. *Attack on Terror: The FBI Against the Ku Klux Klan in Mississippi*. New York: Funk & Wagnalls, 1970.

Wilkie, Curtis. *Dixie: A Personal Odyssey Through Events That Shaped the Modern South*. New York: Simon & Schuster, 2003.

Williams, Juan. *Eyes on the Prize: America's Civil Rights Years, 1954-1965*. New York: Penguin Books, 2002.

Winter, William F. *The Measure of Our Days: The Writings of William F. Winter*. Jackson: University Press of Mississippi, 2006.

Wirt, Frederick M. *Politics of Southern Equality: Law and Social Change in a Mississippi County*. Chicago: Aldine, 1970.

Woods, Randall B. *LBJ: Architect of American Ambition*. New York: Free Press, 2006.

Woodward, C. Vann. *The Strange Career of Jim Crow*. 3d rev. ed. New York: Oxford University Press, 1974.

Yates, Gayle Graham. *Mississippi Mind: A Personal Cultural History of an American State*. Knoxville: University of Tennessee Press, 1990.

Youth of the Rural Organizing and Cultural Center. *Minds Stayed on Freedom: The Civil Rights Struggle in the Rural South, an Oral History*. Boulder, Colo.: Westview Press, 1991.

Zellner, Robert. *The Wrong Side of Murder Creek: A White Southerner in the Freedom Movement*. With Constance Curry. Montgomery, Ala.: NewSouth

Books, 2008.

Zinn, Howard, ed. The *Power of Nonviolence: Writings by Advocates of Peace*. Boston: Beacon Press, 2002.

———. *SNCC: The New Abolitionists*. Boston: Beacon Press, 1964.

### 영화와 비디오

Beymer, Richard. *A Regular Bouquet*. Self-produced, 1965.

Hampton, Henry, dir. "Mississippi—Is This America?" Episode 5 of *Eyes on the Prize: America's Civil Rights Movement*. Boston: Blackside, 1987.

Mulford, Marilyn, and Connie Field, dirs. *Freedom on My Mind*. Berkeley, Calif.: Clarity Film Productions, 1994.

Potter, Anthony, dir. *Murder in Mississippi: The Price of Freedom*. New York: ABC News, 1994.

"Students Asked Not to Say Obama's Name." WAPT, Channel 16, Jackson, Miss. http://www.wapt.com/video/17928161/index.html.

Williams, Marco, dir. *Ten Days That Unexpectedly Changed America—Freedom Summer*. New York: History Channel, 2006.

### 개인 인터뷰(날짜순)

Gloria Clark, volunteer

Heather Booth Tobis, volunteer

Nancy Schlieffelin, volunteer

Chris Williams, volunteer

Robert Fullilove, volunteer

Fran O'Brien, volunteer

Chude Pamela Allen, volunteer

Karen Hoberman, volunteer

Fred Bright Winn, volunteer

Muriel Tillinghast, volunteer/SNCC staff

Jay Shetterly, volunteer

Geoff Cowan, volunteer

Claire O'Connor, volunteer

Jim Kates, volunteer

Ira Landess, volunteer

Jimmie Travis, SNCC staff

Dr. Stacey White

Robert Miles Jr.

Jack Bishop, cofounder, Association of Tenth Amendment Conservatives

Elaine Baker, volunteer

Kathie Sarachild, volunteer

John Howell, newspaper publisher

Ray Raphael, volunteer

Linda Wetmore, volunteer

Nancy Samstein, volunteer

Arelya Mitchell, Freedom School student

Julius Lester, folksinger

Gary Brooks, McComb, Mississippi, native

Hollis Watkins, SNCC staff

Congressman Barney Frank, volunteer

Richard Beymer, volunteer

Alan Schiffman, volunteer

Michael Thelwell, SNCC staff, Washington, D.C.

Charlie Cobb, SNCC staff

Curtis (Hayes) Muhammad, SNCC staff

Charles Capps Jr., sheriff

Jim Dann, volunteer

Congressman John Lewis, SNCC staff

Margaret Block, volunteer

Otis Brown, SNCC staff

Dennis Flannagan, volunteer

Stephen Bingham, volunteer

Jerry Mitchell, *Jackson Clarion-Ledger* reporter

Charles McLaurin, SNCC staff

Len Edwards, volunteer

Governor William F. Winter

Bob Moses, SNCC staff

Sue Thrasher, volunteer

Bob Zellner, SNCC staff

**이메일 인터뷰(날짜순)**

Casey Hayden, SNCC staff

Hodding Carter III, editor, *Delta Democrat-Times*

Franklin Delano Roosevelt III

**웹사이트**

American Radio Works. http://americanradioworks.publicradio.org/.

American Rhetoric. http://www.americanrhetoric.com.

Cambridge Encyclopedia. Vol. 1. http://encyclopedia.stateuniversity.com/pages/.

Cardcow.com, Vintage Postcards and Collectibles. http://www.cardcow.com.

Civil Rights Movement Veterans Web site. http://www.crmvet.org.

"Democracy Now!" http://www.alternet.org.

Meikeljohn Civil Liberties Institute Archives, Bancroft Library, University of California, Berkeley. http://sunsite.berkeley.edu/meiklejohn/meik-10_1/meik-10_1-6.html#580.7.

"Mississippi Burning Trial: Selected Klan Documents." *Famous Trials*: U.S. vs. Cecil Price et al. (*"Mississippi Burning" Trial*) Web site. http://www.law.umkc.edu/faculty/projects/ftrials/price&bowers/Klan.html.

The Nina Simone Web. http://boscarol.com/nina/html/where/mississipigoddamn.html.

Port Gibson Heritage Trust Web site. http://www.portgibsonheritagetrust.org/port_gibson.

The Sixties Project. http://www2.iath.virginia.edu/sixties/HTML_docs/Sixties.html.

Digital Library, University of California at Berkeley. http://sunsite.berkeley.edu.

"Wednesdays in Mississippi: Civil Rights as Women's Work." http://www.vcdh.virginia.edu/WIMS/.